ACCESO GRATIS *a la Lectura en la Nube*

Para visualizar el libro electrónico en la nube de lectura envíe junto a su nombre y apellidos una fotografía del código de barras situado en la contraportada del libro y otra del ticket de compra a la dirección:

ebooktirant@tirant.com

En un máximo de 72 horas laborales le enviaremos el código de acceso con sus instrucciones.

EL CRIMEN DE AGRESIÓN EN EL DERECHO PENAL INTERNACIONAL

Procedimiento de selección de originales, ver página web:
www.tirant.net/index.php/editorial/procedimiento-de-seleccion-de-originales

EL CRIMEN DE AGRESIÓN EN EL DERECHO PENAL INTERNACIONAL

Manuel Ollé Sesé

tirant lo blanch
Valencia, 2024

En caso de erratas y actualizaciones, la Editorial Tirant lo Blanch publicará la pertinente corrección en la página web www.tirant.com.

EDITA: TIRANT LO BLANCH
C/ Artes Gráficas, 14 - 46010 - Valencia
TELFS.: 96/361 00 48 - 50
FAX: 96/369 41 51
Email: tlb@tirant.com
www.tirant.com
Librería virtual: www.tirant.es
DEPÓSITO LEGAL: V-1886-2024
ISBN: 978-84-1056-892-1
MAQUETA: Tink Factoría de Color

Si tiene alguna queja o sugerencia, envíenos un mail a: *atencioncliente@tirant.com*. En caso de no ser atendida su sugerencia, por favor, lea en *www.tirant.net/ index.php/empresa/politicas-de-empresa* nuestro procedimiento de quejas.

Responsabilidad Social Corporativa: http://www.tirant.net/Docs/RSCTirant.pdf

A mi madre Sesé (†), a mi padre José (†) y a mis hermanos
Marcelino, Iván, Verónica, Estefania, Zaira y Hugo,
por todo lo que me habéis dado.

Índice

Abreviaturas

AG	Asamblea General de las Naciones Unidas
ASP	Asamblea de los Estados Partes en el Estatuto de Roma de la Corte Penal Internacional
A/RES/	Resolución Asamblea General de las Naciones Unidas
BOE	Boletín Oficial del Estado
Carta	Carta de las Naciones Unidas
Cap.	Capítulo
CDI	Comisión de Derecho Internacional
CEDH	Convenio Europeo de Derechos Humanos
CIJ	Corte Internacional de Justicia
CPI	Corte Penal Internacional
CdS	Consejo de Seguridad de Naciones Unidas
DI	Derecho internacional
Doc. Un.	Documento de Naciones Unidas
DPI	Derecho penal Internacional
EC	Elementos de los Crímenes
ECPI/ER	Estatuto de Roma la Corte penal Internacional
EE.UU.	Estados Unidos de América
Estatuto TMI	Estatuto del Tribunal Militar Internacional de Núremberg
Ibid.	En el mismo lugar
CIJ	Corte Internacional de Justicia
ICTR	Tribunal Penal Internacional para Ruanda
ICTY	Tribunal Penal Internacional para la antigua Yugoslavia
LCA n.º 10	Ley del Consejo de Control Aliado número 10
LOPJ	Ley Orgánica del Poder Judicial
NNUU	Naciones Unidas
P./pp.	Página/Páginas
Párr./párrs.	Párrafo/Párrafos
PrepCom	Comisión Preparatoria de la Corte Penal Internacional

Res.PE	Resolución del Parlamento Europeo
Sentencia TMI	Sentencia del Tribunal Militar Internacional de Núremberg
SWGCA	Grupo especial de trabajo sobre el crimen de agresión
S/RES/	Resolución del Consejo de Seguridad de Naciones Unidas
TEDH	Tribunal Europeo de Derechos Humanos
TMI	Tribunal Militar Internacional de Núremberg
TMILO	Tribunal Militar Internacional para el Lejano Oriente
V.	Véase

Prólogo

En diciembre de 2022, en su discurso ante la Asamblea de los Estados Parte en el Estatuto de la Corte Penal Internacional, Karim K. Khan K.C., Fiscal de la Corte Penal Internacional, hizo mención a un "renovado enfoque en el crimen de agresión". Esta apreciación no sólo era correcta, sino que también suponía una sucinta referencia a la complejísima evolución histórica de la criminalización internacional de las violaciones más graves del principio de no uso de la fuerza en las relaciones internacionales.

Ya durante los prolegómenos del Derecho penal internacional *stricto sensu* tras la Primera Guerra Mundial, el intento de dotar al ordenamiento jurídico internacional de una sanción penal para la agresión constituyó el núcleo de los esfuerzos diplomáticos por garantizar la responsabilidad internacional por los horrores de la guerra. Aunque el esfuerzo colectivo de las potencias vencedoras no tuvo éxito en esta coyuntura histórica, los juristas internacionales retomaron este asunto en el periodo de entreguerras e instaron a los Estados a construir sobre el terreno que se había sentado. Hersch Lauterpacht captó bien el espíritu de la época cuando escribió que "el derecho de cualquier sociedad internacional digna de ese nombre debe rechazar con reprobación la opinión de que entre naciones no puede haber agresión que merezca castigo". Ante las guerras de agresión de Alemania y Japón, que condujeron a la catástrofe de la Segunda Guerra Mundial, las potencias vencedoras decidieron actuar en el espíritu de Lauterpacht. Utilizando el término "crímenes contra la paz", acuñado por el asesor jurídico internacional de Stalin, Aron Trainin, situaron la persecución de las guerras de agresión en el centro de los juicios celebrados en los Tribunales Militares Internacionales de Núremberg y Tokio. Exitosamente, los jueces de Núremberg declararon que la guerra de agresión era el crimen internacional supremo.

Pero poco tiempo después de que se sentara el precedente de Núremberg sobre el crimen de agresión y se confirmara en Tokio, comenzó un largo período de declive, y el hecho de que, en 1998, el crimen de agresión apenas se incluyera en el Estatuto de la Corte Penal Internacional constituyó una poderosa prueba de ese declive.

Contrariamente a las expectativas de la mayoría de los observadores, los Estados acabaron por ponerse de acuerdo sobre una definición del crimen de agresión y, unos años más tarde, los Estados Partes en el Estatuto de la Corte Penal Internacional decidieron activar la competencia de la Corte sobre este crimen a partir del 17 de julio de 2018. Sin embargo, incluso después de que se diera este paso, el crimen de agresión continuó siendo dejado de lado en el discurso jurídico internacional y éste siguió siendo el caso incluso en el largo período previo e inmediatamente posterior a la escalada del uso ilegal de la fuerza por parte de Rusia contra Ucrania en una guerra de agresión en toda regla desde que comenzó el 24 de febrero de 2022. A la luz de todo esto, el crimen de agresión, como se observó astutamente, pertenecía al firmamento de los delitos internacionales, pero pendía de un hilo.

Pero durante los meses que siguieron a la última ofensiva de Rusia contra Ucrania, se produjo un clamor en la conciencia de la humanidad por el hecho de que, con respecto a los crímenes de agresión supuestamente derivados de la guerra de agresión de Rusia, el Fiscal Khan se viera atado por restricciones jurisdiccionales. Como tantas otras veces en la historia de la justicia penal internacional, este clamor acabó extendiéndose cada vez más a la esfera de los gobiernos, que llegaron a reconocer que el crimen de agresión puede tener consecuencias tan atroces como el genocidio, los crímenes de lesa humanidad y los crímenes de guerra cometidos a escala sistemática y que, por tanto, es difícil, por decirlo suavemente, explicar por qué el ejercicio de la competencia de la Corte Penal Internacional se ve constreñido por limitaciones debilitantes.

Paralelamente al mencionado clamor de la conciencia de la humanidad, el interés de la doctrina académica jurídica internacional por el crimen de agresión también ha experimentado un despertar. Esto es tanto más de agradecer cuanto que muchas cuestiones más específicas relativas a la definición del crimen de agresión en el artículo 8 *bis* del Estatuto de la Corte Penal Internacional y en el Derecho internacional consuetudinario general siguen sin explorarse hasta el día de hoy. Lo mismo ocurre con un buen número de cuestiones relativas al marco jurídico internacional que rige el enjuiciamiento del crimen de agresión a nivel internacional y nacional. Las múltiples incertidumbres jurídicas que se derivan de ello han salido a la luz en el curso del debate en curso sobre la mejor manera de llenar el vacío en la arquitectura jurídica internacional en relación con el crimen de agresión que ha puesto de manifiesto la guerra de agresión de Rusia.

Ya por esta razón, el Dr. Manuel Ollé merece ser felicitado por haber unido su voz al debate a través de esta monografía que proporciona a su lector un análisis extraordinariamente completo y reflexivo de esta compleja cuestión, basado en un examen exhaustivo tanto de los materiales relevantes en la práctica internacional como en la literatura académica.

Pero hay al menos tres razones más importantes por las que uno debe considerar la publicación de este estudio como un acontecimiento de lo más afortunado: La primera razón es que, salvo un número limitado de excepciones, el debate jurídico internacional sobre el crimen de agresión se ha desarrollado hasta ahora en lengua inglesa. Si bien el predominio de la lengua inglesa es inevitable, es muy deseable que se realice algún trabajo en otros idiomas en el caso del análisis jurídico de un crimen cuyo enjuiciamiento redunda en interés de la comunidad internacional en su conjunto. Teniendo en cuenta que la bibliografía española reciente sobre el tema es particularmente escasa, la monografía del Dr. Manuel Ollé viene a colmar esta laguna.

En segundo lugar, este libro contiene un capítulo muy ilustrativo sobre la situación del derecho penal español, que incluye propuestas concretas de reforma. En este sentido, este estudio supone una valiosísima contribución al actual debate sobre la mejor manera de abordar el crimen de agresión a nivel nacional.

En tercer lugar, el autor, a la vez que a lo largo de toda su obra proporciona a sus lectores un análisis serio de la *lex lata*, no oculta sus convicciones de política legal sobre cuestiones tales como el establecimiento de un Tribunal Especial para el Crimen de Agresión contra Ucrania o la necesidad de una reforma del Estatuto de la Corte Penal Internacional y del Derecho penal español. Esto no sólo constituye una lectura reconfortante, sino que también enriquece el discurso de la política jurídica internacional, cuyo propósito es ayudar a los responsables de la toma de decisiones internacionales a llegar a conclusiones informadas sobre el camino a seguir.

Felicito al Dr. Manuel Ollé por su importante logro académico y deseo que su libro tenga una amplia difusión. Espero que su estudio tenga un impacto notable no sólo en el futuro intercambio académico, sino también en la futura práctica judicial y en las actuales conversaciones sobre política jurídica entre los Estados.

En Toledo, a 28 de febrero de 2024.

Claus Kreß
Director del Institute of international Peace and Security Law.
Catedrático de Derecho penal alemán e internacional y Derecho internacional público.
Universidad de Colonia.

Presentación

El crimen de agresión es el crimen más reciente en el Derecho penal internacional. Después de casi cien años de que el Estatuto de Londres regulara los crímenes contra la paz, la Asamblea de los Estados Partes en el Estatuto de Roma de la Corte Penal Internacional, en la Conferencia de Revisión de Kampala de 2010, definió por primera vez en un convenio internacional de Derecho penal internacional y de alcance universal, a través de las enmiendas al Estatuto de Roma de la Corte Penal Internacional, la definición del crimen de agresión y el régimen jurisdiccional para que la Corte pueda ejercer su competencia por este crimen. El 14 de diciembre de 2017, la Asamblea de los Estados Partes adoptaba por consenso en la XVI sesión plenaria la activación de la competencia de la Corte respecto del crimen de agresión. El día elegido para la activación fue el 17 de julio de 2018.

La bisoñez del crimen de agresión implica que la atención recibida por parte de la doctrina haya sido escasa. En lengua castellana, los estudios sobre el crimen de agresión, plasmados en algunos trabajos científicos, son mínimos. Se reducen, prácticamente, y a lo sumo, a una veintena. En lengua inglesa, la literatura sobre este crimen es mayor, tampoco exhaustiva, y está firmada en su mayoría por actores principales que, como diplomáticos o expertos juristas, participaron de alguna forma en el proceso de elaboración y conformación del paquete de Kampala y en la facilitación y activación de la competencia de la CPI en Nueva York.

La jurisprudencia existente del crimen de agresión se remonta, lógicamente, al pasado, concretamente, al acervo de Núremberg-Tokio. Ésta fue de indudable valor para alcanzar la definición de este crimen en Kampala. También lo es para la actual interpretación normativa y como fuente de inspiración doctrinal. Y lo seguirá siendo en el futuro. Sin embargo, la base de la arquitectura jurídica del crimen de agresión no pude anclarse en esta vetusta jurisprudencia y en la escasez doctrinal.

La definición actual del crimen de agresión es compleja. Es un crimen regulado bajo una estrecha vinculación con el Derecho internacional general. La interrelación entre Derecho penal y Derecho internacional y el reenvío normativo del Derecho penal al internacional es una constante típica de su definición y de las condiciones para el ejercicio de la competencia de la Corte. El Fiscal de la Corte en sus investigaciones y acusaciones, los jueces en sus labores revisoras y de enjuiciamiento, y los abogados cuando se enfrenten a la situación y al caso concreto deberán manejar las dos disciplinas, aunque presididas siempre por el Derecho penal y por las garantías penales sustantivas y procesales. Buen ejemplo de ello son conceptos, entre otros, como acto de agresión, uso de la fuerza incompatible con la Carta de las Naciones Unidas o legítima defensa estatal, que requerirán inexcusablemente un análisis desde el Derecho internacional.

A estos retos se suma el jurisdiccional y el cooperativo. De poco o nada sirve tipificar el crimen de agresión si como sucede en la actualidad el régimen jurisdiccional para este crimen en el Estatuto de Roma de la Corte Penal Internacional es especialmente restrictivo. De poco o nada sirve la tipificación internacional en el Estatuto de Roma o en las legislaciones nacionales del crimen de agresión y la posibilidad del ejercicio de la jurisdicción, si la cooperación penal vertical entre la Corte y los Estados, o la horizontal entre los Estados (interestatal), para la investigación y enjuiciamiento de este injusto penal internacional en la Corte o en los tribunales nacionales, se impide con obstáculos jurídicos y políticos, por parte de los Estados.

La tipificación internacional del crimen de agresión no puede ser patrimonio normativo del Estatuto de Roma de la Corte Penal Internacional. Los Estados deben implementar la definición de este crimen armónicamente en sus legislaciones domésticas y establecer el régimen jurisdiccional para su investigación y enjuiciamiento, esto es, decidir, con argumentos jurídicos, bajo qué títulos jurisdiccionales van a perseguir el crimen de agresión en sus tribunales nacionales. Parece que el principio de complementariedad del Estatuto de Roma o bien se relaja o bien dificulta su vigencia en el crimen de agresión.

El condicionante político de este crimen puede llegar a extremos máximos. Este crimen es estatal. Los sujetos activos proyectan el acto de agresión de un Estado frente a otro Estado. Siempre intervendrán en este conflicto, al menos, dos Estados. Su comisión afectará al orden internacional al resquebrajarse la paz internacional. Los intereses políticos de los actores estatales en juego y sus aliados pueden reducir a la nada los intentos de enjuiciamiento del crimen. Del mismo modo, estos intereses pueden impedir la incorporación del crimen de agresión a la legislación de los Estados.

La realidad práctica demuestra, lamentablemente, que el crimen de agresión no solo no ha desaparecido, sino que está muy presente. El enjuiciamiento de sus responsables es una exigencia de justicia. De esta forma, adicionalmente, se contribuirá a la prevención del propio crimen y a evitar otros —como, por ejemplo, crímenes de lesa humanidad, de guerra o genocidio— que concursalmente se producen como consecuencia y continuación del crimen de agresión. La agresión de la Federación Rusa a Ucrania, auxiliada por Bielorrusia, es el triste ejemplo de una agresión contemporánea en el continente europeo. Los Estados están en riesgo de ser agredidos.

Todos estos elementos objetivos se traducen en retos que atraen, en mi caso, la curiosidad y atención. Por ello, en este trabajo trato de aproximarme modestamente al debate sobre el crimen de agresión tanto en los aspectos sustantivos como en los procesales, tanto en el ámbito internacional (Estatuto de Roma de la Corte Penal Internacional) como en el nacional. Tal vez, el lector concluirá conmigo que estamos en presencia de un crimen que, aun sin llegar a ser aplicado en la práctica, necesita ser mejorado.

Esta tercera generación de vigencia del Derecho penal internacional debe tender a desarrollar el sistema universal de Derecho penal, en la que se acometan nuevos retos que afrontamos y se enmiende en lo que sea necesario el Estatuto de Roma. Aspectos de la parte general y especial necesitan ser reformados, es inevitable la incorporación de otros crímenes, como por ejemplo el de ecocidio, y el crimen de agresión puede ser corregido tanto en su definición como en su régimen jurisdiccional. Y albergo la misma esperanza en que los Estados cumplan con sus obligaciones derivadas de la propia naturaleza del crimen de agresión, lo incorporen a sus legislaciones nacionales y posibiliten su persecución en los tribunales domésticos.

Como siempre sucede ante la culminación de un trabajo, los agradecimientos personales y profesionales serían innumerables. No obstante, es de justicia que muestre mi profunda gratitud al catedrático de Derecho penal internacional Claus Kreß, tal vez el mayor experto en el ámbito doctrinal internacional en el crimen de agresión. He tenido la inmensa fortuna de que me acogiera en una estancia de investigación en el Institute of International Peace and Security Law at the University of Cologne, que él dirige. Allí, en Colonia, investigué sobre este crimen y aprendí del magisterio del maestro Kreß. Su categoría personal y profesional es ejemplo a seguir. Gratitud a la que añado un plus, si cabe, ahora, por prologarme esta monografía.

Igualmente, y como no puede ser de otra forma, gracias a la Universidad de Colonia y al referido Institute of International Peace and Security Law, por la hospitalidad de todos sus miembros y por la ayuda que me brindaron mis compañeros investigadores y profesores alemanes y de otros tantos países. La atmósfera académica del instituto, provocada por la calidad humana y profesional de sus componentes, es difícilmente superable. Gracias también a mi universidad, la Universidad Complutense, por concederme la licencia de estudios para realizar esa estancia de investigación.

Agradecimiento que extiendo al Profesor Dr. Faustino García de la Torre, con el que he compartido largas horas, días enteros, en el Institute of International Peace and Security Law. La generosidad de Faustino conmigo, su apoyo constante y también sus ánimos en los momentos críticos por los que atravesamos en toda investigación fue excepcional.

Esta monografía me ha suscitado dudas que he discutido ampliamente con admirables y sabios compañeros especialistas en Derecho penal internacional y en Derecho internacional. Mi sentido agradecimiento a los profesores Fernando Pignatelli y Meca, Hernán Hormazábal Malarée, Javier Chinchón Álvarez, José María Paz Rubio y a Alfredo Liñán Lafuente, por su generosidad y por los acertados comentarios y sugerencias regaladas. Gracias de corazón. Y mi particular reconocimiento a mi maestro, el Profesor Dr. Enrique Gimbernat Ordeig.

Asimismo, mi gratitud a mis compañeras y compañeros, de cada día, Sara Ruiz Calvo y Jacobo Cendra López, por su incondicional amparo profesional y porque también, de alguna forma, han hecho posible la culminación de esta publicación.

Durante la estancia de investigación en Colonia, la madrugada del 27 de agosto de 2023, conocía, a través de un amigo común, brillante jurista, Antonio Lucio Gil, el fallecimiento del Dr. Javier Sánchez Sánchez. Javier fue amigo, compañero, pero sobre todo referente como abogado, como letrado de la Asamblea de Madrid, como profesor de Derecho y como novelista. Fue una persona generosa y buena, extraordinariamente docta, ingeniosa y comprometida para que la justicia y la vigencia de los derechos fundamentales de los seres humanos fueran una realidad. Gracias por lo bueno que fuiste y por lo que nos enseñaste.

Termino esta presentación con mi particular homenaje a mi madre. Nos dejó en el mes de diciembre de 2023 mientras yo completaba y revisaba esta monografía. Fue una gran mujer. Adelantada a la época en que la que vivió. Una madre excepcional para sus siete hijos. Nos enseñó la verdadera dimensión del amor. Nos educó en los valores del esfuerzo, del trabajo y del servicio. Nos inculcó el inconformismo.

Y gracias a mi familia, a mi hijo, José, y a mi esposa Laura. Su infinita comprensión, generosidad y ayuda han hecho posible la culminación de este trabajo.

Confío en que este texto sea de utilidad para el lector; y que la indispensable crítica discrepante al mismo sea el germen de nuevas y necesarias aportaciones sobre el crimen de agresión. La doctrina está llamada a contribuir a la arquitectura jurídica de este crimen. La humanidad necesita paz y convivencia y los seres humanos respecto y protección en sus derechos humanos fundamentales.

Madrid y Colonia finales de 2023 e inicios de 2024.

Introducción

"Nunca tuve duda de que la agresión era el mayor de los crímenes humanos y que la causa de la paz mundial se vería beneficiada si los responsables independientemente de su rango o posición, tuvieran que rendir cuentas"[1]. Estas palabras fueron suscritas por Benjamin FERENCZ en diciembre de 1974. Entonces, el que desempeñara su cargo como Fiscal adjunto en el juicio de Núremberg, se lamentaba de la larga ausencia de una definición de la "agresión"[2]; pero, también, y a su vez, FERENCZ, cobijaba la esperanza de retomar el camino iniciado en el tribunal *ad hoc* de Núremberg para que se creara "un mecanismo permanente judicial con autoridad internacional para hacer frente a las disputas que han dado lugar a ofensas contra la paz y otros crímenes contra la humanidad"[3].

A las 12:17 horas del día 12 de junio de 2010, la Conferencia de Revisión del Estatuto de Roma adoptó en Kampala (Uganda) la resolución por la que se aprobaban las esperadas enmiendas del Estatuto de Roma de la Corte Penal Internacional[4] sobre el crimen de agresión y el resto de elementos normativos del denominado "paquete de Kampala"[5]. Por fin, un instrumento internacional de Derecho penal

---

1 FERENCZ, B: *Defining International Aggression: The Search for World Peace: A Documentary History and Analysis*, Volumens I and II, New York: Oceana Publications, 1975, Author´s Preface.
V. la versión electrónica preparada por Equipo Nizkor y publicada online el 26 de marzo de 2013, en: https://www.derechos.org/peace/dia/index.html
V. la interesante experiencia profesional del que fuera fiscal de Núremberg en la conformación del crimen de agresión en: FERENCZ, B.: "Epilogue. The Long Journey to Kampala: A personal Memoir", *Crime of Aggression Library, The Crime of Aggression a commentary*, KREß, C. and Barriga, S. (ed.), Cambridge University Press 2017, pp. 1501 a 1519.

2 V. *infra*, Cap. 2: 8.

3 FERENCZ: ob. cit.

4 Hecho en Roma el 17 de julio de 1998. Entró en vigor el 1 de julio de 2002. United Nations, Treaty Series, Vol. 2187, No. 38544. Depositario: secretario general de las Naciones Unidas, http://treaties.un.org.

5 V. *infra*, nota 514.

definía el crimen de agresión y sentaba las bases jurisdiccionales para su persecución con carácter universal[6].

El interés de la doctrina, entre las dos guerras mundiales, no se centró especialmente en la búsqueda de una definición del crimen de agresión, sino en la conformación de las bases y principios de lo que hoy es la disciplina del Derecho penal internacional. La escasa doctrina científica después de la Segunda Guerra Mundial, salvo raras excepciones, se limitaba a discutir —y, en su mayoría, a criticar negativamente— la aplicación *ex post facto* o retroactiva, por los dos tribunales militares internacionales de Núremberg y Tokio de los crímenes contra la paz a hechos anteriores a su inclusión en los instrumentos normativos de los dos tribunales.

JEßBERGUER atribuye acertadamente a los penalistas europeos, muchos de tradición jurídica francesa, el debate sobre la guerra de agresión en el período de entreguerras. Después, a lo largo del siglo XX, los internacionalistas también se incorporaron a la discusión y en la actualidad han irrumpido los estudiosos del Derecho penal internacional. Acierta el profesor alemán al recordar que este crimen ha permanecido "infrateorizado" y las contribuciones a una teoría jurídica de este crimen han sido escasas y no especialmente

---

6 MCDOUGALL, C.: *The crime of aggression under the Roma Statute of the International Criminal Court*, 2ª ed. Cambridge, University Press, New York, 2021, p. 1, describe con emoción el momento que culminaba años de arduos y complejos trabajos: "El golpe del martillo del Presidente de la Asamblea de Estados Partes, que señalaba la adopción de las enmiendas, desató una oleada de emoción en el Speke Ball Room del Munyonyo Commonwealth Resort de Kampala (Uganda). Al igual que muchos delegados, tragué saliva y parpadeé rápidamente para ocultar las lágrimas. Es innegable que la emoción palpable en la sala se debía a la montaña rusa que habían sido las dos semanas anteriores de negociaciones febriles, en las que cada avance o retroceso hacia el consenso se veía ensombrecido por el fantasma real de la que la buena voluntad de la mayoría se viera superada por las cartas que tenían el Reino Unido o Francia, o cualquiera de los Estados más pequeños que seguían los deseos de Estados Unidos. Pero fue más que eso: se reconoció ampliamente que era un momento portentoso. La decisión de criminalizar los actos de agresión de los Estados para acabar con la impunidad que durante tanto tiempo ha ensombrecido el uso ilegal de las armas interestatales".

sustanciales. Hasta la aprobación de las enmiendas en Kampala y su posterior entrada en vigor y activación, el 17 de julio de 2018[7], el crimen de agresión, ha sido, en palabras de este académico, "un crimen incipiente". Este autor concluía en que "ha llegado el momento de que los nuevos esfuerzos académicos desarrollen los elementos de la teoría global del crimen de agresión"[8].

En la configuración típica del crimen de agresión y de los mecanismos de activación de la jurisdicción —fruto de un compromiso político más que jurídico[9]— se tuvieron muy presentes los escasos, pero influyentes, antecedentes normativos, jurisprudenciales y doctrinales sobre los crímenes contra la paz, la guerra de agresión y el acto de agresión. En esta compleja labor ha predominado la visión del Derecho internacional. Ahora, se inicia un nuevo camino, en el que, sin despreciar esos antecedentes, es necesario avanzar, en la interpretación y desarrollo del novel crimen de agresión.

En esta labor, —asumiendo el estado actual del Derecho internacional su evolución e influencia en la actual redacción de los elementos configuradores del tipo internacional de agresión y de los mecanismos jurisdiccionales para su investigación y enjuiciamiento— el Derecho penal también reclama su protagonismo como actor principal, y no secundario, en el desarrollo del crimen de agresión. La interrelación entre el Derecho internacional y el Derecho penal es imprescindible. La tarea de subsunción de los hechos en la norma que tipifica el crimen de agresión pertenece a la teoría jurídica del Derecho penal (internacional) y está presidida por los principios y garantías propias del Derecho penal sustantivo.

Desde la aprobación de las enmiendas al Estatuto de Roma sobre el crimen de agresión, la doctrina especializada ha realizado escasas pero importantes aportaciones. Este debate científico debe proseguir para interpretar el actual texto del Estatuto de la Corte Penal Internacional y contribuir a despejar las lagunas y ambigüedades

---

7 V. *infra*, nota 537 y Cap. 10: 2.

8 JEßBERGUER, F.: "The Modern Doctrinal Debate on the Crime of Aggression", *Crime of Aggression Library, The Crime of Aggression a commentary*, KREß, C. and BARRIGA, S. (ed.), Cambridge University Press 2017, pp. 302 y 303.

9 MCDOUGALL, C.: The crime of aggression…, ob. cit., p. 40.

normativas. No debe considerarse, ni mucho menos, un texto cerrado. Las ya, en este momento, necesarias propuestas que emanen de la comunidad científica deben contagiar el debate de la Asamblea de los Estados Partes en el Estatuto de Roma de la Corte Penal Internacional para mejorar, de *lege ferenda*, los aspectos normativos sustantivos y procesales del crimen de agresión en el ER.

Los antecedentes normativos históricos de todo crimen internacional de primer grado[10], como el de agresión, se revelan siempre como de suma importancia en la labor del científico, del investigador, del legislador, del intérprete y del aplicador de la norma. Importancia que cobra mayor énfasis en el crimen de agresión. Es, como he anticipado, el crimen internacional más reciente en el ámbito del Derecho penal internacional. En consecuencia, a lo largo de este trabajo se retomarán esos precedentes normativos y jurisprudenciales, que servirán para tatar de comprender la conformación de los nuevos artículos 8 *bis* y 15 *bis* y 15 *ter* del Estatuto de la Corte Penal Internacional y que supondrán, además, un valioso elemento interpretativo en la futura labor de enjuiciamiento tanto por la Corte como por los tribunales nacionales. En la actualidad es indudable la naturaleza jurídica del crimen de agresión, como crimen internacional de derecho consuetudinario[11] y su consideración de *ius cogens*, con independencia de la inevitable discusión sobre el momento temporal en el que el crimen de agresión acogió este doble estatus.

La monografía se estructura en esencia en tres bloques: en los antecedentes históricos de la guerra y de los crímenes contra la paz;

---

10 V. sobre la naturaleza y obligaciones que genera el crimen internacional de primer grado, OLLÉ SESÉ, M.: *Crimen internacional y jurisdicción penal nacional: de la justicia universal a la jurisdicción penal interestatal*, Aranzadi, Cizur Menor, 2019, pp. 101 a 144, y 152 a 160.

11 V. Asamblea General, Resolución sobre la Afirmación de los Principios de Derecho Internacional Reconocidos por la Carta del Tribunal de Núremberg, 11 de diciembre de 1946, UN. Doc. A/Res/95. Resolución 95 (I), de 11 de diciembre de 1946. Disponible en: https://digitallibrary.un.org/record/209872?ln=es
Resolución que ofrece los primeros elementos para la consideración del crimen de agresión, como de derecho consuetudinario, como más adelante se verá.

en los elementos sustantivos del crimen de agresión del artículo 8 *bis* del Estatuto de Roma; y en el régimen jurisdiccional del crimen. Ejes nucleares que se dividen en once capítulos. El primero retoma los antecedentes históricos de la guerra, desde el siglo XIX. Ofrece una visión, a través de los diferentes instrumentos internacionales del tránsito del entonces considerado legítimo derecho de hacer la guerra, sea ésta o no agresiva, como instrumento de política internacional, hasta su prohibición. Este análisis, en su práctica mayoría de instrumentos internacionales de la época, se engloba en dos períodos. El primero abarca hasta la Primera Guerra Mundial y el segundo comprende los diferentes instrumentos internacionales —en el que se resalta el hito que supuso el tratado general de renuncia a la guerra conocido como Pacto Briand-Kellogg— hasta la Carta de las Naciones Unidas donde se establece la prohibición general del uso y de la amenaza de la fuerza.

El capítulo segundo se centra en los antecedentes del actual crimen de agresión, esto es, de los crímenes contra la paz. El recorrido normativo histórico se inicia en el Tratado de Versalles, como instrumento remoto donde se abordó la responsabilidad penal personal por actos de guerra, pero no por la guerra de agresión. Transcurre por el período entre guerras, en concreto, en el examen de la regulación de los crímenes contra la paz en los instrumentos normativos de los tribunales militares de Núremberg y de Tokio y en la Ley Número 10 del Consejo de Control Aliado. También en la confirmación de los Principios de Núremberg y su consideración en otros instrumentos internacionales. Finalmente, me adentro en los trabajos previos a la resolución de la Asamblea General de Naciones Unidas 3314 de 1974 sobre la definición de la agresión y se concluye con el carácter de Derecho internacional consuetudinario de este crimen.

En el capítulo tercero se recorren cronológicamente los hitos más significativos del viaje normativo en la definición del crimen de agresión de Núremberg a Roma, de Roma a Kampala y de Kampala a Nueva York. En concreto, los trabajos que culminaron, en relación con el crimen de agresión, con el segundo proyecto de tratado sobre crímenes contra la paz y la seguridad de la humanidad y el proyecto de un estatuto de tribunal penal internacional. Igualmente, y como paso previo a la aprobación del Estatuto de la Corte Penal Internacional, el 17 de julio de 1998, se significan las tareas del *Comité preparatorio* del crimen de agresión. Me aproximo a la etapa Roma-Kampala, donde significo la labor de la *Comisión preparatoria* y del *Grupo de Trabajo Especial sobre el Crimen de Agresión* que culminó en la Conferencia de Revisión de Kampala con la aprobación de las enmiendas sobre el crimen de agresión el 11 de junio de 2010. Y finalmente significo la tarea en Nueva York de facilitación y activación definitiva de la competencia de la Corte Penal Internacional para el crimen de agresión.

El capítulo cuarto se dedica a concretar los aspectos generales del crimen de agresión. Se comienza identificando el bien jurídico protegido, que comprende diferentes valores. Se expone, por su influencia para el análisis sustantivo del tipo internacional de agresión, una síntesis de la teoría jurídica del crimen internacional (*actus reus* y *mens rea*). Se refleja esquemáticamente la doble conducta mixta y convergente del crimen de agresión: la conducta individual y la estatal. Se deslinda la doble responsabilidad, la penal individual y la estatal, que lleva aparejada la comisión de un acto de agresión. Y se finiquita este apartado con el concepto de Estado a efectos del crimen de agresión.

En el capítulo quinto me adentro en los elementos del crimen relativos al individuo. Se inicia con la cualificación especial propia del sujeto activo del crimen de agresión. Es un crimen de líderes. A partir de ahí, se examinan las conductas de planificación, preparación, iniciación o realización de un acto de agresión y se cierra el apartado con las formas de intervención punible, donde se resalta la exclusión de la punibilidad del *extranei* y la vinculación subjetiva del autor con la *circunstancia* de control o dirección de la acción política o militar del Estado.

El capítulo sexto se destina a la conducta estatal, esto es, al acto de agresión o uso de la fuerza armada. Después de una consideración introductoria, me aproximo a la agresión en el Consejo de Seguridad de Naciones Unidas, en la Corte Internacional de Justicia y en el Consejo de Europa. Sinterizo las observaciones de la Unión Europea y de la Organización para la Seguridad y Cooperación en Europa sobre la agresión sufrida por Ucrania por parte de la Federación Rusa. Se expone el acto de agresión como uso de la fuerza armada. Se desarrolla el elemento acto de agresión del párrafo segundo del artículo

8 *bis* del Estatuto de Roma de la Corte Penal Internacional, en concreto, el objeto del acto de agresión, la interrelación del artículo 8 *bis* del Estatuto de Roma con la resolución 3314 de la Asamblea General de las Naciones Unidas, los específicos actos de agresión listados en el párrafo segundo del citado artículo 8 *bis* y por qué este catálogo no es cerrado, sino de naturaleza semiabierta.

En ese contexto, desarrollo el doble condicionante típico de la conducta estatal del acto de agresión: incompatibilidad con la Carta de las Naciones Unidas y violación manifiesta (umbral de gravedad) de aquélla. Respecto de la incompatibilidad se examinan diferentes situaciones de uso lícito de la fuerza armada, como la legítima defensa y otros usos más problemáticos y discutibles que integran la denominada *zona gris*. Por lo que se refiere al umbral de gravedad se indaga en las *características*, *gravedad* y *escala* del acto de agresión.

El capítulo séptimo se dedica al elemento subjetivo del crimen de agresión, a la *mens rea*, y las peculiaridades propias que este elemento arroja en el crimen de agresión. El capítulo octavo explica, dentro del *iter criminis*, la tentativa del crimen de agresión que es ciertamente particular en comparación con otros crímenes internacionales. En el capítulo noveno se expone porqué este crimen es de consumación permanente e indico los posibles concursos intracategoriales e intercategoriales.

En el capítulo décimo se acomete el régimen jurisdiccional de la Corte Penal Internacional para el crimen de agresión. Se apuntan los desafíos que plantearon los Estados Partes para establecer el régimen de competencia, para fijar la entrada en vigor de las enmiendas y la activación de la jurisdicción de la Corte para el crimen de agresión, especialmente por el discutido rol del Consejo de Seguridad de Naciones Unidas. Se glosa el complejo y restrictivo sistema de activación de la competencia de la Corte cuando es a iniciativa de un Estado Parte o del Fiscal proprio motu. Se cierra el capítulo con el ejercicio de la jurisdicción cuando la situación es remitida por el Consejo de Seguridad.

El último capítulo, el décimo primero, se dedica al estudio del enjuiciamiento del crimen de agresión por parte de las jurisdicciones nacionales; y se finaliza, de acuerdo con su lamentable actualidad, con una referencia a lo que podría ser el establecimiento de un tribunal penal internacional especial para juzgar el crimen de agresión contra Ucrania. En concreto, en la primera parte de este capítulo, se retoma el principio de complementariedad, como argumento que refuerza el papel juzgador de las jurisdicciones nacionales, y las dificultades que presenta en el crimen de agresión. Se analiza el equívoco entendimiento número 5, despejando la incógnita sobre si supone una invitación a los Estados para que declinen el enjuiciamiento nacional del crimen de agresión. Se razona desde la perspectiva del *ius cogens* la obligación que tienen los Estados para tipificar el crimen de agresión en sus legislaciones nacionales penales. Se examinan el principio de territorialidad y otros principios extraterritoriales (personalidad activa y pasiva, de protección de intereses, de justicia universal, de justicia universal cooperativa y de representación) como títulos jurisdiccionales para el enjuiciamiento nacional del crimen de agresión, teniendo presente las peculiaridades propias que presenta este crimen por su carácter transfronterizo, internacional e interestatal. Se avanza sobre la necesidad de la implementación del crimen de agresión por parte de los Estados y la problemática que puede plantear, según el principio de legalidad penal internacional, la aplicación de la definición consuetudinaria del crimen de agresión.

Igualmente, en este capítulo, se destacan los obstáculos que presenta el enjuiciamiento en los tribunales nacionales: la inmunidad, los condicionantes políticos internacionales del crimen y la dificultad y previsible ineficacia de los mecanismos de cooperación penal internacional —como, por ejemplo, la extradición y las solicitudes de auxilio judicial en materia probatoria— para investigar y enjuiciar este crimen. Se advierte que, en España, el crimen de agresión es un "crimen en espera" por su ausencia típica y se propone tanto su incorporación a nuestro Código Penal como que jurisdiccionalmente sea acogido no solo por el principio de territorialidad, sino también por otros principios jurisdiccionales extraterritoriales.

El último apartado de este capítulo décimo primero evidencia, sobre el caso concreto de la invasión de Ucrania por parte de la Federación de Rusia, las restricciones jurisdiccionales del Estatuto de la Corte Penal Internacional para enjuiciar el crimen de agresión. Después de exponer y valorar las posibilidades jurídicas de diferentes escenarios para el enjuiciamiento y rendición de cuentas de sus responsables se analiza, de acuerdo al sentir doctrinal mayoritario y político actual, como solución más viable, la creación de un tribunal especial para juzgar el crimen de agresión contra Ucrania.

Finalmente, ocupan las últimas páginas de esta monografía las conclusiones y las propuestas de este trabajo.

El estado actual y las perspectivas de futuro sobre el crimen de agresión las refleja con indudable acierto el profesor Claus KREß. En primer lugar, traslada la idea de que la impunidad por este crimen se está acabando. Los dirigentes de los Estados que inflijan los "horrores de la guerra" "deben saber que el mundo considera tan profundamente censurable esa conducta que se impondría un castigo por un tribunal mundial permanente de justicia". En segundo lugar, lamenta, no obstante, que el hito normativo e histórico de la definición del crimen de agresión fuera a costa de un "precio doloroso, el de aceptar restricciones jurisdiccionales *sin principios y debilitantes*"[12]. En tercer lugar, el profesor alemán denuncia el llamativo silencio en el ámbito de la Unión Europea sobre el crimen de agresión[13]. Y, en

---

12 KREß, C.: (6 and 7 October, 2023). *On the New Momentum Regarding the Prosecution of the Crime of Aggression* [Keynote]. Commemoration of the 25th anniversary of the adoption of the Rome Statute Conference on Amendments: Towards one Comprehensive Jurisdictional Regime for all Crimes Within the Jurisdiction of the International Criminal Court, Universität Wien, Viena, Austria.

13 Lo ilustraba con cuatro ejemplos: i) en la operación militar masiva "Primavera de Paz" provocada en 2019 por Turquía en Siria, en la que para los gobiernos de los Estados miembros de la OTAN, a pesar de pudiera cumplirse la conducta estatal de la agresión, no era algo destacado; ii) en la ignorancia de este crimen por parte de la Unión Europea el día de la justicia penal internacional, al referirse el Alto Representante de la Unión para Asuntos Exteriores y Política de Seguridad únicamente a los otros tres crímenes competencia de la CPI (genocidio, crimen de lesa humanidad y crimen de guerra); iii) en el nuevo reglamento sobre Eurojust de 2022 (Reglamento UE 2022/838 del Parlamento Europeo y del Consejo de 30 de mayo de 2022 por el que se modifica el Reglamento (UE) 2018/1727 en lo que respecta a la preservación, análisis y almacenamiento en Eurojust de pruebas relativas al genocidio, los crímenes contra la humanidad, los crímenes de guerra y las infracciones penales conexas) que soslayaba también el

tercer lugar, cree en la armonización del régimen jurisdiccional dentro del Estatuto de la Corte Penal Internacional, siempre que exista voluntad política, a pesar de que no existen obstáculos legales. Esta misión pasaría por reforzar la confianza en el Fiscal y en los jueces de la Corte para que estos apliquen la definición del crimen de agresión del artículo 8 *bis* ER, alcanzada por consenso internacional y basada en el Derecho internacional consuetudinario, a pesar de dudas que puedan suscitarse. Labor que incluso debe extenderse a los Estados no Partes[14].

Las enmiendas no pueden permanecer congeladas en el Estatuto de Roma viendo pasar el tiempo, mientras las guerras de agresión se suceden. Es necesario que los Estados ratifiquen las enmiendas de Kampala sobre el crimen de agresión. En palabras de FERENCZ, "deberían ratificarse a pesar de sus numerosas imperfecciones. Algo es mejor que nada"[15]. Es el momento de pasar a la efectividad, de olvidar las absurdas discusiones sobre "legalismos estériles"[16]. Qué razón tenía el ex fiscal FERENCZ cuando afirmaba que "ya es hora de pasar a otro enfoque. Ya basta"[17]. "Debemos aprender del pasado si esperamos dominar al futuro"[18]. "El objetivo primordial ahora es acabar con la impunidad existente para el crimen de agresión. ¡Cuánto

---

crimen de agresión; y iv) en el silencio de los gobiernos europeos, excepto Ucrania, respecto del crimen de agresión en todo el período previo al 24 de febrero de 2022, incluso en meses posteriores.

14 KREß: On the New..., ob. cit.

15 FERENCZ: Epilogue. The Long..., ob. cit., p. 1512.

16 Esta expresión, recuerda FERENCZ: Epilogue. The Long..., ob. cit., p. 1511, la utilizó Robert Jackson al informar al presidente del tribunal de Núremberg de que la postura jurídica de los EE.UU. en el procesamiento de los criminales de guerra alemanes se "basaría en el sentido común de la justicia [...] no debemos permitir que se vea complicada u oscurecida por estériles legalismos desarrollados en la era del imperialismo para hacer respetable la guerra".
FERENCZ, retomando esas palabras, después de reconocer la importancia de Roma y Kampala en la evolución del Derecho internacional, sin embargo, objetó que respecto del castigo de la agresión no se tuvo en cuenta "la advertencia de Jackson de no dejarse limitar por "legalismos estériles".

17 *Ibid.*, p. 1513.

18 *Ibid.*, p. 1511.

antes mejor!"[19]. "Como se señaló en Nuremberg, el derecho no permanece ni puede permanecer estático"[20]. "Las naciones deben de dejar de glorificar la guerra. La "ética de la guerra" imperante debe ser sustituida por una "ética de la paz"[21].

Como sostenía BASSIOUNI, la Corte Penal Internacional "recuerda a los gobiernos que la realpolitik, que sacrifica la justicia en aras de los acuerdos políticos, ya no es aceptable"[22]. La Corte Penal Internacional, como recordaba este autor, "no será la panacea para todos los males de la humanidad. No eliminará los conflictos, ni devolverá la vida a las víctimas, ni restaurará las condiciones de bienestar anteriores de los supervivientes, y no llevará ante la justicia a todos los autores de crímenes graves. Pero puede ayudar a evitar algunos conflictos, prevenir algunas victimizaciones y llevar ante la justicia a algunos de los autores de estos crímenes. Al hacerlo, la Corte fortalecerá el orden mundial, contribuirá a la paz y la seguridad en el mundo. Como tal, la Corte Penal Internacional al igual que otras instituciones jurídicas internacionales y nacionales añadirá su contribución a la humanización de nuestra civilización"[23].

Es el momento del Derecho. Es el momento de la contribución para mejorar la definición del crimen de agresión y para procurar eficaces mecanismos jurisdiccionales para su enjuiciamiento ante la CPI y ante las jurisdicciones nacionales.

---

19 *Ibid.*, p. 1513.

20 *Ibid.*, p. 1116.

21 *Ibid.*, p. 1517.

22 BASSIOUNI: *Introduction to International Criminal Law*, 2ª ed., Martinus Nijhoff Publishers, Leiden-Boston, 2013, p. 649. Frase extraída de su discurso en la ceremonia del 18 de julio de 1998 en Roma, conmemorativa de la aprobación del ECPI.

23 *Ibid.*, p. 649.

Capítulo 1

El derecho de hacer la guerra y su posterior prohibición

1. EL DERECHO A LA GUERRA HASTA LA PRIMERA GUERRA MUNDIAL

La responsabilidad penal individual en el crimen de agresión exige, en la actualidad, la existencia de un acto de agresión o conflicto armado en sentido amplio que sea contrario al Derecho Internacional (en adelante, DI). El *acto de agresión,* al que más adelante me referiré[24], por el momento, y a los efectos de verificación de los antecedentes históricos, se puede identificar con la guerra o en sentido amplio con un conflicto armado.

En la actualidad el acto de agresión y toda guerra de agresión está prohibida en el DI. Quien realiza los condicionantes típicos que desencadenan el acto estatal de agresión comete personalmente un crimen de agresión. Sin embargo, la guerra, en cualquiera de sus manifestaciones, agresivas o no, no siempre ha estado prohibida en el DI. Antes de la Primera Guerra Mundial, la guerra se consideraba como un medio legítimo de hacer política[25], y como un mecanismo para la satisfacción de los intereses políticos, económicos o estratégicos de los Estados[26]. *Hacer la guerra* carecía de límites. El derecho sobre el empleo en sí de la fuerza (*ius ad bellum*) y el derecho sobre la prevención de la guerra (*ius contra bellum*) no era una preocupación ni política ni normativa. *Hacer la guerra* fue un derecho del Estado

---

24 V. *infra,* Cap. 6.

25 WERLE, G. y JESSBERGER, F.: *Tratado de Derecho penal internacional,* 3ª ed., Tirant lo Blanch, Valencia, 2017, p. 865.

26 PEREA UNCETA, J.A.: "La regulación del uso de la fuerza en el Derecho internacional", *Derecho internacional público,* López Martín, A.G. (ed.), Dykinson, Madrid, 2022, p. 329.

que ejercía de acuerdo con sus políticas estatales, como una razón de Estado[27] o como un mero atributo de su soberanía[28].

El DI contemplaba únicamente el *modo de hacer* la guerra[29] o *ius in bello*[30]. *El foco normativo descansaba en el derecho en* la guerra, en las reglas humanitarias que debían observarse una vez iniciada la misma. Las Conferencias de la Paz de La Haya de 1899[31] y de 1907 son buen ejemplo de ello. Si bien contemplaban el mantenimiento de la paz en el mundo, pusieron el acento en la humanización de la guerra, en las reglas de la guerra (*ius in bello*), en lo que hoy conocemos como Derecho internacional humanitario. Así lo demuestran dos[32] de las tres convenciones, y las tres declaraciones[33], adoptadas en la primera conferencia; así como once[34] de las trece convenciones y la

---

27 En palabras de RODRÍGUEZ CARRIÓN, citado por FERNÁNDEZ TOMÁS, A.F., en FERNÁNDEZ TOMÁS, A. y MARTÍNEZ CARMENA, MARÍA: "El control del uso de la fuerza en las relaciones internacionales", *Curso de Derecho internacional público,* AA.VV., Tiran lo Blanch, 2ª, Valencia, 2022, p. 429, la fuerza se utilizaba por los Estados "cuando las circunstancias o la conveniencia así lo aconsejaban, en entendimiento de que no hay causa más justa que la razón de Estado".

28 REMIRO BROTONS, A.: *Derecho internacional,* Tirant lo Blanch, Valencia, 2007, p. 1056.

29 WERLE y JESSBERGER: ob. cit., p. 865.

30 La denominación *ius in bello* se consolidó a partir de la Segunda Guerra Mundial.

31 V. una explicación de los antecedentes de la Conferencia y su resultado en BASCUÑÁN MONTES, A.: *Tratados aprobados en la Conferencia Internacional de La Haya,* Librería Española de Garnier Hermanos, París, 1900, pp. 1 a 15.

32 La Convención II relativa a las Leyes y Costumbres de la Guerra Terrestre y la Convención III, para aplicar a la guerra marítima los principios del Convenio de Ginebra de 22 de agosto de 1864.

33 Declaraciones concernientes a la prohibición: i) de lanzar proyectiles y explosivos desde arriba de globos o por otros medios análogos; ii) de emplear proyectiles que tengan por único fin esparcir gases asfixiantes; y iii) de emplear balas que estallen o que se aplastan fácilmente dentro del cuerpo humano, tales como las balas de cubierta dura y cuya cubierta no cubre totalmente la cápsula, o que estuviera provista de incisiones.

34 Referentes a: i) ruptura de hostilidades; ii) leyes y costumbres de la guerra terrestre; iii) derechos y deberes de las potencias y personas neutrales en caso de guerra terrestre; iv) régimen de los buques mercantes al empezar las hostilidades; v) transformación de buques mercantes en buques de

declaración[35] aprobadas en la segunda conferencia. Se pretendía la protección del combatiente y de la población civil. La aceptación del *ius ad bellum* exigía adicionalmente que el contendiente que iniciaba la guerra se lo comunicase a su oponente mediante la declaración de guerra[36].

En la primera y en la segunda conferencia, las respectivas convenciones para el Arreglo Pacífico de los Conflictos Internacionales propugnaban el mantenimiento de la paz general. Su objeto era impedir "en cuanto sea posible, el recurso de la fuerza en las relaciones entre los Estados" (artículo 1). Por ello, las potencias signatarias convenían, en caso de disentimiento grave o de conflicto, acudir, "antes de ir a las armas", "en la medida que lo permitan, a los buenos oficios o a la mediación de una o de varias potencias amigas" (artículo 2). En la segunda, el Convenio relativo a la ruptura de hostilidades exigía a las potencias signatarias que antes de comenzar las hostilidades entre ellas era necesario un "aviso previo e inequívoco, bajo la forma de una declaración de guerra motivada, o de un ultimátum, con declaración de guerra condicional" (artículo 1)[37].

Después de la primera Guerra Mundial, se retoma la idea de algunos filósofos de la ilustración, como Rousseau, relativa a la paz. KANT en su ensayo *sobre la paz perpetua* propugnaba un sistema uni-

---

guerra; vi) colocación de minas submarinas; vii) bombardeo por fuerzas navales en tiempo de guerra; vii) aplicación a la guerra marítima de los principios del convenio de Ginebra; ix) restricciones al ejercicio del derecho de captura en la guerra marítima; x) establecimiento de un tribunal internacional de presas marítimas; y xi) derechos y deberes de las potencias neutrales en caso de guerra marítima.

35 Declaración acerca de la prohibición de arrojar proyectiles y explosivos desde globos.

36 REMIRO: Derecho internacional…, ob. cit., p. 1056. La Constitución Española (artículo 63.3) mantiene en nuestro ordenamiento esta obligación formal, al atribuir al Rey la declaración de guerra y la de paz, previa autorización de las Cortes Generales.

37 El Convenio relativo a la limitación del empleo de la fuerza para el cobro de deudas contractuales, igualmente obligaba a las potencias contratantes a "no recurrir a la fuerza armada para el cobro de deudas contractuales reclamadas al gobierno de un país por el Gobierno de otro, como debidas a nacionales suyos".

versal como un orden de paz ajeno al estado de guerra, en el que los Estados republicanos fueran libres y en el que se instauraran organismos internacionales de cooperación facilitadores de la paz entre ellos[38].

En 1919, El Pacto de la Sociedad (o Liga) de Naciones[39] acogió el propósito de buscar esa paz mundial. En cierta medida supuso un punto de inflexión. La guerra dejaba de ser un medio ilimitado de hacer política para los Estados. El fin del Pacto, según su preámbulo, era "logar la paz y la seguridad internacionales". Expresamente se refería a la guerra de agresión al señalar que los Estados miembros "se comprometen a respetar y preservar contra toda *agresión exterior* la integridad territorial y la independencia política existente de todos los medios"[40]. No establecía una prohibición absoluta del uso de la guerra de agresión. Las partes, como bien anunciaba el preámbulo del Pacto, únicamente se comprometían a "aceptar *ciertas* obligaciones de no recurrir a la guerra"[41], entre ellas la de someter los Estados Partes sus diferencias susceptibles de provocar una ruptura —y

38 V. KANT, I.: *Sobre la paz perpetua*, Akal, trad. Kimana Zuleta Fülscher, Tres Catos, 2011.

39 Documento original: Pacte de la Société des Nations, *Société des Nations-Journal Officiel*, Février 1920, pp. 3 a 12.
El Pacto que se contiene en los 26 primeros artículos del Tratado de Paz —seguido de un anexo en el que figuran los Estados signatarios y el secretario general de la Sociedad de las Naciones— fue firmado en Versalles el 28 de junio de 1919.

40 Artículo 10, cursiva añadida. El mismo precepto normativizaba una suerte de defensa única y colectiva por parte de todos los miembros de la sociedad en caso de agresión, amenaza o peligro de agresión exterior contra la integridad territorial y la independencia política de alguno de Estados miembros.

41 Énfasis añadido. La dicción literal del texto del Pacto es "d'accepter certaines obligations de ne pas recourir à la guerre". Otros textos en castellano, lo traducen como "Aceptar ciertos compromisos de no recurrir a la guerra".
El artículo 11 del Pacto refleja esta idea al "declara[r] expresamente que toda guerra o amenaza de guerra, afecte directamente o no a uno de los miembros de la sociedad, interesa a la sociedad entera y que ésta debe adoptar las medidas adecuadas para salvaguardar eficazmente la paz de las naciones".

previamente a que iniciaran la guerra fuera de agresión o no— a un procedimiento arbitral, arreglo judicial, o al examen del Consejo (artículo 12). Asimismo, las partes convenían que para recurrir a la guerra aguardarían, al menos, al transcurso de los tres meses siguientes a la fecha del fallo de los árbitros o del informe por el Consejo de la sociedad[42]. Si se incumplía esta moratoria, los Estados eran objeto de sanciones políticas y económicas (artículo 16). El Pacto, en definitiva, no evitaba la guerra, exclusivamente obligaba a las Partes en el mismo a postergar su inicio[43].

Se concluye que antes de la primera Guerra Mundial no existía en el DI una *prohibición incondicional* de la guerra de agresión[44], a lo sumo se buscó evitar su *desencadenamiento*[45].

2. EL CAMINO A LA PROHIBICIÓN DE LA GUERRA INJUSTA

2.1. Los esfuerzos desde la Primera Guerra Mundial

A partir de la Primera Guerra Mundial se observa un cambio en la denominación de la guerra. Siglos antes, por influencia de teólogos como San Agustín de Hipona[46] y Santo Tomás de Aquino, y

---

42 Artículo 12. El fallo de los árbitros debía emitirse “dentro de un plazo prudencial”, y el informe del Consejo “dentro de los seis meses de haberle sido sometida la divergencia”.

43 Para FERNÁNDEZ y MARTÍNEZ: El control…, ob. cit., p. 438, la guerra era un “recurso subsidiario” porque el Pacto diseñaba un “mecanismo temporal de la guerra” al ser necesaria la *moratoria* de los tres meses.

44 WERLE y JESSBERGER: ob. cit., p. 866.

45 BERMEJO, R.: “El uso de la fuerza, la Sociedad de Naciones y el Pacto Briand-Kellogg”, *Los orígenes del derecho internacional contemporáneo: estudios conmemorativos del Centenario de la Primera Guerra Mundial,* Yolanda Gamarra Chopo, Y. y Fernández Liesa, C. R. (coord.) Publicación número 3440 de la Institución Fernando El Católico, Organismo autónomo de la Excma. Diputación de Zaragoza, 2015, p. 225.

46 TAYLOR, T.: *Núremberg y Vietnam: una tragedia americana,* trad.: Díaz Lorenzo, S.H., Biblioteca Literatura y Derechos Humanos, Berg Institute, Madrid, 2023, p. 75, atribuye a San Agustín ser el primer estudioso en abordar

especialmente en los siglos XVI y XVII gracias a los representantes de la Escuela de Salamanca, Francisco de Vitoria y Francisco Suárez, se cambia el calificativo de *guerras justas* por *guerras defensivas* y el de *guerras injustas* por el de *guerras de agresión*. Se atribuye precisamente a Suárez que, tres siglos antes de la Primera Guerra Mundial, diseñara el paralelismo entre el Derecho penal nacional y el DI para definir la guerra de agresión. Para el jesuita español la guerra defensiva era legítima e incluso un deber porque el derecho de autodefensa era "natural y necesario". La defensa de la vida, de la propiedad y la prestación de ayuda a quien fuera atacado injustamente justificaba la guerra[47]. Suárez y el dominico Vitoria proclamaron que nadie debía participar en una guerra injusta[48].

Con posterioridad a la Primera Guerra Mundial, ante la insatisfacción que ofrecía el Pacto de la Sociedad de Naciones, se trató de buscar en el DI otras soluciones para lograr la prohibición de la guerra y superar las loables pero imperfectas intenciones del Pacto. Así, en el ámbito científico, KELSEN, desde los años 20 del siglo pasado, reclamó constantemente un tribunal internacional permanente con jurisdicción obligatoria para que las partes resolvieran sus conflictos antes de recurrir a la violencia[49]. En el espacio nor-

---

la doctrina de la guerra justa e injusta. Éste condenó las guerras de conquista romanas: "Declarar la guerra a tus vecinos, de ahí proseguir con otros, por el mero afán de dominar, aplastar y someter a pueblos que no te hacen ningún daño, ¿qué otra cosa puede llamarse a esto, sino robo a gran escala?" (*ibid.*, p. 76).

47 TAYLOR: ob. cit., pp. 78 y 79.

48 Suárez había espetado que "[e]s evidente, pues nadie puede autorizar el asesinato de un inocente. Pero en el caso que nos ocupa, el enemigo es inocente. Por lo tanto, no se les puede matar [...] De ahí se desprende el corolario de que los súbditos cuya conciencia está en contra de la justicia de una guerra no pueden participar en ella, tengan razón o no. Esto está claro, ya que no *todo lo que es de fe es pecado*" (TAYLOR: ob. cit., p. 218). Y Vitoria que "si un sujeto está convencido de la injusticia de la guerra, no debe servir en ella, incluso si se lo ordena su príncipe" (*ibid.*, p. 218).

49 KELSEN, H.: *Derecho y justicia internacional, antes y después de Núremberg*, García Pascual, C. y García Sáez, J.A. (editores), Trotta, Madrid, 2023, p. 10 (Estudio introductorio de los editores *Derecho y justicia internacional: la apuesta de Hans Kelsen*). Este libro recopila cinco escritos del jurista austríaco. KEL-

mativo, en 1923, el proyecto de Tratado de Asistencia Mutua de Lord Robert Cecil, auspiciado por la Sociedad de las Naciones, consideró que la guerra de agresión era un *crimen internacional*, diseñó un sistema de actuación colectiva de prevención y defensa de una guerra de agresión, y consideró que la guerra seguía siendo lícita si se dirigía frente a los Estados que no acatasen una sentencia de la Corte Internacional de Justicia, un fallo arbitral o una recomendación unánime del Consejo[50].

En 1924, el Protocolo para el Arreglo Pacífico de las Controversias Internacionales o Protocolo de Ginebra[51] intentó completar las carencias y lagunas del Pacto de la Sociedad de Naciones. Proclamó

SEN se refería a una jurisdicción internacional fuerte, segura y en la que no se admitieran excepciones (pp. 80 y 81).

50 V. BERMEJO: ob. cit., p. 227. Proyecto que contó con la aceptación de 18 miembros de la Sociedad de Naciones, pero nunca entró en vigor.
V., asimismo, Juicio de los principales criminales de guerra ante el Tribunal Militar Internacional, Núremberg (The Trial of German Maior War Criminals, Judgment), 14 de noviembre de 1945 a 1 de octubre de 1946, publicado en Núremberg, Alemania, 1947 o sentencia de Núremberg (en adelante, sentencia del TMI).
La sentencia y todos los documentos anejos a la misma puede visitarse en: https://avalon.law.yale.edu/subject_menus/imt.asp
El judgment está recogido en: Judicial Decisions, International Military Tribunal (Nuremberg), Judgement and Sentences, October 1, 1946, *Judgment, American Journal of International Law,* Vol. 41, No. 1 (Jan., 1947), pp. 172 a 333. En adelante (sentencia TMI, en Journal). V. sentencia TMI, en Journal, p. 219.
V. un archivo sobre material de los Juicios de Núremberg en Taube Archive of the International Military Tribunal (IMT) at Núremberg, 1945-46, Biblioteca de la Universidad de Stanford: https://jweekly.com/2023/04/11/stanford-releases-full-digital-archive-of-nuremberg-trials/
V. también UN. Doc. PCNICC/2002/WGCA/L.1, Comisión Preparatoria de la Corte Penal Internacional, Examen histórico de la evolución en materia de agresión, 24 de enero de 2002, p. 40. Disponible en: https://daccess-ods.UN.org/tmp/6530958.41407776.html

51 Adoptado por la Asamblea General de la Sociedad de Naciones, el 2 de octubre de 1924. Disponible en: https://digital-commons.usnwc.edu/cgi/viewcontent.cgi?article=2514&context=ils
El Protocolo al ser suscrito solo por 19 Estados, no entró en vigor. V. BERMEJO: ob. cit., p. 228.

en su preámbulo que la guerra de agresión constituía una violación de la solidaridad de los miembros de la comunidad internacional y la calificó como un "crimen internacional". Prohibía la guerra entre los Estados signatarios (artículo 2). Calificaba de agresor a todo Estado que recurriera a la guerra en violación del compromiso contenido en el Pacto de la Sociedad de Naciones o en el Protocolo (artículo 10)[52]. Y comprometía a los Estado signatarios a socorrer al país que fuera atacado o amenazado (artículo 11). Este Protocolo, aunque nunca estuviera en vigor, para el Tribunal Militar Internacional de Núremberg (en adelante, TMI) fue una prueba fehaciente a efectos de intentar calificar la guerra de agresión como crimen internacional[53].

Los intentos de la Sociedad de Naciones para prohibir la guerra de agresión se fueron sucediendo. En la Sexta Asamblea de la Sociedad, a propuesta de la delegación española, se incluyó en los debates que "la guerra de agresión *constituye* un crimen internacional"[54]. Propuesta que no fue aceptada. La Asamblea finalmente declaró el 25 de septiembre de 1925 que "la guerra de agresión *debe* constituir un crimen internacional"[55]. Posteriormente, la Octava Asamblea acogió la propuesta de Polonia y adoptó por unanimidad de todas las delegaciones presentes, incluidas, por tanto, la alemana, la italiana y la japonesa, la *Declaración sobre la guerra de agresión*, de 24 de septiembre de 1927, en la que se proclamó, como principio, que la guerra de agresión es y será prohibida[56]. Para la Asamblea, una "guerra de

---

52 El artículo 14 preveía un sistema de sanciones. El relator del Protocolo, M. Polis, sostuvo en su informe que bastaba con afirmar que "es agresor todo Estado que recurra en cualquier forma a la fuerza en violación de los compromisos contraídos por él en virtud del Pacto…o del Protocolo". V.: Doc. Conf. D//C.G./P.V. 38, Definition of Aggression: Draft Declaration Proposed by the Delegation of the Union of Soviet Socialist Republics: General Discussion, March 10th, 1933. Disponible en: https://www.derechos.org/peace/dia/doc/dia16.html#1

53 Sentencia TMI, en Journal, p. 219.

54 V. BERMEJO: ob. cit., p. 228. Cursiva añadida.

55 *Ibid.* Cursiva añadida.

56 *Ibid.* Fue aprobado por unanimidad por la Asamblea de la Sociedad de Naciones.

agresión jamás podrá servir como medio de resolver las controversias internacionales" y la calificó como "un crimen internacional"[57].

En Europa, el llamado Tratado de Garantías Recíprocas o Pacto de Renano entre Francia, Reino Unido, Alemania, Italia y Bélgica de 16 de octubre de 1925 —inserto en los Acuerdos de Lorcano— se erigió como un sistema de "garantías complementarias, dentro del Pacto de la Sociedad de las Naciones y de los tratados vigentes entre ellas"[58]. Dispuso que Alemania y Bélgica, y Alemania y Francia se obligaban recíprocamente a "no realizar por una y otra parte ningún ataque o invasión y a no recurrir por una y otra parte en ningún caso a la guerra" (artículo 2), salvo el "ejercicio del derecho de legítima defensa" (artículo 2.1) o de concretas acciones previstas y autorizadas en el Pacto de la Sociedad de Naciones[59].

En el ámbito regional americano, la Sexta Conferencia Internacional Americana, fue más allá de la citada Declaración sobre la guerra de agresión de 1927. En la resolución de 18 de febrero de 1928, después de considerar que toda controversia internacional debía arreglarse pacíficamente y que "la guerra de agresión constituye un crimen internacional contra el género humano" (crimen internacional de lesa humanidad), resolvió que: i) "toda agresión se considera ilícita y por tanto se declara prohibida"; y ii) que los Estados americanos resolverán los conflictos que se susciten entre ellos por "todos los medios pacíficos"[60].

---

57 PCNICC/2002/WGCA/L.1, párr. 57 (v. *supra*, nota 50); y sentencia TMI, en Journal, p. 220.

58 Preámbulo. V. https://www.dipublico.org/16356/acuerdos-de-locarno-del-16-de-octubre-de-1924/

59 En concreto, se permitirá la guerra si era consecuencia de una "acción derivada de la aplicación del artículo 16 del Pacto de la Sociedad de Naciones" o de una "acción que sea consecuencia de un acuerdo de la Asamblea o del Consejo de la Sociedad de las Naciones de la Aplicación del artículo 15, párrafo 7º del Pacto de la Sociedad de las Naciones, siempre que en este último caso dicha acción vaya dirigida contra un Estado que haya iniciado un ataque" (artículo 2. 2º y 3º de. Acuerdo).

60 La Conferencia se celebró en La Habana entre el 16 de enero y 20 de febrero de 1928. V. https://www.dipublico.org/14569/agresion-sexta-conferencia-internacional-americana-la-habana-1928/

Hasta ese momento no existía conciencia alguna en los Estados sobre que los actos de agresión pudieran constituir un crimen, a lo sumo un hecho ilícito de menor entidad o gravedad.

2.2. El pacto Briand-Kellogg y su influencia

La comunidad internacional determinó, por fin, y de forma explícita, en el Tratado General de Renuncia a la Guerra o Pacto Briand-Kellogg, de 27 de agosto de 1928[61], la renuncia a la guerra. El escueto tratado, impulsado gracias a la citada resolución de 28 de febrero de 1928 de la Sexta Conferencia Internacional Americana[62] —de tan solo tres sencillos artículos— se cimentó en tres pilares. En la obligación de la comunidad internacional de "fomentar el bienestar de la humanidad" (preámbulo), en la condena y en la renuncia a la guerra como instrumento de política nacional (preámbulo y artículo I). Este preámbulo fue el antecedente del actual preámbulo del Estatuto de Roma de la Corte Penal Internacional (en adelante, ER o ECPI) que proclama que los "graves crímenes internacionales" son una amenaza para "el bienestar de la humanidad".

El propio preámbulo mostraba el cambio de paradigma en el panorama jurídico internacional respecto de la forma de entender las relaciones internacionales de la época. Afirmó —sin declarar expresamente que la guerra fuera un crimen— que había "llegado la hora de formular una franca renuncia a la guerra" y que toda "diferencia o conflicto" entre los Estados se solucionaría por "medios pacíficos" (artículo II). Con todo, las partes se obligaban a rechazar la guerra para la solución de controversias internacionales y renunciaban a

---

La resolución se adoptó de forma unánime por las veintiuna naciones. V. PCNICC/2002/WGCA/L.1, párr. 57 (v. *supra*, nota 50).

61 El nombre se debe a las personas que impulsaron el Pacto. Aristide Briand, ministro de asuntos exteriores de Francia, propuso al secretario de Estado de los Estados Unidos, Frank Billings Kellogg, la elaboración de un instrumento en el que los dos Estados renunciaran a la guerra. V. BERMEJO: ob. cit., pp. 231 a 233.
V. el texto del Tratado en: https://www.dipublico.org/3584/tratado-de-renuncia-a-la-guerra-pacto-Briand-Kellogg-1928/

62 TAYLOR: ob. cit., p. 84.

la misma como instrumento de política nacional en sus relaciones mutuas (artículo I). El TMI interpretó que la renuncia a la guerra como instrumento de política nacional implicaba necesariamente la proposición de que esa guerra era ilegal en el DI y que quienes la planeaban y libraban cometían un crimen[63].

El tratado, a pesar de su simplicidad en la redacción y de ser considerado un hito en el desarrollo y evolución del DI, fue criticado por los problemas interpretativos que provocó[64]. Ello se constataba, por ejemplo, en el concepto de "guerra", que no solo se refería estrictamente a la guerra, sino también a la agresión y a la invasión[65]. Se cuestionó también la ambigüedad del Pacto sobre el derecho a la legítima defensa. A pesar del silencio del texto, en la declaración efectuada con ocasión de su firma, las partes se mostraron favorables al ejercicio de este derecho, lo que provocaba cierta incertidumbre, porque potencialmente existía el riesgo de que los Estados abusaran del derecho a la legítima defensa[66].

La fuerza vinculante e influencia del Pacto en aquel entonces se exhibió con su ratificación, en 1939, por 63 naciones de las 67 que conformaban entonces (1939) la comunidad internacional[67]. Su importancia se reflejó en la práctica internacional y fue fuente de inspiración en la formación de otros instrumentos de DI bilaterales y

---

63 Sentencia TMI, en Journal, p. 218.

64 REMIRO: ob. cit., p. 1056.

65 BERMEJO: ob. cit., p. 236.
La sentencia del TMI, p. 220, declaró que la guerra de agresión también está proscrita por el Pacto. V. PCNICC/2002/WGCA/L.1, párr. 57 (v. *supra*, nota 50).

66 WERLE y JESSBERGER: ob. cit., pp. 868 y 869.

67 Sentencia TMI, en Journal, p. 217.
BERMEJO: ob. cit., p. 233, nota 56, resalta que nueve Estados firmantes no pertenecían a la Sociedad de las Naciones. Argentina, Bolivia, El Salvador y Uruguay no firmaron el Pacto por inspirarse el mismo, en relación con la legítima defensa, la denominada *doctrina Monroe* (sobre esta doctrina v. WERLE y JESSBERGER: ob. cit., p. 868, nota 22). No obstante, estos cuatro países, como recuerdan estos dos autores (p. 869) pertenecían al Tratado Antibélico de No Agresión y Conciliación o Pacto de Saavedra Lamas, de 10 de diciembre de 1933, cuyo contenido era similar al Pacto Briand-Kellogg. V. *infra*, nota 84.

multilaterales posteriores al Pacto, que confirmaron la prohibición general de la guerra[68].

Desde entonces, la reconocida influencia del Pacto Briand-Kellogg fue imparable y dejó huella. Sus principios inspiradores estaban presentes en las relaciones entre los Estados y en los instrumentos internacionales que pasaron a considerar la proscripción del uso de la fuerza, la búsqueda de la paz y la seguridad internacionales. España fue ejemplo de ello. La Constitución de la Segunda República de 9 de diciembre de 1931 proclamó, en el artículo 6, que "España renuncia a la guerra como instrumento de política nacional", y anudaba responsabilidad al presidente de la República o al del gobierno que declarara la guerra[69].

La denominada doctrina *Stimson* fue exponente de ello. Los Estados Unidos de América (en adelante, EE.UU.) se dirigieron al Japón después de que ocupara la provincia china de Manchuria en 1931 y creara el Estado de Manchukuo, el 1 de marzo de 1931. El 7 de enero de 1932, el entonces secretario de Estado americano—y antes ministro de la Guerra— Henry Lewis Stimson trasladó al gobierno del Japón que "no tenía intención de reconocer una situación, un tratado o un acuerdo que hubiera sido obtenido por medios contrarios a los compromisos y obligaciones del Pacto de París (Pacto Briand-Kellogg)"[70].

El espíritu de la doctrina *Stimson* igualmente estuvo presente en la *Declaración del Chaco* de 3 de agosto de 1932[71] dirigida a los gobiernos de Bolivia y Paraguay para que frenaran la llamada guerra del Chaco entre estos dos Estados. La declaración, firmada por diecinueve Estados americanos, recordaba a Bolivia y Paraguay que "[e]l respeto

---

68 V. WERLE y JESSBERGER: ob. cit., p. 869; REMIRO: ob. cit., p. 1056 y BERMEJO: ob. cit., p. 239. Este último calificó el Pactó como una "auténtica revolución en el orden internacional" (p. 233).

69 PIGNATELLI Y MECA, F.: *Tratado sobre los crímenes de guerra en el derecho español*, Tirant lo Blanch, Valencia, 2023, p. 696, nota 1050.
Excelente tratado que puede considerarse como el mejor en lengua española sobre crímenes de guerra.

70 BERMEJO: ob. cit., p. 240.

71 *Ibid.*

al derecho es una tradición entre las naciones americanas, las cuales se oponen a la fuerza y renuncian a ella tanto para la solución de sus controversias, cuanto para utilizarla como un instrumento de política nacional en sus relaciones recíprocas". Y exhortaba a los dos Estados a que sometieran "inmediatamente" la solución de la controversia a "un arreglo por arbitraje u otro medio amistoso que fuese aceptable para ambos"[72].

El referido Tratado Antibélico de No Agresión y Conciliación o Pacto de Saavedra Lamas[73] también acogió, como he anticipado, los principios del Pacto Briand-Kellogg. Condenaba las guerras de agresión que pudieran producirse en las relaciones mutuas de los signatarios o con terceros Estados. Declaraba que las cuestiones territoriales no debían resolverse por la violencia. Establecía que todo arreglo territorial sería por medios pacíficos previstos en el DI. Y comprometía a los Estados Partes a no reconocer ni la validez de la ocupación ni de la adquisición de territorios lograda por la fuerza de las armas. Por ello, apelaba a mecanismo de conciliación para la solución de los conflictos internacionales[74].

La autoridad del Pacto Briand-Kellogg se trasladó en el continente americano a la Convención sobre Derechos y Deberes de los Esta-

---

72 República Argentina, Ministerio de Relaciones Exteriores y Culto: *La política argentina en la guerra del Chaco*, Guillermo Kraft, Ltda., Soc. Anón. de Impresiones Generales, Buenos aires, 1937, p. 386.
BERMEJO: ob. cit., p. 241, recuerda que el principio de la solución pacífica de controversias estuvo presente también en el conflicto de Leticia cuando el secretario de Estado de EE.UU. se lo recordó al ministro de Asuntos Exteriores de Perú.

73 Suscrito en Río de Janeiro el 10 de octubre de 1933. V. *supra*, nota 67. Accesible en: http://www.oas.org/juridico/spanish/tratados/b-9.html
España y otros países no americanos como Bulgaria, Checoslovaquia, Rumanía, Yugoslavia, Finlandia, Grecia, Italia, Noruega, Turquía, formaron parte de este Tratado.

74 Preámbulo y artículos 1 y 2. En caso de incumplimiento se establecen las sanciones previstas en el artículo 3. BERMEJO: ob. cit., p. 242, advierte de la semántica diferenciadora con el Pacto Briand-Kellogg, al referirse a "guerra de agresión". También anota este autor que en el Tratado aparece la doctrina *Stimson*.

dos[75] que incorporaba, además, los principios del Tratado Antibélico de No Agresión y Conciliación[76], y también el de no intervención en los asuntos internos o externos de otro Estado (artículo 8). Igualmente, la Convención sobre Mantenimiento, Afianzamiento y Restablecimiento de la Paz[77] declaraba en el preámbulo que la guerra o su amenaza afectaba a todos los pueblos civilizados y que el Pacto había sido "aceptado por casi todos los Estados civilizados". Así mismo, la Declaración de Principios sobre Solidaridad y Cooperación Interamericanas[78], propugnaba, en su preámbulo, la conservación de la paz y la prohibición de la guerra; y proclamaba como principios el de "la proscripción de la conquista territorial y, en consecuencia, ninguna adquisición hecha por la violencia ser[ía] reconocida", el de la condena "a la intervención de un Estado en los asuntos internos o externos de otro Estado" y el del arreglo de toda disputa o diferencia entre las Naciones de América por la "vía de la conciliación, del arbitraje amplio o de la justicia internacional" [79].

Precisamente, por aquellos años, en 1934, KELSEN escribió que los "Estados deben obligarse, a través de una convención, a no recurrir a ningún acto de guerra, a ninguna medida de represalias análogas a la guerra, a ninguna medida de coacción sea la que sea, en una palabra, a ninguna intervención, a título de sanción, dentro de la esfera de los intereses de otro Estado protegidos por el derecho in-

---

75 Adoptada en la Séptima Conferencia Internacional Americana, Montevideo, el 26 de diciembre de 1933. Disponible en: https://www.dipublico.org/14602/convencion-sobre-derechos-y-deberes-de-los-estados-septima-conferencia-internacional-americana-montevideo-1933

76 V. artículos 10 y 11 de la Convención.

77 Fue adoptada en la Conferencia Interamericana de Consolidación de la Paz, en Buenos Aires, el 23 de diciembre de 1936. Disponible en: https://www.dipublico.org/14934/convencion-sobre-mantenimiento-afianzamiento-y-restablecimiento-de-la-paz-conferencia-interamericana-de-consolidacion-de-la-paz-buenos-aires-1936/

78 Hecha en la citada Conferencia Interamericana de Consolidación de la Paz (v. *supra*, nota 77). Disponible en https://www.dipublico.org/15017/declaracion-de-principios-sobre-solidaridad-y-cooperacion-interamericanas-conferencia-interamericana-de-consolidacion-de-la-paz-buenos-aires-1936/

79 V. BERMEJO: ob. cit., pp. 242 y 243.

ternacional, a menos que sea sobre la base de una resolución judicial que las autorice"[80].

Por último, entre los instrumentos bilaterales en los que el Pacto de París o Briand-Kellogg dejó su impronta cabe citar el Tratado de No Agresión entre Finlandia y la URSS y el Tratado de No Agresión entre China y la URSS, de 21 de enero de 1932 y de 21 de agosto de 1937, respectivamente[81]. Así como la Declaración firmada entre Alemania y Polonia, el 26 de enero de 1934, para el Mantenimiento de la Paz Permanente, en el que sobre la base del Pacto de París se prohibía el uso de la fuerza durante un período de 10 años[82].

Las bondades normativas del Pacto y de los instrumentos internacionales citados para prohibir la guerra y procurar el arreglo pacífico de las controversias entre los Estados no fueron efectivas. Esas obligaciones internacionales se estancaron en el terreno de la teoría, y no impidieron otros conflictos que, además de los ya mencionados, se fueron sucediendo como la invasión de Etiopía por parte de Italia o de las repúblicas socialistas de Rusia y Ucrania respecto de Polonia en 1939 y de la Unión Soviética respecto de Finlandia en 1939 y1940. Aun así, se puede considerar que, desde la década de los años 30 del siglo XX, y antes del estallido de la Segunda Guerra Mundial, la guerra dejaba de ser un mecanismo legítimo de hacer política y se consideraba a la guerra de agresión "restringida, si no completamente proscrita"[83].

A partir de entonces, la prohibición de la declaración de la guerra se convierte en una norma de derecho consuetudinario. Su prohibición formaba parte de la conciencia jurídica[84]. Y la prohibición de la

---

80 KELSEN: ob. cit. p. 85.

81 V. BERMEJO: ob. cit., p. 243.

82 Sentencia TMI, en Journal, p. 216.

83 V. WERLE y JESSBERGER: ob. cit., p. 870.

84 V. BERMEJO: ob. cit., p. 243.
Este autor concluye, con indudable acierto (p. 244), que la renuncia a la guerra era "universal". Su inferencia es lógica. El Pacto de París fue suscrito, como he adelantado por 63 Estados de los 67 que conformaban la entonces comunidad internacional, y los cuatro ajenos al mismo (Argentina, Bolivia, El Salvador, y Uruguay) eran parte del Tratado Antibélico de No Agresión

guerra de agresión, para algunos autores, formaba parte también del DI consuetudinario[85].

La importancia del Pacto Briand-Kellogg se evidenció en la jurisprudencia del TMI[86], de Núremberg y en la producida en algunos juicios que se celebraron de acuerdo con la Ley Número 10 del Consejo de Control Aliado[87] (en adelante, LCA n.º 10) que enjuiciaron a los responsables de la Segunda Guerra Mundial por crímenes contra la paz, por las guerras de agresión. El Pacto influyó para fundamentar la punibilidad del crimen contra la paz según el DI. Y en el DI positivo supuso la transición del *ius ad bellum* al *ius contra bellum*[88].

---

y Conciliación o Pacto de Saavedra Lamas, que compartía idea y principios con el Pacto de Briand-Kellogg. V. *supra*, nota 67.

85 WERLE y JESSBERGER: ob. cit., p. 872.
TAYLOR: ob. cit., pp. 85 y 86, recuerda que el informe presentado por lord Wright de Durley al *Legal Chomite of the United Nations War Crimes Commission*, confirmaba que, tanto el Pacto Briand-Kellogg, como otros acuerdos adoptados desde la Primera Guerra Mundial eran "prueba suficiente de un consenso general de opinión de autoridad".

86 V. PCNICC/2002/WGCA/L.1, párr. 53 (v. *supra*, nota 50).

87 Por ejemplo, PCNICC/2002/WGCA/L.1 (v. *supra*, nota 50), párrs. 168 y 169 (*Estados Unidos de América contra Ernst Von Weizsäcker y otros* o *casos Ministerios*). El Tribunal Militar de los EE.UU., sostuvo que "[P]or el tratado Briand-Kellogg, Alemania, así como prácticamente todos los demás países civilizados del mundo, renunciaron a la guerra como instrumento de política gubernamental. El tratado fue celebrado en beneficio de todos. Reconoció el hecho de que, una vez que estalla la guerra, nadie puede prever hasta dónde o en qué medida se difundirán las llamas, y que en este mundo que se está encogiendo rápidamente ella afecta a los intereses de todos" (PCNICC/2002/WGCA/L.1, párr. 169, v. *supra*, nota 50).
Sobre esta Ley v. *infra*, Cap. 2: 4.

88 KREß, C.: "Los avances de la Corte Penal Internacional: la compleja activación de la jurisdicción sobre el crimen de agresión", *Derecho penal internacional, evolución histórica, régimen jurídico y estudio de casos*, Aranzadi, Martínez Jiménez, A. (dir.), Cizur Menor, 2022, p. 596; y KREß, C.: *La guerra de Ucrania y la prohibición del uso de la fuerza en el derecho internacional*, traducción Jimena Sofía Viveros Álvarez, Instituto de Investigaciones Jurídicas, opiniones técnicas sobre temas de relevancia nacional, número 66, Universidad Nacional Autónoma de México, 2023, p. 7.

3. LA CARTA DE LAS NACIONES UNIDAS Y LA PROHIBICIÓN GENERAL DEL USO Y AMENAZA DE LA FUERZA

La Carta de las Naciones Unidas[89] (en adelante, la Carta) nace en 1945 después de los horrores de las dos guerras mundiales. Ni el Pacto de la Sociedad de Naciones, ni el Briand-Kellogg, ni ningún otro instrumento internacional multilateral o bilateral que limitaban o prohibían de alguna forma la guerra fue suficiente para que Alemania y Japón cumplieran con la obligación de no librar la guerra.

Este tratado internacional de organización de la comunidad internacional, que pretende alcanzar la paz, en su elocuente preámbulo, lamenta lo ocurrido, y apuesta por la esperanza y el compromiso de los Estados Parte para evitar en el futuro la reproducción de escarnios semejantes: "[n]osotros los pueblos de las Naciones Unidas resueltos [a] preservar a las generaciones venideras del flagelo de la guerra que dos veces durante nuestra vida ha infligido a la Humanidad, sufrimientos indecibles". Desea que convivamos en paz y que unamos "nuestras fuerzas para el mantenimiento de la paz y la seguridad internacionales" y "a asegurar, mediante la aceptación de los principios y la adopción de métodos, que no se usará la fuerza armada sino en servicio del interés común".

La Carta proclama, como primer propósito de cuatro de la organización universal, en su artículo 1 y apartado primero, el mantenimiento de la paz y la seguridad internacionales. Fin, a alcanzar, a través de medidas colectivas eficaces tanto para prevenir y eliminar amenazas a la paz, como para suprimir actos de agresión u otros quebrantos a la paz. Por ello, cualquier controversia que quebrante la paz se someterá a medios pacíficos.

La Carta certifica, consecuentemente con este *propósito*, el principio estructural del ordenamiento jurídico internacional[90] de pro-

---

89 Firmada en San Francisco, el 26 de junio de 1945, en el marco de la Conferencia de las Naciones Unidas sobre Organización Internacional. Entró en vigor el 24 de octubre de 1945.

90 V. PÉREZ UNCETA: ob. cit., p. 332. Y, sobre el concepto de principios estructurales del ordenamiento jurídico internacional, v. LÓPEZ MARTÍN,

hibición general del uso y amenaza de la fuerza en su artículo 2.4. La prohibición de la guerra evolucionó para transformarse en una prohibición del uso de la fuerza[91]. Este precepto obliga a los Estados Miembros de la Organización de las Naciones Unidas (en adelante, NNUU) a abstenerse en sus relaciones internacionales de recurrir tanto a la amenaza como al uso de la fuerza cuando ésta atente contra la integridad territorial o la independencia política de cualquier Estado o en cualquier otra forma incompatible con los propósitos de NNUU que se enuncia en el artículo 1. *Principio* estructural que fue reiterado de forma idéntica por la Asamblea General de las Naciones Unidas (en adelante, AG), en la Declaración sobre los principios de derecho internacional referentes a las relaciones de amistad y a la cooperación entre los Estados de conformidad con la Carta de las Naciones Unidas[92], y cuyos destinatarios —a diferencia de la Carta— no solo eran los miembros de NNUU, sino también todos los Estados de la comunidad internacional[93].

Sin perjuicio de lo que se dirá más adelante[94], basta reseñar por el momento que la prohibición del uso de la fuerza no es absoluta. Existen excepciones. Se permite su uso cuando el Consejo de Seguridad de Naciones Unidas (en adelante, CdS) lo autorice, de acuerdo

---

A.G.: "El ordenamiento jurídico internacional", *Derecho internacional público*, ed. Ana Gemma López Martín, Dykinson, Madrid, 2022, pp. 21 a 24.

91 KREß: Los avances…, ob. cit., p. 598.

92 UN. Doc. A/RES/2625 (XXV), Anexo, Declaración sobre los principios de Derecho internacional referentes a las relaciones de amistad y a la cooperación entre los Estados de conformidad con la Carta de las Naciones Unidas, 24 de octubre de 1970. Disponible en https://digitallibrary.UN.org/record/202170?ln=es

93 El artículo 2.6 de la Carta exige incluso a los Estados que no son miembros de NNUU que se conduzcan de acuerdo con los principios de la Carta "en la medida que sea necesaria para mantener la paz y la seguridad internacionales". Este objetivo en la comunidad internacional solo se alcanza con el compromiso de todos los Estados y no solo de los que sean miembros de NNUU. El principio del derecho de tratados, *pacta tertiis nec nocent prosunt* (un tratado solo genera obligaciones y derechos para los Estados que lo consienten; no obligan a terceros ajenos), no se resiente por la universalidad de NNUU que prácticamente engloba a la totalidad de la comunidad internacional.

94 V. *infra*, Cap. 6.

con lo dispuesto en el capítulo VII de la Carta, si aprueba una acción militar colectiva después de determinar la existencia de una amenaza a la paz, de su quebranto o de un acto de agresión[95]. Y también se permite cuando los Estados ejercen el derecho de legítima defensa individual o colectiva frente a un ataque armado del que son objeto hasta que el CdS adopte las medidas necesarias para mantener la paz y la seguridad internacionales (artículo 51 de la Carta).

Los órganos principales del sistema de mantenimiento de la paz y seguridad internacionales de NNUU, como abordaré más adelante, la AG, el CdS y la Corte Internacional de Justicia (en adelante, CIJ) convienen en que todo acto de agresión supone la violación del principio estructural de prohibición general del uso de la fuerza armada.

El extraordinario valor jurídico de la Carta radica en que, si bien fue ratificada inicialmente por 51 Estados, en la actualidad son 193 los Estados que forman parte de NNUU, esto es, la práctica totalidad de Estados de la comunidad internacional. La Carta no es solo un tratado internacional, sino una constitución de DI vinculante para toda la comunidad internacional.

La eficacia de las normas internacionales contra la guerra se ha puesto en duda a lo largo de los años. En la actualidad, la doctrina más reciente ha demostrado empíricamente que después de más de un siglo, las normas internacionales sobre el *ius ad bellum* (leyes que rigen el inicio de la guerra) reducen la probabilidad de la producción de una guerra interestatal si se interpreta que los tratados prohíben la guerra entre Estados y si la aplicación de esos tratados no se obstaculiza por otras normas internacionales. La ratificación de tratados que prohíben las guerras interestatales provoca una disminución de la disposición de los Estados a iniciar guerras que son consideradas ilegítimas por los tratados o las normas internacionales. Logro que se alcanzó, no con un único tratado, sino a través de un

---

95 Artículos 39 y 42 de la Carta. Lógicamente, el CdS puede y debe adoptar previamente al uso de la fuerza otras medidas como las descritas en el artículo 41 de la Carta.

proceso acumulativo de desarrollo de normas y elaboración de tratados[96], que culmina con la Carta de San Francisco.

96 SIKKINK, K, SCHMIDT, A, MUKHARJI, A and D'ALESSANDRA, F: "Peace through Law? International Law, Norms, and the Decline in Interstate Wars", en prensa, 2023.

Capítulo 2

El crimen contra la paz en el Derecho penal internacional

En el capítulo anterior me he referido a los antecedentes de la guerra y al tránsito del derecho de librar la guerra hasta su prohibición general. A estos antecedentes internacionales de lo que hoy denominamos el acto estatal de la agresión hay que sumar los antecedentes que se fueron sucediendo en los diferentes instrumentos internacionales para exigir la responsabilidad penal individual de las personas involucradas en las guerras de agresión y cómo se configuraron los crímenes contra la paz, como precursores del crimen de agresión.

1. EL TRATADO DE PAZ DE VERSALLES

El Tratado de Versalles[97] fue precedido de importantes trabajos que afrontaron la posibilidad de enjuiciar penal e individualmente a los responsables de los crímenes cometidos con ocasión de la Pri-

---

97 Rubricado en la galería de los Espejos del palacio de Versalles el 28 de junio de 1919 y vigente desde el 10 de enero de 1920, es el acuerdo de paz firmado, tras la conclusión de la I Guerra Mundial, entre Alemania y las potencias aliadas vencedoras el 28 de junio de 1919. En la firma de este tratado participaron Estado Unidos, Gran Bretaña, Francia e Italia. Alemania quedó excluida de las conversaciones. Disponible en: https://www.dipublico.org/1729/tratado-de-paz-de-versalles-1919-en-espanol.
V. Un análisis del Tratado de Versalles en QUINTANO RIPOLLÉS, A: *Tratado de Derecho penal internacional e internacional penal*, Tomo I, Consejo Superior de Investigaciones Científicas, Instituto Francisco de Vitoria, Madrid, 1955, pp. 401 a 404; y BASSIOUNI, M. Ch.: *International Criminal Law*, 2ª ed., Tomo III, *Enforcement*, Transnational Publishers, Inc., Ardsley, New York, 1999, pp. 36 a 39.
Siguiendo el mismo razonamiento, aplicado a los tratados posteriores con Austria, Bulgaria, Hungría o Turquía, v. CHINCHÓN ÁLVAREZ, J.: *Derecho*

mera Guerra Mundial. Destaca el denominado *Informe presentado a la conferencia preliminar de la paz*, el 29 de marzo de 1919, y elaborado por la *Comisión encargada del estudio de la responsabilidad de los autores de la guerra e imposición de penas*[98]. La comisión distinguió entre los "actos que provocaron la guerra mundial y acompañaron su iniciación" y "las violaciones de las leyes y costumbres de la guerra y las leyes de la humanidad"[99], es decir, entre lo que hoy sería una guerra de agresión o acto de agresión y crímenes de guerra.

La Comisión calificó la guerra de "premeditada" y "agresiva"[100]. Observó que se ejecutó por "medios bárbaros e ilegítimos, en violación de las leyes y costumbres establecidos de la guerra, y los principios elementales de la humanidad"[101] y que las personas, responsables de estos delitos, "por más elevada que haya sido su posición, sin distinción de categorías, incluso jefes de estado [...] pueden ser criminalmente perseguidas"[102]. Relató que las violaciones infringidas a los derechos de los "combatientes" y de los "paisanos" constituyeron "una lista de las más crueles prácticas que la barbarie primitiva amparada por todos los recursos de la ciencia moderna, podría haber imaginado para la ejecución de un sistema de terrorismo debidamente calculado y llevado a cabo. No fueron respetados siquiera los prisioneros ni los heridos ni las mujeres ni los niños. Los beligerantes trataban de llevar el terror a los corazones, con el propósito de suprimir toda resistencia"[103].

---

internacional y transiciones a la democracia y la paz, Parthenon, Madrid, 2007, pp. 83 a 87.

98 Comisión encargada del estudio de la responsabilidad de los autores de la guerra e imposición de penas: *Informe presentado a la conferencia preliminar de la paz*, Dotación Carnegie para la Paz Internacional. División de Derecho Internacional. Folletos en castellano. Número 2. Washington, 1921.

99 *Ibid.*, p. 23.

100 *Ibid.*, pp. 9, 10 y 13.

101 *Ibid.*, p. 21.

102 *Ibid.*, p. 23.

103 *Ibid.*, pp. 18 y 19. La Comisión se consideró "impresionada" por la gravedad de una la lista no agotada de 32 conductas identificadas (pp. 19, 20 y 31).

Sin embargo, la postura de la Comisión sobre la responsabilidad penal personal respecto de la guerra de agresión fue eludida. En el plano moral, la reprochaba, al dictaminar que "la premeditación de una guerra de agresión, disimulada con un pretexto pacífico, y declarada luego súbitamente, con pretextos falsos es cosa que reprueba la conciencia pública y que la historia condenara"[104]. En lo jurídico, por el contrario, no señalaba responsabilidad penal de sus autores. La Comisión objetaba que "por razón del carácter puramente opcional de las instituciones de La Haya para el mantenimiento de la paz (Comisión internacional de investigación, mediación y arbitraje), una guerra de agresión no puede ser considerada como un acto enteramente contrario al derecho positivo, o que pueda ser llevado con propiedad ante un tribunal como el que se autoriza a la Comisión que examine con arreglo a los términos de su cometido"[105]. Justificaba esta postura en la determinación de quiénes fueron los autores de la guerra en razones prácticas de investigación, como el excesivo tiempo que se tardaría. Por ello, concluía que "los actos que produjeron la guerra no deben imputarse a sus autores ni hacerse objeto de procedimiento ante un tribunal"[106] y, en consecuencia, "no puede formularse cargo criminal alguno contra las autoridades o individuos responsables (notablemente contra el ex Káiser) basándolo, en el capítulo especial de estas violaciones de neutralidad"[107].

A pesar de la recomendación que hacía la propia comisión, amparada en el estado del DI de la época, reconocía que el ataque a la independencia de los Estados era una violación de un principio fundamental de DI. Propuso a la Conferencia una condena *formal* por las

---

104 *Ibid.*, p. 24.

105 *Ibid.*, p. 24. Se refería al tribunal para juzgar a los responsables de la violación de las leyes y las costumbres de la guerra.

106 *Ibid.*, pp. 24 y 26.

107 *Ibid.*, p. 25. Para la Comisión, la invasión de Luxemburgo por los alemanes fue una violación del tratado de Londres de 1867; y la invasión de Bélgica de los tratados de 1839. Tratados que establecieron la neutralidad de Luxemburgo y Bélgica, entendiendo por neutralidad "la libertad, la independencia y la seguridad de la población de dichos países" (p. 25).
V. artículo 231 del Tratado sobre la responsabilidad de Alemania por la imposición de la guerra a los gobiernos aliados y asociados.

violaciones de la neutralidad de Luxemburgo y Bélgica; que crease un órgano especial para tratar "como se merecen a los autores" de los actos que produjeron la guerra y los que acompañaron su iniciación; y, finalmente, la Comisión abría una puerta al venidero enjuiciamiento de los responsables de la guerra de agresión al desear que en el futuro se impusieran sanciones penales por las "graves infracciones de los principios elementales del derecho internacional"[108]. EE.UU. en su memorándum disidente objetó que "toda nación que va a la guerra asume una grave responsabilidad, y que la nación que va a una guerra de agresión comete un crimen"[109].

El Tratado de Versalles supuso —pero solo en el marco teórico— un extraordinario avance en el desarrollo del DI para exigir en el futuro la responsabilidad penal internacional por crímenes internacionales a los autores y partícipes de crímenes internacionales. Años más tarde fue un precedente importante para el enjuiciamiento de los crímenes cometidos a partir de la Segunda Guerra Mundial. El Tratado, en el conocido artículo 227[110], sentaba tres elementos que posteriormente fueron básicos en el devenir del futuro DPI. Por primera vez, se dibujaba el germen de la responsabilidad penal personal por actos de guerra que constituían principalmente ilícitos internacionales por contravenir los usos y costumbres de la guerra, aunque no por la guerra de agresión. Esos actos que se cometían después de iniciada la guerra, *en* la guerra, ya no solo debían acarrear responsabilidad estatal, sino individual. No obstante, el tratado precisaba que las potencias aliadas y asociadas sometían a pública acusación a Guillermo II de Hohenzollern, ex emperador de Alemania, por su responsabilidad en el inicio de la guerra, al haber violado el *ius ad bellum*. Por otro lado, se delimitaba de alguna forma la antijuridicidad de la conducta del ex Káiser, al considerar que eran ofensas supremas contra la moral internacional y la santidad de los tratados[111]. Y

---

108 *Ibid.*, pp. 25 y 26. V. el crítico memorándum de las reservas presentadas por EE.UU. a estas conclusiones de la Comisión de Responsabilidades, el 4 de abril de 1919, en *Ibid.*, pp. 39 a 44.

109 *Ibid.*, p. 44.

110 Parte VII del Tratado dedicado a las "sanciones".

111 Se debatió la posibilidad de que expresamente se incluyera que se acusaba a Guillermo II "*no por un delito contra el Derecho penal,* sino por un delito

finalmente se establecía el elemento jurisdiccional, al especificar que el ex Káiser sería juzgado por un tribunal especial.

La profesora SELLARS resalta la importancia de este artículo 227 para el DPI. Describe la génesis del precepto y los principales argumentos que se sometieron en aquel entonces en arduos y hasta, en ocasiones, violentos debates, que, incluso hoy, siguen vigentes en el DPI: el castigo político o jurídico de los líderes por crímenes internacionales, el problema de la retroactividad de la ley[112], la distinción entre la responsabilidad estatal e individual[113], la posibilidad de enjuiciar a los jefes de Estado y su inmunidad[114].

Esta experta recuerda un fragmento de un artículo de prensa del primer ministro británico, David Lloyd George:

> "El Káiser debe ser procesado. La guerra fue un crimen. ¿Quién lo duda? Fue un crimen espantoso, terrible. Fue un crimen por la forma en que se planeó, por el deliberado desenfreno con que se provocó. También fue un crimen en su acción...¡Sin duda la guerra fue un crimen!"[115].

---

supremo contra la moralidad internacional y la inviolabilidad de los tratados". No obstante, finalmente se suprimió la alusión de que no era un delito para impedir que se interpretara que el ex Káiser no había cometido ningún delito. La inclusión de la cláusula "moral internacional" fue muy criticada por su ambigüedad y vaguedad. V. SELLARS, K.: "The First World War, Wilhelm II and Article 227: The Origin of the Idea of Aggression in International Criminal Law", *Crime of Aggression Library, The Crime of Aggression a commentary,* KREß, C. and BARRIGA, S. (dir.), Cambridge University Press 2017, pp. 35 a 38.

LIÑÁN LAFUENTE, A.: *El crimen contra la humanidad,* Dykinson, Madrid, 2015, p. 36, confirma que la redacción del precepto revelaba que la ofensa suponía una responsabilidad moral más que una responsabilidad derivada de un ilícito penal.

112 SELLARS: The First..., ob. cit., pp. 21 y 22.

113 *Ibid.,* pp. 27 y 28.

114 *Ibid.,* pp. 31 a 33.

115 *Ibid.,* p. 21. El fragmento forma parte de un artículo publicado en *The Times,* el 6 de diciembre de 1918, cuando el primer ministro estaba en campaña política.

Para la SELLARS, la opinión de Lloyd, suponía un cambio radical en el ámbito del DI. El tradicional enfoque de la guerra como un "simple medio de coerción política"[116] se transformaba. La guerra de agresión pasaba a ser para sus autores un crimen y un jefe de Estado podría ser considerado penalmente responsable del mismo[117]. Sin embargo, otros autores resaltan que el verdadero sentir después de finalizada la Primera Guerra Mundial era que iniciar una guerra, incluso si es de agresión, no era un crimen internacional, y sí un "ultraje moral"[118]. El primer intento de criminalizar la guerra de agresión fue, en palabras de KREß, un "fracaso"[119]. Del análisis del citado informe presentado a la Conferencia Preliminar de la Paz[120] se desprende un respeto por observar el DI, pero también, y con la misma intensidad e incomprensiblemente, un miedo jurídicamente infundado a convertir la condena moral[121] de los responsables de la guerra de agresión en responsabilidad penal personal individual por el crimen de la guerra de agresión.

Las ideas que llevaron a los británicos y franceses a pretender juzgar a Guillermo II —EE.UU. y Japón, en mayor o menor medida, se oponían[122]— se basaron en que éste debía ser entregado a un tribunal internacional por ser criminalmente responsable de la

---

116 *Ibid.*, p. 24.

117 *Ibid.*, pp. 24 y 28.

118 TAYLOR: ob. cit., pp. 81 y 82. Se basa, a su vez, en la postura de la citada Comisión encargada del estudio de la responsabilidad de los autores de la guerra e imposición de penas (v. *supra*, nota 98) encargada de investigar la responsabilidad de los autores de la guerra.

119 KREß: Los avances..., ob. cit., p. 595.

120 V. *supra*, nota 98.

121 El informe citado de la repetida Comisión de Responsabilidades concretaba, en palabras de la legación de EE.UU., el dilema jurídico-moral en que todos los miembros de la Comisión estaban "deseosos" de que fueran "castigados por sus crímenes, morales y legales, los individuos responsables" por la "gran guerra" y por "las violaciones de las leyes y costumbres de la guerra" (p. 32, v. *supra*, nota 98).

122 SELLARS: The First World..., ob. cit., pp. 29, 31 y 34. Uno de los argumentos principales de EE.UU. para oponerse fue la vulneración del principio de legalidad. Argumentaron que no existían precedentes de que las violaciones de las leyes y costumbres de la guerra, ni mucho menos de las leyes de la humanidad fueran crímenes internacionales antes de su comisión por

guerra, al haber violado las fuerzas alemanas el DI consuetudinario y el Derecho de La Haya[123], es decir, las leyes y costumbres de la guerra[124] y las leyes de la humanidad[125]. De esta forma, además, se conseguiría un efecto preventivo. Los futuros agresores[126] recibirían el mensaje de que los intentos de hacer la guerra injustamente o de violar el DI se castigarían. Asimismo, se reforzaría la acusación contra los subordinados que habían obedecido las órdenes del ex Káiser[127]. Los crímenes, en definitiva, no podían quedar impunes[128]. Los redactores de este precepto en sus trabajos previos declararon que había "nacido un nuevo Derecho internacional"[129] y que "los principios del Derecho internacional debían ser reivindicados, y recibir una consagración solemne mediante la intervención de la jurisdicción penal"[130].

Las pretensiones del Tratado, sin embargo, se frustraron. El anunciado tribunal penal internacional que debía juzgar al ex Káiser alemán nunca se constituyó[131]. Los esfuerzos del fiscal general británico, Sir Gordon Hart, y su equipo, que comenzaron a preparar materialmente el futuro juicio, fueron estériles[132]. El primer ministro francés, Clemenceau, solicitó a Holanda, el 16 de enero de 1920, la entrega

---

Guillermo II. Moralmente eran censurables, pero por "infames" que fueran estaban lejos del alcance del Derecho (p. 34).
Sobre la postura de Japón v.: *Ibid.*, p. 34.

123 *Ibid.*, p. 24.

124 *Ibid.*, p. 29.

125 *Ibid.*, p. 33.

126 *Ibid.*, p. 25.

127 *Ibid.*, pp. 22 y 23.

128 *Ibid.*, p. 24.

129 *Ibid.*, p. 24. Según el informe oficial, *Examen de la responsabilité pénale de l'Empereur Guillaume II,* redactado por los juristas franceses Ferdinand Larnaude y Albert Lapradelle, posteriormente en la Conferencia de Paz preliminar de París de 1919 se volvió a insistir en que el juicio al ex Káiser inauguraría un nuevo régimen jurídico internacional (*Ibid.*, p. 25).

130 *Ibid.*, p. 30. Frase pronunciada durante las discusiones por Larnaude, de la delegación francesa, en el tercer subcomité y, al parecer, en voz alta.

131 Así lo determinaba el artículo 227.2 del Tratado. El tribunal estaría integrado por cinco jueces designados por EE.UU., Reino Unido, Francia, Italia y Japón.

132 SELLARS: The First World..., ob. cit., pp. 37 a 40.

de Guillermo II, lugar en el que se había refugiado al concluir la Primera Guerra Mundial. El argumento de esta petición no se basó en el hecho de ser “una acusación pública de carácter fundamentalmente judicial, sino un acto de alta política internacional impuesto por la conciencia del mundo”[133]. Los Países Bajos declinaron acceder a “ese acto de alta política internacional”[134] y le concedieron asilo[135]. Una posterior solicitud interesada el 14 de febrero de 1920 corrió la misma suerte y fue rechazada[136].

El Tratado reconocía, además, y con independencia del frustrado juicio al ex Káiser, el derecho de las potencias aliadas y asociadas de someter a juicio en sus tribunales militares también a los acusados de cometer “actos contrarios a las leyes y a las costumbres de la guerra”[137]. Con todo, esta previsión fue ilusoria al negarse Alemania a “entregar” a los criminales de guerra a las referidas potencias a pesar de la obligación adquirida con la firma del tratado tanto de extra-

---

133 *Ibid.*, p. 46.

134 *Ibid.*, p. 46.

135 V. LIÑÁN LAFUENTE, A.: “Origen y Evolución del Derecho penal internacional (I)”, *Derecho penal internacional*, Gil Gil A. y Maculan E (dirs.), Dykinson, Madrid, 2019, p. 58, explica que el ministro Loudon, el 24 de enero de 1920, denegó la solicitud extradicional porque el ex Káiser, según el Derecho penal holandés —y, por tanto, amparado en el principio de legalidad— no había cometido actos susceptibles de ser penados. Holanda consideró que, en todo caso, el delito ejecutado por el ex Káiser sería político, por lo que, de acuerdo con los tratados de extradición firmados con Francia, Bélgica, Inglaterra y los Estados Unidos, y también de su ley interna sobre extradiciones de 6 de abril de 1875, no procedía la extradición.
Para QUINTANO: ob. cit., p. 403, los pobres resultados acabaron con el primer intento de alcanzar una justicia penal internacional, por las exigencias políticas, el predominio del positivismo tradicional y el absolutismo soberano, además de la inexistencia de normas “superestatales” en el momento de la comisión de los hechos.

136 SELLARS: The First World…, ob. cit., p. 46.

137 Los artículos 228.2 y 229.1 contemplaban la constitución de tribunales militares integrados por jueces de diferentes Estados si se cometían delitos contra ciudadanos de varios Estados.

ditarlos[138], como de cooperar mediante la prestación de la necesaria asistencia judicial (artículo 230).

No obstante, y a pesar de la negativa alemana a entregar a justiciables a las potencias aliadas, sí se produjeron algunos enjuiciamientos en los denominados *Juicios de Leipzig*, que se ventilaron ante el Tribunal Supremo del Reich (*Reichsgericht*). Como se ha destacado por la doctrina, tampoco se correspondieron con la idea de lo que debieron ser auténticos procesos judiciales. La voluntad de los jueces se movió fundamentalmente por saciar las pretensiones públicas y aparentar que se estaban celebrando juicios. El escaso número de fallos condenatorios que se dictaron por penas mínimas contra los considerados criminales de guerra pusieron en evidencia los *Juicios de Leipzig*[139] que llegaron a ser calificados incluso de parodia[140].

---

138 Artículo 228.2. El 3 de febrero de 1920 se solicitó la extradición de más de 900 responsables de las más graves violaciones de las leyes y usos de guerra" (WERLE y JESSBERGER: ob. cit., p. 39 y nota 14).
V. BASSIOUNI: International Criminal Law..., ob. cit., pp. 34 y 35.

139 WERLE y JESSBERGER: ob. cit., p. 40.

140 LIÑÁN: El crimen de..., ob. cit., p. 38, describe que el gobierno alemán aceptó —por la Ley de 18 de diciembre de 1919 o *Ley para la Persecución de Crímenes y Delitos de Guerra,* completada por otra de 24 de mayo de 1920— el enjuiciamiento de ciudadanos alemanes acusados de cometer crímenes de guerra dentro y fuera de Alemania. El gobierno propuso a los aliados en una nota de 24 de marzo de 1920 que los juicios se celebraran en el Tribunal Supremo del Reich como órgano competente. Se designó como tribunal competente a la Corte de Leipzig, constituida en *Senado Criminal de la Corte Imperial de Justicia.*
WERLE y JESSBERGER: ob. cit., pp. 40 y 41, recuerdan que se celebraron 1.744 procesos. 907 fueron peticiones de extradición de los aliados a Alemania que fueron denegadas. 837 se iniciaron de oficio por el tribunal, pero sólo se abrió el juicio oral en 31 casos. De estos, nueve concluyeron con sentencia, seis condenatorias y tres absolutorias. Las penas no se cumplieron en su totalidad, y dos de estas seis condenas posteriormente se revocaron por absoluciones mediante un juicio de revisión, calificado de dudoso. El resto de los procedimientos, dado el escaso interés de los aliados, fueron sobreseídos. No hay unanimidad en cuanto a la totalidad de los procesos celebrados. Uno de estos juicios fue el celebrado por el hundimiento del barco hospital británico *Llandover y Castle* y de dos botes salvavidas, con náufragos que pudieron salvarse antes de que sucumbiera el submarino denominado *U 86.* Dos oficiales, previamente condenados

La trascendencia para el desarrollo del DPI de los *Juicios de Leipzig* fue prácticamente nula. Al ser una justicia sustitutiva del tribunal internacional anunciado en el Tratado y de los tribunales militares de los aliados se limitó a aplicar la ley interna alemana, aunque en materia de antijuridicidad recurrió al DI[141].

El interrogante formulado por el citado primer ministro británico David Lloyd George en noviembre de 1918 quedaba respondido negativamente. Éste en un discurso electoral afirmó: "Alguien [...] ha sido responsable por esta guerra que ha quitado la vida de millones de los mejores hombres jóvenes de Europa. ¿No hay alguien a quien deba responsabilizarse por esto? Todo lo que puedo decir es que, si ese es el caso, hay una justicia para el criminal pobre y miserable, y otra para reyes y emperadores"[142].

2. EL PERÍODO DE ENTREGUERRAS

Entre la Primera y la Segunda Guerra Mundial aparece la primera definición de agresión en un convenio internacional en tres instrumentos denominados Convenio para la Definición de la Agresión firmados el 3, 4 y 5 de julio de 1933 suscritos en el ámbito de la Sociedad de Naciones[143]. Antes, la Unión Soviética, nación nada poderosa en aquella época, a través del ministro soviético de asuntos exteriores, Maxim Litvinov, ya había presentado un proyecto de definición

en el procedimiento de revisión, fueron absueltos al declararse culpable el comandante del submarino. V. también, LIÑÁN: El crimen..., ob. cit., p. 39.
V. PIGANETELLI: ob. cit., pp. 89 a 116.

141 WERLE y JESSBERGER: ob. cit., pp. 40 y 41.

142 Citado por KREß: Los avances de..., ob. cit., p. 594.

143 Convention for the Definition of Aggression. Signed at London, No. 3391, July 3rd, 1933. Disponible en: https://www.derechos.org/peace/dia/doc/dia20.html#N_1_ Firmado por Rumanía, Estonia, Letonia, Polonia, Turquía, Unión Soviética, Persia y Afganistán.
Posteriormente se firmaron otros dos convenios idénticos, el número 3414, el 4 de julio de 1933, entre Rumania, la Unión Soviética, Checoslovaquia, Turquí y Yugoslavia; y el número 3405, el 5 de julio de 1933, entre Lituania y la Unión Soviética.

de agresión que se debatió en la Conferencia de desarme[144] sin que se adoptara ninguna resolución ni decisión al respecto[145].

Finalmente, y por iniciativa de los soviéticos, se firmaron los tratados de 1933. Se consideraba agresor en "un conflicto internacional, sin perjuicio de los acuerdos en vigor entre las partes en litigio, a aquel Estado que sea el primero en cometer cualquier de las siguientes acciones: (1) Declaración de guerra a otro Estado; (2) Invasión por sus fuerzas armadas, con o sin declaración de guerra, del territorio de otro Estado; (3) Ataque de sus fuerzas terrestres, navales o aéreas, con o sin declaración de guerra, al territorio, buques o aeronaves de otro Estado; (4) Bloqueo naval de las costas o puertos de otro Estado; (5) Prestación de apoyo a bandas armadas formadas en su territorio que hayan invadido el territorio de otro Estado, o negativa, a pesar de la petición del Estado invadido, a tomar, en su propio territorio, todas las medidas a su alcance para privar a dichas bandas de toda ayuda o protección" (artículo II). Y en el artículo III se señalaba que "ninguna consideración política, militar, económica o de otra índole podrá servir de excusa o justificación para la agresión a que se refiere el artículo II"[146].

---

144 V. Doc. Conf. D//C.G./P.V. 38. V. *supra*, nota 52.

145 V. Conf. D./C.G./108, Conf. D./C.P./C.R.S./9, League of Nations Conference for the Reduction and Limitation of Armaments General Commission, Report of the Committee on Security Questions (Rapporteur: M.N. Politis), Geneva, May 24th, 1933. Disponible en: https://www.derechos.org/peace/dia/doc/dia17.html

146 Este artículo se remitía a los ejemplos del Anexo. En éste se señalaban "indicaciones para determinar al agresor" y conductas que no podían justificar el acto de agresión: "A. La condición interna de un Estado: Por ejemplo, su estructura política, económica o social; supuestos defectos de su administración; disturbios debidos a huelgas, revoluciones, contrarrevoluciones o guerra civil. B. El comportamiento internacional de un Estado: Por ejemplo, la violación o la amenaza de violación de los derechos o intereses materiales o morales de un Estado extranjero o de sus nacionales; la ruptura de relaciones diplomáticas o económicas; los boicots económicos o financieros; los litigios relativos a obligaciones económicas, financieras o de otro tipo frente a Estados extranjeros; los incidentes fronterizos que no constituyan ninguno de los casos de agresión especificados en el artículo II. Las Altas Partes Contratantes convienen además en reconocer que la presente Convención no podrá en ningún caso legitimar las violaciones

Este convenio de 1933 fue un precedente relevante para la importante resolución de la AG 3314 de 1974, sobre la definición de la agresión[147].

Paralelamente a los esfuerzos legislativos, después de la Primera Guerra Mundial, la doctrina también se ocupó del crimen de agresión. El profesor JEẞBERGUER sitúa el inicial debate doctrinal sobre este crimen a principios de 1920[148]. Destaca que se insertó en la discusión general sobre la creación del DPI y en el marco de un foro para enjuiciar los crímenes internacionales. Resalta la importante contribución a esta misión de la International Law Association y de la Association Internationale de Droit Pénal. Esta última puso el acento en exigir la *responsabilidad penal del Estado* y la individual de quienes cometieran una agresión[149]. Y advierte que el análisis de la cuestión se enfocaba en considerar solo la responsabilidad del Estado, y no la individual[150]. Los principales exponentes enmarcados en el llamado *movimiento francés,* más allá de la nacionalidad no francesa de algunos de los académicos que formaron parte de este movimiento, fueron Vespasiano Pella, Henri Donnedieu de Vabres y el español Quintiliano Saldaña[151].

---

del derecho internacional que puedan estar implícitas en las circunstancias comprendidas en la lista anterior".

V. la secuencia de la formación de estos convenios en: SELLARS, K.: "Definitions of Aggression as Harbingers of International Change", in Leila Nadya Sadat (ed.), Seeking Accountability for the Unlawful Use of Force (Cambridge University Press, 2018), pp. 122-153. Disponible en SSRN: https://ssrn.com/abstract=2851308, pp. 1 a 9.

147 V. *infra,* nota 282.

148 JEẞBERGUER: The Modern Doctrinal..., ob. cit., pp. 288 y 289.

149 La resolución final de la Asamblea de esta asociación de 1926, como transcribe JEẞBERGUER, ob. cit., p. 289, deseaba que un "Tribunal permanente [de justicia internacional] conociera de la responsabilidad penal de los Estados derivada de una agresión injusta o de cualquier otra violación del derecho internacional. Deberá estar facultada para pronunciar contra el Estado culpable tano sanciones penales como medidas de seguridad". Corte que "debe tener también conocimiento de las responsabilidades individuales que equivalen a la agresión".

150 *Ibid.,* p. 293.

151 *Ibid.,* pp. 290 y 291.

El jurista rumano Vespasiano PELLA, en 1925, en su obra *la criminalité colectiva des états et le droit pénal de l'avenir*, abordaba la exigencia de la *doble responsabilidad penal* por crímenes internacionales, la individual y la de las personas jurídicas, y en último lugar la del Estado. También instaba la creación de un órgano internacional para resolver los crímenes internacionales. En este contexto, fue el máximo exponente de la época sobre el crimen de agresión. Consideraba que el crimen de agresión se situaba en la cúspide de todos los crímenes internacionales, por el hecho de proteger la paz internacional. Apostaba por penalizar la guerra entre naciones soberanas, pero no las guerras coloniales ni las de secesión. Y propugnaba una definición precisa del crimen de agresión en aplicación estricta del principio de legalidad, así como la punición tanto de los actos preparatorios previos al estallido de las hostilidades, como de la tentativa[152]. También propuso en 1935, sin éxito, una definición del crimen de agresión dentro del *Plan d'un code répressif mundial*[153].

El catedrático de la Universidad Central de Madrid —después Universidad Complutense— Quintiliano Saldaña fue un decidido impulsor del DPI. En la conferencia *La justice pénale internationale*, pronunciada, en 1925, en la Academia de Derecho Internacional de La Haya muestra su pensamiento sobre el DPI[154]. El académico es-

---

152 *Ibid.*, pp. 291 y 292.

153 KREß: Los avances de..., ob. cit., p. 595.

154 V. la conferencia en: SALDAÑA, Q.: "La justice pénale internationale, *Colecté Courses of the Hague Academy of International Law*, Vol. 10, 1995, pp. 223 a 430. Disponible en: https://referenceworks.brillonline.com/entries/the-hague-academy-collected-courses/*A9789028604728_02?lang=en

El contenido de la conferencia demuestra el interés del académico español por el DPI al referirse a: i) la evolución de los hechos: de la asistencia jurídica internacional a la asistencia jurídica supranacional (pp. 228 a 242); ii) la evolución de las ideas, del derecho internacional a la justicia internacional (pp. 243 a 260); y iii) la evolución de las instituciones, del arbitraje internacional a la corte permanente de justicia internacional (pp. 261 a 282). También disertó sobre: la evolución de la justicia internacional, de la criminalidad nacional a la internacional (pp. 285 a 295); la delincuencia interestatal (pp. 296 a 300) y establece cuatro categorías: crímenes políticos interestatales (pp. 298 a 300), crímenes militares interestatales (pp. 301 a 312) dentro de los que incluye en la categoría de "la guerra criminal" a "la

pañol, impulsor entonces del DPI, partía de que la idea del Estado criminal era "moderna" porque "aún no estaba lo suficientemente asentada" y que la *guerra de agresión* era el crimen más "temible" e "importante" [155] de todos los que podía cometer el Estado. Suponía "un acto colectivo de salvajismo jurídico en medio de una espléndida civilización material"[156]. Consideraba que la agresión era la combinación inescindible del "recurso a la guerra" y de la "violación de un compromiso"[157]. Para el jurista español, el acto de agresión era un "verdadero crimen"[158].

SALDAÑA, en la citada conferencia expuso un anteproyecto de código penal internacional[159] que había confeccionado y que presentó a la Sociedad de Naciones. Este trabajo no era el resultado "de una creación original, lo que sin duda lo convertiría en utópico", sino el resultado de una cuidadosa recopilación de "textos seleccionados de la legislación internacional", que denominó la "Carta Magna de Europa". Se refería "al pacto de la Sociedad de Naciones, los tratados de paz, el protocolo, los convenios internacionales de preguerra y de posguerra". En el artículo 43 a), este autor definía la agresión como como una forma de criminalidad estatal[160]. En el artículo 35 consideraba punibles tanto los actos preparatorios como la tentativa. Y, en

---

agresión" (pp. 309 a 312); vi) delitos antinacionales (pp. 314 a 319); vii) crímenes internacionales (pp. 319 a 336); vii) delitos cometidos en el extranjero (pp. 336 a 345); y viii) de la extradición a la represión penal universal (pp. 347 a 375); de la ley penal nacional a la ley penal internacional (pp. 377 a 386).

155 *Ibid.*, p. 309.

156 *Ibid.*, p. 370.

157 *Ibid.*, pp. 309 y 310.

158 *Ibid.*, p. 309.

159 *Ibid.*, pp. 389 a 424

160 "La responsabilidad directa de un Estado puede derivarse de agresión o violación de cualquier obligación internacional.
En general, hay agresión internacional siempre que un Estado recurre al uso de la fuerza, incluida la guerra en violación de los compromisos que ha contraído, ya sea en tratados y convenciones, o en el Pacto si es miembro de la Sociedad de Naciones y no ha respetado la integridad territorial o la independencia política de otro miembro de la Sociedad, o en el Protocolo de 1924, si, no habiendo firmado el Protocolo, se ha negado a someterse a someterse a un laudo arbitral o a una decisión unánime del Consejo del

materia de intervención, declaraba punibles la cooperación y complicidad (artículos 38 y 39)[161]. Así, este académico se convertía en el primer jurista español en estudiar e impulsar el DPI. Posteriormente, le siguieron los también catedráticos de la Universidad de Madrid, Luis Jiménez de Asúa y el citado Antonio Quintano Ripollés.

DONNEDIEU DE VABRES, en una publicación de 1924, mantuvo, al igual que Pella, que la guerra de agresión generaba responsabilidad penal estatal, que se debería ventilar ante la Corte Permanente de Justicia Internacional. La responsabilidad penal individual, al afectar el crimen de agresión a las relaciones interestatales, se dilucidaría para el jurista francés ante los tribunales del Estado del que fueran nacionales los responsables del crimen de agresión[162].

El debate científico iniciado en los años 20 del siglo pasado sobre el crimen de agresión, al igual que el político, como recuerda JEßBERGUER, cesó en el período entreguerras[163]. Los asesinatos del rey de Yugoslavia y del ministro de Asuntos Exteriores de Francia el año 1934 en Marsella fue el detonante. A partir de entonces, Francia impulsó la creación de un tribunal penal internacional para enjuiciar el delito de terrorismo, pero no el de agresión. De esta forma, el "legado de la Primera Guerra Mundial desapareció tanto de la esfera política como académica"[164].

Consejo (Análisis del Protocolo, trabajos de la Primera Comisión, 8, determinación de la agresión)", *Ibid.*, p. 404.

161 *Ibid.*, pp. 401 y 402.
En 1929, como apunta JEßBERGUER: ob. cit., pp. 298, el profesor estadounidense, Albert Levitt, propuso otro borrador de código penal internacional.

162 V. JEßBERGUER: ob. cit., pp. 293. El documento de DONNEDIEU DE VABRES en el que refleja esta postura es "La Cour Permanente de Justicie Internationale et sa vocatión en maître criminelle", Reve. Internationale de Droit Penal, 1 (1924), 175-201 at 198 (*ibid.*, nota 26).

163 KREß: Los avances..., ob. cit., p. 595, recuerda la frase de Pella sobre que "los Estados hicieron casi nada entre las dos guerras para propiciar un sistema internacional de justicia". Igualmente retoma el escepticismo del Reino Unido en 1927 con la frase de Austen Chamberlain sobre una posible definición de agresión, ésta sería "una trampa para los inocentes y un aviso para los culpables".

164 JEßBERGUER: ob. cit., p. 294.

3. NÚREMBERG Y EL ACUERDO DE LONDRES

LAUTERPACHT años antes del juicio de Núremberg se pronunció en favor de la criminalización de la agresión: "el derecho de cualquier sociedad internacional merecedora de tal nombre debe rechazar con reprobación la visión de que entre naciones no puede haber agresiones que ameriten castigo"[165].

En las postrimerías de la Segunda Guerra Mundial, y antes de su finalización, ya se comenzaba a plantear por algunos juristas en Europa que se acusara a los responsables del desencadenamiento de la guerra por agresión. El coronel William Chanler propuso al Departamento de Guerra de los Estados Unidos que los dirigentes alemanes fueran acusados por "quebrantar la paz internacional". Frank Roosevelt lo aprobó. Resurgía, entonces, la idea del enjuiciamiento a los responsables de lo que se llamaría "crímenes contra la paz"[166] para exigirles su responsabilidad penal personal.

KELSEN, como asesor del fiscal Jackson, fue el principal impulsor de que se incluyera expresamente en el citado Acuerdo de Londres la responsabilidad penal personal. Sugirió que "[cualquier persona que viole] el derecho internacional que prohíbe el uso de la fuerza [...] podrá ser individualmente responsable por estos actos [...] y podrá ser procesado y sancionado por el Tribunal"[167]. La propuesta fue acogida por Jackson[168]. Y finalmente el Acuerdo de Londres de 8 de agosto de 1945 que creó el Tribunal Militar Internacional de Núr-

---

165 Citado por KREß: Los avances de..., ob. cit., p. 596 y nota 13.

166 SELLARS: The First World..., ob. cit., p. 46 y 47.

167 KELSEN: ob. cit., pp. 42 y 43 (Estudio introductorio de GARCÍA PASCUAL y GARCÍA SAEZ).

168 "Hans Kelsen se muestra preocupado por la ausencia de normas de derecho internacional sobre las que pueda sustentarse la responsabilidad individual. Considera que una declaración definitoria es esencial [...] Yo creo que merecería la pena incluirla para prevenir la discusión respecto de si el derecho prevé o no tal responsabilidad". KELSEN: ob. cit., p. 43 (Estudio introductorio de GARCÍA PASCUAL y GARCÍA SAEZ).

emberg[169], incorporó a su propio articulado la responsabilidad penal individual[170] y también al del Estatuto del Tribunal Miliar Internacional de Núremberg[171] (en adelante, Estatuto del TMI). Estatuto que se unió al Acuerdo de Londres en el anexo de éste.

---

169 Agreement' by the government of the United Kingdom of Great Britain and Northern Ireland, the Government of the United States of America, the provisional government of the French Republic and the Government of the Union of Soviet Socialist Republics for the prosecution and punishment of the major war criminals of the european axis, signed at London, on 8 August 1945. Naciones Unidas, Treaty Series, vol. 82, número 251, pp. 279 a 311 (versión inglesa, francesa y rusa). Disponible en: https://treaties.UN.org/doc/Publication/UNTS/Volume%2082/v82.pdf
La Declaración de Moscú, de 1 de noviembre de 1943 (*Trials of War Criminals before the Nurenberg Military Tribunals*, United States Government Printing Office, 1951, vol. III, p. X) avisaba que las personas de la Alemania nazi que hubieren cometido crímenes en los países ocupados serían entregados a los mismos para ser juzgados y castigados en ellos. Y advertía que todos los criminales alemanes cuyos delitos no tuvieran una localización geográfica concreta serían juzgados y castigados en conjunto por los gobiernos aliados.
Puede consultarse en: https://www.dipublico.org/8699/conferencia-de-moscu-octubre-de-1943-declaracion-conjunta-de-las-4-potencias/
El 8 de agosto de 1945, el Reino Unido de Gran Bretaña e Irlanda del Norte, Estados Unidos de América, Francia y la Unión Soviética, "actuando en interés de todas las Naciones Unidas" firmaron el *Acuerdo para el enjuiciamiento y castigo de los principales criminales de guerra del eje europeo.* Se componía de dos cuerpos, el texto del *Acuerdo* y el del *Estatuto Constituyente del Tribunal Militar Internacional.*
El *Acuerdo* sentaba las bases de la constitución del TMI para juzgar responsabilidades penales de los "grandes criminales de guerra" cuyos crímenes no tuvieran una localización geográfica particular, retomando de este modo lo anunciado en la *Declaración de Moscú.* El *Estatuto* constaba de 30 artículos, distribuidos en siete títulos y regulaba aspectos sustantivos y procesales.
Sobre el Acuerdo y el Estatuto y sus antecedentes v. LIÑÁN: Origen y evolución (I)..., ob. cit., pp. 60 a 64; y OLLÉ SESÉ, M.: *Justicia universal para crímenes internacionales,* La Ley, Madrid, 2008, pp. 119 a 125.

170 El artículo 1 establecía el enjuiciamiento de criminales guerra ya sean acusados individualmente, en calidad de miembros de grupos u organizaciones o en ambos conceptos.

171 Artículo 6: "El Tribunal establecido por el Acuerdo aludido en el Artículo 1 del presente para el enjuiciamiento y condena de los principales criminales de guerra del Eje Europeo estará facultado para juzgar y condenar a aque-

La primera definición similar a lo que es hoy el crimen de agresión en el ámbito del DPI se plasmó en el Estatuto del TMI. El artículo 6 declaraba como crímenes sujetos a la jurisdicción del tribunal, y por los cuales se exigiría responsabilidad individual, a los crímenes contra la paz, de guerra y contra la humanidad[172]. Fue el jurista soviético Aron Trainin uno de los promotores principales de la implantación de los crímenes contra la paz en el DI, quien acuñó su término, y el que influyó decisivamente para que se incluyeran en el Estatuto del TMI y posteriormente en la acusación contra los enjuiciados[173].

El universalmente conocido como *Juicio de Núremberg* desencadenó diferentes críticas que WERLE y JESSBERGER[174] sintetizan en su cuestionada legitimidad política y jurídica. En la percepción de que fue el éxito de una "justicia de vencedores". En la inexistencia de juicios por los crímenes de guerra cometidos por los aliados, lo que

---

llas personas que, actuando en defensa de los intereses de los países del Eje Europeo, cometieron los delitos que constan a continuación, ya fuera individualmente o como miembros de organizaciones: Cualesquiera de los actos que constan a continuación son crímenes que recaen bajo la competencia del Tribunal respecto de los cuales habrá responsabilidad personal".

172 V. *infra*, sobre el sujeto activo en el crimen de agresión, Cap. 5: 1.

173 SANDS F.: "Un tribunal internacional para Putin", *El País*, 2 de marzo de 2022. https://elpais.com/opinion/2022-03-02/un-tribunal-internacional-para-putin.html

GONZÁLEZ IBÁÑEZ, J.: "La agresión y el derecho humano a la paz", *Núremberg y Vietnam: una tragedia americana, reflexiones desde el Derecho internacional*, Taylor, T., González Ibáñez, J. (ed.), Tirant lo Blanch, Valencia, 2023, p. 337, atribuye a Aaron Trainin la conceptualización de los crímenes contra la paz; y GONZÁLEZ IBAÑEZ, J.: "Putin, el derecho internacional y la penicilina de Stalin", *El País (Babelia)*, 7 de abril de 2022, https://elpais.com/babelia/2022-04-07/putin-el-derecho-internacional-y-la-penicilina-de-stalin.html

KREß, C., HOBE, H., and NUßBERGER, A.: "The Ukraine War and the Crime of Aggression: How to Fill the Gaps in the International Legal System", *Just Security*, January 23, 2023, https://www.justsecurity.org/84783/the-ukraine-war-and-the-crime-of-aggression-how-to-fill-the-gaps-in-the-international-legal-system/, recuerdan que la adopción de los términos "crímenes contra la paz" se debe al que fuera profesor de la Unión Soviética Aron Trainin.

174 WERLE y JESSBERGER: ob. cit., pp. 46 a 50.

planteó el debate de si debían ser juzgados por iniciar y desarrollar la guerra de agresión o por perderla[175]. En la aplicación retroactiva de las penas y la vigencia del principio de legalidad, lo que suscitó el interrogante y polémico debate sobre si los hechos eran punibles y típicos, de acuerdo con el DI consuetudinario en el momento de su comisión. Y, por último, en la falta de motivación y precisión tanto de la pena respecto de los crímenes contra la paz, como de la motivación de la punibilidad de estos en el DI[176].

El centro de la disputa fue la consideración e interpretación del principio de legalidad. Los que defendieron que su aplicación fue correcta argumentaron su postura bien en que el derecho aplicado era preexistente respecto de los crímenes de guerra y contra la paz fundamentalmente, bien en que el principio requería de una reinterpretación en el DI. Otros, aun aceptando que se vulneró el principio de legalidad, justificaban su postura en su inaplicación en el DPI o en la prevalencia de intereses superiores. Y un último sector doctrinal criticó contundentemente que se vulnerara el principio de legalidad[177].

El TMI sostuvo que respetó y no vulneró el principio de legalidad porque éste se debía entender como un "principio de justicia" al ser las conductas juzgadas contrarias al DI que no podían quedar sin castigo[178].

La condena por crímenes contra la paz fue la más criticada. Las censuras se centraron en la aplicación retroactiva de la norma penal, porque en el momento de su comisión no existía norma alguna que contemplase la responsabilidad penal personal por este crimen, solo la responsabilidad estatal por el hecho ilícito[179]. En concreto, para el

---

175 BASSIOUNI: International Criminal Law..., ob. cit., p. 45.

176 WERLE y JESSBERGER: ob. cit., pp. 46 a 50.

177 OLLÉ SESÉ, M.: "Principios generales", *Derecho penal internacional*, Gil Gil A. y Maculan E. (dirs.), Dykinson, Madrid, 2019, p. 180.

178 Sentencia del TMI o IMT, *The Trial of German Maior War Criminals*, Judgment part 22, 1950, p. 44., V. OLLÉ: *Principios generales*..., ob. cit., p. 181.

179 OLLÉ: *Principios generales*..., ob. cit., p. 180.
Por ejemplo, el que fuera profesor de la Universidad de Colonia, y defensor en Núremberg, Jahrreib, sostuvo en su alegato que las normas del Estatuto

TMI la guerra de agresión era ya un *crimen internacional* antes de la adopción del Estatuto del TMI. El tribunal fundamentó su postura en diferentes instrumentos internacionales[180]. Especialmente relevante fue su inspiración en el citado Pacto Briand-Kellogg[181], a pesar de que éste no preveía pena alguna, servía para fundamentar la existencia de la guerra ilegal o de agresión y del crimen de agresión[182].

---

de Londres "contradicen la base del derecho internacional, anticipan el derecho de un Estado mundial. Son revolucionarias. Quizá en las esperanzas y anhelos de las naciones en el futuro es suyo. El abogado, y solo como tal puedo hablar aquí, puede únicamente establecer que son novedosas, revolucionariamente novedosas. El derecho relativo a la guerra y la paz entre Estados no tenía lugar para ellas —no podía tener lugar para ellas—. Por consiguiente, estas son leyes penales con fuerza retroactiva". Citado por KREß: Los avances de…, ob. cit., p. 597.

180 En concreto, en el artículo 1, del citado proyecto de Tratado de Asistencia Mutua patrocinado por la Sociedad de las Naciones; en el preámbulo del Protocolo para el Arreglo Pacífico de las Controversias Internacionales (v. *supra*, nota 51); en el preámbulo de la Declaración sobre la guerra de agresión (v. *supra*, natas 20 y 56); en la resolución adoptada por unanimidad por 21 naciones en la Conferencia Panamericana de 1928 (v. *supra*, nota 60), que resalta que la "guerra de agresión constituye un crimen internacional contra el género humano"; y en el repetido Pacto Briand-Kellogg. V. sentencia del TMI pp. 221 y 222. V. PCNICC/2002/WGCA/L.1, párr. 57 (v. *supra*, nota 50).

181 El fiscal de los EE.UU. en el juicio, Robert Jackson, como evoca KREß: Los avances de…, ob. cit., p. 596, destacó la importancia del Pacto para el futuro: "Y déjenme aclarar que, si bien esto se aplica por primera vez contra los agresores alemanes, esta normativa conlleva, que si quiere servir a un propósito útil, debe condenar la agresión de otras naciones, incluyendo aquellas que se sientan en el banquillo de los juzgadores".

182 Sostuvo que "la solemne renuncia a la guerra como instrumento de política nacional necesariamente entraña la proposición de que una guerra de esa índole es ilegal en el derecho internacional, y de que quienes planean y hacen una guerra de esa índole, con sus inevitables y terribles consecuencias, están cometiendo un crimen al actuar de tal manera. Entre las guerras encaminadas a lograr la solución de las controversias internacionales emprendidas como instrumento de política nacional indudablemente están comprendidas las guerras de agresión, y por lo tanto las guerras de esa índole están proscritas por el Pacto" (IMT, p. 220). V. PCNICC/2002/WGCA/L.1, párr. 57 (v. *supra*, nota 50).

Para algunos autores, la fundamentación de la punibilidad del crimen de agresión, basada en que en el Derecho internacional bélico las "infracciones más graves" eran consideradas punibles, aunque no se contemplase expresamente esa punibilidad, fue insuficiente[183]. La mayoría de los autores como Hans-Heinrich JESCHECK o PELLA criticaron la sentencia porque supuso una aplicación normativa *ex post facto*[184].

La sentencia resaltó los efectos perversos de la guerra de agresión. Los cargos formulados por planear e iniciar una guerra de agresión son de la "máxima gravedad" porque "la guerra es esencialmente una cosa mala" ya que "sus consecuencias no se limitan exclusivamente a los Estados beligerantes, sino que afectan a todo el mundo". Por ello, el TMI concluyó que "iniciar una guerra de agresión, por lo tanto, no es sólo un crimen internacional; es el supremo crimen internacional y solo difiere de otros crímenes de guerra en que contiene dentro de sí el mal acumulado de todos ellos"[185].

Los postulados y principios reflejados en la sentencia de Núremberg y su influencia perduran en la actualidad. La doctrina científica experta en DPI recurre de forma constante en sus estudios e investigaciones al precedente de la sentencia de Núremberg. También la jurisprudencia moderna de tribunales nacionales e internacionales existente sobre DPI dialoga constantemente con los fundamentos de la sentencia del TMI. Fundamentos relacionados con los crímenes

---

183 WERLER y JESSBERGER: ob. cit., pp. 49 y 50.

184 Para JESCHECK una guerra de agresión estaba prohibida pero no era un crimen. V. JEßBERGUER: The Modern Doctrinal..., ob. cit., pp. 296. Este último autor muestra la postura favorable a la tesis de la sentencia del TMI del criminólogo alemán Harvard Sheldon GLUECK y su defensa del crimen de agresión. GLUECK transformó su discurso. Pasó de oponerse al enjuiciamiento de los responsables de los crímenes contra la paz a argumentar por qué debían ser juzgados. Hizo hincapié en el principio de responsabilidad penal personal. Entendía que la disuasión del crimen no se conseguía con el castigo a los Estados, sino "con el enjuiciamiento y castigo de los jefes de Estado y miembros de los gobiernos" (citado por JEßBERGUER, *ibid.* p. 295).

185 Sentencia TMI, en Journal, p. 186.

contra la paz que retomaré en este trabajo en la explicación del actual artículo 8 *bis* ECPI.

Después de Núremberg, y durante los años siguientes hasta la década de los noventa, la doctrina abandonó el debate sobre la configuración de la definición del crimen de agresión y sus elementos normativos. La discusión se trasladó a la aplicación (ir)retroactiva de la norma penal. Cayó, en fin, en el "olvido" por parte de la mayoría de la doctrina[186]. Solo los trabajos a los que luego me referiré en el seno de las NNUU mantuvieron vivo, pero sin aliento, el debate sobre la definición de la agresión y del crimen de agresión[187].

4. LEY NÚMERO 10 DEL CONSEJO DE CONTROL ALIADO

La ya citada LCA n.º 10 para Alemania[188] declaraba la responsabilidad penal de los "crímenes contra la paz". El artículo II a) de la

186 V. JEßBERGUER: The Modern Doctrinal..., ob. cit., pp. 296 y 297.

187 JEßBERGUER (*ibid.* pp. 297 a 299), cita como excepción de ese olvido al ex juez del TMI de Tokio, Bert Rölling (v. *infra*, apartados 5 y 8 de este capítulo) y al profesor belga Stefan Glaser. El primero albergaba dudas sobre la necesidad de una definición del crimen de agresión; y el segundo, años después, en 1957 propugnaba que el uso de la fuerza sería una agresión si concurría el especial elemento subjetivo (*mens rea*) o *animus aggressionis*. Elemento subjetivo que, como se verá, no fue introducido en la actual definición del crimen de agresión del artículo 8 *bis* ECPI.
El citado borrador del profesor Levitt (v. *supra*, nota 161) definía la guerra de agresión también desde el punto de vista subjetivo "cuando la fuerza armada de un Estado se encuentra en territorio de otro Estado con intención hostil" (JEßBERGUER: *ibid.* p. 298).

188 Fue promulgada por el Consejo de Control de Alemania, el 20 de diciembre de 1945, en ejecución de lo acordado en la Declaración de Moscú (v. *supra*, nota 169). Con esta ley, de la que formaba parte también el Estatuto del TMI, se sentaron las bases comunes para juzgar a los criminales que no fueron juzgados en el TMI y que serían enjuiciados después de concluir el juicio de Núremberg.
Así, los EE.UU. celebraron 12 juicios en los tribunales militares que se crearon en Alemania. Cuatro por crímenes contra la paz. Los casos: *I.G. Farben*, *Krupp* (24 personas fueron acusadas por crímenes contra la paz, 23 fueron

ley definía el *crimen contra la paz* como la "[i]niciación de invasiones de otros países y de guerras de agresión en violación de leyes y tratados internacionales, incluyendo, pero no limitadas a la planificación, preparación, iniciación o realización de una guerra de agresión o una guerra en violación de los tratados internacionales, acuerdos o seguridades, o la participación en un plan común o conspiración para la realización de cualquiera de los actos anteriores"[189].

En esta definición de crimen contra la paz se advierte que se incluía, a diferencia del Estatuto del TMI, junto a la guerra de agresión, la *invasión.* Igualmente, y como nota diferenciadora del Estatuto de Núremberg, las conductas concretas en las que se materializa la invasión o la guerra de agresión (planificación, preparación, iniciación o realización) no era una lista cerrada, sino abierta. La LCA n.º 10 especificaba que esa "enumeración" no tiene "carácter limitativo", lo que supondría una clara vulneración del principio de garantía criminal en su vertiente de taxatividad.

La aplicación de la LCA n.º 10 también presentó el problema de la retroactividad de la norma como sucedió en el TMI. Se concluyó en uno de los procedimientos que las guerras de agresión y la invasión estaban prohibidas por el DI desde "tiempos inmemoriales"[190].

---

enjuiciados y absueltos), *Alto Mando* (se dirigió contra 14 oficiales, que resultaron absueltos) y el caso *Ministerios* (17 personas fueron acusadas de crímenes contra la paz, de las cuales dos resultaron finalmente condenadas). Francia, en cumplimiento de la LCA n.º 10, creó también en Alemania el Tribunal General del Gobierno Militar de la Zona Francesa de Ocupación que juzgó el caso *Roecheling* por crímenes contra la paz y resulto absuelto (la fiscalía en el acto del juicio retiró la acusación previamente formulada contra otros). V. PCNICC/2002/WGCA/L.1, p. 40 (v. *supra*, nota 50).

189 Control Council Law No. 10, Punishment of Persons Guilty of War Crimes, Crimes Against Peace and Against Humanity, December 20, 1945, 3 Official Gazette Control Council for Germany 50-55 (1946). Artículo II a). Disponible en: http://hrlibrary.umn.edu/instree/ccno10.htm; y https://www.legal-tools.org/doc/ffda62/pdf/
V. PCNICC/2002/WGCA/L.1, p. 67 a 130 (v. *supra*, nota 50).

190 En el caso *Estados Unidos de América contra Ernst von Weizsäcker y otro* (*casos Ministerios*), el Tribunal sostuvo "que las guerras de agresión y las invasiones han sido, desde tiempo inmemorables, una violación del derecho inter-

Las fuentes normativas para el enjuiciamiento de los responsables del crimen de agresión fueron la LCA n.º 10 y el Estatuto del TMI que formaba parte de aquélla. Los jueces estaban vinculados tanto en lo fáctico como en lo jurídico por la sentencia del TMI. Solo se podían apartar de los hechos de la sentencia del TMI si nuevas pruebas sustanciales demostraban discrepancias con la de Núremberg. En lo jurídico, algunas de las sentencias dictadas al amparo de esta Ley trataron de aclarar y desarrollar los principios desarrollados en la sentencia del TMI[191].

5. EL TRIBUNAL MILITAR INTERNACIONAL PARA EL LEJANO ORIENTE. LA RELEVANCIA DE LOS VOTOS PARTICULARES

La Carta del Tribunal Militar Internacional para el Lejano Oriente[192] (en adelante, Carta del TMILO) siguió la estela de Núremberg.

---

nacional, aunque no se hubiesen establecido sanciones concretas". V. PCNICC/2002/WGCA/L.1, párr. 168 (v. *supra*, nota 50).

191 V. PCNICC/2002/WGCA/L.1, párrs. 121 y 124 (v. *supra*, nota 50). En concreto, los Tribunales Militares de los Estados Unidos estaban vinculados por la determinación de Núremberg "de que se habían planificado o habían tenido lugar invasiones, actos agresivos, guerras de agresión, crímenes, atrocidades o actos inhumanos". Premisa que solo se podía contradecir posteriormente si la persona no había tenido conocimiento o participado en esos hechos (párr. 124).

192 Después de la rendición de Japón, el 2 de septiembre de 1945, el 19 de enero de 1946 se dictó la denominada *Proclama Especial por el Comandante Supremo de las Fuerzas Aliadas en Tokio*. El artículo primero de la Declaración del General Douglas MacArthur creaba un Tribunal Militar Internacional para el Lejano Oriente para juzgar a las personas acusadas individualmente, o como miembro de organizaciones, "de delitos que incluyan crímenes contra la paz". En la misma fecha, y como continuación de la Declaración, MacArthur proclamó el Estatuto del Tribunal Militar Internacional para el Lejano Oriente. Posteriormente modificado por la Orden General número 1, de 26 abril de 1946, que anulaba el primer texto, y publicaba otro con las nuevas enmiendas y cuya redacción sería la definitiva.
V. Special proclamation by the Supreme Commander tor the Allied Powers at Tokyo, January 19, 1946; Charter of the international military Tribunal

El artículo 5 tipificaba, en el apartado *a),* los "crímenes contra la paz: A saber, la planificación, preparación, iniciación o realización de una guerra de agresión declarada o no declarada o de una guerra en violación de leyes, tratados, acuerdos o compromisos internacionales; la participación en un plan conjunto o conspiración común para la realización de cualquiera de los actos mencionados".

Ahora, la redacción del crimen contra la paz incorporaba en su definición como acto constitutivo del crimen "hacer una guerra *declarada o no declarada* de agresión"[193], mientras que el Estatuto del TMI se refería únicamente a "hacer una guerra de agresión", sin referencia alguna a si debía o no ser declarada. La Comisión de Crímenes de Guerra de las Naciones Unidas restó la más mínima importancia a esta diferencia de los dos instrumentos normativos. Señaló que la discrepancia era "puramente verbal" y de "técnica jurídica" porque toda guerra agresiva por definición es de naturaleza criminal, por lo que era irrelevante y accesorio, a efectos de esa naturaleza, la declaración formal o no de la guerra[194].

La sentencia de Tokio, dictada por la mayoría de sus jueces, el 4 de noviembre de 1948[195], supuso un alineamiento con la de Núremberg sobre la aplicación del crimen contra la paz. Sentenció que la conspiración para iniciar y librar una guerra de agresión era el crimen *más*

---

for the far east, January 19, 1946; y Amended Charter of the International Military Tribunal for the Far East, April 26, 1946: Treaties and Other International Acts Series 1589, pp. 20 a 32. Disponible en: https://www.UN.org/en/genocideprevention/documents/atrocity-crimes/Doc.3_1946%20Tokyo%20Charter.pdf

Sobre este tribunal v.: LIÑÁN: Origen y evolución (I)..., ob. cit., pp. 65 y 66.

193 Cursiva añadida.

194 NNUU, PCNICC/2002/WGCA/L.1, p. 132, párr. 269 (v. *supra,* nota 50). Veintiocho personas fueron acusadas por crímenes contra la paz, dos fallecieron mientras se celebraba el juicio y uno fue declarado incapaz. Los veinticinco restantes resultaron condenados (*Ibid.,* párrs. 131 a 178). El Juez Pal, representante de la India, emitió un polémico voto particular en el que discrepaba de esta interpretación y entendió que se debía absolver a todos los acusados. V. LIÑÁN: Origen y evolución (I)..., ob. cit., p. 66.

195 Sobre este tribunal v. LIÑÁN: El crimen..., ob. cit., pp. 93 a 98.

grave[196]. Zanjó el debate sobre la correcta aplicación del crimen de agresión con los mismos fundamentos que el TMI. Y argumentó que "la guerra de agresión era un crimen con arreglo al derecho internacional desde una fecha muy anterior a la Declaración de Potsdam"[197].

La sentencia del TMILO contó con cinco votos particulares que durante años tuvieron una importante influencia en el camino hacia la conformación del crimen de agresión[198]. Uno concurrente del juez filipino Delfín Jarandilla[199] matizaba algunos de los argumentos de la sentencia mayoritaria. Otro, parcialmente disidente del presidente del tribunal, el australiano William Web. Dos votos disidentes cuestionaron el crimen contra la paz, por entender especialmente que la mayoría aplicaba retroactivamente este crimen porque no existía norma de punibilidad anterior a la comisión de los hechos. Y un tercer voto disidente estimó que se vulneró el proceso debido.

El juez indio, Radhabinod Pal, fue el más beligerante y crítico con la sentencia mayoritaria sobre los crímenes contra la paz. Rechazó la legitimidad del tribunal. Estimó que todos los cargos contra los acusados eran ilegítimos y que todos ellos debían ser decla-

196 V. SELLARS, K.: "The Legacy of the Tokio Dissents on Crimes against Peace", *Crime of Aggression Library, The Crime of Aggression a commentary*, KREß, C. and BARRIGA, S. (dir.), Cambridge University Press 2017, p. 113.

197 NNUU, PCNICC/2002/WGCA/L.1, p. 140, párr. 288 (v. *supra*, nota 50). Sobre la decisión política de exonerar de responsabilidad penal al emperador HIROITO v. RODRÍGUEZ RODRÍGUEZ, J.: "Los Tribunales de Nuremberg y Tokio", *Derecho penal internacional, evolución histórica, régimen jurídico y estudio de casos*, Martínez Jiménez, A. (dir.), Thomson Reuters Aranzadi, Cizur Menor, 2022, pp. 84 y 85.

198 MCDOUGALL: The Crime of..., ob. cit., p. 172, sintetiza de acuerdo con los fundamentos de la sentencia del TMI y del TMILO qué comprende el término "guerra de agresión": i) la guerra cuyo objeto es la ocupación o la conquista de otro Estado o su parte; ii) la guerra declarada en apoyo de la guerra de agresión de un tercero; y iii) la guerra para inutilizar la capacidad de otro Estado para prestar asistencia a otros y a otros Estados víctima de una guerra de agresión iniciada por el agresor.

199 V. JEßBERGUER, F.: The Modern Doctrinal..., ob. cit., pp. 296 y 297.

rados no culpables de ningún cargo[200]. Sobre el crimen contra la paz barajó entre sus argumentos que la criminalización retroactiva y prematura de la agresión era contraria al derecho positivo[201], a la lucha anticolonial[202], a la causa justa y a la legítima defensa[203], y a la agresión económica e ideológica[204]. Para Pal, el juicio fue "sólo el

---

200 V. SELLARS: The Legacy of..., ob. cit., p. 115, quien cita literalmente el voto particular. Esta postura del juez Pal sirvió para que el juez Stuart McDougall le reprochara a Pal que su objetivo era "torpedear" el procedimiento (*ibid.*, p. 115).

201 Argumentó que el único recurso existente en aquel momento para la solución de conflictos por parte de los Estados era la fuerza armada. No había mecanismos alternativos (*ibid.*, p. 114).

202 Pal, criticó al fiscal estadounidense Robert Jackson por su postura en Núremberg. En contra de sus postulados enunció que la guerra agresiva contra las naciones "dominadas" o colonizadas era ilegal. En opinión de Pal, como recuerda SELLARS, no se podía criminalizar la lucha contra el colonialismo, porque las naciones dominadas "no podían someterse a una dominación eterna en nombre de la paz", de lo contrario esa paz sería injusta (*pax injusta*) al enfrentarse una importante parte de la humanidad "no solo a la amenaza del totalitarismo sino a la *plaga real* del imperialismo" (*ibid.*, p. 115).

Algunas de las naciones representadas en el juicio habían sido potencia coloniales. V. RODRÍGUEZ, ob. cit., p. 86.

203 El juez disidente acogió el concepto de causa justa y reivindicó la primacía de la justicia frente a la paz y no al revés. En su opinión, los líderes japoneses actuaron en defensa propia porque creían que su nación estaba en peligro ante, en palabras de SELLARS: The Legacy..., ob. cit., p. 115, "la inestabilidad china, el comunismo soviético y el cerco occidental". Para Pal, los líderes japoneses actuaron amparados en la legítima defensa estatal al considerar que su nación estaba en peligro por la inestabilidad de China, por el comunismo de la Unión Soviética por el acoso de occidente (*ibid.*, p. 114).

204 De esta forma, Pal contempló la legítima defensa frente a amenazas no militares. Se basó entre otros hechos en que Japón tuvo que defenderse del boicot y las campañas en su contra por parte de China (*ibid.*, pp. 114 y 115). También, la CDI se refirió a que el concepto de agresión podría tener un sentido más amplio que el de la definición de la resolución 3314, y aglutinar además de la que implica el uso de la fuerza la "agresión económica", pero no abordo su definición y contenido por no ser materia que le incumbiera V. UN. Doc. A/31/10, Informe de la Comisión de Derecho Internacional, 28º período de sesiones, 3 de mayo a 23 de julio de 1976, trigésimo primer

empleo falso de un proceso legal para la satisfacción de una sed de venganza”[205].

El juez holandés, Bernad Röling, también disintió parcialmente. Basó su razonamiento, como Pal, en el derecho positivo. La condena por crímenes contra la paz suponía la aplicación retroactiva de la norma. Röling partió inicialmente, en 1947, de que la criminalización de la agresión solo sería posible si las naciones se sometieran al arreglo pacífico de sus controversias. Si esos medios se rechazaban “la prohibición de la guerra y la declaración de que la guerra es criminal [sería] tan útiles como declarar inválida la ley de la gravedad prohibiendo que las palabras caigan”[206]. Sin embargo, Röling, posteriormente, en 1948, matizó su inicial planteamiento y admitió que los crímenes contra la paz respetarían el DI si se equipararan a los crímenes políticos según el derecho nacional[207]. Para Röling, los vencedores de una guerra justa (*bellum iustum*) gozaban, de acuerdo con el DI, del “derecho a contrarrestar los elementos que constituyen una amenaza para el orden recién establecido, y tienen derecho, como medio de prevenir la repetición de conductas gravemente ofensivas, a buscar y retener la custodia de las personas correspondientes”[208].

---

período de sesiones, suplemento número 10, pp. 306 y 307. Disponible en: https://digitallibrary.UN.org/record/703039?ln=es

205 RODRÍGUEZ: ob. cit., p. 85.

206 SELLARS: The Legacy of…, ob. cit., p. 115.

207 *Ibid.*, pp. 115 y 116.

208 *Ibid.*, p. 115. Se atribuyó este cambio de criterio del juez Röling a sus dudas, o a presiones externas que pretendían evitar sentar un precedente para que jefes de Estado fueran juzgados en el futuro por crímenes de agresión o para que estos no fueran juzgados por acusaciones falsas (p. 115).
La postura mixta de este juez la describe SELLARS: “Röling podría haber decidido mantener sus argumentos sobre la invalidez de los crímenes contra la paz y, al mismo tiempo, afirmar la autoridad del Tribunal para imponer castigos basados en la acusación” (p. 116).
RÖLING, citado por KREß: Los avances de…, ob. cit., p. 598, posteriormente, en 1950, exhibía la indiferencia reinante para alcanzar una definición de la agresión: “Sería notable y sorprendente: encontrar una definición generalmente aceptable de la agresión”.

El tercer voto disidente se debió al juez francés Henri Bernard que lo motivó en razones adjetivas. Éste aceptó, a diferencia de los otros dos, el voto mayoritario declarando que la guerra de agresión desde siempre había sido "un crimen a los ojos de la razón y de la conciencia universal"[209], pero rechazó la condena de los acusados porque, de acuerdo con los estándares del juicio justo, su culpabilidad no se probó de forma concluyente[210]. Para Bernard la violación de esos principios esenciales del debido proceso "daría como resultado en la mayoría de las naciones civilizadas la nulidad de todo el procedimiento"[211].

La sentencia de Núremberg favoreció indiscutiblemente al desarrollo del DPI. Sin embargo, por lo que al crimen de agresión se refiere, la de Tokio fue la que contribuyó a la futura configuración sustantiva de este crimen, pero no gracias a los argumentos de la posición de la mayoría, sino a los dos votos disidentes de los jueces Pal y Röling que cuestionaron el crimen contra la paz. El esplendor de la doctrina del TMI sobre el crimen contra la paz reflejada en la sentencia de 1 de octubre de 1946, duró dos años. En 1948, los votos disidentes de Tokio —radicalmente opuestos al texto del TMI— cuestionaron el contenido y la configuración típica de crimen contra la paz, especialmente en lo referente a la guerra justa, a la legítima defensa, a la lucha anticolonial, a su punibilidad en el DI y a la responsabilidad penal individual de los líderes. Argumentos del TMILO que planearon en los complejos debates de las NNUU durante los 25 años siguientes[212] hasta la aprobación por parte de la AG de la importante resolución 3314 (XXIX) *Definición de la agresión*[213].

---

209 SELLARS: The Legacy of..., ob. cit., p. 116.

210 *Ibid.*, p. 116. Este juez reprochó además que los cargos y la justificación de la responsabilidad individual de la sentencia mayoritaria eran vagos y poco claros.
V. el documental *Tokyo Trial* que muestra las diferentes posturas y las tensiones que se produjeron entre los magistrados a lo largo del juicio de Tokio sobre la aplicación de los crímenes contra la paz.

211 SELLARS: The Legacy of..., ob. cit., p. 117.

212 V. *ibid.*, pp. 113 y 114.

213 V. *infra*, apartado 8 de este capítulo.

6. LOS PRINCIPIOS DE NÚREMBERG

La relevancia e importancia del Estatuto del TMI y la sentencia de Núremberg para el futuro desarrollo del DPI provocó —algo más de casi mes y medio después de leerse la sentencia del TMI, de 1 de octubre de 1946— el dictado por parte de la AG, a iniciativa de Francia, de la resolución sobre la *Confirmación de los principios de Derecho internacional reconocidos por el Estatuto de Núremberg*[214]. En ésta se confirmaron los principios de DI reconocidos en el Estatuto del TMI y las sentencias de este tribunal y se confirieron instrucciones a la entonces denominada Comisión de Desarrollo Progresivo y Codificación del Derecho Internacional para que formulase una "codificación general de delitos contra la paz y la seguridad de la humanidad, o de un Código Criminal Internacional" que contuvieran aquellos principios y que se ocupara de formular los principios. Sin embargo, esta *Comisión* declinó la tarea y propuso a la AG que ese trabajo lo debería desarrollar la futura Comisión de Derecho Internacional, cuya creación había propuesto la citada *Comisión de Desarrollo*[215]. La misión de la Comisión de Derecho Internacional (en adelante, CDI) nada concluyente se demoró a lo largo de los años, debido, entre otros factores, a los condicionantes políticos[216].

---

214 UN. Doc. A/Res/95 (v. *supra*, nota 11).
Como recuerda NNUU (v. https://legal.UN.org/avl/pdf/ha/ga_95-I/ga_95-I_ph_s.pdf), el presidente de EE.UU., Harry S. Truman, en la sesión de apertura de la AG, el 23 de octubre de 1946, se refirió al Estatuto del TMI como "*la vía por la cual podemos llegar a un acuerdo* y con el fin de proteger mejor a la humanidad contra guerras futuras". La misma importancia reconoció el secretario general de NNUU a estos principios para que por mor de la paz y para proteger a la humanidad contra guerra futuras se convirtiesen en parte permanente del corpus de DI (*ibid.*, con cita de la A/65/Add.1).
Esta resolución también tomaba nota de que "principios similares" a los del Estatuto del TMI se habían "adoptado" en la Carta del TMILO. El juicio en el TMILO había comenzado el 3 de mayo de 1946 y la sentencia se leyó el 4 de noviembre de 1948.

215 Informes A/332 y A/331 citados por https://legal.UN.org/avl/pdf/ha/ga_95-I/ga_95-I_ph_s.pdf

216 CRAWFORD, J.: "The International Law Commission's Work on Aggression", *Crime of Aggression Library, The Crime of Aggression a commentary*, KREß,

La AG encargó a la CDI la formulación de los principios reconocidos por el Estatuto y por la sentencia del Tribunal de Núremberg y la preparación de un "proyecto de código en materia *delitos* contra la paz y la seguridad de la humanidad"[217]. El encargo se produjo el mismo día en el que ésta se creó[218]. Después de años, en 1987, la AG[219], a propuesta de la Comisión[220], acordó sustituir el término "delitos" —que utilizaba la AG a finales del decenio de 1940— por "crimen", para unificar y concordar las versiones de todos los idiomas. Desde entonces, se modificó el título en inglés y el proyecto o *Draft* se denominó "Draft code of crimes against the peace and security of mankind".

Finalmente, en 1950[221], la CDI formuló los *Principios de Derecho Internacional Reconocidos en la Carta del Tribunal de Núremberg y en la Sentencia del Tribunal*[222]. El texto se presentó a la AG el 14 de noviem-

---

C. and BARRIGA, S. (dir.), Cambridge University Press 2017, p. 233, tilda críticamente el trabajo de la comisión como "una historia de callejones sin salida, formulaciones evasivas o circulares, extralimitaciones conceptuales y repetidos aplazamientos" por razones, entre otras, "políticas y quizá intratables". Para este autor la Comisión no superó las referencias a la agresión de los artículos 1.1 y 53.1 y de la prohibición del uso de la fuerza del artículo 2.4 de la Carta.

217 UN. Doc. A/RES/177 (II), Formulación de los principios reconocidos por el Estatuto y por las sentencias del Tribunal de Núremberg, 21 de noviembre de 1947. Disponible en: https://digitallibrary.un.org/record/210004?ln=es

218 UN. Doc. A/RES/174 (II), Establecimiento de una Comisión de Derecho Internacional, 21 de noviembre de 1947. Disponible en: https://digitallibrary.un.org/record/210001?ln=es

219 UN. Doc. A/RES/42/151, Proyecto de código de crímenes contra la paz y la seguridad de la humanidad, 7 de diciembre de 1987. Disponible en: https://documents-dds-ny.UN.org/doc/RESOLUTION/GEN/NR0/520/70/IMG/NR052070.pdf?OpenElement

220 UN. Doc. A/42/10, Informe de la Comisión de Derecho Internacional sobre la labor realizada en su 39º período de sesiones, 4 de mayo a 17 de julio de 1987, cuadragésimo segundo período de sesiones, suplemento número 10, párrs. 64 y 65. Disponible en: https://digitallibrary.un.org/record/143070?ln=es

221 V. un resumen del proceso hasta la formulación de los principios en https://legal.UN.org/avl/pdf/ha/ga_95-I/ga_95-I_ph_s.pdf

222 UN. Doc. A/CN.4/SER.A/1950/Add.1, informe de la Comisión de Derecho Internacional sobre su Segunda Sesión, incluido el informe de la Co-

bre de 1950 como parte del informe de la Comisión sobre los trabajos correspondientes a ese período de sesiones[223]. Sin embargo, al retirar EE.UU. su apoyo a los *Principios*, la AG no los acogió con el entusiasmo deseado a pesar de que años antes, en 1946, los había *confirmado*[224]. Así, la AG, aprobó la Resolución 488 (V)[225] que se limitaba únicamente a invitar a los Estados miembros a presentar observaciones a la formulación realizada por la CDI. Y solicitaba a ésta que, en la preparación del proyecto de código, tuviera en cuenta las observaciones de las delegaciones y de los gobiernos. Se daba la paradoja de que la AG inicialmente no confirmaba en 1950 el contenido de los siete principios, cuando en 1946 sí había confirmado de forma genérica los principios de DI recogidos en el Estatuto del TMI y de la sentencia de Núremberg.

El primer principio, de los siete formulados, sentaba la responsabilidad penal individual de toda persona que cometiera un acto que constituyera delito de DI. Y el sexto declaraba como crimen de DI los *crímenes contra la paz*[226].

---

misión a la Asamblea General, Anuario de la Comisión de Derecho Internacional, 1950, vol. II, 6 de junio de 1957, pp. 374 a 378. Accesible en https://legal.UN.org/ilc/publications/yearbooks/english/ilc_1950_v2.pdf
V. también: A/CN.4/22, Formulation of Nurnberg Principles: report / by J. Spiropoulos, Special Rapporteur, 12 April, 1950. Disponible en: https://digitallibrary.un.org/record/1301861?ln=es

223 V. *supra*, nota 221, sobre el proceso hasta la formulación de los principios.

224 V. SELLARS, K.: The Legacy of..., ob. cit., pp. 117 y 118.

225 UN. Doc. A/RES/488 (V), Formulación de los principios de Nuremberg, 12 de diciembre de 1950. Disponible en: https://digitallibrary.un.org/record/211020?ln=es

226 Que los define como ": i) Planear, preparar, iniciar o hacer una guerra de agresión o una guerra que viole tratados, acuerdos o garantías internacionales; ii) Participar en un plan común o conspiración para la perpetración de cualquiera de los actos mencionados en el inciso i)".

7. OTROS INSTRUMENTOS INTERNACIONALES DESPUÉS DE LA SEGUNDA GUERRA MUNDIAL

Después de la Segunda Guerra Mundial, y en diferentes momentos temporales, aparecieron otros instrumentos internacionales que de alguna forma confirmaban la punibilidad de los crímenes contra la paz y la exigencia de la responsabilidad penal individual para sus autores y partícipes. Los Tratados de Paz de París obligaban a cada uno de los Estados firmantes (Italia, Rumanía, Bulgaria, Finlandia y Hungría) a "tomar las medidas necesarias para garantizar la aprehensión y entrega para el juico de personas acusadas de haber cometido, ordenado o incitado a crímenes de guerra y crímenes contra la paz o la humanidad"[227].

La Convención sobre el Estatuto de los Refugiados[228] indirectamente reconocía la punibilidad de los crímenes contra la paz, al declarar que la misma no es de aplicación a las personas sobre las que existan motivos para considerar que han cometido "un delito contra la paz, un delito de guerra o un delito contra la humanidad" (artículo 1.F a)). En la citada Declaración sobre los principios de Derecho internacional referentes a las relaciones de amistad y a la cooperación entre los Estados de conformidad con la Carta de las Naciones

---

227 El 10 de febrero de 1947, en el marco de la Conferencia de Paz de París, se firmaron individualmente cinco tratados, que entraron en vigor el 5 de septiembre de 1947. Cada uno se rubricó, por un lado, entre las Potencias Aliadas y Asociadas; y, por otro lado, con cada una de los cinco países referidos. V. artículo 45. a) del Tratado de Paz con Italia, Treaty Series, Volume, 49, p. 14; artículo 5.1.a) del Tratado de Paz con Bulgaria, Treaty Series, Volume, 41, p. 54; artículo 6.1. a) del Tratado de Paz con Rumania, Treaty Series, Volume, 42, p. 38; artículo 6.1. a) del Tratado de Paz con Hungría, Treaty Series, Volume, 42, p. 176; y artículo 9.1. a) del Tratado de Paz con Finlandia, Treaty Series, Volume, 48, p. 234. Disponibles en: https://treaties.UN.org/doc/Publication/UNTS (añadiendo en búsqueda número de volumen).

228 De 28 de julio de 1951, en vigor desde el 22 de abril de 1954, Treaty Series, Volume, 189, p. 137. Disponible en español en: https://www.acnur.org/5b0766944.pdf

Unidas[229], en el principio 1[230], sobre la prohibición general del uso de la fuerza, la Asamblea General de Naciones Unidas, declaró que "[l]a guerra de agresión constituye un crimen contra la paz" y que "con arreglo al derecho internacional entraña responsabilidad".

8. EL LARGO Y FRÍO CAMINO HASTA LA RESOLUCIÓN 3314

La importancia de los votos disidentes de Tokio, de los jueces Pal y Röling, se demostró durante toda la *guerra fría*. El núcleo de la discusión se centraba en si la guerra de agresión era un crimen —especialmente si la guerra justa, como las coloniales, era o no lícita— y/o si era exigible la responsabilidad penal individual de quienes cometieran la agresión. Fuera cual fuera la postura, parecía que lo relevante no era tanto el desarrollo normativo del crimen de agresión iniciado en Núremberg, sino cómo prevenir la guerra. Finalmente, las dos posturas emergentes, la de otorgar el papel preventivo al CdS y la de alcanzar una definición de la agresión, convergieron en los años 70 con la adopción de la definición de la agresión[231]. La definición en ciernes serviría a los Estados para determinar qué actos constituirían una agresión, con independencia de que formalmente el CdS pudiera bloquear una decisión que exigiera pronunciarse sobre la determinación de un acto de agresión[232].

La CDI, como he anticipado[233], estaba preparando un proyecto de código en materia de delitos contra la paz y la seguridad de la humanidad, como recuerda la resolución UN. Doc. A/RES/488 (V)[234]. Proyectos que nunca fueron aprobados por la AG. La Comi-

---

229 V. *supra*, nota 92.

230 V. *supra*, apartado 3 de este capítulo.

231 V. SELLARS: The Legacy of..., ob. cit., p. 117. Esta experta señala como causas del consenso de las dos tradiciones el "auge de la distensión y el declive del anticolonialismo".

232 *Ibid.*, pp. 118 y 119.

233 V. *supra*, apartado 4 de este capítulo.

234 V. *supra*, nota 225.

sión, en cumplimiento de los deberes encomendados por la AG en la resolución 177 (II) de 1947, le presentó a ésta, en abril de 1950, un primer informe sobre un proyecto de delitos contra la paz y la seguridad de la humanidad. Su relator especial, Spiropoulos, se quejó del escaso tiempo del que dispusieron para su redacción y, acogiendo las razones del delegado ruso, la Comisión se abstuvo de definir la agresión porque un "intento así sería una completa pérdida de tiempo"[235].

En 1950, la AG aprobó la resolución 378 A (V) sobre los *deberes de los Estados en caso de ruptura de hostilidades*. En ella, se mostraba "deseosa" de evitar la guerra y de facilitar, si ésta comenzaba, su "cesación" por la acción de las partes afectadas, y de "contribuir así al arreglo pacífico de las controversias"[236]. Previamente, la entonces Unión de Repúblicas Socialistas Soviética presentó a la AG una propuesta de definición de agresión: "en un conflicto internacional se considerará agresor a aquel Estado que sea primero en cometer" los actos que enumeraba[237], definición que era semejante a la presentada por la

---

[235] Draft Code of Crimes against the Peace and Security of Mankind: report / by J. Spiropoulos, Special Rapporteur, UN. Doc. A/CN.4/25, paras. 6 y 60. Yearbook of the International Law Commission, vol. II, p. 262. Disponible en: https://legal.UN.org/ilc/documentation/english/a_cn4_25.pdf

[236] UN. Doc. A/RES/378 A (V), Deberes de los Estados en caso de ruptura de hostilidades, 17 de noviembre de 1950.
En el momento de la aprobación de esta resolución, Corea del norte ya había invadido, el 25 de junio de 1959, a Corea del Sur, con el consiguiente descrédito del CdS. Disponible en: https://documents-dds-ny.UN.org/doc/RESOLUTION/GEN/NR0/063/42/IMG/NR006342.pdf?OpenElement
Ese mismo año (1950), la UN. Doc. A/RES/377 (V) A, Unión pro paz, de 3 de noviembre de 1950, reconocía que uno de los propósitos de NNUU era "suprimir los actos de agresión" y recordaba el deber solucionar la controversia internacional por medios pacíficos. Disponible en: https://documents-dds-ny.UN.org/doc/RESOLUTION/GEN/NR0/063/41/PDF/NR006341.pdf?OpenElement

[237] UN. Doc. A/C.1/608, 4, Duties of States in the event of the outbreak of hostilities: draft resolution on the definition of aggression / Union of Soviet Socialist Republics, November 1950. Disponible en: https://digitallibrary.UN.org/record/775019?ln=e
La traducción es la reflejada en el documento UN. Doc. A/CN.4/44-ES, pp. 56 y 57 (v. *infra*, nota 241).

Unión Soviética en su proyecto de definición de agresión a la Sociedad de Naciones en 1933[238]. La AG reaccionó añadiendo a la resolución 378 A, el apartado B, y decidía remitir la propuesta soviética y "todas las actas y documentos de la Primera Comisión" relativos a la agresión a la CDI para que los considerase y formulase conclusiones[239]. En la misma fecha, la AG en la resolución 380 (V), *La paz por los hechos,* reafirmó *solemnemente* que *toda agresión* "constituye el más grave de todos los delitos contra la paz y la seguridad del mundo entero"[240].

Al año siguiente, el 12 de abril de 1951, de acuerdo con la citada resolución 378 (V) B, la CDI presentó el segundo informe sobre el proyecto de código en materia de delitos contra la paz y la seguridad de la humanidad[241]. La Comisión recordó que se les encargó el estudio de la definición de la agresión por su relación con el proyecto de código que estaba estudiando[242]. En el informe señaló que en su estudio olvidó el "*método puramente casuístico*" para acometer un estudio dogmático de la noción de agresión, por ser éste el único que podía llevar a conclusiones definitivas[243]. En el capítulo segundo del borrador transcribía la propuesta de definición "exacta de la agresión" de 1950, de la Unión Soviética[244]. Y concluía que "la noción de agresión es una noción, *per se,* una noción primaria que por su esencia misma

---

238 V. *supra,* notas 143 a 146.

239 UN. Doc. A/RES/378 B (V), Deberes de los Estados en caso de ruptura de hostilidades, 17 de noviembre de 1950. Disponible en: https://digitallibrary.un.org/record/670320?ln=es

240 UN. Doc. A/RES/380 (V), La paz por los hechos, 17 de noviembre de 1950. Disponible en: https://digitallibrary.UN.org/record/209540?ln=es

241 UN. Doc. A/CN.4/44-ES, Second report on a draft code of offences against the peace and security of mankind / by J. Spiropoulos, Rapporteur, 12 April 1951. Disponible en: https://digitallibrary.UN.org/record/772178?ln=es

242 Se le solicitó que "estudiara la cuestión de la definición de la agresión en relación con los asuntos que estaban al estudio de dicha Comisión, es decir, en relación con el proyecto de código de delitos contra la paz y la seguridad de la humanidad [por lo que] hubimos de ocuparnos también de este asunto" (*Ibid.,* UN. Doc. A/CN.4/44-ES, Prefacio, p. 4).

243 *Ibid.*, pp. 4 y 5, subrayado en el original.

244 *Ibid.*, pp. 56 y siguientes.

no es susceptible de definición" por lo que cualquier definición "jurídica" de agresión sería una "*construcción artificial*"[245].

La CDI presentó un "Proyecto de Código de Delitos contra la Paz y la Seguridad de la Humanidad", el 7 de junio de 1951, para que se sometiera a los gobiernos[246]. En el artículo segundo se definían como "delitos contra la paz y la seguridad de la humanidad los siguientes actos o cualquiera de ellos: 1. El empleo o la amenaza de empleo, por las autoridades de un Estado, de la fuerza armada contra otro Estado, con propósito distinto de la legítima defensa nacional o colectiva de la aplicación de una decisión o recomendación de un órgano competente de Naciones Unidas"[247]. En los comentarios a este apartado primero del artículo 2 se significaba que al prohibir el empleo de la fuerza armada se recogía lo dispuesto en el apartado a) del artículo 6 del Estatuto del TMI. Igualmente, de acuerdo con el artículo 2.4 de la Carta, contemplaba la amenaza del uso de la fuerza. También la CDI recordaba que el texto de este artículo era conforme con el artículo 9 del entonces proyecto de Declaración de Derechos y Deberes de los Estados[248], en el que se prohibía el recurso a "la guerra como instrumento de política nacional y de toda amenaza o uso de la fuerza contra la integridad territorial o la independencia política de otro Estado, o en cualquier otra forma incompatible con el derecho y el orden internacionales"[249].

---

245 *Ibid.*, subrayado en el original, p. 82.

246 V. UN. Doc. A/CN.4/L.,15, Proyecto de código de delitos contra la paz y la seguridad de la humanidad, 7 de junio de 1951. Disponible en: https://legal.UN.org/ilc/documentation/spanish/a_cn4_l15.pdf
Este proyecto era una nueva redacción sugerida por el relator especial teniendo en cuenta las decisiones y los debates de la Comisión.

247 *Ibid.* p. 4. V. en el texto el resto de actos que se consideraban en el proyecto crímenes contra la paz.

248 V. A/RES/375 (IV), Proyecto de Declaración de Derechos y Deberes de los Estados, 6 de diciembre de 1949. Disponible en: https://digitallibrary.UN.org/record/210455?ln=es

249 *Ibid.*, pp. 4 y 5.

La AG, un año después, en 1952, ante la ausencia de una definición expresa de la agresión por parte de la CDI, decidió en la resolución 599 (V)[250] incluir en el programa de su séptimo período de sesiones (1952-1953) la cuestión de la definición de la agresión y encargó al secretario general que presentara a la AG en el próximo séptimo período de sesiones un informe detallado sobre la cuestión de la definición de la agresión[251].

A finales de ese mismo año, 1952, la AG constató la complejidad de alcanzar una definición sobre la agresión y la necesidad de estudiar "a fondo" los problemas que planteaba. Un informe del secretario general advirtió que no existía "un concepto único y universalmente reconocido de agresión, sino más bien varios conceptos que, según sus defensores, pueden combinarse entre sí o son mutuamente excluyentes"[252]. Por ello, decidió crear una *comisión especial* de quince miembros para que, en el noveno período de sesiones (1954-1955), presentara a la AG "proyectos de textos de definición de la agresión o proyectos de exposición de la noción de agresión" y que estudiara todos los problemas que presentaba la adopción de la definición[253].

---

250 UN. Doc. A/RES/599 (V), Cuestión de la definición de la agresión, de 31 de enero de 1952. Disponible en: https://documents-dds-ny.UN.org/doc/RESOLUTION/GEN/NR0/071/74/PDF/NR007174.pdf?OpenElement

251 En el que se tuvieran en cuenta "especialmente las opiniones expresadas en la Sexta Comisión durante el sexto periodo de sesiones de la Asamblea General, así como los proyectos de resolución y las enmiendas presentadas al respecto" e invitaba a los Estados Miembros a que aportaran sus opiniones sobre el problema de la definición de la agresión.

252 UN. Doc. A/2211, Question of defining aggression, Report by the Secretary-General, 3 October 1952, párr. 217. Puede consultarse en: https://digitallibrary.UN.org/record/720794?ln=es

253 UN. Doc. A/RES/688 (VII), Cuestión de la definición de la agresión, 20 de diciembre de 1952. Disponible en: https://documents-dds-ny.UN.org/doc/RESOLUTION/GEN/NR0/083/04/PDF/NR008304.pdf?OpenElement La resolución ponía el acento en el *ius ad bellum* al encargar el estudio "a fondo" de la relación de una definición de la agresión y su relación con "el mantenimiento de la paz y de la seguridad internacionales". Igualmente, situaba su estudio en el ámbito del DPI al solicitar que el encargo se extendiese a las cuestiones que se suscitasen por la inclusión de "una definición

La resolución 895 (IX) creó una nueva *comisión especial* compuesta por representantes de diecinueve Estados miembros, a la que se le encargó que presentara en el plazo de dos años, en el undécimo período de sesiones (1956-1957), un proyecto de definición de agresión, partiendo de los trabajos previos[254]. Paralelamente, la AG examinó el proyecto de código de delitos contra la paz y la seguridad de la humanidad que le había presentado la CDI en 1954[255]. En este proyecto se definían los delitos contra la paz y la seguridad de la humanidad en el artículo 2. Los dos primeros párrafos del artículo 2 quedaron revisados con el siguiente texto:

> "Son delitos contra la paz y la seguridad de la humanidad los siguientes actos:
> 1) Todo acto de agresión, inclusive el empleo por las autoridades de un Estado de la fuerza armada contra otro Estado para cualquier propósito que no sea la legítima defensa nacional o colectiva o la aplicación de una decisión o recomendación de un órgano competente de las Naciones Unidas.
> 2) Toda amenaza hecha por las autoridades de un Estado de recurrir a un acto de agresión contra otro Estado"[256].

Los siete párrafos siguientes, del tercero al décimo, también se referían a la agresión y actos afines como la guerra civil, el terrorismo, la anexión del territorio de otro Estado y la injerencia en sus asuntos

de la agresión en el Código de delitos contra la paz y la seguridad de la humanidad y por su aplicación en la esfera de la jurisdicción penal internacional".

254 UN. Doc. A/RES/895 (IX), Cuestión de la definición de la agresión, 4 de diciembre de 1954. Disponible en: https://documents-dds-ny.UN.org/doc/RESOLUTION/GEN/NR0/099/33/PDF/NR009933.pdf?OpenElement

255 UN. Doc. A/2693 y corrección A/2693/Corr.1. Report of the International Law Commission covering the work of its 6th session, 3 June-28 July 1954. Official Records. Supplement, No 9, 1954. Disponible en: https://digitall*Ibid*.rary.UN.org/record/712101?ln=es

256 *Ibid.*, p. 11.

internos o externos[257], excepto el párrafo 7[258]. El último de todos, el noveno, contemplaba una suerte de agresión moral, coercitiva, económica o política[259].

Una vez revisado, la AG advirtió que suscitaba "problemas íntimamente relacionados con la definición de la agresión". Y decidió —al haber adoptado previamente, en la citada resolución 895 (IX), la constitución de la mencionada *comisión especial* para que estudiase la cuestión de la definición de la agresión y un proyecto de defini-

---

257 *Ibid.*: "3) La preparación por las autoridades de un Estado del empleo de la fuerza armada contra otro Estado para cualquier propósito que no sea la legítima defensa nacional o colectiva, o la aplicación de una decisión o recomendación de un órgano competente de las Naciones Unidas.
4) El hecho de que las autoridades de un Estado organicen dentro de su territorio o en cualquier otro territorio bandas armadas para hacer incursiones en el territorio de otro Estado o estimulen la organización de tales bandas; o el hecho de que toleren la organización de dichas bandas en su propio territorio o de que toleren que dichas bandas armadas se sirvan de su territorio como base de operaciones o punto de partida para hacer incursiones en el territorio de otro Estado, así como el hecho de participar directamente en tales incursiones o de prestarles su apoyo.
5) El hecho de que las autoridades de un Estado emprendan o estimulen actividades encaminadas a fomentar luchas civiles en el territorio de otro Estado, o la tolerancia por las autoridades de un Estado de actividades organizadas encaminadas a fomentar luchas civiles en el territorio de otro Estado.
6) El hecho de que las autoridades de un Estado emprendan o estimulen actividades terroristas en otro Estado, o la tolerancia por las autoridades de un Estado de actividades organizadas, encaminadas a realizar actos terroristas en otro Estado.
8) La anexión por las autoridades de un Estado de un territorio perteneciente a otro Estado o de un territorio colocado bajo un régimen internacional mediante actos contrarios al derecho internacional.

258 *Ibid.*: "7) Los actos de las autoridades de un Estado que violen las obligaciones establecidas por un tratado destinado a garantizar la paz y la seguridad internacionales mediante restricciones o limitaciones respecto a armamentos, adiestramiento militar o fortificaciones, u otras restricciones del mismo carácter".

259 *Ibid.*: "9) El hecho de que las autoridades de un Estado intervengan en los asuntos internos o externos de otro Estado mediante medidas coercitivas de índole económica o política, con el fin de influir sobre sus decisiones y obtener así ventajas de cualquier índole".

ción— aplazar el examen del proyecto de código hasta que esa comisión presentase su informe[260]. Labor sobre el proyecto de código que retomó la CDI en 1978[261] después de aprobada la importante resolución 3314 (XXIX)[262], a la que inmediatamente me referiré.

La comisión especial presentó el informe en 1956[263], sin embargo, ante la incorporación de otros veintidós nuevos Estados miembros a NNUU, la AG requirió a estos, a través del secretario general, para que, de acuerdo con la resolución 688 (VII), formulasen observaciones[264]. Paralelamente, la sexta comisión, a la vista tanto de la resolución 897 (IX) como de la 1181 (XII), propuso en 1957 a la AG el aplazamiento de la cuestión del proyecto de código contra la paz y la seguridad de la humanidad porque planteaba problemas directamente relacionados con la definición de la agresión[265].

---

260 V. UN. Doc. A/RES/897 (IX), Proyecto de código de delitos contra la paz y la seguridad de la humanidad, 4 de diciembre de 1954. Disponible en: https://digitallibrary.un.org/record/211927?ln=es y UN. Doc. A/RES/1186 (XII), Proyecto de código de delitos contra la paz y la seguridad de la humanidad, 11 de diciembre de 1957. Disponible en: https://documents-dds-ny.UN.org/doc/RESOLUTION/GEN/NR0/121/77/PDF/NR012177.pdf?OpenElement

261 V. UN. Doc. A/RES/33/97, Proyecto de código de delitos contra la paz y la seguridad de la humanidad, 16 de diciembre de 1978. Disponible en: https://documents-dds-ny.UN.org/doc/RESOLUTION/GEN/NR0/367/36/IMG/NR036736.pdf?OpenElement; y UN. Doc. A/RES/36/106, Proyecto de código de delitos contra la paz y la seguridad de la humanidad, 10 de diciembre de 1981. Disponible en: https://documents-dds-ny.UN.org/doc/RESOLUTION/GEN/NR0/414/67/IMG/NR041467.pdf?OpenElement

262 V. *infra*, nota 282.

263 UN. Doc. A/3574-ES, Report of the 1956 Special Committee on the Question of Defining Aggression, 8 October-9 November 1956, Official Records. Supplement, No 16, 957. Disponible en: https://digitall*Ibid*.rary.UN.org/record/713061?ln=es

264 UN. Doc. A/RES/1181 (XII), Cuestión de la definición de la agresión, 29 de noviembre de 1957. Disponible en: https://daccess-ods.UN.org/tmp/2442268.87822151.html
Paralelamente algunos Estados, como España, había solicitado en 1957 a la sexta comisión el aplazamiento del debate sobre el proyecto de Código.

265 UN. Doc. A/3770, Draf code of offences against the pace and security of mankind, report to the six committee, 6 December 1957. Disponible en:

La AG apremió para que se alcanzase la deseada definición. Reconoció la existencia de un convencimiento general sobre la necesidad de acelerar la elaboración de una definición de la agresión, y encargó a un *comité especial* que creó, compuesto por treinta y cinco Estados miembros, que retomara los trabajos previos y estudiara todos los aspectos de la cuestión para preparar una definición "adecuada de la agresión" que tendrían que presentar al año siguiente[266]. El único observador no gubernamental y no remunerado fue el citado Ferencz[267].

El comité presentó un informe inconcluso sobre la cuestión de la definición de la agresión y su proyecto de definición en 1968[268]. Ante esta situación, la AG reiteró el convencimiento general de la necesidad de acelerar la elaboración de una definición de la agresión, y decidió que el *comité especial* reanudara sus trabajos[269]. El comité presentó su nuevo informe, pero nuevamente incompleto[270]. La AG considerando la urgencia de definir la agresión y reiterando el convencimiento general de su necesidad, decidió que el comité reanu-

https://documents-dds-ny.UN.org/doc/UNDOC/GEN/N57/340/22/pdf/N5734022.pdf?OpenElement

266 A/RES/2330 (XXII), Necesidad de acelerar la elaboración de una definición de la agresión en vista de la actual situación internacional, 18 de diciembre de 1967. Disponible en: https://documents-dds-ny.UN.org/doc/RESOLUTION/GEN/NR0/240/07/PDF/NR024007.pdf?OpenElement

267 En los dos volúmenes de Defining International Aggression..., ob. cit., FERENCZ, recopila los materiales y documentos de referencia y sus observaciones, que le sirvieron en el proceso de elaboración de la resolución sobre la Definición de la Agresión (resolución 3314).

268 UN. Doc. A/7185/Rev.1, Report of the Special Committee on the Question of Defining Aggression. Supplement, 1968. Disponible en: https://digitallibrary.un.org/record/774843?ln=es

269 UN. Doc. A/RES/2420 (XXIII), Informe del Comité Especial sobre la cuestión de la definición de la agresión, 18 de diciembre de 1968. Disponible en: https://digitallibrary.un.org/record/202794?ln=es

270 UN. Doc. A/7620, Report of the Special Committee on the Question of Defining Aggression, 24 February - 3 April 1969, Official Records. Supplement, No 20, 1969. Disponible en: https://digitallibrary.un.org/record/725765?ln=es

dara su labor[271]. El *comité especial* presentó su informe, una vez más, inacabado[272], por lo que la AG, recordando, otra vez, que "existía el convencimiento general de la necesidad de acelerar la elaboración de una definición de agresión" y su "urgencia" decidió que el comité reanudara su labor[273]. De nuevo, el comité especial presentó su informe[274]. Al estar éste incompleto y existir el mismo convencimiento y urgencia, la AG decidió que el comité especial reanudara su labor[275]. El comité en cumplimiento del trabajo encomendado rindió su informe, también inconcluso[276]. La AG recordando otra vez más "el convencimiento general de la necesidad de acelerar la elaboración de una definición de agresión" y "la urgencia de llevar a feliz término la labor del Comité Especial" decidió que el Comité reanudara su labor[277].

---

271 A/RES/2549 (XXIV). Informe del Comité Especial sobre la cuestión de la definición de la agresión. 12 de diciembre de 1969. Disponible en: https://digitallibrary.un.org/record/202493?ln=es

272 UN. Doc. A/8019, Report of the Special Committee on the Question of Defining Aggression, 13 July-14 August 1970, UN, 1970, Official Records. Supplement, No 19, 1970. Disponible en: https://digitallibrary.un.org/search?ln=es

273 UN. Doc. A/RES/2644 (XXV). Informe del Comité Especial sobre la cuestión de la definición de la agresión, 25 de noviembre de 1970. Disponible: https://documents-dds-ny.UN.org/doc/RESOLUTION/GEN/NR0/353/05/IMG/NR035305.pdf?OpenElement

274 UN. Doc. A/8419, Report of the Special Committee on the Question of Defining Aggression, 1 February-5 March 1971, Official Records. Supplement, No 19, 1971. Disponible en: https://digitallibrary.un.org/record/720795?ln=es

275 UN. Doc. A/RES/2781 (XXVI), Informe del Comité Especial sobre la cuestión de la definición de la agresión, 3 de diciembre de 1971. Disponible en: https://documents-dds-ny.UN.org/doc/RESOLUTION/GEN/NR0/332/59/IMG/NR033259.pdf?OpenElement

276 UN. Doc. A/8719, Report of the Special Committee on the Question of Defining Aggression, 31 January-3 March 1972, Official Records. Supplement, No 19, 1972. Disponible en: https://digitallibrary.un.org/record/731057?ln=es

277 UN. Doc. A/RES/2967 (XXVII), Informe del Comité Especial sobre la cuestión de la definición de la agresión, 14 de diciembre de 1972. Disponible en: https://documents-dds-ny.UN.org/doc/RESOLUTION/GEN/NR0/274/38/IMG/NR027438.pdf?OpenElement

Este comité especial presentó su informe[278] y la AG al considerar que el comité no había concluido su tarea, y reconociendo que "existía el convencimiento general de la necesidad de acelerar la elaboración de una definición de la agresión" y la "urgencia de llevar a feliz término la labor del Comité Especial y la conveniencia de lograr la definición de la agresión lo antes posible" decidió repentinamente que el comité "reanud[ara] su labor" "con el fin de completar sus trabajos"[279].

La demora en alcanzar un consenso en la definición de la agresión se debió a las tensiones de la guerra fría y a la desconfianza en que la redacción final no contemplase todos los actos posibles en los que se podría instrumentar la agresión, lo que podría dar lugar a confusión. Además, durante los trabajos del comité especial, se sucedieron amenazas y conflictos como la de Suez, los misiles de Cuba, el conflicto del Congo, la guerra de Vietnam, y la ocupación de Hungría y Checoslovaquia. Esto hizo que las posiciones se debatieran entre los que propugnaban una definición diáfana y los que mantenían que la definición no contribuiría a la paz, al ser NNUU quien discrecionalmente limitaría la determinación de un acto como agresión[280].

El comité especial presentó su último informe[281] y la AG aprobó por consenso, el 14 de diciembre de 1974, la conocida resolución

---

278 UN. Doc. A/9019, Report of the Special Committee on the Question of Defining Aggression 25 April-30 May 1973. Official Records. Supplement, No 19, 1973; posteriormente corregido: A/9019/Corr.1. Disponible en: https://digitallibrary.un.org/record/725120?ln=es

279 UN. Doc. A/RES/3105 (XXVII), Informe del Comité Especial sobre la cuestión de la definición de la agresión, 12 de diciembre de 1973. Disponible: https://documents-dds-ny.UN.org/doc/RESOLUTION/GEN/NR0/286/30/IMG/NR028630.pdf?OpenElement

280 WILMSHURST, E.: *Definición de la agresión*, NNUU, 2009, p. 2. https://legal.UN.org/avl/pdf/ha/da/da_s.pdf

281 UN. Doc. A/9619, Report of the Special Committee on the Question of Defining Aggression, 11 March-12 April 1974, Official Records. Supplement, No 19, 1974. Disponible en: https://digitallibrary.UN.org/record/724643?ln=es
Este informe fue posteriormente corregido por una errata padecida. V. UN. Doc. A/9619/Corr.1, Report of the Special Committee on the Question of Defining Aggression General Assembly. Official Records. Supplement. 5

3314 (XXIX), *Definición de la Agresión*[282]. La ya histórica resolución que se ha perpetuado en su contenido hasta nuestros días se mostraba "profundamente convencida" de que la aprobación de la definición "contribuiría al fortalecimiento de la paz y la seguridad internacionales". Reproducía literalmente el primero de los propósitos de la Carta de NNUU[283]. Instaba a los Estados a que se abstuvieran de "todo acto de agresión y de cualquier otro uso de la fuerza contraria a la Carta de las Naciones Unidas y a la Declaración sobre los principios de derecho internacional referentes a las relaciones de amistad y a la cooperación entre los Estados de conformidad con la Carta de las Naciones Unidas". Reclamaba la *atención* del CdS sobre el contenido de la definición de la agresión y le recomendaba que la tuviera en cuenta "para determinar, de conformidad con la Carta, la existencia de un acto de agresión".

En el anexo a la resolución se incorporaba la *Definición de la Agresión* en ocho artículos. La agresión se definía como "el uso de la fuerza armada por un Estado contra la soberanía, la integridad territorial o la independencia política de otro Estado, o en cualquier otra forma incompatible con la Carta de las Naciones Unidas". Esta definición es copiada literalmente por el actual artículo 8 *bis* ECPI cuando expresa qué es un acto de agresión. Sin embargo, la definición de 1974 se aparta del principio estructural de prohibición general de la fuerza de la Carta, que era más amplio. El artículo 2.4 de la Carta prohibía ("se abstendrán") además del "uso de la fuerza" también la "amenaza". La resolución 3314 enumeraba, pero no de forma exhaustiva, sino como lista abierta, los actos que consideraba como de agresión[284]. Declaraba expresamente que la guerra de agresión era

---

July 1974. Disponible en: https://digitallibrary.UN.org/record/724648?ln=es

En este informe, el delgado español, Antonio Elías, manifestó que, a pesar de los defectos de la definición aprobada, era un paso importante en el desarrollo del DI y expuso algunas objeciones a los artículos 5 y 7.

282 UN. Doc. A/RES/3314 (XXIX), Definición de agresión, 14 de diciembre de 1974. Disponible en https://documents-dds-ny.UN.org/doc/RESOLUTION/GEN/NR0/743/93/IMG/NR074393.pdf?OpenElement

283 V. artículo 1.1. de la Carta.

284 Artículos 2, 3 y 4.

un crimen contra la paz y que originaba responsabilidad internacional[285]. De esta forma, distinguía entre "acto de agresión" y "guerra de agresión". La AG sí consideraba, de acuerdo con el artículo 39 de la Carta, qué era un acto de agresión, pero renunciaba a definir qué era una guerra de agresión.

Con esta resolución se ponía fin a la discusión de más de 25 años, que había nacido con los votos disidentes de Tokio sobre la criminalización de la guerra de agresión y la exigencia de la responsabilidad penal individual. La situación política en el mundo había cambiado[286]. Sin embargo, a pesar de ser considerado el más grave crimen internacional solo generaba en el DI una obligación de reparar estatal. La tipificación del futuro crimen de agresión, por el contrario, seguía congelada. El DI cobraba protagonismo frente al DPI.

Es necesario recordar que, antes de que se aprobara la resolución 3314 de 1974, la Convención de Viena sobre el Derecho de los Tratados de 1969[287], recogía, como norma general en el artículo 34 que el tratado solo crea obligaciones y derechos para un tercer Estado si éste lo acepta o consiente. En el artículo 52 preveía la nulidad de todo tratado cuya celebración se hubiere obtenido por la amenaza o el uso de la fuerza en violación de los principios de DI incorporados a la Carta. Y en los comentarios a este artículo, la CDI reconocía el "carácter criminal de la guerra de agresión"[288]. A partir de estas premisas, la CDI estableció una excepción con carácter general para el *Estado agresor*. El artículo 75 de la Convención sobre el Derecho

---

285 Artículo 5.
V. un análisis sobre las discusiones del texto de los artículos del anexo *Definición de la agresión* en SELLARS: The Legacy of..., ob. cit., pp. 131 a 138.

286 Sobre el proceso de adopción de la resolución 3314 desde 1950 en función de los condicionantes políticos que se iban sucediendo en el mundo, v. SELLARS: The Legacy of..., ob. cit., pp. 117 a 139.

287 Convención de Viena sobre el Derecho de los Tratados, de 23 de mayo de 1969, United Nations, Treaty Series, Vol. 1155, 1 18232.

288 UN. Doc. A/CONF.39/11/Add.2, Conferencia de las Naciones Unidas sobre el Derecho de los Tratados, períodos de sesiones primero y segundo Viena, 26 de marzo a 24 de mayo de 1968 y 9 de abril a 22 de mayo de 1969. Disponible: https://digitallibrary.UN.org/record/683273?ln=es, p. 70. Entonces era el artículo 49 y previamente en el proyecto de 1963, el 36.

de Tratados reconoció, por encima del consentimiento del Estado, primacía a las medidas que se adopten de acuerdo con la Carta con respecto a la "agresión de tal Estado"[289], en consonancia con lo que disponía el artículo 103 de la Carta.

9. LA PROHIBICIÓN DEL CRIMEN CONTRA LA PAZ COMO DERECHO CONSUETUDINARIO A PARTIR DE LA SEGUNDA GUERRA MUNDIAL

A lo largo de los últimos años ha sido una cuestión controvertida desde qué momento puede considerarse al crimen contra la paz como DI consuetudinario. La doctrina sostiene que la responsabilidad penal por guerras de agresión es DI consuetudinario después, y no antes, de la Segunda Guerra Mundial[290].

Antes de la Segunda Guerra Mundial, los crímenes contra la paz eran inexistentes en el DI. La única definición de los crímenes contra

---

[289] V. el comentario de la CDI a este artículo (antes artículo 70) en UN. Doc. A/CONF.39/11/Add.2, p. 70 (v. *supra*, nota 288).

[290] MCDOUGALL, C.: "The Crimes against Peace Precedent", *Crime of Aggression Library, The Crime of Aggression a commentary*, KREß, C. and Barriga, S. (dir.), Cambridge University Press 2017, p. 103 y nota 335; y WERLE y JESSBERGER: ob. cit., pp. 876 a 878.

MCDOUGALL (*ibid.*, pp. 103 y 104) enumera para fundar su afirmación: los tratados de Paz de París de 1947 (v., *supra*, apartado 7 de este capítulo); la Convención del Estatuto de los Refugiados (v. *supra*, apartado 7 de este capítulo); la resolución 95 (I) de la Asamblea General de las NNUU (v. *supra*, apartado 6 de este capítulo); La formulación de los Principios de Núremberg en 1950, por parte de la Comisión de Derecho Internacional(v. *supra*, apartado 6 de este capítulo); la legislación interna de, al menos, treinta y cinco Estados; la Declaración de Relaciones Amistosas de 1970 (v., *supra*, apartado 3 de este capítulo); la Resolución 3314 de la Asamblea General de Naciones Unidas (v. *supra*, apartado 8 de este capítulo); los borradores de los proyectos de Código Penal; los comentarios de los gobiernos sobre los proyectos (v. *supra*, apartado 8 de este capítulo); el caso R. v Jones de la Cámara de los Lores del Reino Unido; la posición de la mayoría de los Estados en la Conferencia de Roma; y la opinión del Grupo de Trabajo Especial sobre el crimen de agresión.

la paz, como ya he reflejado, emerge a partir de 1945 en los estatutos de los dos tribunales militares internacionales, Núremberg y Tokio, y en la LCA n.º 10.

MCDOUGALL, con cierta vehemencia, opina que los crímenes contra la paz fueron una "invención aliada" en 1945[291] y sintetiza la doctrina mayoritaria al respecto. Así, sostiene que el TMI se equivocó al declarar que la Carta de Londres de 1945 "fue el ejercicio de un poder legislativo soberano por parte de los países a los que el Reich alemán se rindió incondicionalmente"[292], por lo que erró al mantener que "no era estrictamente necesario considerar si y en qué medida la guerra de agresión era un crimen antes del Acuerdo de Londres"[293]. Igualmente, para esta autora, el TMI se equivocó al considerar que la Carta de Londres "era la expresión del derecho internacional existente en el momento de su creación"[294]. Y nuevamente se equivocó al declarar que no era necesario que el DI convencional o consuetudinario "estableciera que la planificación, preparación, iniciación o realización de una guerra de agresión era un crimen (distinto de un acto prohibido) antes de la promulgación de la Carta de Londres"[295]. Y concluye reproduciendo los mismos reproches al TMILO y al Tribunal Militar de Estados Unidos por mantener la misma postura que el TMI[296].

Por el contrario, estos precedentes de Núremberg y Tokio contribuyeron a la progresiva formación del crimen de agresión como de DI consuetudinario. Los sucesivos y diferentes instrumentos internacionales que he citado formularon expresamente que la guerra de agresión era un crimen contra la paz y confirmaron tanto su punibilidad, como la exigencia de la responsabilidad penal individual de sus autores en el DI.

Es verdad que, como he anticipado, en el proceso de elaboración de la definición de la agresión que culminó en la resolución 3314 se

[291] MCDOUGALL: The Crimes against..., ob. cit., p. 50.
[292] *Ibid.*, p. 51.
[293] *Ibid.*
[294] *Ibid.*
[295] *Ibid.*
[296] *Ibid.*

constató por momentos, como ha destacado la doctrina de los años cincuenta del siglo pasado, que más que un proceso de formación de derecho sobre el crimen de agresión, se podría estar produciendo un proceso de abandono[297]. Por ello, la culminación de la repetida resolución 3314 es, sin duda, una manifestación del proceso de formación del derecho consuetudinario de que la guerra de agresión es un crimen contra la paz[298]. Proceso que es confirmado y culmina posteriormente en el artículo 5 ECPI y la definición del crimen de agresión en el artículo 8 *bis* ECPI, fruto de las enmiendas de Kampala.

La formación del derecho consuetudinario está directamente relacionada con el principio de legalidad en el DPI. La costumbre es fuente del DPI, aunque en el sistema del ECPI se considere como una fuente subsidiaria externa[299]. La sanción por la comisión de un crimen contra la paz o de un crimen de agresión exige la preexistencia de una norma escrita o no escrita (consuetudinaria) que defina la conducta criminal y que determine una sanción, aunque la costumbre no determine penas. Además, este principio impone, adicionalmente a la preexistencia de la norma, las garantías de certeza y de previsibilidad[300].

El contenido de la norma consuetudinaria, a partir de la regla general basada en la práctica y *opinio iuris* de los Estados, vendrá condicionado por la definición de crimen contra la paz tanto en los dos estatutos de los tribunales militares y en la LCA n.º 10, como en los desarrollos jurisprudenciales de aplicación de esas normas. Las tres normas describen un tipo de injusto internacional, como se verá, de doble nivel[301]. Por un lado, un acto estatal de iniciación de invasión de otros Estados y de hacer una guerra de agresión o, de otro lado,

---

297 SELLARS: The Legacy of..., ob. cit., p.118.

298 V., *infra*, notas 335 y 336.

299 El artículo 21.1. b) ER se refiere a los "principios y normas del derecho internacional, incluido el Derecho internacional de los conflictos armados". El contenido de estos términos incluye la costumbre internacional.

300 v. OLLÉ: Principios generales..., ob. cit., pp. 178 a 192. V. también, UN. Doc. A/Res/95 (v. *supra*, nota 11) sobre los principios de Núremberg y su derivación de una norma preexistente.

301 MACULAN, E.: "El crimen de agresión", *Derecho penal internacional,* Gil Gil A. y Maculan E. (dirs), Dykinson, Madrid, 2019, p. 478. V. *infra*, nota 637.

una guerra que viole tratados, acuerdos o garantías internacionales (perteneciente al acto estatal de agresión), que proyecta una conducta personal consistente en planear, preparar, iniciar, hacer o participar en un plan común o conspiración, circunscrita a la responsabilidad penal individual.

De acuerdo con el tenor de los textos legales significados y de la jurisprudencia de los tribunales que aplicaron la norma, el derecho consuetudinario prohíbe, en relación con el acto estatal, las *guerras* que verdaderamente puedan ser determinadas *de agresión*, como crimen contra la paz, pero no otros *actos de agresión* de menor entidad que la *guerra de agresión*[302]. Y, en relación con el acto individual o responsabilidad penal personal se circunscribía a los que intervinieron conscientemente con una contribución esencial para la comisión de la agresión.

Además del problema consustancial al derecho consuetudinario de la exigencia de taxatividad, surge otro. Es necesario delimitar qué era una guerra de agresión en el momento de la formación y confirmación del derecho consuetudinario, para concretar qué conducta sería punible de acuerdo con el DI consuetudinario. MCDOUGALL[303] señala con acierto por exclusión que no es una guerra de agresión la iniciada en legítima defensa colectiva o individual e incluye en el término guerra de agresión, al menos, a: i) la "guerra que tenga por objeto la ocupación o conquista del territorio de otro Estado o de una parte del mismo"; ii) la "guerra declarada en apoyo de la guerra de agresión de un tercero"; y iii) a la "guerra con el objeto de inhabilitar la capacidad de un Estado para prestar asistencia a un tercer Estado víctima de una guerra de agresión iniciada por el agresor"[304].

---

302 WERLE y JESSBERGER: ob. cit., p. 878, justifica este nivel cualitativo de gravedad en la inexistencia de una práctica estatal, y en la inexistencia de una *opinio iuris* generalizada y en el disenso sobre que el uso de la fuerza armada que contravenga el DI debe ser punible.

303 MCDOUGALL: The Crimes against…, ob. cit., pp. 52 a 76, realiza un interesante estudio de la jurisprudencia de Núremberg, Tokio y de los tribunales militares de Estados Unidos y Francia que aplicaron la LCA n.º 10, para tratar de precisar qué se entendió entonces por guerra de agresión.

304 *Ibid.*, p. 77.

El contenido material del crimen de agresión actual definido en el artículo 8 *bis* ECPI difiere del crimen contra la paz. Ahora, el ECPI exige que el acto estatal de agresión se concrete en diferentes conductas y debe ser una *violación manifiesta* de la Carta de las NNUU[305]. La responsabilidad penal individual se restringe a los dirigentes de *iure* o de *facto* que estén en condiciones de "controlar o dirigir efectivamente la acción política o militar de un Estado".

La delimitación del contenido de este crimen como de derecho consuetudinario será relevante para la interpretación del actual crimen de agresión, de acuerdo con los antecedentes históricos del crimen contra la paz. Y también para —y por utópico que parezca y por muchas que sean las opiniones contrarias— la aplicación de este crimen de DI consuetudinario en aquellos escenarios jurisdiccionales nacionales en los que en el momento de la comisión del crimen de agresión no existía su tipificación como ley penal escrita[306]. La incorporación del crimen de agresión a los sistemas penales nacionales confirma el carácter consuetudinario internacional del crimen de agresión[307].

---

305 *Ibid.*

306 V. *infra*, Cap. 11: 5, donde desarrollo este aspecto.

307 También, entre otros, ZIMMERMANN, A. and FREIBURG-BRAUN, E.: "Article 8 bis", *Commentary on the Rome Statute of International Criminal Court*, AMBOS KAI (edited), 4ª ed., C.H. Beck. Hart. Nomos, München, 2022, p. 693.

Capítulo 3

Del crimen contra la paz al crimen de agresión. Roma, Kampala y Nueva York

1. EL SEGUNDO PROYECTO DE CRÍMENES CONTRA LA PAZ Y LA SEGURIDAD DE LA HUMANIDAD Y EL PROYECTO DE UN ESTATUTO DE TRIBUNAL PENAL INTERNACIONAL

En 1981 se retoman por parte de la CDI los trabajos del proyecto de código de delitos contra la paz y la seguridad de la humanidad que se habían aparcado con la presentación del primer borrador en 1954[308]. Era necesario perfeccionarlo. La AG, en fecha coincidente con el aniversario de la declaración universal de los derechos humanos, invitó a la CDI a reanudar esta labor, con la advertencia de que considerara especialmente el "desarrollo progresivo" del DI[309]. Invitación que fue reiterada al año siguiente[310].

En 1983, la CDI, sobre la base del primer informe presentado por el relator y de otros instrumentos internacionales, abordó la interesante diferencia de la naturaleza de los crímenes internacionales[311], concluyendo que, si el acento se focaliza en los efectos, atendiendo a su gravedad, existe una cierta graduación y jerarquía entre ellos. Así, los crímenes contra la paz y la seguridad de la humanidad están

---

[308] V. *supra*, nota 255.

[309] UN Doc. A/RES/36/106, Proyecto de código de delitos contra la paz y la seguridad de la humanidad, 10 de diciembre de 1981. Disponible en: https://digitallibrary.UN.org/record/27068?ln=es

[310] UN Doc. A/RES/37/102, Proyecto de código de delitos contra la paz y la seguridad de la humanidad, 16 de diciembre de 1982. Disponible en: https://digitallibrary.UN.org/record/40345?ln=es

[311] V. al respecto OLLÉ: Crimen internacional y..., ob. cit., pp. 77 a 90.

en la cumbre o cúspide de esa jerarquía porque son "en cierto modo *los más graves entre los más graves*"[312]. La CDI también debatió si debía reconocer la responsabilidad criminal internacional del Estado y de las personas jurídica[313]. Las posiciones favorables a la incriminación penal estatal argumentaron "que los crímenes contra la paz y la seguridad de la humanidad solían ser obra de los Estados y en muchos casos sólo podían ser cometidos por Estados"[314].

Posteriormente, en 1984, el relator especial —partiendo de que "si bien todo delito contra la paz y la seguridad de la humanidad es un crimen internacional, no todo crimen internacional es necesariamente un delito contra la paz y la seguridad de la humanidad"[315]— elaboró una lista de los crímenes internacionales que, a su vez, constituían los delitos contra la paz y la seguridad de la humanidad[316], considerados por la CDI como los de "gravedad extrema"[317]. En relación con la agresión, confirmó que los delitos contra la soberanía e integridad de los Estados descritos en el artículo 2 del proyecto de código de 1954 comprendían la agresión y actos afines, gozaban

312 UN. Doc. A/CN.4/SER.A/1983/Add.1 (Part 2). Informe de la Comisión a la Asamblea General sobre la labor realizada en su trigésimo quinto período de sesiones, Anuario de la Comisión de Derecho Internacional, 1983, vol. II, Segunda parte, noviembre 1984, p. 20, párrs. 46 a 48. Disponible en: https://legal.UN.org/ilc/publications/yearbooks/spanish/ilc_1983_v2_p2.pdf

313 *Ibid.*, párrs. 54 a 61.

314 *Ibid.*, párr. 54.

315 UN. Doc. A/CN.4/377, Segundo informe sobre el proyecto de delitos contra la paz y la seguridad de la humanidad, por el Sr. Doudou Thiam, Relator Especial, 1 de febrero de 1984, párr. 7. Disponible en: https://legal.UN.org/ilc/documentation/spanish/a_cn4_377.pdf
El relator consideró que el concepto de crimen internacional era más amplio que el de Núremberg (párr. 11).

316 V. la lista en UN. Doc. A/CN.4/377, párr. 79.

317 UN. Doc. A/CN.4/377, párr. 8. El informe recoge algunas definiciones doctrinales de crimen internacional (párr. 10) que el relator consideró conforme con el artículo 19 del proyecto de artículos sobre la responsabilidad de los Estados.

de una base convencional[318] y de fondo considerable, aunque en el futuro se modificara[319].

El relator se refería finalmente a la "agresión económica". Recogía el debate acaecido en la sexta comisión y emplazaba a la CDI a determinar su análisis y los elementos constitutivos de esta nueva modalidad como delito específico. Advertía de su diferencia con la agresión militar definida en la resolución 3314, considerada la económica, por sus proponentes, como las "medidas económicas que, en relación de desigualdad, adoptan la forma de agresión". Y se preguntaba si el término "agresión", por su vinculación tradicional a la fuerza armada, puede extenderse, "sin peligro, a otras formas diferentes de coacción"[320].

---

318 El párr. 17 del informe del relator se sustentaba en el artículo 2.4 de la Carta; en los artículos 2 a 4 del citado Proyecto de Declaración de derechos y deberes de los Estados (v. *supra*, nota 248); en el párr. 3 de la UN. Doc. A/RES/290 (IV), bases esenciales para la paz, de 1 de diciembre de 1949 (disponible en: https://digitallibrary.UN.org/record/210389?ln=es) que invita a todas las naciones a abstenerse de toda amenaza y de todo acto que, directa o indirectamente, tiendan a fomentar las discordias civiles y a subvertir la voluntad del pueblo en cualquier Estado; y en la UN. Doc. A/RES/2131 (XX) (v. *infra*, nota 888).
Para el relator, párr. 18, los principios señalados en los anteriores instrumentos "también ejercen ya influencia en el derecho de los tratados y en el derecho de la responsabilidad internacional", y en "la Convención de Viena sobre el derecho de los tratados, de 1969 (arts. 51 y 52), se prevé expresamente que la coacción sobre el representante de un Estado o sobre un Estado es causa de nulidad de un tratado, y en el proyecto de artículos sobre la responsabilidad de los Estados (art. 28 de la primera parte)10 se establece la responsabilidad de un Estado por efecto de la coacción ejercida sobre un tercer Estado para provocar la perpetración de un hecho internacionalmente ilícito".

319 UN. Doc. A/CN.4/377, párr. 19.

320 *Ibid.*, párr. 80.

La CDI aprobó provisionalmente en primera lectura, en 1991[321], el artículo 15 denominado "agresión" que constaba de siete párrafos[322] y seguía en gran parte la estela de la resolución 3314 sobre la

---

321 V. UN. Doc. A/46/10, Informe de la Comisión de Derecho Internacional sobre la labor realizada en su 43° período de sesiones, 29 de abril a 19 de julio de 1991, cuadragésimo sexto período de sesiones, suplemento número 10. Disponible en: https://digitallibrary.UN.org/record/127860?ln=es

322 V. el texto en UN. Doc. A/46/10, pp. 263 y 264:
"1. El que en calidad de dirigente o de organizador proyecte o ejecute un acto de agresión, u ordene que sea ejecutado, será condenado, después de ser reconocido culpable, [a...]
2. La agresión es el uso de la fuerza armada por un Estado contra la soberanía, la integridad territorial o la independencia política de otro Estado, o en cualquier otra forma incompatible con la Carta de las Naciones Unidas.
3. El primer uso de la fuerza armada por un Estado en violación de la Carta constituirá prueba prima facie de un acto de agresión, aunque el Consejo de Seguridad puede concluir, de conformidad con la Carta, que la determinación de que se ha cometido un acto de agresión no estaría justificada a la luz de otras circunstancias pertinentes, incluido el hecho de que los actos de que se trate o sus consecuencias no son de suficiente gravedad.
4. Constituirá un acto de agresión cualquiera de los actos siguientes, haya o no declaración de guerra, teniendo debidamente en cuenta los párrafos 2 y 3: a) la invasión o el ataque por las fuerzas armadas de un Estado del territorio de otro Estado, o toda ocupación militar, aun temporal. que resulte de dicha invasión o ataque, o toda anexión, mediante el uso de la fuerza, del territorio de otro Estado o de parte de él; b) el bombardeo, por las fuerzas armadas de un Estado, del territorio de otro Estado o el empleo de cualesquiera armas por un Estado contra el territorio de otro Estado; c) el bloqueo de los puertos o de las costas de un Estado por las fuerzas armadas de otro Estado; d) el ataque por las fuerzas armadas de un Estado contra las fuerzas armadas terrestres, navales o aéreas de otro Estado, e contra su flota mercante o aérea; e) la utilización de fuerzas armadas de un Estado, que se encuentran en el territorio de otro Estado con el acuerdo del Estado receptor, en violación de las condiciones establecidas en el acuerdo o toda prolongación de su presencia en dicho territorio después de terminado el acuerdo; f) la acción de un Estado que permite que su territorio, que ha puesto a disposición de otro Estado, sea utilizado por ese otro Estado para perpetrar un acto de agresión contra un tercer Estado; g) el envío por un Estado, o en su nombre, de bandas armadas. grupos irregulares o mercenarios que lleven a cabo actos de fuerza armada contra otro Estado de tal gravedad que sean equiparables a los actos antes enumerados, o su sustancial participación en dichos actos; h) cualesquiera otros actos que el

Definición de la Agresión, y donde no se contempló la agresión económica[323]. También aprobó el artículo 16 "amenaza de agresión"[324]. En 1995, se aprobó en segunda lectura el proyecto de código de crímenes contra la paz y la seguridad de la humanidad. Ahora se redu-

---

Consejo de Seguridad determine que, con arreglo a las disposiciones de la Carta, constituyen actos de agresión.
[5. cualquier decisión del Consejo de Seguridad sobre la existencia de un acto de agresión vinculará a los tribunales nacionales.]
6. Nada de lo dispuesto en este artículo se interpretará en el sentido de que amplía o restringe en forma alguna el alcance de la Carta de las Naciones Unidas, incluidas sus disposiciones sobre los casos en que es lícito el uso de la fuerza.
7. Nada de lo dispuesto en este artículo podrá en modo alguno interpretarse en perjuicio del derecho a la libre determinación, la libertad y la independencia, tal como se desprende de la Carta, de los pueblos privados por la fuerza de ese derecho, a los que se refiere la Declaración sobre los principios de derecho internacional referentes a las relaciones de amistad y a la cooperación entre los Estados de conformidad con la Carta de las Naciones Unidas, en particular los pueblos que están bajo regímenes coloniales y racistas u otras formas de dominación extranjera, ni del derecho de esos pueblos a luchar con tal fin y pedir y recibir apoyo, con arreglo a los principios de la Carta y en conformidad con la Declaración antes mencionada".

323 V. los comentarios a este artículo 15 en UN. Doc. A/CN/SER.A/Add.1 (Part 2), Informe de la Comisión a la Asamblea General sobre la labor realizada en su cuadragésimo período de sesiones, *Anuario de la Comisión de Derecho Internacional*, 1988, vol. II, Segunda parte, pp. 78 y 79, y también pp. 62 a 68 (párrs. 215 a 255). Disponible en: https://legal.UN.org/ilc/publications/yearbooks/spanish/ilc_1988_v2_p2.pdf

324 V. el texto en UN. Doc. A/46/10, p. 264:
"1. El que en calidad de dirigente o de organizador ejecute una amenaza de agresión, u ordene que sea ejecutada, será condenado, después de ser reconocido culpable, [a...].
2. La amenaza de agresión consiste en declaraciones, comunicaciones, demostraciones de fuerza o cualquier otra medida que puedan dar al gobierno de un Estado razones suficientes para creer que se contempla seriamente una agresión contra ese Estado".
V. el comentario de la CDI a este artículo en: UN. Doc. A/44/10, Informe de la Comisión de Derecho Internacional sobre la labor realizada en su 41° período de sesiones, 2 de mayo a 21 de julio de 1989, cuadragésimo cuarto período de sesiones, suplemento número 10, pp. 182 a 184. Disponible en: https://digitallibrary.UN.org/record/74380?ln=es

cía considerablemente el contenido del artículo 15[325] y no se tuvo en consideración la amenaza de la agresión al no remitirse al artículo 16 el comité de redacción[326]. Previamente, en 1994, el relator especial ya había anunciado en el decimosegundo informe su intención de limitar la lista de los crímenes a los que por su "carácter de crímenes contra la paz y la seguridad de la humanidad difícilmente pu[dieran] ponerse en tela de juicio"[327]. Por ello, en el decimotercer informe omitió la amenaza de agresión (artículo 16) y propuso una definición revisada y reducida de la agresión[328], porque la inicial, basada en la resolución 3314, era "demasiado política y carente de la precisión

325 V. UN. Doc. A/CN.4/L.506, 22 de junio de 1995, Títulos y textos de los artículos del proyecto de código de crímenes contra la paz y la seguridad de la humanidad aprobados en segunda lectura por el Comité de Redacción en su 47º período de sesiones (Comisión de Derecho Internacional 47º período de sesiones, 2 de mayo a 21 de julio de 1995), pp. 6 y 7 (Disponible en: https://digitallibrary.UN.org/search?ln=es&p=A%2FCN.4%2FL.%20506&f=&c=Resource%20Type&c=UN%20Bodies&sf=&so=d&rg=50&fti=0): "1. El que cometa, como dirigente u organizador, un crimen de agresión será castigado con arreglo al presente Código.
2. Se entiende por agresión el uso de fuerza armada por un Estado contra la integridad territorial o la independencia política de otro Estado o en cualquier otra forma incompatible con la Carta de las Naciones Unidas".

326 UN. Doc. A/CN.4/L.506/Corr.1, 4 de julio de 1995, Títulos y textos de los artículos del proyecto de código de crímenes contra la paz y la seguridad de la humanidad aprobados en segunda lectura por el Comité de Redacción en su 47º período de sesiones (Comisión de Derecho Internacional 47º período de sesiones, 2 de mayo a 21 de julio de 1995), p. 2. Disponible en: https://digitallibrary.UN.org/search?ln=es&p=A%2FCN.4%2FL.%20506&f=&c=Resource%20Type&c=UN%20Bodies&sf=&so=d&rg=50&fti=0

327 UN. Doc. A/CN.4/460, 15 de abril de 1994, 12º Informe sobre el proyecto de código de crímenes contra la paz y la seguridad de la humanidad, por el Sr. Doudou Thiam, relator especial, (Comisión de Derecho Internacional, 46º período de sesiones, 2 de mayo a 22 de julio de 1994), párr. 3. Disponible en: https://digitallibrary.UN.org/record/187305?ln=es

328 UN. Doc. A/CN.4/466, 24 de marzo de 1995, 13º Informe sobre el proyecto de código de crímenes contra la paz y la seguridad de la humanidad, por el Sr. Doudou Thiam, relator especial, (Comisión de Derecho Internacional, 47º período de sesiones, 2 de mayo a 21 de julio de 1995), párrs. 32 a 54. Disponible en: https://digitallibrary.UN.org/record/177808?ln=es

y el rigor necesarios"[329]. Este informe se preparó para la segunda lectura del proyecto de código.

La CDI —paralelamente a la elaboración del proyecto de código de crímenes contra la paz y la seguridad de la humanidad— sugirió a la AG en 1983 la necesidad de establecer una jurisdicción penal internacional y le preguntó si su mandato se extendía también a "elaborar el estatuto de una jurisdicción criminal internacional competente para los individuos"[330]. La AG le pidió a la CDI en 1992 que elaborara "un proyecto de estatuto de un tribunal penal internacional"[331] y en 1993 le reiteró que prosiguiera su labor[332].

La CDI en 1994 aprobó un proyecto de estatuto de una corte penal internacional[333] donde también, y al igual que en el proyecto de código de crímenes, se preocupó del crimen de agresión, pero sin alcanzar ninguna definición en el proyecto de estatuto en todos los

---

329 UN. Doc. A/50/10, Informe de la Comisión de Derecho Internacional sobre la labor realizada en su 47º período de sesiones, 2 de mayo a 21 de julio de 1995, quincuagésimo período de sesiones, suplemento número 10, párrs. 38, 39, 42 y 60 a 73. Disponible en: https://digitallibrary.UN.org/record/186989?ln=es

330 UN. Doc. A/38/10, Informe de la Comisión de Derecho Internacional sobre la labor realizada en su 35º período de sesiones, 3 de mayo a 22 de julio de 1983, trigésimo octavo período de sesiones, suplemento número 10, p. 28, párrs. 68 y 69. Disponible en: https://digitallibrary.UN.org/record/61569?ln=es

331 V. UN. Doc. A/RES/47/33, [sobre la base del informe de la Sexta Comisión (A/47/584)], Informe de la Comisión de Derecho Internacional sobre la labor realizada en su 44º período de sesiones, 25 de noviembre de 1992, párr. 6. Disponible en: https://digitallibrary.UN.org/record/158805?ln=es

332 V. UN. Doc. A/RES/48/31, [sobre la base del informe de la Sexta Comisión (A/48/612)], Informe de la Comisión de Derecho Internacional sobre la labor realizada en su 45º período de sesiones, 24 de enero de 1994. Disponible en: https://digitallibrary.UN.org/record/179697?ln=es

333 UN. Doc. A/49/10, Informe de la Comisión de Derecho Internacional sobre la labor realizada en su 46º período de sesiones, 2 de mayo a 22 de julio de 1994, cuadragésimo noveno período de sesiones, suplemento número 10, pp. 22 a 121. Disponible en: https://digitallibrary.UN.org/record/161940?ln=es
En este documento se describen todos los antecedentes de la propuesta de creación de un tribunal penal internacional.

años de su trabajo. Declaraba la competencia de la corte para el "crimen de agresión" en el párrafo b) del artículo 20[334]. En el comentario a este artículo reconocía las dificultades de definir el crimen de agresión, porque no existía una definición en un tratado comparable a la del genocidio. Le otorgaba al crimen de agresión naturaleza de derecho consuetudinario[335] y lo consideraba sancionado por el DI general[336]. Recordaba que la resolución 3314 trataba de la agresión por parte de los Estados, que era una "guía" para el CdS, pero su definición no servía para uso judicial al no tratar de "crímenes de individuos"[337] y derivaba la tarea de la definición de la agresión a un tribunal que estaría en "mejores condiciones para definir el crimen de derecho consuetudinario de la agresión que el Tribunal de Núremberg en 1946"[338]. Destacaba la importancia de establecer la responsabilidad penal individual de la agresión y particularmente sobre "los actos directamente relacionados con la iniciación de la guerra de agresión". Y, ello, a pesar de que algunos miembros de la CDI sostenían que no todo acto de agresión acarreaba responsabilidad penal personal, solo abarcaba, la norma consuetudinaria, según la evolución desde 1945, a la "iniciación de la guerra de agresión"[339].

Finalmente, el proyecto subrayaba que sería requisito imprescindible para incoar un procedimiento por un acto de agresión que el CdS determinara previamente que un Estado había cometido una agresión[340]. Expresamente lo señalaba en el artículo 23 del proyecto, titulado "De la intervención del Consejo de Seguridad"[341], a quien le atribuía "responsabilidades especiales" en virtud del Capítulo VII

---

334 UN. Doc. A/49/10, p. 46 (v. *supra*, nota 333).

335 *Ibid.*, p. 47, numeral 6.

336 *Ibid.*, p. 46, numeral 1.

337 *Ibid.*, p. 47, numeral 6.

338 *Ibid.*

339 *Ibid.* Algunos miembros de la CDI manifestaron también sus dudas amparándose en el párrafo primero de la Declaración sobre relaciones de amistad (v. *supra*, nota 92) y en el artículo 5.2 de la resolución 3314. En los dos instrumentos se afirma que la guerra de agresión es un crimen contra la paz y que genera "responsabilidad", pero sin concretar si estatal o personal (*Ibid.* pp. 47 y 48, numeral 7).

340 UN. Doc. A/49/10, p. 47 (v. *supra*, nota 333).

341 *Ibid.*, p. 57.

de la Carta[342]. La CDI deslindaba en su comentario a este artículo, la responsabilidad estatal de la responsabilidad penal individual. La primera la dejaba en manos del CdS y le atribuía una suerte de requisito de procedibilidad al exigir necesaria y previamente a la interposición de la denuncia que el CdS determinara, de acuerdo con el capítulo VII de la Carta, que un Estado había cometido un acto de agresión. Varios miembros de la CDI sostuvieron —pero no explicaron ni ellos ni la CDI— que no todo acto de agresión daría lugar a responsabilidad penal individual, solo, de acuerdo con la evolución del derecho consuetudinario, "la iniciación de la guerra de agresión"[343]. Y dejaba en manos de un tribunal la determinación de la responsabilidad penal de las personas que hubieran actuado en nombre del Estado planificando o realizando la agresión[344].

En diciembre de 1995, la AG acogió los trabajos realizados a lo largo de ese año por el *comité especial*, previamente designado en 1994 para realizar esta labor[345] y decidió simultáneamente establecer un *comité preparatorio* o *comité ad hoc* abierto a todos los Estados de NNUU, de otros organismos internacionales y del Organismo Internacional de Energía Atómica para seguir examinando las cuestiones surgidas y redactar —sobre el proyecto de estatuto de la CDI, el informe del *comité especial* y las observaciones de los Estados— un texto refundido de "una convención sobre el establecimiento de una

---

342 *Ibid.*, p. 46, numeral 3.

343 *Ibid.*, p. 47, numeral 7. Esos miembros se apoyaron en el artículo 6. a) del Estatuto del TMI, en el principio 1 de la resolución de la AG 2625 ("Una guerra de agresión constituye un crimen contra la paz, que, con arreglo al derecho internacional, entraña responsabilidad. V. *supra*, nota 92), y en el artículo 5.2 de la resolución 3314 ("'La guerra de agresiones un crimen contra la paz internacional. La agresión origina responsabilidad', v. internacional", v. *supra*, nota 282). La CDI concluía que los términos empleados en esas resoluciones se deberían de tener en cuenta, tanto si se trata de derecho interestatal como de responsabilidad penal de los individuos.

344 UN. Doc. A/49/10, p. 58, numeral 8 (v. *supra*, nota 333).

345 UN. Doc. A/RES/50/46, [sobre la base del informe de la Sexta Comisión (A/50/639 y Corr. 1)], Establecimiento de una corte penal internacional, 18 de diciembre de 1995, apartado primero "Toma nota". Disponible en: https://digitallibrary.UN.org/record/201608?ln=es

corte penal internacional para su examen por una conferencia de plenipotenciarios"[346].

Ese *comité especial* o *ad hoc* se reunió en 1995 en dos períodos de sesiones[347]. Hubo posiciones favorables y en contra de la inclusión de la agresión en el futuro estatuto. Los que se mostraron favorables, reconocieron su dificultad, pero fundaron su posición en el artículo 6. a) del Estatuto del TMI, y en la definición de la resolución 3314 y en la definición propuesta por la CDI en el proyecto de código de crímenes, y en la definición del comité de expertos[348]. Esas delegaciones partían de la consagración en la Carta del principio de abstención del uso de la fuerza y la misión de las NNUU de preservar a las generaciones venideras del flagelo de la guerra. No incluir el crimen de agresión "entrañaría adoptar una posición regresiva" y se haría caso omiso a la posición de la CDI plasmada en sus trabajos sobre el proyecto de código[349].

Los opositores a la inserción de la agresión en el proyecto de estatuto barajaron diferentes argumentos: i) el excesivo tiempo que consumiría su discusión en detrimento de la conclusión del estatuto; ii) las implicaciones políticas que conllevaría; iii) la definición del Estatuto del TMI era ya obsoleta; iii) las dificultades que conllevarían las eximentes de legítima defensa y las intervenciones de carácter

---

346 *Ibid.*, apartado segundo, "Decide".

347 UN. Doc. A/50/22, Informe del Comité Especial sobre el establecimiento de una corte penal internacional, quincuagésimo período de sesiones, suplemento, número 22. Disponible en: https://digitallibrary.UN.org/record/188889?ln=es

348 *Ibid.*, p. 13, párr. 63.
El Comité de Expertos que se había reunido en junio de 1995 bajo los auspicios de la Asociación Internacional de Derecho Penal, el Instituto Internacional de Estudios Superiores en Ciencias Penales y el Max Planck Institute for Foreign and International Criminal Law. V. INTERNATIONAL ASSOCIATION OF PENAL LAW AND INTERNATIONAL INSTITUTE OF HIGHER STUDIES IN CRIMINAL SCIENCES AND MAX PLANCK INSTITUTE FOR FOREIGN AND INTERNATIONAL CRIMINAL LAW: *Draft Statute for an International Criminal Court - Alternative to the ILC-Draft - (Siracusa-Draft)*, Siracusa/Freiburg, July 1995. Disponible en: https://www.legal-tools.org/doc/39a534/pdf/

349 UN. Doc. A/50/22, p. 14, párr. 63.

humanitario; iv) el objetivo de la definición de la resolución 3314 no era establecer una responsabilidad penal individual; y v) que esta resolución era inservible para el Derecho penal porque la lista de actos de agresión enunciados en el artículo 3 era abierta y porque se distinguía entreguerras de agresión, calificadas de criminales, y actos de agresión que se consideraban actos ilícitos internacionales y acareaban responsabilidad estatal, aunque, obstante, se destacó que la atribución por parte de la CDI de responsabilidad individual a los actos de agresión "constituía una contribución sustantiva al desarrollo progresivo del derecho internacional"[350].

Igualmente se debatió la trascendencia de la inexistencia de tipificación en las legislaciones nacionales. Frente a esta afirmación de los detractores de la inclusión en el proyecto de estatuto, se argumentó por las delegaciones favorables a la inserción del crimen de agresión que precisamente esa carencia normativa interna era consecuencia de la ausencia de una definición internacional y de un mecanismo coercitivo, así como consecuencia del principio de complementariedad[351]. Se discutió sobre la dificultad de juzgar a dirigentes políticos. Unos consideraron que planteaba los mismos problemas que otros crímenes como el genocidio. Otros se opusieron porque si realmente no se les enjuiciara, la corte podría "desacreditares" y "socavar su autoridad moral"[352]. También se consideró que una violación del *ius ad bellum* normalmente entrañaría una violación del *ius in bello*[353]. Por último, se deliberó sobre el papel del CdS y las contradicciones posibles que podrían surgir entre las decisiones del Consejo, la futura corte e incluso la CIJ, si el CdS era el competente de determinar la existencia de un acto de agresión y la corte para establecer la respon-

---

350 *Ibid.*, p. 14, párr. 64.

351 *Ibid.*, p. 14, párr. 65.

352 *Ibid.*, p. 14, párr. 66. Por ello, sobre el carácter punible de la conducta, algunos miembros sostuvieron que al cometer la agresión los Estados la tipificación de un acto como de agresión era una decisión política. Otros añadieron que además de ser un acto político era una infracción de una norma fundamental de DI y que su tipificación, aunque formaba parte de un proceso político, era una "decisión jurídica adoptada de conformidad con la Carta" (*Ibid.*, párr. 68).

353 *Ibid.*, p. 15, párr. 67.

sabilidad personal[354]. Por último, algunas delegaciones expusieron la necesidad de alcanzar un equilibrio —no logrado por la CDI en el artículo 23 del proyecto de estatuto— entre la independencia de la corte y la función primordial del CdS de mantener la paz y la seguridad internacionales[355].

La CDI en 1996 aprobó el segundo proyecto[356]. El artículo 16 definía el *crimen de agresión* —pero no la agresión— así: "El que, en cuanto dirigente u organizador, participe activamente en la planificación, preparación, desencadenamiento o libramiento de una guerra de agresión cometida por un Estado, u ordene estas acciones, será responsable de un crimen de agresión"[357]. En el comentario a este artículo, la CDI enfatizaba la exigencia de la responsabilidad penal personal. Sostenía que la violación estatal de la regla de DI que prohíbe la agresión de los Estados, conlleva y es condición *sine qua non* de la responsabilidad penal de las personas que planificaron, prepararon, desencadenaron o realizaron la agresión estatal[358]. Se limitaba, en consecuencia, la autoría y participación a los dirigentes u organizadores que participaran en la agresión cometida por un Estado. Supeditaba la responsabilidad individual a que el comportamiento del Estado agresor constituyera una "violación suficientemente grave" de

354 *Ibid.*, p. 15, párr. 70: "Se dijo que esa solución plantearía problemas de garantías procesales y restaría independencia a la corte: ¿podía resolver la corte que un Jefe de Estado no era culpable de agresión a pesar de que el Consejo de Seguridad hubiese determinado previamente que el Estado había cometido un acto de agresión? Por otra parte, ¿podía permitirse que la corte actuase con independencia a los efectos de determinar la existencia de una situación de agresión, a pesar de las prerrogativas del Consejo de Seguridad?".

355 *Ibid.*, pp. 15 y 15, párrs. 71, y 120 a 126. V. *infra*, Cap. 10: 3.

356 UN. Doc. A/51/10, Informe de la Comisión de Derecho Internacional sobre la labor realizada en su 48º período de sesiones, 6 de mayo a 26 de julio de 1996, quincuagésimo primer período de sesiones, suplemento número 10, pp. 89 a 92. Disponible en: https://digitallibrary.UN.org/record/221881?ln=es
En este documento se pueden comprobar las antecedentes de los trabajos previos.

357 *Ibid.*, p. 89.

358 *Ibid.*, p. 91, numeral 4.

la prohibición señalada en el artículo 2.4 de la Carta[359]. Y concluía el comentario distinguiendo las diferentes fases de la agresión, siendo suficiente la participación en una de ellas para incurrir en responsabilidad penal[360].

En definitiva, este segundo borrador de proyecto de código de 1996 superaba el borrador de proyecto de estatuto de 1994. Se definía el crimen de agresión, pero no la agresión, se asentaba la responsabilidad penal personal respecto del reducido círculo de autores y partícipes que contribuían al acto estatal de agresión, y se elevaba el umbral de la violación de la prohibición del uso de la fuerza, del artículo 2.4 de la Carta, a que fuera "suficientemente grave". Aspecto este último que no fue objeto de consideración en el proyecto de estatuto de 1994.

La labor de la CDI, al margen de la responsabilidad penal individual, también consideró la agresión desde la perspectiva de la responsabilidad estatal. En 1975, la elaboración del proyecto de artículos sobre la responsabilidad de los Estados se refería a la agresión de forma indirecta. Adoptaba la exigencia de responsabilidad internacional del Estado, por ejemplo, si un jefe de Estado desencadenara una guerra de agresión[361]. Contemplaba la "*agresión indirecta* por intermedio de grupos armados privados", cuando abordaba la responsabilidad del Estado al servirse en sus operaciones de grupos no estatales a los que financia, adiestra, arma o coordina su acción con las fuerzas estatales propias, y estimaba que esos grupos privados, de acuerdo con el DI, dejaban de considerarse como particulares[362]. Igualmente, ponía de ejemplo el artículo 3 de la resolución 3314 (actos de agresión) para explicar la participación de un Estado en una

---

359 *Ibid.*, p. 91, numeral 5.

360 *Ibid.*, p. 91, numeral 6.

361 UN. Doc. A/10010/Rev. 1, Informe de la Comisión de Derecho Internacional sobre la labor realizada en su 27º período de sesiones, 5 de mayo a 25 de julio de 1975, trigésimo período de sesiones, suplemento número 10, p. 21, nota 92 (comentario al artículo 10). Disponible en: https://digitallibrary.UN.org/record/706924?ln=es

362 *Ibid.*, p. 33 y nota 158, numeral 32 (comentario al artículo 11).

situación internacionalmente ilícita creada por otro Estado o realizada conjuntamente por dos Estados[363].

Posteriormente en 1984, el relator especial, propuso dieciséis proyectos de artículos. El quinto se refería expresamente a la agresión: "[u]n acto de agresión creará todas las consecuencias jurídicas de un delito internacional y, además, los derechos y obligaciones previstos en la Carta de las Naciones Unidas o en su virtud"[364]. Proyecto de artículo que nunca fue tenido en consideración.

La CDI, en el proyecto de 1996, aprobado en primera lectura, distinguió, en el artículo 19, entre "delito internacional" y "crimen internacional"[365]. En el apartado segundo declaraba que constituía un *crimen internacional* "[e]l hecho internacionalmente ilícito resultante de una violación por un Estado de una obligación internacional tan esencial para la salvaguardia de intereses fundamentales de la comunidad internacional que su violación está reconocida como crimen por esa comunidad en su conjunto". Y declaraba, en el apartado tercero de ese artículo que, en cualquier caso, un "crimen internacional puede resultar, en particular: a) de una violación grave de una obligación internacional de importancia esencial para el mantenimiento de la paz y la seguridad internacionales, como la que prohíbe la agresión"[366]. En los comentarios a este artículo la CDI se

---

363 *Ibid.*, p. 40 y nota 176, numeral 15 (comentario al artículo 12).

364 UN. Doc. A/CN.4/380/Corr. 1, Quinto informe sobre el contenido, las formas y los grados de la responsabilidad internacional (segunda parte del proyecto de artículos), por el Sr. Waller Riphagen, Relator Especial, 4 de abril de 1984. Disponible en: https://legal.UN.org/ilc/documentation/spanish/a_cn4_380.pdf

365 UN. Doc. A/CN.4/L.528/Add.2, Proyecto de informe de la Comisión de Derecho Internacional sobre la labor realizada en su 48° período de sesiones, 16 de julio de 1996, pp. 9 y 10. Disponible en: https://digitallibrary.UN.org/record/236525?ln=es
V.: CHINCHÓN ÁLVAREZ, J.: "Responsabilidad internacional del individuo y responsabilidad internacional del Estado: Encuentros y desencuentros en torno a la figura de los crímenes de derecho internacional", *Protección internacional de Derechos Humanos y Estado de Derecho. Studia in honorem Nelson Mandela*, J. González Ibáñez (dir.), Bogotá, Grupo Editorial Ibáñez, 2009, pp. 551 a 582.

366 UN. Doc. A/CN.4/L.528/Add.2, pp. 9 y 10 (v. *supra*, nota 365).

hacía eco de la definición de agresión de la resolución 3314[367] y consideraba la guerra de agresión como "el crimen internacional por antonomasia"[368] que debe acarrear las consecuencias jurídicas "más severas"[369]. Señalaba la prohibición de la agresión como norma de *ius cogens*[370]. Utilizaba como ejemplo de violación de los Estados de una obligación de "importancia fundamental para la comunidad internacional en su conjunto" la de "abstenerse de todo acto de agresión"[371]. Y resaltaba que todo acto de agresión, de acuerdo con el artículo 2 de la resolución 3314, debe ser grave[372].

Finalmente, la CDI concluyó el proyecto en segunda lectura en el año 2001[373]. El artículo 19 quedaba modificado y prescindía de su anterior contenido. A partir de entonces, este proyecto suprime el concepto "crimen internacional", y se refiere exclusivamente al hecho ilícito del Estado como "violación grave por el Estado de una obligación que emane de una norma imperativa de derecho internacional general"[374]. El concepto de "crimen internacional", desde ese momento, quedaba desvinculado de la responsabilidad internacional de los Estados, poniendo fin a la confusión creada entre responsabilidad estatal por un hecho ilícito y responsabilidad penal personal. El artículo 40 del proyecto de artículos sobre la responsabilidad de los Estados se refería a la responsabilidad internacional de los Estados si estos cometían una violación grave de una norma imperativa de DI. En el comentario a este artículo, la CDI citaba como ejemplo de prohibición imperativa la prohibición de la agresión[375].

---

367 UN. Doc. A/31/10, p. 265 (numeral 25), v. *supra*, nota 204.

368 *Ibid.*, pp. 276 y 293, nota 520, y p. 307. V. *supra*, nota 204.

369 *Ibid.*, 276 (numeral 33).

370 *Ibid.*, p. 228 y p. 294, citando a Brownlie.

371 *Ibid.*, p. 242.

372 *Ibid.*, p. 277.

373 En las sesiones celebradas del 29 al 31 de mayo y el 3 de agosto de 2001.

374 Artículo 41.1 insertado en el capítulo III "violaciones graves de obligaciones emanadas de normas imperativas de Derecho Internacional general".

375 UN. Doc. A/56/10, Informe de la Comisión de Derecho Internacional, 53° período de sesiones, 23 de abril a 1 de junio y 2 de julio a 10 de agosto de 2001, suplemento número 10, p. 305, numeral 4. Disponible en: https://digitallibrary.UN.org/record/449524?ln=es V. *supra*, notas 947 y 948.

En definitiva, la CDI observó de lejos la cuestión de la agresión sin que alcanzara en ninguno de sus trabajos un significado y contenido adicional que enriqueciera y perfeccionara la definición de la resolución 3314 adoptada en 1974. La definición del crimen de agresión seguía siendo una tarea pendiente.

2. EL CRIMEN DE AGRESIÓN EN EL ESTATUTO LA CORTE PENAL INTERNACIONAL

2.1. El Comité preparatorio

En diciembre de 1995, como he anticipado, la AG tomó nota del informe del *comité especial ad hoc* y estableció un *comité preparatorio* para seguir examinando las principales cuestiones sustantivas y administrativas del proyecto de estatuto preparado por la CDI y preparar un texto refundido de "convención sobre el establecimiento de una corte penal internacional para su examen por una conferencia de plenipotenciarios". El proyecto de la CDI y las observaciones presentadas por los Estados serían la base de sus tareas[376].

El *comité preparatorio*, en virtud del emplazamiento de la AG, se reunió en los tres años sucesivos. En las reuniones de 1996[377] se ofrecieron opiniones favorables y contrarias a la inclusión del crimen de agresión. La postura que apoyaba su inclusión trataba de evitar una "laguna importante en la competencia de la corte". Para los impulsores de su tipificación internacional, el crimen de agresión era uno de los crímenes más graves; afectaba a toda la comunidad internacional; gozaba de efecto disuasorio; determinaba la responsabilidad penal individual; y advertían de la necesidad de que el futuro estatuto no

---

376 UN. Doc. A/RES/50/46. V. *supra*, nota 345.

377 La primera sesión tuvo lugar del 25 de marzo al 12 de abril, y la segunda del 12 al 30 de agosto. V.: UN. Doc. A/51/22, V.I, Informe del Comité Preparatorio sobre el establecimiento de una corte penal internacional, actuaciones del Comité Preparatorio en los períodos de sesiones de marzo y abril y de agosto de 1996, quincuagésimo primer período de sesiones, Suplemento número 22. V. I, párrs. 65 a 73. Disponible en: https://digitallibrary.UN.org/record/222404?ln=es

fuera "retrógrado 50 años después" de la adopción de los estatutos del TMI y de Tokio y de la aprobación de la Carta [378].

Las delegaciones contrarias a la inclusión del crimen de agresión argumentaron la inexistencia de una definición de agresión de aceptación general en el derecho de tratados[379]; la ausencia de precedentes de exigencia de responsabilidad penal individual por actos de agresión, aunque sí de guerras de agresión; que su definición no sería "lo bastante clara, precisa y amplia"; y su acometimiento y estudio demoraría el establecimiento de la corte[380]. También se esgrimió que las "cuestiones políticas y "de hecho (como las reivindicaciones territoriales)" que rodeaban al crimen de agresión eran impropias de una corte penal internacional. Así, era una preocupación la posible influencia política que ejercerían los Estados en la corte; la difícil delimitación entre las funciones de la corte y las funciones políticas del CdS. Además, para los detractores, la inclusión del crimen de agresión podría "comprometer la aceptación general o el carácter universal de la corte"[381].

No faltaron posturas intermedias que admitían la inclusión del crimen de agresión, siempre que se alcanzara un doble acuerdo, uno sobre su definición y otro sobre el papel del CdS[382]. Otros sostuvieron que se estableciera un mecanismo de revisión del estatuto en el futuro en el que se acometiese con posterioridad la definición del crimen de agresión, con el fin de no retrasar el establecimiento de la corte[383].

En el debate, algunas delegaciones entendieron que la definición de la agresión de la resolución 3314 era de aceptación general y que

---

378 *Ibid.*, párr. 66.

379 *Ibid.*, párr. 68 y 70.

380 *Ibid.*, párr. 68. Frente al argumento de que el estatuto del TMI definía el crimen, de particular gravedad, con precisión y que por ser derecho consuetudinario se les aplicaba la responsabilidad penal individual, se arguyó por otros que la definición del TMI era "imprecisa" o "muy restrictiva u obsoleta" (párrs. 70 y 71).

381 *Ibid.*, párr. 69.

382 *Ibid.*, párr. 67.

383 *Ibid.*, párr. 69.

contenía los elementos que en el futuro se podrían incluir en la definición. Para otras, la definición de la resolución de la AG era deficiente a los efectos de responsabilidad penal individual y no concretaba qué actos son de "gravedad suficiente", ni otras cuestiones como el "uso legítimo de la fuerza", o la concurrencia de posibles "eximentes" como la "legítima defensa"[384]. Otras delegaciones propusieron que se adoptara una definición semejante a la del proyecto de código de crímenes[385]. Otras optaron, con el fin de preservar el principio de legalidad, porque la definición enumerara los actos de agresión con referencia a la resolución 3314 y al proyecto de Siracusa[386]. Otras preferían que no se insertara la definición en el estatuto y que fuera el CdS quien determinara si una situación se podría calificar de agresión, y en caso afirmativo la corte sería quien finalmente declararse la existencia o no de responsabilidad penal individual, advirtiendo la necesidad de salvar el derecho de veto del CdS para que éste no impidiera el enjuiciamiento de los posibles responsables[387]. Se trataba, en palabras de CLARK, de deslindar el acto individual o "crimen de agresión" y el acto estatal o "acto de agresión"[388].

Sobre el principio de legalidad se desprendía la preocupación por algunas delegaciones de admitir la inclusión de crímenes de Derecho internacional consuetudinario, al proponer que se adicionara

---

384 *Ibid.*, párr. 72.

385 *Ibid.*

386 V. a modo de ejemplo algunas de las "variantes" de propuestas de definición de las diferentes delegaciones en: UN. Doc. A/51/22, V.II, Informe del Comité Preparatorio sobre el establecimiento de una corte penal internacional, compilación de propuestas, actuaciones del Comité Preparatorio, quincuagésimo primer período de sesiones, Suplemento número 22 A V. II, pp. 58 a 59. Disponible en: https://digitallibrary.UN.org/record/222882?ln=es

387 UN. Doc. A/51/22, Vol. I, párrs. 70 a 73. Disponible en: https://digitallibrary.un.org/record/222404?ln=es
V. las propuestas de las delegaciones sobre la intervención del CdS en UN. Doc. A/51/22, V. II, pp. 76 a 78.

388 CLARK, ROGER S.: "Negotiations on the Rome Statute, 1995–98", "The International Law Commission's Work on Aggression", *Crime of Aggression Library, The Crime of Aggression a commentary*, KREß, C. and BARRIGA, S. (dir.), Cambridge University Press 2017, p. 253.

en el texto que la responsabilidad individual sería bajo el derecho consuetudinario[389].

El *comité preparatorio* se reunió a lo largo de 1997. En la sesión de febrero examinó la definición de crimen de agresión recomendada por el *grupo de trabajo sobre la definición de los crímenes* y propuso una definición de agresión y de los actos que constituían una agresión[390], de acuerdo con las propuestas de los diferentes Estados[391], incluidas por su específico interés las de Alemania[392] y las que realizaron conjuntamente Italia y Egipto[393].

En agosto, el *comité preparatorio* tomó nota del informe del grupo de trabajo sobre complementariedad y mecanismo de activación. En concreto, el artículo 23 ofrecía diferentes variantes de redacción

---

389 UN. Doc. A/51/22, Vol. I, párrs. 69 y 103 a 115 (v. *supra*, nota 387).

390 UN. Doc. A/AC. 249/1997/L. 5, Decisiones adoptadas por el Comité Preparatorio en el período de sesiones celebrado del 11 al 21 de febrero de 1997, 12 de marzo de 1997, pp. 14 y 15. Disponible en: https://digitallibrary.UN.org/record/232615?ln=es

391 V. el listado de los Estados que formularon propuestas sobre el crimen de agresión tanto ante el Comité Preparatorio, la Conferencia de Roma de 1998 y ante la Comisión Preparatoria de la CPI en: PCNICC/1999/INF/2, Recopilación de las propuestas relativas al crimen de agresión presentadas al Comité Preparatorio sobre el establecimiento de una corte penal internacional (1996–1998), la Conferencia Diplomática de Plenipotenciarios de las Naciones Unidas sobre el establecimiento de una corte penal internacional (1998) y la Comisión Preparatoria de la Corte Penal Internacional (1999), 2 de agosto de 1999. Disponible en: https://digitallibrary.UN.org/record/277430?ln=es

392 V. UN. Doc. A/AC.249/1997/WG.1/DP.3, Proposal for a definition of the crime of aggression / submitted by the delegation of Germany, 19 February 1997. Disponible en: https://digitallibrary.un.org/record/231304?ln=es

393 V. UN. Doc. A/AC.249/1997/WG.1/DP.6, Proposal for a definition of the crime of aggression / submitted by Egypt and Italy, 21 February 1997. Disponible en: https://digitallibrary.un.org/record/231659?ln=es
Sobre el posterior papel de Egipto en las negociaciones del crimen de agresión, v.: NEGEM, N.: "Egypt", *Crime of Aggression Library, The Crime of Aggression, a commentary,* The Crime of Aggression a commentary KREß, C. and BARRIGA, S. (ed.), Cambridge University Press 2017, pp. 1300 a 1309.

sobre las medidas o a la función del CdS y la relación de éste con la corte penal internacional[394].

Alemania posteriormente presentó al comité otra propuesta en diciembre de 1997[395], en la que ofrecía "elementos para la reflexión" ante la complejidad de la tarea. Se mostraba favorable a la definición por razones de "disuasión y prevención". Reafirmaba que la guerra de agresión era un crimen de DI. Sugería limitar la definición a "casos evidentes e indiscutibles (como las agresiones cometidas por Hitler y la cometida contra Kuwait en agosto de 1990)" para así evitar "acusaciones frívolas de carácter político". Indicaba que la definición no debía afectar al uso legítimo de la fuerza armada y tenía que respetar el papel del CdS de acuerdo con los artículos 24 y 39 de la Carta. Resaltaba que era un crimen de liderazgo, frente a los crímenes de guerra o de lesa humanidad. Se preguntaba en relación con la resolución 3314: "¿se tuvo en cuenta la posibilidad de que este texto, en particular la amplia enumeración contenida en el artículo 3 del anexo de la resolución 3314, pudiera utilizarse más adelante para una norma penal que estableciera responsabilidad penal individual por el crimen de agresión? ¿Debería una norma que establezca la responsabilidad penal individual cumplir normas más estrictas de precisión, claridad y certeza que una resolución política de la Asamblea General?". Y concluyó presentando su versión de la definición del crimen de agresión[396].

En los prolegómenos de la conferencia de Roma se reunieron en Zutphen, del 19 al 30 de enero de 1998 —por iniciativa del presidente de la comisión preparatoria— los miembros de la mesa, los presidentes de los grupos de trabajo, los coordinadores y la secretaría, con la finalidad de facilitar la labor del último período de sesiones del comité preparatorio. Esta reunión tuvo por objeto el examen de la

394 V. UN. Doc. A/AC.249/1997/L.8/Rev.1, Decisiones adoptadas por el comité preparatorio en su período de sesiones celebrado del 4 al 15 de agosto de 1997, 14 de agosto de 1997. Disponible en: https://digitallibrary.UN.org/record/243787?ln=es

395 V. UN. Doc. A/AC.249/1997/WG.I/DP.20, Proposal by Germany, 11 December 1997. Disponible en: https://www.legal-tools.org/doc/40ff7c/pdf/

396 UN. Doc. A/AC.249/1997/WG.1/DP.20, (v. *supra*, nota 395).

estructura del estatuto, la ubicación de los artículos en el mismo, su interrelación y su grado de detalle[397]. En el proyecto de estatuto que adoptaron, la definición del crimen de agresión fue la misma que la prevista por el comité preparatorio en la tercera sesión de 1997[398]. Igualmente, las medidas o función del CdS y las relaciones de éste con la corte penal internacional eran las ya previstas en la reunión del comité preparatorio de agosto de 1997[399].

En abril de 1998 se celebró la sexta y última reunión del comité preparatorio antes de la Conferencia de Roma. Un grupo de Estados, entre ellos Alemania, presentaron una propuesta de definición del crimen de agresión sobre la base, aunque modificada en parte, de la propuesta germana de 1997[400]. Finalmente, el comité preparatorio presentó el proyecto de estatuto y el proyecto de acta final de la conferencia, el 14 de abril de 1998[401], que fue objeto de discusión en la Conferencia de Plenipotenciarios celebrada en Roma del 15 de junio al 17 de julio de 1998.

El texto advertía que un gran número de delegaciones apoyaba la inclusión del crimen de agresión en el estatuto[402] y que la propuesta de definición se formulaba sin perjuicio de las deliberaciones referentes a la relación entre el CdS y la corte sobre los actos de agresión definidos en el estatuto. Se barajaron diferentes alternativas o variantes relacionadas, entre otras, con: la denominación ("crimen de agre-

---

397 V. UN. Doc. A/AC.249/1998/L.13, Informe de la reunión entre períodos de sesiones celebrada en Zutphen (Países Bajos) del 19 al 30 de enero de 1998, 16 de marzo a 3 de abril de 1998, 4 de febrero de 1998. Disponible en: https://digitallibrary.UN.org/record/250636?ln=es

398 V. UN. Doc. A/AC.249/1998/L.13, pp. 18 y 19; y *supra*, nota 390.

399 V. *supra*, nota 394.

400 A/AC.249/1998/DP.12, Article 5 (20), Crime of aggression: revised proposal / submitted by a group of interested States including Germany, 1 April 1998. V. *supra*, nota 391.
La propuesta se presentaba "sin perjuicio de la discusión de la cuestión de la relación del Consejo de Seguridad con la Corte Penal Internacional en relación con la agresión".

401 A/CONF.183/2/Add.1, Informe del comité preparatorio sobre el establecimiento de una corte penal internacional, 14 de abril de 1998, disponible en: https://digitallibrary.UN.org/record/253772?ln=es

402 *Ibid.*, p. 11, nota 6.

sión" o "crimen contra la paz"; "ataque armado" "ataque en el que se utilice la fuerza armada" "guerra de agresión", "guerra de agresión o una guerra que constituya una violación de tratados, acuerdos o seguridades internacionales, o forme parte de un plan común o una conspiración"); la condición de líder del sujeto activo (el que esté en condiciones de controlar o dirigir la acción política/militar de un Estado); la conveniencia de incluir o no la "soberanía" o la "independencia política", como objeto de ataque; si el ataque armado o el uso de la fuerza debían constituir "una violación de la Carta" o "una violación de la Carta [...] determinada por el Consejo de Seguridad"; qué actos constituían agresión; y qué conductas englobaban el crimen de agresión[403]. El proyecto también contenía en el artículo 10 el mecanismo, de acuerdo con lo decidido en las reuniones de agosto de 1997 del Comité y de Zutphen, por el que se articulaba bien las decisiones del CdS, bien las funciones del CdS o bien la relación de éste y la corte penal internacional[404].

2.2. *La conferencia de Roma: del 15 de junio al 17 de julio de 1998*

Entre el 15 de junio y el 17 de julio de 1998 se celebraron en Roma los debates, en sesiones plenarias[405] y en comisión plenaria[406], correspondientes a la Conferencia Diplomática de Plenipotenciario de las Naciones Unidas sobre el establecimiento de una corte penal

---

403 *Ibid.*, pp. 11 a 13.

404 *Ibid.*, pp. 33 a 35.

405 V. las actas resumidas de las ocho sesiones plenarias en: UN. Doc. A/CONF.183/SR.1 (primera, 15 de junio, 10:00 horas); UN. Doc. A/CONF.183/SR.2, de 20 de noviembre de 1998 (segunda, 15 de junio, 15:00 horas); UN. Doc. A/CONF.183/SR.3, de 20 de noviembre (tercera, 16 de junio, 10:00 horas); UN. Doc. A/CONF.183/SR.4, de 20 de noviembre (cuarta,16 de junio, 16:00 horas); UN. Doc. A/CONF.183/SR.5, de 20 de noviembre (quinta, 17 de junio, 10:00 horas); UN. Doc. A/CONF.183/SR.6, de 20 noviembre (sexta, 17 de junio, 15.00 horas); UN. Doc. A/CONF.183/SR.7, de 25 de enero de 1999 (séptima, 18 de junio, 10:00 horas); y en UN. Doc. A/CONF.183/SR.8, de 25 de enero (octava, 18 de junio, 15 horas).

406 V. las cuarenta y dos *actas resumidas* de las sesiones celebradas en comisión plenaria entre el 15 de junio y 17 de julio de 1998 en UN. Doc. A/CONF.183/C.1/SR. 1 a 42.

internacional. El propósito era alcanzar un acuerdo sobre el texto del futuro estatuto que daría vida el 17 de julio a la Corte Penal Internacional (en adelante, CPI). CLARK, de acuerdo con las intervenciones de los delegados estatales, sintetiza las diferentes posiciones que planearon sobre la mesa. Los partidarios de la inclusión del crimen de agresión en el Estatuto con diferentes matices fueron: Alemania, Bélgica, Grecia, Italia, Japón, Jordania, Níger, República de Corea, la Federación de Rusia, Samoa y Siria. Los que se oponían a su inclusión: Israel, Marruecos, México, Estados Unidos, Brasil[407], Pakistán y Turquía. Alemania y los Estados árabes e Irán[408], apoyados en ocasiones por los países No Alineados, fueron los que en mayor medida procuraron que el crimen de agresión se erigiera en el ámbito de la competencia de la futura corte[409].

El papel de Alemania fue relevante. Apostó por la inclusión del crimen de agresión en el estatuto. Era posible adoptar una definición "aceptable y precisa"[410]. Frente a los dos enfoques diferenciados que apostaban por la inclusión en el estatuto —esto es, la incorporación de la definición de la resolución 3314[411] o adopción de la variante

---

407 V. sobre el papel de Brasil en la conferencia de revisión y las perspectivas de futuro v.: BIATO, M. and BÖHLKE, M.: "Brazil", *Crime of Aggression Library, The Crime of Aggression a commentary,* The Crime of Aggression a commentary KREß, C. and BARRIGA, S. (ed.), Cambridge University Press 2017, pp. 1117 a 1130.

408 V. MOMTAZ, D. and HAMMEH, E. B.: "Iran", *Crime of Aggression Library, The Crime of Aggression a commentary,* The Crime of Aggression a commentary KREß, C. and BARRIGA, S. (ed.), Cambridge University Press 2017, pp. 1174 a 1197.

409 CLARK: Negotiations on the…, ob. cit., p. 260.

410 UN. Doc. A/CONF.183/C.1/SR.6, párr. 20.

411 Siria, por ejemplo, fue partidaria de incorporar la resolución 3314 por representar una "labor acumulada durante muchos años". Enfatizó que había que diferenciar entre agresores y combatientes por la libertad. Y opinó que la resolución 3314, al enumerar los actos de agresión, "no considera como agresores a los combatientes por la libertad que actúen de conformidad con su derecho a la libre determinación nacional" (v. UN. Doc. A/CONF.183/C.1/SR.6, párrs. 26 y 27).

El 1 de julio de 1998, Arabia Saudita, Argelia, Bahréin, Emiratos Árabes Unidos, Iraq, la Jamahiriya Árabe Libia, Kuwait, El Líbano, Libia, Omán, Qatar, la República Árabe Siria, la República Islámica del Irán, Sudán, Tú-

tres[412]— propuso la variante tres, pero limitada a los "casos innegables de ataques armados cometidos en violación de la Carta y que tienen como objetivo, o como consecuencia la ocupación militar o anexión del territorio de otro Estado parte o de parte de éste"[413]. Camerún fue el único país que presentó un proyecto del artículo del crimen de agresión con dos variantes (A y B) y de artículo 10 sobre las "relaciones entre el Consejo de Seguridad y la Corte Penal Internacional"[414].

---

nez y Yemen, presentaron una propuesta para modificar el párrafo primero de la *variante 2*, con la siguiente redacción: "1. A los efectos del presente Estatuto, cometerá crimen de agresión la persona que esté en condiciones de controlar o dirigir acciones políticas/militares de un Estado contra otro Estado, o de privar a otros pueblos de sus derechos a la libre determinación, la libertad y la independencia, en contravención de la Carta de las Naciones Unidas, recurriendo a la fuerza armada para amenazar a ese Estado o violar su soberanía, integridad territorial o independencia política, o los derechos inalienables de esos pueblos". V. UN. Docs. A/CONF.183/C.1/L. 37 y A/CONF.183/C.1/L. 37/Corr.1. Indonesia posteriormente apoyó esta propuesta (UN. Doc. A/CONF.183/C.1/SR. 35, párr. 33).

412 UN. Doc. A/CONF.183/SR.6, párr. 21. La variante 3 puede verse en A/CONF.183/2/Add.1, pp. 13 y 14: "[1. A los fines del presente Estatuto [y con sujeción a la determinación del Consejo de Seguridad indicada en el párrafo 2 del artículo 10, relativa al acto de un Estado], se entenderá por crimen de agresión cualquiera de los actos siguientes cometidos por una persona que esté en posición de ejercer el control o que puede dirigir la acción política o militar de un Estado: a) iniciar o b) ejecutar un ataque armado dirigido por un Estado contra la integridad territorial o la independencia política de otro Estado, cuando dicho ataque armado se haya emprendido en violación [manifiesta] de la Carta de las Naciones Unidas [con el objetivo o el resultado de la ocupación [militar] por las fuerzas armadas del Estado atacante, o la anexión mediante el uso de la fuerza, del territorio de otro Estado o de parte de éste.] 2. Cuando se haya cometido uno de los actos previstos en el párrafo 1), a) la planificación b) la preparación o c) la expedición de órdenes a ese respecto por una persona que esté en situación de ejercer el control o que pueda dirigir la acción política o militar del Estado constituirá también un crimen de agresión.]".

413 UN. Doc. A/CONF.183/SR.6, párr. 20.

414 UN. Doc. A/CONF.183/C.1/L.39, propuesta presentada por el Camerún, 2 de julio de 1998. Disponible en: https://digitallibrary.UN.org/record/259754?ln=es

En el grupo de los Estados partidarios de la tipificación en el estatuto del crimen de agresión con condicionantes se incluía también España, que —a decir de las actas— no fue excesivamente entusiasta ni proactiva para la incorporación del crimen de agresión en el ECPI. Inicialmente, se mostró "consciente de las dificultades de incluir el crimen de agresión" y abierta a cualquier iniciativa que pudiera surgir en la Conferencia, sin poner en tela de juicio las competencias del CdS[415]. Días después, en la comisión plenaria del 16 de junio, España se mostró partidaria de agregar al estatuto el crimen de agresión siempre que fuera una "definición satisfactoria", "basada en lo posible en la resolución 3314" y condicionada a que se resolviese "la cuestión de la función que [debía] desempeñar el Consejo de Seguridad"[416]. Casi un mes después, el 8 de julio de 1998, en la vigésimo octava reunión del comité plenario[417], España

---

[415] UN. Doc. A/CONF.183/SR.4, p. 11, acta de la sesión plenaria (16 de junio de 1998, 16:00 horas).

[416] UN. Doc. A/CONF.183/C.1/SR. 7, párr. 26 (16 de junio, 14:00 horas). La definición, para la delegación, se debía basar en la variante tercera del documento del Comité Preparatorio UN. Doc. A/CONF.183/2/Add.1 (v. *supra*, nota, 401), pero condicionado a la supresión de la oración "con el objetivo o el resultado de la ocupación [militar] por las fuerzas armadas del Estado atacante, o la anexión mediante el uso de la fuerza, del territorio de otro Estado o de parte de éste".
El delegado español acertó cuando dejó expresa constancia de que los crímenes competencia de la corte "son crímenes de derecho internacional, independientemente de que sean o no punibles en virtud de la legislación nacional" (párr. 28). Su frase fue visionaria para nuestro sistema normativo penal. Reconoce la naturaleza internacional de los crímenes del futuro estatuto (entre ellos el de agresión) y, por tanto, su punibilidad, aunque no estén incorporados a nuestro Código Penal.
Sobre el principio de legalidad penal internacional y su aplicación en los tribunales nacionales y los problemas surgidos en España, v. OLLÉ SESÉ, M.: "La aplicación del Derecho penal internacional por los tribunales nacionales", *Derecho penal internacional*, Gil Gil A. y Maculan E (dirs), Dykinson, Madrid, 2019, pp. 145 a 150; y OLLÉ: Principios generales..., ob. cit., p. 168 a 171.
En el momento de la última revisión de esta monografía sigue sin ser típico en España el crimen de agresión y no se atisba ánimo político de revertir la situación. Sobre la ausencia de tipificación en España, v. *infra*, Cap. 11: 7.

[417] UN. Doc. A/CONF.183/C.1/SR. 28, párr. 53.

se mostró, en consonancia con otros países, a favor de la *variante 1*, a la sazón la más restrictiva sobre la agresión[418]. Nuestra delegación igualmente intervino en las sesiones plenarias segunda[419], tercera[420], cuarta[421], quinta[422], octava[423], novena[424] y decimoprimera[425], efectuando observaciones, pero sobre cuestiones ajenas al crimen de agresión.

Ante la falta de acuerdo[426], la *mesa de la comisión plenaria* sacó a la luz el 6 de julio, un "documento de debate", en el que, después de advertir que "prosiguen las conversaciones sobre la inclusión del crimen de agresión y su definición" ponía sobre la mesa la posibilidad de suprimir de los crímenes de la competencia de la corte el de agresión[427]. Además, consideraba la posibilidad de que, en las con-

---

418 Cuyo texto era de acuerdo con A/CONF.183/2/Add.1, pp. 11 y 12: "[A los efectos del presente Estatuto, se entenderá por crimen [de agresión] [contra la paz] cualquiera de los siguientes actos cometido por una persona [que esté en condiciones de controlar o dirigir la acción política/militar de un Estado]: a) Planear, b) Preparar, c) Ordenar, d) Iniciar o e) Llevar a cabo [un ataque armado] [un ataque en que se utilice la fuerza armada] [una guerra de agresión,] [una guerra de agresión o una guerra que constituya una violación de tratados, acuerdos o seguridades internacionales, o forme parte de un plan común o una conspiración para perpetrar cualquiera de estos actos] por un Estado contra la [soberanía,] la integridad territorial [o la independencia política] de otro Estado [si ese] [ataque armado] [uso de la fuerza] [constituye] [una violación de la Carta de las Naciones Unidas] [[una violación de la Carta de las Naciones Unidas determinada por el Consejo de Seguridad].]".

419 UN. Doc. A/CONF.183/C.1/SR. 2, párr. 90 (15 de junio, 15:00 horas).

420 UN. Doc. A/CONF.183/C.1/SR. 3, párr. 147 (16 de junio, 10:00 horas).

421 UN. Doc. A/CONF.183/C.1/SR. 4, párr. 68 (16 de junio, 16:00 horas).

422 UN. Doc. A/CONF.183/C.1/SR. 5, párr. 81 (17 de junio, 10:00 horas).

423 UN. Doc. A/CONF.183/C.1/SR. 8, párrs. 8 a 11 (19 de junio, 15:00 horas).

424 UN. Doc. A/CONF.183/C.1/SR.9, párrs. 3 (22 de junio, 10:10 horas).

425 UN. Doc. A/CONF.183/C.1/SR. 11, párrs. 7 y 8 (22 de junio, 19:00).

426 MCDOUGALL, C.: The crime of..., ob. cit., p. 10, recuerda que en esas fechas se llegó a pensar, ante la profunda división de los Estados, que el Estatuto de Roma omitiría el crimen de agresión.

427 UN. Doc. A/CONF.183/C.1/L. 53, documento de debate de la mesa de la comisión plenaria, 6 de julio de 1998, variante 2, e). p. 1, negrita en el original. Disponible en: https://digitallibrary.UN.org/record/261526?ln=es

versaciones siguientes, parte de la resolución 3314 se englobara en la futura definición[428]. La propuesta que acogía, como *variante 1,* seguía la estela de la propuesta alemana y otorgaba al CdS la determinación del acto de agresión[429]. El documento fue debatido el 8 y 9 de julio[430]. Finalmente, la mesa, el 10 de julio de 1998, en la "propuesta de la mesa" excluyó el crimen de agresión del estatuto de la corte. Se eliminaba el apartado e) del artículo 5 y se abría la posibilidad a que el crimen de agresión —y también el de terrorismo, el tráfico de drogas y los crímenes contra el personal de las Naciones Unidas— pudieran "incluirse en el proyecto de estatuto si las delegaciones interesadas elaborar[an] definiciones generalmente aceptadas antes del final del lunes 13 de julio". Añadía que, en caso de que "no se presenta[ran] definiciones generalmente aceptadas, la Mesa propondrá que el interés por el tratamiento de esos crímenes se refleje de alguna otra manera, por ejemplo mediante un protocolo o una conferencia de examen"[431].

La propuesta fue debatida —más allá de otras reuniones informales— formalmente el 13 de julio sin logar avanzar en la incorporación del crimen de agresión al estatuto. Las posturas de los Estados fueron expresadas por sus respectivos delegados. Para Ghana era "absolutamente esencial" que se incluyera[432]. Cuba[433], Jordania[434],

---

428 *Ibid.*, p. 10.

429 *Ibid.*

430 V. las actas resumidas de la comisión plenaria de los días 8 y 9 de julio en UN. Docs. A/CONF.183/C.1/SR. 25 a 30.

431 UN. Docs. A/CONF.183/C.1/L.59 y A/CONF.183/C.1/L.59/ Corr. 1 y Corr. 2, Propuesta de la Mesa, 9 de julio de 1998. Disponible en: https://digitallibrary.UN.org/record/264051?ln=es

432 UN. Doc. A/CONF.183/C.1/SR. 33, Comisión Plenaria, acta resumida de la 33ª sesión, (13 de julio, 10:00 horas) párr. 63. Disponible en: https://digitallibrary.UN.org/record/276259?ln=es

433 UN. Doc. A/CONF.183/C.1/SR. 34, párr. 14. Cuba apoyó la posición del Movimiento de los Países No Alineados.

434 *Ibid.*, párr. 72, manifestando que la definición en todo caso se puede dejar para "más adelante".

la Federación de Rusia[435], Brasil[436], Sudán[437], Polonia[438], México[439], Burundi[440], Afganistán[441], Argelia[442], Sri Lanka[443], Qatar[444], Filipinas[445], Lituania[446], Etiopía[447], Iraq[448], Mozambique[449], Nicaragua[450], Madagascar[451], Libia[452], Malta[453], Zimbabue[454] o Bolivia[455] se mostraron favorables a que se agregara la definición al estatuto. Venezuela era partidaria de su inclusión, pero solo si se definía con "suficiente claridad"[456]. Botswana no comprendía que la definición del crimen de agresión plateara problemas[457]. Países Bajos y Austria señalaron que si no se incorporaban al estatuto había que expresar el interés que representaba el crimen de agresión[458]. La República Islámica del Irán, en nombre de los países miembros del Movimiento de los

435 *Ibid.*, párr. 81. Rusia añadió que la omisión del crimen de agresión era la única forma de alcanzar un acuerdo general sobre el estatuto.

436 *Ibid.*, párr. 93.

437 *Ibid.*, párr. 94.

438 *Ibid.*, párr. 98.

439 *Ibid.*, párr. 109.

440 UN. Doc. A/CONF.183/C.1/SR. 35, párr. 109.

441 *Ibid.*, párr. 29.

442 *Ibid.*, párr. 30.

443 *Ibid.*, párr. 45.

444 *Ibid.*, párr. 57.

445 *Ibid.*, párr. 58.

446 *Ibid.*, párr. 60.

447 *Ibid.*, párr. 61.

448 *Ibid.*, párr. 64. Iraq era partidaria de que se adoptara la definición de la resolución 3314.

449 *Ibid.*, párr. 70.

450 *Ibid.*, párr. 72.

451 *Ibid.*, párr. 83

452 UN. Doc. A/CONF.183/C.1/SR. 36, párr. 6.

453 *Ibid.*, párr. 27.

454 *Ibid.*, párr. 32

455 *Ibid.*, párr. 38. Bolivia temía que la sugerencia de tratar en el futuro la definición de este crimen en una conferencia especial postergara "indefinidamente" la cuestión.

456 UN. Doc. A/CONF.183/C.1/SR. 35, párr. 40.

457 *Ibid.*, párr. 85.

458 UN. Doc. A/CONF.183/C.1/SR. 33, párr. 3.

Países No Alineados se mostró decepcionada[459], al igual que Azerbaiyán[460], Nigeria[461], Angola[462], Omán[463], Congo[464] o Letonia[465] que se sintieron sorprendidos o defraudados por la ausencia del crimen de agresión en el estatuto.

Irán endosó a la Conferencia una "deuda para con las generaciones futuras: conseguir que tanto la agresión como la utilización de armas nucleares se incluyan como crímenes en el Estatuto"[466]. Posición apoyada por Siria quien, ante esa situación —y a pesar del apoyo de más de cien Estados a la inclusión del crimen de agresión en el estatuto— se planteó "reconsiderar su posición respecto a todo el Estatuto"[467]. Alemania lamentaba que el esfuerzo de dos años había sido "inútil", pero mitigaba su pesar acogiendo con satisfacción que la Mesa propondría, si fuera el caso, que "el interés por ocuparse de ese crimen se refleje de alguna otra manera"[468]. Croacia[469], al igual que Suecia[470], Sudáfrica[471] Congo[472], Omán[473] o Eslovaquia[474] apostaban por tratar el crimen de agresión en una conferencia posterior

459 *Ibid.*, párr. 17. En el texto original en español existe una errata no pone deuda sino duda. En inglés "owed".

460 UN. Doc. A/CONF.183/C.1/SR. 34, párr. 43.

461 UN. Doc. A/CONF.183/C.1/SR. 35, párr. 12.

462 UN. Doc. A/CONF.183/C.1/SR. 36, párr. 9.

463 *Ibid.*, párr. 19.

464 *Ibid.*, párr. 11.

465 *Ibid.*, párr. 50.

466 UN. Docs. A/CONF.183/C.1/SR. 33, párr. 17; y SR. 34, párr. 61.

467 *Ibid.*, párr. 29.

468 *Ibid.*, párr. 73. Posteriormente Dinamarca se unió a la postura de Alemania (UN. Doc. A/CONF.183/C.1/SR. 35, párr. 69).

469 UN. Doc. A/CONF.183/C.1/SR. 33, párr. 83.

470 UN. Doc. A/CONF.183/C.1/SR. 34, párr. 2.

471 *Ibid.*, párr. 54.
Sobre la participación de Sudáfrica en las negociaciones del crimen de agresión v.: STEMMET, A.: "South Africa", *Crime of Aggression Library, The Crime of Aggression a commentary*, KREß, C. and BARRIGA, S. (ed.), Cambridge University Press 2017, pp. 1271 a 1284.

472 UN. Doc. A/CONF.183/C.1/SR. 36, párr. 11.

473 *Ibid.*, párr. 19

474 UN. Docs. A/CONF.183/C.1/SR. 34, párr. 46.

de revisión. Trinidad y Tobago[475], Jamaica[476] o Brasil[477] propugnaron su inclusión, esta última basándose en la definición de la resolución 3314. Otros Estados como Noruega se oponían y postergaban el tema para el futuro[478]. Andorra fue tímida al declarar que "hubiera podido apoyar la inclusión del crimen de agresión", pero, como presentaba problemas, sostuvo que lo mejor era aplazar la cuestión[479].

Especialmente relevante para el texto definitivo del estatuto aprobado el 17 de julio de 1998 fue la intervención del delegado de Azerbaiyán. Apostó, como medida de transacción, ante la falta de tiempo para elaborar una definición apropiada tanto del crimen de agresión como los crímenes tipificados en tratados, por "añadirlos a la lista sin ninguna definición" y por establecer "una cláusula de transición que declarase que, en espera de poder contar con una definición de dichos crímenes, las disposiciones sobre los crímenes de agresión y los crímenes tipificados en tratados no entrarán en vigor. De qué forma habrá que definirlos —si lo hará un comité preparatorio o una conferencia de revisión— es cosa respecto de la cual no tiene ideas fijas"[480]. Aquellas palabras debieron planear sobre Kampala, Uganda, con la aprobación, doce años después, en el año 2010, de las enmiendas que incorporaban al ECPI el crimen de agresión[481].

Camerún, después de calificar la exclusión de la agresión de "grave omisión", propuso el 13 de julio una fórmula de consenso para mantener "la atención de los participantes en las expectativas de la comunidad internacional": "la competencia de la Corte debe incluir los crímenes más graves que afecten a la comunidad internacional en su conjunto. La Corte tendrá competencia de conformidad con su Estatuto respecto de los siguientes crímenes: el crimen de genocidio,

---

475 *Ibid.*, párr. 9.

476 *Ibid.*, párr. 14.

477 *Ibid.*, párr. 93.

478 UN. Doc. A/CONF.183/C.1/SR. 36, párr. 1

479 *Ibid.*, párr. 39.

480 UN. Doc. A/CONF.183/C.1/SR. 34, párr. 45.

481 La Conferencia de Revisión del Estatuto de Roma, celebrada en Kampala, del 31 de mayo al 11 de junio de 2010, adoptó las enmiendas sobre el crimen de agresión en la Resolución RC/Res.6, de 11 de junio de 2010. V. *infra*, Cap. 3: 2.3, y Cap. 10: 2.

los crímenes de lesa humanidad, los crímenes de guerra y el crimen de agresión, cuyos elementos serán adoptados por la Asamblea de los Estados Partes"[482].

El 11 de julio de 1998 —y, por tanto, previamente a la celebración de algunas de las sesiones citadas— el coordinador de las consultas oficiosas sobre el texto del preámbulo y la parte relativa a las cláusulas finales, el samoano, Tuiloma Neroni Slada, presentó sus recomendaciones. La parte 13 del estatuto denominada "cláusulas finales" preveía en el artículo 110.4 (hoy, artículo 121 ECPI) que "toda enmienda al artículo 5 del Estatuto entrará en vigor únicamente para los Estados Partes que la hayan aceptado, [a menos que la Asamblea o la Conferencia haya decidido que entrará en vigor para los Estados partes una vez aceptada por los [cinco sextos] [siete octavos] de ellos]. El artículo 111 (hoy, artículo 123 ECPI) preveía la revisión del estatuto "[cinco] [diez] años después de que entre en vigor", para lo que se convocaría una "Conferencia de Revisión para considerar las enmiendas al Estatuto"[483]. Con estas *variantes* marcadas entre corchetes se presentaba el texto para su aprobación a la Asamblea General prevista para el 17 de julio. La redacción de la recomendación del coordinador dejaba las puertas abiertas, al menos, en aquel entonces, a la inclusión del crimen de agresión en el estatuto en una fase posterior a su aprobación.

El 14 de julio de 1998, el movimiento de los países No Alineados presentó una enmienda[484] a la propuesta de la mesa de 9 de julio[485], en la que se confiaba a la comisión preparatoria la elaboración de "la

---

482 UN. Doc. A/CONF.183/C.1/SR. 36, párr. 45.

483 UN. Doc. A/CONF.183/C.1/L. 61, recomendaciones del coordinador, comisión plenaria, 11 de julio de 1988, pp. 4 y 5. Disponible en: https://digitallibrary.UN.org/record/262903?ln=es

484 UN. Doc. A/CONF.183/C.1/L.75, enmiendas presentadas por el movimiento de los países no alineados a la propuesta de la mesa (A/CONF.183/C.1/L.59). Disponible en: https://digitallibrary.UN.org/record/262967?ln=es

485 V. *supra*, nota 431. KREß: On the New..., ob. cit., reconoce el mérito del movimiento de Países No Alineados durante la Conferencia de Roma para que, junto el apoyo de otros países, se incluyera en el texto definitivo el crimen de agresión.

definición y de los elementos del crimen de agresión y recomendará su adopción a la Asamblea de los Estados Partes. La Corte Penal Internacional no ejercerá su jurisdicción respecto de este crimen hasta que se haya adoptado esa definición. Las disposiciones relativas al crimen de agresión entrarán en vigor para los Estados Partes de conformidad con el Estatuto".

El 17 de julio de 1998 se aprobó por la Conferencia Diplomática de Plenipotenciarios de las Naciones Unidas sobre el establecimiento de una corte penal internacional, el Estatuto de Roma de la Corte Penal Internacional[486]. Se declaraba la competencia de la CPI para el crimen de agresión (artículo 5. d)), pero sin definirlo y se postergaba esta labor para más adelante[487]. Así, se le bautizó como el crimen "en espera"[488] o el "crimen sin castigo"[489].

Sobre el papel de determinados Estados, algunos autores han considerado "una ironía histórica" que potencias occidentales como Francia, Gran Bretaña y EE.UU.[490] que contribuyeron en su día a la criminalización internacional de la agresión fueran "escépticas res-

---

486 UN. Doc. A/CONF.183/9, Estatuto de Roma de la Corte Penal Internacional, 17 de julio de 1998.

487 El párrafo 2 del artículo 5 especificaba que la Corte ejercerá la competencia respecto del crimen de agresión una vez que se aprobara, de acuerdo con los artículos 121 y 123 ECPI, una disposición de conformidad con los artículos 121 y 123 "en que se defina el crimen y se enuncien las condiciones en las cuales lo hará. Esa disposición será compatible con las disposiciones pertinentes de la Carta de las Naciones Unidas".
V. LIÑÁN LAFUENTE, A.: "Origen y Evolución del Derecho penal internacional (II)", *Derecho penal internacional*, Gil Gil A. y Maculan E (dirs.), Dykinson, Madrid, 2019, pp. 74 a 76; y MACULAN, E.: La Corte Penal Internacional", *Derecho penal internacional*, Gil Gil A. y Maculan E (dirs), Dykinson, Madrid, 2019, pp. 79 a 83.

488 WERLE y JESSBERGER: ob. cit., p. 891; MACULAN: El crimen de…, ob. cit., p. 422.

489 REMIRO BROTONS, A.: "El crimen de agresión", *Derecho penal internacional, evolución histórica, régimen jurídico y estudio de casos*, Aranzadi, Martínez Jiménez, A. (dir.), Cizur Menor, 2022, pp. 284 a 286.

490 FERENCZ: Epilogue. The Long…, ob. cit., p. 1509, retrata la postura de los EE.UU. durante todo el proceso de aprobación tanto del ECPI como de las enmiendas de Kampala: "oponerse a cualquier tribunal internacional que pudiera juzgar a estadounidenses. Si eso fracasaba, eliminar la agresión

pecto al enjuiciamiento", tal vez por la conciencia de sus dirigentes de que el propio uso de la fuerza que ejercitaron en el pasado se adentraban dentro de la "zona gris que rodea la prohibición del uso de la fuerza". Esto es una de las razones por las que se incluyó solo su enunciado en el ER en el último momento y se postergó su definición para futuras negociaciones[491].

La ASP, de acuerdo artículo 112 ECPI, y según refleja el Acta Final de la Conferencia de Plenipotenciarios para el establecimiento de una Corte Penal Internacional[492], creó la Comisión Preparatoria de la Corte Penal Internacional (en adelante, PrepCom[493]). Le encomendó, entre otros cometidos, una propuesta de disposición sobre la agresión, "incluyendo la definición y los elementos de los crímenes de agresión y las condiciones en las que la Corte Penal Internacional podrá ejercer la jurisdicción respecto de este crimen". Le indicaba que "presentará las propuestas a la Asamblea de los Estados Partes en una Conferencia de Revisión con miras a llegar a una disposición aceptable sobre el crimen de agresión para su inclusión en el Estatuto". Y señalaba que esas disposiciones entrarán en vigor para los Estados Partes de conformidad con lo previsto en el propio estatuto"[494]. La Conferencia de Revisión, de acuerdo con

---

como crimen punible. Si eso también fracasaba insistir en una nueva definición de agresión que garantizar el control del Consejo de Seguridad".

491 KREß, HOBE and NUßBERGER: ob. cit.

492 UN. Docs. A/CONF.183/13, United Nations Diplomatic Conference of Plenipotentiaries on the Establishment of an International Criminal Court, Rome, 15 June-17 July 1998, Official Records, Vol. I (Final documents), II (Summary records of the plenary meetings and of the meetings of the Committee of the Whole) y III (Reports and other documents).

493 La PrepCom es distinta al Comité preparatorio citado con anterioridad y no debe confundirse con éste.

494 UN. Docs. A/CONF.183/13, Vol. I Rome Statute of the International Criminal Court and Final Act of the United Nations Diplomatic Conference of Plenipotentiaries on the Establishment of an International Criminal Court [with an annex containing the resolutions adopted by the Conference], Annex I, F.7. Disponible en: https://digitallibrary.UN.org/record/472758?ln=es

el artículo 124 ECPI, tuvo lugar, como he anticipado, en Kampala en el año 2010[495].

Atrás quedaban los arduos y complejos trabajos que desde la Sociedad de Naciones se venían desarrollando para la tipificación y definición del crimen de agresión, como crimen internacional. Atrás quedaba la participaron de más 160 Estados, de Palestina, de organizaciones intergubernamentales, de organismos especializados y organizaciones afines, de programas y organismos de NNUU, y de 135 organizaciones no gubernamentales[496]. Atrás quedaba el proyecto del comité preparatorio que conformó 116 artículos, 1.400 propuestas de enmienda y 200 variantes[497]. Hoy forman parte del Estatuto de Roma 123 Estados[498].

2.3. Roma, Kampala y Nueva York

Los trabajos preparatorios del crimen de agresión desde la creación de la PrepCom hasta la aprobación por la ASP de las enmiendas relativas al crimen de agresión fueron numerosos y complejos[499]. Por ello, y por razones de sistematicidad, a lo largo de los diferentes capítulos y epígrafes dedicados a los elementos típicos del crimen de agresión y a las condiciones que otorgan la competencia a la CPI por el crimen de agresión, citaré los documentos pertinentes, tanto de la PrepCom, como del Grupo de Trabajo Especial sobre el Crimen de

---

[495] V. *supra*, nota 481.

[496] V. un análisis crítico de la labor de la sociedad civil en las negociaciones de las enmiendas de Kampala sobre el crimen de agresión en: WEISBORD, N.: "Civil Society", *Crime of Aggression Library, The Crime of Aggression a commentary*, KREß, C. and BARRIGA, S. (dir.), Cambridge University Press 2017, pp. 1310 a 1355.

[497] V. Fue aprobado por 120 votos favorables. EE.UU., China, Israel, Iraq, China, Libia, Yemen y Qatar votaron en contra. Se abstuvieron 21 Estados.

[498] El último Estado en formar parte del ECPI ha sido la República de Kiribati, el 26 de noviembre de 2019.

[499] MCDOUGALL, C.: The crime of..., ob. cit., pp. 43 a 84, explica las razones políticas que se barajaron en los trabajos previos a la Conferencia de Revisión de Kampala sobre la criminalización de los actos de agresión y la interesante interrelación entre la política internacional y el DI.

Agresión" [500] (en adelante, SWGAC) o de la Asamblea de los Estados Partes en el Estatuto de Roma de la Corte Penal Internacional (en adelante, ASP)[501].

Con carácter general, y simplificando, la PrepCom desempeñó su tarea desde 1999 a 2002. El 12 de julio de este año en su 42ª sesión aprobó el informe sobre la labor realizada en su décimo período de sesiones[502]. Así, concluía su mandato de conformidad con lo dispuesto en la resolución F, aprobada por la Conferencia Diplomática de Plenipotenciarios de las Naciones Unidas sobre el establecimiento de una Corte Penal Internacional, el 17 de julio de 1998[503], y con la resolución 56/85 de la Asamblea General, de 12 de diciembre de 2001.

La ASP aprobó por consenso en la tercera sesión plenaria, celebrada el 9 de septiembre de 2002, una resolución[504] en la que tomaba

---

500 Los documentos del SWGAC pueden consultarse en: https://asp.icc-cpi.int/crime-of-aggression/History-CoA; y las resoluciones de la ASP sobre el crimen de agresión en: https://asp.icc-cpi.int/crime-of-aggression
MCDOUGALL, C.: The crime of…, ob. cit., p. 13, destaca el papel relevante que desarrolló el SWGAC gracias a la participación en las negociaciones de "auténticos expertos" y a los buenos oficios de la presidenta del grupo, el embajador Christian Wenaweser. Posteriormente en el año 2009 fue sustituido por el príncipe jordano Zeid Raád Zeid Al-Hussein. Wenaweser pasó a presidir la ASP.
Sobre la metodología de trabajo del SWGAC y el objeto de las principales discusiones v. MCDOUGALL, C.: The crime of…, ob. cit., pp. 13 a 24.

501 Pueden verse una recopilación de los documentos más relevantes en AA.VV.: *Crime of Aggression Library*, Barriga, S. y KREß, C. (ed.), Cambridge University Press 2012, pp. 335 a 817.
También en: https://asp.icc-cpi.int/reviewconference/crime-of-aggression; y los producidos en el marco de la PrepCom y en el grupo de trabajo sobre el crimen de agresión entre 1999 y 2002 en https://legal.UN.org/icc/documents/aggression/aggressiondocs.htm

502 UN. Doc. PCNICC/2002/2 y Add.1 a 3, informe de la comisión preparatoria de la Corte Penal Internacional, (Add. 2) propuestas sobre la definición del crimen de agresión, 24 de julio de 2002.

503 V. *supra*, nota 494.

504 Resolución ICC-ASP/1/Res.1, continuación del trabajo relativo al crimen de agresión, aprobada por consenso en la tercera sesión plenaria, celebrada el 9 de septiembre de 2002. Disponible en: https://asp.icc-cpi.int/sites/asp/files/asp_docs/Resolutions/ICC-ASP-ASP1-Res-01-SPA.pdf

nota del informe de la PrepCom sobre el crimen de agresión. Decidía "establecer un grupo de trabajo especial sobre el crimen de agresión" (SWGAC) y le encomendaba a éste "elaborar propuestas relativas a una disposición sobre la agresión", de acuerdo con lo previsto en el párrafo 2 del artículo 5[505] ECPI y del párrafo 7 de la resolución F, aprobada el 17 de julio de 1998[506]. Y le indicaba que el SWGAC presentará sus propuestas a la ASP en una "conferencia de examen".

La primera reunión del SWGAC fue del 21 al 23 de junio de 2004[507]. La última del grupo de trabajo se celebró en Princeton del 8 al 10 de junio de 2009[508]. El 13 de febrero de 2009 presentó su informe final a la ASP[509]. El 26 de noviembre de 2009 se celebró la séptima sesión plenaria de la ASP donde se adoptaron por consenso las propuestas del SWGCA sobre el crimen de agresión[510].

---

505 V. *supra*, nota 487.

506 V. *supra*, notas 494 y 503.

507 ICC-ASP/3/SWGCA/INF.1, reunión oficiosa entre períodos de sesiones del Grupo de Trabajo Especial sobre el Crimen de Agresión, celebrada en el Instituto Liechtenstein de Investigaciones sobre la Libre Determinación, Escuela Woodrow Wilson, Universidad de Princeton, Nueva Jersey (Estados Unidos de América) del 6 al 10 de septiembre de 2004. Disponible en: https://asp.icc-cpi.int/sites/asp/files/asp_docs/library/asp/ICC-ASP-3-SWGCA-INF.1.pdf

508 ICC-ASP/8/INF. 2, Informal inter-sessional meeting on the Crime of Aggression, hosted by the Liechtenstein Institute on Self-Determination, Woodrow Wilson School, at the Princeton Club, New York, from 8 to 10 June 200, 10 July 2009. Disponible en: https://crimeofaggression.info/documents//6/2009_Princeton.pdf

509 ICC-ASP/7/20/Add. 1, informe del Grupo de Trabajo Especial sobre el Crimen de Agresión. En el apéndice I consta la propuesta de disposición sobre la definición de agresión. Este texto de propuesta fue adoptado posteriormente tanto por la ASP el 26 de noviembre de 2009 (v. *infra*, nota 510), como por la Conferencia de Kampala, con la oposición de EE.UU. (v. *infra*, nota 514).
Disponible en: https://asp.icc-cpi.int/sites/asp/files/asp_docs/ICC-ASP-7-20-Add.1-SWGCA%20Spanish.pdf

510 Resolución ICC-ASP/8/Res.6, aprobada por consenso en la octava sesión plenaria el 26 de noviembre de 2009. En el anexo II consta la propuesta de Liechtenstein. Disponible en: https://asp.icc-cpi.int/sites/asp/files/asp_docs/Resolutions/ICC-ASP-8-Res.6-SPA.pdf

El SWGAC concluyó sus trabajos en ocho reuniones celebradas los días 1, 4 y 7 a 8 de junio de 2010, y presentó un informe basado en dos documentos, un *documento de sala* y un *documento oficioso* sobre el crimen de agresión. Finalmente, el Grupo de Trabajo decidió remitir a la Conferencia de Revisión del Estatuto de Roma, en su reunión del 9 de junio, el *documento de sala*[511]. Si las decisiones no se hubieran adoptado por consenso hubiera sido necesario el voto de la mayoría de dos tercios, de acuerdo con la "regla" 49.2 y 51 de la Conferencia de Revisión[512].

La Conferencia de Revisión del ECPI, celebrada entre el 31 de mayo y el 11 de junio de 2010[513], fue la primera Conferencia de Revisión del ECPI, convocada de acuerdo con el artículo 123.1 ECPI. Participaron 87 Estados Partes y aprobó por consenso, el 11 de junio

---

511 RC/11, Conferencia de Revisión del Estatuto de Roma de la Corte Penal Internacional, Kampala, 31 de mayo a 11 de junio de 2010, Anexo III. El apartado B de este anexo, se refiere al *documento de sala* y el apartado C) al *documento oficioso.* El anexo, a su vez, consta de 5 apéndices. Los tres primeros aluden a los *Documento de sala sobre el crimen de agresión*: *Proyecto de resolución: El crimen de agresión (documentos: R*C/WGCA/1/Rev. 2*;* RC/WGCA/1/Rev.1; o RC/WGCA/1/*)*. Y en los *agregados* a estos apéndices se barajan diferentes variaciones de los artículos 8 *bis*, 15 *bis*, 15 *ter* y 25.3. *bis* ER.
El apéndice IV es el documento oficioso del presidente sobre elementos adicionales para una solución respecto del crimen de agresión (documento RC/WGCA/2) y en el apéndice V constan los *textos oficiosos presentados por las delegaciones.* El apartado E del Anexo o *recomendación* es la decisión del grupo de trabajo de remitir únicamente el *documento de sala* que figura en el apéndice I (C/WGCA/1/Rev. 2) a la Conferencia de revisión. Disponible en: https://asp.icc-cpi.int/sites/asp/files/asp_docs/RC2010/RC-11-Annex.III-SPA.pdf

512 V. RC/3 Proyecto de reglamento de las Conferencias de Revisión. Kampala 31 de mayo a 11 de junio de 2010, 26 de mayo de 2010. Disponible en: https://asp.icc-cpi.int/sites/asp/files/asp_docs/RC2010/RC-3-SPA.pdf

513 V. una crónica de la Conferencia de Revisión en MCDOUGALL, C.: The crime of..., ob. cit., pp. 24 a 32. Esta autora expresa el sentir de las delegaciones: "había una fuerte sensación de que, a pesar de todas las probabilidades, habíamos hechos algo que haría infinitamente más difícil el uso ilegal de la fuerza armada, lo que significaba que un número incalculable de víctimas potenciales de futuros actos de violencia habían sido indultados" (*ibid.*, p. 32).

de 2010, la histórica resolución RC/Res.6[514] por la que —después de Núremberg, Tokio y la LCA n.º 10— se incluía por primera vez en un código penal internacional y de alcance universal (ECPI) el crimen de agresión[515].

Así, gracias a las enmiendas que se aprobaron se suprimía el párrafo 2 del artículo 5 ECPI[516]. Se incorporaba de nuevo cuño la definición del crimen de agresión y sus elementos configuradores en el artículo 8 *bis* ECPI. Se fijaban en el artículo 15 *bis* y 15 *ter* ECPI, también de nuevo cuño, las condiciones para el ejercicio de la competencia del crimen de agresión cuando la situación[517] es remitida por un Estado, o la investigación la inicia *propio motu* o de oficio el Fiscal (artículo 15 *bis* ER)*;* o cuando la remisión la efectuara el CdS (artículo 15 *ter* ECPI). Finalmente se añadía una nueva cláusula (apartado tercero *bis*) al artículo 25 ECPI sobre autoría y participación: sólo pueden ser sujetos penalmente responsables del crimen de agresión

---

514 Resolución RC/Res.6, el crimen de agresión, aprobada por consenso en la 13ª sesión plenaria el 11 de junio de 2010. Disponible en: https://asp.icc-cpi.int/reviewconference/crime-of-aggression
V. El depósito en https://asp.icc-cpi.int/sites/asp/files/asp_docs/RC2010/AMENDMENTS/CN.651.2010-ENG-CoA.pdf

515 En la Conferencia se aprobó en su literalidad el texto de definición adoptado por el SWGCA el 26 de noviembre de 2009. ICC-ASP/8/Res. 6 (v. *supra*, nota 510).
Se enfrentaron, como apunta VAL GARIJO, F.: "La activación de la competencia de la Corte Penal Internacional respecto del crimen de agresión", *La Corte Penal Internacional 20 años después*, Salinas de Frías, A. y Petit de Gabriel, W. (dirs.) y García Andrade, P. y Álvarez Arcá, I. (coords.), Tiran lo Blanch, Valencia 2021, p. 190, técnica y políticamente a difíciles trabajos para definir el crimen, determinar su régimen jurisdiccional y la modalidad de entrada en vigor de las enmiendas.
V. una interesante crítica del aspecto político en: KOSKENNIEMI, M.: "A Trapo for the Innocent...", *Crime of Aggression Library*, *The Crime of Aggression a commentary*, KREß, C. and BARRIGA, S. (dir.), Cambridge University Press 2017, pp. 1359 a 1385.

516 V. el texto, *supra*, nota 487.

517 El sistema procesal de la CPI distingue entre *situación* y *caso*. Aquélla se identifica con los hechos y sus circunstancias y el contexto temporal y territorial en el que se han cometido; y el *caso*, que surge de la *situación*, se dirige a los hechos atribuidos penalmente a una persona determinada.

las personas que estén en "condiciones de controlar o dirigir efectivamente la acción política o militar de un Estado"[518].

Igualmente, en el paquete de Kampala se aprobaron las enmiendas a los Elementos de los Crímenes (en adelante, EC) del artículo 8 *bis*[519] y los "entendimientos sobre las enmiendas al Estatuto de Roma de la Corte Penal Internacional relativas al crimen de agresión"[520].

---

518 RC/Res.6, Anexo I. Se modificaba también el párrafo 1 del artículo 9 (EC), el párrafo 3 del artículo 20 (cosa juzgada). V. Resolución RC/Res.6, A

519 RC/Res.6, Anexo II.
Los EC, de acuerdo con el artículo 9.1 ECPI, ayudan a la Corte a interpretar y aplicar los artículos 6 a 8 *bis* ER y tienen que ser compatibles con el propio ECPI. Es un instrumento complementario normativo, sin carácter vinculante, adoptado por la ASP, del que se auxilian los magistrados de la Corte para interpretar y aclarar los elementos constitutivos de los cuatro crímenes internacionales de su competencia. El artículo 21.1. a) ECPI considera a los EC derecho aplicable (fuente). En caso de contradicción entre los EC y el ECPI —de acuerdo con ICC, *Decision on the Prosecution's Application for a Warrant of Arrest against Omar Hassan Ahmad Al Bashir*, PT I, ICC-02/05-01/09, 4 March 2009, disponible en: https://www.icc-cpi.int/sites/default/files/CourtRecords/CR2009_01517.PDF, párrs. 129 a 312, referida al elemento contextual del crimen de genocidio— prevalecerá la definición del ECPI.
Sin embargo, un voto disidente de esta decisión sostuvo, de acuerdo con parte de la doctrina, que los EC no eran vinculantes, solo un instrumento para "asistir" en la interpretación (*ibid., Separate and Partly Opinion of Judge Anita Ušacka*, párrs. 16 a 20).
El apartado 7, de la introducción general del texto de los EC señala el orden en el que se redactan lo elementos de cada crimen: primero la conducta, las consecuencias y las circunstancias; después de ellos, el elemento de intencionalidad específico, si el tipo requiere ese elemento subjetivo; y en último lugar las circunstancias de contexto.

520 RC/Res.6, Anexo III. Entendimiento 1 y 2 (remisiones por el Consejo de Seguridad); 3 (competencia *ratione temporis*); 4 y 5 (jurisdicción nacional respecto del crimen de agresión) y 6 y 7 (otros entendimientos). Los entendimientos son una suerte de guía de interpretación de las enmiendas, es decir, de la definición del crimen de agresión del artículo 8 *bis* ECPI y del mecanismo de activación de la competencia de la CPI (artículos 15 *bis* y 15 *ter* ECPI) que tiende a facilitar la labor de los operadores jurídicos en la CPI, como los jueces, fiscales y abogados.
En la Conferencia de Kampala también se adoptaron enmiendas distintas a la agresión, como las que afectaron al artículo 8 ECPI (crimen de guerra).

Brasil, Francia, Japón[521], Noruega[522] y Reino Unido formularon declaraciones, como Estados Partes, explicando su postura después de la aprobación de la resolución RC/Res.6[523]. También lo hicieron, como Estados observadores, Cuba, Irán, Israel, China, la Federación de Rusia, y EE.UU.[524], estos tres últimos, a la sazón, miembros permanentes del CdS.

El párrafo tercero de la referida resolución por la que se adoptaron las enmiendas, decidía aprobar "los entendimientos respecto de la interpretación de las enmiendas"[525]. Eran siete entendimientos

---

Se discutió también, a propuesta de Holanda, pero sin éxito, la posibilidad de incorporar al Estatuto los crímenes de terrorismo y el de tráfico de drogas a instancia de Trinidad Tobago (v. ICC-ASP/8/43, Report of the Bureau on the Review Conference, 15 November 2009, disponible en. https://asp.icc-cpi.int/sites/asp/files/asp_docs/ASP8/ICC-ASP-8-43-ENG.pdf). Igualmente fue objeto de debate el artículo 124 ECPI, al propugnar algunos Estados su derogación (v. Resolution RC/Res.4, Article 124, adopted at the 11th planar meeting, on 10 June 2010, by consensus, disponible en https://asp.icc-cpi.int/sites/asp/files/asp_docs/Resolutions/RC-Res.4-ENG.pdf)

521 Sobre la visión de Japón y el ECPI, v.: KOMATSU, I.: "Japan", *Crime of Aggression Library, The Crime of Aggression a commentary*, KREß, C. and BARRIGA, S. (dir.), Cambridge University Press 2017, pp. 1217 a 1233.

522 Sobre el enfoque de Noruega en las negociaciones del crimen de agresión v.: FIFER, R.E.: "Norway", *Crime of Aggression Library, The Crime of Aggression a commentary*, KREß, C. and BARRIGA, S. (dir.), Cambridge University Press 2017, pp. 1242 a 1263.

523 Conferencia de revisión del Estatuto de Roma de la Corte Penal Internacional, Kampala, 31 de mayo a 11 de junio de 2010, Anexo VIII, pp. 137 a 139. Disponible en: https://crimeofaggression.info/documents/6/Review-Conference-offiical-records-SPA.pdf

524 Conferencia de revisión del Estatuto de Roma de la Corte Penal Internacional, Kampala, 31 de mayo a 11 de junio de 2010, Anexo IX, pp. 140 a 142. Disponible en: Disponible en: https://crimeofaggression.info/documents/6/Review-Conference-offiical-records-SPA.pdf

525 Las "declaraciones interpretativas" pueden ser análogas a los entendimientos. La CDI, en la directriz 1.2, definición de las declaraciones interpretativas, define éstas como "una declaración unilateral, cualquiera que sea su enunciado o denominación, hecha por un Estado o por una organización internacional con objeto de precisar o aclarar el sentido o el alcance de un tratado o de algunas de sus disposiciones". V. UN. Doc. A/66/10/Add.1, Informe de la Comisión de Derecho Internacional, 63º período de sesiones

que se acompañaban en el Anexo III de la Resolución. El artículo 21 ER no contempla la figura de los entendimientos en el catálogo de las fuentes del ER. La idea de su implementación surgió en la última reunión del SWGCA en febrero de 2009[526]. Su objeto era aclarar aspectos jurisdiccionales, sin embargo, finalmente, también, como se comprobará a lo largo de este trabajo, se extendieron, a instancias de EE.UU.[527], a otros aspectos del crimen de agresión ajenos a las jurisdiccionales. La naturaleza jurídica de los entendimientos interpretativos que se aprobaron en la Conferencia es ciertamente particular. Se puede considerar que forman parte de las reglas de interpretación de los tratados. Así, el párrafo tercero del artículo 31, apartado a) de la citada Convención de Viena sobre el Derecho de Tratados, previene que "juntamente con el contexto" es necesario considerar "todo acuerdo ulterior entre las partes acerca de la interpretación del tratado o de la aplicación de sus disposiciones"[528]. En cualquier caso, y aunque se considere que forman parte de los trabajos previos a la consolidación de las enmiendas, es innegable que los entendi-

---

(26 de abril a 3 de junio y 4 de julio a 12 de agosto de 2011), Guía de la Práctica sobre las Reservas de Tratados, p. 2. Disponible en: https://digitallibrary.un.org/record/720582?ln=es

526 V. 2009 Chairman´s Non-Paper on Other Substantive Issues, parr.1, en KREß and BARRIGA: The Travaux Préparatoires..., ob. cit., pp. 643.

527 MACULAN: El crimen de..., ob. cit., p. 477, apunta que su objetivo era delimitar jurídicamente las "líneas rojas" que las delegaciones de los Estados Partes arguyeron en Kampala.

528 GROVER, L.: "Interpreting the Crime of Aggression", *Crime of Aggression Library, The Crime of Aggression a commentary,* KREß, C. and BARRIGA, S. (dir.), Cambridge University Press 2017, pp. 399 a 404, desarrolla con acierto esta postura.

Esta profesora sostiene que los entendimientos se inspiraron en el Anexo de la Convención sobre las Inmunidades de Jurisdicción de los Estados y de sus Bienes, de 2005.

V. sobre los artículos 31 y 31 de la Convención, UN. Doc. Informe de la Comisión de Derecho Internacional, 70º período de sesiones, Suplemento número 10, 2018, Texto del proyecto de conclusiones sobre los acuerdos ulteriores y la práctica ulterior en relación con la interpretación de los tratados pp. 13 a 15. Disponible en: https://digitallibrary.un.org/record/1643630?ln=es

mientos demuestran la postura de la ASP sobre las enmiendas del crimen de agresión y su valor interpretativo deviene incuestionable.

Palestina protagonizó el momento culmen de la entrada en vigor de las enmiendas sobre el crimen de agresión[529]. Depositó su instrumento de ratificación de las enmiendas el 26 de junio de 2016. Ésta fue la ratificación trigésima. Se cumplía, en consecuencia, el número de ratificaciones mínima (treinta) impuesta en los artículos 15.2 *bis* y 15.2 *ter* ER para la entrada en vigor y su posterior activación de la competencia de la CPI[530]. El entendimiento número 3, sobe la competencia *ratione temporis*, señala que en los casos de los apartados *a)* y *c)* del artículo 13 del ER, la Corte solo ejercerá la competencia por el crimen de agresión si se ha cometido después de que se haya adoptado una decisión de acuerdo con el párrafo tercero del artículo 15 *bis* ER, "y un año después de la ratificación o aceptación de las enmiendas por treinta Estados Partes, si éstas fueran posteriores".

La ratificación número treinta supuso el inicio en Nueva York de los trabajos para la facilitación de la activación de la competencia de la CPI. Después de la ratificación de Palestina, la ASP decidió en noviembre de 2016 "establecer un mecanismo de facilitación, basado en Nueva York, al cual podrán acceder sólo los Estados Partes, para discutir acerca de la activación de la competencia de la Corte con respecto al crimen de agresión, de conformidad con la resolución RC/Res.6, el cual hará todos los esfuerzos que estén a su alcance para llegar a un consenso y presentará un informe por escrito directamente a la Asamblea con antelación a su decimosexto período de sesiones"[531].

---

529 V. *infra*, nota 678.

530 V. https://asp.icc-cpi.int/sites/asp/files/asp_docs/PRs/ASP-PR1225-SPA.pdf

531 Resolución ICC-ASP/15/Res.5, Fortalecimiento de la Corte Penal Internacional y de la Asamblea de los Estados Partes, adoptad por consenso en la undécima sesión plenaria el 24 de noviembre de 2016, Anexo I, mandatos de la Asamblea de los Estados Partes entre los períodos de sesiones, párr. 18 (b). Disponible en: Documentos Oficiales de la Asamblea de los Estados Partes de la Corte Penal Internacional, Decimoquinto período de sesiones, La Haya, 16 al 24 de noviembre de 2016 (ICC-ASP/15/20), vol. I, parte

El 20 de febrero de 2017 se designó a la *facilitadora* de los debates sobre la activación de la competencia[532]. Se celebraron diferentes reuniones[533] con "intensos debates" durante ese año en Nueva York[534]. Finalmente, y como he anticipado, el 14 de diciembre de 2017, se adoptaba por consenso por la ASP en la XVI sesión plenaria la activación de la competencia de la Corte respecto del crimen de agresión[535] a partir del 17 de julio de 2018. En Nueva York, en palabras de KREß, se iniciaron los "trabajos de construcción para un puente final" se "progresó sin un puente: [en] una noche memorable en la sede de la ONU" y fue "mejor doblarse que romperse"[536].

El otro requisito acumulativo —indicado en el artículo 15.3 *bis* y 15.3 *ter* ER— para la activación de la competencia de la CPI era que, una vez ratificadas las enmiendas por treinta Estados, "se adopt[ara] una decisión después del 1 de enero de 2017 por la misma mayoría de Estados Partes que se requiere para la aprobación de una enmienda al Estatuto". El 14 de diciembre de 2017, la ASP decidió activar la competencia de la CPI para el crimen de agresión, desde del 17 de julio de 2018[537]. Se hacía, así, coincidir esta fecha con la de la histórica aprobación del ECPI (17 de julio de 1998). *Ratione temporis*, la competencia se activaba para cada Estado parte que ratificara las enmiendas un año después de haber depositado su instrumento de ratificación o aceptación. Treinta y dos Estados formularon declaraciones sobre la

---

II, https://asp.icc-cpi.int/sites/asp/files/asp_docs/ASP15/ICC-ASP-15-20-vol-I-SPA.pdf

532 V. ICC-ASP/16/24, Informe sobre la facilitación de la activación de la competencia de la Corte Penal Internacional con respecto al crimen de agresión, 27 de noviembre de 2017, p. 5. Disponible en: https://asp.icc-cpi.int/sites/asp/files/asp_docs/ASP16/ICC-ASP-16-24-SPA.pdf

533 V. *Ibid.*, sobre la organización del trabajo realizado, las posiciones de los Estados Partes y las conclusiones.

534 V. *Ibid.*, p. 31.

535 Resolución ICC-ASP/16/Res.5 (v. *infra*, nota 537).

536 KREß, C.: "Los avances de…, ob. cit., p. 604.

537 Resolución ICC-ASP/16/Res.5, Activación de la competencia de la Corte respecto del crimen de agresión, 14 de diciembre de 2017. Disponible en: https://asp.icc-cpi.int/sites/asp/files/asp_docs/ASP16/ICC-ASP-16-20-vol-I-SPA.pdf

competencia de la CPI respecto del crimen de agresión[538]. En la fecha de la última revisión de este trabajo, han ratificado las enmiendas 45 Estados[539], el último Perú, el 14 de octubre de 2022.

---

538 ICC-ASP/16/20/Vol. I, Asamblea de los Estados Partes en el Estatuto de Roma de la corte Penal Internacional, décimo sexto período de sesiones, 4 a 14 de diciembre de 2017, anexo VII (Declaraciones relativas a la aprobación de la resolución relativa a la activación de la competencia de la Corte sobre el crimen de agresión ante la Asamblea en su decimotercera sesión plenaria, celebrada el 14 de diciembre de 2017), pp. 89 a 100. Disponible en: https://asp.icc-cpi.int/sites/asp/files/asp_docs/ASP16/ICC-ASP-16-20-vol-I-SPA.pdf

539 La lista consultada enumera los Estados que han ratificado las enmiendas a 2 de enero de 2024. V. https://treaties.un.org/Pages/ViewDetails.aspx?src=TREATY&mtdsg_no=XVIII-10-b&chapter=18&clang=_en

Capítulo 4
Aspectos generales

1. BIEN JURÍDICO PROTEGIDO

El ECPI, en su preámbulo, estima, con carácter general para todos los crímenes internacionales de la competencia de la CPI y, por tanto, para el crimen de agresión, que "constituyen una amenaza para la paz, la seguridad y el bienestar de la humanidad". El párrafo segundo del artículo 8 *bis* ER determina que el uso de la fuerza armada como elemento de la conducta estatal debe ser una violación manifiesta de la Carta por sus características, gravedad y escala. Exige un umbral mínimo de gravedad. Debe ser incompatible con la Carta. Es una conducta interestatal, ya que al menos afecta a dos Estados. Y se ejecuta por un Estado contra la "soberanía, la integridad territorial o la independencia política de otro Estado".

De estos elementos del tipo internacional y de su interpretación sistemática como crimen internacional en el ECPI se deduce que el bien jurídico protegido por el crimen de agresión[540] es un bien jurídico colectivo de carácter internacional. Además, el crimen de agresión es pluriofensivo. Su comisión en sus diferentes modalidades afecta a más de un bien jurídico. La acción de la agresión lesiona varios bienes jurídicos.

En primer lugar, se protege directamente la paz y la seguridad internacionales y se prohíbe el uso ilegal de la fuerza armada. El crimen de agresión como violación del *ius ad bellum* supone el uso de la fuerza armada por un Estado contra otro Estado. Es un conflicto internacional que afecta a la comunidad internacional. La fuerza armada que integra el tipo de agresión, debe ser, a su vez incompatible con la Carta y una violación manifiesta de la misma por su umbral de gravedad. La compatibilidad de la fuerza armada con la Carta la

---

540 Sobre el concepto de bien jurídico en el DPI v. MACULAN, E.: "Qué es el Derecho penal internacional", *Derecho penal internacional*, Gil Gil A. y Maculan E (dirs), Dykinson, Madrid, 2019, pp. 40 y 41.

determinan sus propósitos y principios que se encaminan a la consecución de la paz. El artículo 1 de la Carta proclama, como propósito de las NNUU, "mantener la paz y la seguridad internacionales". El párrafo 3 del artículo 2 ordena a los Estados que arreglen "sus controversias internacionales por medios pacíficos de tal manera que no se pongan en peligro ni la paz y la seguridad internacionales ni la justicia". El párrafo cuarto del mismo artículo prohíbe "el uso de la fuerza contra la integridad territorial o la independencia política de cualquier Estado, o en cualquier otra forma incompatible con los propósitos de las Naciones Unidas". El capítulo VII de la Carta, artículos 39 a 51, regula la acción del CdS en caso de "amenaza a la paz, quebrantamiento de la paz o actos de agresión". Y el propio preámbulo de la Carta declara que "nosotros los pueblos de las Naciones Unidas resueltos [a] preservar a las generaciones venideras del flagelo de la guerra" y "[a] unir nuestras fuerzas para el mantenimiento de la paz". La norma a la que reenvía el ECPI para concretar si el uso de fuerza armada es incompatible con la Carta, es la propia Carta de las NNUU, que, como propósito de su organización fija "mantener la paz y la seguridad internacionales". Propósito que debe alcanzar evitando que se ponga en peligro la paz y la seguridad internacionales, y observando como principio general la prohibición del uso de la fuerza. La guerra de agresión no persigue fines legítimos.

En el ámbito del DPI, el preámbulo del ER, determina específicamente que los bienes jurídicos fundamentales protegidos de la comunidad internacional "en su conjunto", con carácter general para todos los crímenes competencia de la CPI, son "la paz, la seguridad y el bienestar de la humanidad".

Del reenvío normativo del ECPI (norma de DPI) a la Carta (norma de DI general) y de la interacción de ambas normas internacionales, se concluye que con la punibilidad del crimen de agresión en el artículo 8 *bis* ER, se protege, como consecuencia de la prohibición general del uso de la fuerza (artículo 2.4 de la Carta)[541], el bien jurí-

---

541 ZIMMERMANN and FREIBURG-BRAUN: Article 8 bis..., ob. cit., p. 696, estiman que el crimen de agresión a diferencia de los otros crímenes del ECPI no se centra en la protección de individuos o grupos, sino "más bien en la protección de un Estado contra el uso de la fuerza armada por otro

dico supraindividual de *la paz internacional*[542]. Y, como consecuencia de ésta, la seguridad internacional[543]. Los dos instrumentos normativos evidencian un plus de protección de la paz y seguridad internacionales. El titular de este bien jurídico supranacional colectivo no solo son los Estados implicados en el conflicto armado internacional, sino también e idealmente la comunidad internacional. El crimen de agresión es por excelencia un crimen que atenta contra la paz y seguridad internacionales. Sus antecedentes normativos fueron *los crímenes contra la paz* definidos en el Estatuto del TMI, en la Carta del TMILO y en la LCA n.º 10. Y aplicados en el juicio de Núremberg, en el TMLO y en los juicios seguidos al amparo de la LCA n.º 10. El crimen de agresión es heredero de ellos.

En segundo lugar, desde Núremberg, donde la soberanía era el bien jurídico exclusivamente protegido[544], no existe duda de que se protege directamente la soberanía del Estado agredido. El párrafo segundo del artículo 8 *bis* ER tipifica que el concreto uso de la fuerza armada por parte de un Estado sea "contra la soberanía, la integridad territorial o la independencia política de otro Estado". El párrafo cuarto del artículo 2 de la Carta prohíbe "el uso de la fuerza contra la integridad territorial o la independencia política de cualquier Estado, o en cualquier otra forma incompatible con los Propósitos de las

---

Estado" y, por esta razón "en la protección del sistema jurídico internacional con la prohibición del uso de la fuerza en su núcleo".

542 V. un análisis crítico de que la agresión en un crimen contra la paz y sobre "el mal" de la agresión en: MÉGRET, F: "What is the Specific Evil of Aggression?", *Crime of Aggression Library, The Crime of Aggression a commentary*, KREß, C. and BARRIGA, S. (ed.), Cambridge University Press 2017, pp. 1414 a 1428.

543 La resolución de la Asamblea Parlamentaria del Consejo de Europa 2433 (v. *infra*, nota 981) declaraba que la guerra de agresión de Ucrania "por parte de un miembro permanente del Consejo de Seguridad de las Naciones Unidas plantea un desafío a la gobernanza mundial, socavando el sistema multilateral destinado a mantener la paz y la seguridad" (párr. 6); constituye un importante desafío para la seguridad (párr. 9) y constituye un "ataque sin precedentes contra la paz y la seguridad, el orden internacional basado en normas, el derecho internacional y los valores más básicos que constituyen el fundamento del Consejo de Europa" (párr. 10).

544 KREß, HOBE and NUßBERGER: ob. cit.

Naciones Unidas". Se protege, así, la soberanía del Estado agredido que se concreta, de acuerdo con el artículo 8 *bis*, en el respeto a la integridad territorial y la independencia política del Estado. La integridad, como he anticipado[545], equivaldría a inviolabilidad, entendida como prohibición de toda intrusión forzosa en su territorio en sentido jurídico a través del uso de la fuerza militar. En consecuencia, el territorio es el objeto de la acción agresiva y la soberanía el bien jurídico protegido.

En tercer lugar, la protección de la paz y seguridad internacionales salvaguardará, a su vez, otros derechos individuales. La tipificación del crimen de agresión tutela indirectamente —a través de la protección de los intereses colectivos de la paz internacional y de la soberanía del Estado— bienes jurídicos individuales[546]. Una vez que se ha producido el acto de agresión, como consecuencia del mismo, del uso de la fuerza armada y de su consiguiente violencia se desencadenan otras vulneraciones de derechos personales, por ejemplo, a la vida, a la integridad física, a la libertad personal, o materiales, como la destrucción (daños). La evolución del DI ha conseguido progresivamente su "humanización". Y la protección y humanización de la soberanía estatal ha servido para proteger los derechos de las personas que viven en el Estado[547]. Todo ataque a la soberanía de un Estado también es un ataque a los derechos de las personas de ese Estado y un ataque que mina la capacidad del Estado para proteger los

545 V. *supra*, Cap. 6: 4.1.

546 En el discurso de apertura del juicio de Núremberg, el juez Jackson declaró: "Cada vez que se recurre a la guerra —a cualquier tipo de guerra— es un recurso a medios que son intrínsecamente criminales. La guerra es inevitablemente una secuencia de asesinatos, asaltos, privaciones de libertad y destrucción de la propiedad". V.: ROBERT H. JACKSON CENTER: *Opening Statement before the International Military Tribunal*, https://www.roberthjackson.org/speech-and-writing/opening-statement-before-the-international-military-tribunal/

547 HARTIG, A.: *Making Aggression a Crime Under Domestic Law, On the Legislative Implementation of Article 8 bis of the ICC Statute*, T.M.C. Asser Press, Berlin, 2023, pp. 122 a 127.

derechos humanos de sus habitantes[548]. La CDI sostuvo que "la prohibición de los actos de agresión protege la supervivencia de cada Estado y la seguridad de su población"[549]. El individuo, en detrimento progresivo del Estado, ha pasado ser protagonista y actor en el DI[550].

Para HARTIG la materialización del umbral de violación manifiesta de la Carta por la gravedad del acto de agresión se produce vulnerando los bienes jurídicos individuales porque la agresión causa daños efectivos a intereses individuales (muertes y destrucción) o los pone en grave riesgo[551]. La paz internacional y seguridad internacionales se convierte en la base del respeto a los derechos humanos[552].

---

548 *Ibid.*, p. 127.
La citada resolución de la Asamblea Parlamentaria del Consejo de Europa 2433 (v. *infra*, nota 981) advertía de las consecuencias del acto de agresión de Ucrania, las víctimas que está ocasionando (párr. 4), y las "atrocidades cometidas por las fuerzas armadas en el contexto de la guerra de agresión" (párr. 5),

549 UN. Doc. A/56/10, p. 53, ordinal 10 (comentarios al texto de proyecto de artículos sobre la responsabilidad del Estado por hechos internacionalmente ilícitos). V. *supra*, nota 375.

550 Sobre la protección de los derechos humanos en casos de conflictos y ataques armados o usos de la fuerza internacionales en el TEDH y especialmente en el caso de Ucrania, v. *infra*, Cap. 6: 2.3.

551 HARTIG: ob. cit., pp. 127 a 133.
Sobre las "características, gravedad y escala" que constituyan una violación manifiesta de la Carta, v. *infra*, Cap. 6: 5.3.

552 MISIÓN PERMANENTE DEL PRINCIPADO DE LIECHTENSTEIN ANTE LAS NACIONES UNIDAS, INSTITUTO GLOBAL PARA LA PREVENCIÓN DE LA AGRESIÓN INSTITUTO DE LIECHTENSTEIN SOBRE LA LIBRE DETERMINACIÓN Y UNIVERSIDAD DE PRINCETON: *Manual de ratificación e implementación de las enmiendas de Kampala al Estatuto de la Rosma de la Corte Penal Internacional*, Instituto de Liechtenstein sobre la Libre Determinación, Princeton, 2012, pp. 4, resalta que con la ratificación de las enmiendas de Kampala sobre el crimen de agresión se protegerán los derechos humanos, por el sinnúmero de violaciones a los derechos humanos que provoca. Y su tipificación contribuirá a la prevención de esas vulneraciones, "centrándose en el comportamiento al comienzo de la cadena causal-el comportamiento de aquellos que toman decisiones que desencadenan el uso ilegal de la fuerza".
El *Manual* igualmente estima que con la criminalización de la agresión se protegerá la vida de cada soldado que es enviado a la guerra y los del Estado

MAY advierte que la agresión estatal es el primer uso de la fuerza violenta por un Estado contra otro Estado —que no se ha iniciado en uso del derecho inmanente de legítima defensa— y "que pone en peligro los derechos humanos básicos"[553]. Por ello, el crimen de agresión debe entenderse también desde un enfoque de violación de derechos humanos individuales y no como una mera violación de la integridad territorial[554]. KREß acertadamente destaca que la prohibición de la agresión no solo protege el valor, ciertamente abstracto, de la soberanía, sino también derechos humanos fundamentales concretos de seres humanos que pueden sufrir y morir en una guerra de agresión[555]. MÉGRET llega incluso más lejos y sostiene que en lugar de considerar los crímenes de lesa humanidad como parte de la agresión, es ésta la que "debería considerarse cada vez más como un crimen de lesa humanidad"[556]. FERENCZ estima que el uso ilegal del poder militar en forma de ataque sistemático a sabiendas de que matará a un número masivo de personas inocentes, se puede residenciar en el crimen de lesa humanidad por ser un acto inhumano[557].

La importancia de la conexión entre paz y derechos humanos, la refleja el preámbulo de la Declaración Universal de los Derechos Humanos al considerar que "la libertad, la justicia y la paz en el mundo tiene por base el reconocimiento de la dignidad intrínseca y de los derechos iguales e inalienables de todos los miembros de la familia humana".

En el caso de la vida, como bien jurídico, en relación con el crimen de agresión, el Comité de Derechos Humanos, en su observa-

---

agredido porque de acuerdo con el DI humanitario son blancos legítimos (pp. 4 y 5).

553 MAY, L.: *Aggression and crimes against peace*, Cambridge University Press, 2008, New York, p. 208.

554 MAY, L.: Just War Theory…, ob. cit., p. 279. Y añade que Grocio enseñó que la agresión debe enmarcarse en términos de abusos de derechos humanos y no en términos de pérdida de territorio.

555 KREß, C.: "Russia's War of Aggression against Ukraine and the Crime of Aggression", *The War in Ukraine and International Law*, Masahiko Asada and Dai Tamada (eds.), Springer, 2024, en prensa.

556 MÉGRET: ob. cit., p. 1445.

557 FERENCZ: Epilogue. The Long…, ob. cit., p. 1513.

ción número 36, sobre el artículo 6 del Pacto Internacional de Derechos Civiles y Políticos, sobre el derecho a la vida, ha puesto el acento en el Derecho internacional de los derechos humanos. Para el Comité "[l]as guerras y otros actos de violencia masiva siguen siendo un flagelo de la humanidad que arrebata cada año la vida de millares de seres humanos inocentes". Enfatiza la necesidad de realizar *esfuerzos para evitar el peligro de guerra, y de cualquier otro conflicto armado, y para fortalecer la paz y la seguridad internacionales.* Y encuadra estos *esfuerzos* "entre las condiciones y las garantías más importantes para la protección del derecho a la vida"[558].

El Comité, sobre los actos de agresión, concluye que los Estados Partes del Pacto Internacional de Derechos Civiles y Políticos que "cometan actos de agresión tipificados en el derecho internacional que tengan como resultado la privación de la vida, vulneran *ipso facto* el artículo 6 del Pacto". Recuerda a todos los Estados "su responsabilidad como miembros de la comunidad internacional de proteger la vida y de oponerse a los ataques generalizados o sistemáticos contra el derecho a la vida, tales como los actos de agresión, el terrorismo internacional, el genocidio, los crímenes de lesa humanidad y los crímenes de guerra, respetando al mismo tiempo todas las obligaciones que les incumben en virtud del DI. Y advierte que "los Estados partes que no adopten las medidas razonables para resolver sus controversias internacionales por medios pacíficos podrán incurrir en el incumplimiento de su obligación positiva de garantizar su derecho a la vida"[559]. En definitiva, los Estados Partes del Pacto Internacional de Derechos Civiles y Políticos que cometan actos de agresión, según la definición del DI, y que tengan como resultado la muerte intencional de personas, violarán automáticamente el artículo 6 del Pacto, y les será también exigible su responsabilidad estatal.

---

558 UN. Doc. CCPR/C/GC/36, Observación general número 36, Artículo 6: derecho a la vida, 3 de septiembre de 2019, párr. 69. Disponible en: https://digitallibrary.un.org/record/3884724?ln=es

559 UN. Doc. CCPR/C/GC/36, párr. 70 (v. *supra*, nota 558).

No existe, como tal, el derecho humano a la paz[560], aunque todos tengamos el derecho a vivir en paz. Las discusiones se centran en determinar su existencia y en tratar de delimitar su contenido. La declaración sobre el derecho a la paz del Consejo de Derechos Humanos de 2016, en el artículo 1, reconoció el derecho de todas las personas "a disfrutar de la paz de tal manera que se promuevan y protejan todos los derechos humanos y se alcance plenamente el desarrollo"[561]. Esta declaración sitúa el disfrute de la paz en un escalón previo al de otros derechos humanos, como el derecho a la vida. "Su violación precede a la violación y grave puesta en peligro del derecho a la vida y coincide con la violación de la paz internacional"[562]. Por ello, si se reconociera el derecho humano a la paz, la comisión del crimen de agresión transgrediría simultáneamente el derecho humano a la paz como el bien jurídico paz internacional además de los bienes jurídicos individuales[563] que, como consecuencia de la agresión, resultaren vulnerados.

Aceptar que también los bienes jurídicos individuales son objeto de protección —si bien subsidiaria, mediata o indirectamente— por el DPI al tipificar el crimen de agresión, se adelantaría a la protección jurídica que brinda el Derecho internacional humanitario. Éste,

---

560 Sobre las normas de derechos humanos y derecho a la paz, v. SCHABAS, W.: "La agresión y el derecho humano a la paz", *Núremberg y Vietnam: una tragedia americana, reflexiones desde el Derecho internacional*, Taylor, T., González Ibáñez, J. (ed.), Tirant lo Blanch, Valencia, 2023, pp. 278 a 281.

561 UN. Doc. A/HRC/RES/32/28, Declaración sobre el Derecho a la Paz, resolución aprobada por el Consejo de Derechos Humanos el 1 de julio de 2016, 18 de julio de 2016. Disponible en: https://digitallibrary.un.org/record/845647?ln=es

562 HARTIG: ob. cit., p. 135.

563 *Ibid.*, p. 136.
PEREIRA GARMENDIA, M.: "La responsabilidad de Vladimir Putin y asociados: ¿es posible hacerle rendir cuentas ante la justicia por la invasión de Ucrania?", *La invasión de la Federación Rusa a Ucrania*, Zapata Gonzalez, D. y Fajardo Mejía, G. (coords.), IB de F, Montevideo-Buenos Aires, 2023, p. 293, señala que en el crimen de agresión se afecta o lesiona el derecho de las personas a desarrollar su vida, sus libertades, el libre temor de ser sometido por un Estado extranjero, de ser destruido su medio político mediante una invasión conquista por una potencia exterior.

enmarcado en el *ius in bello,* regula las reglas de la guerra en lo que afecta a combatientes, civiles y bienes, una vez iniciado el conflicto armado. Regula cuándo la muerte y la destrucción son consideradas legítimas y vela para que la población civil y los bienes civiles sean respetados, desde los principios de necesidad militar, distinción, precaución y proporcionalidad. La protección de los bienes jurídicos individuales, a través de la punición del crimen de agresión, adelantaría la barrera protectora de estos al contexto del *ius ad bellum,* previo al *ius in bello*[564]. Su efecto preventivo sería doble. Se tratará de evitar el conflicto armado, la agresión, y consecuentemente se prevendrá indirectamente la vulneración de bienes jurídicos individuales, personales y materiales. El acento preventivo ya no recaerá en un posterior Derecho internacional humanitario, sino en el Derecho internacional de los derechos humanos. Solo el fracaso del *ius ad bellum* dará paso al *ius in bello.*

Su importancia radica en que el nivel de protección de los bienes jurídicos individuales por parte del *ius in bello* o del Derecho internacional humanitario es menor. Permite el uso legítimo de la fuerza armada contra objetivos militares y combatientes (la prohibición de matar se suspende), mientras que los objetivos civiles y la población civil, deben ser respetados. Pero también la pérdida de las vidas o el menoscabo de la integridad física de civiles no combatientes o la destrucción de bienes civiles puede ser consecuencia incidental de un ataque[565] y, por tanto, permitida.

SCHABAS resalta que el uso de la fuerza ilegal por parte de un Estado produce sufrimiento humano de enormes proporciones y viola los derechos humanos de las víctimas. Aunque el derecho de los conflictos armados "tolere la pérdida incidental de vidas y la destrucción de bienes como un acompañamiento inevitable de la guerra", si la guerra es en sí misma ilegal, "el derecho de los derechos

---

564 La CDI, en 1995, en sus trabajos sobre el proyecto de código de crímenes contra la paz y la seguridad, consideró que una violación del *ius ad bellum* normalmente entrañaría una violación del *ius in bello.* V, *supra,* nota 353.

565 HARTIG: ob. cit., pp. 133 a 136. Gráficamente afirma que el Derecho internacional humanitario "legaliza los asesinatos y la destrucción en determinadas condiciones" (p. 137).

humanos no puede permanecer indiferente ante la pérdida de vidas y destrucción"[566]. Para KREß el crimen de agresión no solo viola la soberanía extranjera, "como mínimo implica el riesgo de un sufrimiento humano muy significativo que no está suficientemente cubierto por los demás crímenes de derecho internacional. Por lo tanto, distinguir entre crímenes atroces, por un lado, y crímenes de agresión, por otro, sería peligrosamente engañoso"[567]. Para el jurista alemán el crimen de agresión es tan atroz como el resto de los crímenes internacionales. No solo protege el valor abstracto de la soberanía de los Estados, sino también concretos derechos fundamentales de innumerables seres humanos que puede sufrir y morir en una guerra de agresión[568]. Y MÉGRET evita la discusión sobre si la gravedad de la agresión es mayor o no que la del genocidio, lesa humanidad y la de los crímenes de guerra. Para él, "simplemente cuando ocurre" la agresión "es extremadamente grave"[569].

Igualmente, KREß, HOBE y NUßBERGER, en referencia a la agresión de Ucrania, calificaron el inicio de la guerra de agresión

---

566 SCHABAS: ob. cit., p. 274. Este autor se muestra especialmente crítico con el movimiento de derechos humanos por mostrarse indiferentes sobre el crimen de agresión y evitar abordar su estudio desde la perspectiva de los derechos humanos (pp. 271 a 275).
La citada resolución 2482 (2023) de la Asamblea Parlamentaria del Consejo de Europa (v. *infra*, nota 735), párr. 4 —que, además, recuerda la citada observación general número 36, del Comité de Derechos Humanos, UN. Doc. CCPR/C/GC/36 (v. *supra*, nota 558)— afirmó que, sin la decisión de Rusia de librar la guerra de agresión contra Ucrania, "las atrocidades que de ella se derivan (crímenes de guerra, crímenes contra la humanidad y posible genocidio), así como toda destrucción, muerte y daños resultantes de la guerra, incluso de actos de guerra lícitos, no se habrían producido".
La también mencionada resolución del Parlamento Europeo 2022/3017, párr. N (v. *infra*, nota 984), aseveraba que la guerra de agresión como crimen internacional grave tiene consecuencias "catastróficas para la paz mundial y los medios de subsistencia de las personas, y provoca graves daños a largo plazo en el medio natural y en el clima".

567 KREß: Los avances de…, ob. cit., p. 616.

568 KREß: Conferencia de la Academia de Núremberg "La guerra de Ucrania y el crimen de agresión", 4 de mayo de 2023, Sala 600 del Palacio de Justicia de Núremberg.

569 MÉGRET: ob. cit., p. 1447.

como "el *pecado original* que abrió la compuerta a miles de atrocidades" traducidas en crímenes de guerra, de lesa humanidad y tal vez, dado el debate existente, de genocidio. Evitar el riesgo de esta "erosión" es para estos autores, el propósito central de la criminalización internacional de la agresión[570].

El Parlamento Europeo, en el mismo sentido, consideró que la ratificación de las Enmiendas de Kampala y el establecimiento de la competencia de la CPI respecto del crimen de agresión contribuían a "proteger los derechos humanos al penalizar el acto de agresión, que se encuentra a menudo al inicio de la cadena causal de graves violaciones de los derechos humanos y graves infracciones del Derecho humanitario internacional y del Derecho internacional en materia de derechos humanos"[571]. La CDI sostuvo que la prohibición de los actos de agresión "protege la supervivencia de cada Estado y la seguridad de su población"[572]. Ejemplo de ello, es la barbarie desencadenada en Ucrania como consecuencia de la invasión rusa[573]. En el crimen de agresión lo que importa esencialmente es el daño que se ocasiona con la comisión del crimen. AMBOS, critica a los redactores de las enmiendas por soslayar los principios e ignorar los intereses y valores que protege el "crimen de agresión moderno"[574].

La OSCE se ha hecho eco de la violación de derechos humanos como consecuencia de un acto de agresión. Respecto de la agresión de Ucrania por parte de la Federación de Rusia mostró su profunda preocupación por el "efecto desproporcionado que la agresión" producía "sobre las mujeres y los niños y el uso persistente y gene-

---

570 KREß, HOBE and NUßBERGER: ob. cit.

571 Resolución del Parlamento Europeo, de 17 de julio de 2014, sobre el crimen de agresión (2014/2724(RSP)), (2016/C 224/08), párr. L.
Esta resolución añadía, párr. M, que la penalización de los actos de agresión protegerá también el derecho a la vida de los combatientes enviados ilegalmente a la guerra y a aquellos del Estado atacado.

572 UN. Doc. A/56/10, comentario al artículo 48, numeral 10, p. 353.

573 Sobre las violaciones de los derechos humanos y del Derecho internacional humanitario por parte de Rusia en Ucrania v. PASCUAL: ob. cit., pp. 162 a 170.

574 AMBOS, K.: *El crimen de agresión después de Kampala*, Tassara, L. (traductor), Dykinson, Madrid, 2011, p. 45.

ralizado de la violencia contra ellos". También por "el creciente número de víctimas civiles causadas por la agresión". Deploraba las violaciones a gran escala de los derechos humanos y las libertades fundamentales de las mujeres y niños de Ucrania". Y condenaba "las violaciones y abusos de los derechos humanos y las violaciones del derecho internacional humanitario resultantes de la agresión contra Ucrania"[575]. Igualmente, el Consejo de Derechos Humanos condenó esta agresión de la Federación de Rusia y los abusos y violaciones de los derechos humanos resultantes de esta agresión[576].

El efecto preventivo para repeler el uso de la fuerza armada de los Estados no puede esperar a la vulneración de otros bienes jurídicos de las víctimas[577] del crimen de agresión que, a su vez, pueden ocasionar otros crímenes internacionales, como el genocidio, el de lesa humanidad o el crimen de guerra[578]. El crimen de agresión penaliza

---

575 OSCE, *Vancouver Declaration, and Resolutions Adopted by the Osce Parliamentary Assembly,* thirtieth annual session, Vancouver, 30 June-4 July 20223, Resolution on the consequences of the Russian Federation's aggression against Ukraine with regard to women and children (v. *supra,* nota 1008) párrs. 6, 13, 14, 15.

576 UN. Doc. A/HRC/RES/49/1 (v. *infra,* nota 911).
V., por ejemplo, un interesante trabajo sobre sobre el impacto de la guerra de Ucrania en las mujeres y el uso de la violencia sexual contra ellas en: CALVET MARTÍNEZ, E.: "El conflicto de Ucrania y la agenda de mujeres, paz y seguridad", Impactos de la guerra de Ucrania, González Beilfuss, C., Navarro-Michel, M., Fernández Pons, X. (dirs.), Soto, Y. (coord..), Tirant lo Blanch, Valencia, 2023, pp. 149 a 169.

577 Sobre la importancia del reconocimiento de las personas como víctimas del crimen de agresión, v. el interesante trabajo de POBJIE, E.: "Victims of the Crime of Aggression", *Crime of Aggression Library, The Crime of Aggression a commentary,* KREß, C. and BARRIGA, S. (ed.), Cambridge University Press 2017, pp. 816 a 860.

578 Por ejemplo, España promulgó la Ley Orgánica 13/2022, de 20 de diciembre, por la que se modifica la Ley Orgánica 10/1995, de 23 de noviembre, del Código Penal, para agravar las penas previstas para los delitos de trata de seres humanos desplazados por un conflicto armado o una catástrofe humanitaria. El preámbulo justificaba la reforma punitiva en la invasión de Ucrania por tropas de la Federación de Rusia que "está provocando un desastre humanitario de nefastas consecuencias, con millones de ucranianos y ucranianas desplazados en toda Europa, decenas de miles de ellos en España. Estas personas que han tenido que abandonar su país en circunstancias

el uso de la fuerza armada y compele, en consecuencia, a que no se use. Esta coerción de prohibición del uso de la violencia bélica debe producir efectos disuasorios, con la tipificación del crimen de agresión, también en la prevención de otros crímenes internacionales que subsiguientemente se pudieran cometer como consecuencia de la agresión[579]. El Parlamento Europeo también ha enfatizado el efecto disuasorio del crimen de agresión al afirmar que la competencia de la CPI contribuirá a "la paz y seguridad internacional al disuadir del uso ilegal de la fuerza, contribuyendo con ello a la prevención de estos crímenes y a la consolidación de una paz duradera"[580]. KREß resalta el efecto preventivo de la aprobación de las enmiendas sobre el crimen de agresión, "al enviar un mensaje oportuno a la conciencia de la humanidad, acerca de la importancia fundamental de la prohibición del uso de la fuerza para el ordenamiento jurídico internacional, que tiene por objeto contribuir a la paz mundial"[581].

El manido y ya citado pasaje de la sentencia de Núremberg de que "iniciar una guerra de agresión, por lo tanto, no es sólo un crimen internacional; es el supremo crimen internacional y solo difiere de otros crímenes de guerra en que contiene dentro de sí el mal acumulado de todos ellos"[582], necesitar ser matizado. El crimen de agresión es tan crimen internacional como el de genocidio, lesa humanidad y de guerra. Es un crimen ordinario de DPI por lo que debe aban-

---

terribles, debido a este cruento conflicto bélico, se exponen a situaciones de extrema vulnerabilidad, especialmente las mujeres, las niñas y los niños desplazados frente a los traficantes de seres humanos, que ya han sido detectados acechando a esas personas".

579 MCDOUGALL: The Crime of..., ob. cit., p. 58, también opina que la disuasión del crimen de agresión tendrá un impacto positivo en los otros crímenes internacionales que se reducirán en cierta medida. El efecto disuasorio en el Derecho penal se consigue a través de un conjunto de normas proscriptivas claras, un sistema judicial eficaz para exigir la responsabilidad individual y un compromiso de castigar todas las violaciones (p. 59). FERENCZ: Epilogue. The Long..., ob. cit., p. 1560, sencillamente opina que "[l]a disuasión es más importante que la condena".

580 Resolución del Parlamento Europeo, de 17 de julio de 2014, sobre el crimen de agresión (2014/2724(RSP)), (2016/C 224/08), párr. J.

581 KREß: Los avances de..., ob. cit., p. 595.

582 V. *supra*, nota 185.

donar su calificativo de crimen supremo o de crimen olvidado[583]. No existe en la actualidad razón alguna para seguir considerando el crimen de agresión como el crimen supremo[584].

En conclusión, el crimen de agresión se configura como un tipo de injusto pluriofensivo. La paz internacional, la soberanía de los Estados y su seguridad[585] o convivencia pacífica internacional son bienes jurídicos colectivos supranacionales protegidos inmediata y directamente por el crimen de agresión con el fin de mantener el orden público internacional. Pertenecen todos ellos a la comunidad internacional, afectan a las relaciones internacionales entre los Estados y son regulados por el DI. Subsidiaria, mediata e indirectamente también se protegen bienes jurídicos fundamentales individuales personales, como la vida, la integridad y la libertad, o materiales para evitar la destrucción, cuando se producen como consecuencia del crimen de agresión.

---

583 JEßBERGER: The Modern Doctrinal…, ob. cit., p. 301.

584 KREß: Los avances de…, ob. cit., p. 616.

585 La OTAN, en Nato Parlamentary Assembly, Declaration, Standing with Ukraine, 111 SESP 22 E rev.1 fin, 30 May 2022, destacó que la agresión de Ucrania, que las acciones de Rusia representan "la amenaza de seguridad más grave para la seguridad y estabilidad de Europa" (párr. 11) y recordó que deben retirarse las tropas rusas del territorio ucraniano y se be respetar "plenamente la independencia, la soberanía y la integridad territorial de Ucrania" (párr. 18. m). Disponible en: https://www.nato-pa.int/download-file?filename=/sites/default/files/2022-05/111%20SESP%2022%20E%20rev.1%20fin%20-%20DECLARATION%20ON%20UKRAINE.pdf
PIGNATELLI: ob. cit., p. 697, enfatiza que la agresión constituye "la más grave violación del recurso a la fuerza armada en las relaciones internacionales" (artículo 2.4 de la Carta) y del propósito previsto en el artículo 1.1 de la Carta del "mantenimiento de la paz y la seguridad internacionales, que articula para ello un *sistema de seguridad colectiva*". Y VAL: ob. cit., p. 191, se refiere al crimen de agresión como el crimen más grave "contra la paz y la seguridad internacionales".

2. REFERENCIA A LA TEORÍA JURÍDICA DEL CRIMEN INTERNACIONAL: *ACTUS REUS* Y *MENS REA*

Antes de iniciar el estudio de la conducta del crimen de agresión, por su trascendencia en el análisis de este tipo internacional y por su utilidad, aludiré a la estructura del crimen internacional, al *actus reus* y a la *mens rea.*

El DPI es una disciplina aplicable en diferentes ámbitos y escenarios judiciales nacionales e internacionales. En el ámbito internacional, por su carácter universal, se sitúa la CPI. El ER prevé expresamente, en el artículo 21[586], un peculiar sistema de fuentes[587] adecuado a la naturaleza internacional de esta disciplina. En el ámbito sustantivo y, con carácter preferente, se sitúa el propio ECPI y los EC, cuya función es "ayudar a la Corte a interpretar y aplicar" los artículos 6 a 8 *bis* del ECPI (artículo 9.1). Han existido y pueden existir en el futuro otros tribunales internacionales, como los tribunales *ad hoc* de la ex Yugoslavia y Ruanda. Y también los mixtos, híbridos o internacionalizados, como fueron, por ejemplo, la Corte Especial de Sierra Leona, los Paneles Especiales de Timor Este, las Salas extraordinarias en las Cortes de Camboya, el Tribunal Especial para Líbano o la Sala para los Crímenes de Guerra en Bosnia Herzegovina, las Cámaras Africanas Extraordinarias en Senegal, la Corte Especial para la República Centroafricana o el Alto Tribunal Especial Iraquí bajo la supervisión

---

586 La Corte aplica, en primer, lugar el ECPI, con carácter preferentes los EC y sus Reglas de Procedimiento y Prueba. En segundo lugar, de forma subsidiaria, y como fuentes externas, se sitúan los tratados y "los principios y normas del derecho internacional, incluido el Derecho internacional de los conflictos". Y, en defecto de las anteriores fuentes, como tercer nivel de la jerarquía, se aplican los principios generales del derecho que derive la Corte del derecho interno de los sistemas jurídicos del mundo, incluso, si procede, el derecho interno de los Estados, siempre que los principios no sean incompatibles con el ECPI ni con el DI ni con los normas y estándares internacionalmente reconocidas. Y, siempre, la aplicación e interpretación será compatible con los derechos humanos internacionalmente reconocidos.

587 Sobre el sistema de fuentes v. MACULAN: La Corte Penal..., ob. cit., pp. 106 a 113.

de EE.UU.[588]. Y, por último, como actores principales para aplicar el DPI, a través de normas penales nacionales, de acuerdo con el principio de complementariedad, aparecen las jurisdicciones domésticas.

Unos y otros tribunales aplican el DPI según sus concretos modelos de análisis. Esta diversificación normativa y funcional del DPI convierte a éste en un sistema multinivel, al ser múltiples los actores judiciales llamados a interpretar y aplicar el DPI. El nivel nacional en la actualidad, por lo que respecta al crimen de agresión y por lo que se dirá más adelante es inoperativo: pocos Estados albergan en su legislación interna el crimen de agresión y no parece que ninguno de ellos esté en condiciones de enjuiciarlos. Ello hace que el segundo nivel, el internacional, cobre relevancia en el ámbito de la agresión al ser en exclusiva el ECPI el único instrumento de DPI que define y regula el crimen de agresión. Definición internacional que servirá de base para implementarla en los ordenamientos jurídicos internos o para que estos, que ya han tipificado el crimen de agresión, armonicen su legislación con la del ECPI.

El análisis que aquí se dibuja se basará en el ECPI, como norma de DPI de referencia, y sin perjuicio de otras observaciones que se formulen sobre la legislación penal comparada u otros instrumentos de DI. Me referiré no solo a cuestiones propias de la definición y elementos del crimen de agresión, sino también a aspectos y principios de una metodología de análisis, es decir, de una teoría general del delito para los crímenes internacionales del ECPI y, por tanto, también para el crimen de agresión. El actual ECPI contempla, por primera vez, en la historia legislativa del DPI, normas que como son de común aplicación a todos los crímenes internacionales conforman el apartado que al igual que los códigos penales de Europa continental se denomina "Parte General". Hasta entonces en los escasos instrumentos de DI penal sólo mereció atención los crímenes en particular, es decir, la parte especial.

---

588 V. en profundidad sobre estos tribunales: PIGNATELLI: ob. cit., pp. 458 a 500; y LIÑÁN LAFUENTE, A.: "Los tribunales penales híbridos e internacionalizados", *Derecho penal internacional*, Gil Gil A. y Maculan E (dirs.), Dykinson, Madrid, 2019, pp. 115 a 143.

En el ECPI se pueden identificar normas que sistematizadas permiten construir una propuesta metodológica para el análisis del caso en muchos aspectos diferentes a la que en España y, en general, en todos los países de Europa continental se conoce como teoría jurídica del delito. Esto obliga a una aproximación al contenido y estructura del crimen internacional de primer grado.

Los tribunales penales militares internacionales de Núremberg y Tokio consideraron el crimen internacional desde una concepción dual o bipartita propia del sistema de *common law*. Se distinguía la *offence*, o los hechos, de las *defences* o circunstancias. Los hechos se descomponían en elementos materiales (*actus reus*) y en elementos mentales (*mens rea*). Las *defences* comprendían todas las circunstancias que excluían la responsabilidad criminal, sin importar la naturaleza de las mismas. El ECPI establece un concepto único de crimen internacional que le dota de autonomía propia y genuina, aunque se inspira tanto en el sistema anglosajón como en el continental[589]. Ello provoca en ocasiones, con los riesgos que conlleva, que los operadores prácticos del DPI apliquen e interpreten al caso la norma penal internacional en clave de Derecho penal nacional.

En esa estructura, la teoría jurídica del crimen internacional propone en relación con la estructura del crimen un análisis metodológico que recorre tres estadios. El primero, el estudio del crimen en sí mismo considerado. El artículo 5 ECPI declara la competencia de la CPI para los crímenes de genocidio, lesa humanidad, de guerra y de agresión. Define y determina los elementos configuradores de cada uno de ellos en los artículos 6 a 8 *bis*. Y su contenido típico será el que nos ofrecerá el elemento objetivo o *actus reus* (acto culpable) y el elemento o tipo subjetivo o *mens rea*. La responsabilidad penal personal requiere que exista esta doble vinculación objetiva (material) y subjetiva (psicológica) entre el hecho y el sujeto. Si no existe esta vinculación dual no se podrá atribuir el crimen al sujeto.

El sujeto debe realizar inicialmente los elementos materiales u objetivos del tipo descritos en el correspondiente crimen internacional. Estos son, en primer lugar, la *conducta humana* descrita en la

---

589 WERLE y JESSBERGER: ob. cit., pp. 300 a 302.

definición o descripción del injusto penal internacional que podrá constituir tanto en una acción como en una omisión. En segundo lugar, la *consecuencia* o los efectos de la realización de la conducta que se traducirá en un resultado valorativo que se producirá si se constata efectivamente una lesión o puesta en riesgo o peligro de un bien jurídico internacionalmente protegido. En tercer lugar, es necesario comprobar si el resultado consecuencia es objetivamente imputable a la conducta humana. Así se desprende tanto de la definición de cada conducta en el ER como de lo dispuesto en el artículo 30.2 ECPI. Éste indica que "actúa intencionalmente" quien "en relación con una consecuencia, se propone causarla o es consciente de que se producirá en el curso normal de los acontecimientos". En cuarto lugar, otras posibles *circunstancias externas.* Las circunstancias pueden ser, por un lado, de carácter objetivo fáctico (por ejemplo, reclutar o alistar niños menores de 15 años en las fuerzas armadas o grupos o utilizarlos para participar activamente en hostilidades[590]) o normativo en algunos crímenes, no en todos (por ejemplo, conceptos como personas o bienes especialmente protegidos por los Convenios de Ginebra[591]). Y, por otro lado, dentro de las circunstancias hay que añadir las ocasionales, contextuales o de contexto, como el conflicto armado en los crímenes de guerra. Éstas son presupuestos objetivos exigidos por el DI que "confieren al hecho individual una dimensión internacional"[592].

En el crimen de agresión, la mayoría de la doctrina se inclina por entender que el uso de la violencia de forma sistemática es el contexto que conforma objetivamente la circunstancia[593]. En el de lesa humanidad es el ataque generalizado o sistemático contra la población civil y en el de guerra las conductas se realizan en el marco de un conflicto armado internacional o interno. La circunstancia es específica de los crímenes internacionales. Entre otros ejemplos, la muerte deliberada de una persona podrá ser calificada de homicidio o asesinato, pero sí se produce en el contexto de un ataque "generalizado

---

590 Artículo 8. 2 e) vii) ECPI (crimen de guerra). En este ejemplo se exige un plus de carácter subjetivo en la intención del sujeto.

591 Artículo 8. 2 a) ECPI (crimen de guerra).

592 WERLE y JESSBERGER: ob. cit., p. 311.

593 *Ibid.*, p. 311.

o sistemático" se calificará de crimen de lesa humanidad, o si ha sido con la finalidad de exterminar el grupo humano al que pertenecía será genocidio.

Sin embargo, lo que confiere carácter internacional a los crímenes de genocidio y de lesa humanidad es el hecho de que constituyen categorías en las que se agrupan una serie de comportamientos cuya antijuridicidad se define a partir de la comprobación de su incompatibilidad con una norma internacional que reconoce y protege un determinado derecho humano. No es, como sostiene parte de la doctrina[594], el elemento objetivo, el que les confiere tal carácter internacional en los crímenes de lesa humanidad, de generalidad o sistematicidad; ni tampoco en el genocidio el elemento subjetivo de que el responsable perpetre la conducta punible con la intención de destruir total o parcialmente un grupo. Un asesinato puntual, por ejemplo, perpetrado por un agente del Estado y por una razón de Estado sin que concurra alguno de estos elementos (que haya sido cometido al margen de un contexto de generalidad o sistematicidad o sin la intención de destruir total o parcialmente un grupo), constituye también un crimen internacional en la medida que también es un comportamiento contrario a la norma internacional que reconoce a la vida humana como un derecho humano en instrumentos internacionales regionales y universales de derechos humanos. Por ejemplo, en el Pacto Internacional de Derechos Civiles y Políticos, en el CEDH o en la Convención Americana de Derechos Humanos o específicamente Convención para la Prevención y Sanción del Delito de Genocidio o Convención contra la Tortura y Otros Tratos o Penas Crueles, Inhumanos o Degradantes[595].

---

[594] Por ejemplo, WERLE y JESSBERGER: ob. cit., pp. 303 y 304.

[595] HORMAZÁBAL MALARÉE, H.: "La protección de los Derechos Humanos en el Código Penal español. Una propuesta de reforma", *Liber Amicorum, Derechos humanos y Derecho penal,* Tomo II, libro Homenaje al Profesor Ignacio Berdugo Gómez de la Torre, Aquílafuente, ediciones Universidad de Salamanca, Salamanca, 2022, pp. 634 a 640; y HORMAZÁBAL MALARÉE, H.: "El Sistema Internacional de protección de los derechos humanos y la obligación de Perseguir a los Responsables de los crímenes contra los derechos humanos", *Revista Sistema Penal Crítico,* volumen 3, septiembre de

En definitiva, quien confiere el carácter internacional al crimen es su fuente de Derecho internacional, convencional o consuetudinaria. El único consenso logrado hasta el momento, pero insuficiente, sobre el inventario de crímenes internacionales, es el recogido en el artículo 5 del ER (genocidio, lesa humanidad, guerra y crimen agresión) que son considerados como "los de más grave trascendencia para la comunidad internacional en su conjunto". No obstante, ello no significa que no existan otros crímenes internacionales, aunque no sean competencia material del ECPI. El derecho aplicable por la CPI, reconoce tácitamente la existencia de otros crímenes internacionales distintos a estos cuatro. El propio ER, en el preámbulo, recuerda que es deber de todo Estado ejercer su jurisdicción penal contra los responsables de "crímenes internacionales". Es decir, implícitamente está reconociendo la existencia de otros crímenes internaciones. Y, por otro lado, en la regla 145.2 b), de las Reglas de Procedimiento y Prueba, cuando se refiere a la reincidencia, declara la existencia de otros crímenes internacionales, distintos a los cuatro enumerados en el artículo 5 ER, que gozan de su misma naturaleza. Esta regla define la agravante de reincidencia como cualquier condena anterior a la impuesta por la CPI por crímenes competencia de la Corte o de "naturaleza similar", pero no ofrece en su definición ningún criterio específico para concretar qué se entenderá por "naturaleza similar". Silencio que se supera acudiendo, de nuevo, al preámbulo del ECPI, donde se comprueba que se refiere a "los crímenes internacionales más graves de transcendencia para la comunidad internacional", y que "constituyan una amenaza para la paz, la seguridad y el bienestar de la humanidad". Por tanto, crímenes internacionales de "naturaleza similar" serán aquellos en los que concurran estos dos elementos y ofendan a bienes jurídicos semejantes a los cuatro crímenes competencia *ratione materiae* de la CPI. Por ejemplo, crímenes de desaparición forzada de personas o la tortura[596].

En este primer estadio, después de comprobada la concurrencia de los elementos materiales exigidos por el tipo, habrá que examinar

---

2022, pp. 91ª 110, https://revistas.usal.es/cuatro/index.php/2697-0007/article/view/31477

596 OLLÉ: Crimen internacional y…, ob. cit., pp. 92 a 95.

el elemento mental o *mens rea,* esto es, si, de acuerdo con el artículo 30 ECPI, el sujeto activo ha realizado con "intención y conocimiento" (*intent and knowledge*) los elementos materiales del crimen, "salvo disposición en contrario". Sin embargo, del juego del apartado segundo y tercero de este precepto —mejorable en su redacción— se desprende que los dos presupuestos (el cognoscitivo y el volitivo) conjuntamente no deben recaer sobre los tres elementos materiales. El ER se convirtió en el instrumento de DPI que definía por primera vez el dolo o *general intent.*

La conducta típica debe ser realizada por el sujeto con intención (voluntad o propósito de actuar), es decir, "en relación con una conducta, se propone incurrir en ella" (artículo 30.2 ECPI). Se exige "una voluntad incondicionada de actuar o decisión de actuar" del sujeto. Tiene que "haber decidido (*mens rea*) realizar la conducta que pueda integrarse" en el crimen correspondiente[597].

La consecuencia necesita ser abarcada tanto por el conocimiento como por la intención del sujeto. El apartado b, del párrafo segundo, del artículo 30 ER, declara que existe *intención* en relación con una consecuencia, si el sujeto "se propone causarla" (dolo directo de primer grado) o si "es consciente de que se producirá en el curso normal de los acontecimientos". Este último inciso, al igual que el último del apartado tercero del mismo artículo 30 ECPI ("por conocimiento se entiende la conciencia de que [...] se va a producir una consecuencia en el curso normal de los acontecimientos") ha dividido tanto a la doctrina como a la jurisprudencia de los tribunales internacionales. La doctrina mayoritaria, que no comparto, entiende que esta última forma de imputación subjetiva de menor intensidad (30.2 b) y 30.3 ECPI) no comprende el dolo eventual (*indirect intent*)[598] y sí el dolo de segundo grado (AMBOS, SCHABAS, ESER[599]). Para WERLE y JESSBERGER que también comparten esta

---

[597] GIL GIL, A.: "El elemento subjetivo de los crímenes (mens rea)", *Derecho penal internacional,* Gil Gil A. y Maculan E (dirs.), Dykinson, Madrid, 2019, pp. 219.

[598] WERLE y JESSBERGER: ob. cit., p. 320 y 321.

[599] GIL GIL, A.: El elemento subjetivo..., ob. cit., p. 220. En contra, la propia Gil, Olásolo, Piragoff y Robinson, entre otros (*ibid.*).

postura la "sola conciencia de la probabilidad sustancial de la consecuencia es insuficiente"[600].

El Tribunal Penal Internacional *ad hoc* para la ex Yugoslavia (en adelante, ICTY) admitió el dolo eventual o *indirect intent.* Para éste "la conciencia de la probabilidad sustancial [*awarensess of the substantial likelihood*] de que se cometa un delito" cumple las exigencias de la *mens rea* porque ordenar un acto u omisión con tal conocimiento debe considerarse como "aceptar ese delito" (*accepting that crimen*)[601]. La "planificación" y la "instigación" de un acto u omisión "con la conciencia de la probabilidad sustancial de que se cometa un delito en la ejecución de ese plan" satisface los requisitos de la *mens rea*[602]*. El tribunal ad hoc* concluye asimilando la *intención directa* con la *indirecta* de cometer un crimen. "Una mera probabilidad de que se produzca el delito" no es suficiente para la imputación subjetiva. Se "requiere el conocimiento de un mayor grado de riesgo"[603]. Parece que el tribunal *ad hoc* lo circunscribe a lo que en nuestro Derecho penal conocemos por culpa consciente con representación porque por el conocimiento del mayor riesgo se asimila al dolo. El autor no quiere el resultado, pero ve probable que se produzca y lo acepta.

La CPI, en el caso Lubanga, —e inspirándose en la jurisprudencia del ICTY— sostuvo que no solo el dolo directo de primer y segundo grado, sino también el dolo eventual formaba parte de la imputación subjetiva del artículo 30 ECPI. Señaló que en el *dolus directus* de primer grado el elemento volitivo abarcaba "las situaciones en las que el sospechoso (i) sabe que sus acciones u omisiones darán lugar a

---

600 WERLE y JESSBERGER: ob. cit., p. 320.

601 ICTY, *Prosecutor v. Tihomir Blaškić*, AC, Judgement, IT-95-14-A, 29 July 20004, párr. 42. Disponible en: https://ucr.irmct.org/scasedocs/case/IT-95-14#; párr. 30.
ICTY, *Prosecutor v. Dario Kordić and Mario Čerkez*, AC, Judgement, IT-95-14/2-A, 17 December 2004. Disponible en: https://www.icty.org/en/cases/judgement-list#2004

602 ICTY, *Kordić and Čerkez*, AC, Judgement, párrs. 31 y 32.

603 ICTY, *Prosecutor v. Pavle Strugar*, TC II, Judgement, IT-01-42-T, 21 January 2005, párr. 235. Disponible en: https://ucr.irmct.org/LegalRef/CMSDocStore/Public/English/Judgement/NotIndexable/IT-01-42/JUD133R2000184306.pdf

los elementos objetivos del delito y (ii) lleva a cabo dichas acciones u omisiones con la intención concreta de provocar los elementos objetivos del delito"[604]. En el *dolus directus* de segundo grado, el sujeto "sin tener la intención concreta de provocar los elementos objetivos del delito, es consciente de que tales elementos serán el resultado de sus acciones u omisiones". Y en el *dolus eventualis* el sujeto es "(a) consciente del riesgo de que los elementos objetivos del delito puedan derivarse de sus acciones u omisiones, y (b) acepta el resultado reconciliándose con él o consintiéndolo"[605].

La CPI para fundamentar la imputación subjetiva del dolo eventual, según el artículo 30.2 b) ECPI, se basó en dos parámetros. Uno, en el *riesgo sustancial* de que se produzcan los elementos objetivos del delito, es decir, en la *probabilidad* de que se produzcan en el curso ordinario de los acontecimientos. La aceptación por parte del sujeto de la realización los elementos objetivos del delito se acreditar con "la conciencia" del sujeto de la "probabilidad sustancial de que sus acciones u omisiones darían lugar a la realización de los elementos objetivos" y en la "decisión" del sujeto "de llevar a cabo sus acciones u omisiones a pesar de dicha conciencia"[606]. Y, otro, en que, *si el riesgo de que se realicen los elementos objetivos es bajo*, el sujeto "debe haber aceptado clara o expresamente" que con su conducta se pueden realizar los elementos materiales[607]. Por ello, no existirá intención ni conocimiento si el estado mental del sujeto "no llega a aceptar" que los "elementos objetivos del delito pueden resultar de sus acciones u omisiones"[608].

La CPI en otras dos decisiones mantuvo un criterio diametralmente opuesto. En el caso *Bemba* concluyó que los párrafos segundo y tercero del artículo 30 ECPI no incluyen el dolo eventual[609].

---

604 ICC, *Prosecutor v. Thomas Lubanga Dylio,* PT I, Judgement, ICC-01/04-01/06, 29 January 2007, párr. 351. Disponible en: https://www.icc-cpi.int/sites/default/files/CourtRecords/CR2007_02360.PDF

605 ICC, Lubanga, PT I, párr. 352.

606 *Ibid.*, párr. 353.

607 *Ibid.*, párr. 354.

608 *Ibid.*, párr. 355.

609 ICC, *Prosecutor v. Jean-Pierre Bemba Gombo,* PT II, Judgement, ICC-01/05-01/08, 15 June 2009, párrs. 360 y 369. Disponible en: https://www.icc-cpi.int/sites/default/files/CourtRecords/CR2009_04528.PDF

Al referirse al dolo directo de segundo grado identificó el hecho de que el resultado sea como consecuencia casi inevitable de los actos u omisiones del sujeto, que no tenía la intención real o voluntad de realizar el resultado material, con el último inciso del párrafo b del apartado 2 del artículo 30, es decir, con que el sujeto "sea consciente de que [...] [la consecuencia] se producirá en el curso ordinario de los acontecimientos"[610]. La interpretación que hace la Sala de Cuestiones Preliminares (artículo 22 ECPI) se ampara en los artículos 31 y 32 de la Convención de Viena sobre el Derecho de los Tratados[611] y en los trabajos preparatorios del ECPI[612]. Así, entiende que no puede apartarse de su literalidad. Por ello, el conocimiento que el sujeto debe tener respecto de la consecuencia es que ésta se producirá con una probabilidad "virtual certainty" (puede ser traducida como *virtualmente cierta*, la *práctica certeza* o *rayana en la certeza*[613]). Si se hubiera querido aceptar el dolo eventual, según la CPI, la dicción del texto no rezaría: "se producirá en el curso normal de los acontecimientos", sino "puede ocurrir o podría ocurrir en el curso normal de los acontecimientos"[614].

Esta doctrina fue confirmada posteriormente en el caso Lubanga, desechando, por tanto, la CPI la inicial tesis de la Sala de Cuestiones

---

610 ICC, Bemba, PT II, párr. 359. Por ello apuntilla "en este contexto el elemento volitivo disminuye sustancialmente y queda anulado por el elemento cognitivo, es decir, la conciencia de que sus actos u omisiones causarán la consecuencia no deseada".

611 *Ibid.*, párr. 362.

612 *Ibid.*, párrs. 364 a 368.

613 *Ibid.*, párr. 362.
GIL: El elemento subjetivo..., ob. cit., p. 221, no solo critica esta expresión por no desprenderse de la redacción del precepto, sino también advierte que "generará importantes e incompresibles lagunas de punibilidad, a no ser que los tribunales manejen después con escaso rigor el concepto de lo "prácticamente seguro".
La doctrina del caso Bemba fue censurada también por equiparar erróneamente el dolo eventual con el *advertent recklessness* (en el que el sujeto es consciente del riesgo), rechazada por la doctrina anglosajona y continental (*ibid.* p. 220).

614 ICC, Bemba, PT II, párr. 363.

Preliminares que declaró la compatibilidad del dolo eventual con el artículo 30 ECPI[615].

La doctrina que, al amparo de la literalidad del artículo 30 ECPI, apoya la exclusión del dolo eventual de este precepto, ha criticado su redacción por las lagunas de justicia que puede ocasionar y por apartarse de un estándar considerado de derecho consuetudinario y un principio general de derecho. Además de reprochar, según los trabajos preparatorios del ECPI, que no se alcanzase un acuerdo en un lenguaje común y que se haya regulado el elemento mental al margen de la jurisprudencia nacional e internacional[616].

Por lo que respecta a las circunstancias que acompañan[617] a la definición del crimen, según el párrafo 3 del artículo 30 ECPI, éstas deben ser abarcadas por el conocimiento actual, sin que sea necesario que recaiga sobre las mismas la intención del sujeto. El conocimiento de los elementos descriptivos será sensorial, el de los normativos bastará con que el sujeto conozca las circunstancias que les sirven de base y su significado social, por lo que una errónea valoración jurídica será irrelevante[618].

En conclusión, la intención no tiene por qué abarcar las circunstancias, y el conocimiento tampoco se proyecta sobre la conducta. Por el contrario, la consecuencia es el único elemento material objetivo que tiene que ser abarcado por la intención y el conocimiento. Interpretación que confirman los EC en el párrafo segundo de la introducción general. Después de reiterar que los elementos materiales se deben realizar con intención y conocimiento, añade que "si no

615 ICC, *Prosecutor v. Thomas Lubanga Dyilio*, TC I, Judgment pursuant to Article 74 of the Statute, ICC-01/04-1/06, 14 March 2012, párrs.1007 a 1017. Disponible en: https://www.icc-cpi.int/sites/default/files/CourtRecords/CR2012_03942.PDF. Doctrina confirmada por la Sala de apelaciones: ICC *Prosecutor v. Thomas Lubanga Dyilio*, AC, Judgment, ICC-01/04-1/06 A 4 A 6, 1 December 2012. Disponible en: https://www.icc-cpi.int/sites/default/files/CourtRecords/CR2014_09849.PDF

616 WERLE y JESSBERGER: ob. cit., p. 323.

617 En palabras de la doctrina anglosajona, "circunstancias acompañantes" (GIL: El elemento subjetivo..., ob. cit., p. 221, quien se muestra crítica con el tener literal del párrafo 3 del artículo 30).

618 WERLE y JESSBERGER: ob. cit., p. 324.

se hace referencia en los elementos de los crímenes a un elemento de intencionalidad para una conducta, consecuencia o circunstancia indicada, se entenderá aplicable el elemento de la intencionalidad que corresponda según el artículo 30" e inmediatamente, salvando cualquier duda añade las tres alternativas posibles: "esto es, la intención, el conocimiento o ambos". Es decir, la conducta debe ser querida por el sujeto (realización voluntaria), las circunstancias deben ser conocidas por el autor, y las consecuencias deben ser queridas por el sujeto y ser consciente de que las mismas se deberían producir. La literalidad del artículo 30 ER anuda la responsabilidad penal si los elementos materiales del crimen se realizan, y por este orden, "con intención y conocimiento". Sin embargo, el conocimiento precede a la voluntad. Solo se puede querer lo que se conoce.

No obstante, existen excepciones a la regla general de imputación subjetiva en aquellas conductas en que el ECPI requiere, además del dolo, un mayor plus o una menor intensidad del elemento subjetivo. Así lo determina el artículo 30, cuando establece el régimen de imputación subjetiva "salvo disposición en contrario". Esto significa que el ECPI, y también en ocasiones los EC[619], en su articulado, pueden desviarse de los estándares generales del artículo 30 ECPI, lo que habrá de determinarse caso por caso. Sucede por ejemplo en el genocidio (artículo 6 ECPI), que exige además del dolo el especial *animus* o "intención de destruir" (*specific intent* o *dolus specialis*) a los grupos humanos objeto de protección, o la intención de dejar a personas en el delito de desaparición forzada de personas "fuera del amparo de la ley por un período prolongado" (artículo 7, 2 i) ECPI). Los denominados "animus" son elementos subjetivos que concurren con el dolo y que van más allá que éste. Por ejemplo, en el genocidio se requiere que el sujeto que realiza las conductas típicas del artículo 6 ER lo haga con la finalidad de destruir total o parcialmente a un grupo nacional, étnico, racial o religioso. Si no se acredita este extremo, es decir que la conducta (por ejemplo, matar), se comente con esa

619 Las formulaciones incluidas en los EC y en el DI consuetudinario, según el sistema de fuentes del ECPI, se aplican con preferencia al régimen general. Cfr. WERLE, G. y JESSBERGER: ob. cit., p. 328. Así lo ha confirmado también ICC, Lubanga, TP I, párrs. 357 a 365

finalidad de destrucción del grupo, los hechos se subsumirán en otra conducta (por ejemplo, asesinato) pero no en el crimen de genocidio. La doctrina lo califica como un elemento subjetivo de intención transcendente.

Otros ejemplos, en este caso de menor intensidad respecto de la previsión general del artículo 30 ECPI, lo brinda el artículo 28 ECPI que declara la responsabilidad del superior que "hubiere debido saber" que las fuerzas" bajo su mando y control efectivo estaban cometiendo crímenes de la competencia de la CPI o se proponían cometerlos, al establecer una suerte de conducta omisiva. Igualmente, se aminoran, por ejemplo, las exigencias generales en el artículo 8.2 a) iv) ECPI al requerir en los crímenes de guerra que la destrucción y apropiación de bienes sea "no justificada por necesidades militares, y efectuadas a gran escala, ilícita" y —aquí es donde se produce la desviación— "arbitrariamente".

Según se desprende del artículo 30 ECPI, el dolo tiene un aspecto cognitivo y un aspecto volitivo. El elemento cognitivo del dolo no comprende sólo el conocimiento de los elementos objetivos del tipo, sino también de la antijuridicidad del comportamiento.

En el segundo estadio residenciamos el fundamento de punición en la exigencia de responsabilidad penal individual, según las formas de intervención previstas en el artículo 25 ECPI —con la excepción para el crimen de agresión de lo dispuesto en el artículo 25.3 *bis* ER, que más adelante abordaré— y en el artículo 28 (responsabilidad de los jefes y otros superiores). El elemento mental está reflejado en el artículo 30 ECPI y, salvo disposición en contrario, como he anticipado, es de aplicación con carácter general tanto a los crímenes, como las formas de intervención de los responsables penales[620].

Y en el tercer estadio situamos a las circunstancias eximentes de la responsabilidad criminal. El ECPI prevé la exención de responsabilidad del autor en el que concurran las causas *eximentes* previstas en el artículo 31 ECPI, el que incurra en error de hecho o de derecho (artículo 32 ECPI) o, solo para los crímenes de guerra, actuare

---

[620] WERLE, G. y JESSBERGER: ob. cit., pp. 303.

en cumplimiento de una orden (artículo 33)[621]. En el DPI tampoco existe una distinción dogmática entre causas que justifican el hecho y causas que justifican al autor o de exculpación[622], como sucede en los códigos penales domésticos de los países europeos continentales.

En definitiva, para atribuir responsabilidad criminal por un crimen de agresión es necesaria la concurrencia de la doble vinculación o relación del sujeto, objetiva y subjetiva, con el hecho. La *conducta* la debe realizar el autor con intención, la *consecuencia* con conocimiento e intención y la *circunstancia* es suficiente con que conozca su existencia. El crimen de agresión es, entonces, una *conducta* que se realiza en determinas *circunstancias* y produce *consecuencias*.

En el crimen de agresión, los EC facilitan la tarea para identificar tanto el *actus reus* como la *mens rea*. En la lista de los seis EC aparecen sistemáticamente todos los elementos materiales (conducta, consecuencia y circunstancias) e intencionales (intencionalidad y conocimiento) del crimen de agresión. El SWGCA advirtió en su último documento de 2009 que en los elementos 3[623] y 5[624] resultaba difícil categorizar el elemento material concreto (consecuencia o circunstancia), pero —y sin perjuicio de la aplicación general del artículo 30 ECPI a cualquier elemento material que adoleciese de una intencionalidad específica— carecía de relevancia práctica porque existía un acuerdo respecto del elemento de la intencionalidad (EC 4 y 6)[625].

---

[621] Sobre las eximentes y eximentes incompletas v. OLLÉ SESÉ, M.: "Circunstancias eximentes, atenuantes y agravantes", *Derecho penal internacional*, Gil Gil A. y Maculan E (dirs.), Dykinson, Madrid, 2019, pp. 287 a 329.

[622] WERLE, G. y JESSBERGER: ob. cit., pp. 303.

[623] "Que el acto de agresión —el uso de la fuerza armada por un Estado contra la soberanía, la integridad territorial o la independencia política de otro Estado, o en cualquier otra forma incompatible con la Carta de las Naciones Unidas— se haya cometido" (v. RC/11).

[624] "Que el acto de agresión, por sus características, gravedad y escala, haya constituido una violación manifiesta de la Carta de las Naciones Unidas" (v. RC/11).

[625] ICC-ASP/8/INF.2, Reunión oficiosa entre períodos de sesiones sobe el crimen de agresión, acogida por el Instituto de Liechtenstein sobre la Libre Determinación, Woodrow Wilson School, en el Club Princeton, Nueva York del 8 al 10 de junio de 2009, 10 de julio de 2009, párr. Disponible

Es decir, se aceptaba la aplicación general del elemento subjetivo del artículo 30.

Previamente, en abril de 2009, el SWGCA, estructuró los EC enumerando sucesivamente la conducta, consecuencia y circunstancias y los elementos mentales inmediatamente después de cada uno de los elementos materiales[626]. Especificaba que, de la lectura del artículo 30 y del párrafo 2 de la introducción general a los EC, si no se hacía referencia a un elemento mental respecto de algún elemento material concreto se aplicaba el elemento subjetivo que correspondiese según el artículo 30 ECPI. Explica[627] que los EC describen y enumeran los elementos objetivos y subjetivos del crimen de agresión. El EC 1[628] es un elemento de *conducta*, que por su claridad no exige articular un elemento mental adicional al previsto en el artículo 30 ECPI (intención)[629]. El EC 2[630] lo caracteriza como *circunstancia* en la que tiene que incurrir el EC 1 de conducta, que en aplicación del artículo 30 exigirá el conocimiento[631]. En el EC 3[632] se describe el acto de agresión del Estado y en el EC 5 el requisito del umbral. Mantiene que los EC, el 3 y el y 5, se pueden considerar alternativamente como *circunstancias* o *consecuencia* o incluso *ambas*, pero finalmente los caracteriza como *circunstancias*, y no como *consecuencia*, de acuerdo con los elementos mentales que exige para el EC 3, el EC 4; y para el EC

en: https://asp.icc-cpi.int/sites/asp/files/NR/rdonlyres/39B127C3-71FC-4703-9690-15796BEB76C1/0/ICCASP8INF2SPA.pdf

626 Excepto el EC número 2 que es un elemento de circunstancia. Borrador de los Elementos de los Crímenes, Montreux, 2009, KREß and BARRIGA: The Travaux Préparatoires..., ob. cit., pp. 669 a 673.

627 Borrador, 2009, Montreux, p. 670 y 671 (párrs. 5 a 11).

628 "Que el autor haya planificado, preparado, iniciado o realizado un acto de agresión" (v. RC/11).

629 V. *infra*, Cap. 7.

630 "Que el autor sea una persona que estaba en condiciones de controlar o dirigir efectivamente la acción política o militar del Estado que cometió el acto de agresión" (v. RC/11).

631 V. *infra*, Cap. 7.

632 "Que el acto de agresión —el uso de la fuerza armada por un Estado contra la soberanía, la integridad territorial o la independencia política de otro Estado, o en cualquier otra forma incompatible con la Carta de las Naciones Unidas— se haya cometido" (v. RC/11).

5, el EC 6[633]. Y advierte de la aplicación del artículo 30 ER si se considerase consecuencia[634]. Elementos materiales e intencionales que le corresponderá acreditar al fiscal[635]. Más adelante volveré sobre el elemento mental de los distintos EC.

3. CRIMEN DE CONVERGENCIA DE DOS COMPORTAMIENTOS: INDIVIDUAL Y ACTO ESTATAL DE AGRESIÓN

El ECPI tipifica en el artículo 8 *bis*[636] el crimen de agresión. Su estructura es ciertamente diferente a la del resto de los crímenes de competencia de la CPI. El crimen de agresión es de naturaleza colectiva. Es un crimen complejo en el que convergen dos comportamientos[637]. Por un lado, requiere —de acuerdo con el párrafo primero del artículo 8 *bis* ER[638]— la realización de una conducta individual del sujeto activo (primera conducta) y, por otro lado —según el párrafo segundo del artículo 8 *bis* ER[639]— de un *acto* colectivo estatal *de agre-*

---

633 "Que el autor haya tenido conocimiento de las circunstancias de hecho que constituían dicha violación manifiesta de la Carta de las Naciones Unidas" (v. RC/11).

634 V. *infra*, Cap. 7.

635 ICC-ASP/8/INF.2, párr. 10 (v. *supra*, nota 625).

636 Insertado por la resolución RC/Res.6, aprobada por consenso en la 13ª sesión plenaria el 11 de junio de 2010, en el anexo I. En este anexo se incluían las enmiendas al ER relativas al crimen de agresión. Así se ordenaba insertar los artículos 8 *bis*, 15 *bis* y 15 *ter*. Estos dos últimos referidos al ejercicio de la competencia respecto del crimen de agresión. V. *supra*, nota 514.

637 Por ejemplo, MACULAN: El crimen de…, ob. cit., p. 478, como he avanzado (v. *supra*, nota 301), lo conceptúa de *doble nivel*; y AMBOS: El crimen de…, ob. cit., p. 39.

638 "[U]na persona comete un crimen de agresión cuando, estando en condiciones de controlar o dirigir efectivamente la acción política o militar de un Estado, dicha persona planifica, prepara, inicia o realiza un acto de agresión que por sus características, gravedad y escala constituya una violación manifiesta de la Carta de las Naciones Unidas".

639 "A los efectos del párrafo 1, por "acto de agresión" se entenderá el uso de la fuerza armada por un Estado contra la soberanía, la integridad territorial o la independencia política de otro Estado, o en cualquier otra forma

sión (segunda conducta)[640]. La realización de la primera conducta converge en la realización de la segunda en tanto que se dirige y tiene como objetivo, la realización del acto colectivo estatal de agresión, esto es, el uso real de la fuerza armada, entendida ésta en el sentido normativo del párrafo segundo del artículo 8 *bis* ER. La contribución personal es el punto de unión entre la conducta individual y el acto estatal de agresión.

El injusto internacional se conforma así por dos conductas diferentes pero interrelacionadas e interdependientes. El acto *individual* dará lugar a la responsabilidad penal personal de sus autores. El acto

---

incompatible con la Carta de las Naciones Unidas. De conformidad con la resolución 3314 (XXIX) de la Asamblea General de las Naciones Unidas, de 14 de diciembre de 1974, cualquiera de los actos siguientes, independientemente de que haya o no declaración de guerra, se caracterizará como acto de agresión:
a) La invasión o el ataque por las fuerzas armadas de un Estado del territorio de otro Estado, o toda ocupación militar, aún temporal, que resulte de dicha invasión o ataque, o toda anexión, mediante el uso de la fuerza, del territorio de otro Estado o de parte de él;
b) El bombardeo, por las fuerzas armadas de un Estado, del territorio de otro Estado, o el empleo de cualesquiera armas por un Estado contra el territorio de otro Estado;
c) El bloqueo de los puertos o de las costas de un Estado por las fuerzas armadas de otro Estado;
d) El ataque por las fuerzas armadas de un Estado contra las fuerzas armadas terrestres, navales o aéreas de otro Estado, o contra su flota mercante o aérea;
e) La utilización de fuerzas armadas de un Estado, que se encuentran en el territorio de otro Estado con el acuerdo del Estado receptor, en violación de las condiciones establecidas en el acuerdo o toda prolongación de su presencia en dicho territorio después de terminado el acuerdo;
f) La acción de un Estado que permite que su territorio, que ha puesto a disposición de otro Estado, sea utilizado por ese otro Estado para perpetrar un acto de agresión contra un tercer Estado;
g) El envío por un Estado, o en su nombre, de bandas armadas, grupos irregulares o mercenarios que lleven a cabo actos de fuerza armada contra otro Estado de tal gravedad que sean equiparables a los actos antes enumerados, o su sustancial participación en dichos actos".

640 AMBOS: El crimen de…, ob. cit., p. 39, denomina "nivel micro" para la conducta individual y "nivel macro" para la conducta estatal.

estatal, bajo el que se proyecta o subyace la conducta individual, formará parte de los elementos materiales del crimen y es necesario que se cometa, como se verá[641], para la exigencia de la responsabilidad penal individual. Además, dará lugar, de acuerdo con el DI, a la responsabilidad internacional estatal, al ser el *acto de agresión* esencialmente un hecho ilícito internacional del Estado agresor. En el crimen de agresión varias personas contribuyen solidariamente con sus diferentes aportaciones al acto de agresión.

La decisión estatal del acto de agresión será adoptada por los dirigentes políticos y/o militares (delito especial propio) del Estado agresor. Esa decisión antijurídica de agresión, dará lugar a la responsabilidad penal individual de los dirigentes que la adoptaron. La conducta individual en la adopción de esa decisión estatal inicial se identificará, por lo general, con la planificación o preparación del acto de agresión. Sin embargo, con posterioridad a acordar estatalmente los actos de agresión, otros sujetos especiales podrán contribuir a su comisión sumándose a la planificación o preparación o, a la fase o estadio posterior de inicio o de realización del acto de agresión. No todas las conductas individuales tienen por qué producirse previamente a la estatal. El autor se puede unir al plan criminal con contribuciones dirigidas a una agresión estatal ya puesta en marcha. Por ejemplo, preparando un *nuevo* ataque por las fuerzas armadas del Estado del que es líder contra el Estado agredido (artículo 8.2. *bis* d) ECPI).

El acto de agresión será, por tanto, la *consecuencia* de una previa conducta individual del sujeto que contribuye de cualquiera de las modalidades típicas al acto de agresión. Incluso, si el acto estatal de agresión se hubiera comenzado a gestar cualquier sujeto cualificado podrá contribuir a su comisión uniéndose al plan colectivo agresivo iniciado por otro u otros. Y si el acto agresivo hubiera comenzado a materializarse, a través del uso de la fuerza armada, también cualquier sujeto cualificado podrá unirse al plan criminal. En cualquier

---

641 V. *infra*, Cap. 8.
El EC 3 afirma "[q]ue el acto de agresión —el uso de la fuerza armada por un Estado contra la soberanía, la integridad territorial o la independencia política de otro Estado, o en cualquier otra forma incompatible con la Carta de las Naciones Unidas— se haya cometido".

caso, como más adelante se verá, si fuera así solo existirá responsabilidad criminal si el acto de agresión se ha cometido efectivamente. Es necesario para poder afirmar la responsabilidad criminal individual que la conducta estatal del acto de agresión se produzca[642].

De acuerdo con la interrelación de las dos conductas, el orden expositivo que seguiré será el análisis, en primer lugar, de la conducta individual y, en segundo lugar, de la estatal.

El artículo 8.1 *bis* ECPI describe el tipo objetivo o *actus reus*, en el que se distinguen tres presupuestos. El primero, la conducta del sujeto activo que consistirá en cometer un *acto de agresión*, a través de la producción de una, o más, de las conductas descritas en los cuatro verbos típicos (*planificar, preparar, iniciar* o *realizar*). El segundo, se refiere al restringido círculo de sujetos activos posibles del crimen de agresión. Solo puede serlo quien controle o dirija efectivamente la acción política o militar de un Estado, los líderes. Y, el tercer presupuesto, exige que el acto de agresión típico debe constituir una violación manifiesta de la Carta.

4. DUALIDAD DE RESPONSABILIDAD: ESTATAL E INDIVIDUAL

La realización de la conducta estatal no solo será imprescindible para generar la responsabilidad individual penal de quien cometa el crimen de agresión, sino también la responsabilidad internacional del Estado por un hecho ilícito. Esta última se suele asociar históricamente con la reparación de los daños ocasionados por una *guerra injusta* y con los *actos de represalia.* Su fundamento clásico residía en la culpa del Estado por actuar contra el Derecho de gentes[643], aunque su construcción moderna está basada en la "responsabilidad

642 V. *infra*, Cap. 8

643 FERNÁNDEZ TOMÁS, A.F. y BALLESTEROS MOYA, V., en FERNÁNDEZ TOMÁS, A. y MARTÍNEZ CARMENA, MARÍA: "La responsabilidad internacional", *Curso de Derecho internacional público*, AA.VV., Tiran lo Blanch, 2ª, Valencia, 2022, p. 337.

objetiva" y no en la culpabilidad ni el daño[644]. La represalia es una conducta contraria al DI que despliega un sujeto de DI como medida de presión contra otro sujeto de DI público que previamente le ha dirigido a aquél una acción también contraria al DI[645].

El citado proyecto de artículos sobre la responsabilidad del Estado por hechos internacionalmente ilícitos de 2001[646] sentó que todo hecho internacionalmente ilícito del Estado genera su responsabilidad internacional (artículo 1). El artículo 2 concreta sus dos requisitos, el subjetivo: solo puede ser sujeto el Estado[647]; y el objetivo: su actuación "constituye una violación de una obligación internacional". Existirá la violación de una obligación internacional por parte de un Estado "cuando un hecho de ese Estado no está en conformidad con lo que de él exige esa obligación, sea cual fuere el origen o la naturaleza de esa obligación" (artículo 12)[648].

Esta dualidad de responsabilidad personal y estatal está delimitada normativamente en el DI y en el DPI. El párrafo 4, del artículo 25 ER —en consonancia con el artículo 12 ECPI, que declara la exclusiva responsabilidad penal de la persona física— recuerda que "nada de los dispuesto en el presente Estatuto respecto de la responsabilidad

---

644 CHINCHÓN ÁLVAREZ, J.: "La responsabilidad del Estado por hechos internacionalmente ilícitos", *Derecho internacional público*, López Martín A.G. (dir.), Dykinson, Madrid, 2022, pp. 145 y 146.

645 Sobre la represalia, V. OLLÉ : Circunstancias eximentes, atenuantes..., ob. cit., pp. 312 y 313.
Para KREß, C.: "The State Conduct Element", *Crime of Aggression Library, The Crime of Aggression a commentary*, KREß, C. and BARRIGA, S. (ed.), Cambridge University Press 2017, KREß: The State Conduct..., ob. cit., pp. 504 y 505, de acuerdo con el DI, un Estado no puede justificar el uso de la fuerza como represalia o contramedida, aunque en ocasiones pueda ser dudoso delimitar la fuerza en legítima defensa de una represalia armada ilícita.

646 V. el texto de los artículos en UN. Doc. A/56/10 (v. *supra*, nota 375), pp. 21 a 38. A partir de esta última página se encuentra el comentario a todos los artículos.

647 En el capítulo II se describen las diferentes situaciones, en ocasiones complejas, en las que se atribuye un comportamiento a un Estado.

648 V. sobre la responsabilidad del Estado por el hecho internacionalmente ilícito, FERNÁNDEZ y BALLESTEROS: La responsabilidad internacional..., ob. cit., pp. 337 367.

penal de las personas naturales afectará a la responsabilidad del Estado conforme al derecho internacional". Y, en contrapartida, y desde la óptica estatal, el proyecto de artículos sobre la responsabilidad del Estado por hechos internacionalmente ilícitos de 2001, señala en el artículo 58, que "los presentes artículos se entenderán sin perjuicio de cualquier cuestión relativa a la responsabilidad individual, en virtud del derecho internacional, de cualquier persona que actúe en nombre del Estado"[649]. En definitiva, el ECPI determina la responsabilidad penal individual y la CPI enjuiciará a personas físicas por el crimen de agresión. El DI determina la responsabilidad estatal y, dentro del sistema de NNUU, la CIJ será el órgano competente para declarar la responsabilidad del Estado.

Este artículo 58 se refiere de forma general a la responsabilidad individual, pero sin especificar que sea responsabilidad penal. Por ello, con independencia de la exigencia de la responsabilidad penal personal, el comentario de la CDI a este artículo, advierte de una eventual evolución en el futuro para exigir "la responsabilidad civil individual". Para la CDI "cuando los delitos contra el derecho internacional hayan sido cometidos por funcionarios del Estado, ocurre muchas veces que el propio Estado es responsable de los hechos de que se trate o por no haberlos prevenido o sancionado". Y, añade, "en algunos casos, en particular la agresión, el Estado, por definición, se encuentra implicado. Aún en este caso, la cuestión de la responsabilidad individual es, en principio, distinta de la responsabilidad del Estado. El enjuiciamiento y la sanción de los funcionarios del Estado que cometieron el hecho ilícito no exime al Estado de su propia responsabilidad por el comportamiento internacionalmente ilícito. Tampoco pueden los funcionarios "escudarse en el Estado con respecto a su propia responsabilidad por un comportamiento contrario a las normas de derecho internacional que les sean aplicables"[650]. Existe el principio de que "una posición

---

649 UN. Doc. A/56/10, p. 402 (v. *supra*, nota 375).

650 *Ibid.*, pp. 403 y 404.

oficial no excusa a una persona de responsabilidad individual con arreglo al DI"[651].

La CDI también ha declarado la responsabilidad estatal respecto de un Estado que participe a sabiendas en el hecho internacionalmente ilícito de otro Estado mediante la prestación de ayuda o asistencia, en circunstancias en que la obligación vulnerada es también vinculante para el Estado que presta la asistencia[652]. Lo ilustra con dos ejemplos. El primero, la protesta de Irán en 1984. Reino Unido prestó a Iraq "ayuda financiera y militar, que supuestamente incluía armas químicas utilizadas en ataques contra las tropas iraníes, aduciendo que esa asistencia facilitaba los actos de agresión cometidos por el Iraq. El Gobierno británico negó tanto la acusación de que poseía armas químicas como de que las hubiesen suministrado a Iraq". El segundo, el de la ayuda prestada por Sudán a Iraq en 1998 para fabricar armas químicas, permitiendo que los técnicos iraquíes utilizaran las instalaciones sudanesas en el proceso de gas neurotóxico, acusaciones negadas por Iraq ante las NNUU[653].

La CIJ es expresiva al reconocer que la dualidad de responsabilidad penal personal y estatal es una situación constante en el DI. En el citado caso *Bosnia and Herzegovina v. Serbia and Montenegro*, la CIJ recordó, retomando los antecedentes de la sentencia del TMI, que la doble responsabilidad sigue siendo una constante en el DI[654]. En este asunto, se debatió si Serbia había cometido genocidio contra los musulmanes de Srebrenica. La CIJ declaró que Serbia no cometió genocidio a través de sus órganos o por personas cuyos actos

651 *Ibid.*, p. 404.
V. también, ICJ, *Bosnia and Herzegovina v. Serbia and Montenegro*, párr. 173 (v. *infra*, nota 948).

652 V., con más detalle, CHINCHÓN: La responsabilidad del..., ob. cit., pp. 159 a 161.

653 UN. Doc. A/56/10, pp. 155 y 156 (v. *supra*, nota 375).

654 V. también, ICJ, *Bosnia and Herzegovina v. Serbia and Montenegro*, párrs. 172 a 174 (v. *infra*, nota 948).
La AG ya había calificado como actos agresivos los realizados por Serbia y Montenegro. V. UN. Doc. A/RES/47/121, La situación de Bosnia y Herzegovina, 7 de abril de 1993. Disponible en: https://digitallibrary.un.org/record/158781?ln=es

comprometen su responsabilidad como Estado en virtud del DI, al estar las fuerzas que cometieron los actos bajo el control efectivo de Serbia[655]. Por el contrario, la sentencia sí declaró la responsabilidad internacional de Serbia porque incumplió su obligación de prevenir[656] y de sancionar el delito de genocidio[657], en virtud de la Convención para la Prevención y Sanción del Delito de Genocidio. La CIJ recordó también que la responsabilidad penal de los que estaban sometidos a enjuiciamiento por genocidio en el ICTY era independiente de la de la CIJ: el ICTY "por regla general, no está llamado a pronunciarse sobre cuestiones de responsabilidad internacional de los Estados, ya que se jurisdicción es de naturaleza penal y solo se aplica a individuos"[658].

La responsabilidad individual desde Núremberg, con independencia de la estatal, es exigible. Así se proclamó en el principio número 1 de Núremberg, en cuyo comentario se trasladaba el pasaje de la sentencia del TMI de que "los crímenes contra el Derecho internacional son cometidos por personas, no por entidades abstractas, y solamente pueden hacerse cumplir las disposiciones del Derecho internacional cuando se castiga a las personas que cometieron estos crímenes"[659].

---

[655] Sobre el control efectivo y los órganos o personas que ejecutan los actos en nombre del Estado, v. *infra*, notas 1271 y 1272.

[656] ICJ, *Bosnia and Herzegovina v. Serbia and Montenegro*, párrs. 413 a 415, 424 y 471 (v. *infra*, nota 948).

[657] *Ibid.*, párrs. 450 y 471.
Serbia no cooperó con el TPIY para que fuera enjuiciado Mladic, acusado en el TPIY de genocidio.

[658] ICJ, *Bosnia and Herzegovina v. Serbia and Montenegro*, párr. 403 (v. *infra*, nota 948).

[659] A/CN.4/SER.A/1950/Add.1, p. 374, párr. 99 (v. *supra*, nota 222). Cita extraída, a su vez, de Trial of the Mejor War Criminals before the International Military Tribunal, vol. I, Nürnberg 1947, p. 22.

5. EL ESTADO COMO SUJETO ESTATAL DEL ACTO DE AGRESIÓN

El concepto de Estado, uno de los elementos normativos protagonista del crimen de agresión, no es propio del DPI, sino del DI general[660] y remite a la ciencia política y no al Derecho penal. Su contenido a efectos del crimen de agresión tendrá que ser delimitado por la CPI, para fijar la condición de sujeto activo y pasivo del crimen, al suponer todo acto de agresión, por definición, un conflicto interestatal entre el Estado que agrede (sujeto activo estatal del acto de agresión) y el agredido (sujeto pasivo estatal del acto de agresión). La labor hermenéutica reenviará necesariamente a los jueces de la CPI al DI para completar la norma penal.

En el ámbito del DI, la nota explicativa del artículo 1 del anexo de la declaración 3314 —después de definir la agresión— aclara que en ésta el "término Estado" se "utiliza sin perjuicio de las cuestiones de reconocimiento o de que un Estado sea o no miembro de las Naciones Unidas" e "incluye el concepto de un "grupo de Estados"[661], cuando proceda".

El Estado es un sujeto con subjetividad internacional. Es el sujeto originario, primario, primordial y pleno del DI. Es soberano porque está sujeto al DI[662] y existe cuando reúne, según los principios de DI los elementos de población, territorio y organización política o gobierno y, para algunos tratadistas, organización social[663]. La completa ausencia de uno de estos elementos esenciales impediría la consideración de Estado.

Los principios que caracterizan a los Estados soberanos son: i) el de *independencia*: su sujeción es exclusiva al DI, no depende de ningún otro sujeto de DI, ni de ningún sistema jurídico de otros Estados;

---

660 KREß: The State Conduct…, ob. cit., p. 422.

661 Comillas en el original.

662 El preámbulo de la citada declaración UN. Doc. 2625 (XXV), advertía de la "suprema importancia de la Carta de las Naciones Unidas para fomentar el imperio del derecho entre las naciones" (v. *supra*, nota 92).

663 V. sobre estos elementos REMIRO: Derecho Internacional…, ob. cit., pp. 97 a 102.

ii) el de *igualdad soberana de los Estados* (artículo 2.1, de la Carta): "tienen iguales derechos e iguales deberes y son por igual miembros de la comunidad internacional, pese a las diferencias de orden económico, social, político o de otra índole"[664]; y iii) el *principio de no intervención en los asuntos internos de otros Estados*: "ningún Estado o grupo de Estados tiene el derecho a intervenir directa o indirectamente y sea cual fuere el motivo, en los asuntos interno o externos de cualquier otro"[665]. Este principio proclamó que son "violaciones del derecho internacional", tanto la "intervención armada", que se ha visto en detalle antes, como "cualquier otra forma de injerencia o amenaza atentatoria de la personalidad del Estado, o de los elementos políticos, económicos y culturales".

Estos elementos y principios delimitan el concepto de Estado. Sin embargo, se pueden identificar situaciones difusas en las que sea el DPI —por ejemplo, la CPI, pero con sujeción al DI— quien tenga que determinar si se corresponden con el concepto de Estado, como sujeto de DI. Por ejemplo, en los casos de unificación de dos o más Estados en uno, o de disolución o de separación de un Estado en dos o más[666], o la secesión violenta de una parte del territorio para

---

664 V. UN. Doc. S/RES/2625 (XXV). V. *supra*, nota 92.

665 *Ibid.*

666 Por ejemplo, en el dictamen *ICJ, Legal Consequences of the Separation of the Chagos Archipelago from Mauritius in 1965, Advisory Opinion, I.C.J. Reports 2019*, p. 95., realizado por encargo de la AG, sostuvo que la separación de Mauricio del Archipiélago y su incorporación a la nueva colonia llamada BIOT fue ilegal y (párrs. 172 y 173).
La CIJ también dictaminó que la descolonización de Mauricio no se realizó de forma compatible con el derecho de los pueblos a la autodeterminación, por lo que la administración continuada del Reino Unido del archipiélago era un acto ilícito continuado que entrañaba su responsabilidad internacional (párr. 177). En consecuencia, se declaró la obligación del Reino Unido de poner fin de forma inmediata a la administración sobre el archipiélago, para que Mauricio completara la descolonización de su territorio de forma compatible con el derecho de los pueblos a la libre determinación (párrs. 178 y 182).
Dictamen disponible en: https://www.icj-cij.org/sites/default/files/case-related/169/169-20190225-ADV-01-00-EN.pdf

formar un Estado[667]. Hipótesis en las que también puede aparecer el uso de la fuerza interestatal. La resolución 3314, en el párrafo 7, declara que el territorio de un Estado “no podrá ser objeto de adquisición por otro Estado” usando la fuerza o amenazando con recurrir a ella.

Otra situación específica de DI y sobre la que la CPI pudiera pronunciarse es sobre el reconocimiento de los Estados. El Instituto de Derecho Internacional lo define como “el acto libre por el cual uno o varios Estados constatan la existencia sobre un territorio determinado de una sociedad humana políticamente organizada, independiente de cualquier otro Estado existente, capaz de observar las prescripciones del Derecho internacional y manifestar consiguientemente su voluntad de considerarlo como miembro de la comunidad internacional”[668]. Y le atribuye a este reconocimiento efectos declarativos[669]. El reconocimiento puede ser por parte de otros Estados y de organizaciones internacionales que lo prestan de forma libre y voluntaria, y exigirá la concurrencia de los tres elementos esenciales de todo Estado (territorio, población y gobierno), a los que seguidamente me referiré. La discusión pivota sobre si el efecto del reconocimiento es constitutivo o declarativo. La posición mayoritaria se inclina por este último[670], como expresó en su día la citada resolución del Instituto de Derecho Internacional[671]. El mismo interrogante surge si un Estado revoca el reconocimiento a un Estado. Como advierte la doctrina la revocación será ineficaz, siempre que los elementos esen-

667 PEREA UNCETA, J.A.: *Derecho internacional público*, López Martín, A.G. (ed.), Dykinson, Madrid, 2022, p. 206, sostiene que surgen dudas sobre la legalidad de las secesiones al suponer al menos una violación de la integridad territorial de los Estados.

668 *The American Journal of International Law* 30, no. 4 (1936), https://doi.org/10.2307/2213442, p. 185, artículo 1.

669 *Ibid.*

670 CASANOVAS, O. y RODRIGO, A.J.: *Compendio de Derecho internacional público*, 4ª ed., Tecnos, Madrid, 2015, pp. 148 y 149; y REMIRO: Derecho Internacional…, ob. cit., p. 113, reconoce el efecto declarativo, pero matiza que en ocasiones puede tener un “cierto aire constitutivo”.

671 V. *supra*, nota 668.

ciales del Estado permanezcan[672]. Éstas serán cuestiones de DI sobre las que se tendrá que pronunciar la CPI[673].

Por ejemplo, la CPI podría pronunciarse sobre la validez o no del reconocimiento por parte de un Estado de un gobierno no constitucional instaurado a través de la fuerza o mediante la vulneración de los mecanismos propios del Estado de derecho y del Estado democrático. A estos efectos, la doctrina internacionalista señala dos formas de reconocimiento: de *facto* que es eventual y circunscrito a determinadas relaciones y el de *iure* que es absoluto y definitivo[674]. Dependerá del valor que se le otorgue a ese reconocimiento para saber si se le puede considerar como legítimo del gobierno al que dice representar. El problema será determinar qué legitima el gobierno.

Igualmente, en el ámbito del DI se reconocen otros sujetos distintos de los Estados y que también gozan de personalidad jurídica internacional derivada y restringida o limitada (subjetividad parcial o limitada[675]) y con capacidad para ser sujetos de derechos y obligaciones y de relacionarse en la comunidad internacional. Son los beligerantes, los pueblos y los movimientos de liberación nacional. Estos sujetos limitados de DI también pueden plantear en el ámbito del DPI complejos problemas.

---

672 REMIRO: Derecho Internacional..., ob. cit., p. 115, mantiene que, al no cambiar los elementos, si se revoca el consentimiento, el revocador iría contra sus propios actos.

673 Un ejemplo de ello, sería la República Árabe Saharaui Democrática, miembro fundador de la Unión Africana, pero únicamente reconocida como Estado soberano por 85 países de la Comunidad Internacional. Si la CPI pudiera ejercer su competencia de acuerdo a los criterios atribución jurisdiccional del ER, se podría plantear complejos problemas, ante un hipotético acto de agresión de Marruecos contra la República Árabe Saharaui Democrática, cuyo territorio del Sahara Occidental ha sido ocupado por Marruecos. Situación jurídica que todavía se torna más compleja por la existencia dentro de la República Árabe Saharaui Democrática del Frente Polisario como movimiento de Liberación Nacional (v. *supra*, nota 1219). V. https://frentepolisario.es/el-frente-polisario/

674 V. CASANOVAS: ob. cit., pp. 150 y 151.

675 FERNÁNDEZ TOMÁS, A.F.: "La estructura del Derecho internacional", *Curso de Derecho internacional público*, AA.VV., Tiran lo Blanch, 2ª, Valencia, 2022, p. 64.

Los beligerantes, en el sentido de disidentes en un conflicto armado internacional, son grupos organizados rebeldes asentados en una parte del territorio del Estado que está bajo su control y cuya finalidad es, a través de un conflicto armando no internacional, hacerse con el gobierno de ese Estado. La beligerancia de estos grupos puede ser reconocida por terceros Estados o por el propio gobierno del Estado en conflicto. Su estatuto se extingue si concluye el conflicto o si los disidentes se convierten en el nuevo gobierno[676]. En estos casos el consentimiento expreso del gobierno donde se está produciendo el conflicto armado no internacional para que un Estado extranjero intervenga en ese territorio contra el movimiento disidente o rebelde, estaría justificado.

No existe un concepto unívoco de "pueblo". Se identifica con sujetos no estatales de DI titulares del principio de libre determinación y, por tanto, entre otras cosas, del derecho a la soberanía sobre sus riquezas y recursos naturales[677]. Se atribuye esta condición a los *pueblos coloniales* que están separados geográficamente de la potencia administradora, pero con notables diferencias en su origen, en su organización política, administrativa, jurídica y económica. Igualmente, se extiende a los pueblos que están sometidos a una ocupación extranjera, como es el citado caso del pueblo saharaui (Sahara Occidental) ocupado por Marruecos o del pueblo palestino[678] respecto de Israel. Estos pueblos gozan de su derecho de libre determinación en una

---

676 IGLESIAS BERLANGA, M.: "Los sujetos de Derecho internacional", *Derecho internacional público,* López Martín A.G. (dir.), Dykinson, Madrid, 2022, pp. 36 y 37.

677 FERNÁNDEZ TOMÁS: La estructura del..., ob. cit., p. 65.

678 El Estado de Palestina firmó el ECPI el 13 de junio de 2014 y lo ratificó el 1 de abril de 2015. Fue admitido por la ASP a pesar de no tener un reconocimiento universal como Estado soberano e independiente. Forma parte de la CPI por su condición de "Estado observador no miembro" de las NNUU, desde el 29 de noviembre de 2012 (v. UN. Doc. A/RES/67/19, Estatuto de Palestina en las Naciones Unidas, 29 de noviembre de 2012, disponible en: https://digitallibrary.UN.org/record/739031?ln=es).
El ECPI permite ser parte del ER a los Estados que formulen una declaración en la que acepten la competencia de la CPI (artículo 12.3 ER) para que ésta investigue los crímenes cometidos en su territorio. Su incorporación al ER permitirá a la CPI investiga y enjuiciar crímenes de su compe-

dimensión interna, es decir, de decidir si se constituyen en un Estado independiente, asociado, o se integran en otro Estado[679]. El DI les reconoce capacidad jurídica pero no de obrar. Necesitan de representantes que ejerzan en su beneficio los derechos subjetivos que les otorga el DI[680]. Estos pueden ser los movimientos de liberación a los que me refiero seguidamente.

En relación con los movimientos separatistas WILLS los denomina *cuasi Estados*, y sostiene que —aun cuando sean entidades en disputa y sean consideradas como no Estados y sí como entidades *in statu nascendi*— podrían ser considerados Estados, si gozan de una existencia estable, controlan un área sustancial de un territorio, ejerce de *facto* las funciones de un Estado, rechazan la imposición de una autoridad exterior y alcanza cierto grado de personalidad internacional[681]. Por ello, los meros movimientos separatistas, los territorios semiautónomos y los territorios fronterizos en disputa, no pueden considerarse cuasi Estados[682]. Sin embargo, y a pesar de la controversia sobre si el cuasi Estado puede considerarse un Estado, el término "Estado" del artículo 8 *bis* ECPI debe interpretarse para este autor en sentido más amplio que la interpretación del DI. Concluye que la definición de Kampala no proporciona, en estos casos, la claridad y certeza necesarias para una prohibición penal efectiva de la agresión[683].

KREß expone, como un supuesto hipotético, y sin resolver, el uso de la fuerza por parte de un Estado contra una entidad política que no tiene la condición de Estado o que se encuentra en *terra nullius*. Su conclusión —de acuerdo con la aplicación restrictiva que impone el artículo 22.2 ECPI— es que no se podrá subsumir dentro del tipo de agresión. En el caso concreto del uso de la fuerza en tierra de

---

tencia cometidos en territorio palestino ocupado de Gaza y Cisjordania por parte de las personas físicas que los comentan en nombre de Israel.

Éste es otro ejemplo, de la zona de conflicto entre el DPI y el DI. La aceptación de Palestina por la ASP está en pugna con la permanente controversia en DI sobre su reconocimiento como Estado soberano e independiente.

679 IGLESIAS: ob. cit., pp. 37 y 38.

680 FERNÁNDEZ TOMÁS: La estructura del..., ob. cit., p. 65.

681 WILLS: ob. cit., pp. 84 y 85.

682 *Ibid.*, p. 86.

683 *Ibid.*, pp. 95 a 102.

nadie, sería dudosa la aplicación del artículo 8 *bis* ECPI porque "no se perturbaría la vida común de un pueblo". Y si su uso fuera contra un número suficientemente grande de personas en *terra nullius*, se calificaría, según las circunstancias concretas, como crimen de lesa humanidad o crimen de genocidio, pero no como de agresión[684].

La postura del profesor KREß se basa en la literalidad del artículo 8 *bis* ECPI. Cuestión distinta es que este supuesto pueda ser subsumido en el futuro en una nueva redacción del crimen de agresión, al ser "esos pueblos" entidades con características homogéneas propias y permanentes que les distinguen del resto de la población y con una organización política y administrativa específica. Más allá de que la conducta fuera constitutiva del crimen de lesa humanidad o de genocidio, razones también de prevención criminal abonarían que el Estado que usare la fuerza contra el pueblo fuera considerado, a efectos de responsabilidad penal individual, un Estado agresor.

El DI reconoce como movimientos de liberación nacional a las organizaciones que persiguen la libre determinación de los pueblos. Son los "auténticos representantes" del pueblo"[685] y su objetivo es la lucha contra los regímenes coloniales, racistas o frente a ocupaciones ilegales extranjeras[686]. Gozan de organización y estructura y capaci-

---

684 KREß: The State Conduct..., ob. cit., pp. 434 y 435.

685 UN. Doc. A/RES/2918 (XXVII), Cuestión de los territorios bajo administración portuguesa, 14 de noviembre de 1972, párr. 3. Añade esta resolución que, en relación "con las cuestiones relativas a los territorios" éstos estén representados por los movimientos de liberación. Disponible en: https://digitallibrary.UN.org/record/191768?ln=es

686 Por ejemplo, la AG en UN. Doc. A/RES/34/37, Cuestión del Sáhara Occidental, 21 de noviembre de 1979, solicitaba al Frente Popular para la Liberación de Saguia el-Hamra y de Río de Oro (Frente Polisario), como movimiento de liberación, y "representante del pueblo del Sáhara Occidental", su participación para encontrar una solución "política justa, duradera y definitiva de la cuestión del Sáhara Occidental" (párr. 7). Disponible en: https://digitallibrary.UN.org/record/10608?ln=es
En relación con el Frente Polisario v. también, entre otras, UN Doc. A/RES/35/19, Cuestión del Sáhara Occidental, 11 de noviembre de 1980, disponible en: https://digitallibrary.UN.org/record/17222?ln=es; y UN. Doc. S/RES/2468 (2019), 30 de abril de 2019, disponible en: https://digitallibrary.UN.org/record/3801562?ln=es

dad para relacionarse con la comunidad internacional. Inicialmente carecen de personalidad jurídica internacional. La representación internacional se la tiene que reconocer una organización internacional universal o regional[687], pero será limitada, nunca completa. Estos movimientos están legitimados, como he expuesto[688], para usar la fuerza en su lucha por la libre determinación contra la potencia administradora o contra el Estado racista u ocupante. Algunos movimientos son admitidos en otros Estados, como representantes de su pueblo, incluso, en ocasiones, otorgándoles el carácter o estatus diplomático. Pueden ser observadores de organizaciones internacionales, como, por ejemplo, de NNUU. Y algunos Estados les reconocen legitimidad para celebrar negocios jurídicos internacionales y también como sujetos de obligaciones[689].

Además, el artículo 1.4 del Protocolo I, adicional a los Convenios de Ginebra de 1949 relativo a la protección de las víctimas de conflictos armados internacional, de 8 de junio de 1977, declara que los conflictos armados en los que participan los pueblos que luchan contra la dominación colonial y la ocupación extranjera y contra los regímenes racistas, en el ejercicio del derecho de los pueblos a la libre determinación, son internacionales.

687 Por ejemplo, NNUU invitó a la Organización para la Liberación de Palestina (OLP), después de ser reconocida por otros organismos internacionales, a participar como observadora en el sistema de NNUU. Perdió esa condición cuando fue reconocida como Estado no miembro de las NNUU (v. *supra*, nota 678). V. UN. Doc. S/RES/3237 (XXIX), Condición de observadora de la Organización de Liberación de Palestina, 29 de noviembre de 1974. Disponible en: https://digitallibrary.UN.org/record/189836?ln=es
También como otro ejemplo, la UN. Doc. A/RES/3280, Cooperación entre las Naciones Unidas y la Organización de la Unidad Africana, 10 de diciembre de 1974, invitaba a los representantes de movimientos de liberación nacional reconocidos por la organización de la Unidad Africana como observadores en diferentes cometidos de las NNUU. Disponible en: https://digitallibrary.UN.org/record/189986?ln=es

688 V. *infra*, Cap. 6: 5.2.3.

689 IGLESIAS: ob. cit., pp. 39 y 40.
Los tribunales de la Unión Europea, por todos, Tribunal General, sentencia de 29 de septiembre de 2021, asuntos acumulados T-344/19 y T-356/19, ECLI:EU:T:2021:640, han reconocido la condición del Frente Polisario (v. *supra*, nota 1219) como "representante del pueblo del Sáhara Occidental" en el "plano internacional" (párr. 148). Además, las instituciones de la Unión Europea le consideran "interlocutor legítimo" de las cuestiones que

La específica naturaleza jurídica de estos tres sujetos de DI que les distancia del concepto normativo de Estado, puede dar lugar a situaciones en las que estos sujetos intervengan de alguna forma en conflictos armados contra Estados. No se cumplirían los elementos típicos del crimen de agresión del artículo 8 *bis* ECPI. No serían conflictos internacionales entre Estados, a lo sumo entre *cuasi Estados* y Estados[690].

En consecuencia, el concepto de Estado a los efectos del crimen de agresión, y, por tanto, desde las garantías penales sobre el principio de legalidad, no puede interpretarse en sentido amplio. Si fuera así, se forzaría una interpretación analógica. Hay que recordar que el ECPI, en el artículo 22, impone la interpretación de la definición de los crímenes de forma estricta "y no hará extensiva por analogía".

---

afectan a su territorio (149), reconociéndoles, en consecuencia, capacidad procesal antes los tribunales de la Unión (párr. 153).
La sentencia disponible en: https://curia.europa.eu/juris/document/document.jsf?text=&docid=246702&pageIndex=0&doclang=ES&mode=req&dir=&occ=first&part=1&cid=3017299

690 WILLS: ob. cit., p. 86, reconoce que los conflictos en los que interviene un cuasi Estado con apariencia de Estado y con cierto nivel de personalidad jurídica internacional, le confiere al conflicto un carácter próximo al de un conflicto interestatal convencional.

Capítulo 5

Los elementos relativos al individuo

1. CRIMEN ESPECIAL PROPIO: LA CLÁUSULA DE LIDERAZGO

El crimen de agresión no lo puede cometer cualquier persona. No es un crimen de autoría común. Es un crimen especial propio. El párrafo 1 del artículo 8. 1 *bis* ECPI reduce de forma absoluta la condición y cualidad de sujeto activo a la "persona" que esté en "condiciones de controlar o dirigir efectivamente la acción política o militar de un Estado". Por ello, se denomina crimen de *líderes* o de *dirigentes.* El sujeto activo no es abstracto, sino cualificado. Sólo puede serlo quien efectivamente controle o dirija la acción política o militar de un Estado[691]. Es el único crimen de los cuatro de la competencia del ECPI que limita la condición de sujeto activo y, por tanto, específicamente, la competencia *ratione personae.* Se reconoce así la característica de *mando* o *control* como una consecuencia de la naturaleza colectiva del crimen de agresión[692].

Ese poder de dirección y control de políticas estatales, según el párrafo primero del artículo 8 *bis*, tiene que ser *efectivo.* El adverbio utilizado por la norma internacional (*efectivamente*) significa que el autor de este crimen será tanto quien ostente ese poder "*de iure*", como el que lo ejerza "*de facto*"[693]. El EC número 2 al artículo 8 *bis* ER señala esta especial condición del sujeto activo: "[q]ue el autor sea una persona que estaba en condiciones de controlar o dirigir efectivamente la acción política o militar del Estado que cometió el acto de

---

691 REMIRO: El crimen de agresión…, ob. cit., p. 268, lo califica de "*le crime de la crème de la crème*".

692 AMBOS: El crimen de…, ob. cit., p. 46.

693 Por ello, PIGNATELLI: ob. cit., p. 703, mantiene que el sujeto activo cualificado es por la posición funcional y no estructural.

agresión"[694]. El control y dirección debe estar dirigido a la comisión de un acto de agresión, a través de cualquiera de las cuatro conductas individuales. Puede parecer, de una lectura literal y ligera, tanto del párrafo primero del artículo 8 *bis* ECPI como de los EC, que es un crimen de un solo autor. Los EC aclaran que puede concurrir "más de una persona que se halle"[695] en esa situación de poder efectivo. Lo lógico, y como siempre sucederá, es que en un acto de agresión intervengan una pluralidad de personas, de las cuales unas ostentarán la especial condición personal y otras no.

El SWCGA aclara que "respecto de un acto de agresión concreto, más de una persona que cumple con el requisito de liderazgo descrito en el elemento 2 podría ser responsable de un crimen de agresión. Por ejemplo, cuando dos personas que estén "en condiciones de controlar o dirigir efectivamente la acción política o militar" de un Estado adoptan la decisión conjunta de cometer un acto de agresión, ambas podrían ser responsables del crimen"[696]. La decisión del acto de agresión, por tanto, e indiscutiblemente, puede ser adoptada de forma colegiada, por ejemplo, por la totalidad o por parte de un gobierno.

Los sujetos que actúen bajo la dirección de los que ostenten la condición especial del mando o control carecerán de responsabilidad criminal por no reunir las condiciones especiales que requiere el artículo 8.1 *bis* ECPI.

Dirigir, según el diccionario de la Real Academia, es "enderezar, llevar rectamente algo hacia un término o lugar señalado" (primera acepción) "guiar, mostrando o dando las señas de un camino" (segunda acepción) o "encaminar la intención y las operaciones a un determinado fin" (cuarta acepción)[697]. El Oxford English Dictionary entiende por "direct": "poner o mantener derecho, o en orden correcto. Mantener en orden; regular, controlar, gobernar las acciones

694 V. *supra*, nota 519.

695 V. nota 75 del Elemento del Crimen número 2 (v., *supra*, nota 519).

696 ICC-ASP/8/INF.2, p. 7, Appendix II, párr. 15 (v. *supra*, nota 625).

697 REAL ACADEMIA ESPAÑOLA: *Diccionario de la lengua española*, 23.ª ed., [versión 23.6 en línea]. <https://dle.rae.es>

de"[698]. Controlar para nuestro diccionario es "ejercer el control sobre alguien o algo" y control: "dominio, mando, preponderancia" (segunda acepción)[699]; y para el británico: "Ejercer poder o autoridad sobre; determinar el comportamiento o la acción de, dirigir u ordenar; regular o gobernar"[700]. El diccionario inglés asimila prácticamente los dos términos (controlar y dirigir), mientras que el español los diferencia con mayor fuerza. De cualquier forma, los dos verbos suponen una conducta dinámica por parte del sujeto activo.

El estatuto del TMI y la Carta del TMILO no contemplaron limitaciones a la condición personal del sujeto activo[701]. MCDOUGALL en un exhaustivo y meticuloso trabajo repasa la jurisprudencia de los dos tribunales militares internacionales, Tokio y Núremberg, y la de los tribunales que aplicaron la LCA n.º 10 para esclarecer quiénes podían cometer crímenes contra la paz y las condiciones personales de los sujetos activos[702]. Concluye que no se puede extraer un criterio común en esa jurisprudencia salvo que "no se limitaba a una élite de gobernantes, sino que abarcaba a toda una serie de individuos que contribuyeron eficazmente a la guerra de agresión"[703]. Subsistieron, al respecto, diferencias de criterio entre los dos tribunales internacionales entre sí; entre estos y los de los aliados; y entre los de los aliados entre sí. Estos últimos se esforzaron por fijar tanto la posición como el papel de los responsables del crimen de agresión respecto de los que realizaron una "contribución sustancial al esfuerzo bélico"[704]. La misma incertidumbre, ahora normativa, sobre quién puede ser suje-

---

698 *Oxford English Dictionary*, s.v. "direct, v.", <https://doi.org/10.1093/OED/6829918497>

699 REAL ACADEMIA ESPAÑOLA: *Diccionario de la lengua española*, 23.ª ed., [versión 23.6 en línea]. <https://dle.rae.es>

700 *Oxford English Dictionary*, s.v. "control, v.". <https://doi.org/10.1093/OED/6632095569>

701 WERLE y JESSBERGER: ob. cit., pp. 883 y 884, concreta que en el Tribunal de Núremberg fueron condenados por participar en guerras de agresión "altos representantes del gobierno, de las fuerzas armadas alemanas y del Partido Nacionalsocialista Obrero Alemán", además de considerar a "industriales", como posibles autores de crímenes contra la paz.

702 MCDOUGALL: The Crimes against…, ob. cit., pp. 89 a 96 y 102 a 103.

703 *Ibid.*, p. 103.

704 *Ibid.*, p. 102.

to responsable de una guerra de agresión aparece en el Estatuto del TMI, en la Carta del TMILO y en la LCA n.º 10.

El Tribunal Militar de los EE.UU. en el caso del *Alto Mando* —en el que absolvió a todos los acusados de crímenes contra la paz— se ocupó de la acción política y declaró que una persona "será penalmente responsable si ocupaba un puesto a nivel de determinación de formulación de políticas y podía haber influido en dicha política y no lo hizo"[705]. En este caso se declaró que solo tenían responsabilidad penal los que formulasen una política nacional criminal, pero no quienes actuaban en un "nivel inferior" porque estos operan "como instrumentos de los encargados de la formulación de políticas ejecutando la política agresiva"[706]. En el caso *I.G. Farben* igualmente se mantuvo el criterio razonable de reivindicar la responsabilidad de los industriales que juzgaba. A estos, aunque no tuvieran a su cargo la formulación de políticas, de acuerdo con la sentencia del TMI, se les debería exigir un "grado de participación en un nivel muy alto"[707]. Ello impedía considerar culpables "a quienes simplemente siguen a los líderes"[708]. También la jurisprudencia de los tres tribunales ha utilizado el concepto de persona que ocupaba un puesto o papel

705 PCNICC/2002/WGCA/L.1, párrs. 157 y 163 (v. *supra*, nota 50). Se observa que la actual fórmula es más restrictiva. Antes se requería como condición del sujeto activo la capacidad de "influir" en las políticas estatales.
MCDOUGALL: The Crimes against..., ob. cit., p. 96, reprocha a la sentencia de Tokio que no fue ecuánime con todos los acusados a la hora de determinar la "capacidad de formular o influir en la política", condenando a unos y a otros no. Y ello a pesar de que la participación de EE.UU. en la conferencia de revisión pudiera considerarse como un nuevo compromiso de este país con la CPI (*ibid.*, p. 26).

706 PCNICC/2002/WGCA/L.1, párr. 163 (también, párr. 157). El Tribunal de Tokio consideró que Heitaro Kimura —a pesar de que no ser ningún líder— realizó "formulación y desarrollo de políticas que eran iniciadas por él o propuestas por el Estado Mayor u otros órganos y aprobadas y apoyadas por él" (*ibid.*, párr. 346). También estimó que su "papel" fue "prominente" en la realización de las guerras de agresión en China y el Pacífico" (*ibid.*). V. *supra*, nota 50.

707 PCNICC/2002/WGCA/L.1, párr. 135. Sobre el nivel "muy alto" (v. *supra*, nota 50).

708 *Ibid.*, párr. 138.

"prominente"[709]. Sobre el TMLO, MCDOUGALL, concluye que no exigió que los acusados pertenecieran al "pequeño círculo de la élite gobernante". Bastaba con que hubieran "contribuido eficazmente al avance de las guerras de agresión de Japón"[710].

La idea de la cualificación especial del sujeto activo apareció en la repetida LCA n.º 10. Ésta consideraba, dentro del posible círculo de autores de crímenes contra la paz —fuera cual fuera su nacionalidad— a los que ocuparan "un alto cargo político, civil o militar (incluido el Estado Mayor) en la administración pública de un Estado miembro militar (incluido el Estado Mayor) en Alemania o en uno de sus Aliados, cobeligerantes o satélites"; y a los que desempeñaran "un alto cargo en la vida financiera, industrial o económica de cualquiera de dichos países"[711].

Antes de la aprobación del ECPI, la idea del liderazgo se reflejó en los proyectos de código de 1991 ("dirigente" u "organizador")[712] y de 1996 que declaraba responsable del crimen de agresión también al "dirigente u organizador" que "participe activamente en la planificación, preparación, desencadenamiento o libramiento de una guerra de agresión"[713]. Después de la aprobación del ECPI y en el camino legislativo hacia Kampala, el coordinador de la citada PrepCom propuso como documento de debate en 2002 la limitación del sujeto activo a la persona que esté "en condiciones de controlar o dirigir la acción política o militar de un Estado", pero no incorporaba el adverbio *efectivamente*[714].

---

709 TMI: v. PCNICC/2002/WGCA/L.1, párr. 65); Caso *Ministerios:* v. *ibid.*, párr. 210; y TMLO v.: *ibid.*, párr. 325, 327, 346 (v. *supra*, nota 50). V. *supra*, nota 706.

710 MCDOUGALL: The Crimes against…, ob. cit., p. 96.

711 Artículo II, 2 (f). V. *supra*, nota 189.

712 V. *supra*, notas 321 y 322. El artículo 15 del proyecto se refería a dirigente u organizador.

713 UN. Doc. A/51/10, p. 89, artículo 16. V. *supra*, nota 356.

714 PCNICC/2002/WGCA/RT.1, definición del crimen de agresión y condiciones para el ejercicio de la competencia, documento de debate propuesto por el coordinador, 1 de abril de 2002. Disponible en: https://documents-dds-ny.UN.org/doc/UNDOC/GEN/N02/310/77/PDF/N0231077.pdf?OpenElement

La CDI en 1988 meditó sobre la categoría de personas que integrarían el crimen de agresión. Sostuvo que era necesario precisar que no "solamente el jefe del Estado, sino también los funcionarios y otras personas de la jerarquía política y administrativa" podían ser sujetos activos del crimen de agresión[715]. Propuso decidir si encajaban en la definición del sujeto activo —además de los funcionarios del Estado— las personas que "tuvieran una responsabilidad política o militar" o los "particulares que hayan puesto su poder económico o financiero al servicio de los autores de la agresión"[716]. Los comentarios de la CDI al proyecto de 1996 aseveraron que los términos "dirigente" y "organizador" deberían entenderse en un sentido amplio que abarcara a los miembros del gobierno, los altos cargos, el aparato militar, el cuerpo diplomático, los partidos políticos y el mundo de los negocios[717].

En 2004, en la reunión oficiosa del SWGCA en Princeton, se advirtió de que "todas las personas en condiciones de ejercer una influencia decisiva en las políticas de un Estado debían considerarse penalmente responsables" incluidos "los dirigentes políticos, sociales, comerciales y espirituales"[718]. En 2007, en el seno del SWGCA, se volvió a debatir. Unos, siguiendo la postura del Tribunal Militar Internacional de EE.UU., incluían en la cláusula del liderazgo a personas "ajenas a los círculos gubernamentales oficiales que estaban en situación de *conformar o ejercer influencia* sobre la acción del Estado". Otros rechazaban esta ampliación porque "sería difícil probar la responsabilidad de las personas más allá de los dirigentes directos"[719].

---

715 UN. Doc. A/CN/SER.A/Add.1 (Part 2), párr. 260. V. *supra*, nota 323.

716 *Ibid.*, p. 78.

717 UN. Doc. A/51/10 p. 89, numeral 2 (v. *supra*, nota 356). La CDI se basa en la sentencia del TMI: "Hitler no podía, por sí solo, hacer una guerra de agresión. Necesitaba la colaboración de estadistas, jefes militares, diplomáticos, financieros" (*Ibid.*).

718 ICC-ASP/3/SWGCA/INF.1, párr. 49 (v. *supra*, nota 507). También hubo partidarios de que se aplicara de forma restrictiva y se limitara a los dirigentes políticos excluyendo "por ejemplo, a los consejeros que claramente carecieran de un poder eficaz de las acciones del Estado" (*ibid.*).

719 ICC-ASP/6/SWGCA/INF.1, Reunión oficiosa entre períodos de sesiones del Grupo de Trabajo Especial sobre el crimen de agresión, celebrada en el Instituto de Liechtenstein sobre la Libre Determinación, Woodrow Wilson

En 2009, el informe de 13 de febrero del SWGCA, en relación con el que sería el texto definitivo del crimen de agresión, resaltó que la definición del crimen era lo "suficientemente amplia para incluir a personas con control efectivo de la acción política o militar de un Estado pero que no forman oficialmente parte del gobierno pertinente, por ejemplo los industriales"[720].

La actual redacción del ECPI es, en comparación con los textos de Núremberg, de Tokio, de la LCA n.º 10 y de la jurisprudencia de los tres tribunales referidos, más restringida. MCDOUGALL concluye con acierto que la regulación actual sobre la cláusula limitativa y, en concreto, el lenguaje utilizado, es más limitado que el histórico de Núremberg y Tokio. Texto del ECPI, sobre la restricción del sujeto activo, que se alcanzó por parte de los redactores del ECPI de forma rápida[721]. AMBOS, justifica esta restricción en que la responsabilidad criminal "requier[e] algo más que la mera influencia, a saber, el control efectivo sobre la política de agresión"[722].

Los supuestos que pueden acontecer en torno al círculo de posibles sujetos activos se pueden considerar en tres grupos. En primer lugar, aquellas personas que *de iure*, es decir, formalmente, pertenecen a la estructura del Estado, tanto civiles como militares, y que por mandato de una disposición normativa controlan o dirigen las políticas estatales. Sería el caso, por ejemplo, de un jefe de Estado, de un presidente de gobierno, de un ministro de defensa, de un general del ejército, de un jefe policial, de un secretario de Estado de de-

---

School, Universidad de Princeton, Estados Unidos de América, del 11 al 14 de junio de 2007, 25 de julio de 2007, párr. 12. Disponible en: https://asp.icc-cpi.int/sites/asp/files/NR/rdonlyres/23C70E38-C413-4CBE-8F53-1BD15E142CCE/145883/ICCASP6SWGCAINF1Spanish1.pdf

720 ICC-ASP/7/20/Add.1, párr. 25 (v. *supra*, nota 509).

721 MCDOUGALL: The Crimes against…, ob. cit., 103. Las razones de esta restricción las sintetiza esta autora en opiniones divergentes como: obtener más certeza en los elementos de conducta; evitar, de acuerdo con la experiencia de Núremberg y Tokio, que se extendiera a un número considerable de personas; y en la sensación de que el crimen de agresión había surgido "como una categoría especial de crimen que debería restringirse genuinamente a los *máximos responsables*" (*ibid.*).

722 AMBOS: El crimen de…, ob. cit., p. 47

fensa, siempre que tuvieran por ley atribuidas esas funciones[723]. Por ejemplo, Keitel fue condenado por el TMI por su puesto de "alto nivel en las fuerzas armadas", además de su conocimiento de los planes agresivos y por participar en actos de agresión y en la guerra de agresión[724].

En segundo lugar, el grupo de las personas que formalmente pertenecen a la estructura del Estado (igualmente civiles o militares), legalmente carecen de esas facultades de mando, de control o dirección de las políticas estatales, pero las asumen de *facto.* Aquí se englobarían, entre otros posibles ejemplos imaginarios, un ministro de agricultura, un secretario de Estado de cultura, un alcalde, un general de intendencia, un capitán del ejército, un alto funcionario, que *efectivamente* por la razón que fuere, gozan de ese poder de *facto,* porque controlan y dirigen las políticas estatales. Para MCDOUGALL, los dirigentes de *facto* son los que "ejercen una influencia decisiva sobre las instituciones políticas o militares de un Estado, las gobiernan, les dan instrucciones o las dirigen con el fin de alcanzar determinados objetivos"[725].

La sentencia del *Alto Mando* consideró que "los actos de los comandantes y los oficiales de estado mayor que ocupan puestos de poder debajo del nivel de formulación de políticas planificando campañas, preparando los medios para llevarlas a cabo, movilizándose contra un país en cumplimiento de órdenes y combatiendo en una guerra después de que ésta se ha iniciado no configuran planificación, preparación, iniciación ni realización de una guerra o inicia-

---

723 Por ejemplo, en España, el artículo 97 de nuestra Constitución encomienda al gobierno la dirección de la política interior y exterior, la administración civil y militar y la defensa del Estado. Y la Ley Orgánica 5/2005, de 17 de noviembre, de Defensa Nacional atribuye "al Gobierno determinar la política de defensa y asegurar su ejecución, así como dirigir la Administración militar y acordar la participación de las Fuerzas Armadas en misiones fuera del territorio nacional" (artículo 5). Y especifica en los artículos 6 a 8 las competencias del presidente del Gobierno, del ministro de defensa y del Consejo de Defensa Nacional atribuyéndoles de *iure* el control o dirección de la acción política o militar de España.

724 PCNICC/2002/WGCA/L.1, párr. 72 (v. *supra,* nota 50).

725 MCDOUGALL: The Crimes against..., ob. cit., p. 103.

ción de una invasión considerada criminal con arreglo al derecho internacional"[726].

Y, en tercer lugar, las personas que no pertenecen formalmente a la estructura del Estado, pero que de *facto* detentan poder de control y dirección. Sería el caso, por ejemplo, de líderes religiosos, presidentes de corporaciones, de bancos, de organizaciones civiles, de organizaciones terroristas, paramilitares o guerrilleros que tuvieran ese poder dentro del Estado. Situaciones no especialmente difíciles de encontrar en la práctica[727].

Por lo que se refiere a los soldados, por lo general, excepto en el supuesto recién apuntado (con poder efectivo de *facto*), la cláusula de liderazgo impide que sean sujetos activos de este delito. La CDI al formular los principios de Núremberg temió que los soldados que intervinieran en una guerra de agresión pudieran ser acusados de librar esa guerra. Por ello, en sus comentarios al principio VI sustentó que solo podían librar una guerra de agresión "los militares de alto rango" y "los altos funcionarios del Estado" [728]. En la actualidad, surgen opiniones sobre la condena "moral", no judicial, de los soldados por su contribución a prácticas injustas y por provocar resultados injustos[729].

El tribunal militar de Estados Unidos en el caso *I.G. Farben*, como he anticipado, condicionó la responsabilidad penal personal al "gra-

---

726 PCNICC/2002/WGCA/L.1, párr. 158 (v. *supra*, nota 50).

727 Para CLARK: Individual..., ob. cit., p. 583, era indudable que muchos de los que participaron en las negociaciones pensaron que la cláusula de liderazgo abarcaba por su amplitud "a los actores no gubernamentales que están en condiciones de participar en la formulación de políticas gubernamentales".
Sobe el terrorismo de Estado y desde el Estado, v. OLLÉ SESÉ, M. y CANCIO MELIÁ, M.: "El caso Jesuitas: justicia universal, coautoría conjunta mediata en aparatos organizados de poder, y terrorismo desde el Estado y prueba", *La Ley penal: revista de Derecho penal, procesal y penitenciario,* número 146, año 17, septiembre-octubre 2020, pp. 15 a 22.

728 V. *supra*, nota 197.

729 MAY: ob. cit., p. 284, se lo plantea y arguye entre otros argumentos que, en la actualidad, con las facilidades de acceso a la información, un soldado conocerá si la guerra en la que servía era injusta.

do de participación en un nivel muy alto"[730]. Por ello, puso como ejemplo, para impedir la extensión de la responsabilidad criminal, "al soldado raso en el campo de batalla, al agricultor que incrementase su producción de alimentos para mantener a las fuerzas armadas o al ama de casa que conservase la grasa para fabricar pertrechos [municiones]"[731].

La idea del juzgamiento de personas que ocuparon una posición financiera, industrial o económica de alto nivel en Alemania o en sus aliados, cobeligerantes o satélites, surgió en los juicios celebrados al amparo de la LCA n.º 10 (el Tribunal de Núremberg limitó su jurisdicción a los principales criminales de guerra del Eje europeo). Fueron juzgados dos casos de industriales, *I.G. Farben* y *Krupp*. En el primero se acusó a veinticuatro miembros del comité directivo de la compañía *I.G. Farben*, por crímenes contra la paz, que resultaron absueltos[732]. En el segundo, fueron juzgados doce altos directivos de la empresa *Krupp* también por crímenes contra la paz. El Tribunal Militar de los Estados Unidos sobreseyó el caso por crímenes contra la paz, por falta de pruebas, pero aclaró que ello no significaba que los industriales, "como tales", no podían ser enjuiciados[733]. Sí hubo condenas por crímenes de guerra y crímenes contra la humanidad.

En el plano jurisdiccional tampoco parece que la limitación del círculo de posibles autores materiales del crimen de agresión provoque disfunciones sobre qué personas que puedan llegar a ser sometidas a enjuiciamiento en la CPI, acusadas de los otros tres crímenes de su competencia. Con carácter general, el criterio que sigue la fiscalía de la CPI de selección de casos, respecto de los individuos, es limitarlos a los autores de "nivel medio y alto para, en última instancia"[734] investigar y enjuiciar a "los máximos responsables" o a las personas

---

730 V. *supra*, nota 707.

731 PCNICC/2002/WGCA/L.1, párr. 135 (v. *supra*, nota 50).

732 *Ibid.*, párrs. 128 a 141.

733 *Ibid.*, párrs. 142 a 148.

734 V. THE OFFICE OF THE PROSECUTOR, INTERNATIONAL CRIMINAL COURT: *Policy Paper on Case Selection and Prioritisation*, de 15 September 2016, párr. 43. Disponible en: https://www.icc-cpi.int/itemsDocuments/20160915_OTP-Policy_Case-Selection_Eng.pdf

"más responsables" o de "mayor responsabilidad"[735] "de los crímenes más graves que se hayan cometido"[736]; aunque no descarta la fiscalía el enjuiciamiento de los de responsables de menor nivel si su "conducta haya sido especialmente grave o notoria"[737]. No obstante, la fiscalía matiza que la noción de máximo responsable no equivale al "estatus jerárquico de un individuo dentro de una estructura" y se evaluará individualmente caso por caso por caso[738]. Es decir, no es tratado con un criterio orgánico, sino funcional.

Al margen del criterio de la fiscalía de la CPI, el ECPI no limita ni la investigación ni el enjuiciamiento a los máximos responsables, en ninguno de sus preceptos. El texto del ER solo utiliza el criterio de máxima gravedad para referirse genéricamente a la naturaleza de los cuatro crímenes de su competencia a los que considera como "los crímenes más graves de trascendencia para la comunidad internacional"[739]. En el crimen de agresión el investigado y enjuiciado por definición normativa siempre será quien esté en posición de

---

735 V. *Ibid.*, párrs. 8, 42 y 45.
También el artículo 34 del Reglamento de la Fiscalía al regular la identificación de la hipótesis del caso, orienta la investigación a "la persona o personas que parezcan ser los máximos responsables". V. Regúlatenos of the Office of the Prosecutor, ICC-BD/05-01-09, en vigor desde el 23 de abril de 2009.
La Resolution 2482 (2023) del Consejo de Europa (v. *infra*, nota 980), instaba la rendición de cuentas "tanto a los autores de bajo rango como las que tienen responsabilidad de mando" responsables de los crímenes de guerra y contra la humanidad cometidos en la invasión de Ucrania.

736 V. The Office of the Prosecutor, International Criminal Court: *Policy Paper on Case Selection and Prioritisation*, de 15 September 2016, párr 49. Disponible en: https://www.icc-cpi.int/itemsDocuments/20160915_OTP-Policy_Case-Selection_Eng.pdf

737 *Ibid.*, párr. 42.

738 *Ibid.*, párr. 43.
REISINGER CORACINI, A. and WRANGE P: "The Specificity on the Crome of Aggression", *Crime of Aggression Library, The Crime of Aggression a commentary*, Kreb, C. y Barriga, S. (dir.), Cambridge University Press 2017, p. 312, en relación con la priorización de casos de la fiscalía según la condición del sujeto pasivo sostienen que la cláusula de liderazgo a lo sumo "es una diferencia de grado, no de calidad".

739 ECPI: párr. 5 del preámbulo y artículo 1.

controlar o dirigir efectivamente la acción política o militar de un Estado, es decir, aquellas personas que en la mayoría de los casos podrán identificarse como los máximos responsables o, al menos, como las que ostentan un alto condicionante de poder o mando.

Hay que recordar que el ECPI proclama en el artículo 27 el principio de irrelevancia del cargo oficial[740]. Cualquier persona sea quien sea, y que ostente el cargo oficial que ostente, puede ser sometido a la jurisdicción de la CPI. Este artículo, denominado "improcedencia del cargo oficial" establece la aplicación del ECPI "por igual a todos sin distinción alguna basada en cargo oficial. En particular, el cago oficial de una persona, sea jefe de Estado o de Gobierno, miembro de un Gobierno o Parlamento, representante elegido o funcionario de gobierno, en ningún caso le eximirá de responsabilidad penal ni constituirá *per se* motivo para reducir la pena". Y el párrafo segundo, de este artículo no reconoce ninguna inmunidad, ni condiciones de procedibilidad en el derecho interno de los Estados o en el DI del que se pudieran beneficiar para sortear la justicia de la CPI los cargos oficiales[741].

La CPI hasta la fecha, a título de ejemplo, ha dictado órdenes de arresto contra diferentes dirigentes como: Omar Hassan Ahmad Al Bashir, ex presidente de la República de Sudán[742]; Muammar Mohammed Abu Minyar Gadafi, ex jefe de Estado de Libia[743]; Saif Al-Islam Gadafi, primer ministro de Libia[744]; Ahmad Muhammad Harun, ministro de interior y gobierno de Sudán[745]; Abdel Raheem Muham-

---

740 V. *infra*, Cap. 11: 6.1.

741 Sobre este principio, v.: OLLÉ: Principios generales..., ob. cit., pp. 195 a 201.

742 ICC-02/05-01/09, v. *supra*, nota 519.

743 ICC, *Decision on the "Prosecutor's Application Pursuant to Article 58 as to Muammar Mohammed Abu Minyar GADDAFI, Saif Al-Islam GADDAFI and Abdullah ALSENUSSI"*, PT I, ICC-01/11-01/11-1, 27 June 2011. Disponible en: https://www.icc-cpi.int/sites/default/files/CourtRecords/CR2009_01517.PDF)

744 ICC-01/11-01/11-1 (v. *supra*, nota 743).

745 ICC, *Decision on the Prosecution Application under Article 58(7) of the Statute*, PT I, ICC-02/05-01/07-1-Corr, 29 April 2007. Disponible en: https://www.icc-cpi.int/court-record/icc-02/05-01/07-1-corr

mad Hussein, ministro de defensa nacional de Sudán[746]; Mikhail Mayramovich Mindzaev, ministro del interior de la administración de facto de Osetia del Sur[747]; Mahamat Nouradine Adam, ministro de seguridad, inmigración y orden público de República Centro Africana[748]; y Vladimir Vladimirovich Putin[749], presidente de la Federación de Rusia.

En conclusión, es sujeto activo de este delito quien controle o dirija la acción política o militar de un Estado, es decir —y en palabras de GIL y MACULAN— los que "detentan la posición y el poder, en el aparato estatal, de determinar la acción del Estado"[750]. Los que ejercen realmente capacidad decisoria o participen en actividades decisorias de la acción política o militar, y no meramente de influencia[751], sin que sea necesario que el autor decida directamente sobre la guerra o la paz[752]. Los intervinientes que no tengan esta cualificación personal no podrán ser enjuiciados por el crimen de agresión, pero sí por cualquier otro, como genocidio, lesa humanidad o cri-

---

[746] ICC, *Decision on the Prosecutor's application under article 58 relating to Abdel Raheem Muhammad Hussein*, PT I, ICC- ICC-02/05-01/12, 1 March 2012. Disponible en: https://www.icc-cpi.int/sites/default/files/CourtRecords/CR2012_03574.PDF

[747] ICC, *Arrest warrant for Mikhail Mayramovich Mindzaev*, PT I, ICC-01/15, 24 June 2022. Disponible en: https://www.icc-cpi.int/sites/default/files/CourtRecords/CR2022_05214.PDF

[748] ICC, *Warrant of Arrest for Mahamat Nouradine Adam, ICC-01/14-41-US-Exp*, PT I, ICC-01/14-41, 7 January 2019. Disponible en: https://www.icc-cpi.int/sites/default/files/CourtRecords/CR2022_05821.PDF

[749] La orden fue emitida el 17 de marzo de 2023 por la Sala de Cuestiones Preliminares II y su contenido se decretó secreto. V. https://www.icc-cpi.int/news/situation-ukraine-icc-judges-issue-arrest-warrants-against-vladimir-vladimirovich-putin-and

V. un comentario sobre esta orden en PEREIRA: ob. cit., pp. 338 a 342; y KERSTEN, M.: "Straight to the top: The International Criminal Court issues an arrest warrant for Russia's Vladimir Putin", *Justice in Conflict*, March 17, 2023, https://justiceinconflict.org/2023/03/17/straight-to-the-top-the-international-criminal-court-issues-an-arrest-warrant-for-russias-vladimir-putin/

[750] GIL y MACULAN: El crimen de…, ob. cit., p. 261.

[751] *Ibid.*, p. 263.

[752] WERLE y JESSBERGER: ob. cit., p. 884.

men de guerra, cometido como consecuencia concursal del crimen de agresión.

2. LA CONDUCTA INDIVIDUAL: PLANIFICAR, PREPARAR, INICIAR O REALIZAR UN ACTO DE AGRESIÓN

El Estatuto del TMI, la Carta del TMILO y la LCA n.º 10, son los tres únicos instrumentos en el ámbito del DPI que han tipificado, con cierta aproximación al actual crimen de agresión, el entonces llamado *crimen* [o delito] *contra la paz*. Definiciones cuya esencia fue recogida en 1950 como uno de los principios de Núremberg. Para el Estatuto del TMI eran: "crímenes contra la paz: a saber, la planificación, preparación, iniciación o realización de una guerra de agresión, o de una guerra en violación de tratados internacionales, acuerdos y seguridades, o la participación en un plan común o conspiración para la realización de cualquier de los actos anteriores" (artículo 6 a))[753].

El artículo II a) de la LCA n.º 10 definía el *crimen contra la paz* como la "[i]niciación de invasiones de otros países y de guerras de agresión en violación de leyes y tratados internacionales, incluyendo, pero no limitadas a la planificación, preparación, iniciación o realización de una guerra de agresión o una guerra en violación de los tratados internacionales, acuerdos o seguridades, o la participación en un plan común o conspiración para la realización de cualquiera de los actos anteriores"[754].

---

753 V. *supra*, nota 169. En inglés: "Crimes against peace: namely, planning, preparation, initiation or waging of a war of aggression, or a war in violation of international treaties, agreements or assurances, or participation in a Common Plan or Conspiracy for the accomplishment of any of the foregoing" (KREß, C. and Barriga, S. (eds.), *The Travaux Préparatoires of the Crime of Aggression*, Cambridge University Press, 2012, p. 131).

754 V. *supra*, Cap. 2: 4 y nota 189. En inglés: "(a) Crimes against Peace. Initiation of invasions of other countries and wars of aggression in violation of international laws and treaties, including but not limited to planning, preparation, initiation or waging a war of aggression, or a war of violation of

El artículo 5 (a) de la Carta del TMILO lo definía en parecidos términos al Estatuto del TMI: "Crímenes contra la paz: A saber, la planificación, preparación, iniciación o realización de una guerra de agresión declarada o no declarada o de una guerra en violación de leyes, tratados, acuerdos o compromisos internacionales; la participación en un plan conjunto o conspiración común para la realización de cualquiera de los actos mencionados"[755].

Los tres instrumentos que sancionaron los crímenes contra la paz, como consecuencia de la Segunda Guerra Mundial, tipificaron —al igual que el actual artículo 8.1 *bis* ECPI— las conductas individuales de planear, preparar, iniciar o hacer (realizar, ejecutar o librar[756]) una guerra de agresión. La LCA n.º 10 extendía la conducta punible. Incluía las cuatro conductas, pero no las *limitaba* a éstas. Permitía la punición de cualquier otra conducta apta para iniciar invasiones de otros países y de guerras de agresión.

Posteriormente, el apartado a) del principio VI de Núremberg proclamó como delito de DI, los "crímenes contra la paz: i) Planear, preparar, iniciar o hacer una guerra de agresión o una guerra que viole tratados, acuerdos o garantías internacionales; ii) Participar en un plan común o conspiración para la perpetración de cualquiera de los actos mencionados en el inciso i)"[757]. De esta forma, el principio

---

international treaties, agreements or assurances, or participation in a common plan or conspiracy for the accomplishment of any of the foregoing" (v. KREß and Barriga: The Travaux..., ob. cit., p. 132).

755 V. *supra*, Cap. 2: 5 y nota 192. En inglés: "(a) Crimes against Peace: Namely, the planning, preparation, initiation or waging of a declared or undeclared war of aggression, or a war in violation of international law, treaties, agreements or assurances, or participation in a common plan or conspiracy for the accomplishment of any of the foregoing" (v. KREß and Barriga: *The Travaux..., ob. cit.*, p. 134).

756 El lenguaje puede varias dependiendo de las traducciones al español que se manejen.

757 En inglés: *"Crimes against peace: (i) Planning, preparation, initiation or waging of a war of aggression or a war in violation of international treaties, agreements or assurances; (ii) Participation in a common plan or conspiracy for the accomplishment of any of the acts mentioned under (i)"*, cursiva en el original (v. KREß and Barriga: *The Travaux..., ob. cit.*, p. 147).

V. *supra*, Cap. 2, 6 y notas 222, 225 y 226.

de la responsabilidad penal individual se aplicaba de forma taxativa a quienes planearan, prepararan, iniciaran o hicieran una guerra de agresión o en violación de la Carta.

El núcleo de la actual definición del artículo 8.1 *bis* ER presenta diferencias respecto de sus antecedentes normativos internacionales de los crímenes contra la paz. Es el fruto de la evolución de los trabajos previos que se fueron sucediendo desde 1946 hasta el año 2010, en la Conferencia de Kampala, y de la relevancia de la aprobación de la resolución de la AG 3314 de 1974 sobre la *definición de la agresión.*

El actual artículo 8.1 *bis* ER, respecto del derecho de Núremberg prescinde, en primer lugar, de los términos "guerra de agresión" y de "guerra en violación de tratados internacionales, acuerdos y seguridades" que sustituye, en consonancia con la resolución 3314 de la AG, por "acto de agresión". Omite o abandona la alusión a "la participación en un plan común o conspiración"[758]. De esta forma, el ECPI retoma las cuatro modalidades de Núremberg: *planificar, preparar, iniciar o realizar*[759] un acto de agresión. Si bien, el último término "reali-

---

[758] El TMLO definió la conspiración para *hacer una guerra de agresión o ilícita*, y la diferenció de la planificación y preparación, como el acuerdo entre dos o más personas para cometer el crimen de guerra de agresión y añadió "[p]osteriormente, en ejecución de la conspiración, tiene lugar la planificación y la preparación para esa guerra. Quienes participan en esa etapa pueden ser conspiradores originales o adherentes posteriores. Si tales adherentes adoptan el propósito de la conspiración y planifican y preparan su realización, se convierten en conspiradores" (UN. Doc. PCNICC/2002/WGCA/L.1, párr. 290, v. *supra*, nota 50).

[759] La versión inglesa se refiere a la cuarta conducta (*realiza* en la versión española) como *execution* y la francesa como *exécution.*
El SWGCA en noviembre de 2008, justificó el mantenimiento de estos cuatro verbos en "razones históricas" (v. ICC-ASP/7/20, Anexo III, Informe del Grupo de Trabajo Especial sobre el Crimen de Agresión, 2008, párr. 29, disponible en: https://asp.icc-cpi.int/sites/asp/files/asp_docs/SWGCA/ICC-ASP-7-20-Ann.III%20Spanish.pdf
AMBOS: El crimen de..., ob. cit., p. 51, critica que se perdiera la oportunidad para haber abierto un debate sobre una mejor codificación.
Como he expresado *supra* (v. notas 246, 256, 324 y 366), la amenaza de un acto de agresión estuvo presente desde el proyecto de código de delitos

zar" sustituye a "hacer la guerra". En segundo lugar, limita el círculo de sujetos activos del delito a los líderes o dirigentes estatales. Y, en tercer lugar, establece un umbral de gravedad del acto de agresión. Éste será un injusto penal internacional si por sus "características, gravedad y escala constituy[en] una violación manifiesta de la Carta de las Naciones Unidas".

Para delimitar el contenido del injusto internacional de las cuatro conductas es necesario remontarse a la sentencia de Núremberg, aunque ésta no sea precisamente diáfana al identificar el contenido de las cuatro conductas típicas[760]. La sentencia del TMI, como he avanzado, distinguió, por un lado, planear, preparar, iniciar o hacer una guerra de agresión (segundo cargo); y, por otro lado, participar en un plan común o conspiración para cometer crímenes contra la paz (primer cargo). Analizó los dos cargos conjuntamente, pero solo tuvo en cuenta el segundo, esto es, planear o planificar, preparar, iniciar y librar una guerra de agresión[761].

El significado de la conducta de planear o planificar no es nítido. Se sitúa próxima a la fase interna del delito —a la que supera, va más allá de la deliberación— y a la *preparación*, a la que precede. El ECPI no define la planificación. La sentencia del TMI no las diferenció con la claridad deseada[762], pero sí resaltó que "la planificación y la

---

contra la paz y la seguridad, desde 1951 hasta el de 1996 que desapareció toda mención la misma como elemento de tipicidad material.

760 V. MCDOUGALL: The Crimes against…, ob. cit., p. 100; y CLARK: Individual Conduct…, ob. cit., p. 567.

761 Sentencia TMI, en Journal, p. 224. La sentencia declaró, no obstante, que el plan común o conspiración abarcó 25 años, desde la formación del partido Nazi en 1919 hasta el final de la guerra mundial.

762 V. MCDOUGALL: The Crimes against…, ob. cit., pp. 85 a 103. Esta autora sistematiza con precisión las sentencias de los tribunales militares internacionales sobre el significado jurídico de las conductas de planificación, preparación, iniciación o realización de guerras de agresión, también el *actus reus* y la *mens rea*. MCDOUGALL, citando la sentencia del TMI, señala como ejemplos, la imprecisión de la condena a Göring en la que el tribunal no explicitó si la conducta de éste además de planificar y preparar fue de iniciar o libar guerras de agresión (*ibid.* p. 85).
Göring —que solo tenía por encima a Hitler— fue considerado el principal planificador y el motor principal de los preparativos militares y diplomáti-

preparación son esenciales para hacer la guerra"[763]. La CDI en la formulación de los principios de Núremberg recordó que "el tribunal no hizo ninguna distinción clara entre planificación y preparación". Quizá por ello, el TMI entendió que ambos términos "comprendían todas las etapas de la realización de una guerra de agresión, desde la planificación hasta el inicio efectivo de la guerra"[764].

La sentencia del TMI sostuvo, por ejemplo, que la celebración de *cuatro reuniones* secretas en las que Hitler hizo importantes declaraciones sobre sus propósitos o intenciones agresivas formaron parte de la *planificación de la agresión* y arrojaron luz sobre la existencia del plan común[765]. Las pruebas determinaron la presencia de un "plan común para la planificación común para preparar y librar una guerra por parte de algunos acusados"[766]. Planes que pueden ser separados y proceder de más de una conspiración[767]. El plan seguirá siendo un plan, aunque participen varias personas y solo lo haya concebido una sola persona[768]. Para el TMI, desde el 5 de noviembre de 1937 e inclu-

---

cos de la guerra que llevo a cabo Alemania (v. PCNICC/2002/WGCA/L.1, p. 66; v. *supra*, nota 50).

763 Sentencia TMI, en Journal, p. 221.

764 UN. Doc. A/CN.4/SER.A/1950/Add.1, p. 194, comentario al principio VI, apartado (v), (v. *supra*, nota 222).

765 Celebradas el 5 de noviembre de 1937, 23 de mayo, 23 de agosto y 23 de noviembre, de 1939 V. Sentencia TMI, en Journal, p. 188 a 191.
Es curioso que las tres últimas reuniones se celebraran el día 23 de esos meses citados. ¿Sería fruto de la casualidad u obedecería a alguna obsesión o manía de Hitler?
La importancia de las conferencias, como medio para planificar la guerra de agresión, se destaca también en la sentencia con la absolución de Fritzsche. No se apreció ni que tuviera competencia y categoría profesional para asistir a las conferencias de planificación, ni que se le informara de las decisiones adoptadas y tampoco apreció que sus actividades formaran parte de la planificación para la guerra de agresión (v. UN. Doc. PCNICC/2002/WGCA/L.1, párr. 115; v. *supra*, nota 50).

766 Sentencia TMI, en Journal, p. 223.

767 *Ibid.*, pp. 222 y 223.

768 *Ibid.*, p. 223. Añade que "quienes ejecutan el plan no quedan exentos de responsabilidad demostrando que actuaron bajo la dirección del hombre que lo concibió. Hitler no podía hacer una guerra de agresión por sí solo. Tenía que tener la cooperación de estadistas, jefes militares, diplomáticos y

so antes, ya existían planes para hacer la guerra y a partir de entonces tales preparativos continuaron en "muchas direcciones y contra la paz de muchos países. De hecho, la amenaza de guerra —y la guerra misma si era necesaria— formaba parte integrante de la política nazi"[769].

La sentencia del TMI justificó que la planificación para ser delictiva tiene que basarse en un plan concreto para hacer la guerra y determinar los participantes en ese plan específico[770]. No obstante, si se participa en la planificación o preparación de una guerra de agresión, pero oponiéndose a la misma, no se cumple el elemento material del crimen contra la paz[771].

---

empresarios. Cuando ellos, teniendo conocimiento de sus objetivos, le dieron su cooperación, se convirtieron en partes del plan que él había iniciado. No deben ser considerados inocentes porque Hitler los haya utilizado, si ellos sabían lo que estaban haciendo. El hecho de que un dictador les haya asignado sus tareas no los absuelve de responsabilidad por sus actos. La relación entre líder y seguidor no excluye la responsabilidad en este caso, así como tampoco la excluye en la situación, comparable a una tiranía, de la delincuencia organizada dentro de un país" *(ibid.)*.

769 Sentencia TMI, en Journal, pp. 222 y 223.

770 *Ibid.*, p. 222. Por ello, el TMI mantuvo que el plan para que sea criminal no puede basarse "meramente en declaraciones de un programa de partido, como las que se encuentran en los 25 puntos del partido Nazi, anunciado en 1920, o en las afirmaciones políticas expresadas en el Mein Kampf en años posteriores" (*ibid.*).
Por ejemplo, y entre otros, Von Ribbentrop, fue condenado por "asistir a una conferencia con Hitler; y Antonescu, en relación con la participación de Rumania en el ataque a la Unión Soviética", fue condenado por participar en la planificación preliminar de la explotación política de los territorios soviéticos y porque "instó al Japón a que atacase a la Unión Soviética después del estallido de la guerra" (v. UN. Doc. PCNICC/2002/WGCA/L.1, párr. 71 i)); Rosenberg también fue condenado por su participación en la "planificación del ataque a Noruega y por la preparación de dicho ataque, y su participación en la administración de los países ocupados (UN. Doc. PCNICC/2002/WGCA/L.1, párr. 73); y Jodl fue considerado "el verdadero planificador de la guerra y en gran medida el responsable de la estrategia y dirección de las operaciones" (UN. Doc. PCNICC/2002/WGCA/L.1, párr. 78). V. *supra*, nota 50.

771 Por ello, el TMI absolvió a Von Weizsäcker, quien, además, nunca creyó que la guerra tuviera éxito y consideró que ésta sería un desastre para Alemania (UN. Doc. PCNICC/2002/WGCA/L.1, párr. 206; v. *supra*, nota 50).

El Diccionario de la lengua española, en su segunda acepción, ofrece como significado de planificar, "hacer plan o proyecto de una acción", y, en la tercera, "someter a planificación"[772]. Plan o proyecto, siguiendo con el diccionario, es "intención o proyecto" (2ª acepción), "modelo sistemático de una actuación pública o privada, que se elabora anticipadamente para dirigirla y encauzarla" (3ª acepción) o "actitud o propósito" (8ª acepción).

El Oxford English Dictionary define *planning, in plan* como "disponer de antemano (una acción o procedimiento propuesto); idear, maquinar o formular (un proyecto o forma de proceder); establecer…" o la "acción o proceso de elaborar un plan; acción o trabajo de un planificador, (más tarde) especialmente el diseño o control del desarrollo urbano o económico"[773]. Amparado en el diccionario británico, para HAJDIN lo que se penaliza con la planificación es "la participación en la elaboración de un plan en el que se debe hacer algo"[774]. Para ZIMMERMANN y FREIBURG la planificación es "la participación en el desarrollo de planes y operaciones específicas (militares o de otro tipo) del Estado afectado por la comisión de un acto específico de agresión"[775].

---

772 REAL ACADEMIA ESPAÑOLA: Diccionario de la lengua española, 23.ª ed., [versión 23.6 en línea]. <https://dle.rae.es>

773 "Planning, n.". Oxford English Dictionary, Oxford University Press, July 2023, <https://doi.org/10.1093/OED/4390370381> https://www.oed.com/search/dictionary/?scope=Entries&q=planning

774 HAJDIN, N.: "The actus reus of the crime of aggression", *Leiden Journal for International Law* 2021, 34(2), doi:10.1017/S0922156521000042, p. 7. Añade que en los actos de planificación el autor tiene que estar físicamente presente y ofrecer su opinión en las reuniones cruciales en las que se diseña el plan. Cita a ZIMMERMANN y FREIBURG-BRAUN: ob. cit.

775 ZIMMERMANN and FREIBURG-BRAUN: Article 8 bis…, ob. cit., p. 695.

Los Estatutos del ICTY[776] e ICTRR[777] previeron, no como elemento de conducta, sino como forma de intervención punible para atribuir responsabilidad penal individual, *alentar* o *ayudar* de cualquier forma a *planificar, preparar o ejecutar* los crímenes de su competencia *ratione materiae.* El ICTY abordó la planificación desde el aspecto subjetivo o *mens rea,* y sostuvo que "una persona que planifica un acto u omisión con la conciencia de la probabilidad sustancial de que se cometa un delito en ejecución de ese plan, tiene la *mens rea* requerida"[778].

La CPI se ha referido indirectamente a la planificación al tratar los grupos armados. Ha sostenido que algunos de esos colectivos "tenían capacidad para planificar y llevar a cabo operaciones militares sostenidas y concertadas"[779]. También ha mantenido que el Estado ejerce sobre sobre las fuerzas armadas que actúan en nombre de otro Estado "el grado de control requerido cuando desempeña un papel en organizar, coordinar o planificar las acciones militares del grupo militar, además de financiar, entrenar, equipar o prestar apoyo operativo a ese grupo"[780].

La planificación es, por tanto, cualquier plan del sujeto activo perceptible en el exterior y dirigido a la comisión de un acto estatal de agresión. El plan debe ser *agresivo,* concreto, explícito y unívoco que

---

776 V. Estatuto del Tribunal Internacional para el Castigo de los Crímenes Internacionales Perpetrados en la Antigua Yugoslavia, creado por la Resolución 827 (1993), UN Doc. S/RES/827, de 25 de mayo, del Consejo de Seguridad de las Naciones Unidas, en su 3217ª sesión. Boletín Oficial del Estado (en adelante, BOE), número 281, de 24 de noviembre de 1993, artículo 7.1.

777 V. Estatuto del Tribunal Internacional Para Ruanda, creado por la Resolución 955 (1994), UN Doc. S/RES/955 de 8 de noviembre, durante la 3453ª sesión del Consejo de Seguridad de las Naciones Unidas. BOE número 123, de 24 de mayo de 1995, artículo 6.1.

778 ITPY, *Kordić*, AC, párr. 31.

779 ICC, *Prosecutor v. Germain Katanga and Mathieu Ngudjolo Chui*, PT I, Decision on the confirmation of charges, ICC-01/04-01/07, 30 September 2008. Disponible en: https://www.icc-cpi.int/sites/default/files/CourtRecords/CR2008_05172.PDF

780 ICC, *Lubanga*, TC I, párr. 538. V. nota 1649 de esta decisión en la que cita otras del ICTY.

suponga una contribución del sujeto a la realización de un acto estatal de agresión[781].

La segunda conducta del *actus reus*, esto es, la *preparación* supone un paso más respecto de la planificación. El diccionario de la Lengua Española, remite en la primera acepción a la "acción y efecto de preparar o prepararse". Preparar es, en palabras de la Real Academia, "prevenir o disponer o hacer algo con una finalidad" (primera acepción), "prevenir o disponer a alguien para una acción futura" (acepción segunda) y en la tercera: "hacer las operaciones necesarias para obtener un producto"[782]. El Oxford English Dictionary la define como la "acción de preparar" y a ésta como "poner en condiciones adecuadas para alguna acción o propósito futuro; preparar con antelación; acondicionar, equipar"[783].

La sentencia del TMI estimó que algunos pasajes del libro de Adolf Hitler "Mein Kampf" ("Mi lucha"), encajaban en la *preparación a la agresión*. Hitler en su perverso manuscrito se mostraba convencido de que las controversias internacionales se debían resolver por el uso de la fuerza y que ésta era un instrumento de política exterior. Para la sentencia de Núremberg, los mensajes que se inferían del libro y desgranaban los objetivos políticos de Hitler, trascendían de lo que era un "simple diario"[784] y revelaban su "inequívoca actitud de

---

781 MCDOUGALL: The crime of…, ob. cit., p. 237, describe, de acuerdo con otros autores, como ejemplos de conductas de planificación: la adquisición de armas para cometer un acto de agresión, la acumulación de topas en las fronteras listas para un ataque, la liquidación de activos del Estado para financiar la maquinaria bélica o la confirmación de alianzas militares para aumentar el poder militar con la finalidad de cometer un acto de agresión. Entre la planificación y los actos preparatorios y el acto de agresión debe mediar un nexo causal, concluye esta autora.

782 REAL ACADEMIA ESPAÑOLA: Diccionario de la lengua española, 23.ª ed., [versión 23.6 en línea]. <https://dle.rae.es>

783 "Prepare, v.". Oxford English Dictionary, Oxford University Press, July 2023, <https://doi.org/10.1093/OED/1134452520>

784 Su contenido era "proclamado desde las azoteas de las casas. Se utilizaba en las escuelas y universidades, entre las juventudes Hitlerianas, en las SS y las SA, y entre el pueblo alemán en general, hasta la entrega de una copia oficial a todos los recién casados". Sentencia TMI, en Journal, p. 187.

agresión"[785]. No obstante, el TMI, fruto de su renuente voluntad de diferenciar técnicamente la planificación y preparación, quizá por los nulos efectos prácticos que tendría al ser posible —como también en la actualidad con el artículo 8 *bis* ER— la condena indistintamente por cualquiera de los dos comportamientos, tildó también, en pasajes de la sentencia, la publicación del Mein Kampf como una conducta de *planificación*[786].

Del mismo modo, el ICTR condenó a Nahimana, Barayagma y Ngeze, en el denominado "caso de los medios de comunicación", por genocidio, incitación al genocidio, conspiración y crímenes contra la humanidad[787]. Sin perjuicio de la calificación de los hechos, en la sentencia se recogen determinadas conductas consideradas por el Fiscal[788] como preparatorias para exterminar a la población tutsi y

---

785 Sentencia TMI, en Journal, pp. 187 a 188.
La sentencia copia algunos pasajes del Mein Kampf como: "El suelo en el que ahora vivimos no fue un regalo concedido por el Cielo a nuestros antepasados. Tuvieron que conquistarlo arriesgando sus vidas. Así también en el futuro, nuestro pueblo no obtendrá territorio, y con él los medios de existencia, como un favor de cualquier otro pueblo, sino que tendrá que ganarlo con el poder de una espada triunfante"; o "por lo tanto, nosotros, los nacionalsocialistas, hemos trazado deliberadamente una línea a través de la línea de conducta seguida por la Alemania de preguerra en política exterior. Ponemos fin a la perpetua marcha germánica hacia el Sur y el Oeste de Europa y volvemos los ojos hacia las tierras del Este. Ponemos fin a la política colonial y comercial de la preguerra y pasamos a la política territorial del futuro. Pero cuando hoy hablamos de nuevos territorios en Europa, debemos pensar principalmente en Rusia y en los Estados fronterizos sometidos a ella".

786 Sentencia TMI, en Journal, pp. 222.

787 ICTR, *Prosecutor v. Ferdinand Nahimana, Jean-Bosco Barayagwiza y Hassan Ngeze*, TC I, Judgement and Sentence, ICTR-99-52-T, 3 December 2003. Disponible en: https://ucr.irmct.org/LegalRef/CMSDocStore/Public/English/Judgement/NotIndexable/ICTR-99-52/MSC26797R0000541998.PDF
En la sentencia se recoge, como caso paradigmático en el DPI, el papel de los medios de comunicación, cuyo único precedente se remontaba a la condena por el TMI de Streicher quien apoyó las políticas nazis en los medios de comunicación (v. PCNICC/2002/WGCA/L.1, párr. 109; v. *supra*, nota 50).

788 ICTR, Ferdinand Nahimana, 5, párrs. 5.1 a 5.28. Esa emisora fue conocida como *Radio Machete*.

eliminar a los hutus moderados, como fue la difusión de mensajes de odio étnico e incitación a la violencia, en el periódico Kangura y en la Radio Televisión Libre de las Mil Colinas[789]; el entrenamiento y la distribución de armas a los milicianos; así como la preparación de listas de personas que debían ser eliminadas. La sentencia aseveró que "el poder de los medios de comunicación para crear y destruir valores humanos fundamentales conlleva una gran responsabilidad"[790].

El TMI condenó a Funk por su participación en la preparación económica de guerras agresivas contra Polonia y la Unión Soviética[791]. La sentencia del caso *I.G. Farben*[792] se apartó de las posteriores que dictaron los tribunales al amparo de la LCA n.º 10 sobre que el *actus reus* requería el "propósito y objetivo de un plan agresivo participando en la preparación de una guerra agresiva"[793]. El Tribunal General del Gobierno Militar de la Zona Francesa de Ocupación en Alemania[794] añadió posteriormente en el caso *Roechling* que el grado de participación debería ser "muy alto" para evitar condenas masivas y así no se ampliarían las acusaciones a soldados sin graduación[795].

En relación con el acopio de armamento por parte de un Estado, ZIMMERMANN y FREIBURG advierten que, de acuerdo con el asunto *Nicaragua* de la CIJ, salvo disposición en contrario de un tratado u otro instrumento, éste es permitido por el DI. Inicialmente no entraña responsabilidad penal individual[796]. La responsabilidad criminal surgirá en el momento que se seleccione el armamento correspondiente para perpetrar el acto de agresión.

---

789 ICTR, Ferdinand Nahimana, párr. 1099.

790 *Ibid.*, párr. 945.

791 V. MCDOUGALL: The Crimes against…, ob. cit., pp. 85 y 86. Se le declaró culpable por su conocimiento de los planes agresivos y su participación en la planificación y la preparación financieras y económicas para la agresión (UN. Doc. PCNICC/2002/WGCA/L.1, párr. 84; v. *supra*, nota 50).

792 V. *supra*, nota 188.

793 V. MCDOUGALL: The Crimes against…, ob. cit., p. 96, con cita de la sentencia de ese caso.

794 V. *supra*, nota 188.

795 V. MCDOUGALL: The Crimes against…, ob. cit., p. 96.

796 ZIMMERMANN and FREIBURG-BRAUN: Article 8 bis, 4 ed., p. 696.

El TMI no consideró culpable a *Speer* por su actividad de jefe o encargado —después de ya iniciadas todas las guerras— de la industria de armamento. Su posición de "encargado de la producción de armamentos de Alemania constituía una ayuda para el esfuerzo bélico", pero el tribunal matizaba para justificar la atipicidad de su conducta: "del mismo modo que otras empresas productivas ayudan a hacer la guerra"[797]. No obstante, esto no significaba la impunidad para los altos industriales por crímenes contra la paz. El tribunal destacaba: "no sostenemos que los industriales, en cuanto tales, no puedan en circunstancias algunas ser declarados culpables de dicho crimen"[798]. El Tribunal Militar de Estados Unidos acogiendo esta tesis del TMI absolvió a *Pleiger* (*caso Ministerios*) —que había realizado actividades en el ámbito económico e industrial— ante la inexistencia de pruebas que acreditaran el conocimiento de la planificación, la iniciación o realización de guerras de agresión o que hubiera participado en esas actividades. Añadió que el rearme no era un crimen de DI salvo que se hiciese el mismo "con la intención y propósito de utilizar ese rearme en una guerra de agresión"[799].

El TMI consideró que *Rosenberg* realizó la guerra de agresión porque "desempeñó un papel importante en la preparación y planificación del ataque a Noruega" [800]. *Frick* porque firmó leyes de incorporación a Alemania de determinados territorios, estuvo a cargo de esa incorporación real y obtuvo una estrecha cooperación con Noruega[801]. Y *Seyss-Inquart* por "gobernar un territorio que había sido ocupado por guerras de agresión y cuya administración era de vital importancia en la guerra de agresión que libraba Alemania"[802]. Sin embargo, no condenó ni por preparar ni iniciar, aunque sí por hacer, una guerra a *Dönitz* porque no fue informado de la conspiración y no conocía los planes de hacer una guerra de agresión, a pesar de que construyó y entrenó al arma de submarinos de Alemania. *Dönitz* tam-

---

797 UN. Doc. PCNICC/2002/WGCA/L.1, párr. 103 (v. *supra*, nota 50) y MCDOUGALL: The Crimes against…, ob. cit., pp. 85 y 86.

798 UN. Doc. PCNICC/2002/WGCA/L.1, párr. 148 (v. *supra*, nota 50).

799 *Ibid.*, párr. 259.

800 V. MCDOUGALL: The Crimes against…, ob. cit., p. 86.

801 *Ibid.*, p. 86.

802 *Ibid.*

poco estuvo presente en las conferencias en las que se proclamaban los planes para las guerras de agresión[803].

La llamada "duplicidad de conducta" también puede considerarse como un elemento que muestre la planificación y preparación de la guerra de agresión. La sentencia del TMI razonó que mientras Hitler negociaba y celebraba acuerdos y otorgaba seguridades —que jamás tuvo la intención de cumplir, incluso prometiendo la paz— ya, en vísperas de iniciar la guerra, planeaba y preparaba la guerra agresiva[804].

La preparación es un acto típico y previo al *inicio* y/o *realización* del acto de agresión. Son acciones adecuadas o medidas concretas decisivas dirigidas a la comisión del acto de agresión. Ejemplo de ello puede ser la compra de armas y su distribución; la *preparación* de los elementos necesarios para bloquear un puerto; la previa concertación con otro Estado para usar el ejército de ese Estado; la búsqueda de financiación para el reclutamiento de mercenarios; el entrenamiento de tropas militares; la publicación o difusión en medios de comunicación de noticias tendentes a facilitar el acto de agresión o a inculcar su necesidad; el allanamiento del terreno; la formalización de operaciones financieras para sufragar la guerra, etc. Son medidas preparatorias del inicio y/o realización del acto de agresión.

El tercer elemento material de la conducta individual es "iniciar" un acto de agresión. Iniciar, de acuerdo con el diccionario de la Real Academia es, según la primera acepción, "comenzar (dar principio al algo)" o "dar comienzo" según la acepción cuarta. Esta conducta se corresponde con el inicio del uso de la fuerza armada en el sentido normativo del término. El inicio de cualquiera de las conductas previstas en el párrafo 2º del artículo 8 *bis* ECPI será suficiente para la vinculación objetiva de los hechos al autor. No es necesario que concurra estricta y literalmente el uso de la fuerza en sentido material. Dependerá, lógicamente, de la modalidad conductual concreta de que se trate (letras *a*) a *g*) del párrafo 2º del artículo 8 *bis* ECPI).

---

803 UN. Doc. PCNICC/2002/WGCA/L.1, párr. 85 (v. *supra*, nota 50).

804 *Ibid.*, párr. 175.

Y, por último, la conducta de *realización* o ejecución (*execution*, en la versión inglesa). Ésta de acuerdo con el Diccionario de la Lengua se identifica "con efectuar, llevar a cabo algo o ejecutar una acción" y ejecutar "poner por obra algo" (1ª acepción)[805]. El Oxford English Dictionary lo define como la "acción de llevar a efecto (un plan, diseño, propósito, orden, decreto, tarea, etc.)[806].

Iniciar un acto de agresión es poner en marcha un acto de agresión. No es diáfana la diferencia entre "iniciar" y "realizar" un acto de agresión, incluso pudiera ser redundante. El Tribunal Militar Internacional de los Estados Unidos consideró en el *caso Ministerios* la estrecha relación entre los dos términos. "Iniciar una guerra" es "comenzar las hostilidades", lo que "implica la realización efectiva de la guerra de agresión". Si otros intervienen, después de iniciada, "se convierten en culpables de hacer [librar, realizar] la guerra"[807]. *Dönitz* fue condenado, a pesar de ser absuelto de preparar e iniciar la guerra, por "hacer guerras de agresión" o "participación activa", por ser el "líder de la rama de submarinos"[808].

MCDOUGALL concluye que de la sentencia del TMI de Núremberg "planificar" y "preparar" eran las conductas que contribuían al inicio de una guerra de agresión y "librar" comprendió "los actos de ocupación y funciones operativas militares importantes"[809].

Las cuatro conductas típicas previstas en el párrafo primero del artículo 8.1 *bis* ECPI se dividen en una lectura en clave de Derecho penal nacional, no de DPI —hasta agotar el *iter criminis* natural de un

---

805 REAL ACADEMIA ESPAÑOLA: Diccionario de la lengua española, 23.ª ed., [versión 23.6 en línea]. <https://dle.rae.es>

806 Oxford English Dictionary, s.v. "execution, n.", July 2023. <https://doi.org/10.1093/OED/1035222258>

807 UN. Doc. PCNICC/2002/WGCA/L.1, párr. 291 (v. *supra*, nota 50). En este sentido, V. MCDOUGALL: The Crimes against..., ob. cit., p. 97.

808 UN. Doc. PCNICC/2002/WGCA/L.1, párr. 87 (v. *supra*, nota 50). WERLE, G. y JESSBERGER: ob. cit., p. 886, recuerdan las críticas que sufrió esta condena porque *Dönitz* careció de la capacidad de poner fin a la guerra, pero ellos justifican la condena porque "el autor contribuye decisivamente en la ejecución del plan global de la guerra de agresión e incrementa así el injusto producido".

809 V. MCDOUGALL: The Crimes against..., ob. cit., p. 87.

acto de agresión, pero no jurídico— en tres grupos: actos preparatorios (*planificar* y *preparar*), tentativa (*iniciar*) y consumación (*realizar*). Conductas, estas dos últimas que se engloban en la fase de ejecución. Los actos preparatorios, por lo general, en el Derecho penal doméstico, son impunes[810], salvo que la norma punitiva disponga lo contrario (por ejemplo, la conspiración, la provocación o la proposición para delinquir[811] o aquellos otros expresamente previstos en el tipo penal correspondiente[812]). Se adelante la barrera punitiva a una fase anterior.

El párrafo primero del artículo 8 *bis* ECPI no tipifica actos preparatorios[813]. Prevé cuatro conductas: *planificar un acto de agresión, preparar un acto de agresión, iniciar un acto de agresión o realizar un acto de agresión.* El artículo 8 *bis* ER no es una suerte de tipo penal de sospecha. Su literalidad impide considerar normativamente a las dos primeras conductas como acto preparatorio, y a la tercera como tentativa. Son elementos típicos y, además, como expongo más adelante, distintos al régimen general del *iter criminis* (artículo 23.3 *f*) ECPI[814]). Crono-

---

810 Una lectura, desde el Derecho penal nacional, para marcar la frontera entre los actos preparatorios y la tentativa descansaría en averiguar la previsibilidad de producción o no de un resultado grave con los actos preparatorios, si estos son inequívocos o si la resolución delictiva del autor es firme. El acto preparatorio está más alejado cualitativamente del bien jurídico que la tentativa. Existen teorías, para tratar de diferenciarlos como son las teorías objetivas, la del acto próximo, la de la univocidad, la objetivo- formal, la objetivo-material y la teoría funcionalista. Una vez, definido si es acto preparatorio o tentativa, el régimen jurídico de la tentativa solo se aplica a ésta.

811 De acuerdo con el artículo 17 del Código Penal español.

812 V., por ejemplo, artículos 400 y 270.6 del Código Penal español.

813 En contra ODRIOZOLA GURRUTXAGA, M.: "El crimen de agresión en el Estatuto de Roma: limitaciones derivadas de su definición y de las condiciones para el ejercicio de la competencia", *Revista General de Derecho Penal*, Iustel, número 40, noviembre, 2023, pp. 31 y 39. Sostiene que las conductas de *planificar* y de *preparar* son actos preparatorios y supone un importante adelantamiento punitivo.

814 Que declara la responsabilidad penal individual de quién, de conformidad con el ECPI, "[i]intente cometer ese crimen [competencia de la CPI] mediante actos que supongan un paso importante para su ejecución, aunque el crimen no se consume debido a circunstancias ajenas a su voluntad".

lógicamente, y desde una visión meramente naturalística, es palmario que el crimen de agresión no es de ejecución inmediata[815]. Es una sucesión secuencial sincronizada de conductas. El acto de agresión primero se planifica, le seguirá la preparación, se dará inicio y concluirá con su realización. Sin embargo, a esa realidad natural, se le suma una *consecuencia* o efectos en sentido natural y jurídico: el acto de agresión o el uso de la fuerza armada que constituya acto de agresión se tiene que producir.

Los EC del artículo 8 *bis* especifican "que el autor" debe haber "planificado, preparado, iniciado o realizado un acto de agresión". Y, adicionalmente, el tercer EC aclara que, para punir, no solo las tres primeras conductas, sino las cuatro, se tiene que causar el acto de agresión: "el acto de agresión —el uso de la fuerza armada por un Estado contra la soberanía, la integridad territorial o la independencia política de otro Estado, o en cualquier otra forma incompatible con la Carta de las Naciones Unidas— se [debe haber] cometido"[816]. Esto significa que los redactores del ECPI no previeron una suerte de tentativa del acto de agresión (aunque sí del crimen de agresión, esto es, de la conducta individual, como luego reseñaré) si éste no se producía y solo quedaba intentado. Tampoco la mera amenaza de un acto de agresión colmaba las exigencias típicas[817].

---

815 MCDOUGALL: The Crimes against..., ob. cit., pp. 86, considera que "planificar, preparar, e iniciar fueron considerados por el [TMI] como pasos en un estricto orden cronológico"

816 De acuerdo con AMBOS: El crimen de..., ob. cit., p. 51, el derecho consuetudinario internacional exige que las hostilidades deben haber comenzado. WERLE, G. y JESSBERGER: ob. cit., p. 886, recuerdan que la planificación y preparación de una guerra de agresión será punible "cuando se llega al inicio de las hostilidades". Excepcionalmente, de acuerdo con la sentencia del TMI, existirá también guerra de agresión si la ocupación es "ampliamente pacífica" por "la masiva superioridad militar del ocupante", como sucedió con Dinamarca y Luxemburgo, cuya ocupación fue "sin fuerza digna de mención".

817 V. informe del SWGCA, ICC-ASP/4/32, párr. 39, en el que se recoge que la CDI contempló en el Proyecto de Código de 1992 la amenaza del acto de agresión. Apreciación que se abandonó en el proyecto de 1996. V. también informe del SWGCA, ICC-ASP/5/SWGCA/INF.1, reunión oficiosa entre períodos de sesiones del Grupo de Trabajo Especial sobre crimen de

La arquitectura del tipo de agresión compuesto por cuatro conductas se corresponde con una unidad típica de acción. El sujeto contribuye a la comisión típica bien a través de una única conducta —a su vez alternativa (o planifica o prepara o inicia o realiza)— bien acumulativamente contribuyendo con más de una de ellas (planifica y/o preparar y/o inicia y/o realiza el acto de agresión) para logar el resultado colectivo efectivo del acto de agresión[818]. En este último caso, todas las combinaciones típicas son posibles. Por ejemplo, el mismo sujeto puede planificar un acto de agresión y sucesivamente prepararlo, iniciarlo y realizarlo; o el sujeto activo puede contribuir directamente al inicio o a la realización del acto de agresión, entre muchos supuestos posible. La sola comisión de una de ellas, al ser conductas alternativas unidas por la conjunción disyuntiva "o" será suficiente. La CDI argumentaba en el comentario al artículo 16 del proyecto de 1996 que la agresión se componía de "varias fases". Una primera "la orden de cometer el acto de agresión" y después los otros cuatro posibles comportamientos, que no "están separadas por una divisoria impermeable", por lo que "la participación en una sola fase basta para que se incurra en responsabilidad penal"[819]. El tipo del artículo 8 *bis* ER es consecuentemente un tipo mixto alternativo y también acumulativo[820].

La habitual intervención de diferentes personas convierte al crimen de agresión en tipo plurisubjetivo, de convergencia y de imputación recíproca y solidaria. Varias personas convergen, mediante la realización de conductas individuales, para obtener un resultado

---

agresión, 5 de septiembre de 2006, párr. 47, donde se vuelve a plantear la amenaza del acto de agresión. Disponible en: https://asp.icc-cpi.int/sites/asp/files/asp_docs/SWGCA/ICC-ASP-5-SWGCA-INF1_Spanish.pdf
V. *supra*, notas 246, 256, 324, 366 y 759.

818 El Tribunal Militar de Estados Unidos en el caso *Alto Mando* confirmó que una persona puede participar en cualquiera de las diferentes etapas, en la "planificación, la preparación o la iniciación de una guerra" así como mediante la conducta de "ampliar, continuar o terminar la guerra" (UN. Doc. PCNICC/2002/WGCA/L.1, párr. 164 (v. *supra*, nota 50).

819 UN. Doc. A/51/10, p. 89 (v. *supra*, nota, 356).

820 Para PIGNATELLI: ob. cit., p. 707, es un tipo de *carácter mixto alternativo o disyuntivo* porque "se caracteriza por una *pluralidad de hasta cuatro posibilidades comisivas o realizaciones típicas*". También p. 710.

colectivo estatal: el acto de agresión. Por tanto, el crimen de agresión es un delito de resultado material[821] y de responsabilidad penal recíproca y solidaria. Cada interviniente es responsable de su concreto comportamiento y del resto de los intervinientes en la producción del crimen de agresión.

La naturaleza mixta dual (individual y colectiva) de este crimen, hace, como he adelantado, que el acto colectivo de agresión, como acto de referencia de toda la conducta individual, se tenga que completar. Si esto es así, el nexo que une a cualquiera de las cuatro conductas individuales con el acto colectivo estatal es la agresión. Si indiscutiblemente el acto de agresión debe producirse, los actos de conducta, planificación y preparación, y el de intento, ni son actos preparatorios ni tipos de tentativa. Son actos ejecutivos[822]. El párrafo primero del artículo 8 *bis* ECPI acopla varios actos o unidades de acción individuales en un acto posterior colectivo de realización del acto de agresión, conformando así una unidad típica de acción. Sea cual sea la contribución, la conducta será punible si el acto agresivo se ha iniciado o completado[823].

Este carácter colectivo le imprime naturaleza coral al crimen de agresión. El *actus reus* es una sinfonía de conductas criminales individuales (planificación + preparación+ toma de decisión+ orden del inicio de las acciones) que contribuyen al resultado colectivo final del acto de agresión.

La naturaleza colectiva del crimen de agresión suscita cuál es el grado de la contribución del sujeto a la consecuencia del acto de agresión. La jurisprudencia de los tribunales penales internacionales

---

821 En idéntico sentido PIGNATELLI: ob. cit., p. 707.

822 Sin embargo, PIGNATELLI: ob. cit., p. 707, argumenta que se mantienen al mismo nivel actos preparatorios y ejecutivos. Para este autor la asimilación de supuestos de tentativa (planificar y preparar) con los de consumación (iniciar y realizar) supone un adelantamiento de la barrera punitiva, explicable tanto por la gravedad de los hechos como de la peligrosidad y riesgo que comportan (p. 708).

823 MCDOUGALL: The Crimes against…, ob. cit., p. 86, se pregunta, ante el silencio del TMI, si para éste la planificación o preparación de una guerra de agresión que finalmente no se produce es suficiente para determinar la responsabilidad penal individual.

ha contemplado el grado de contribución requerido en supuestos propios de la criminalidad internacional en los que intervienen una pluralidad de personas bajo un plan común dirigido a la comisión del crimen internacional. Así, se ha barajado el criterio de contribución *significativa* y *esencial* para las formas de autoría, y de aportación *sustancial* para las formas de participación o complicidad.

La doctrina del ICTY de la *joint criminal enterprise*, inaugurada en el conocido caso *Tadić*[824], y hoy ya superada por la CPI[825]—, fijó el grado de la contribución de cada interviniente en "significativa" y estimó que no era necesario que fuera "sustancial"[826]. La contribución indirecta y sustancial la había requerido el ICTY a los partícipes[827]. MACULAN y GIL explican que "significativo" es un umbral menos elevado que "sustancial". El sujeto ni tiene que realizar la contribu-

824 ICTY, *Prosecutor v. Dusko Tadić*, AC, Judgment, IT-94-1-A, 15 July 1999. Disponible en: https://ucr.irmct.org/scasedocs/case/IT-94-1#eng

825 MACULAN, E. y GIL GIL, A.: "Las formas de intervención punibles: autoría y participación", *Derecho penal internacional*, Gil Gil A. y Maculan E (dirs.), Dykinson, Madrid, 2019, p. 242, reprochaban a esta construcción jurisprudencial que por sus efectos expansivos vulneraba los principios de legalidad, culpabilidad y de responsabilidad por el propio hecho.
No obstante, la doctrina de la *joint criminal enterprise* ha sido retomada por las Salas Especializadas de Kosovo. V. sentencia de 16 de diciembre de 2022, caso KSC-BC-2020-05, Fiscal contra Salih Mustafá, párrs. 734 a 757. Sobre estas salas v. LIÑÁN: Los tribunales penales..., ob. cit., pp. 135 a 137.

826 ICTY, *Prosecutor v. MomČilo Krajišnik*, AC, Judgment, IT-000-39-A, 17 March 2009, párr. 215. Disponible en: https://ucr.irmct.org/LegalRef/CMSDocStore/Public/English/Judgement/NotIndexable/IT-00-39-A/JUD203R0000257121.pdf
El ICTY acogió inicialmente el criterio de la "dirección específica" (*Prosecutor c. MomČilo Perišić*, AC, Judgement, IT-04-81-A, 28 February 2013, párrs. 25 a 36), pero luego lo abandonó (por todas, *Prosecutor v. Popović et al.*, AC, Judgement, IT-05-88-A, 30 January 2015, párr. 1758.
Disponibles las dos decisiones respectivamente en: https://ucr.irmct.org/LegalRef/CMSDocStore/Public/English/Judgement/NotIndexable/IT-04-81-A/JUD248R0000399801.pdf; y https://ucr.irmct.org/LegalRef/CMSDocStore/Public/English/Judgement/NotIndexable/IT-05-88-A/JUD266R0000442436.pdf

827 ICTY, *Prosecutor v. Dusko Tadić*, AC, Opinion and Judgment, IT-94-1-T, 7 May 1997, párr. 688. Disponible en: https://ucr.irmct.org/scasedocs/case/IT-94-1#eng

ción parcial del crimen, ni haber sido imprescindible para la realización del delito, ni haberlo realizado por otros comportamientos criminales, pero sí debe ser de "cierta importancia"[828]. La CPI en el citado caso *Lubanga* estimó que la contribución debe ser "esencial", de tal forma que, sin ésta, el delito no se produciría[829]. En la comisión conjunta, el "dominio del hecho" de los coautores reclama que cada uno de ellos pueda frustrar el delito si decide no contribuir con su aportación[830]. Y la contribución de los partícipes colaboradores, como, por ejemplo, la de los cómplices, debe ser, de acuerdo con la jurisprudencia del ICTY, "sustancial"[831], es decir, que el crimen sin esa colaboración era sustancialmente menos probable que se produjera[832].

La jurisprudencia de los tribunales militares de la posguerra y el del TMILO se basaron también en el criterio de que la contribución fuera "sustancial". El tribunal militar de los Estados Unidos, en el caso *Ministerios*, aplicó el "principio de *minimus*". De tal forma, que el test verificador pasaba por comprobar si la conducta del acusado constituía una "*sustancial* cooperación con los planes agresivos y actos de agresión o una *sustancial* ejecución de tales planes"[833]. Principio por el que absolvió a *Woermann*. También declaró no culpable a *Weizsäcker* porque su participación no fue *sustancial* en la invasión de Grecia[834]. El TMILO condenó a *Hata Shunroko* porque su contribución fue *sustancial* a la formulación y a la ejecución de los planes agresivos[835].

---

828 MACULAN y GIL: Las formas..., ob. cit., p. 239.

829 ICC, LUBANGA, TC I, párr. 999; LUBANGA, AC, 469.

830 WERLE y JESSBERGER: ob. cit., p. 360 y nota 249.

831 ICTY, *Blaškić*, AC, párr. 45.

832 ICTY, *Prosecutor v. Mrkšić et al.*, AC, Judgement, IT-95-13/1-A, 5 May 2009, párr. 97. Disponible en https://ucr.irmct.org/LegalRef/CMSDocStore/Public/English/Judgement/NotIndexable/IT-95-13%231-A/JUD204R0000259801.pdf
V. WERLE y JESSBERGER: *ob. cit.*, pp. 375 y 376.

833 PCNICC/2002/WGCA/L.1, párr. 225, cursiva añadida (v. *supra*, nota 50).

834 *Ibid.*, párr. 213.

835 *Ibid.*, párr. 331.

También es útil como criterio interpretador, el texto del propio ECPI. Al regular la tentativa (artículo 25.3 f) ECPI), alude a los actos intentados como aquellos que supongan "un paso importante" para su ejecución. La versión inglesa lo expresa como "substantial"[836]. Si para la tentativa, como más adelante expondré[837], se requiere que el grado del acto intentado sea sustancial, con mayor motivo para la consumación de una conducta en cualquiera de las cuatro modalidades del crimen de agresión que define el artículo 8.1 *bis* ER.

El crimen de agresión solo lo puede cometer quien está en condiciones de *controlar* o dirigir políticas estatales. Para la CPI, el "control" sobre el delito puede ser ejercido tanto por los que "llevan a cabo físicamente los elementos objetos del delito", como por los que "a pesar de estar lejos de la escena del delito *controlan* o son los *autores intelectuales* de su comisión porque deciden si el delito se comete y cómo se comete"[838]. Y ese "control" para la CPI lo es "en razón de las *tareas esenciales* que les hayan sido asignadas (comisión del delito conjuntamente con otros, o coautoría)"[839].

En el crimen de agresión, esa condición especial (cláusula de liderazgo) del sujeto activo se impone para todas las formas de intervención punible. El sujeto, autor o partícipe, necesariamente tendrá que controlar o dirigir las políticas de un Estado. En consecuencia, su contribución tiene que ser esencial si es autor, y significativa si es partícipe. Pero, el grado cualitativo de la contribución no se mide en relación con la consecuencia (acto de agresión) sino respecto del acto individual de planificación de un acto agresivo, preparación de un acto agresivo, inicio de un acto agresivo o de realización de un acto agresivo. La consecuencia es el resultado de un acto colectivo, precedido, a su vez, de diversas contribuciones individuales[840].

---

836 V. *infra*, Cap. 8

837 V. *infra*, Cap. 8.

838 ICC, LUBANGA, PT I, párr. 330, cursiva añadida.

839 *Ibid.*, párr. 332, cursiva añadida.

840 HAJDIN: ob. cit., p. 9, describe que, por la naturaleza colectiva del crimen de agresión, múltiples individuos podrían ser responsables penales "sin provocar físicamente la consecuencia". La conducta "es una contribución de cierto grado (que aún queda por determinar) a una de las fases previas a la acción colectiva.

El crimen de agresión también puede cometerse por omisión. En el caso del *Alto Mando,* el tribunal señaló que cabía la omisión en los crímenes contra la paz si una vez adoptada la decisión política de iniciar y librar una guerra agresiva, un sujeto, "que estando en el plano político, hubiera podido influir en dicha política y no lo hubiera hecho" o "quien no ejerce los poderes y funciones que posee para impedir que se produzca"[841]. Sólo los que se abstienen de hacerlo podrán ser autores de la omisión los sujetos que estando en el plano político y tuvieran la capacidad de influir en las políticas estatales infringieran un deber jurídico de actuar que en este caso es el de impedir la agresión. No obstante, la omisión se plantea como probable más en el terreno teórico que en el práctico.

3. FORMAS DE INTERVENCIÓN PUNIBLE. LA EXCLUSIÓN DE LA PUNIBILIDAD DEL *EXTRANEUS*

La configuración del crimen de agresión, como crimen especial propio, también se enfrenta a la teoría de la intervención punible. Es posible su comisión desde diferentes formas de autoría y participación, pero con limitaciones. Solo tendrá responsabilidad penal personal el sujeto, autor o partícipe, que goce de la repetida capacidad, condición o cualidad de controlar o dirigir efectivamente las políticas o asuntos militares de un Estado. Cabe la intervención del *extraneus,* pero no se castiga. El párrafo 3° *bis* del artículo 25 ECPI introducido en Kampala[842] así lo prevé. Dispone que "las disposiciones" referidas a la autoría (letra a) del apartado 3), a la participación (letras *b* a *d*) —y a la tentativa b (letra *f*)— "solo se aplicarán a las personas en condiciones de controlar o dirigir efectivamente la acción política o militar de un Estado". La condición de crimen especial propio se demuestra, de nuevo, con esta cláusula que restringe el ámbito subjetivo a todo interviniente, autor o partícipe, exclusivamente a los que controlen o dirijan efectivamente la acción política o militar del Estado.

---

841 V. MCDOUGALL: The Crimes against…, ob. cit., p. 98.

842 Insertado mediante la resolución RC/Res.6, anexo I, de 11 de junio de 2010 (inserción del párrafo 3 *bis*).

La coautoría y participación, en consecuencia, solo es posible si el coautor o partícipe —al igual que el autor— reúne el elemento personal especial de control y dirección efectivo de las políticas de un Estado. El *extraneus* que intervenga en la comisión del crimen de agresión carece de responsabilidad penal[843]. La misma conducta ejecutada por diversos sujetos, unos a título de autoría y otros de participación provocará solo la responsabilidad penal del *intranei*, que es el único que tiene la capacidad de mando, control o dirección de políticas estatales, mientras que el *extraneus* sin poder efectivo en las políticas estatales quedará impune[844].

El capitán ingeniero que contribuye con la aportación de planos estratégicos para ejecutar la invasión de un Estado carece personalmente y profesionalmente de la condición de control y dirección, aun cuando su contribución haya sido sustancial para la realización del crimen de agresión, tanto haya diseñado los planos voluntariamente o en cumplimiento de una obligación militar. Del mismo modo, el soldado, el policía, el civil, el paramilitar, el mercenario, o el miembro de una banda armada que fuera reclutado para la comisión de un crimen de agresión, quedará exento de responsabilidad por carecer de la especial condición personal requerida por el tipo.

La intervención de personas ajenas al círculo de los *intranei* ha sido criticada por parte de la doctrina[845], incluso algunos participantes en las negociaciones llegaron a pensar que la cláusula de liderazgo era tan amplia que comprendía a los "actores no gubernamentales que están en condiciones de participar en la formulación de políticas gubernamentales"[846]. La cláusula del liderazgo debe discurrir por criterios de razonabilidad para evitar la impunidad de terceros que,

---

843 En palabras de AMBOS: El crimen de…, ob. cit., p. 48, "se reduce prácticamente a la nada el efecto de esta solución diferenciada".

844 AMBOS: El crimen de…, ob. cit., p. 49.

845 MACULAN y GIL: Las formas de…, ob. cit., p. 263; y AMBOS: El crimen de…, ob. cit., p. 49.

846 CLARK, R.S.: "Individual conduct", *Crime of Aggression Library, The Crime of Aggression a commentary*, KREß, C. and BARRIGA, S. (dir.), Cambridge University Press 2017, p. 583.

aun sin ser líderes, ni ostentar el poder efectivo de mando, control o dirección, contribuyen sustancial, voluntariamente y con o sin vínculo formal con el *intranei* a la comisión del crimen de agresión. Por ello, y sin perjuicio de lo que se dirá más adelante, esto no significa que la cláusula de liderazgo tenga que ser también adoptada por las legislaciones penales nacionales.

El régimen general de la intervención para los líderes figura en el párrafo tercero, del artículo 25 ECPI, dentro del principio general del Derecho penal del ER, que se aplica a los responsables de cualquiera de los cuatro crímenes de la competencia de la CPI. La letra *a* prevé las tres formas clásicas de la autoría: la directa, la coautoría y la mediata. En las letras *b* a *d* regula como formas de participación la orden, proposición o inducción (*b*), la complicidad, encubrimiento y colaboración (*c*) y la participación en un crimen cometido por un grupo (*d*)[847]. En el artículo 28 ECPI se completa el círculo de intervinientes con la responsabilidad de los jefes y otros superiores.

El ECPI inauguraba, por primera vez en el DPI, con esta regulación el modelo diferenciado, al distinguir entre formas de intervención punible de autoría y de participación[848]. Atrás quedaba el sistema monista, unitario o indiferenciado del Estatuto del TMI que previó la responsabilidad de "los dirigentes, organizadores, provocadores o cómplices que hayan participado en la preparación o ejecución de un plan concertado o conspiración para cometer cualquiera de los delitos definidos" en el Estatuto[849].

---

847 Sobre las formas de intervención punibles v. MACULAN y GIL: Las formas de…, ob. cit., pp. 233 a 264. También *in extenso* OLÁSOLO ALONSO, H.: *Tratado de autoría y participación en Derecho penal internacional*, Tirant lo Blanch, Valencia, 2013.

848 Igualmente, la jurisprudencia de los tribunales penales internacionales *ad hoc* —a pesar de la dicción de los artículos 6 (ICTR) y 7 (ICTY), de corte monista— sostuvo que seguía el sistema diferenciado.

849 Último inciso del artículo 6 (v. *supra*, nota 169).

La definición del artículo 8.1 *bis* ECPI en relación con el párrafo tercero del artículo 25 ECPI seguía el modelo diferenciado de intervención de los sujetos en el crimen de agresión. Antes de alcanzar su redacción, a partir del año 2002, se suscitaron problemas en los trabajos preparatorios de la definición del crimen de agresión para conjugar la definición del artículo 8.1 *bis* ECPI con las formas de intervención. La postura monista pretendía la inaplicación de las letras *a)* a *d)* del apartado tercero del artículo 25 ECPI, mientras que la tesis diferenciadora propugnaba por su aplicación.

En síntesis[850], inicialmente, en el año 2002, imperó el modelo monista de Núremberg. Samoa presentó una propuesta en la que advertía que los principios generales de Derecho penal de la parte III del ER[851] y, en concreto, los relativos a la estructura de los artículos 25.3 (responsabilidad penal individual), 28 (responsabilidad de los jefes y otros superiores) y 33 ER (órdenes superiores) no se ajustaban a la definición preliminar que se estaba barajando del crimen de agresión[852]. Planteó que en la definición del crimen de agresión "se excluyeran cualquier efecto residual de esas tres disposiciones"[853]. La proposición fue acogida por el coordinador del grupo de trabajo: "lo dispuesto en el párrafo 3 del artículo 25 y en los artículos 28 y 33

---

850 V. el desarrollo de los trabajos previos a los dos artículos, la terminología utilizada (8 *bis* y 25.3 ECPI), cómo se fue armonizando el texto de ambos artículos, y los buenos oficios del profesor Claus KREß, como facilitador del artículo 25, en CLARK: Individual conduct…, ob. cit., pp. 565 a 587.

851 Sobre la propuesta de Samoa en detalle, v. CLARK, R.: "General Principles of International Criminal Law", *Crime of Aggression Library, The Crime of Aggression a commentary*, Kreb, C. y Barriga, S. (dir.), Cambridge University Press 2017, pp. 591 y ss.
Sobre los principios generales en el ECPI, v.: OLLÉ: Principios generales…, ob. cit., pp. 177 a 207.

852 CLARK: General Principles…, ob. cit., pp. 590 a 618, describe las discusiones y propuestas en los trabajos de redacción del artículo 8 *bis* ECPI, sobre la afección de los principios generales al crimen de agresión, con especial relevancia a los artículos 25, 28 y 30 ECPI.

853 PCNICC/2002/WGCA/DP.2, Elementos del crimen de agresión Propuesta presentada por Samoa, 21 de junio de 2002, párr. 15. Disponible en: https://documents-dds-ny.UN.org/doc/UNDOC/GEN/N02/438/55/PDF/N0243855.pdf?OpenElement

del Estatuto no se aplica al crimen de agresión"[854]. De esta forma, las reglas de intervención del artículo 25.3 ECPI no regían para quien —de acuerdo con la definición de crimen de agresión que se barajaba entonces— *ordenase* o *participase activamente* "en la planificación, preparación, iniciación o ejecución de un acto de agresión"[855]. Se agotaban, así, las formas de intervención en estos dos elementos de la conducta (*ordenar* y *participar*).

En la reunión oficiosa del SWGCA de 2004 se mantuvieron posturas divergentes sobre el párrafo tercero del artículo 25 ECPI —partiendo de la base de que el crimen se caracterizaba por ser cometido por personas que ejercían funciones de dirección— bien para excluir su aplicabilidad bien para mantenerla total o parcialmente[856]. En 2007, el SWGCA —sobre la base del documento propuesto en enero de 2007 por el presidente del grupo[857]— apostó finalmente por el enfoque diferenciado del crimen de agresión, como sucedía con el resto de los crímenes competencia de la CPI sujetos a las reglas del artículo 25.3 ECPI. Se adoptaron, en la definición del crimen, las cuatro conductas nucleares: planificación, preparación, iniciación o ejecución. De esta forma, "se reflejaba fielmente el lenguaje utilizado en Núremberg" y se evitaba la "difícil elección de un [nuevo] verbo

---

854 PCNICC/2002/WGCA/RT.1/Rev.2, Documento de debate propuesto por el coordinador del Grupo de Trabajo sobre el Crimen de Agresión, 11 de julio de 2002, p. 1. Disponible en: https://documents-dds-ny.UN.org/doc/UNDOC/GEN/N02/475/16/PDF/N0247516.pdf?OpenElement

855 *Ibid.*, cursiva añadida.

856 ICC-ASP/3/SWGCA/INF.1, párrs. 37 a 53 (v. *supra*, nota 507). Por ejemplo, los que propugnaban su exclusión argumentaron la necesidad de no penar a "soldados ordinarios por apoyar o instigar el crimen", o porque la complicidad era "incompatible con la función de dirección que se exigía en la definición preliminar de agresión, que se refiere a la ordenación o participación activa en un acto de agresión" o porque si se aplicaba se diluiría su *carácter* de "crimen de dirigentes" (párr. 37).

857 Que, a su vez, se basaba en el informe de Princeton de 2007 (v. el informe en KREß and Barriga: The Travaux…, ob. cit., pp. 559 a 576). fruto de la reunión informal del SWGCA entre el 11 y el 14 de junio de 2007 en el Liechtenstein Institute on Self-Determination de la Universidad de Princeton que contenía varios documentos oficiosos en su anexo.

de conducta para vincular la conducta del individuo con el acto del Estado"[858].

En consecuencia, la responsabilidad penal individual quedaba configurada en tres formas de intervención punible respecto del crimen de agresión. En primer lugar, el tipo de autoría (letra *a*). Será autor el líder que *por sí solo, con otro* o *por conducto de otro* planea, prepara, inicia o realiza un acto de agresión.

En segundo lugar, las conductas de participación en un crimen de agresión previstas en la letra *b),* esto es, "ordenar" "proponer" o "inducir". Son tres formas de participación en los hechos. *Ordenar* implica una relación jerárquica entre ordenante y ordenado de obligado cumplimiento para éste[859]. Esa relación de subordinación y dependencia jerárquica ha llevado a algún sector doctrinal a sustentar que la *orden* sería una conducta de autoría mediata y no de participación[860]. El ordenado que no reúne la condición especial de dirigente carecerá de responsabilidad criminal. Un supuesto que en el plano teórico podría acontecer es el del subordinado —que también ejerce funciones de control o dirección de las políticas estatales— que recibe la orden y la ejecuta voluntariamente, que pasaría a ser autor y responsable penal.

Proponer e *inducir* (letra *b*), términos similares, significa hacer nacer en otro la resolución de cometer el crimen de agresión que, como consecuencia de esa propuesta, acepta la comisión y se convierte en autor. La *complicidad,* el *encubrimiento* y la *colaboración* (letra *c*) —conocida en el sistema anglosajón o *coman law* como "aiding and abetting"[861]— en el crimen de agresión reviste mayor dificultad. Será sencillo para un mando realizar esta conducta de complicidad por la

---

858 2007 SWGCA Report (December), en KREß and Barriga: *The Travaux…, ob. cit.*, p. 585. Informe presentado en la sexta sesión de la ASP.

859 En el mismo sentido, GIL y MACULAN: Las formas…, ob. cit., p. 255, quienes citan como apoyo: ICTR, *Prosecutor v. Jean-Paul Akayesu,* TC, Judgment, ICTR-96-4-T, 2 de septiembre de 1998, párr. 483, e ICTY, *Prosecutor v. Haradinaj, et. al,* TC, Retrial Judgment, IT-04-84bis-T, 29 de noviembre de 2012, párr. 624.

860 GIL y MACULAN: Las formas de…, ob. cit., p. 256.

861 *Ibid.*, pp. 257 y 258.

facilidad de favorecer a otro mando. Sin embargo, la responsabilidad por *participar en un crimen cometido por un grupo* (letra *d*) carece de efectos prácticos, como bien apunta AMBOS, porque el líder, por lo general, pertenecerá al grupo que ha cometido el crimen de agresión[862]. Será responsable, pero por otro título de imputación distinto a éste. El SWGCA en 2004 expresó, según la opinión de algunos, que el apartado *d)* serviría para determinar la responsabilidad de quienes "no ejercieran un control directo sobre la acción de un Estado pero que pudieran de todas formas desempeñar una función importante en la comisión de un acto de agresión", y ponía como ejemplo a los "servicios de inteligencia"[863]. Por último, sería posible igualmente, al menos teóricamente, una "participación en cadena", que generaría un eslabón sucesivo de responsabilidad penal. Por ejemplo, y a pesar de la difícil acogida en la doctrina española[864], el inductor que, a su vez, contribuye induciendo a otro, para que éste, a su vez, induzca a un tercero a la comisión de un crimen de agresión.

MCDOUGALL incluso va más allá y estima que el artículo 25.3 ECPI permite que un dirigente de un tercer Estado, ajeno al Estado que comete el acto de agresión, sea responsable como partícipe del crimen de agresión cometido por los dirigentes del Estado que ha producido el acto de agresión, si la contribución ha facilitado la comisión del crimen, tiene un efecto sustancial en la comisión del crimen principal y el interviniente del tercer Estado conoce las circunstancia de hecho de que el uso de la fuerza armada constituía una violación manifiesta de la Carta[865].

Por último, la responsabilidad del superior respecto del crimen de agresión suscitó también dificultades. Inicialmente se observó la posible utilidad de la aplicación del artículo 28 ER porque podrían existir situaciones, ciertamente dudosas, en las que "un jefe de segun-

---

862 AMBOS: El crimen de..., ob. cit., p. 50.

863 ICC-ASP/3/SWGCA/INF.1, párr. 44 (v. *supra*, nota 507).

864 MIR PUIG, S.: *Derecho penal parte general*, 10ª ed., Reppertor, Barcelona, 2015, p. 419, advierte de esta figura es acogida por la doctrina alemana y por el Tribunal Supremo de España, como forma de inducción al hecho ejecutado y "no como inducción al tipo de inducción".

865 MCDOUGALL: The crime of..., ob. cit., p. 252.

do rango asumiera la función de dirección que no ejerciera plenamente su superior en la escala jerárquica". No obstante, la mayoría de los miembros de la SWGCA opinaron desde 2004 que el artículo 28 ECPI no se debía aplicar al crimen de agresión[866], dada la "esencia e índole" del crimen[867], reconociendo en el año 2007 que la aplicación de este artículo "sería fundamentalmente teórica"[868]. AMBOS, comparte esta última postura de que la responsabilidad del superior es "imposible", porque "se basa en la comisión de los delitos-base por parte de los subordinados que, sin embargo, debido a la existencia de una cláusula de mando no pueden ser autores de la agresión (y ni siquiera partícipes secundarios)"[869]. EL SWGCA adujo con razón que los jefes y superiores cometen este delito "activamente" según cualquier forma de autoría y participación previstas en el párrafo 3 del artículo 25 ECPI, y raramente estarían afectados otros jefes o superiores "pasivos" por no haber ejercido control sobre sus subordinados. Y si se diera esta rara situación, la CPI se encargaría de aplicar el

866 En el año 2004 (v.: ICC-ASP/3/SWGCA/INF.1, párr. 54; v. *supra*, nota 507) y en el 2005: ICC-ASP/4/SWGCA/INF.1, reunión oficiosa del Grupo de Trabajo especial sobre el crimen de agresión del 6 al 15 de junio de 2005, Universidad de Princeton, 29 de junio de 2005, párr. 47. Disponible en: https://asp.icc-cpi.int/sites/asp/files/asp_docs/SWGCA/Annex_II_A_Spanish.pdf

867 En el año 2005 se reprodujo la misma situación (v.: ICC-ASP/4/SWGCA/INF.1, párr. 4; v. *supra*, nota 866) y en el 2007 preferentemente se mantuvo la postura de la exclusión explícita e la aplicación del artículo 28, aunque también hubo posturas opuestas (ICC-ASP/6/SWGCA/INF.1, párr. 13).

868 ICC-ASP/5/35, Informe del Grupo de Trabajo Especial sobre el crimen de agresión, 2007, (reuniones los días 29, 30 y 31 de enero y 1° de febrero de 2007), párr. 12. Disponible en: https://asp.icc-cpi.int/sites/asp/files/asp_docs/SWGCA/Report_SWGCA_Spanish.pdf

869 AMBOS: El crimen de..., ob. cit., p. 50.
En contra de AMBOS se pronuncia MCDOUGALL: The crime of..., ob. cit., p. 234. Reconoce que es poco probable que en la práctica tenga aplicación el artículo 28, pero reconoce la posible utilidad de la letra b) del artículo 28 ER, si, por ejemplo, un jefe de Estado no destituye al primer ministro que ha decidido iniciar el acto de agresión. Decisiones tomadas en una reunión de la que se ha ausentado el jefe de Estado.

artículo 28[870]. Razones que abonaron la innecesaridad de hacer una distinción expresa para el crimen de agresión.

En consecuencia, en el crimen de agresión, de acuerdo con el modelo diferenciado —donde lo relevante es la definición de la conducta que realiza el autor— se distingue, al menos en el plano teórico, por un lado, la intervención de los líderes o dirigentes que cometen el crimen como autores autónomos (letra *a*); y, por otro lado, los partícipes que contribuyen de forma accesoria a la conducta de los autores (letras *b* a *d*, del párrafo 3° del artículo 25 ECPI). Y, por último, la del jefe o superior. La responsabilidad del participe depende necesariamente de la existencia de responsabilidad criminal del autor. Si no hay autor, lógicamente no hay partícipe. La participación requiere de una conducta de un autor consumada o en grado de tentativa. A esta distinción propia de la teoría de la intervención punible, se une otra. La CPI, ha señalado que las diferentes formas de intervención acarrean "diferente grado de responsabilidad", siendo mayor el de la autoría que el de la participación[871].

Esta diferencia también es importante para fijar el *quantum* de la pena. La Regla de Procedimiento y Prueba número 145. 1. c) considera, entre otros, como factor, para imponer la pena "el grado de participación del condenado". Un elemento esencial para su determinación será el grado de implicación del sujeto. La del que ordena e induce parece de mayor implicación material e influencia en la

---

[870] V. ICC-ASP/6/20/Add.1, Annex II, Informe del SWGCA, junio 2008, párrs. 19 a 21. Disponible en: https://asp.icc-cpi.int/sites/asp/files/asp_docs/SWGCA/ICC-ASP-6-20-Add1-AnnexII-SPA.pdf

[871] ICC LUBANGA, TC I, párr. 999 (v. *supra*, nota 615). Sobre esta decisión v. CLARK: Individual conduct…, ob. cit., pp. 575 y 576, nota 76, en la que resalta que esta decisión y la de la Sala de Primera Instancia (v. *supra*, nota 615), "caracterizaron la situación de líder militar y político como coautor, sobre la base de un *control sobre el crimen*", sugiriendo, además, la CPI, "una jerarquía de gravedad" según el orden establecido en el artículo 25.3 (*a*) a (*d*).

comisión del crimen de agresión que las conductas de complicidad y participación en un crimen cometido por un grupo[872].

[872] Sobre la pena a imponer a los responsables de los crímenes competencia de la CPI, v. en A/46/10, párrs. 70 a 104 (v. *supra*, nota 321), el interesante debate que se suscitó en la CDI en 1991, a propósito del proyecto de código, sobre si se debería incluir en el mismo o efectuar una remisión a las penas previstas en el derecho interno de los Estados, pena única o pena para cada crimen y sobre el sistema de penas (pena de muerte, prisión perpetua, prisión temporal e incautación, u otras como las de inhabilitación y de suspensión para cargos públicos, derecho de sufragio activo y pasivo, profesión u oficio, multas o trabajos de interés general). Uno de los miembros sostuvo que la pena, por razones de justicia y de equidad, exigían que el crimen se reprimiera atendiendo "según su mayor o menor gravedad y según el grado de responsabilidad de su autor" (párr. 82).

Capítulo 6

La conducta estatal. El acto de agresión y el uso de la fuerza

1. INTRODUCCIÓN

El crimen de agresión, como he avanzado, es un crimen complejo en el que convergen dos comportamientos. Una primera conducta individual en la que su autor planea, planifica, inicia o realiza un acto de agresión (párrafo primero del artículo 8 *bis* ER). A esta conducta individual se suma otra heterogénea respecto de ésta, la estatal. Es el Estado quien también —y a diferencia de los otros tres crímenes competencia de la CPI, en los que el Estado no es sujeto de conducta alguna— ejecuta el acto de agresión. El Estado es sujeto activo no del crimen sino de la conducta estatal. El Estado asumirá su responsabilidad estatal por la decisión política de ejecutar el acto de agresión. La conducta prohibida la ejecuta una persona natural. La acción estatal es la consecuencia de un hecho penal cometido por una o varias personas físicas.

El acto colectivo estatal de agresión, como elemento de conducta, está regulado con cierta imprecisión sistemática en los dos párrafos del artículo 8 *bis*[873]. Un examen exegético y unitario de ambos párrafos demuestra que la conducta estatal delictual se basa en la realización de un "acto [estatal] *de agresión*" (párrafo primero) o "uso de la fuerza armada[874]" (párrafo segundo) que ejecuta un Estado contra

---

[873] KREß: The State Conduct…, ob. cit., p. 418, sostiene que los dos párrafos del artículo 8 *bis* pueden condensarse en un solo complejo elemento de conducta estatal. Constituye "un todo único" (p. 422). Para este autor, al problema técnico de la definición de la conducta estatal, se añadían los políticos, como el deseo de que los Estados más débiles militarmente se sintieran más protegidos y el temor de los más poderosos de verse limitados en su libertad de acción en asuntos de vital importancia.

[874] El párrafo segundo dice: "por acto de agresión se entenderá el uso de la fuerza armada".

otro Estado (párrafo segundo). Esa *fuerza armada*, que se identifica con el *acto de agresión* (párrafo segundo), "necesariamente"[875] se *caracterizará* —de acuerdo con el párrafo segundo del artículo 8 *bis* ER— en cualquiera de los actos de agresión descritos en la resolución 3314 (párrafo segundo).

No es suficiente para el tipo penal internacional del artículo 8 *bis* cualquier uso de fuerza armada. El acto de agresión o uso de la fuerza tiene que ser "*incompatible* con la Carta de las Naciones Unidas" (párrafo segundo) y constituir "una *violación manifiesta* de la Carta" (párrafo primero) por sus "características, gravedad y escala" (párrafo primero). El uso de la fuerza, para integrarse en el crimen de agresión, debe reunir estos dos últimos presupuestos: ser incompatible con la Carta y ser una violación manifiesta de la Carta.

Los actos de agresión del párrafo segundo lo realizan las personas señaladas en el párrafo primero. Estas personas, por su posición dentro del aparato del Estado y que deciden la ejecución de las conductas del párrafo segundo, son las que generan también responsabilidad para el Estado. La responsabilidad penal se atribuye a estos sujetos. El Estado generará una responsabilidad internacional de reparar, por la comisión de un hecho ilícito internacional.

Los redactores del ER en sus trabajos preliminares antes de decantarse por el término "acto de agresión", exploraron para definir la conducta estatal otros términos recogidos en diferentes instrumentos internacionales, a los que me he referido en páginas anteriores, como, "guerra de agresión", "uso de la fuerza", "ataque armado", "acto de agresión" o "agresión". Finalmente, se optó por el uso de "acto de agresión" mencionado en los artículos 1 y 3 del anexo de la resolución 3314, con ciertas matizaciones[876]. El uso ilícito de la fuerza, para integrar el crimen de agresión, debe identificarse con un *acto de agresión* que, a su vez, alcance el umbral de gravedad señalado. El

---

[875] En este trabajo mantengo que la lista de actos de agresión no es de naturaleza cerrada, sino semiabierta. V. *infra*, apartado 4.3 de este capítulo.

[876] V. las diferentes posturas que se mantuvieron en la negociación de las enmiendas sobre la influencia de la resolución 3314 en MCDOUGALL, C.: The crime of..., ob. cit., pp. 94 a 106.

uso de la fuerza o *conflicto armado*, en definitiva, hace referencia a lo que hoy podemos identificar con el concepto moderno de guerra.

KREß recuerda que "agresión" es un concepto jurídico internacional "multifacético". La Carta se refiere a un "acto de agresión" en el artículo 39 y si el CdS determina su existencia puede activar el sistema de seguridad colectiva del Capítulo VII de la Carta. También en el DI consuetudinario agresión "denota una violación grave del uso de la fuerza", es decir, de las normas que reglamentan su uso. La prohibición de la agresión forma parte del *ius cogens*[877] y su violación genera responsabilidad del Estado. "Guerra de agresión" pertenece esencialmente al DPI y fue elemento esencial en los "crímenes contra la paz", en los juicios de Núremberg y Tokio. Y "crimen de agresión", concluye este autor, ha sustituido a los crímenes contra la paz en el artículo 8 *bis* ECPI, cuyo elemento de conducta del crimen es "un acto de agresión que, por sus características, gravedad y escala constituya una violación manifiesta de la Carta de las Naciones Unidas"[878].

En las líneas que siguen, desarrollo la estructura de la conducta estatal del párrafo segundo del artículo 8 *bis* ER y sus diferentes elementos junto a algunas ideas sobre la responsabilidad internacional del Estado por hecho ilícito. Se observará la especial interrelación del DPI y del DI, especialmente en el concepto de acto de agresión y en el de fuerza armada.

Antes, y por la indudable influencia que tendrá en el futuro el DI en el DPI para determinar la existencia de un acto de agresión, expondré la consideración que ha merecido la agresión en el ámbito del CdS, de la CIJ, y más recientemente a raíz de la invasión de Ucrania en el Consejo de Europa, en la Unión Europea y en la Organización para la Seguridad y Cooperación en Europa.

---

877 Sobre la prohibición de la agresión y el *ius cogens*, v. *infra*, Cap. 11: 3.

878 KREß: La guerra de…, ob. cit., pp. 20 y 21.

2. CONSIDERACIÓN DE LA AGRESIÓN EN ALGUNAS ORGANIZACIONES INTERNACIONALES

En las líneas que siguen se expondrá la consideración de los actos de agresión en algunas organizaciones internacionales. No obstante, el conflicto de Ucrania ha provocado que en la actualidad la práctica totalidad de organizaciones internacionales y otros organismos internacionales de entidad relevante se hayan pronunciado sobre la agresión como consecuencia de la invasión de Ucrania por parte de la Federación de Rusia[879].

2.1. El Consejo de Seguridad de las Naciones Unidas

El Consejo de Seguridad de las Naciones Unidas juega un papel esencial para el enjuiciamiento del crimen de agresión en la CPI, como se verá[880]. Por ello, además, es necesaria una aproximación al tratamiento que este órgano principal de NNUU ha dispensado a situaciones relacionadas con actos de agresión. El CdS, como es

---

879 V. un estudio sobre la reacción de organizaciones y organismos internacional de derechos humanos sobre la invasión de Ucrania en: PASCUAL PLACHUELO, V.: "La ruptura de Rusia con los sistemas internacionales de derechos humanos y las normas de la guerra en la agresión a Ucrania", *La agresión de Rusia contra Ucrania Neo-Imperialismo de Putin vs. ordenamiento internacional,* Regueiro Dubra, R. (coord..), Tirant lo Blanch, Valencia, 2023, pp. 170 a 195.
Este autor analiza la repercusión y acciones adoptadas en el seno de NNUU (AG; CIJ; secretario general; Consejo de Derechos Humanos; Alto Comisionado de Naciones Unidas para los Derechos Humanos; Relatora Especial de NNUU sobre la situación de los defensores de los derechos humanos; Comités de Derechos Humanos, de Derechos del Niño y de Derechos de las Personas con Discapacidad; Organización Mundial de la Salud; y Oficina de NNUU para la Coordinación de Asuntos Humanitarios), del Consejo de Europa, de la Unión Europea, de la Organización para la Seguridad y Cooperación en Europa. Y concluye con las reacciones de otras organizaciones internacionales relevantes como la Liga Árabe, la Asociación de Naciones del Sudeste Asiático (ASEAN), la 22ª Cumbre de la Organización de Cooperación de Shanghái, la Unión Africana o la Organización de Estados Americanos.

880 V. *infra*, Cap. 10: 3, 5 y 6.

sabido, es el órgano permanente de NNUU cuya responsabilidad primordial es mantener en nombre de los Estados miembros, la paz y la seguridad internacionales, de acuerdo con los propósitos y principios de las NNUU (artículo 24.1 y 2, de la Carta). El capítulo VII de la Carta regula el sistema de seguridad colectiva centralizado internacional o la "acción en caso de amenaza a la paz, quebrantamiento de la paz o actos de agresión", que recae de modo principal y, en su caso, exclusivo (artículo 12 de la Carta) en el CdS.

En el ámbito del conocido como *Capítulo VII*, la función primordial del CdS es *determinar*, o calificar, respecto de una situación, la existencia de una *amenaza a la paz*, un *quebrantamiento de la paz* o de un *acto de agresión* (artículo 39 de la Carta). Si el CdS concluye que la situación se puede calificar como una de esas tres categorías o tipos, hará *recomendaciones* o *decidirá* las medidas adecuadas para *mantener o restablecer la paz y la seguridad internacionales* (artículo 39 de la Carta). Si esas recomendaciones o decisiones se incumplen, el CdS podrá adoptar inicialmente medidas coactivas que no consistan en el uso de la fuerza armada (artículo 41 de la Carta), y si éstas "pueden ser inadecuadas o han demostrado serlo" se recurriría a la fuerza armada (artículo 42 de la Carta).

Las *decisiones* o resoluciones, relativas al capítulo VII, son obligatorias para todos los Estados miembros de NNUU (artículo 25 de la Carta) y se adoptan, según la literalidad de la Carta, con el voto favorable de todos los miembros permanente del CdS, al tratarse de asuntos no de procedimiento, sino de naturaleza política sustantiva (artículo 27 de la Carta). No obstante, el CdS, antes de formular recomendaciones o decisiones puede instar a las partes interesadas a que cumplan las *medidas provisionales* que decrete (artículo 40 de la Carta).

La Carta no define ni qué es una amenaza para la paz, ni su quebranto, ni qué es un acto de agresión[881]. Hasta la repetida resolución

---

[881] FERNÁNDEZ y MARTÍNEZ: ob. cit., pp. 438 y 439, recuerdan la dificultad de la aplicación correcta de la *amenaza* por su indefinición en la Carta de NNUU. Tildan de oscuro este concepto y citan a AKEHURST para el que "una amenaza a la paz es lo que el Consejo de Seguridad decide que es amenaza a la paz".

3314, de 1974 de la AG, el sistema normativo de NNUU carecía de una definición de la agresión. Ello suponía una potestad discrecional y absoluta del CdS para calificar o determinar un acto como de agresión. El nuevo texto de 1974, que dotaba de contenido material a la definición de agresión, conserva, con carácter general, la discrecionalidad del CdS. En su preámbulo mantiene la primacía de las funciones y poderes de los órganos de NNUU previstos en la Carta.

La discrecionalidad del CdS sobre la agresión se demuestra específicamente en el artículo 2 del anexo de la resolución 3314. Ésta califica como acto de agresión *prima facie* el primer uso de la fuerza armada por un Estado en contravención de la Carta. Sin embargo, a renglón seguido permite que el CdS, de acuerdo con la Carta, determine que no se ha producido el acto de agresión siempre que lo justifique por las circunstancias concurrentes, como que el acto y sus consecuencias no son de suficiente gravedad. Asimismo, el artículo 4 de la resolución de la AG permite al CdS ampliar el listado de los actos de agresión que enumera en el artículo 3. El CdS ha ignorado hasta el momento la definición de agresión de la resolución 3314.

La labor del CdS en la búsqueda de la paz y seguridad internacionales no parece que haya sido especialmente convincente al calificar las situaciones que comprometían o transgredían la paz. Ha determinado la existencia de un "acto de agresión" en treinta y cuatro resoluciones dictadas entre 1973 y 1990, de las cuales, treinta y tres se adoptaron durante la *Guerra Fría* [882]. Todo indica que el uso del sustantivo agresión fue más retórico que jurídico. En la mayoría de las resoluciones en las que el CdS mencionaba la agresión armada o los actos agresivos cometidos por algunos Estados, constituían más bien una amenaza para la paz[883]. A partir de la resolución 667, dictada en 1990[884], el CdS no volvió a determinar que un Estado era responsable de un acto de agresión. El CdS cambió el lenguaje

---

882 STRAPATSAS, N.: "The Practice of the Security Council Regarding the Concept of Aggression", *Crime of Aggression Library, The Crime of Aggression a commentary*, KREß, C. and BARRIGA, S. (dir.), Cambridge University Press 2017, pp. 180 y 203.

883 REMIRO: Derecho internacional..., ob. cit., p. 1092.

884 V. *infra*, nota 895.

de sus resoluciones y calificó situaciones en las que efectivamente se había utilizado la fuerza armada por los Estados en contra de la Carta de NNUU como una amenaza para la paz y la seguridad internacionales[885] o excepcionalmente como un quebrantamiento de la paz[886]. El CdS desde entonces esquivó el sustantivo "agresión" y la expresión "acto de agresión"[887]. No obstante, en el lenguaje de la AG, siempre que aconteciera una intervención armada estaríamos ante una agresión. En 1965, la AG consideró que "intervención arma-

---

885 CASANOVAS y RODRIGO, A.: ob. cit., p. 428, justifican esta dialéctica en las implicaciones morales que tiene la palabra agresión además de la connotación sobre la responsabilidad internacional.

886 REMIRO: Derecho internacional..., ob. cit., p. 1092.

887 V. STRAPATSAS: ob. cit., nota 18, enumera algunas resoluciones adoptadas después de 1990 en las que el CdS rehuía calificar algunas situaciones como actos de agresión y aludía al uso de la fuerza armada como un peligro o amenaza a la paz y a la seguridad internacionales: S/RES/822, S/RES/853, S/RES/884, S/RES/1234, S/RES/1304, S/RES/1341, S/RES/1355, S/RES/1862, S/RES/1907, S/RES/2023, S/RES/2036, S/RES/2093, S/RES/2124. Igualmente cita (pp. 197, 198) las S/RES/822 (1993), S/RES/853 (1993), S/RES/884 (1993), respecto de Azerbaiyán. La S/RES/1304 (2000), sobre la violación de la soberanía y la integridad territorial de la República Democrática del Congo. Y las S/RES/1862 (2009) y S/RES/1907 (2009), sobre Eritrea.
El mismo autor (*ibid.*, pp. 194 a 199) también anota diferentes resoluciones del CdS previas a 1990 en las que no se citaba la palabra agresión, Por ejemplo: S/RES/82, S/RES/83, S/RES/84, de 1950 que determinaban el ataque contra la República de Corea por fuerzas de Corea del Norte, como un quebrantamiento de la paz. S/RES/178 (1963), S/RES/204 (1965), S/RES/273 (1969), S/RES/294 (1971) S/RES/302 (1971), S/RES/321 (1972), S/RES/268 (1969), S/RES/82275 (1969), S/RES/289 (1970), y S/RES/290 (1979), en las que condenó a Portugal por el uso de la fuerza armada. S/RES/228 (1966), S/RES/248 (1968), S/RES/262 (1968), S/RES/270 (1969), S/RES/280 (1970), S/RES/313 (1972), S/RES/316 (1972), S/RES/316 (1972), S/RES/332 (1973), S/RES/347 (1974), S/RES/425 (1978), S/RES/450 (1979) y S/RES/487 (1981) que condenaron a Israel por el uso de la fuerza armada. S/RES/366 (1974), S/RES/385 (1975), S/RES/393 (1976), S/RES/532 (1983), S/RES/539 (1983), S/RES/566 (1985), S/RES/601 (1987), S/RES/428 (1978), S/RES/606 (1987) y S/RES/545 (1983) sobre Sudáfrica, y en la que en esta última (545) en el preámbulo se refería a la previa condena del CdS por la "agresión de Sudáfrica" a Angola.

da" era "sinónimo de agresión"[888]. Entre las 34 resoluciones del CdS que han considerado la existencia de *actos de agresión*[889] destacan las que condenaron a Rodesia del Sur (hoy Zimbabue)[890], Sudáfrica[891],

---

888 UN. Doc. A/RES/2131 (XX), Declaración sobre la inadmisibilidad de la intervención en los asuntos internos de los Estados y protección de su independencia y soberanía, 21 de diciembre de 1965. Disponible en: https://digitallibrary.UN.org/record/203886?ln=es

889 MCDOUGALL, C.: The crime of..., ob. cit., pp. 107 y 108, sistematiza el lenguaje utilizado por el CdS para calificar hechos como actos de agresión o agresión: "intervención militar", "incursiones militares", "invasión armada", "ocupación militar", "bombardeo", "ataque militar", "asesinatos en violación de la soberanía territorial", "operaciones militares", "invasiones armadas", "daños y "destrucción causados por fuerzas invasoras".

890 V. las resoluciones del CdS:

- i) UN. Doc. S/RES/326, sobre los actos de provocación de Rodesia del Sur contra Zambia, 2 de febrero de 1973. Disponible en: https://digitallibrary.UN.org/record/93494?ln=es
- ii) UN. Doc. S/RES/328, instando al Reino Unido a que convoque una conferencia constitucional nacional con legítimos representantes del pueblo de Zimbabue, 10 de marzo de 1973. Disponible en: https://digitallibrary.UN.org/record/93463?ln=es
- iii) UN. Doc. S/RES/386, sobre la decisión de Mozambique de imponer sanciones a Rodesia del Sur, 17 de marzo de 1976. Disponible en: https://digitallibrary.UN.org/record/93715?ln=es
- iv) UN. Doc. S/RES/411, sobre las actividades militares de Rodesia del Sur contra Mozambique, 30 de junio de 1977. Disponible en: https://digitallibrary.UN.org/record/66638?ln=es
- v) UN. Doc. S/RES/423, declarando ilegal cualquier arreglo interno de la cuestión de Rodesia del Sur, 14 de marzo de 1978. Disponible en: https://digitallibrary.UN.org/record/66650?ln=es
- vi) UN. Doc. S/RES/424, sobre la invasión armada de Zambia por Rodesia del Sur, de 17 de marzo de 1978. Disponible en: https://digitallibrary.UN.org/record/66652?ln=es
- vii) UN. Doc. S/RES/445/, condena de las invasiones armadas de Angola, Mozambique y Zambia por parte de Rodesia del Sur, 8 de marzo de 1979. Disponible en: https://digitallibrary.UN.org/record/1695?ln=es
- viii) UN. Doc. S/RES/455, sobre la política de Rodesia del Sur hacia Zambia, 23 de noviembre de 1979. Disponible en: https://digitallibrary.UN.org/record/5824?ln=es

891 V. las resoluciones del CdS:

- i) UN. Doc. S/RES/387, sobre las actividades militares de Sudáfrica contra Angola, 31 de marzo de 1976. Disponible en: https://digitallibrary.UN.org/record/93717?ln=es

---

ii) UN. Doc. S/RES/418, sobre el establecimiento de un embargo de armas contra Sudáfrica, 4 de noviembre de 1977. Disponible en: https://digitallibrary.UN.org/record/66633?ln=es
iii) UN. Doc. S/RES/581, sobre las amenazas de Sudáfrica contra los Estados del sur de África, 13 de febrero de 1986. Disponible: https://digitallibrary.UN.org/record/112408?ln=es
iv) UN. Doc. S/RES/387, sobre las actividades militares de Sudáfrica contra Angola, de 31 de marzo de 1976. Disponible en: https://digitallibrary.UN.org/record/93717?ln=es
v) UN. Doc. S/RES/546, sobre los ataques militares de Sudáfrica a Angola, 6 de enero de 1984, S/RES/546. Disponible en https://digitallibrary.UN.org/record/63331?ln=es
vi) UN. Doc. S/RES/571, sobre las actividades militares de Sudáfrica contra Angola, de 20 de septiembre de 1985. Disponible en: https://digitallibrary.UN.org/record/98539?ln=es
vii) UN. Doc. S/RES/428 (1978), sobre las actividades militares sudafricanas contra Angola, 6 de mayo de 1978. Disponible en: https://digitallibrary.UN.org/record/71630?ln=es
viii) UN. Doc. S/RES/447, sobre las políticas de Sudáfrica hacia Angola y otros Estados limítrofes, 28 de marzo de 1979. Disponible en: https://digitallibrary.UN.org/record/1697?ln=es
ix) UN. Doc. S/RES/454, sobre las políticas de Sudáfrica hacia Angola y otros Estados limítrofes, 2 de noviembre de 1974. Disponible en: https://digitallibrary.UN.org/record/5823?ln=es
x) UN. Doc. S/RES/475, sobre las políticas de Sudáfrica hacia Angola, 27 de junio de 1980. Disponible en: https://digitallibrary.UN.org/record/19343?ln=es
xi) UN. Doc. S/RES/567, sobre las actividades militares de Sudáfrica contra Angola, 20 de junio de 1985. Disponible en: https://digitallibrary.UN.org/record/87419?ln=es
xii) UN. Doc. S/RES/574, sobre las actividades militares de Sudáfrica contra Angola, 7 de octubre de 1985. Disponible en: https://digitallibrary.UN.org/record/104202?ln=es
xiii) UN. Doc. S/RES/577, sobre las actividades militares de Sudáfrica contra Angola, 6 de diciembre de 1985. Disponible en: https://digitallibrary.UN.org/record/116406?ln=es
xiv) UN. Doc. S/RES/602, sobre las actividades militares de Sudáfrica contra Angola, 25 de noviembre de 1985. Disponible en: https://digitallibrary.UN.org/record/150095?ln=es
xv) UN. Doc. S/RES/568, sobre las actividades militares de Sudáfrica contra Botsuana, 21 de junio de 1985. Disponible en: https://digitallibrary.UN.org/record/87409?ln=es
xvi) UN. Doc. S/RES/572, sobre ayuda internacional a Botsuana, 30 de septiembre de 1985. Disponible en: https://digitallibrary.UN.org/record/98110?ln=es

Benín[892], Israel[893], Iraq, y República Democrática del Congo[894] por actos de agresión cometidos por cada uno de estos Estados. Es significativo que, en el caso de Iraq, el CdS solo en una resolución se refería expresamente a que las acciones de ese Estado constituían actos de agresión[895]. Previa y posteriormente a ésta, condenó en otras

---

xvii) UN. Doc. S/RES/527, sobre las acciones militares de Sudáfrica contra Lesoto, de 15 de diciembre de 1982. Disponible en: https://digitallibrary.UN.org/record/40470?ln=es

xviii) UN. Doc. S/RES/580, sobre las actividades militares de Sudáfrica contra Lesoto y la indemnización a Lesoto, 30 de diciembre de 1985. Disponible en: https://digitallibrary.UN.org/record/112407?ln=es

xix) UN. Doc. S/RES/496, decisión de enviar una comisión de investigación a Seychelles, 15 de diciembre de 1981. Disponible en: https://digitallibrary.UN.org/record/27514?ln=es

xx) UN. Doc. S/RES/507, sobre las actividades militares de Sudáfrica contra Seychelles, 28 de mayo de 1982, S/RES/507. Disponible en: https://digitallibrary.UN.org/record/31562?ln=es

892 V. las resoluciones del CdS:

i) UN. Doc. S/RES/405, condena de la agresión armada contra Benín del 16 de enero de 1977, 14 de abril de 1977. Disponible en: https://digitallibrary.UN.org/record/66646?ln=es

ii) UN. Doc. S/RES/419, sobre la asistencia a Benín para reparar los daños causados por la agresión del 16 de enero de 1977. Disponible en: https://digitallibrary.UN.org/record/66647?ln=es

893 V. las resoluciones del CdS:

i) UN. Doc. S/RES/573, sobre un ataque aéreo israelí sobre Túnez, 1 de octubre de 1985, 4 octubre 1985. Disponible en: https://digitallibrary.UN.org/record/101329?ln=es

ii) UN. Doc. S/RES/611, sobre la soberanía y la integridad territorial de Túnez, 25 de abril 1988. Disponible en: https://digitallibrary.UN.org/record/243002?ln=es

894 V. UN. Doc. S/RES/2098, sobre la prórroga del mandato de la Misión de Estabilización de las Naciones Unidas en la República Democrática del Congo (MONUSCO) hasta el 31 de marzo de 2014, 28 de marzo de 2013. Recogía en el Anexo A (Compromisos contraídos por los países de la región en virtud del Marco de Paz, Seguridad y Cooperación para la República Democrática del Congo y la Región) "No dar refugio ni proporcionar protección de ningún tipo a personas acusadas de crímenes de guerra, crímenes de lesa humanidad y actos de genocidio o crímenes de agresión, o a personas sujetas al régimen de sanciones de las Naciones Unidas". Disponible en: https://digitallibrary.UN.org/record/747650?ln=es

895 UN. Doc. S/RES/667, sobre las acciones iraquíes contra las misiones diplomáticas y su personal en Kuwait, 16 de septiembre de 1990. Disponible en: https://digitallibrary.UN.org/record/96599?ln=es

resoluciones la invasión y la ocupación ilegal de Kuwait por parte de Iraq, pero soslaya el sustantivo agresión y la expresión acto o actos de agresión y las calificó como de violación a la paz y seguridad internacionales[896].

El CdS no solo se ha pronunciado en relación al uso de la fuerza entre Estados en sus resoluciones. También lo ha hecho a través de declaraciones de la presidencia, especialmente a partir de los años noventa. Solo en escasas situaciones se refirió al sustantivo agresión[897]. La

---

896 Por ejemplo:
i) UN. Doc. S/RES/660, sobre la invasión iraquí de Kuwait, 2 de agosto de 1990. Disponible en: https://digitallibrary.UN.org/record/94220?ln=es
ii) UN. Doc. S/RES/661, sobre acciones contra Iraq, 6 de agosto de 1990. Disponible en: https://digitallibrary.UN.org/record/94221?ln=es
iii) UN. Doc. S/RES/662, sobre la anexión iraquí de Kuwait, 9 de agosto de 1990, S/RES, 9 de agosto de 1990. Disponible en: https://digitallibrary.UN.org/record/94573?ln=es
iv) UN. Doc. S/RES/665, sobre la aplicación de la resolución 661 (1990) del Consejo de Seguridad, especialmente sus disposiciones relativas al transporte marítimo, 25 de agosto de 1990. Disponible en: https://digitallibrary.UN.org/record/95664?ln=es
v) UN. Doc. S/RES/670, sobre el embargo aéreo contra Iraq, 25 de septiembre de 1990. Disponible en: https://digitallibrary.UN.org/record/97522?ln=es
vi) UN. Doc. S/RES/674, sobre la protección de los nacionales de terceros Estados en Iraq y Kuwait, 29 de octubre de 1990. Disponible en: https://digitallibrary.UN.org/record/100468?ln=es

897 V. UN. Doc. S/PRST/2005/10*, Formulada en nombre del Consejo de Seguridad, en la 5133ª sesión, celebrada el 2 de marzo de 2005, 17 de febrero de 2006, en relación con el examen por el Consejo del tema titulado "La situación relativa a la República Democrática del Congo".
En esta declaración el presidente del CdS expresaba "la condena por el ataque perpetrado el 25 de febrero de 2005 cerca de la ciudad de Kafé, en Itera, contra una patrulla de la Misión de las Naciones Unidas en la República Democrática del Congo [MONUC] por el Front des Nationalistes et Intégrationnistes, en el que fueron asesinados nueve oficiales de Bangladesh encargados del mantenimiento de la paz" y calificaba ese acto como una agresión. Disponible en https://digitallibrary.UN.org/record/542426?ln=es
Y la UN. Doc. S/RES/2216, sobre el cese de la violencia en Yemen y el refuerzo de las sanciones impuestas por la resolución 2104 (2014) del Consejo de Seguridad, 14 de abril de 2015 (disponible en: https://digitallibrary.

tónica general, como he adelantado, era evitar su uso[898], a pesar de que la citada resolución 3314 llamaba la atención del CdS para que cuando procediera, tuviera presente la definición del anexo "como orientación para determinar, de conformidad con la Carta, la existencia de un acto de agresión"[899].

UN.org/record/791250?ln=es), que se remitía en su preámbulo a la carta de 24 de marzo de 2015, del representante permanente del Yemen, por la que solicitaba apoyo, incluida la intervención militar "para proteger al Yemen y a su pueblo de la continua agresión de los huzíes". Igualmente, aludía a la carta de 26 de marzo de 2015, del representante permanente de Qatar ante NNUU por la que, a su vez, se transmitía una carta dirigida al secretario general por los representantes de la Arabia Saudita, Bahréin, los Emiratos Árabes Unidos, Kuwait y Qatar.

En esas cartas se denunciaba los "incesantes ataques y "actos de agresión" que los huzíes estaban cometiendo contra la soberanía de la República del Yemen.

V. la carta en UN. Doc. S/2015/217, Cartas idénticas de fecha 26 de marzo de 2015 dirigidas al secretario general y al presidente del Consejo de Seguridad por la representante permanente de Qatar ante las Naciones Unidas, 27 de marzo de 2015. Disponible en: https://digitallibrary.UN.org/record/790821?ln=es

Aquí, la calificación de agresión se distancia del crimen de agresión. Ni la agredida MONUC, en el primer caso, es un Estado, sino una fuerza mantenimiento de la paz; ni los agresores huzíes, en el segundo (Yemen), tampoco son un Estado.

898 STRAPATSAS: ob. cit., pp. 199 a 201, enumera como ejemplo de ellos, la nota del presidente del CdS: UN Doc. S/25539, 6 de abril de 1993, referida a la situación de Ngorno-Karabaj, que precedió a las citadas por el mismo autor: S/RES/882, 853 y 884 (v. *supra*, nota 887). Y las declaraciones del presidente del CdS: UN. Doc. S/PRST/2008/20, 12 de junio de 2008, por la que condenaba "la acción militar de Eritrea contra Djibouti en Ras Doumeira y la isla de Doumeira", declaración a la que sucedió posteriormente la también citada por STRAPATSAS, S/RES/1862 (v. *supra*, nota 887); UN. Doc. S/PRST/2010/13, 9 de julio de 2010 por la que el CdS deploraba el ataque que el 26 de marzo de 2010 provocó el hundimiento del buque *Cheonan* de la República de Corea. UN. Doc. S/PRST/2015/7, 19 de marzo de 2015, en la que subrayaba su preocupación por la persistencia de los bombardeos y disparos a través de las fronteras de la República Árabe Siria al Líbano.

899 Párrafo cuarto.

El CdS ha hecho uso del derecho de veto en situaciones de uso de la fuerza. Por ejemplo, el CdS vetó un proyecto de resolución condenando el ataque contra la Jamahiriya Árabe Libia Popular y Socialista. La resolución de la AG 41/38 suplió ese veto. Se mostró preocupada por "las amenazas y provocaciones agresivas" contra la Jamahiriya y condenaba el ataque militar sufrido por ésta el 14 de noviembre de 1986 por constituir una violación del DI y de la Carta. Además, exhortaba a los Estados a que se abstuvieran de proporcionar asistencia o instalaciones "para la perpetración de actos de agresión" dirigidos contra la Jamahiriya Árabe Libia[900].

Para finalizar este apartado me referiré brevemente a la invasión de Ucrania por parte de la Federación de Rusia[901]. Es un crimen de agresión[902]. El mecanismo de funcionamiento del CdS, donde Rusia ostenta el derecho de veto, imposibilita que el propio CdS adopte ninguna resolución de condena, por el voto contrario (veto) de la Federación de Rusia. Sin embargo, el presidente del CdS, en relación con el examen por el Consejo del titulado "Mantenimiento de la paz y seguridad de Ucrania", declaraba la profunda preocupación

---

900 UN. Doc. A/RES/41/38, Declaración de la Asamblea de jefes de Estado y de Gobierno de la Organización de la Unidad Africana sobre el ataque militar aéreo y naval contra la Jamahiriya Árabe Libia Popular y Socialista realizado por el actual Gobierno de los Estados Unidos en abril de 1986, 20 de noviembre de 1986. Disponible en: https://digitallibrary.UN.org/record/124406?ln=es

901 V. un análisis desde la perspectiva de DPI de la guerra de Ucrania en KREß: La guerra de…, ob. cit.

902 KREß, C.: (4 May 2023, at Courtroom 600 of the Nuremberg Palace of Justice). *The Ukraine War and the Crime of Aggression* [Lecture]. Nuremberg Academy Lecture. Nuremberg. Alemania, sostiene que la Rusia cometió "un acto de agresión que, por su carácter, gravedad y escala constituye una violación manifiesta de la Carta de las Naciones Unidas", por lo que "la conducta de Rusia cumple el elemento de conducta del Estado de la definición" del artículo 8 *bis* ECPI. Por ello, Putin y otros miembros de la cúpula rusa "están bajo sospecha de haber cometido el crimen de agresión".
Sobre la posible responsabilidad de Putin v: OLLÉ SESÉ, M.: "La responsabilidad penal de Putin", *El Ciervo pensamiento y cultura*, número 793, mayo-junio 2022, pp. 12 y 13; y OLLÉ SESÉ, M.: "La responsabilidad penal internacional individual en la guerra de Ucrania", *Tiempos de Paz: La guerra de Ucrania*, número 146-147, 2022, pp. 74 a 83.

del CdS por el mantenimiento de la paz y seguridad de Ucrania y recordaba la obligación de todos los Estados miembros de arreglar, de acuerdo con la Carta de NNUU, sus controversias internacionales por medios pacíficos[903].

La falta de unanimidad de los miembros permanentes del CdS para adoptar resoluciones sobre el conflicto de Ucrania[904] y, por tanto, al verse aquél "impedido [de] ejercer su responsabilidad primordial de mantener la paz y la seguridad internacionales", provocó a la convocatoria de un período extraordinario de sesiones de emergencia de la AG[905].

---

903 UN. Doc. S/PRST/2022/3, declaración de la Presidencia del Consejo de Seguridad, 6 de mayo de 2022. Disponible en: https://documents-dds-ny.UN.org/doc/UNDOC/GEN/N22/342/00/PDF/N2234200.pdf?OpenElement

904 UN. Doc. S/PV.8979, 8979ª sesión, 25 de febrero de 2022. Disponible en: https://digitallibrary.un.org/record/3963720?ln=es
En esta sesión se debatió el proyecto de Resolución S/2022/155. Votó en contra Rusia, se abstuvieron: China, India y Emiratos Árabes Unidos. Los otros once miembros, entre ellos EE.UU., emitieron voto favorable a la resolución (p. 6). Destacaron las palabras de la representante de Noruega que lamentó el veto de Rusia y afirmó: "Prevenir los actos de agresión y ponerles fin es una responsabilidad directa del Consejo de Seguridad. Un veto emitido por el agresor socava el propósito del Consejo. Las acciones de Rusia afectan directamente a la esencia de la Carta de las Naciones Unidas. Además, en el espíritu de la Carta, como parte en una controversia, Rusia debería haberse abstenido de votar sobre el proyecto de resolución" (p. 8). Antes de la votación, la representación de México, calificó los hechos como "la invasión de un país soberano por parte de otro, lo que representa una flagrante violación al Artículo 2, párrafo 4, de la Carta de las Naciones Unidas, y constituye, además, una agresión en los términos de la resolución 3314" (p. 5).

905 V. UN. Doc. S/RES/2623, 27 de febrero de 2022. Disponible en: https://digitallibrary.UN.org/record/3958807?ln=es
La citada UN. Doc. A/RES/377 (V) A (v. *supra*, nota 236), resolvió que si el CdS "por falta de unanimidad entre sus miembros permanentes deja de cumplir con su responsabilidad primordial de mantener la paz y la seguridad internacionales en todo caso en que resulte haber una amenaza a la paz, un quebrantamiento de la paz o un acto de agresión, la Asamblea General examinará inmediatamente el asunto, con miras a dirigir a los miembros recomendaciones apropiadas para la adopción de medidas colectivas,

La AG, en la resolución *Agresión contra Ucrania* —después de recordar el artículo 2.2 de la Carta, y la resolución 3314 (XXIX), y especialmente la obligación de abstención del uso de la fuerza contra la integridad territorial o la independencia política de cualquier Estado, entre otros extremos— condenó la declaración de la Federación de Rusia de 24 de febrero de 2022 que calificaba la invasión de Ucrania como una "operación militar especial contra Ucrania" y deploraba "*en los términos más enérgicos* la agresión cometida por la Federación de Rusia contra Ucrania, en contravención del Artículo 2. 4) de la Carta"[906]. Y puso de relieve "la necesidad de garantiza la rendición de cuentas por los crímenes más graves de derecho internacional cometidos en el territorio de Ucrania mediante investigaciones y enjuiciamientos adecuados, imparciales e independientes a nivel nacional o internacional, y de garantizar la justicia para todas las víctimas y la prevención de crímenes en el futuro"[907].

---

inclusive, en caso de quebrantamiento de la paz o acto de agresión, el uso de fuerzas armadas cuando fuere necesario, a fin de mantener o restaurar la paz y la seguridad internacionales. De no estar a la sazón reunida, la Asamblea General puede reunirse en período extraordinario de sesiones de emergencia dentro de las 24 horas siguientes a la presentación de una solicitud al efecto. Tal período extraordinario de sesiones de emergencia será solicitado si así lo solicita el Consejo de Seguridad por el voto de siete cualesquiera de sus miembros, o bien la mayoría de los Miembros de las Naciones Unidas".

La Resolución del Parlamento Europeo 2022/3017 (RSP), p. T (v. *infra*, nota 986), sostuvo que esta resolución 377 de la AG es una "acción alternativa" que proporciona la AG al derecho de veto.

906 UN. Doc. A/RES/ES-11/1, Agresión contra Ucrania, 2 de marzo de 2022. Resolución que fue reiterada con posterioridad en UN. Doc. A/RES/ES-11/2, consecuencias humanitarias de la agresión contra Ucrania, 24 de marzo de 2022. Disponible la primera en: https://digitallibrary.un.org/record/3965290?ln=es; y la segunda en: https://digitallibrary.un.org/record/3966630?ln=es

907 UN. Doc. A/RES/ES-11/6, párr. 9. V. *infra*, nota 910.

V. una crítica sobre la exigencia de occidente de la aplicación del DI respecto de Ucrania y su divergencia con otras situaciones en AMBOS, K.: "Ucrania y la doble moral de occidente", *Revista penal*, Tirant lo Blanch, número 51, enero 2023, pp. 33 a 48.

Asimismo, la AG ha reafirmado "su compromiso con la soberanía, la independencia, la unidad y la integridad territorial de Ucrania y su exigencia de que la Federación de Rusia p[usiera] fin de inmediato al uso de la fuerza contra Ucrania" y retirara todas sus fuerzas militares del territorio de Ucrania; y ha reconocido que la Federación de Rusia "deb[ía] rendir cuentas por todas las violaciones del derecho internacional que lleve a cabo en Ucrania o contra Ucrania dentro de sus fronteras reconocidas internacionalmente"[908].

Precisamente la AG al tomar nota de la vulneración por parte de la Federación de Rusia del Derecho internacional humanitario durante su agresión a Ucrania suspendió el derecho de la Federación de Rusia a formar parte del Consejo de Derechos Humanos[909].

En el aniversario de la "invasión a gran escala de Ucrania" por parte de la Federación de Rusia, el 23 de febrero de 2023, la AG aprobó una nueva resolución en la que recordaba los principios de la Carta en los que se basa una paz general, justa y duradera en Ucrania, y deploraba "las nefastas consecuencias humanitarias y para los

---

908 UN. Doc. A/RES/ES-11/5, Promoción de vías de recurso y reparaciones por la agresión contra Ucrania, 15 de noviembre de 2022 (aprobada el 14 de noviembre). Disponible en: https://digitallibrary.un.org/record/3994481?ln=es
V. también UN. Doc. A/RES/ES-11/4, Integridad territorial de Ucrania: defensa de los principios de la Carta de las Naciones Unidas, 13 de octubre de 2022 (aprobada el 7 de abril), en la que la AG, en el contexto de la agresión, condenó los "mal llamados *refrendos* ilegales en sí" de las regiones ucranianas reconocidas internacionalmente y del intento de anexión ilegal de las regiones de Donetsk, Khersón, Luhansk y Zaporizhzhia. Resolución disponible en: https://digitallibrary.un.org/record/3990673?ln=es
V. un comentario a las resoluciones de la AG relacionadas con Ucrania en PONS RAFOLS, X.: "La guerra de Ucrania: Naciones Unidas y el Derecho Internacional", *Impactos de la guerra de Ucrania,* González Beilfuss, C., Navarro-Michel, M., Fernández Pons, X. (dirs.), Soto, Y. (coord..), Tirant lo Blanch, Valencia, 2023, pp. 56 a 62.

909 UN. Doc. A/RES/ES-11/3, Suspensión de los derechos de la Federación de Rusia a formar parte del Consejo de Derechos Humanos, 7 de abril de 2022 (aprobada el día 7 de abril). Disponible en: https://digitallibrary.un.org/record/3967950?ln=es

derechos humanos de la agresión de la Federación de Rusia contra Ucrania"[910].

En el mismo sentido, el Consejo de Derechos Humanos, desde el enfoque del Derecho internacional de los derechos humanos, recordó que los Estados tienen la responsabilidad primordial de promover, respetar y proteger los derechos humanos, y que el Derecho internacional de los derechos humanos y el Derecho internacional humanitario son complementarios y se refuerzan mutuamente. Y condenó *enérgicamente* la agresión cometida por Federación de Rusia contra Ucrania y los abusos y violaciones de los derechos humanos resultantes de esta agresión[911].

---

910 UN. Doc. A/RES/ES-11/6, Principios de la Carta de las Naciones Unidas en los que se basa una paz general, justa y duradera en Ucrania, aprobada el 23 de febrero de 2023, 2 de marzo de 2023. Disponible en: https://digitallibrary.UN.org/record/4004933?ln=es
En esta resolución recordaba, entre otros extremos, la obligación de abstenerse del uso de la fuerza, de acuerdo con el artículo 2 de la Carta y recalcaba la necesidad de alcanzar cuanto antes una paz general, justa y duradera en Ucrania, de acuerdo con los principios de la Carta, incluidos los principios de igualdad soberana e integridad territorial de los Estados.
La AG se ha referido al acto de agresión en diferentes resoluciones de forma semejante a los términos del CdS. MCDOUGALL, C.: The crime of..., ob. cit., pp. 111 y 112, sistematiza el lenguaje en el que aunque expresamente no mencione acto de agresión, si se refiere al mismo: "prestar ayuda y asistencia directa a quienes [...] ya están cometiendo una agresión", "participar en hostilidades contra las fuerzas de las Naciones Unidas", "intento de anexionarse una parte o la totalidad del territorio de otro Estado", "menoscabar de cualquier modo su integridad territorial", "intervención armada", "intervención de las fuerzas armadas de un Estado en otro Estado", "ocupación militar, aunque sea temporal, o cualquier anexión por la fuerza de dicho territorio, o de parte del mismo", "ocupación ilegal" y la "ocupación ilegal de una parte del [...] territorio [de otro Estado]".

911 UN. Doc. A/HRC/RES/49/1, Resolución aprobada por el Consejo de Derechos Humanos el 4 de marzo de 2002, situación de los derechos humanos a raíz de la agresión rusa. Disponible en: https://digitallibrary.un.org/record/3963815?ln=es

No obstante, la invasión de Ucrania por parte de la Federación de Rusia demuestra la ineficacia de NNUU y las deficiencias de los instrumentos coercitivos de la Carta puestos al servicio del CdS[912].

2.2. La agresión en la Corte Internacional de Justicia

La CIJ también se ha referido a la agresión. En primer lugar, en materia de distribución de funciones y poderes con respecto al mantenimiento de la paz y la seguridad internacionales entre el CdS y la AG, y entre el CdS y la propia CIJ.

Sin embargo, la jurisprudencia de la CIJ es huérfana en cuanto al contenido y delimitación del acto de agresión. Nunca ha declarado que un Estado ha cometido una agresión, ni ha profundizado en su concepto, ni ha definido la misma. No obstante, sí son relevante sus decisiones en el desarrollo de la prohibición del uso de la fuerza —considerada como "la piedra angular de la Carta de las Naciones Unidas"[913]—, en la distinción de los distintos tipos de usos ilícitos de la fuerza, y en las causas que pueden justificar el uso de la fuerza[914]. Igualmente, algunas de sus resoluciones indirectamente, y aunque no fuera específicamente el objeto del litigo que ventilaba, han aludido de forma indirecta a actos de agresión[915].

Así la CIJ ha dictaminado, en el primer caso, al analizar un eventual conflicto entre el CdS y la AG, que el mantenimiento de la paz y la seguridad internacionales, es responsabilidad *primordial*, pero *no exclusiva* del CdS[916]. La CIJ confirmó, de acuerdo con el artículo 24

---

912 PONS: ob. cit., p. 67.

913 ICJ, *Democratic Republic of the Congo v. Uganda*, párr. 148, v. *infra*, nota 946.

914 AKANDE, D. y TZANAKOPOULOS, A.: "The international Court of Justice and the concept of Aggression", *Crime of Aggression Library, The Crime of Aggression a commentary*, KREß, C. and BARRIGA, S. (dir.), Cambridge University Press 2017, p. 275.

915 V., por ejemplo, ICJ, *Application of the International Convention on the Elimination of All Forms of Racial Discrimination (Georgia v. Russian Federation), Preliminary Objections, Judgment, I.C.J. Reports 2011*, p. 70, párrs. 71. 108, 137 y 174. V. también, *infra*, nota 945, último párrafo.

916 ICJ, *Certain Expenses of the United Nations (Article 17, paragraph 2, of the Charter), Advisory Opinion of 20 July 1962, I.C.J Reports 1962*, p. 151, disponible en:

de la Carta, la potestad primordial al CdS para imponer exclusivamente medidas coercitivas, *por ejemplo, contra un agresor* que le pudiera imponer en cumplimiento, y de acatamiento obligatorio, si el CdS le imparte una orden o mandato con arreglo al capítulo VII[917]. Pero también, la AG —según ha dictaminado la CIJ— puede adoptar *decisiones* referidas a *cuestiones importantes*, como recomendaciones y otras con fuerza y efectos dispositivos, entre las que se encuentran las "cuestiones presupuestarias". Por ello, en la distribución de poderes, la AG tiene el de "prever la financiación de las medidas encaminadas a mantener la paz y la seguridad"[918].

En segundo lugar, sobre la distribución de funciones entre el CdS y la propia CIJ, ésta confirmó, que, a pesar de la responsabilidad primordial del CdS en el mantenimiento de la paz y de la seguridad internacionales, la propia Corte también podía ocuparse, *pari passu* o simultáneamente al CdS de un mismo asunto[919]. La responsabilidad no es exclusiva del CdS[920]. La CIJ fundamenta su postura en la inexistencia de una disposición similar a la del antes referido artículo 12 de Carta —que delimita las funciones entre la AG y el CdS— que

---

https://www.icj-cij.org/sites/default/files/case-related/49/049-19620720-ADV-01-00-EN.pdf

En este asunto, se abordó la agresión de forma tangencial o a modo de, en palabras jurisprudenciales españolas, de una suerte de *obiter dictum*. La AG solicitó a la CIJ (v. UN. Doc. A/RES/1731 (XVI), procedimientos administrativos y presupuestarios de las Naciones Unidas, 20 de diciembre de 1961), su opinión *consultiva* sobre si constituían "gastos de la Organización", de acuerdo con el artículo 17.2 de la Carta, los gastos autorizados por diferentes resoluciones de la AG, relativas a las operaciones de las NNUU en el Congo "emprendidas en cumplimiento" de resoluciones del CdS y en el Oriente Medio emprendidas en cumplimiento de resoluciones de la AG. La respuesta fue afirmativa por 9 votos contra 9.

917 *Ibid.*, p. 163.

918 *Ibid.*, pp. 164 a 165.

919 ICJ, *United States Diplomatic and Consular Staff in Tehran, Judgment, 1. C. J. Reports 1980*, p. 3, párr. 40. Disponible en: https://www.icj-cij.org/sites/default/files/case-related/64/064-19800524-JUD-01-00-EN.pdf

920 ICJ, *Military and Paramilitary Activities in and against Nicaragua (Nicaragua v. United States of America), Jurisdiction and Admissibility, Judgment, I.C.J. Reports 1984*, p. 392, párr. 95. Disponible en: https://www.icj-cij.org/sites/default/files/case-related/70/070-19841126-JUD-01-00-EN.pdf

distribuyese las funciones entre el CdS y la Corte; y en el carácter complementario, aunque separado, de las funciones de la CIJ, meramente judiciales, respectos de las del CdS, de naturaleza política[921]. La función de la CIJ es resolver cuestiones jurídicas de cualquier tipo y la resolución de las mismas puede ser un factor importante para el arreglo pacífico de la controversia sometida a su examen[922].

Y específicamente cuando el asunto afecte al capítulo VII de la Carta, esto es, al uso de la fuerza, la amenaza de uso de la fuerza contra la integridad territorial e independencia nacional, contraria al artículo 4.2 de la Carta, la CIJ distingue entre un conflicto que esté efectivamente en curso entre dos Estados y los que no lo estén. Para los primeros, la primacía sobre las medidas coercitivas corresponde al CdS. Y, para los segundos, la CIJ goza de competencia al ser el órgano principal de NNUU de solución pacífica de controversias[923].

La Corte, por ello, ha rechazado determinar medidas provisionales si el CdS ha adoptado resoluciones, de acuerdo con el artículo 25

---

921 ICJ, *United States Diplomatic and Consular Staff in Tehran*, párr. 40 (v. *supra*, nota 919); e ICJ, caso relativo a las actividades armadas en el Territorio del Congo (República Democrática del Congo contra Uganda), Solicitud de indicación de medidas provisionales, Providencia de 1° de julio de 2000, p. 127, párr. 36.
La ICJ *Nicaragua v. United States of America, Jurisdiction and Admissibility*, párr. 96 (v. *supra*, nota 920), con cita del caso del *Canal de Corfú*, recuerda que nunca había esquivado ningún asunto que tuviera implicaciones políticas o elementos graves del uso de la fuerza.

922 ICJ, *United States Diplomatic and Consular Staff in Tehran*, párr. 40 (v. *supra*, nota 919).
El voto separado del juez Simma asume que el CdS omitiera calificar como agresión los actos de Uganda respecto del Congo, por razones políticas, pero enfatiza la división de trabajo en la CIJ y el CdS: La Corte, como principal órgano judicial de NNUU, "no tiene por qué seguir ese camino [del CdS]", porque su razón de ser "llegar a decisiones basadas en el derecho y nada más allá que en el derecho", sin perjuicio de tener presente el contexto político. V. ICJ, *Armed Activities on the Territory of the Congo (Democratic Republic of the Congo v. Uganda), Judgment, I.C.J. Reports 2005*, p. 168, *Separate opinion of judge Simma*, p. 334, párr. 3). Disponible en: https://www.icj-cij.org/sites/default/files/case-related/116/116-20051219-JUD-01-00-EN.pdf

923 ICJ *Nicaragua v. United States of America, Jurisdiction and Admissibility*, párrs. 93 y 94 (v. *supra*, nota 920).

de la Carta, cuando ha actuado de conformidad con el capítulo VII de la Carta[924]. Sí las ha adoptado en otros asuntos donde se denunciaban actos de agresión[925], y en los que se usaba y/o se amenazaba con el uso de la fuerza. Estas resoluciones han resaltado tanto el principio de que los Estados "en sus relaciones internacionales deben abstenerse de recurrir a la amenaza o al uso de la fuerza contra la integridad territorial o la independencia política de cualquier Estado"[926], como el del arreglo pacífico de controversias que impide el recurso a la fuerza[927].

---

924 ICJ, *Application of the Convention on the Prevention and Punishment of the Crime of Genocide, Provisional Measures, Order of 8 April1993, C.I.J. Reports 1993,* p. 3, párr. 33 y 34. Disponible en: https://www.icj-cij.org/sites/default/files/case-related/91/091-19930408-ORD-01-00-EN.pdf

E ICJ, *Questions of Interpretation and Application of the 1971 Montreal Convention arising from the Aerial Incident at Lockerbie (Libyan Arab Jamahiriya v. United States of America), Provisional Measures, Order of 14 April1992, I.C.J. Reports 1992,* p. 114, párrs. 39 a 42. Disponible en: https://www.icj-cij.org/sites/default/files/case-related/89/089-19920414-ORD-01-00-EN.pdf

925 ICJ, *Land and Maritime Boundary between Cameroon and Nigeria, Provisional Measures, Order of 15 March 1996, I. C. J. Reports 1996,* p. 13, párr. 3. Disponible en: https://www.icj-cij.org/sites/default/files/case-related/94/094-19960315-ORD-01-00-EN.pdf

E ICJ, *Armed Activities on the Territory of the Congo (Democratic Republic of the Congo v. Uganda), Provisional Measures, Order of 1 July 2000, I. C. J. Reports 2000,* p. 111, párrs. 3, 4, 6, 7, 10 y 31. Disponible en: https://www.icj-cij.org/sites/default/files/case-related/116/116-20000701-ORD-01-00-EN.pdf. República Democrática del Congo denunció que era víctima de un acto de agresión por parte de Uganda en el sentido del artículo 1, de la repetida resolución 3314 de la AG.

926 ICJ, *Military and Paramilitary Activities in and against Nicaragua (Nicaragua v. United States of America), Provisional Measures, Order of 10 May 1984, I. C.J. Reports 1984,* p. 169, párr. 41, B. 2. Disponible en: https://www.icj-cij.org/sites/default/files/case-related/70/070-19840510-ORD-01-00-EN.pdf. Proclamaba que el derecho a la soberanía y a la independencia política de Nicaragua, como la de cualquier otro Estado, debía ser respetado y de ninguna manera podría ser puesto en peligro por actividades militares y paramilitares prohibidas por los principios del DI.

927 ICJ, *Frontier Dispute, Provisional Measures, Order of 10 January 1986, I.C.J. Reports 1986,* p. 3, párr. 19. Disponible en: https://www.icj-cij.org/sites/default/files/case-related/69/069-19860110-ORD-01-00-EN.pdf

La invasión de Ucrania por parte de la Federación de Rusia ha sido objeto de *litis*, aunque de forma tangencial, ante la CIJ. El 24 de febrero de 2022 Rusia llevó adelante "una operación militar especial" contra Ucrania justificada en "proteger a las personas que habían sido objeto de abusos y genocidio" por parte de Ucrania durante ocho años[928], durante los cuales, según la Federación de Rusia, "la gente había sido realmente exterminada"[929]. El 26 de febrero de 2022, Ucrania presentó una demanda ante la CIJ contra la Federación de Rusia. El objeto de la *litis* se limitó a la controversia sobre la interpretación, aplicación y cumplimiento de la Convención para la Prevención y la Sanción del Delito de Genocidio de 1948. La discrepancia residía en sí se había producido, como mantiene la Federación de Rusia, un genocidio, según el artículo II de la Convención, en las provincias ucranianas de Lugansk y Donetsk y si Ucrania ha cometido genocidio[930]. Ucrania planteó, además, si como consecuencia de la afirmación unilateral de Rusia de que se está cometiendo un genocidio, existe base legal para que la Federación de Rusia emprenda acciones militares en y en contra de Ucrania para prevenir y castigar el genocidio, de acuerdo con el artículo I de la Convención[931].

---

928 V. UN. Doc. A/77/4, Informe de la Corte Internacional de Justicia, 1 de agosto de 2021-31 de julio de 2022, 2022, suplemento número 4, párrs. 189 a 197 (disponible en: https://digitallibrary.UN.org/record/3989920?ln=es). E ICJ, *Allegations of Genocide under the Convention on the prevention and Punishment of the Crime of Genocide, (Ukraine v. Russian Federation)*, March 16, 2022, General List, Nº. 182, p. 10, párr. 40. Disponible en: https://www.icj-cij.org/sites/default/files/case-related/182/182-20220316-ORD-01-00-EN.pdf

929 *Ibid.*, párr. 41.

930 *Ibid.*, párr. 36.

931 *Ibid.*, párr. 31. Ucrania alegaba que la Federación Rusa "ha[bía] invertido, [dado la vuelta, tergiversado]" la Convención sobre el Genocidio, mediante alegaciones infundadas [fraudulentas, falsas] de genocidio como pretexto por las acciones cometidas por su parte que constituyen una grave violación de los derechos humanos de millones de personas en toda Ucrania. Ucrania argumentó que si verdaderamente fuera un genocidio debió de acudir a los órganos competentes de NNUU (artículo VIII de la Convención).

Ucrania denunció que la "operación militar especial" era una *agresión* por parte de la Federación de Rusia emprendida con el "pretexto" alegado por ésta "del deber de prevenir y castigar el genocidio"[932]. Por ello, Ucrania interesó a la CIJ diferentes medidas provisionales[933] para proteger sus derechos, "a no ser objeto de una falsa alegación de genocidio" y a no ser "objeto de operaciones militares de otro Estado en su territorio basadas en la falsa alegación de genocidio"[934]. Derechos que la CIJ encontró plausibles[935]; y, ante la urgencia que reclamaba el caso, adoptó medidas para evitar perjuicios irreparables[936]. Por ello, la CIJ, estimó *prima facie,* la existencia de una controversia entre los dos Estados sobre la interpretación, aplicación o cumplimiento del Convenio sobre Genocidio. Y acordó que la Federación de Rusia: i) suspendiera de forma inmediata las operaciones militares iniciadas el 24 de febrero de 2022 en Ucrania; y ii) que todas las unidades armadas militares o irregulares que pudieran ser dirigidas o apoyadas por ella, así como cualquiera organización y personas que pudieran estar sujetas a su control o dirección, no tomaran ninguna medida que contribuyera a las referidas operaciones militares. La CIJ impuso, finalmente, a las dos partes la abstención respecto de cualquier acción que pudiera agravar o extender la disputa ante la propia CIJ o dificultar su resolución[937].

La estrategia técnico-jurídica de Ucrania pretende que la Corte, una vez examinado el fondo del asunto, estime la inexistencia del crimen de genocidio por parte de Ucrania. De esta forma, la pretendida justificación de la Federación de Rusia para impedir el supuesto genocidio se disiparía y se confirmaría que el uso de fuerza por parte de la Federación de Rusia[938] sería un acto de agresión y

---

932 *Ibid.*, párrs. 42, y 53.

933 *Ibid.*, párrs. 5 y 14.

934 *Ibid.*, párrs. 30 y 52.

935 *Ibid.*, párrs. 60 y 61 a 64.

936 *Ibid.*, párrs. 67 a 77.

937 *Ibid.*, p. 19. Providencia de la CIJ de 16 de marzo de 2022 citada en UN. Doc. A/77/4, párr. 195 (v. *supra*, nota 928).

938 En la solicitud de la medida el Tribunal se mostró "profundamente preocupado por el uso de la fuerza por parte de la Federación de Rusia en Ucra-

un crimen de agresión para sus dirigentes ejecutores de la conducta individual[939].

La CIJ ha distinguido dos formas del *uso de la fuerza*. La *más grave* que es la que *constituyen un ataque armado*[940] *y frente al que cabe, de acuerdo con el artículo 51 de la Carta, legítima defensa. Y la menos grave* cuyo estándar, lo residencia la CIJ en los parámetros normativos

---

nia, que plantea cuestiones muy graves de derecho internacional" (*Ibid.* p. 18, párr. 18).

939 LOPEZ MARTÍN, A. G.: "La respuesta judicial para determinar la responsabilidad internacional de la Federación Rusa por las violaciones de normas cometidas en la invasión de Ucrania", *Revista Española de Derecho Militar*, Escuela Militar de Estudios Jurídicos, enero-junio 2022, n.º 117, Ministerio de Defensa, Madrid 2022, p. 231, califica la demanda de Ucrania de "sumamente interesante". Para esta catedrática, Ucrania pretende demostrar la ausencia de buena fe en Rusia y la utilización indebida de la Convención sobre el Genocidio; y, además, la CIJ tendrá que pronunciarse sobre el uso de la fuerza.
Previamente a este asunto, Ucrania ya había demandado a la Federación de Rusia, el 16 de enero de 2017, ante la CIJ por los acontecimientos ocurridos en el este de Ucrania y Crimea desde la primavera de 2014 (ICJ, *Application of the International Convention for the Suppression of the Financing of Terrorism and of the International Convention on the Elimination of All Forms of Racial Discrimination (Ukraine v. Russian Federation), Preliminary Objections, Judgment, I.C.J. Reports 2019*, p. 558; disponible en: https://www.icj-cij.org/sites/default/files/case-related/166/166-20191108-JUD-01-00-EN.pdf).
La demanda se fundamentó en la violación de la Convención Internacional sobre la Eliminación de todas las Formas de Discriminación Racial. Rusia contestó que la verdadera pretensión del demandante era someter ante la Corte una "supuesta agresión abierta" de Rusia en el este de Ucrania (párrs. 27, 67 y 114). Ucrania lo negó (párr. 68) La Corte sostuvo que Ucrania no solicitaba un pronunciamiento sobre la "supuesta agresión" u "ocupación ilegal" del territorio ucraniano por parte de Rusia. El objeto del litigio lo limitó la CIJ a determinar si Rusia violó o no la referida convención sobre discriminación racial y su posible responsabilidad internacional (p. 577, párr. 30). Asunto que en la fecha de la última revisión de este trabajo no existe resolución sobre el fondo del asunto.

940 ICJ, *Military and Paramilitary Activities in and against Nicaragua (Nicaragua v. United States of America). Merits, Judgment. I.C.J. Reports 1986*, p. 14, párr. 191. La CIJ sostuvo en esta resolución (párr. 190) que la prohibición de la fuerza es una norma de DI imperativa. Disponible en: https://www.icj-cij.org/sites/default/files/case-related/70/070-19860627-JUD-01-00-EN.pdf

previstos en la citada declaración sobre los principios de amistad y cooperación[941]. Para la CIJ esta declaración expresa la *opinio iuris* respecto del DI consuetudinario existente sobre la cuestión y, aunque existen en la resolución "ciertas descripciones que pueden referirse a la agresión, este texto incluye otras que sólo se refieren a formas menos graves del uso de la fuerza"[942]. Concluye que la descripción del apartado g) de la definición de la agresión de la resolución 3314 (envío de un Estado de bandas armadas a otro Estado que llevan a cabo actos de fuerza armada) puede considerarse DI consuetudinario y ser calificada como agresión si la operación "por su envergadura y efectos, habría sido calificada de ataque armado y no de mero incidente fronterizo"[943]. Lo que sí parece es que la CIJ entiende que los conceptos de *ataque armado* y *agresión* son semejantes[944].

AKANDE y TZANAKOPOULOS[945] sintetizan la jurisprudencia de la CIJ sobre la calificación del uso de la fuerza armada desde dos ópticas que pasan por la evaluación de su gravedad, en la que cada una de ellas se compone, a su vez, de tres secuencias sucesivas. La primera implica responsabilidad internacional del Estado. En ésta el *uso de la fuerza*, en los términos del artículo 2.4 de la Carta, progresa a un *ataque armado*, en el sentido del artículo 51 de la Carta, y produce una *grave violación de los derechos humanos*[946]. Se traduce en una

---

941 V. *supra*, nota 92.

942 ICJ, *Nicaragua v. United States of America). Merits*, párr. 191 (v. *supra*, nota 940).

943 *Ibid.*, párr. 194. Para la CIJ, como he señalado, el "mero incidente fronterizo" no es un ataque armado.

944 AKANDE y TZANAKOPOULOS: ob. cit., p. 223.

945 *Ibid.*, pp. 228 y 229.

946 En ICJ, *Armed Activities on the Territory of the Congo (Democratic Republic of the Congo v. Uganda), Judgment, I.C.J. Reports 2005*, p. 168, (disponible en: https://www.icj-cij.org/public/files/case-related/116/116-20051219-JUD-01-00-EN.pdf) la República Democrática del Congo denunció "actos de agresión armada perpetrados por Uganda" en territorio congoleño (párrs. 1 y 23) en contra de la Carta de las NNUU y de la Carta de la Organización de la Unidad Africana. Solicitó, además, entre otros pedimentos que, de acuerdo con el derecho consuetudinario, se le satisficiese con la persecución de todos los responsables de las graves violaciones denunciadas (párr. 24). La CIJ concluyó que Uganda violó la soberanía de la República

violación de DI general imperativo, de acuerdo con el artículo 40 de la responsabilidad internacional del Estado[947]. La segunda se inicia por el *mero uso de la fuerza*, se transforma en un *acto de agresión* y luego en una *guerra o crimen de agresión*[948]. *Ésta segunda, servirá tanto para fundamentar la responsabilidad estatal como individual. El segundo paso ataque armado* y *acto de agresión* para la CIJ pueden corresponderse; sin embargo, al tercer paso, *grave violación* y *guerra* y/o *crimen de agresión* solo se aproximan.

Democrática del Congo y calificó esos actos como "graves violaciones [de la prohibición del uso de la fuerza, párr. 165] del artículo 2, párrafo 4, de la Carta" (párr. 153). Sin embargo, los jueces Elaraby (*separate opinion of judge Elaraby*, p. 333, párr. 20) y Simma (*separate opinion of judge Simma*, p. 334) entendieron que los actos de la invasión de Uganda constituyeron una agresión. Simma se mostró especialmente crítico con la omisión, sobre el acto de agresión, por parte de la posición mayoritaria porque la invasión ugandesa fue un acto de agresión "de manual" (párr. 3).

V. también ICJ, *Armed activities on the territory of the Congo (Democratic Republic of the Congo v. Uganda), Reparations, Judgment, I.C.J. Reports 2022*, p. 13, párr. 1. Disponible en: https://www.icj-cij.org/sites/default/files/case-related/116/116-20220209-jud-01-00-en.pdf

V. un análisis de esta resolución en CHINCHÓN ÁLVAREZ, J.: "Nuevas oportunidades y viejos circunloquios de la Corte Internacional de Justicia: A propósito de la legítima defensa (preventiva) en la historia de una violación grave de la prohibición del uso de la fuerza que no quiso ser llamada agresión. La sentencia de la Corte Internacional de Justicia de 19 de diciembre de 2005 en el asunto relativo a las actividades armadas en el territorio del Congo (República Democrática del Congo c. Uganda)", *El poder de los jueces y el estado actual del Derecho Internacional. Análisis crítico de la jurisprudencia internacional* (2000-2007), Sánchez Rodríguez, L.I., López Martín, A. G. (eds.), Servicio Editorial de la Universidad del País Vasco, Bilbao, 2010, pp. 419 a 450.

947 V.: Proyecto de artículos sobre la responsabilidad del Estado por hechos internacionalmente ilícitos. UN. Doc. A/RES/56/83, Responsabilidad del Estado por hechos internacionalmente ilícitos, 28 de enero de 2002. Disponible en: https://digitallibrary.un.org/record/454412?ln=es

948 ICJ, *Application of the Convention on the Prevention and Punishment of the Crime of Genocide (Bosnia and Herzegovina v. Serbia and Montenegro), Judgment, I.C.J. Reports 2007*, p. 43, retomaba el comentario de la Comisión de Derecho Internacional al referido proyecto de artículos.
Disponible en: https://www.icj-cij.org/sites/default/files/case-related/91/091-20070226-JUD-01-00-EN.pdf

La CIJ argumentó que el principio de la prohibición del uso de la fuerza es una norma de DI consuetudinario[949] de *ius cogens* o norma imperativa[950], que la legítima defensa individual o colectiva también es derecho consuetudinario[951] y que existe una obligación *erga omnes* en el DI para toda comunidad internacional que proscribe los actos de agresión[952]. Sin embargo, no ha sido una cuestión pacífica en la CIJ que la resolución 3314 refleje el DI consuetudinario[953]. Para la AG el no reconocimiento como legal de ninguna adquisición territorial derivada de la amenaza o el uso de la fuerza es un principio de DI consuetudinario[954].

MCDOUGALL concluye que el acto de agresión de la resolución 3314 no podía considerarse como derecho consuetudinario a los efectos del *ius ad bellum* en el año 2010, cuando se adoptaron las enmiendas de Kampala, a pesar de la citada opinión separada contraria del juez Elaraby, en el asunto *actividades armadas*. La definición estuvo

---

949 ICJ, *Democratic Republic of the Congo v. Uganda*, párr. 194 (v. *supra*, nota 946). El fallo de 19 de diciembre de 2005, de la CIJ, sostuvo que las acciones militares de Uganda, como potencia ocupante, en el territorio de la República Democrática del Congo, ocupando Ituri y apoyando a las fuerzas irregulares, violaba "el principio de no uso de la fuerza en las relaciones internacionales y el principio de no intervención" (UN. Doc. A/77/4, párr. 73).

950 ICJ, *Democratic Republic of the Congo v. Uganda*, párr. 190 (v. *supra*, nota 946). Sobre las normas imperativas v. también: ICJ, *East Timor (Portugal v. Australia), Judgment, I.C.J., Reports 1995*, p. 90, párr. 29. Disponible en: https://www.icj-cij.org/sites/default/files/case-related/84/084-19950630-JUD-01-00-EN.pdf

La CDI, en UN. Doc. A/56/10 (v. *supra*, nota 375), p. 305, concluía —en el comentario artículo 40— que la prohibición de la agresión era una norma imperativa (v. *infra*, nota 1578).

951 ICJ, *Democratic Republic of the Congo v. Uganda*, párr. 193 (v. *supra*, nota 946).

952 ICJ, *Barcelona Traction, Light and Power Company, Limited, Judgment, Reports 1970*, p. 3. párrs. 33 y 34. Disponible en: https://www.icj-cij.org/sites/default/files/case-related/50/050-19700205-JUD-01-00-EN.pdf.

Sobre las obligaciones *erga omnes*, v.: OLLÉ: Crimen internacional…, ob. cit., pp. 114 a 140.

953 V. ICJ, *Democratic Republic of the Congo v. Uganda, Separate opinion of Judge Kooijmans*, pp. 321 y 322, párr. 63. Disponible en: https://www.icj-cij.org/sites/default/files/case-related/116/116-20051219-JUD-01-03-EN.pdf

954 UN. Doc. A/RES/ES-11/4 (v. *supra*, nota 908).

ausente de las resoluciones del CdS y el uso por parte de la AG y de la CIJ fue escaso. La práctica de los Estados y la *opinio iuris* inexistente. La AG y el CdS sí han determinado que la ocupación militar, la anexión fruto del uso de la fuerza (incluso la AG los intentos de anexión al margen del uso de la fuerza), la invasión o ataque del territorio de un Estado por las fuerzas armadas de otro Estados (o bandas armadas enviadas por el Estado), y el bombardeo del territorio de otro Estado, sí son actos de agresión. Sin embargo, no han concretado qué caracteriza a un acto de agresión, salvo que debe ser grave[955].

2.3. La agresión en el Consejo de Europa: El Tribunal Europeo de Derechos Humanos

El Tribunal Europeo de Derechos Humanos (en adelante, TEDH) se ha pronunciado sobre la violación de los derechos garantizados en el Convenio Europeo de Derechos Humanos[956] (en adelante, CEDH) en contextos de conflictos y ataques armados o usos de la fuerza internacionales, en virtud de las demandas de particulares o interestatales[957]. Sobre estas últimas, el artículo 33 CEDH, permite a cualquier Estado Parte "someter al Tribunal cualquier incumplimiento de lo dispuesto en el Convenio y sus protocolos" por otro Estado Parte, y así, o bien plantear cuestiones generales con el fin de proteger el orden público de Europa, o bien demandar a un Es-

---

955 MCDOUGALL: The crime of..., ob. cit., pp. 120 y 121.

956 Convenio para la Protección de los Derechos Humanos y de las Libertades Fundamentales (Convenio Europeo de Derechos Humanos), 4 de noviembre de 1950.

957 Por ejemplo, ECHR, *Shavlokhova y otros c. Georgia* (dec.), número 45431/08, 5 de octubre de 2021; *Bekoyeva y otros c. Georgia* (dec.), número 48347/08, 5 de octubre de 2021; *Ilaşcu y otros c. Moldavia y la Federación de Rusia* [GC], número 48787/99, de 4 de julio de 2001; *Al-Skeini y otros c. el Reino Unido* [GC], número 55721/07, 7 de julio de 2011; *Georgia c. Rusia (II)*, número 38263/08, 13 de diciembre de 2011; *Hassan v. Reino Unido*, [GC] número 29750/09, 16 de septiembre de 2014; *Varnava y otros contra Turquía* [GC], número 16064/90 y otras, 18 de septiembre de 2009; *Banković and Others v. Belgium and Others* (dec.) [GC], nº 52207/99, 12 de diciembre de 2001; *Rusia (re Crimea)* [GC] (dec.), n.º 20958/14 y 38334/18, de 16 de diciembre de 2020.

tado Parte por violaciones de derechos humanos fundamentales de personas identificadas o identificables[958]. Si bien es escaso el número de demandas interestatales que se presentan al TEDH[959], la razón quizá, como advierte el que fuera juez de la Corte CASADEVALL, es por "cierto pudor" de denunciarse entre sí los Estados Partes o por razones "políticas"[960].

En la actualidad, en este ámbito interestatal, destacan las diferentes demandas recibidas por el Tribunal de Estrasburgo contra la Federación de Rusia derivadas del conflicto que mantiene con Ucrania desde el año 2014 hasta la actualidad. Decisiones y medidas provisionales dictadas por el TEDH que fueron ignoradas por la Federación de Rusia, y en las que se le solicitaba por parte del Consejo de Europa que se abstuviera de realizar ataques militares contra civiles y bienes de carácter civil y que garantizara la seguridad de los establecimientos médicos, el personal y los vehículos de emergencia dentro del territorio atacado o asediado por las tropas rusas[961].

El TEDH, en sus decisiones, hasta el momento, no ha utilizado el término acto de agresión, aunque Ucrania sí ha denunciado expresamente en sus misivas actos de agresión por parte de Rusia. Es comprensible que el TEDH esquive calificar los actos que se someten a su jurisdicción como de agresión. No es su función, ni su cometido. Sin embargo, goza de una posición privilegiada —al disponer de forma exhaustiva de la prueba que le presentan las partes en los denominados *memoriales*— para poder calificar los hechos. Calificación que, de acuerdo con el fin jurisdiccional del TEDH, será irrelevante. No obstante, contextualizar los hechos sometidos a su jurisdicción dentro de un acto estatal de agresión que, además, acarrea responsa-

---

958 *Ucrania y Países Bajos contra Rusia*, párr. 386. V. *infra*, nota 965.

959 En la actualidad, en el momento de la elaboración de este trabajo, hay 15 casos interestatales pendientes de resolver y han sido resueltos en la historia del TEDH 17. V. https://www.echr.coe.int/Pages/home.aspx?p=caselaw/interstate&c#n16276363104603066182643_pointer

960 CASADEVALL, J.: *El Convenio Europeo de Derechos Humanos, el tribunal de Estrasburgo y su jurisprudencia*, Tirant lo Blanch, Valencia, 2012.

961 Opinion 300 (2022), Parliamentary Assembly, Consequences of the Russian Federation's aggression against Ukraine, párr. 8. Disponible en: https://pace.coe.int/en/files/29885/html

bilidad penal individual, contribuirá no solo —y esa sí es misión del Tribunal— a declarar o no la violación estatal de derechos humanos, sino a establecer su origen y nexo causal con un acto de agresión proscrito por el DI, lo que reforzará positiva e indirectamente el aspecto preventivo de prohibición del uso ilegal de la fuerza y de los actos de agresión.

Ucrania ha demandado a la Federación de Rusia por violaciones masivas y graves de derechos humanos cometidos por ésta en sus operaciones militares desde el 24 de febrero de 2022[962]. El gobierno ucraniano alegaba, por un lado, la invasión ilegal y la ocupación de parte de su territorio por parte de la Federación Rusa. Y, por otro lado, denunciaba los ataques selectivos, indiscriminados y desproporcionados contra la población civil y sus bienes en toda Ucrania. Para Ucrania los ataques provenían de fuerzas militares rusas y/o fuerzas separatistas o fuerzas paramilitares irregulares que actuaban bajo el control de la Federación de Rusia. La consecuencia de esos ataques, para el Estado demandante, ha sido que miles de civiles han resultado heridos, muertos, detenidos o desaparecidos, la destrucción de propiedades y hogares, desplazamiento interno o externo de personas y empresas y negocios destruidos[963]. El TEDH,

---

962 Demanda 11055/22, interpuesta el 23 de junio de 2022. Fue acumulada el 17 de febrero de 2023 al *caso Ucrania y Países Bajos contra Rusia* (demandas números 8019/16, 43800/14 y 28525/20). Treinta y uno Estados, entre ellos España, son coadyuvantes. V. ECHR 055 (2023), 20.02.2023, Press Release, European Court joins inter-State case concerning Russian military operations in Ukraine to inter-State case concerning eastern Ukraine and downing of flight MH17).

963 V. ECHR 220 (2022), Press Release, Inter-State case Ukraine v. Russia (X): receipt of completed application form and notification to respondent State, 28.06.2022.
Ucrania imputa a la Federación de Rusia su responsabilidad por violación de los artículos 2 (derecho a la vida), 3 (prohibición de la tortura y de tratos inhumanos o degradantes), 4 (prohibición de la esclavitud y de trabajos forzados), 5 (derecho a la libertad y a la seguridad), 8 (derecho a la intimidad o vida privada), 9 (libertad de religión), 10 (libertad de expresión), 11 (libertad de reunión y de asociación), 13 (derecho a un recurso efectivo) y 14 (prohibición de discriminación) CEDH; y del artículo 1 (derecho a la propiedad) y 2 (derecho a la educación), del Protocolo 1, del artículo 2

previamente a la interposición de la citada demanda, le indicó al gobierno de la Federación de Rusia, en una medida cautelar, que se abstuviera de "realizar ataques militares contra civiles y bienes de carácter civil"[964].

Posteriormente a la interposición de esta demanda, el TEDH ha dictado la decisión de admisión de 30 de noviembre de 2022, en el denominado caso de *Ucrania y Países Bajos contra Rusia*[965]. En la misma, y en relación con las hostilidades en las regiones de Donetsk y

---

(libertad de circulación) del Protocolo 4 y del artículo 3 (prohibición de expulsión de nacionales y extranjeros) del Protocolo 4.

Este caso (*Ucrania contra Rusia* (x), demanda número 11055/22), fue acumulada por orden de la Gran Sala, el 17 de febrero de 2023, al caso *Ucrania y Países Bajos contra Rusia* (v. *infra*, nota 965). V. ECHR 055 (2023), 20.02.2023, Press Release, European Court joins inter-State case concerning Russian military operations in Ukraine to inter-State case concerning eastern Ukraine and downing of flight MH17).

964 Medida provisional de 1 de marzo de 2022. La medida la solicitó el gobierno ucraniano antes de interponer la demanda citada (11055/22). V. *supra*, nota 962. También, el TEDH acordó el 4 de marzo de 2022, a petición de particulares, otras medidas cautelares dirigidas al gobierno ruso para que garantizara "el acceso sin trabas de la población civil a rutas de evacuación seguras, asistencia sanitaria, alimentos y otros suministros esenciales, el paso rápido y sin trabas de la ayuda humanitaria y la circulación de los trabajadores humanitarios". Igualmente, el 1 de abril de 2022, el TEDH, contestó a la petición de Ucrania de 16 de marzo de 2022, y reiteró las medidas de 4 de marzo de 2022, que eran extensibles a "todos y cada uno de los ataques contra civiles, incluso con el uso de cualquier forma de armas prohibidas, e indicó al gobierno ruso que las rutas de evacuación deberían permitir a los civiles buscar refugio en lugares seguros de Ucrania (v. ECHR 220 (2022), Press Release).

En el asunto *Ucrania c. Rusia (re Crimea)*, ya citado (v. *supra*, nota 957) —como recuerda *Ucrania y Países Bajos contra Rusia*, párr. 2— el 13 de marzo de 2014, ya había dictado otra medida en la que instaba tanto a Rusia como a Ucrania a abstenerse de adoptar acciones militares que pudieran vulnerar violaciones de los derechos de la población civil reconocidos en el CEDH. El 16 de diciembre de 2020 se levantó la medida cautelar.

965 ECHR, *caso de Ucrania y Países Bajos contra Rusia* [GC], (demandas números 8019/16, 43800/14 y 28525/20), Decisión, 30 de noviembre de 2022. Desde el 17 de febrero de 2023, por la acumulación de la demanda 11055/22 (v. *supra*, nota 964), el caso se denomina *Ucrania y Países Bajos contra Rusia* [GC], (demandas números 8019/16, 43800/14, 28525/20 y 11055/22).

Lugansk de 2014, Ucrania mantuvo que tropas rusas "invadieron profundamente el territorio ucraniano"[966], hechos negados por la Federación de Rusia[967]. Y previamente, en relación con el conflicto de Cri-

---

Este caso es el resultado de la acumulación, el 27 de noviembre de 2020, de otros asuntos que se estaban ventilando ante el TEDH (v. *Ucrania y Países Bajos contra Rusia,* párrs. 1 a 22):

i) Ucrania contra Rusia (Ucrania Oriental), número 8019/16, en el que Ucrania denunció la violación continuada por parte de Federación Rusa de diferentes artículos del CEDH, en el conflicto del este de Ucrania, en Crimea y Ucrania Oriental desde la primavera de 2014. Ucrania había presentado el 13 de marzo de 2014 el caso que dio lugar a la demanda 20958/14, y el 26 de agosto de 2015 la que originó la demanda 42410/15. Las dos se acumularon en la solicitud 8019/16, pasando a denominarse *Ucrania contra Rusia (re Ucrania Oriental).*
ii) *Ucrania c. Rusia (II),* número 43800/14, presentada el 13 de junio de 2014, referido al secuestro de tres grupos de niños en el este de Ucrania entre junio y agosto de 2014.
iii) Asunto *Países Bajos c. Rusia* (número 28525/20), referido al derribo el 17 de julio de 2014 del vuelo MH 17 de Malaysia Airlines sobre el este de Ucrania que causó la muerte de los 298 pasajeros que iban a bordo del avión. V. ECHR Press Relase 354 (2020), 04.12.2020, European Court joins three inter-State cases concerning Eastern Ukraine. En este procedimiento, además, se presentaron el Gobierno de Canadá; la MH17 Air Disaster MH17 Air Disaster Foundation; los demandantes individuales en cuatro casos presentados por familiares de personas que murieron en la catástrofe del MH17; y Human Rights Law Centre de la Universidad de Nottingham. V *Ucrania y Países Bajos contra Rusia,* párr. 21 y ECHR 082 (2023), Press Release, 17.03.2023, Update on the third-party intervention requests granted in Inter-State case Ukraine and the Netherlands v. Russia.

Además de este asunto, están pendientes, en la fecha de la elaboración de este trabajo, otras tres demandas interestatales de Ucrania contra la Federación de Rusia y más de 8.500 demandas individuales en relación con los sucesos de Crimea, el este de Ucrania, y el mar de Azov. V. ECHR 055 (2023), 20.02.2023, Press Release).

966 *Ucrania y Países Bajos contra Rusia,* párr. 228.

967 *Ucrania y Países Bajos contra Rusia,* párrs. 355 y 362, quien además tachó las demandas de Ucrania y Países Bajos de no ser auténticas, abusivas y de mala fe (párr. 482).
El TEDH consideró probado en esta decisión de admisión que desde abril de 2014: i) hubo militares rusos en activo en Donbass (o Donbas) que lucharon en los grupos armados; ii) que miembros de alto rango ruso ocupa-

mea denunció a la Federación de Rusia por el "desencadenamiento y la conducción de una guerra agresiva"[968]. Precisamente, en relación con el conflicto de Crimea, la Asamblea Parlamentaria del Consejo de Europa condenó en 2014[969] "la agresión militar rusa" a Ucrania y la "posterior anexión de Crimea" que violaba el DI y la Carta de las NNUU[970]. Se mostraba preocupada por una posible "nueva agresión militar no provocada contra Ucrania". Y buscaba apoyos para "ga-

---

ron puestos de mando en los grupos armados y en los separatistas (párrs. 598 y 611), grupos que actuaban bajo instrucciones rusas (párrs. 618 y 621); iii) que Rusia proporcionó armas y equipos militares a los separatistas en el este de Ucrania de forma significativa (párr. 639); que los militares rusos apoyaron con artillería las operaciones de los independentistas (párr. 654) y otro tipo de apoyo militar (párr. 662); que el gobierno de la Federación Rusa prestó apoyo político (párr. 675) y financiero (párr. 689) a los separatistas del este de Ucrania.

La citada UN. Doc. A/RES/ES-11/4 condenó los "refrendos ilegales en sí" organizados por la Federación de Rusia en las regiones ucranianas de Donetsk, Khersón, Luhansk y Zaporizhzhia y celebrados entre el 23 y el 27 de septiembre de 2022 y su intento de anexión ilegal, y los declaró contrarios a Derecho. Además, sostuvo que las decisiones adoptadas por la Federación de Rusia los días 21 de febrero y 29 de septiembre de 2022 sobre estas cuatro regiones "constituyen una violación de la integridad territorial y la soberanía de Ucrania y son incompatibles con los principios de la Carta".

968 ECHR, *Ukraine v. Russian Federation (re Crimea)* (nos. 20958/14 and 38334/18) Relinquishment of jurisdiction to the Grand Chamber Grand Chamber, Decision, 16 December, 2020, párr. 28, ix). Ucrania en la demanda interpuesta frente a la Federación de Rusia se refería a los sucesos ocurridos en Crimea y en el este de Ucrania en 2014 y 2018. Hechos negados por la Federación de Rusia (párr. 189). Previamente, el 13 de marzo de 2014, la CEDH había dictado, en el marco de este caso, una medida provisional en la que instaba tanto a Rusia como a Ucrania a abstenerse de adoptar acciones militares que pudieran vulnerar violaciones de los derechos de la población civil reconocidos en el CEDH (párr. 5). El 16 de diciembre de 2020 se levantó la medida cautelar (párr. 238).

969 Resolution 1988 (2014), Parliamentary Assembly, Council of Europe, Recent developments in Ukraine: threats to the functioning of democratic institutions, 9 April 2014. Disponible en: https://pace.coe.int/en/files/20873/html

970 Además del "Acta Final de Helsinki de la OSCE y de los Estatutos y los principios básicos del Consejo de Europa" (Resolution 1988, 2014, párr. 14). Sobre la OSCE v. *infra*, apartado 2.5 de este capítulo y nota 1007.

rantizar la independencia, la soberanía y la integridad territorial de Ucrania"[971]. Previamente, el Parlamento Europeo había condenado el acto de agresión de la Federación de Rusia al invadir Crimea por ser contrario al DI[972].

Hay que observar que, si bien la Federación de Rusia dejó de ser miembro del Consejo de Europa el 16 de marzo de 2022[973] —previa invitación del comité de ministros del Consejo de Europa[974]— y también del CEDH el 16 de septiembre de 2022[975], el TEDH conserva la jurisdicción sobre los asuntos pendientes de resolver respecto de la Federación de Rusia, de acuerdo con el artículo 58 CEDH, por las violaciones del CEDH que hubiera cometido la Federación de Rusia antes del 16 de septiembre de 2022, fecha en la que dejó de ser parte del Convenio[976]. La efectividad y la eficacia practica de los futuros pronunciamientos del TEDH será nulo, al ser la Federación de Rusia un Estado ya ajeno al Consejo de Europa[977].

---

971 Resolution 1988 (2014), Parliamentary Assembly, Council of Europe, párrs. 17 y 18.

972 Resolución del Parlamento Europeo, de 13 de marzo de 2014, sobre la invasión de Ucrania por Rusia (2014/2627(RSP), párrs. A y 1.

973 Así se adoptó en la Resolution CM/Res (2022)2 on the cessation of the membership of the Russian Federation to the Council of Europe, Adopted by the Committee of Ministers on 16 March 2022 at the 1428 ter meeting of the Ministers' Deputies. En ella se reafirmaba que la agresión de la Federación Rusa contra Ucrania constituía por parte de Rusia una grave violación del artículo 3 del Estatuto del Consejo de Europa. Disponible en: https://search.coe.int/cm/Pages/result_details.aspx?ObjectID=0900001680a5da51

974 Opinion 300 (2022), párr. 20, v. *supra*, nota 961. La base de la invitación fue la conculcación del artículo 1 del Estatuto del Consejo de Europa (Statute of the Council of Europe, ETS No. 1, 1949), donde se detallan los objetivos de esta organización internacional.

975 V. *Ucrania y Países Bajos contra Rusia*, párrs. 35, 36 y 393.

976 V. Resolution of the European Court of Human Rights on the consequences of the cessation of membership of the Russian Federation to the Council of Europe in light of Article 58 of the European Convention on Human Rights, de 22/03/2022. Disponible en: https://echr.coe.int/Documents/Resolution_ECHR_cessation_membership_Russia_CoE_ENG.pdf

977 La profesora LÓPEZ MARTÍN: La respuesta…, ob. cit., p. 241, es más expresiva: las decisiones del TEDH serán "papel mojado", pero siempre que-

La Asamblea Parlamentaria del Consejo de Europa dictaminó un día antes de que la Federación de Rusia abandonase el Consejo de Europa que su conducta "mostraba un desprecio por la esencia misma del Consejo de Europa, consagrada en su Estatuto"[978]. Su ataque fue calificado de un "crimen contra la paz" de acuerdo con el Estatuto del TMI y constituía una "agresión" en los términos de la resolución 3314 de la AG[979].

La Asamblea Parlamentaria calificó el ataque armado y la invasión a gran escala de Ucrania por parte de la Federación de Rusia, iniciado el 24 de febrero de 2022, como una "agresión", que es continuación de la agresión iniciada el 20 de febrero de 2014, en la que la última invadió, ocupó y se anexionó ilegalmente Crimea. Esta relevante resolución no dudó en declarar que los actos cometidos por Rusia se ajustaban a la definición del crimen de agresión del artículo 8 *bis* ECPI en el DI consuetudinario, dado su "carácter, escala y gravedad" y por constituir "violaciones manifiestas de la Carta de las Naciones Unidas". Por ello, solicitó que los dirigentes políticos y militares rusos y bielorrusos, que controlaron la acción política o militar, que planearon, iniciaron o ejecutaron los actos, "deben ser identificados y procesados"[980].

La Asamblea Parlamentaria del Consejo de Europa, previo y desde el primer momento del conflicto, condenó "la agresión de la Federación de Rusia contra Ucrania", reafirmando "su apoyo inquebrantable a la soberanía, la independencia y la integridad territorial de Ucrania dentro de sus fronteras internacionalmente reconocidas" y recordando que esta agresión constituye una grave violación del DI y una grave violación del Estatuto del Consejo de Europa[981].

---

darán como "reparación moral" y serán "leídas, estudiadas y recordadas de generación en generación, desmontando los ardides de su jefe de Estado, Vladimir Putin, y poniendo *la verdad de los hechos* en su sitio".

978 Opinion 300 (2022), párr. 1, v. *supra*, nota 961.

979 *Ibid.*, párr. 3.

980 Resolution 2482 (2023), Legal and human rights aspects of the Russian Federation's aggression against Ukraine, 26 January 2023, párrs. 1 y 4 (v. *supra*, nota 961). Disponible en: https://pace.coe.int/en/files/31620/html

981 Resolution 2433 (2022) Parliamentary Assembly, Council of Europe, Consequences of the Russian Federation's continued aggression against Ukraine:

2.4. La Unión Europea y la agresión contra Ucrania

El papel de la Unión Europea es relevante en el conflicto de Ucrania y Rusia, por las medidas y decisiones que ha adoptado. Medidas que nacen en el ámbito regional europeo por iniciativa propia, pero que también de alguna forma complementan por su significado y extraordinario valor político, tanto las omisiones del CdS ante el derecho de veto de la Federación de Rusia como las resoluciones dictadas por la AG[982]. La Unión Europea y todos sus Estados miembros han condenado "enérgicamente la brutal guerra de agresión de Rusia a Ucrania", iniciada el 24 de febrero de 2022, y la anexión ilegal de las regiones de Donetsk, Luhansk, Zaporiyia y Jersón. Han exigido a la Federación de Rusia que acabe con las acciones militares, la retirada incondicional de sus fuerzas y equipos militares y el pleno respeto a la integridad territorial de Ucrania, a su soberanía e independencia. Y ha enfatizado que todos los dirigentes rusos y bielorrusos —a quienes también se les atribuye participar en la guerra de agresión de Rusia— responsables de los crímenes cometidos rendirán cuentas por sus conductas criminales[983].

Las resoluciones del Parlamento Europeo han calificado y condenado, *enérgicamente*[984], el conflicto militar entre Ucrania y Rusia[985] —iniciado en febrero de 2014 y relanzado el 24 de febrero de

---

role and response of the Council of Europe, 27 April 2022, párrs. 1 y 2. Disponible en: https://pace.coe.int/en/files/30017/html

982 V. CARNERERO: ob. cit., p. 201.

983 V. https://www.consilium.europa.eu/es/policies/eu-response-ukraine-invasion/

984 Resolución del Parlamento Europeo, de 19 de mayo de 2022, sobre la lucha contra la impunidad por los crímenes de guerra en Ucrania, (2022/2655 (RSP)), párr. 1; Resolución del Parlamento Europeo, de 19 de enero de 2023, sobre la creación de un tribunal para el crimen de agresión contra Ucrania, (2022/3017 (RSP)), P9_TA(2023)0015, párr. 1; y Resolución del Parlamento Europeo, de 16 de febrero de 2023, sobre un año de invasión y guerra de agresión de Rusia contra Ucrania (2023/2558 (RSP)), párr. 2.

985 Calificado como "el mayor conflicto militar en el continente europeo desde el final de la Segunda Guerra Mundial" (Res. PE, 2023/2558, párr. J). V. *infra*, nota 990.

2022[986]— por ser *guerra de agresión ilegal, sin provocación previa e injustificada* iniciada por la Federación de Rusia contra Ucrania[987]. Y, por ello, amparado en el DI, reivindica el legítimo derecho de Ucrania a defenderse de la agresión[988].

La posición del Parlamento con independencia de su naturaleza política se inspira lógica y fundamentalmente en la Carta de las NNUU y en el artículo 8 *bis* ECPI, lo que le imprime un relevante valor desde la perspectiva del DPI.

De esta forma, la esencia de la definición de *acto de agresión* del artículo 8 *bis* 2 ECPI se descubre en las diferentes resoluciones del Parlamento Europeo. Así, considera la guerra de agresión de Ucrania como un "crimen internacional grave"[989], y "el acto de agresión más atroz" ejecutado por dirigentes políticos de un país europeo desde 1945[990]. Recuerda la prohibición general del uso —también de la amenaza[991]— de la fuerza contra la integridad territorial o la independencia política de cualquier Estado y considera que la guerra de agresión constituye "una violación indisimulada y flagrante de la Car-

---

986 Resolución del Parlamento Europeo, de 19 de enero de 2023, sobre la creación de un tribunal para el crimen de agresión contra Ucrania, (2022/3017 (RSP)), párr. B.
Sobre los hechos del 2014 v. Resolución del Parlamento Europeo, de 12 de enero de 2015, sobre la situación en Ucrania (2014/2965 (RSP)).

987 Resolución del Parlamento Europeo, de 23 de noviembre de 2022, sobre el reconocimiento de la Federación de Rusia como Estado del terrorismo (2022/2896 (RSP)), párr. A y 1; Res. PE 2022/2655, párr. A y 1. Res. PE 2023/2558, párr. A y 1.; y Res. PE 2022/3017, párr. B.

988 Res. PE, 2023/2558, párr. 17.

989 Res. PE, 2022/3017, párr. N.

990 *Ibid.*, párr. I. Y, en palabras de la Res. PE, 2023/2558, párr. J, el "mayor conflicto militar en el continente europeo desde el final de la Segunda Guerra Mundial".

991 En concreto, el Parlamento Europeo reprocha a Rusia su "actitud colonial hacia sus vecinos" y alerta de que mientras siga siendo "estado imperial" mantendrá la "inminente amenaza de agresión en el continente europeo" (Res. PE, 2023/2558, párr. G) y exige a Rusia que "deje de violar o amenazar la soberanía, la independencia y la integridad territorial de Ucrania y otros países vecinos (párr. 9).

ta de las Naciones Unidas, de todos los principios fundamentales del Derecho internacional" y de otros instrumentos internacionales[992].

En relación con la responsabilidad penal individual incide en la condición de crimen de líderes propio del de agresión, y exige la *rendición de cuentas*, tanto por el crimen de agresión como del de guerra, lesa humanidad y genocidio, del *presidente* de Rusia, de los "dirigentes rusos y sus aliados bielorrusos que planificaron y dieron las órdenes para iniciar esta guerra de agresión" y la de los "cómplices que capacitan al régimen ruso"[993].

Igualmente, las resoluciones del parlamento destacan el carácter preventivo del DPI, al mostrar su apoyo a la CPI para "poner fin a la impunidad de los autores de los crímenes más graves que preocupan a la comunidad internacional"[994] y que "en interés de la seguridad mundial y del orden internacional basado en normas, no pueden quedar sin respuesta de la comunidad internacional"[995]. Por ello, propone la creación de un tribunal penal internacional especial para el juzgamiento del crimen de agresión, con la finalidad de hacer "justicia para el pueblo ucraniano" y "disuadir" a terceros actores internacionales de "imitar la agresión ilegal de Rusia y facilitar la reclamación de reparación y cualquier reconciliación futura"[996]. El *mensaje* que se envía a toda la comunidad internacional con la creación del tribunal es "claro": "Putin y los dirigentes políticos y militares rusos pueden ser condenados por el crimen de agresión"[997]. De este modo, compromete a la comunidad internacional con la postura que adopten los diferentes Estados con la guerra de agresión porque su posición será "crucial" en el futuro frente a actuaciones de otros "regímenes autoritarios"[998].

---

992 Res. PE, 2022/3017, párrs. A y C. V. también párrs. L, M y 2; y Res. PE, 2022/2896, párr. D.

993 Res. PE, 2023/2558, párrs. 10 a 12.

994 *Ibid.*, párr. 12; y Res. PE, 2022/3017, párr. I. V. preámbulo ECPI.

995 Res. PE, 2022/3017, párr. 2.

996 *Ibid.*, párr. 11.

997 *Ibid.*, párr. 13.

998 Res. PE, 2023/2558, párr. 7. V. también la citada Res. PE, 2022/2655 sobre la lucha contra la impunidad por los crímenes de guerra cometidos en Ucrania.

El Consejo Europeo de la Unión Europea, en los mismos términos que el Parlamento, ha reiterado su firme condena a la atroz "guerra de agresión de Rusia contra Ucrania que constituye una flagrante violación de la Carta de las Naciones Unidas"[999]. Ha mostrado el apoyo de la Unión Europea a la "independencia, soberanía e integridad territorial de Ucrania"[1000]. Ha reivindicado la inalterabilidad del "derecho inmanente de legítima defensa" de Ucrania[1001]. Y exige la "rendición de cuentas de todos los ordenantes, autores y cómplices de los crímenes de guerra y demás delitos graves que se están cometiendo en relación con la guerra de agresión" y, en particular, aboga por la creación de un mecanismo capaz de juzgar el crimen de agresión[1002].

La Unión Europea, en su condición de miembro del denominado *G7*, ha participado en la cumbre de este foro, que busca ofrecer respuestas mundiales a retos mundiales, celebrada en mayo de 2023. El *G7* condenó en su comunicado de 20 de mayo de 2023, una vez más, y "en los términos más enérgicos posibles la guerra de agresión de Rusia contra Ucrania" porque "constituye una grave violación del

999 Consejo Europeo, EUCO 4/23, CO EUR 3, CONCL 2, Conclusiones adoptadas sobre Ucrania en la reunión de 23 de marzo de 2023, párr. 1. https://data.consilium.europa.eu/doc/document/ST-4-2023-INIT/es/pdf
V. Igualmente, Declaración de los miembros del Consejo Europeo de 30 de septiembre de 2022. Disponible en: https://www.consilium.europa.eu/es/press/press-releases/2022/09/30/statement-by-the-members-of-the-european-council/

1000 EUCO 4/23, CO EUR 3, CONCL 2, párr. 1.

1001 *Ibid.*

1002 Consejo Europeo, EUCO 1/23, CO EUR 1, CONCL 1, Conclusiones adoptadas sobre Ucrania en la reunión extraordinaria de 9 de febrero de 2023, párr. 4. Disponible: https://data.consilium.europa.eu/doc/document/ST-1-2023-INIT/es/pdf
V. también las Conclusiones del Consejo adoptadas sobre Ucrania en las reuniones de 15 de diciembre de 2022 (EUCO 34/22 CO EUR 29 CONCL 7, párrs. 1, 2 y 8); y de 20 y 21 de octubre de 2022 (EUCO 31/22, CO EUR 27, CONCL 6, párrs. 1, 4, 6 y 12) conclusiones estas últimas que también condenaron el apoyo a Rusia tanto de Bielorrusia como de las autoridades iraníes (párrs. 13 y 14). Disponibles respectivamente en: https://www.consilium.europa.eu/media/60878/2022-12-15-euco-conclusions-es.pdf y https://www.consilium.europa.eu/media/59752/2022-10-2021-euco-conclusions-es.pdf

derecho internacional, incluida la carta de las Naciones Unidas"[1003]. El *G7* en su declaración de 19 de mayo de 2023 no dudó en calificar la conducta de la Federación de Rusia como "guerra de agresión, injustificable y no provocada". Insta a Rusia a que "ponga fin a su actual agresión". Exige la rendición de cuentas porque, de conformidad con el DI, "no debe haber impunidad" para sus responsables. Y se comprometen desde Hiroshima, "el símbolo de la paz", a movilizar sus "instrumentos políticos" para, junto con Ucrania, hacer "todo lo posible para lograr una paz global, justa y duradera en Ucrania lo antes posible"[1004].

La Cumbre de jefes de Estado y de Gobierno del *G20*, de 2023, evitó condenar expresamente la agresión de Ucrania por parte de la Federación de Rusia. No obstante, después de recordar dos resoluciones de la AG[1005] sobre la guerra de Ucrania, subrayaba que todos los Estados deben actuar de forma coherente con los propósitos y principios de la Carta y, en consecuencia, "deben abstenerse de recurrir a la amenaza o al uso de la fuerza para la adquisición de territorio contra la integridad territorial y la soberanía o la independencia política de cualquier Estado". Llamaban a los Estados para que respetaran los principios de integridad territorial y de soberanía, el Derecho internacional humanitario y el sistema multilateral que salvaguarda la paz y la estabilidad. Y se comprometía a acoger todas las iniciativas que apoyen "una paz global, justa y duradera en Ucrania que defien-

---

1003 V. G7, Hiroshima Leaders' Communiqué, de 20 de mayo de 2023, párr. 4, adoptado en la Cumbre del G7, celebrada en Hiroshima (Japón) del 19 al 21 de mayo de 2023, por Canadá, Francia, Alemania, Italia, Japón, Reino Unido, Estados Unidos y la Unión Europea que estuvo representada por el presidente del Consejo Europeo y la presidenta de la Comisión Europea. Uno de los temas de trabajo fue "la agresión de Rusia contra Ucrania". Disponible en: https://www.consilium.europa.eu/es/press/press-releases/2023/05/20/g7-hiroshima-leaders-communique/

1004 V. Declaración *G7 Leaders´ Statement on Ukraine*, apartados 1, 2, 9, y 10. Disponible en: https://www.consilium.europa.eu/media/64494/g7-2023-statement-on-ukraine.pdf

1005 UN. Docs. A/RES/ES-11/1 (v. *supra*, nota 906) y A/RES/ES-11/6 (v. *supra*, nota 910), párr. 8 de la Declaración (v. *infra*, nota 1006).

da todos los Propósitos y Principios de las Naciones Unidas para la promoción de la paz y la amistad entre los pueblos"[1006].

2.5. Organización para la Seguridad y Cooperación en Europa

La Organización para la Seguridad y Cooperación en Europa (en adelante, OSCE), en el año 2022, en el mismo sentido que el Consejo de Europa y la Unión Europea, condenó enérgicamente la guerra de agresión de la Federación de Rusia contra Ucrania, no provocada por ésta, y exigió el cese de las operaciones militares y la retirada de las tropas rusas. Consideró que la invasión rusa es una flagrante violación del DI, de la soberanía de Ucrania y de su integridad territorial, además de un ataque a los derechos humanos y las libertades fundamentales, como el derecho a la vida, del pueblo de Ucrania. Acusó a Bielorrusia de *co-agresor* y denunció que la Federación de Rusia ocupó ilegalmente y se anexionó Crimea y reconoció de forma ilegítima la ocupación de las regiones de Luhansk y Donetsk[1007].

Posteriormente en el año 2023, la OSCE reafirmó su compromiso con la soberanía, la independencia política y la unidad de Ucrania. Reiteró el cese de la agresión de la Federación Rusia contra Ucrania. Condenó el apoyo a esta agresión por parte de Bielorrusia. Y pedía a la comunidad internacional que garantizara que no hay impunidad para todos los crímenes internacionales cometidos en Ucrania

---

[1006] G20 New Delhi Leaders' Declaration, New Delhi, India, 9-10 September 20023, párrs. 10 y 13. Disponible en: https://www.g20.org/content/dam/gtwenty/gtwenty_new/document/G20-New-Delhi-Leaders-Declaration.pdf

[1007] OSCE, *Birmingham Declaration and Resolutions Adopted by the Osce Parliamentary Assembly,* twenty-ninth annual session, Birmingham, 2 – 6 July 2022, Chapter I, Political Affairs and Security, párrs. 1 y 20. Disponible en: https://www.oscepa.org/en/documents/annual-sessions/2022-birmingham/4409-birmingham-declaration-eng/file

Sobre la relación de Rusia y Bielorrusia y sus intereses comunes en la agresión de Ucrania v.: LÓPEZ JIMÉNEZ, J. A.: "Instrumentos de la agresión rusa a Ucrania: Derivadas político-ideológicas e interpretación creativa del Derecho internacional", *La agresión de Rusia contra Ucrania. Neo-Imperialismo de Putin vs. ordenamiento internacional,* Regueiro Dubra, R. (coord..), Tirant lo Blanch, Valencia, 2023, pp. 51 a 56.

y contra Ucrania, incluidos los crímenes de guerra y el crimen de agresión, y que los autores sean enjuiciados ante los tribunales competentes[1008].

3. EL ACTO DE AGRESIÓN COMO USO DE LA FUERZA ARMADA

El *acto de agresión*, en cuanto crimen de agresión, y según he adelantado, es equivalente a un específico y sustancial *uso de la fuerza armada*[1009]. Así lo preceptúa el párrafo segundo del artículo 8 *bis* ER: "por "acto de agresión" se entenderá el "uso de la fuerza armada". El artículo 1 del anexo de la resolución 3314, en el mismo sentido, señala que la "agresión es el uso de la fuerza armada". El artículo 2.4 de la Carta se refiere a la prohibición del uso de la fuerza, pero no califica la misma como *armada*, aunque sí se refiere a la prohibición de la fuerza armada en el párrafo séptimo del preámbulo de la Carta[1010]. La Carta a lo largo de su preámbulo y articulado utiliza diferentes conceptos para referirse a la guerra, a la fuerza armada y a la agresión, sin definir ninguno de los conceptos. Expresa "azote de la gue-

---

1008 OSCE, *Vancouver Declaration, and Resolutions Adopted by the Osce Parliamentary Assembly*, thirtieth annual session, Vancouver, 30 June-4 July 20223, Resolution on the consequences of the Russian Federation's aggression against Ukraine with regard to women and children, párrs. 1, 2, 10 y 25. Disponible en: https://www.oscepa.org/en/documents/annual-sessions/2023-vancouver/declaration-29/4744-vancouver-declaration-eng/file
Y OSCE, *Vancouver Declaration, and Resolutions Adopted by the Osce Parliamentary Assembly*, thirtieth annual session, Vancouver, 30 June-4 July 20223, Resolution on penalizing the deportation of Ukrainian children, ensuring their return, and prosecuting the perpetrators, párrs. 4, 7, 17. Disponible en: https://www.oscepa.org/en/documents/annual-sessions/2023-vancouver/declaration-29/4744-vancouver-declaration-eng/file

1009 En el SWGCA se debatió entre acto de agresión o uso de la fuerza armada o ataque armado, como acto colectivo. V. ICC-ASP/4/32, Documento de debate 1 (v. *supra*, nota 1378).
MCDOUGALL, C.: The crime of..., ob. cit., p. 92, anuncia que el significado de ataque armando es más restringido que el de acto de agresión.

1010 "No se usará la fuerza armada sino en servicio del interés común".

rra", "segunda Guerra Mundial"[1011], "uso de la fuerza"[1012], "fuerza[s] armada"[1013]. "ataque armado"[1014], "acto[s] de agresión"[1015], "política de agresión"[1016], "nuevas agresiones"[1017], "amenaza[s] a la paz"[1018] y "quebrantamiento[s] de la paz"[1019]. Acto de agresión describe los quebrantamientos más graves de la paz, mientras ataque armado describe "los usos reales de la fuerza armada" con la excepción de la "fuerza defensiva y las infracciones menores de la prohibición que no pueden describirse como un ataque"[1020]. El acto de agresión y el uso de la fuerza armada tienen en común que ambas conductas suponen un ataque; si el ataque es sustancial y supone un quebrantamiento de la paz será constitutivo de un acto de agresión. La agresión para la Resolución 3314 es la "forma más grave y peligrosa del uso ilegítimo de la fuerza".

La interpretación literal del artículo 8 *bis* ECPI, y también la sistemática con el artículo 1 del anexo de la resolución 3314, no deja lugar a dudas de que la fuerza prohibida es la fuerza armada. El propio artículo 6, del anexo de la resolución 3314, sobre la definición de la agresión, clarifica que en el DI la fuerza ilícita se examinará según las prescripciones de la Carta: "[n]ada de lo dispuesto en la presente Definición se interpretará en el sentido de que amplía o restringe el alcance de la Carta, incluidas sus disposiciones relativas a los casos en que es ilícito el uso de la fuerza".

El ECPI considerará acto de agresión el uso de la fuerza armada "independientemente de que haya o no declaración de guerra"

1011 Artículos 53.2, 77.1. b) y 107.

1012 Artículos 2.4, 41 y 44. El artículo 47 se refiere a "fuerzas puestas a su disposición".

1013 Preámbulo y artículos 41, 43, 44, 46, 47.3. El artículo 42 menciona "fuerzas aéreas, navales o terrestres", el artículo 45 "fuerzas aéreas nacionales" y el 84 "fuerzas voluntarias".

1014 Artículo 51.

1015 Artículos 1.1 y 39, y título del Capítulo VII.

1016 Artículo 53.1.

1017 *Ibid.*

1018 Artículos 1.1 y 39, y título del Capítulo VII.

1019 *Ibid.*

1020 MCDOUGALL, C.: The crime of..., ob. cit., pp. 93 y 94.

(último inciso del párrafo segundo del artículo 8 *bis* ECPI)[1021]. El uso de la fuerza *armada* no significa que necesariamente se usen armas físicas o que se produzca materialmente la destrucción de bienes personales —como la vida, la integridad física— o materiales. No es necesario ni siquiera que se produzcan disparos o enfrentamientos armados. Extremo que confirma el propio ER y la resolución 3314. Por ejemplo, el apartado c) del artículo 8.2 *bis* ECPI y c) del artículo 3 del anexo de la resolución 3314, califica como acto de agresión "el bloqueo de los puertos o de las costas de un Estado por las fuerzas armadas de otro Estado". La fuerza armada se refiere a un "efecto físico", al "uso de un instrumento capaz de causar un efecto físico de manera suficientemente directa"[1022].

La CIJ, como he anticipado, distinguió dos formas del *uso de la fuerza,* desde la perspectiva del ejercicio de la legítima defensa frente al ataque. La *más grave* que es la que *constituye un ataque armado*[1023] y frente al que cabe, de acuerdo con el artículo 51 de la Carta, legítima defensa. *Y la menos grave* cuyo estándar lo fija en los parámetros normativos previstos en la declaración sobre los Principios de Amistad y Cooperación[1024]. La jurisprudencia de la CIJ declara que el uso de fuerza armada será agresión si la operación "por su envergadura y efectos, habría sido calificada de ataque armado y no de mero incidente fronterizo"[1025]; pero, otros usos de la fuerza de menor intensidad como el minado por un solo buque carece de la entidad suficiente para ser considerado "ataque armado" a los efectos de la legítima

---

1021 Sobre la declaración de guerra, v. *infra,* apartado 4.4 de este capítulo.

1022 KREß: The State Conduct…, ob. cit., p. 425, lo ilustra con el ejemplo de una aeronave civil o un ordenador apto para ser utilizado como instrumentos para el uso de la fuerza.

1023 ICJ, *Nicaragua v. United States of America, Merits,* párr. 191 (v. *supra,* nota 940). La CIJ sostuvo en esta sentencia (párr. 190) que la prohibición de la fuerza es una norma de DI imperativa.

1024 V. *supra,* nota 92.

1025 ICJ, *Nicaragua v. United States of America, Merits,* párr. 194 (v. *supra,* nota 1023). Para la CIJ el "mero incidente fronterizo" no es un ataque armado.

defensa[1026]. Lo que sí parece es que la CIJ entiende que los conceptos de *ataque armado* y *agresión* serían semejantes[1027].

AKANDE y TZANAKOPOULOS[1028] —de acuerdo con la jurisprudencia de la CIJ, como he reseñado[1029]— califican del uso de la fuerza desde dos ópticas diferentes según su gravedad. La primera supone responsabilidad internacional del Estado. En ésta, el *uso de la fuerza*, en los términos del artículo 2.4 de la Carta, progresa a un *ataque armado*, en el sentido del artículo 51 de la Carta, y produce una *grave violación de los derechos humanos*[1030]; lo que supone una violación de DI general, de acuerdo con el artículo 40 del proyecto de artículos sobre responsabilidad internacional del Estado[1031]. La segunda se inicia por el mero uso de la fuerza, se transforma en un acto de agresión y luego en una guerra o crimen de agresión[1032]. La guerra o el acto de agresión desencadena la responsabilidad estatal y el crimen de agresión la responsabilidad penal individual. El *ataque armado* y el *acto de agresión* para la CIJ pueden ser conceptos similares; sin embargo, *grave violación* y *guerra* y/o *crimen de agresión* son conceptos asimilables próximos.

La propia Carta parece que establece una graduación de la fuerza en el artículo 39 al encomendar al CdS la determinación de toda amenaza a la paz, quebrantamiento de la paz o acto de agresión. La inclusión en último lugar del acto de agresión es indicativa de una mayor intensidad exigible al acto de agresión, aunque no siempre de una mayor gravedad.

1026 *Oil Platforms (Islamic Republic of Iran v. United States of America), Judgment, I. C. J. Reports 2003*, p. 161, pp. 195 y 196, párr. 72. Disponible en: https://www.icj-cij.org/sites/default/files/case-related/90/090-20031106-JUD-01-00-EN.pdf

1027 AKANDE y TZANAKOPOULOS: ob. cit., p. 223.

1028 *Ibid.*, pp. 228 y 229.

1029 V. *supra*, apartado 2.2 de este capítulo.

1030 V. *supra*, nota 946.

1031 V.: UN. Doc. A/RES/56/83 (v. *supra*, nota 947).

1032 *ICJ, Bosnia and Herzegovina v. Serbia and Montenegro*, p. 43, retomaba el comentario de la Comisión de Derecho Internacional al referido proyecto de artículos.

El "uso de la fuerza armada" para el DPI es la materialización del acto estatal de agresión, como se deduce del repetido párrafo segundo del artículo 8 *bis* del ER: "por acto de agresión se entenderá el uso de la fuerza armada". La utilización del uso de la fuerza es un elemento valorativo que permite incluir una serie de formas en las que se puede concretar el acto de agresión. Solo es posible su comisión a través del uso de la fuerza. Más adelante me referiré al ámbito inclusivo del concepto de fuerza armada[1033]. El EC número 3 en consonancia con el párrafo primero del artículo 8 *bis* ER, describe el elemento material del acto de agresión, esto es el "uso de la fuerza armada por un Estado contra la soberanía, la integridad territorial o la independencia política de otro Estado, o en cualquier otra forma incompatible con la Carta de las Naciones Unidas"; y exige, además, como he adelantado, que para que nazca el delito, el acto de agresión "se haya cometido" o consumado.

4. EL ELEMENTO ACTO DE AGRESIÓN EN EL ARTÍCULO 8 *BIS* DEL ESTATUTO DE ROMA

4.1. Objeto del acto de agresión: soberanía, integridad territorial e independencia política

El inciso primero del párrafo segundo del artículo 8 *bis* ER configura el acto de agresión o uso de la fuerza armada por parte de un Estado "contra la soberanía, la integridad territorial o la independencia política de otro Estado, o en cualquier otra forma incompatible con la Carta de las Naciones Unidas"[1034]. Precepto que está en armonía con el artículo 1 del anexo de la declaración 3314, con quien comparte idéntico contenido. Con todo, estos dos artículos son más amplios que el artículo 2.4 de la Carta. En éste, sí se contempla la prohibición de la amenaza y el uso de la fuerza "contra la integridad

---

1033 Brasil, en la Conferencia de San Francisco, trató que se incluyera la *coerción económica*, en el concepto de uso de la fuerza, pero no tuvo éxito. V. FERNÁNDEZ TOMÁS: El control de…, ob. cit., p. 432.

1034 Sobre la soberanía, integridad territorial e independencia política, v. también: Cap. 4: 1.

territorial o la independencia política de cualquier Estado". Sin embargo, no se refiere a la amenaza o uso de la fuerza "contra la soberanía"; y sí menciona "o en cualquier otra forma incompatible con los Propósitos de las Naciones Unidas" y no —como hace tanto el ER como la resolución 3314— "en cualquier otra forma incompatible con la Carta de las Naciones Unidas", aspecto que ya he descrito[1035].

El sustantivo "soberanía" se introdujo en la declaración 3314 para reforzar la idea de la soberanía de los nuevos Estados que habían dejado de ser coloniales; mientras que "cualquier otra forma incompatible con la Carta de las Naciones Unidas" se acogió para reforzar que otras disposiciones de la Carta, como las correspondientes al capítulo VII, fueran consideradas[1036]. Esta nueva frase acuñada por la resolución 3314 es más extensa que la del artículo 2.4 de la Carta. Comprende, como supuestos legitimadores del uso de la fuerza, la consecución de los principios de NNUU (artículo 1) y especialmente el derecho a la libre determinación de los pueblos, las acciones autorizadas por el CdS al amparo del capítulo VII (artículo 42) y la legítima defensa estatal colectiva o individual (artículo 51 de la Carta).

La soberanía es una característica inherente a los Estados[1037]. REMIRO, la define desde la función que desempeña como "el conjunto de competencias atribuidas al Estado por el DI, ejercitables en un plano de independencia, e igualdad respecto de los otros Estados", que se basa en la "coexistencia de entes soberanos" que exigen la regulación de la competencia territorial, personal y exterior[1038].

Integridad sería equivalente a inviolabilidad, entendida como prohibición de toda intrusión forzosa del uso de la fuerza militar[1039]. En este sentido, la citada resolución 2625, en el principio de la igualdad soberana de los Estados, equipara integridad e inviolabilidad: "la integridad territorial y la independencia política del Estado son inviolables"[1040]. Precisamente, la inviolabilidad territorial está en co-

1035 V. *infra*, apartado 5 de este capítulo.

1036 ZIMMERMANN and FREIBURG-BRAUN: Article 8 bis…, ob. cit., p. 712.

1037 PEREA: El Estado…, ob. cit., p. 203.

1038 REMIRO: ob. cit., pp. 17 y 128.

1039 ZIMMERMANN and FREIBURG-BRAUN: Article 8 bis…, ob. cit., p. 713.

1040 UN. Doc. 2625 (v. *supra*, nota 92).

nexión directa con la "oponibilidad de las competencias territoriales frente a terceros Estados". Todos los Estados están obligados a respetar esas competencias[1041]. La propia resolución 3314 en el párrafo 7 del preámbulo del anexo declara que el "territorio de un Estado es inviolable".

Territorio es el ámbito geográfico preciso para el ejercicio de las competencias estatales[1042]. Se configura como el espacio terrestre y marítimo adyacente en superficie y profundidad, y el aéreo suprayacente a uno y otro, así como los buques y aeronaves militares, donde el Estado ejerce sus competencias (territoriales) y su soberanía con exclusión de otros sujetos. No es necesario que el territorio esté perfectamente delimitado y tendrá la consideración de territorio, aunque exista controversia en sus fronteras o en parte de ese territorio[1043]. En clave de Derecho penal interno, la Ley Orgánica del Poder Judicial española (en adelante, LOPJ), extiende el principio de territorialidad, en relación con la aplicación de la ley penal en el espacio, a los delitos cometidos "a bordo de buques o aeronaves" españoles (artículo 23.1), aunque la soberanía solo se extiende a buques y aeronaves militares. En cualquier caso, y una vez más, será el DI quien defina el concepto de territorio a los efectos del artículo 8 *bis* ECPI. Por el contrario, no puede considerarse afectos a la soberanía, las embajadas y otras dependencias o espacios diplomáticos del Estado situadas fuera de su territorio, en terceros países[1044].

La independencia política igualmente está vinculada al término de inviolabilidad, según la repetida resolución 2625. De los elementos que configuran el Estado, el de gobierno y capacidad para mantener relaciones con otros Estados, es innato a la independencia política[1045]. El acto de agresión de un Estado contra la capacidad de un gobierno de otro Estado de tomar decisiones y controlar autónoma y

---

1041 PEREA: El Estado..., ob. cit., p. 254.

1042 ORTEGA TEROL, J.M.: "El estatuto jurídico del Estado", *Curso de Derecho internacional público*, AA.VV., Tiran lo Blanch, 2ª, Valencia, 2022, p. 81.

1043 PEREA: El Estado..., ob. cit., p. 204.

1044 V. el Convenio de Viena sobre relaciones diplomáticas de 1961 y el Convenio de Viena sobre relaciones consulares de 24 de abril de 1963.

1045 PEREA: El Estado..., ob. cit., p. 204.

libremente sus asuntos y políticas internas y externas, daría lugar si se cumplen los elementos típicos al crimen de agresión y materializarse en elementos que permitan hacer efectivas esas decisiones o control.

En definitiva, el acto de agresión estatal debe ser internacional, interestatal, y producirse bien contra la soberanía, bien contra la integridad territorial, bien contra la independencia política del Estado agredido.

4.2. Interrelación entre el artículo 8 bis del Estatuto de Roma y la resolución 3314

El párrafo primero del artículo 8 *bis* ECPI define la conducta individual del crimen de agresión, que no es otra, como es sabido, que la de planificar un acto de agresión, preparar un acto de agresión, iniciar un acto de agresión y/o realizar un acto de agresión. Y es el párrafo segundo del mismo artículo el que completa al anterior, al definir, de forma cuasi auténtica[1046], cuál es el objeto del "acto de agresión", como acabo de describir, y qué es un acto de agresión. El último inciso de este segundo párrafo del artículo 8 *bis* ER caracteriza "los" actos de agresión: "De conformidad con la resolución 3314 (XXIX) de la Asamblea General de las Naciones Unidas, de 14 de diciembre de 1974, cualquiera de los actos siguientes, independientemente de que haya o no declaración de guerra, se caracterizará como acto de agresión". Las enmiendas de Kampala no fueron nada originales. Este segundo inciso efectúa un reenvío normativo recepticio a la resolución 3314 y enumera y caracteriza los actos de agresión de forma literal a los enunciados en el artículo 3, de la resolución 3314 de 1974.

Acto de agresión es un concepto normativo ajeno al Derecho penal, propio del DI. Quién define que es un "acto de agresión" es el DI. Se incorpora a un instrumento de DPI, para definir un crimen internacional, una definición genuina de DI público, cuya finalidad

[1046] En el sentido de que es internamente el propio ECPI, en el párrafo segundo del artículo 8 *bis*, el que define qué es un acto de agresión, sin que sea necesario acudir a otros instrumentos internacionales.

no es determinar la responsabilidad penal personal, sino la responsabilidad de los Estados por el hecho ilícito internacional frente a un acto de agresión.

El ER —instrumento de Derecho penal (internacional)— integra en su articulado (artículo 8 *bis* ER) el texto de un instrumento de DI (resolución 3314). Esta denominada "Definición de la agresión" nació al margen de cualquier pretensión normativa penal y exclusivamente con vocación de servir de "orientación" a la labor del CdS[1047]. Es éste quien tiene la función, de acuerdo con el artículo 39 de la Carta, de determinar la existencia de un acto agresión. Los artículos 2 y el 4 de la resolución 3314 certifican el valor orientador de la resolución, al permitir al CdS, por un lado, que —aunque concurra un primer uso de la fuerza que *prima facie* constituiría "prueba de un acto de agresión"— determine que no existe tal acto de agresión (artículo 2); y, por otro lado, al posibilitarle que contemple como actos de agresión otros diferentes a los enumerados normativamente en la lista del artículo 3.

Sobre la interrelación entre el DPI (artículo 8 *bis* ER) y el DI (resolución 3314), el entendimiento 4, surgido a propuesta de los EE.UU., en plena armonía con el artículo 10 ECPI, se encargó de deslindar los dos ámbitos. Afirmó que las enmiendas "que abordan la definición del *acto de agresión* y el *crimen de agresión* lo hacen únicamente a los efectos del presente Estatuto" y añadía —reproduciendo, de forma innecesaria, por redundante, el contenido del artículo 10 ECPI— que, "[d]e conformidad con el artículo 10 del Estatuto de Roma, las enmiendas no se interpretarán en el sentido que limiten o menoscaben en modo alguno las normas existentes o en desarrollo del derecho internacional para fines distintos del presente Estatuto". De esta forma, se dejaba sentada la independencia normativa y el diferente espacio de aplicación del artículo 8 *bis* ECPI respecto de la resolución 3314. El DPI no puede influir en el DI, sin perjuicio de que la resolución 3314 sirva de elemento interpretativo para la CPI. Es decir, de alguna forma, el entendimiento 4, es un muro normativo

1047 V. párrafo 4 de la resolución y párrafo 4 del anexo de la resolución.

de contención jurisprudencial. Impide la extensión de la doctrina jurisprudencial de la CPI al concepto del *ius ad bellum* en el DI[1048].

La disfunción entre el ECPI y la resolución 3314 en la definición del acto de agresión se evidencia igualmente con la exigencia de las garantías del principio de legalidad (*lex certa, scripta, praevia* y *stricta*). El DI determinará una situación como acto de agresión *ex post* y la resolución 3314 es una guía para su labor, mientras que el DPI requiere de previa y cierta ley en la que se exterioricen los elementos típicos[1049].

Esta interrelación entre el DPI y el DI es incontestable en el crimen de agresión. Sin embargo, los jueces de la CPI serán soberanos para interpretar cuándo el uso de la fuerza es constitutivo de un crimen de agresión, incluso distanciándose de la jurisprudencia de la CIJ. La jurisprudencia de la CPI, por indeseable que sea, podrá contradecir en aspectos de DI general, por ejemplo, en el concepto de legítima defensa, pero no afectará al posterior desarrollo del DI. Ello no es óbice a que los aspectos de DI que sean interpretados por la jurisprudencia de la CPI sean acogidos posteriormente por la CIJ. Es lógico que, en las cuestiones comunes de DI, la CPI dialogue jurisprudencialmente con la CIJ y con las resoluciones de otros órganos del sistema de NNUU[1050]. Lo mismo se puede afirmar respecto del CdS. Lo deseable es que tanto éste como la CPI compartan un mismo concepto sobre el acto de agresión y los elementos que lo caracterizan. Y, en cualquier caso, esta eventual contradicción entre los dos tribunales, CIJ y CPI, y de la CPI con el CdS no solo afectará al crimen de agresión. También son posibles pronunciamientos opuestos en cuestiones relativas al genocidio o los crímenes de guerra[1051].

1048 MCDOUGALL, C.: The crime of…, ob. cit., p. 76.

1049 V. AMBOS: El crimen de…, ob. cit., p. 44.
No obstante, sobre las fuentes del DPI y su aplicación en el crimen de agresión v. *infra* Cap. 7: 5.

1050 MCDOUGALL, C.: The crime of…, ob. cit., p. 79, destaca acertadamente que la CIJ decide según un "balance de probabilidades", mientras que la CPI sentencia "más allá de toda duda razonable".

1051 *Ibid.*, p. 81.

4.3. Naturaleza semiabierta de la lista de actos de agresión

El párrafo segundo del artículo 8 *bis* enumera una lista de actos que *caracteriza* como de agresión. La doctrina se divide entre quienes consideran que es una lista cerrada- exhaustiva porque de lo contario vulneraría el principio *nullum crimen sine lege*[1052] o abierta[1053]. La lista es de naturaleza mixta: semiabierta. La dicción literal del último inciso del párrafo segundo del artículo 8 *bis* ER remite a la resolución 3314: "[d]e conformidad con la resolución 3314". Una vez producido ese reenvío recepticio, y ya en sede de la resolución 3314, el artículo 4 de la misma declara expresamente que "la enumeración de los actos" de agresión que menciona en el artículo 3 de la resolución 3314 —y que son miméticamente coincidentes con el listado del artículo 8.2 *bis* ER— *no es exhaustiva* y añade que "el Consejo de Seguridad podrá determinar *qué otros actos constituyen agresión*"[1054]. Esta facultad de añadir nuevos actos de agresión, solo se le concede al CdS en la repetida resolución 3311. No en el ECPI.

1052 MACULAN: El crimen..., ob. cit., p. 480, fundamenta su postura en la inexistencia para el crimen de agresión de una fórmula semejante a la del artículo 4 de la resolución 3314; AMBOS: El crimen de..., ob. cit., p. 4, entiende que ni es abierta ni "semiabierta", basándose en el principio de legalidad y en la interpretación estricta exigida por el artículo 22 ER. También ODRIOZOLA: ob. cit., pp. 28 y 38, considera la lista cerrada. FERNÁNDEZ-PACHECO ESTRADA, C.: "Consecuencias de la ratificación de las enmiendas de Kampala. A propósito de la implementación del delito de agresión en España", *Revista General de Derecho Penal*, número 22, noviembre (2014), p. 12, parece inclinarse también por el carácter cerrado de la lista, por exigencias del principio de legalidad; y PIGNATELLI: ob. cit., p. 710, reconoce que es imprevisible prever las modalidades de actos de agresión por los avances de la técnica, pero, "una fórmula abierta general y omnicomprensiva ocasionaría el criticable déficit de taxatividad".

1053 Entre otros, KREß: The State Conduct..., ob. cit., p. 435; ZIMMERMANN and FREIBURG-BRAUN: Article 8 bis..., ob. cit., p. 713; y QUESADA ALCALÁ, C.: "El crimen de agresión como amenaza a la seguridad global", *Cuadernos de estrategia,* (La respuesta internacional a los problemas actuales de la seguridad global), Ministerio de Defensa, número 160, 2013, p. 90. MCDOUGALL, C.: The crime of..., ob. cit., p. 79, recuerda que la lista del artículo 3 es objeto de críticas tanto por las inclusiones como por las omisiones.

1054 Cursiva añadida.

Un segundo argumento sobre la naturaleza semiabierta lo ofrece la propia literalidad del párrafo segundo del artículo 8 *bis* ECPI, al indicar que son actos de agresión "de conformidad con la resolución 3314" "los actos siguientes", que luego enumera. Esta expresión ("los actos") no es cerrada porque no equivale a "solo los actos" o "exclusivamente los actos" referidos en artículo 8.2 *bis* ER. En la introducción de los EC al crimen de agresión, el párrafo segundo, en los mismos términos, describe que "[s]e entenderá que *cualquiera de los actos* a los que se hace referencia en el párrafo 2 del artículo 8 *bis* se caracteriza como un acto de agresión"[1055].

También, los trabajos del SWGCA de 2008 demuestran que, si bien se discutió por las diferentes delegaciones sobre si la lista era de naturaleza abierta o cerrada, se apoyó el carácter abierto siempre que los actos de agresión no incluidos en la lista fueran de la "misma índole y gravedad" que de los enunciados en las letras *a)* a *g)* del artículo 8.2 *bis* ER, y, adicionalmente, se cumplieran los requisitos de la definición genérica del primer inciso del párrafo segundo del artículo 8 *bis* ECPI (uso de la fuerza contra la soberanía, la integridad territorial o la independencia política del Estado). Se resaltó por el SWGCA el equilibrio de este segundo párrafo porque se sumaba, a la definición genérica del encabezamiento del párrafo 2, una "relación no exhaustiva de actos de agresión"; sin embargo, finalmente, y en todo caso, se propugnó una interpretación estricta[1056].

La redacción del crimen de agresión no es el único supuesto típico donde la taxatividad se pone en duda. El ECPI muestra en sus definiciones elementos típicos abiertos. Por ejemplo: "violación de normas fundamentales de derecho internacional" (artículo 7.1 e); "otros abusos sexuales de gravedad comparable" (artículo 7.1 g); "otros motivos universalmente reconocidos como inaceptables en el derecho internacional" (artículo 7.1.h); "otros actos inhumanos de

---

1055 Cursiva añadida.

1056 ICC-ASP/6/20/Add.1, Annex II, párr. 34. V. *infra*, nota 1298. MCDOUGALL: The crime of…, ob. cit., p. 129, resalta que el sentir general del SWGCA era que la lisa era abierta, siempre que se supeditará a las previsiones típicas de la primera frase del párrafo 2 del artículo 8 *bis*.

carácter similar" (artículo 7.1 k); o, entre otros, "privación internacional y grave de derechos fundamentales" (artículo 7.2 g).

Un último argumento lo ofrece el propio ER. La letra *g)* del párrafo segundo del artículo 8 *bis* ER describe el acto de agresión realizado por fuerzas no estatales (bandas armadas, grupos irregulares y mercenarios) enviadas por un Estado o que actúen en su nombre. Estos deben realizar o participar en "actos de fuerza armada" contra otro Estado de gravedad equiparable a "los actos antes enumerados". Es decir, prevé en su descripción típica que otros actos no incluidos en la lista, de semejante gravedad a los actos de agresión descritos en las letras *a)* a *f)* del artículo 8.2 *bis* ER, sean considerados también actos de agresión a los efectos del artículo 8.2 *bis* ECPI, siempre que sean cometidos por bandas armadas, grupos irregulares o mercenarios.

La naturaleza jurídica de la cláusula típica es semiabierta. Comprende, en primer lugar, todos los actos de agresión enumerados en las letras *a)* a *g)* del artículo 8.2 *bis* ECPI. Y, en segundo, todos aquellos no previstos expresamente en la lista siempre que superen un doble estándar de gravedad. El acto no descrito en la norma debe ser semejante, del mismo carácter y gravedad que los actos enumerados en las letras *a)* a *g)*. Y una vez concretado ese acto como inicialmente típico, tendrá superar el segundo umbral de gravedad previsto en el párrafo primero del artículo 8 *bis* ER. En esta labor hermenéutica, la CPI se sujetará al criterio restringido impuesto por el principio de legalidad penal internacional del ER (artículo 22.2 ER).

La resolución 3314, que es de carácter *recomendatorio*[1057], es el fruto de años de trabajo que sucedieron a la Segunda Guerra Mundial y que culminaron en 1974. Los actos de agresión enumerados en esta resolución se anclaron en 1974 —donde las técnicas de uso de la fuerza agresiva de entonces, hoy son obsoletas— y se trasladaron literalmente en el año 2010 al ECPI, a través de las enmiendas de Kampala. El contenido de *fuerza armada* a efectos del acto de agresión después de 50 años es diferente. Lo relevante no es la denominación

---

1057 PIGNATELLI: ob. cit., p. 709, recuerda ese carácter al no estar incorporada la resolución a un tratado, a pesar de que refleje el compromiso de muchos Estados en los trabajos previos a la conferencia de revisión de Kampala.

formal del concreto acto de agresión y que está coincida con una de las descritas en el ER. Lo es que el estándar de *carácter* y *gravedad* del acto en sí mismo —sea cual sea su denominación—sea semejante a los incluidos en la lista y además supere el umbral de violación manifiesta de la Carta. Anclarse en 1974 impide una visión, después de casi alcanzada la primera mitad del siglo XXI, de lo que debe ser el concepto de agresión y los concretos actos que lo caracterizan de acuerdo con las exigencias del actual al *ius ad bellum.*

Así, por ejemplo, una ciberguerra, guerra tecnológica o ciberataque agresivo de un Estado contra otro, que ataca digitalmente (acto agresivo) a través del ciberespacio sus sistemas informáticos esenciales o las infraestructuras críticas, caracterizará un acto de agresión[1058].

[1058] El Informe Anual de Seguridad Nacional 2022, p. 82, se hacía eco del informe de la Comisión Especial sobre Injerencia Extranjera en todos los Procesos Democráticos en la Unión Europea, de 9 de marzo de 2002. Subrayaba la necesidad de una estrategia europea contra la injerencia extranjera que permita hacer frente a todas las amenazas y "ataques híbridos orquestados por agentes estatales y no estatales extranjeros". Resaltaba la "mejora técnica de los ciberataques", difícilmente detectables, y el elevado riesgo de que lo sufran infraestructuras críticas nacionales. Y preveía para el 2023 un incremento de los ciberataques destructivos a redes por parte de actores estatales contra infraestructuras críticas nacionales y en particular las relacionadas con el sector energético (p. 89).
Disponible en: https://www.dsn.gob.es/sites/dsn/files/Castellano%20IASN2022%20Accesible.pdf
Otro ejemplo, y con independencia de que no sea un crimen de agresión a los efectos del artículo 8 *bis* ER, es el ataque sufrido por los ordenadores del Ministerio de Defensa de España por parte de una potencia extranjera en 2019. V. GONZÁLEZ, M.: "Una "potencia extranjera" atacó los ordenadores de Defensa", *El País*, 27 de marzo de 2019, https://elpais.com/politica/2019/03/25/actualidad/1553543912_758690.html
También se puede traer a colación, como prototipo de ciberataque, aunque no constituya crimen de agresión, el producido en España por el "Punto Neutro Judicial" en el año 2022, y por el que se sigue un procedimiento judicial en España. V. auto del Juzgado de Central de Instrucción número 4, de la Audiencia Nacional, de 16 de octubre de 2023, Procedimiento Abreviado: 109/2022.

Entre muchos ejemplos, el Departamento de Defensa de EE.UU. sostiene que un ciberataque puede constituir un acto de guerra[1059].

La CIJ aceptaba ya en 1996 que el uso de la fuerza para amenazar, quebrantar la paz y ejecutar actos de agresión fuera por cualquier tipo de arma. El tribunal internacional, en relación con las medidas coercitivas que puede adoptar el CdS según el artículo 42 de la Carta, corrobora que éstas se aplican "a todo uso de la fuerza, independientemente de las armas empleadas". Avalaba la CIJ que "la Carta no prohíbe ni permite expresamente el uso de ningún arma específica, incluidas las armas nucleares"[1060]. Afirmación de la CIJ que es considerada, para muchos, como DI consuetudinario.

El Grupo de Expertos sobre la información y las telecomunicaciones de NNUU certificó que las tecnologías de la información han transformado la seguridad internacional y que éstas pueden utilizarse delictiva y maliciosamente para fines contrarios a la paz y a la seguridad internacionales[1061]. Declaró que el DI, y especialmente la Carta, es aplicable y fundamental "para mantener la paz y la estabilidad y fomentar un entorno abierto, seguro, pacífico y accesible en la esfera de esas tecnologías"[1062]. Y reiteró que la utilización de estas tecnologías debe ser coherente con los principios de la Carta y otras normas de DI que los Estados deben cumplir para respetar y proteger los derechos humanos y las libertades fundamentales: i) la

---

1059 SCHEFFER: Amending the Crime..., ob. cit., p. 1484.
El secretario general de la Organización Internacional de Policía Criminal (INTERPOL), Jürgen Stock, expresivamente afirmaba que el cibercrimen no tiene fronteras: "Hoy, en el mundo cibernético, puedes permanecer en tu sofá en pijama, y organizar un grupo criminal, todo en línea. Lo puedes hacer todo desde el sofá y desde casa operar internacionalmente". EL PAÍS SEMANAL: *Entrevista a Jürgen Stock*, número 2.465, 24 de diciembre de 2023, p. 57.

1060 *Legality of the Threat of Use of Nuclear Weapons*, párr. 41 (v. *infra*, nota 1151). Avalaba la CIJ que "La Carta no prohíbe ni permite expresamente el uso de ninguna arma específica, incluidas las armas nucleares" (*ibid.*)

1061 UN. Doc. A/68/98, Grupo de Expertos Gubernamentales sobre los Avances en la Información y las Telecomunicaciones en el Contexto de la Seguridad Internacional, 24 de junio de 2013, párrs. 1 a 10. Disponible en: https://digitallibrary.un.org/record/753055?ln=es

1062 *Ibid.* párr. 19.

igualdad soberana de los Estados; ii) la solución de controversias por medios pacíficos, evitando poner en peligro ni la paz ni la seguridad internacionales y la justicia; la abstención de recurrir a la amenaza o al uso de la fuerza contra la integridad territorial o la independencia política de los Estados; iii) y la no intervención en asuntos internos de otros Estados[1063]. Así, este Grupo de Expertos incide directamente en la posibilidad de acuerdo con el DI, de que un ciberataque constituya un acto de agresión. Ataques que pueden ser utilizados como arma agresiva por parte de un Estado contra otro Estado[1064].

El Fiscal de la CPI ha advertido que a través del ciberespacio se pueden cometer ciberdelitos de lesa humanidad, de genocidio, de guerra y de agresión; que la justicia penal internacional debe adaptarse a este nuevo panorama; y que estas operaciones se usan como parte de una estrategia denominada "híbrida" o "de zona gris", con el fin de generar ambigüedad entre conceptos de guerra y paz, legalidad e ilegalidad[1065].

El conocido como Manual de Tallin[1066], siguiendo la estela del DI, especialmente del artículo 2.4 y 51 de la Carta, determina a través de diferentes *reglas*, en primer lugar, y por lo que se refiere al artículo

---

1063 UN. Doc. A/70/174, Grupo de Expertos Gubernamentales sobre los Avances en la Información y las Telecomunicaciones en el Contexto de la Seguridad Internacional, 22 de julio de 2015, párrs. 26 y 28 b). Disponible en: https://digitallibrary.un.org/record/799853?ln=es

1064 El Segundo Informe del Comité Jurídico Interamericano, *El Derecho internacional aplicable al ciberespacio*, OEA/Ser.Q, CJI/doc. 671/22 rev.2 corr.1, de 25 de octubre de 2022, p. 4, recoge la investigación de FINNEMORE Y HOLLIS que estiman que entre 2010 y 2020, veintiocho Estados —entre los que se incluye China, Irán, República Popular Democrática de Corea, Rusia, Reino Unido y Estados Unidos— han sido acusados de realizar o apoyar ciber operaciones con efectos sobre gobiernos, pueblos y recursos.

1065 KHAN, K.: "Technology Will not exceed our humanity", *Digital Front Lines*, https://digitalfrontlines.io/2023/08/20/technology-will-not-exceed-our-humanity/

1066 INTERNATIONAL GROUPS OF EXPERTS AT THE INVITATIOS OF THE NATO COOPERATIVE CYBER DEFENSE CENTRE OF EXCELENCE: *Tallinn Manual 2.0 on the international Law Applicable to Cyber Operations*, Schmitt, M. (general editor) Vihul, L. (managing editor), Cambridge University Press, 2017.

2.4 de la Carta, que la amenaza o el uso de la fuerza de una ciberoperación dirigida contra la integridad territorial o la independencia política de un Estado o que de cualquier otro modo sea incompatible con los propósitos de las Naciones Unidas constituyen un uso de la fuerza[1067]. Una ciber operación se asimilará al uso de la fuerza cuando su escala y efectos sean comparables a operaciones no cibernéticas que alcanzan el nivel de un uso de la fuerza[1068]. Por ello, la utilización de un "ordenador (en lugar de un arma más tradicional, sistema de armas o plataforma) durante una operación no influye en si dicha operación equivale a un "uso de la fuerza"[1069].

En segundo lugar, el *Manual*, de acuerdo con el artículo 51 de la Carta, observa que todo Estado frente a un ataque cibernético que alcance el nivel de ataque armado, según su magnitud y efectos, "puede ejercer su derecho inmanente de legítima defensa" [1070], siempre

---

La segunda versión (la primera es de 2013) del conocido como Manual de Tallin se debe al Centro de Excelencia Cooperativa de la Organización del Atlántico Norte (CCDCOE, centro creado en Tallin, Estonia, en el año 2008). Estudia, identificando 154 *reglas*, las operaciones cibernéticas que violan la prohibición general del uso de la fuerza y también acomete el estudio de la legítima defensa que los Estados pueden ejercer frente a los ataques cibernéticos. Estudia las normas de DI, especialmente de la Carta, y su aplicación a esta modalidad de ataques. Asimismo, es objeto de su estudio la soberanía, la responsabilidad internacional de los Estados, el *ius ad bellum*, el Derecho internacional humanitario y el principio de neutralidad en los ciberataques. Trata de contribuir al Derecho cibernético internacional, tomando como eje principal la actual práctica de los Estados, las opiniones de organismo internacional universales y regionales, la doctrina, las compañías privadas y la sociedad civil. En la actualidad se está redactando una nueva versión: *Proyecto de Manual de Tallin 3.0.*

El Manual carece de efectos jurídicos vinculantes. Su perspectiva es esencialmente académica en la que participan expertos y académicos especialistas en la materia y en DI. Pretende ser un instrumento objetivo y neutro y no representa la posición ni de los Estados, ni de organizaciones internacionales.

1067 *Tallin Manual 2.0,* regla 68, p. 329. V. comentarios a la misma pp. 329 y 330.

1068 *Ibid.*, p. 330. V. comentarios a la misma pp. 330 a 337.

1069 *Ibid.*, p. 328, "uso de la fuerza" (entrecomillado en el original).

1070 *Ibid.*, regla 71, p. 339. V. comentarios a la misma regla en las pp. 339 a 348 del Manual.

que sea "necesario y proporcionado"[1071]. El derecho a la legítima defensa surge si el ciberataque se produce o es inminente y está sujeto al requisito de la inmediatez[1072]. Puede ejercerse de forma individual (autodefensa) o colectiva, únicamente, en este último caso, si lo ha solicitado el Estado víctima[1073]. Y si se ejerce este derecho se comunicará al CdS[1074]. El *Manual,* no obstante, previene que los Estados sólo están empezando a clarificar la aplicación de la cibernética al *ius ad bellum*[1075].

Los instrumentos internacionales que tratan del acto de agresión y del crimen de agresión no contemplan expresamente la guerra cibernética como tal acto. El artículo 41 de la Carta, considera como medidas a adoptar por parte del CdS en caso de "amenaza a la paz, quebrantamiento de la paz o actos de agresión" medidas que "no impliquen el uso de la fuerza armada", entre ellas *la interrupción total o parcial de comunicaciones.* Acción que podría ser aplicada por el CdS a este tipo de ataques en el ciberespacio.

En el ámbito de la Unión Europea se ha definido la infraestructura crítica como "[e]l elemento, sistema o parte de este situado en los Estados miembros que es esencial para el mantenimiento de funciones sociales vitales, la salud, la integridad física, la seguridad, y el bienestar social y económico de la población, cuya perturbación o destrucción afectaría gravemente a un Estado miembro al no poder mantener esas funciones"[1076].

1071 *Ibid.*, regla 72, p. 348. V. comentarios a la misma regla en las pp. 339 a 350 del Manual.

1072 *Ibid.*, regla 73, p. 350. V. comentarios a la misma regla en las pp. 350 a 354 del Manual.

1073 *Ibid.*, regla, 74., p. 354. V. comentarios a la misma regla en las pp. 354 a 355 del Manual.

1074 *Ibid.*, regla, 75, p. 355. V. comentarios a la misma regla en las pp. 355 a 356 del Manual.

1075 *Ibid.*, pp. 328 y 329.

1076 La Directiva Europea 2008/114/CE de 8 de diciembre de 2008, sobre la identificación y designación de infraestructuras críticas europeas y la evaluación de la necesidad de mejorar su protección, la define como "[e]l elemento, sistema o parte de este situado en los Estados miembros que es esencial para el mantenimiento de funciones sociales vitales, la salud, la integridad física, la seguridad, y el bienestar social y económico de la po-

En el ámbito nacional, la legislación española declara infraestructuras estratégicas a "las instalaciones, redes, sistemas y equipos físicos y de tecnología de la información sobre las que descansa el funcionamiento de servicios esenciales"[1077]. Servicio esencial, según la misma norma, es el "necesario para el mantenimiento de las funciones sociales básicas, la salud, la seguridad, el bienestar social y económico de los ciudadanos, o el eficaz funcionamiento de las Instituciones del Estado y las Administraciones Públicas"[1078].

En consecuencia, un ciberataque hostil en los términos expuestos, si afecta a infraestructuras críticas (por ejemplo, sistema financiero, servicios básicos de la Administración, centros de las fuerzas armadas, agua, alimentación, energía, centrales nucleares, industria química, salud, hospitales o transportes, entre otros), podrá ser considerado, en las condiciones típicas exigidas, como acto de agresión a los efectos del párrafo segundo del artículo 8 *bis* ECPI[1079]. Es decir, el acto de agresión, a través de un ciberataque, se convertirá en crimen de agresión si se ha usado por un Estado contra la soberanía, la integridad territorial o la independencia política de otro Estado, o en cualquier otra forma incompatible con la Carta de las Naciones Unidas" y además "por sus características, gravedad y escala constituya una violación manifiesta de la Carta de las Naciones Unidas". El

---

blación, cuya perturbación o destrucción afectaría gravemente a un Estado miembro al no poder mantener esas funciones" (artículo 2 a)). Disponible en: https://www.ccn-cert.cni.es/publico/InfraestructurasCriticaspublico/DirectivaEuropea2008-114-CE.pdf

1077 Artículo 2. d) de la Ley 8/2011, de 28 de abril, por la que se establecen medidas para la protección de las infraestructuras críticas, BOE, número 1012, de 29 de abril de 2011.

1078 *Ibid.*

1079 En el mismo sentido, ZIMMERMANN and FREIBURG-BRAUN: Article 8 bis..., ob. cit., p. 725; y KREß: The State Conduct..., ob. cit., p. 451.
KAN: ob. cit., recuerda que la guerra cibernética puede tener "un profundo impacto en la vida de las personas", especialmente para las más vulnerables, si afecta a "infraestructuras críticas, como instalaciones médicas o sistemas de control para la generación de energía". El Fiscal de la CPI informó que para combatir esta nueva herramienta de criminalidad trabaja conjuntamente con líderes tecnológicos como Microsoft y Planet Labs.

daño que se produciría sería similar al ocasionado por un empleo de armas convencionales[1080].

También sería un acto de agresión si reúne el doble elemento de gravedad, un ataque biológico, de virus o bacterias, a través de su difusión en el medio ambiente, contra la población de un Estado para infectarla.

Esta naturaleza semiabierta justifica la afirmación efectuada al inicio de este apartado de que el artículo 8.2 *bis* ER establece una interpretación cuasi auténtica del acto de agresión. El propio ER ofrece un listado sobre qué es acto de agresión (interpretación auténtica), pero permite la incorporación de otros de entidad y carácter semejante (naturaleza semiabierta). Además, cada acto de agresión de los enumerados en las letras *a)* a *g)* requerirán, a su vez, de la correspondiente labor hermenéutica judicial, como expondré seguidamente.

4.4. Innecesaridad de declaración de guerra

El ECPI cierra el párrafo segundo del artículo 8 *bis* especificando que es indiferente que con el uso de la fuerza o acto de agresión se declare o no formalmente la guerra. Se considerará que se ha cometido un acto de agresión "independientemente de que haya o no declaración de guerra".

[1080] PIGNATELLI: ob. cit., pp. 709 y 710, advierte que la consideración de los actos de agresión como *numerus clausus* dejaría al margen del tipo nuevas formas de agresión como los "ataques cibernéticos a un Estado" cuyos daños serían importantes sobre el "funcionamiento de infraestructuras vitales, la salud, el sistema sanitario, la economía y las finanzas, el transporte, las fuentes de energía, el comercio, las redes de comunicaciones telefónicas, radioeléctricas y telemáticas, la educación, las instituciones y organismos públicos y la propia defensa del Estado"; o también, "el bloqueo de sus comunicaciones por tierra, mar o aire, las demostraciones navales o el despliegue aeronaval en aguas territoriales de otro Estado o la denegación de vuelos militares sobre su territorio estableciendo una zona de exclusión aérea, el sobrevuelo y empleo de aviones de combate, tripulados o no, sobre territorio de otro Estado, etc.".

Como ya he apuntado al inicio de este trabajo, hasta antes de la Segunda Guerra Mundial el *ius ad bellum* exigía al contendiente que iniciaba una guerra que comunicara a su oponente la declaración de guerra. En 1933, con la firma del Convenio para la Definición de la Agresión[1081], este requisito se fue diluyendo. La declaración solo servía para tener por agresor al Estado que primero declarase la guerra a otro Estado (artículo II. 1). También se consideraba agresor al Estado que primero invadiera con sus fuerzas armadas el territorio de otro Estado y al que atacara con sus fuerzas terrestres, navales o aéreas al territorio, buques o aeronaves de otro Estado. Sin embargo, en ninguno de estos dos supuestos se exigía, para tener por agresor al Estado, la declaración formal de guerra (artículo II, 2 y 3).

Después de la Segunda Guerra Mundial, el artículo 2 común a los cuatro Convenios de Ginebra de 1949, en su primer párrafo, restaba trascendencia a la declaración de guerra, al señalar que el convenio "se aplicará en caso de guerra declarada o de cualquier otro conflicto armado que surja entre dos o varias Altas Partes Contratantes, aunque una de ellas no haya reconocido el estado de guerra". Finalmente, y como antecedente del actual crimen de agresión, la CDI en sus trabajos de borrador del segundo proyecto de código de crímenes contra la paz y la seguridad de la humanidad aprobó provisionalmente en primera lectura en 1991 el artículo 15 referido a la "agresión". Consideró que el acto de agresión se cometería "haya o no declaración de guerra"[1082].

El ECPI, en definitiva, esculpe en el párrafo segundo del artículo 8 *bis* el estado del DI, que ya no exige la declaración de guerra. Será indiferente que los Estados implicados en un acto de agresión declaren el uso de la fuerza militar. Ni siquiera será necesario, por ejemplo, la declaración del uso de la fuerza militar en una intervención por razones humanitarias. Lo relevante a efectos penales es el acto de agresión y no el requisito formal de la declaración de guerra.

1081 V. *supra*, nota 143.

1082 V. *supra*, Cap. 3:1 y nota 322.

4.5. La caracterización de los actos de agresión

La última parte del párrafo segundo del artículo 8 *bis* ECPI enumera los actos que gozan de naturaleza de "actos de agresión". Y ello, como he señalado, sin perjuicio de la posibilidad de incluir otros distintos a los enunciados en el texto del ER, de acuerdo con la naturaleza semiabierta de la cláusula de caracterización.

El párrafo segundo, como ya se ha apuntado, lista estos actos en seis grupos reflejados en las letras *a)* a *g)*. A continuación, me referiré a cada uno de ellos. Con carácter general, para determinar la comisión de un acto de agresión, tiene que concurrir alguno de esos actos típicos y necesariamente deberá suponer un uso de la fuerza incompatible con la Carta y suponer una violación manifiesta de esta en atención a sus características, gravedad y escala. No todo acto de agresión previsto en el párrafo segundo del ER comportará la comisión de un crimen internacional. Solo los que supongan una violación manifiesta de la Carta y superen el umbral de gravedad.

El antecedente normativo de la actual regulación es el Convenio para la Definición de la Agresión, firmado el 3, 4 y 5 de julio de 1933 y suscrito en el ámbito de la Sociedad de Naciones[1083], que consideraba agresor en "un conflicto internacional" al Estado que fuera el primero en: i) invadir por sus fuerzas armadas, con o sin declaración de guerra, el territorio de otro Estado"; ii) atacar con sus fuerzas terrestres, navales o aéreas, con o sin declaración de guerra, al territorio, buques o aeronaves de otro Estado; iii) bloquear navalmente las costas o puertos de otro Estado; iv) prestar apoyo a bandas armadas formadas en su territorio que hayan invadido el territorio de otro Estado, o negativa, a pesar de la petición del Estado invadido, a tomar, en su propio territorio, todas las medidas a su alcance para privar a dichas bandas de toda ayuda o protección" (artículo II, párrafos 2 a 5).

La conducta estatal se calificará como un solo acto de agresión, aunque el Estado agresor cometiera diferentes actos considerados, a efectos del artículo 8.2 *bis* ER, como agresivos.

[1083] Sobre estos tres convenios, v. *supra*, nota 143.

4.5.1. Letra a): invasión, ataque, ocupación y anexión

El ECPI describe como primer acto de agresión en la letra *a)*, reflejo del DI consuetudinario[1084]: "La invasión o el ataque por las fuerzas armadas de un Estado del territorio de otro Estado, o toda ocupación militar, aún temporal, que resulte de dicha invasión o ataque, o toda anexión, mediante el uso de la fuerza, del territorio de otro Estado o de Parte de él".

Dentro de este enunciado se distinguen, a su vez, diferentes actos. En primer lugar, *la invasión* que se identifica con el traspaso ilegal y por la fuerza de las fronteras de un Estado y la incursión en el territorio del mismo por parte de las fuerzas armadas del Estado agresor, por cualquier medio, terrestre, aéreo o marítimo. No es necesario que se produzcan disparos o combates reales y la invasión debe tener cierta entidad[1085]. La invasión choca frontalmente con el principio de igualdad soberana de los Estados que, a su vez, proclama la inviolabilidad de la integridad territorial y la independencia política de los Estados[1086]. Un ejemplo reciente y notorio es el de la invasión de Ucrania por parte de la Federación de Rusia, iniciada el 24 de febrero de 2022.

En segundo lugar, el *ataque* que tendrá lugar cuando las fuerzas armadas realizan un acto hostil y ofensivo de cierta intensidad contra otro Estado con la intención de causar un daño. No es necesario que las armas utilizadas, lo sean en sentido técnico. Puede cometerse a través de una aeronave civil e incluso a través de un ordenador[1087].

La fuerza tiene que ser ejecutada por "fuerzas armadas" estatales. La definición de fuerza armada la encontramos en el Derecho Internacional Humanitario. El Protocolo I Adicional a los Convenios de Ginebra[1088] declara que las fuerzas armadas de una Parte en un con-

---

1084 ZIMMERMANN and FREIBURG-BRAUN: Article 8 bis..., ob. cit., p. 715.

1085 KREß: The State Conduct..., ob. cit., p. 439.

1086 V. UN. Doc. A/RES/2625 (v. *supra*, nota 92).

1087 KREß: The State Conduct..., ob. cit., p. 439.

1088 Artículo 43.1, del Protocolo I adicional a los Convenios de Ginebra de 1949 relativo a la protección de las víctimas de los conflictos armados internacionales, de 8 de junio de 1977.

flicto "se componen de todas las fuerzas, grupos y unidades armados y organizados, colocados bajo un mando responsable de la conducta de sus subordinados ante esa Parte, aun cuando ésta esté representada por un gobierno o por una autoridad no reconocidos por una Parte adversa". Esta regulación es posterior a la resolución 3314 (1974) pero anterior, lógicamente, al ECPI (1998), lo que le convierte en un instrumento normativo adecuado para su interpretación. Si la invasión o el ataque lo llevan a cabo en nombre del Estado "bandas armadas, grupos irregulares o mercenarios" se aplicará preferentemente por su especialidad el apartado *g)* del párrafo segundo del artículo 8 *bis* ECPI. Y también la invasión o el ataque militar, de cualquier otro órgano del Estado que implique el uso de la fuerza militar, dada la finalidad de protección del Estado invadido o atacado, encajará en esta conducta[1089].

La invasión o el ataque es sobre el "territorio de otro Estado". Este elemento de tipicidad exige que el Estado que sufre la invasión o el ataque tenga título legítimo sobre ese territorio. El concepto de territorio está unido al de soberanía. El ECPI protege la soberanía del Estado, por lo que no existirá acto de agresión si el Estado invadido o atacado no controla efectivamente el territorio. Ni tampoco, si el invadido o atacado controla *de facto* el territorio cuya soberanía pertenece al Estado invasor o atacante[1090].

En tercer lugar, la letra *a)* del artículo examinado define como acto de agresión a "toda ocupación militar, aún temporal, que resulte de dicha invasión o ataque". El artículo 42, del Reglamento de la Haya[1091] considera que un territorio está ocupado "cuando se encuentra colocado de hecho bajo la autoridad del ejército enemigo" y se "extiende" a "los territorios donde esa autoridad está establecida y en condiciones de ejercerse". La ocupación agresiva es la posesión

---

1089 ZIMMERMANN and FREIBURG-BRAUN: Article 8 bis..., ob. cit., p. 716.

1090 *Ibid.* Estos autores destacan que si el CdS legitima la ocupación con posterioridad a que ésta se haya producido (caso de Iraq, en 2003) la misma no sería contraria a la Carta, ni supondría una violación manifiesta de la misma a pesar de la ilegalidad de la invasión o del ataque previo (p. 718).

1091 Reglamento relativo a las leyes y costumbres de la guerra terrestre, anexo a la Convención IV de la Haya, de 18 de octubre de 1907.

militar violenta del territorio extranjero de un Estado, por parte de otro que ejerce la autoridad y control, aunque sea de forma temporal, sobre aquél. El requisito de la temporalidad, especialmente en las ocupaciones de breve espacio temporal, tendrá que relacionarse con la cláusula del umbral de gravedad del acto de ocupación, para evitar que ocupaciones menores, que no lo superen, puedan ser consideradas actos de agresión y se opere extensivamente en el ámbito penal. Por ello, y, por ejemplo, la ocupación por parte de Marruecos de la pequeña isla española de Perejil en 2002 no puede considerarse un acto de agresión[1092].

El Estado ocupante pasa a controlar la administración, la organización y los recursos del territorio ocupado o somete al territorio ocupado a la organización política del propio Estado ocupante. Un ejemplo de control y apropiación de los recursos naturales de un territorio ocupado —aunque técnicamente no pueda considerarse como un acto de agresión— es el realizado por Marruecos sobre los recursos naturales del Sahara Occidental[1093].

1092 El 12 de julio de 2002 doce militares marroquís ocuparon la pequeña Isla española de Perejil. El 17 de julio, España desencadenó la operación militar armada "Romeo Sierra" en la que sin efectuar ni un solo disparo ni actos de violencia alguno expulsó a los militares alauitas de la isla, recuperando ésta su estatus anterior. Este conflicto armado que involucró a los dos Estados no reunió los elementos típicos para ser considerado un acto de agresión.
V. EL PERIÓDICO: "Así fue la crisis de Perejil: España y Marruecos se enfrentaron por un islote hace 19 años", 18 de mayo de 2021, https://www.elperiodico.com/es/politica/20210518/crisis-perejil-espana-marruecos-enfrentaron-1173804

1093 Por ello, el citado Frente Polisario ha instado la nulidad de diferentes acuerdos comerciales entre la Unión Europea y Marruecos. V. por ejemplo, comunicado de prensa 166/21, del Tribunal General de la Unión Europea, de 29 de septiembre de 2021, titulado "El Tribunal General anula las decisiones del Consejo relativas, por una parte, al Acuerdo entre la UE y Marruecos por el que se modifican las preferencias arancelarias concedidas por la UE a los productos de origen marroquí y, por otra parte, a su acuerdo de colaboración de pesca sostenible". Disponible en: https://curia.europa.eu/jcms/upload/docs/application/pdf/2021-09/cp210166es.pdf
V. también, *supra*, nota, 689.

La ocupación es el acto de agresión siguiente en el tiempo a la invasión o al ataque. Así lo estipula el ECPI, al exigir que la ocupación sea el resultado de la invasión o ataque. No obstante, existen supuestos en los que no ha precedido a la ocupación ni una invasión ni un ataque. Sería el caso de la legítima defensa individual que ejerce un Estado en el territorio de otro Estado y acaba convirtiendo el ejercicio legítimo de la defensa en un acto agresivo de ocupación a los efectos del artículo 8.2 *bis* ER.

La legítima defensa como argumentaré[1094], tiene un período de caducidad. Una vez que ha cesado la agresión ilegítima y la defensa estatal ya no es necesaria la continuidad de la fuerza (ya innecesaria) por parte del Estado defensor y la decisión de permanecer en el territorio estatal extranjero sería considerada un *exceso.* El Estado que legítimamente se ha defendido se convertiría en un Estado ocupante al pasar de defenderse legítimamente a ocupar ilícitamente ese territorio. La ocupación que inicialmente sería lícita al justificarse el uso de la fuerza en la autodefensa se transformaría en ilícita[1095]. Lógicamente la ocupación pacífica de un territorio por parte de un Estado no constituiría acto de agresión al no mediar el uso de la fuerza en el sentido del artículo 2.4 de la Carta.

En cuarto lugar, la letra *a)* estima que también será un acto de agresión "toda anexión, mediante el uso de la fuerza, del territorio de otro Estado o de parte de él". La anexión es la absorción por el uso de la fuerza de un Estado o de parte de su territorio por otro Estado[1096]. Si la anexión se produce por la fuerza ello implicará que previamente el Estado anexionador ha ocupado el territorio anexionado. Si la anexión es consecuencia de una previa ocupación militar, la ocupación también continuará[1097]. La letra *a)* del artículo 8.2 *bis* ER se refiere a que el acto de agresión tenga lugar por el uso de la

---

1094 V. *infra*, apartado 5.2.2 de este capítulo.

1095 KREß: The State Conduct..., ob. cit., p. 441.

1096 Por ejemplo, la anexión de Iraq al Emirato de Kuwait en 1990, en la guerra que duró desde el 2 y 4 de agosto de 1990 y proclamó la República de Kuwait. Como consecuencia de la operación *tormenta del desierto* Kuwait fue finalmente liberado. Igualmente, la anexión de la Ciudad Vieja de Jerusalén y de los Altos del Golán sirio por Israel.

1097 KREß: The State Conduct..., ob. cit., p. 442.

fuerza, pero no aclara, como sucedía con la ocupación, si ésta tiene que ser lícita o ilícita. En un supuesto similar al anterior, si se ha producido un exceso en la legítima defensa por muy lícito que fuera el uso de la fuerza en el inicio de la ocupación, la anexión también daría lugar a un acto de agresión. La anexión de Crimea por parte de la Federación de Rusia en 2014 fue una violación de la soberanía de Ucrania y un acto de agresión[1098].

La conducta estatal reflejada en esta letra *a)* demuestra, de nuevo, la interacción entre el DPI y el DI. Los conceptos de invasión, ataque, ocupación y anexión pertenecen al DI general y tendrán que ser interpretados por un juez penal, pero, en función, de las garantías propias del principio de legalidad. Necesariamente, la CPI beberá en las fuentes del DI.

4.5.2. Letra b): bombardeo y empleo de armas

La letra *b)* del párrafo segundo del artículo 8 *bis* ECPI formula como acto de agresión "[e]l bombardeo, por las fuerzas armadas de un Estado, del territorio de otro Estado, o el empleo de cualesquiera armas por un Estado contra el territorio de otro Estado".

El ER tipifica dos conductas estatales diferentes. La primera, el bombardeo. Ha sido definido por la doctrina en el ámbito del DPI como "cualquier ataque desde bases terrestres, marítimas o aéreas con armas pesadas que, como la artillería, los misiles o los aviones, son capaces de destruir objetivos enemigos a una distancia mayor más allá de las líneas de batalla"[1099]. El bombardeo contra el Estado agredido y contra objetivos estratégicos de éste puede ser terrestre, a través de la artillería de tierra; aéreo, desde aviones; o naval, mediante embarcaciones y submarinos. Es indiferente que las fuerzas armadas del Estado agresor, ataquen desde dentro o fuera del Estado agredido.

1098 V. *supra*, apartados 2.3 y 2.5 de este capítulo.

1099 MCDONALD y T. BRUHA, citados por KREß: The State Conduct…, ob. cit., p. 442.

El segundo acto de agresión caracterizado en la letra *b)* es el "empleo de cualesquiera armas por un Estado contra el territorio de otro Estado". El acto, como sucedía con el bombardeo, debe ser ejecutado por el Estado desde dentro o fuera del territorio del Estado agredido. El anexo de la resolución 3314, en su preámbulo se refería —aun cuando no lo incluyó en el artículo 3— a la "existencia de armas de destrucción en masa de todo tipo". El término utilizado por el DPI es amplio. Incluye todo tipo de armas. En este sentido, el grupo de trabajo del Comité Especial de la Definición de la Agresión especificó que la expresión "cualesquiera armas" se "empleaba sin hacer distinción entre armas corrientes, armas de destrucción en masa o cualquier otra clase de armas"[1100].

El texto utiliza el sustantivo "armas" sin limitar, por tanto, el tipo de armas. *Cualquier arma*, como las de fuego, las químicas, las biológicas, las nucleares y radiológicas o las cibernéticas tendrían encaje en este acto de agresión. Es un tipo abierto que admite armas de cualquier naturaleza.

Una vez más se exterioriza la relación entre de DPI y DI general. La CPI tendrá la labor de delimitar los conceptos de *bombardeo* y de *armas*, a efectos de integrar el apartado segundo del artículo 8 *bis* ECPI.

4.5.3. Letra c): bloqueo de puertos y costas

La letra *c)* del artículo 8.2 *bis* ER describe como acto de agresión "[e]l bloqueo de los puertos o de las costas de un Estado por las fuerzas armadas de otro Estado".

Este concepto procede del derecho de la guerra naval, que es esencialmente consuetudinario. En su origen, el bloqueo de puertos y de costas era una medida económica que se utilizaba para impedir

---

1100 UN. Doc. A/9619 y A/9619 Corr. 1, Informe del Comité Especial sobre la Cuestión de la Definición de la Agresión, 11 de marzo a 12 de abril de 1974, párr. 20 (p. 9). El comité refleja que este comentario lo agregó a una nota en el artículo 3. Disponible en: https://digitallibrary.un.org/record/724643?ln=es y https://digitallibrary.UN.org/record/724648?ln=es

el uso de buques enemigos y neutrales e impedir, así, que transportaran desde o hacia el Estado enemigo, mercancías y personas. En la actualidad el bloqueo es contra las fuerzas armadas de un Estado[1101] y contra su esfuerzo de guerra. En situaciones de conflicto, un Estado puede bloquear los puertos del Estado enemigo, de acuerdo con su estrategia militar. De acuerdo con la literalidad del ER, cualquier finalidad del bloqueo, económica, militar, impedir recibir alimentos y bienes de primera necesidad, paralizar transacciones comerciales, o neutralizar a las fuerzas armadas de otro Estado[1102], serían actos de agresión si concurren el resto de los elementos típicos del artículo 8 *bis* ER.

La conducta hostil del Estado agresor consiste en impedir, a través de sus fuerzas armadas, por tierra, mar o aire, que salgan o entren de o en los puertos y en las costas de un Estado buques o cualquier tipo de embarcación; y por cualquier forma, como, por ejemplo, el abordaje, la interceptación o el minado de las vías de acceso a los puertos y costas[1103]. Al utilizar el ER el plural ("puertos" y "costas") se plantea doctrinalmente si el bloqueo debe ser de un puerto o de varios. Alguna postura se ha mostrado en favor de la pluralidad, salvo que el puerto sea la única vía de acceso a las costas del Estado víctima[1104]. Sin embargo, el análisis de tipicidad debe particularizarse en cada caso concreto. El bloqueo de un solo puerto por el impacto que pueda representar en la conducta estatal agresiva sería suficiente para integrar el acto de agresión, siempre que se cumpliera el resto de requisitos típicos. Sin embargo, los Estados sin litoral no están protegidos por el artículo 8 *bis* ER. En los trabajos previos de la resolución 3314, algunos Estados pretendieron sin éxito que se incluyera que la

---

1101 KREß: The State Conduct..., ob. cit., p. 443.

1102 ZIMMERMANN and FREIBURG-BRAUN: Article 8 bis..., ob. cit., p. 719, señalan como ejemplo, la acción de bloqueo dirigida contra la fuerza armada con el fin de preparar una invasión o cortar el suministro de otras a otro Estado.
Un ejemplo antiguo es el bombardeo de los puertos venezolanos por la armada británica en 1902. V. FERNÁNDEZ TOMÁS: El control de..., ob. cit., p. 429.

1103 ZIMMERMANN and FREIBURG-BRAUN: Article 8 bis..., ob. cit., p. 719.

1104 *Ibid.*, p. 720.

cláusula de la letra *c)* del artículo 3 del anexo abarcara la prevención del acceso de esos Estados al mar[1105].

También se ha distinguido con acierto la diferencia entre el *ius in bello* y el *ius ad bellum* en relación con el bloqueo de puertos[1106]. En el Derecho internacional humanitario, el Manual de San Remo permite, como *método de guerra*, el bloqueo de puertos si se declara y se notifica a todos los beligerantes y Estados neutrales[1107] y es efectivo. El artículo 102, una vez iniciado el conflicto, prohíbe únicamente declarar o establecer un bloqueo, si su finalidad es "hacer padecer hambre a la población civil o privarle de otros bienes esenciales para su supervivencia" o también si "el daño causado a la población civil es, o es previsible que sea, excesivo en relación con la ventaja militar concreta y directa que se espera del bloqueo". Sin embargo, en el ámbito del *ius ad bellum*, es decir, el especifico del artículo 8.2 *bis* ECPI, no rigen los supuestos del *ius in bello* (Derecho internacional humanitario y Derecho de los conflictos armados) que permiten el bloqueo de puertos. Para el ECPI todo bloqueo de puertos si reúne las condiciones típicas será un acto de agresión.

La literalidad de la letra *c)* no incluye el bloqueo de aeropuertos, lo que afecta a la actividad del tipo internacional. No obstante, de acuerdo con la naturaleza semiabierta de la lista, el bloqueo de los aeropuertos constituiría un acto de agresión si su carácter y gravedad

---

1105 KREß: The State Conduct..., ob. cit., p. 443. Recuerda que la Sexta Comisión (UN. Doc. A/9890, Report of the Special Committee on the Question of Defining Aggression, 6 December 1974, párr. 10, disponible en: https://digitallibrary.un.org/record/855858?ln=es) se limitó a acordar que "nada de los dispuesto en la definición y en particular en el artículo 3 (c), se interpretará como justificación para que un Estado bloquee, en contra del derecho internacional, las vías de acceso de un país sin litoral al mar y desde el mar".

1106 V. ZIMMERMANN and FREIBURG-BRAUN: Article 8 bis..., ob. cit., p. 719; y KREß: The State Conduct..., ob. cit., pp. 443 y 444.

1107 Manual de San Remo sobre el Derecho Internacional aplicable a los Conflictos Armados en el Mar, de 30 de junio de 1994. Sobre las condiciones en las que se tiene que producir un bloqueo, v. los artículos 93 a 101 del Manual.

es similar al bloqueo de puertos y adicionalmente supere el umbral de gravedad del párrafo primero del artículo 8 *bis* ER.

4.5.4. Letra d): ataque a fuerzas armadas estatales, o a flotas marítimas y aéreas de otro Estado

La letra *d)* declara como acto de agresión "[e]l ataque por las fuerzas armadas de un Estado contra las fuerzas armadas terrestres, navales o aéreas de otro Estado, o contra su flota mercante o aérea".

El concepto de ataque es el mismo que el establecido en la letra *a)*[1108]. Se distinguen dos actos diferentes. El primero, el ataque realizado por las fuerzas armadas de un Estado contra las fuerzas armadas, terrestres, navales o aéreas de un tercer Estado. Ataque que se producirá en el extranjero, ya sea en el territorio, en sentido jurídico, del estado agredido o en el de un tercer Estado donde se hallen sus fuerzas armadas. Se protegen los intereses del Estado atacado en el extranjero. El segundo acto de agresión es ejecutado por fuerzas armadas de un Estado contra la flota mercante o aérea de otro Estado.

En el primer acto de agresión el ataque es frente a *fuerzas armadas* en la que se afectan intereses soberanos estatales. Se suscita la duda de si el ataque tiene que ser efectivo contra las posiciones militares, por ejemplo, disparar contra una aeronave o impedir a través de la fuerza su movilidad[1109]. En el segundo, el ataque se dirige contra una *flota* mercante o aérea, que se compone de barcos, embarcaciones y aeronaves y son objetivos no soberanos[1110]. Se debe entender que se

---

1108 V. *supra*, apartado 4.5.1 de este capítulo.

1109 ZIMMERMANN and FREIBURG-BRAUN: Article 8 bis..., ob. cit., p. 721.

1110 KREẞ: The State Conduct..., ob. cit., p. 444. El profesor alemán explica que en las negociaciones del artículo 3 del anexo de la resolución 3314 se estimó, aunque de forma controvertida, que era una ampliación excepcional del concepto de agresión "al uso de la fuerza por un Estado contra objetivos extranjeros no soberanos y suscitó su preocupación entre los Estados ribereños de que sus poderes de ejecución en virtud del derecho del mar podrían verse afectados".
La Sexta Comisión zanjó la polémica al establecer (UN. Doc. A/9890, párr. 10, v. *supra*, nota 1105) que "nada en la Definición, y en particular el artícu-

refiere a flota estatal —y no de intereses privados— que están destinadas a intereses estratégicos de un país, en el ámbito de la seguridad nacional estatal para garantizar el servicio de transporte marítimo y aéreo de personas y mercancías nacional e internacional. Por ello, un ataque contra buques pesqueros comerciales o contra aeronaves civiles no sería un acto de agresión[1111].

Un sector doctrinal excluye, dada la literalidad de la letra *d)*, como acto de agresión los ataques contra los objetos de un Estado estacionados en el espacio ultrarrestre, es decir los objetos espaciales[1112]. Una vez más, y de acuerdo con la naturaleza semiabierta de los actos de agresión, siempre que la similitud del acto sea a la del ataque a las fuerzas terrestres, marítimas o aéreas o a la flota marítima o aérea y concurran el resto de requisitos exigidos por el artículo 8 *bis* ECPI, la conducta estatal seria típica.

Igualmente, para parte de la doctrina el uso de la fuerza contra las embajadas y los consulados encajarían en la letra *d)*[1113]. Incluso el uso de la fuerza contra un jefe de Estado o alto miembro de la dirección política de un Estado en el extranjero podrá calificarse como acto de agresión[1114].

---

lo 3 (d), se interpretará en modo alguno en perjuicio de la autoridad de un Estado para ejercer sus derechos dentro de su jurisdicción nacional, siempre que dicho ejercicio no sea incompatible con la Carta de las Naciones Unidas".

1111 ZIMMERMANN and FREIBURG-BRAUN: Article 8 bis..., ob. cit., p. 721.

1112 *Ibid.*, p. 721.

1113 KREß: The State Conduct..., ob. cit., p. 452.

1114 *Ibid.*, p. 452. Resalta este autor que en el debate de la sesión 3245 del CdS, en relación con el intento de asesinato del presidente de EE.UU. por los servicios de inteligencia de Iraq en Kuwait (territorio de un tercer Estado), el representante de Nueva Zelanda, Sr. Keatring, afirmó que "toda nación que trata de asesinar al jefe de estado o a un miembro importante de la dirigencia política de otro Estado comete un acto de agresión. Dichas acciones son las más graves dentro de la escala, porque los jefes de Estado simbolizan la soberanía y la integridad territorial de un país" (p. 22). V. UN Doc. S/PV. 3245, Acta taquigráfica provisional de la 3245ª sesión, celebrada el 27 de junio de 1993. Disponible en: https://digitallibrary.UN.org/record/169096?ln=es

En definitiva, y como sucede con el resto de las conductas, la labor de interpretación de la CPI se extenderá, dentro de la hermenéutica penal, a delimitar los conceptos de "fuerzas armadas terrestres, navales o aéreas de otro Estado" y qué es una "flota mercante o aérea", a los efectos del acto de agresión.

4.5.5. Letra e): violación de acuerdos de permanencia de fuerzas en un Estado receptor y prolongación ilegal de la estancia

La letra *e)* tipifica como acto de agresión "[l]a utilización de fuerzas armadas de un Estado, que se encuentran en el territorio de otro Estado con el acuerdo del Estado receptor, en violación de las condiciones establecidas en el acuerdo o toda prolongación de su presencia en dicho territorio después de terminado el acuerdo".

Esta cláusula trae causa de la costumbre posterior y anterior a la Segunda Guerra Mundial de establecer alianzas militares de cooperación entre los Estados que prevén la implantación de instalaciones militares de un Estado en el territorio de otro Estado, pero que pueden utilizarse de forma indebida contra el Estado receptor o incluso contra un tercer Estado[1115]. España, por ejemplo, desde 1953, ha autorizado a EE.UU. a instalar bases aéreas y navales militares en nuestro territorio (por ejemplo, en la actualidad, las bases de Rota y de Morón)[1116].

En esa sesión el presidente, el español Juan Antonio Yáñez Barnuevo, actuando en nombre de España, calificó los hechos como una "sería violación del Derecho internacional, a la vez que una amenaza para la paz y la seguridad de todos" (p. 23).

1115 ZIMMERMANN and FREIBURG-BRAUN: Article 8 bis..., ob. cit., p. 721.

1116 Actualmente las relaciones están reguladas por el Convenio entre el Reino de España y los Estados Unidos de América sobre Cooperación para la Defensa, de 1 de diciembre de 1988, por el que se acuerda el establecimiento en España de bases militares, integradas en los planes defensivos de la OTAN. Jurídicamente se configura como una "cesión de uso" del territorio español para determinados fines y concede a EE.UU. el uso de "instalaciones de apoyo". V. FERNÁNDEZ TOMÁS: El control del..., ob. cit., pp. 458 a 461.

Dos son los actos de agresión que se contemplan en este enunciado. El primero, "la utilización de fuerzas armadas de un Estado, que se encuentra en el territorio de otro Estado con el acuerdo del Estado receptor, en violación de las condiciones establecidas en el acuerdo". Exige el efectivo uso de fuerzas armadas del Estado que permanece en el Estado receptor contra éste o contra un tercer Estado, en contra, lógicamente de lo dispuesto en el acuerdo de cooperación y asistencia interestatal que une a ese Estado con el receptor. El uso de las fuerzas armadas no requiere un combate real[1117], pero sí algún elemento de coacción[1118] de cierta entidad.

El segundo de los actos de agresión consiste en la prolongación o permanencia de las fuerzas de un Estado en el territorio del Estado receptor, de forma hostil[1119], una vez expirado el término convenido por los dos Estados en el acuerdo interestatal que les une. No obstan-

---

El Convenio ha sido actualizado por el Primero, Segundo y Tercer Protocolo de Enmienda del Convenio de Cooperación para la Defensa entre el Reino de España y los Estados Unidos de América, de 1 diciembre de 1988, de 21 de febrero de 2003, 10 de octubre de 2012 y de 17 de junio de 2015. Un último pacto entre los dos Estados ha sido el "Acuerdo relativo al despliegue de dos buques adicionales de la marina de los Estados Unidos en la base naval de Rota para el desarrollo de la cooperación establecida por el Segundo protocolo de enmienda del Convenio de Cooperación para la defensa entre el Reino de España y los Estados Unidos de América", de 8 de mayo de 2023, BOE número 142, de 15 de junio de 2023.

V. los diferentes instrumentos normativos en materia de cooperación entre los dos Estados en: MINISTERIO DE DEFENSA: *Convenido de cooperación para la defensa entre el Reino de España y los Estados Unidos de América 2015 (y otros documentos relacionados)*, Madrid, 2016. Disponible en: https://publicaciones.defensa.gob.es/media/downloadable/files/links/c/o/convenio-de-cooperacio_n.pdf

1117 KREß: The State Conduct..., ob. cit., p. 445. Este autor pone el ejemplo del abandono militar de las instalaciones sin respetar el procedimiento previsto para ese movimiento de tropas en el acuerdo.

1118 ZIMMERMANN and FREIBURG-BRAUN: Article 8 bis..., ob. cit., p. 721, para quienes una "mera violación técnica" del acuerdo no constituiría acto de agresión.

1119 KREß: The State Conduct..., ob. cit., p. 445. Fundamenta su postura en: *ICJ, Actividades armadas en el territorio del Congo*, párrs. 99 y 345 (v. *supra*, nota 946).

te, como se ha indicado, el *principio de buena fe* autorizaría la retirada de las tropas dentro de un plazo razonable adicional a la finalización de la vigencia del acuerdo[1120].

La CPI será quién analice desde una perspectiva de DI público si los acuerdos entre los dos Estados han sido incumplidos o no. La tipicidad penal dependerá de un análisis contractual de DI, que en un enfoque de responsabilidad internacional vinculará con lo previsto en el artículo 20 del proyecto de artículos sobre la responsabilidad de los Estados por hechos internacionalmente ilícitos.

4.5.6. Letra f): permitir la utilización del territorio para un acto de agresión

La letra *e)* del párrafo segundo del artículo 8 *bis* ECPI prevé como acto de agresión "[l]a acción de un Estado que permite que su territorio, que ha puesto a disposición de otro Estado, sea utilizado por ese otro Estado para perpetrar un acto de agresión contra un tercer Estado".

Este acto de agresión supone que un Estado pone a disposición de otro Estado su territorio, para que, en segundo lugar, este tercer Estado perpetre un acto de agresión. Poner a disposición denota una conducta activa por parte del Estado territorial, es decir, es consciente o sabe que el permiso de utilización de su territorio que ha concedido es para que el otro Estado cometa un acto de agresión contra un tercer Estado. No serán actos agresivos los de utilización del territorio de un Estado si éste no ha podido impedir la agresión del Estado que desde su territorio agrede a un tercero. El Estado debe querer que, desde su territorio, se cometan actos agresivos. La oposición expresa a la utilización del territorio por parte del Estado territorial impediría considerar a éste como responsable a los efectos del artículo 8.2 *bis* ECPI.

El artículo 16 del proyecto de artículos sobre la responsabilidad de los Estados abona esta interpretación. Advierte que el Estado que

---

1120 ZIMMERMANN and FREIBURG-BRAUN: Article 8 bis…, ob. cit., p. 722.

presta *ayuda* o *asistencia* en la comisión de un hecho internacionalmente ilícito es responsable internacionalmente por prestar esa ayuda o asistencia si "lo hace conociendo las circunstancias del hecho internacionalmente ilícito". La CDI en el comentario a este artículo acentuó que "el Estado que presta asistencia es responsable de su propio comportamiento al ayudar a sabiendas a otro Estado a violar una obligación internacional que existe para los Estados", pero "no es responsable como tal del comportamiento del Estado que recibe asistencia"[1121].

El hecho de no actuar, por parte del Estado desde cuyo territorio se perpetra el acto de agresión, con diligencia debida no se encuadrará dentro de los actos de agresión con relevancia penal, aunque sí pueda constituir un hecho internacionalmente ilícito del Estado. Por el contrario, un permiso implícito de la utilización del territorio sí sería a efectos del ER acto de agresión[1122].

Si un Estado (A) que mantiene, sobre la base de un acuerdo interestatal, tropas y bases militares en otro Estado (B), agrediese, quebrantando ese acuerdo y sin consentimiento de (B), a un tercer Estado (C), (B) no cometería ningún acto de agresión. Tampoco, en un segundo ejemplo, cometería un acto de agresión el Estado que previamente ha sido invadido u ocupado ilegalmente y desde su territorio el Estado invasor u ocupante ejecuta un acto de agresión en un tercer Estado.

Y, en tercer lugar, el Estado al que se le ha concedido el permiso tendrá que cometer, a su vez, un acto de agresión. La dicción literal del segundo inciso así lo dispone, al utilizar la expresión "para perpetrar un acto de agresión contra un tercer estado". Ese acto agresivo que cometa solo podrá ser alguno de los contemplados en el artículo 8 *bis* 2 ER o semejantes (naturaleza semiabierta) que materialmente se puedan perpetrar desde el territorio del Estado que consiente y presta su territorio. De esta forma, se produce, y de forma sucesiva, una doble agresión. Una directa, la del Estado que ha utilizado el territorio encuadrable en las letras *a), e)* o *g)* u otra similar, de acuerdo

---

1121 UN. Doc. A/56/10, comentario al artículo 16, párr. 10 (v. *supra*, nota 375).
1122 KREß: The State Conduct…, ob. cit., p. 447.

con la naturaleza semiabierta; y otra indirecta (letra *f)*) que será la ejecutada por el Estado que conscientemente permite que se cometa la directa desde su territorio que lo pone a disposición.

4.5.7. Letra g): envío de bandas armadas, grupos irregulares o mercenarios

El catálogo de actos de agresión expresamente enunciados en el ER se cierra en la letra *g)*, al considerar que también lo será "[e]l envío por un Estado, o en su nombre, de bandas armadas, grupos irregulares o mercenarios que llevan a cabo actos de fuerza armada contra otro Estado de tal gravedad que sean equiparables a los actos antes enumerados, o su sustancial participación en dichos actos". En este sentido, la repetida resolución 2625, en 1970 —en fecha anterior a la resolución 3314 de 1974— ya estableció la obligación de los Estados de "abstenerse de organizar o fomentar la organización de fuerzas irregulares o de bandas armadas, incluidos los mercenarios, para hacer incursiones en el territorio de otro Estado". Esta conducta refleja el DI consuetudinario[1123].

El acto de agresión descrito en la letra *g)* distingue dos conductas diferentes alternativas. La primera "el envío por un Estado, o en su nombre" de fuerzas no regulares para que "lleven a cabo actos de fuerza armada contra otro Estado de tal gravedad que sean equiparables" a los actos antes enumerados en las letras *a)* a *f)*. La segunda se concreta en la "la sustancial participación" del Estado en los actos de agresión de las fuerzas irregulares.

Las tres clases de fuerzas no regulares y no estatales que integran la descripción típica son: *bandas armadas*, *grupos irregulares* o *mercenarios*, lo que exige, tratar de definir estas tres fuerzas ejecutoras del acto de agresión. Con carácter general, y de acuerdo con el proyecto de artículos sobre la responsabilidad de los Estados por hechos internacionalmente ilícitos, se excluirá de la condición de grupo a estos efectos de la letra *g)* del artículo 8.2 *bis* ECPI, a cualquier órgano del Estado que ejerza funciones legislativas, ejecutivas o judiciales; a la

---

[1123] ICJ, *Nicaragua v. United States of America, Merits,* párr. 195 (v. *supra,* nota 940).

entidad que ejerza atribuciones de poder público; y a los órganos puestos a disposición de un Estado por otro Estado[1124].

El concepto de *banda armada* no está definido en el ECPI. Una aproximación válida para determinar el mismo puede efectuarse a través de la Convención de las Naciones Unidas contra la Delincuencia Organizada Transnacional[1125]. Un antecedente remoto de esta Convención quizá lo encontramos en el Estatuto del TMI que declaraba, en su artículo 10, la responsabilidad penal por "pertenencia" a un "grupo u organización" criminal.

La Convención distingue entre *grupo delictivo organizado* y *grupo estructurado*. El primero es "un grupo estructurado de tres o más personas que existe durante cierto tiempo y que actúe concertadamente con el propósito de cometer uno o más delitos graves" y cuya finalidad consista en "obtener directa o indirectamente, un beneficio económico u otro beneficio de orden material" (artículo 1). El propio texto internacional se encarga de aclarar en el mismo artículo que delitos graves son los que su privación máxima de libertad sea de al menos cuatro años o una pena más grave. *Grupo estructurado* es para la Convención el "no formado fortuitamente para la comisión inmediata de un delito y en el que no necesariamente se haya asignado a sus miembros funciones formalmente definidas ni haya continuidad en la condición de miembro o exista una estructura desarrollada".

En el ámbito regional europeo, la Decisión Marco 2008/841, relativa a la Lucha contra la Delincuencia Organizada[1126] acoge la definición de la Convención de "grupo delictivo" y de "grupo estructurado", que los denomina respectivamente "organización delictiva" y "asociación estructurada".

1124 V. UN Doc. A/56/10, artículos 4 a 6 (v. *supra*, nota 375).

1125 Hecho en Nueva York, el 15 de noviembre de 2000. Forman parte de esta convención más de 175 Estados y también la Unión Europea (v. el artículo 1 de la Decisión 2004/579/CE del Consejo, de 29 abril 2004, relativa a la celebración, en nombre de la Comunidad Europea, de la Convención de las Naciones Unidas contra la Delincuencia Organizada Transnacional, DOUEL, de 6 de agosto).

1126 Decisión Marco 2008/841, JAI del Consejo, de 24 de octubre de 2008, DOUEL, de 11 de noviembre, de 2008.

También a efectos hermenéuticos puede servir de guía el Código Penal español. La Ley Orgánica 5/2010[1127], introdujo en el Código sustantivo el Capítulo VI del Título XXII, denominándolo "De las organizaciones y grupos criminales". De la definición auténtica del artículo 570 bis[1128], también añadido por esta reforma, se adivinan como elementos de la organización criminal: i) existencia de una *agrupación*; ii) formada por más de dos personas (elemento cuantitativo); iii) carácter estable o tiempo indefinido (elemento temporal); iv) actuación concertada y coordinada (elemento instrumental); v) reparto de tareas o funciones entre sus miembros (elemento instrumental); y vi) con finalidad de cometer delitos (elemento teleológico). Y el artículo 570 ter —también introducido por la citada Ley Orgánica 5/2010, y modificado, a su vez, por la Ley Orgánica 1/2015[1129]— tipifica el delito de *grupo criminal*, y lo define por exclusión, al señalar que será la unión de más de dos personas en la que, no concurriendo una o varias de las características de la *organización criminal* tenga por finalidad la perpetración concertada de delitos.

A los efectos del párrafo segundo del artículo 8 *bis* ER, el concepto de *banda armada* hay que relacionarlo con el contexto estatal en la que ésta opera. Es el Estado el que previamente ha "acordado" con esa banda que "lleve a cabo actos de fuerza armada contra otro Estado". La finalidad de este "acuerdo" exige por las características propias del acto de agresión, que la *banda* que lo ejecute sea organizada; que esté formada por un grupo de personas considerable para ejecutar el acto de agresión contra un Estado (elemento cuantitativo); que sea de carácter estable o creada para ese específico acto de agresión (elemento temporal); que la actuación sea concertada y coordinada entre los propios miembros de la banda (elemento instrumental); y cuya finalidad sea cometer el acto de agresión (elemento teleológico).

1127 Ley Orgánica 5/2010, de 22 de junio, por la que se modifica la Ley Orgánica 10/1995, de 23 de noviembre, del Código Penal, BOE número 152, de 23 de junio de 2010.

1128 Posteriormente modificado por la Ley 1/2015.

1129 Ley Orgánica 1/2015, de 30 de marzo, por la que se modifica la Ley Orgánica 10/1995, de 23 de noviembre, del Código Penal, BOE número 77, de 31 de marzo.

El concepto de *grupo irregular* se referirá al grupo que comete un acto de agresión, pero que formalmente no pertenece a las fuerzas armadas oficiales del Estado, ni es una banda armada ni mercenarios. Además, de acuerdo con el Derecho internacional humanitario, se define, por un lado, en un sentido negativo, es decir, por lo que no son fuerzas armadas regulares; y, por otro lado, sirve igualmente para delimitar, el concepto de *milicias* y de *cuerpos de voluntarios*. El citado Protocolo I Adicional a los cuatro Convenios de Ginebra de 1949, de 8 de junio de 1977, define qué se entiende por "fuerzas armadas de una Parte en conflicto". Se "componen de todas las fuerzas, grupos y unidades armados organizados, colocados bajo un mando responsable de la conducta de sus subordinados antes esa Parte, aun cuando esté representada por un gobierno o por una autoridad no reconocidos por una Parte adversa. Tales fuerzas armadas deberán estar sometidas a un régimen de disciplina interna que haga cumplir, inter alia, las normas de derecho internacional aplicables en los conflictos armados" (artículo 43.1).

El Reglamento relativo a las leyes y costumbres de la guerra terrestre anexo a la Convención IV de La Haya de 1907 extiende "las leyes, los derechos y deberes de la guerra" no solamente al ejército, como fuerzas regulares, sino también a las milicias y a los cuerpos de voluntarios, que define por sus "condiciones": i) tener a la cabeza una persona responsable por sus subalternos; ii) tener una señal con distintivo fijo y reconocible a distancia; iii) llevar armas ostensiblemente; y iv) sujetarse en sus operaciones a las leyes y costumbres de la guerra"[1130]. Condiciones que serán de aplicación a las milicias y a los cuerpos de voluntarios en su condición de *grupos irregulares*.

Por su parte el Protocolo I Adicional de 8 de junio de 1977 da un controvertido paso a adelante al disponer en su artículo 44.3 que "con objeto de promover la protección de la población civil contra los efectos de las hostilidades, los combatientes están obligados a distinguirse de la población civil en el curso de un ataque o de una operación militar preparatoria de un ataque. Sin embargo, dado que en los conflictos armados hay situaciones en las que, debido a la índole

---

1130 Artículo 1, del Reglamento relativo a las leyes y costumbres de la guerra terrestre, de 18 de octubre de 1907, anejo a la Convención IV de la Haya.

de las hostilidades, un combatiente armado no puede distinguirse de la población civil, dicho combatiente conservará su estatuto de tal siempre que, en esas circunstancias, lleve sus armas abiertamente: a) durante todo enfrentamiento militar; y b) durante el tiempo en que sea visible para el enemigo mientras está tomando parte en un despliegue militar previo al lanzamiento de un ataque en el que va a participar"[1131].

Por lo que respecta al concepto de mercenario, el ER se completará con la definición auténtica que ofrece el DI, en el artículo 1 de la Convención Internacional contra el reclutamiento, la utilización, la financiación y el entrenamiento de mercenarios[1132]. Éste define expresamente como "mercenario" a "toda persona: a) Que haya sido especialmente reclutada, localmente o en el extranjero, para combatir en un conflicto armado; b) Que tome parte en las hostilidades animada esencialmente por el deseo de obtener un provecho personal y a la que se haga efectivamente la promesa, por una Parte en conflicto o en nombre de ella, de una retribución material considerablemente superior a la prometida o abonada a los combatientes de grado y funciones similares en las fuerzas armadas de esa Parte; c) Que no sea nacional de una Parte en conflicto ni residente en un territorio controlado por una Parte en conflicto; d) Que no sea miembro de las fuerzas armadas de una Parte en conflicto; y e) Que no haya sido enviada en misión oficial como miembro de sus fuerzas armadas por un Estado que no sea Parte en conflicto".

La misma convención, y en el mismo precepto, amplia la consideración de mercenario a "toda persona en cualquier otra situación: a) Que haya sido especialmente reclutada, localmente o en el extranjero, para participar en un acto concertado de violencia con el propósito de: i) Derrocar a un gobierno o socavar de alguna otra manera el orden constitucional de un Estado, o de, ii) Socavar la integridad territorial de un Estado; b) Que tome parte en ese acto ani-

---

1131 V. la declaración interpretativa de España sobre el artículo 44.3.b) al momento de la ratificación.

1132 Artículo 1, de la Convención Internacional contra el reclutamiento, la utilización, la financiación y el entrenamiento de mercenarios, de 4 de diciembre de 1989.

mada esencialmente por el deseo de obtener un provecho personal significativo y la incite a ello la promesa o el pago de una retribución material; c) Que no sea nacional o residente del Estado contra el que se perpetre ese acto; d) Que no haya sido enviada por un Estado en misión oficial; y e) Que no sea miembro de las fuerzas armadas del Estado en cuyo territorio se perpetre el acto".

Por su parte el artículo 47.2 del Protocolo I Adicional de 8 de junio de 1977 dispone que "Se entiende por mercenario toda persona: a) que haya sido especialmente reclutada, localmente o en el extranjero, a fin de combatir en un conflicto armado; b) que, de hecho, tome parte directa en las hostilidades; c) que tome parte en las hostilidades animada esencialmente por el deseo de obtener un provecho personal y a la que se haga efectivamente la promesa, por una Parte en conflicto o en nombre de ella, de una retribución material considerablemente superior a la prometida o abonada a los combatientes de grado y funciones similares a las fuerzas armadas de esa Parte; d) que no sea nacional de una Parte en conflicto ni residente en un territorio controlado por una Parte en conflicto; e) que no sea miembro de las fuerzas armadas de una Parte en conflicto; y f) que no haya sido enviada en misión oficial como miembro de sus fuerzas armadas por un Estado que no es Parte en conflicto".

Un ejemplo notorio de envío y/o uso sustancial de mercenarios en un acto de agresión es el conocido como el "grupo Wagner" en territorio ucraniano en nombre de la Federación de Rusia[1133]. Tropas preparadas, además, para acciones criminales en masa, saqueo, viola-

---

[1133] Grupo que opera también en Sudán, Libia, la República Centroafricana o en Mali. Por todos, v.: NARANJO, F.: "La solidez de Wagner en África se somete a prueba", *El País*, 25 de agosto de 2023, https://elpais.com/internacional/2023-08-25/la-solidez-de-wagner-en-africa-se-pone-a-prueba-tras-la-muerte-de-prigozhin.htmlv
Igualmente, puede citarse, como grupo que participó al servicio de EE.UU. en Iraq, a la compañía privada de seguridad, Blackwater. V. FERNÁNDEZ TOMÁS y BALLESTEROS: La responsabilidad internacional…, ob. cit., p. 344.

ciones sexuales, torturas y ejecuciones colectivas, como las que sufre Ucrania desde febrero de 2022[1134].

La primera de las conductas agresivas es de pluralidad de actos sucesivos en el tiempo e intervienen dos sujetos colectivos (plurisubjetivo). Requiere, en primer lugar, el *envío* (primera conducta) por parte del Estado (primer sujeto) de bandas armadas, grupos irregulares o mercenarios (segundo sujeto de la conducta estatal); y, en segundo lugar y sucesivamente, *que* —estos grupos— *lleven a cabo actos de fuerza armada contra otro Estado* (segunda conducta estatal ejecutada por fuerzas no estatales). Si el acto de fuerza no se produce, a pesar del envío del grupo, no existirá un acto de agresión típico. El ECPI utiliza la preposición *que* (*lleven a cabo*); y no la expresión *para que lleven a cabo.*

El Estado es autor indirecto de la conducta directa del grupo no estatal. El acto material de la utilización de la fuerza armada no lo realiza el Estado, sino cualquiera de los tres grupos no estatales, que o bien ha enviado el Estado o bien actúan en su nombre. El control que debe tener el Estado sobre el grupo —y me remito sobre esto a lo ya expuesto[1135]— es *global.* Como he apuntado entre el Estado y el grupo existirá necesariamente un acuerdo. El envío del grupo o la actuación de éste en nombre del Estado, supondrá una previa alianza delictiva entre ambos para que el grupo efectivamente ejecute actos de fuerza armada. La conducta de envío implica un desplazamiento del grupo no estatal al lugar desde el que se va a utilizar la fuerza contra el Estado víctima.

El ER establece también un estándar de gravedad. Los actos de fuerza armada ejecutados por los actores no estatales deben ser "equiparables a los actos" enumerados en las letras *a)* a *f).* La exigencia típica de gravedad es doble. Una, la del propio acto que tiene que ser equiparable a la del resto de los actos agresivos, y la otra, marcada por el umbral de gravedad (características, gravedad y escala) del

---

1134 EL PAÍS: "La desaparición de un monstruo", 27 de agosto, 2023, https://elpais.com/opinion/2023-08-27/la-desaparicion-de-un-monstruo.html

1135 V. *supra*, Cap. 4: 5.

párrafo primero del artículo 8 *bis* ER que convertirán el acto en una violación manifiesta de la Carta.

El segundo acto de agresión es el de la "sustancial participación" del Estado en los actos de agresión de cualquiera de los tres grupos. El término es excesivamente abierto e indefinido. De acuerdo con el criterio que aquí se mantiene, se identificará con un control global del Estado sobre los actos de fuerza ejecutados por los grupos no estatales.

La literalidad del artículo 8 *bis* ER impedirá a los efectos típicos considerar el acto de fuerza armada del grupo no estatal contra un Estado, como conducta estatal. Sin embargo, al ser el Estado responsable de la conducta de los grupos no estatales, si los responsables de esos grupos también controlan o dirigen de *facto* la acción política o militar del Estado que los ha enviado o que ha participado sustancialmente, serán, junto con los líderes políticos o militares del Estado que envía, responsables penales del crimen de agresión.

5. ACTO DE AGRESIÓN INCOMPATIBLE Y MANIFIESTAMENTE VIOLATORIO DE LA CARTA DE LAS NACIONES UNIDAS

5.1. El doble condicionante del acto de agresión

No todo uso de la fuerza armada será crimen de agresión, ni tampoco todo uso de la fuerza será ilegal. El ER exige que la fuerza armada utilizada sea "incompatible con la Carta de las Naciones Unidas" (párrafo segundo, del artículo 8 *bis*). Y también que ese uso "por sus características, gravedad y escala constituya una violación manifiesta de la Carta de la Naciones Unidas" (párrafo primero, del artículo 8 *bis*). En consecuencia, los dos párrafos del artículo 8 *bis* ER conforman una unidad a efectos de tipicidad internacional. Únicamente el uso de la fuerza que constituya una violación de la Carta y que cualitativa y cuantitativamente alcance ese umbral de gravedad (*características, gravedad* y *escala*) integrará el tipo del crimen de agresión.

El artículo 8 *bis* ECPI es una norma penal incompleta. Se produce un reenvío normativo a una norma de DI, a la Carta de San Francisco, a efectos de valorar la antijuridicidad del comportamiento. Además, es la Carta la que *inicialmente* completará el tipo penal internacional, al ofrecer el marco conceptual de la licitud o ilicitud de uso de la fuerza. El reenvío a la Carta integra a ésta como elemento típico. De esta forma, el artículo 8 *bis* ER al remitirse a la Carta y considerarla texto de referencia para valorar la antijuridicidad y como elemento de tipicidad la reconoce como texto jurídico de carácter vinculante.

La Carta asienta, como principio estructural del ordenamiento jurídico internacional, la prohibición general, no absoluta, del uso de la fuerza en las relaciones internacionales entre los Estados. El apartado 4 del artículo 2 proclama que "[l]os miembros de la Organización, en sus relaciones internacionales, se abstendrán de recurrir" tanto "a la amenaza" como "al uso de la fuerza contra la integridad territorial o la independencia política[1136] de cualquier Estado, o en cualquiera otra forma incompatible con los propósitos de las Naciones Unidas"[1137]. De esta forma, la prohibición general del uso de la fuerza rige solo en las relaciones internacionales, lo que implica que los conflictos armados de carácter no internacional, como sería una guerra civil, estén fuera de su alcance.

Los dos textos, el de la Carta y el del ER, coinciden en la prohibición del uso de la fuerza contra la integridad territorial o la indepen-

---

1136 Como anécdota hay que señalar un error tipográfico en la publicación de la Carta en el BOE. En la declaración unilateral española de aceptación de la jurisdicción obligatoria del Tribunal Internacional de Justicia, de 29 de octubre de 1990, BOE de 16 de noviembre de 1990, número 275, p. 33862, en el apartado 4 del artículo, se transcribió, erróneamente, "independencia pública" y no, como debió ser, "independencia política". Disponible en: https://www.boe.es/boe/dias/1990/11/16/pdfs/A33862-33885.pdf
El BOE número 285, de 28 de noviembre de 1990, publicó una corrección de errores a la declaración unilateral, pero pasó inadvertido este importante desliz. Disponible en: https://www.boe.es/buscar/doc.php?id=BOE-A-1990-28753
La errata permanece en bases jurídicas legislativas privadas, si bien, en la versión consolidada que publica el BOE de la Carta ha desaparecido.

1137 V. *supra*, Cap. 1: 3.

dencia política de los Estados. La Carta, a su vez, extiende el ámbito de prohibición del uso de la fuerza a los actos que sean contrarios a los "propósitos de las Naciones Unidas". Ésta enumera los diferentes propósitos: i) "mantener la paz y la seguridad internacionales"; ii) fomentar la amistad entre las naciones basadas en el respeto "al principio de la igualdad de derechos y al de libre determinación de los pueblos"; y iii) "realizar la cooperación internacional en la solución de problemas internacionales de carácter económico, social, cultural o humanitario, y en el desarrollo y estímulo del respeto a los derechos humanos y las libertades fundamentales de todos, sin hacer distinción de raza, sexo, idioma y religión".

En consecuencia, será incompatible con la Carta el uso de la fuerza ejercida contra la integridad territorial e independencia política de un Estado (párrafo segundo del artículo 8 *bis* ER y párrafo cuarto de la carta) y el uso de la fuerza de un Estado frente a otro Estado en el que se vulneren cualquiera de los tres propósitos dichos.

Este principio de prohibición general del uso de la fuerza armada, como se ha visto, se impuso en 1928 en el Pacto Briand-Kellogg[1138]. Es una prohibición de derecho consuetudinario[1139]. Prohibición que se reproduce en la declaración sobre los principios de Derecho internacional referentes a las relaciones de amistad y a la cooperación entre los Estados de conformidad con la Carta de las Naciones Unidas[1140]. Está declaración, de forma idéntica al artículo 2.4 de la Carta, proclamó el solemne "principio de que los Estados, en sus relaciones internacionales, se abstendrán de recurrir a la amenaza o al uso de la fuerza contra la integridad territorial o la independencia política de cualquier otro Estado, o en cualquier otra forma incompatible con los propósitos de las Naciones Unidas". Y específicamente que "una

---

[1138] V. *supra*, Cap. 1: 2.2.

[1139] V. *supra*, Cap. 2: 9. Tambien KREß: The State Conduct..., ob. cit., p. 412. Las constantes vulneraciones de la prohibición del uso de la fuerza llegaron a plantear si existía una práctica consuetudinaria que pudiera modificar el párrafo cuatro del artículo 2, de la Carta. La CIJ en el asunto de las *actividades militares* rechazo esta postura. V. FERNÁNDEZ TOMÁS: El control de..., ob. cit., p. 430.

[1140] UN Doc. A/RES/2625 (XXV). V. *supra*, nota 92.

guerra de agresión constituye un crimen contra la paz, que, con arreglo al derecho internacional, entraña responsabilidad" [1141].

La citada declaración de 1970 concreta el deber de abstenerse de recurrir a la amenaza o al uso de la fuerza respecto de determinados supuestos que, según la literalidad de la redacción de la declaración, podrían dar lugar, si se vulnera la obligación de abstención, a un acto de agresión. Este deber de abstención es respecto: i) de la violación de fronteras internacionales de otro Estado o como medio para resolver las controversias internacionales, incluso las territoriales y los problemas relativos a las fronteras de los Estados; ii) de los actos de represalia que impliquen el uso de la fuerza; iii) del uso de cualquier medida de fuerza que prive del derecho a la libre determinación y a la libertad e independencia a los pueblos; y iv) del deber de abstenerse de organizar o fomentar la organización de fuerzas irregulares o de bandas armadas, incluidas los mercenarios, para hacer incursiones en el territorio de otro Estado[1142].

El ER solo contempla el "uso" de la fuerza armada como conducta típica estatal. La "amenaza" de la fuerza, sí está prohibida por la Carta, pero no constituye elemento de tipicidad del artículo 8 *bis* ECPI.

5.2. El acto de agresión incompatible con la Carta y las zonas grises

No todo uso de la fuerza armada es, como acabo de advertir, incompatible con la Carta. En determinadas circunstancias, en las que concurra *casus belli* su uso estará permitido por la Carta y, por tanto, justificado en el DI. La justificación en DI afecta al DPI. No podrá considerarse crimen de agresión el uso lícito de la fuerza armada. Sin embargo, quien decidirá si ese uso es lícito, desde la perspectiva de la responsabilidad individual, es la CPI. Lo que eventualmente puede provocar disfunciones entre la CPI y la CIJ y el CdS, si estos dos últimos se pronunciaran sobre el mismo asunto al examinar la responsabilidad estatal, o si la CPI se apartara de la doctrina jurisprudencial de la CIJ.

1141 *Ibid.*, p. 131.
1142 *Ibid.*, p. 132.

A continuación, expondré algunas situaciones de uso lícito de la fuerza armada en el ámbito del DI. Abordaré inicialmente las que plantean menor complejidad: la acción con autorización del CdS y la legítima defensa de un Estado frente a otro Estado. Después las que podrían justificar el uso de la fuerza armada por encuadrarse ese uso dentro del ámbito de los propósitos de NNUU, es decir, al uso de la fuerza en casos de: i) libre determinación de los pueblos; ii) de protección de los derechos humanos en casos de conflictos armados y la responsabilidad de proteger; y iii) de operaciones militares de un Estado en otro para rescatar a los nacionales de su país o de un tercero. Si efectivamente se considera en algunas de estas situaciones que el uso de la fuerza armada es *compatible* con la Carta, esos actos no podrán caracterizar el crimen de agresión. Finalmente, apuntaré otras situaciones de carácter aún más dudoso, que se adentrarían en la denominada, en los trabajos del SWGCA, "zona gris".

La importancia práctica del examen de estas situaciones de licitud del uso de la fuerza armada radica en averiguar la verdadera pretensión de los Estados, es decir, si efectivamente están legitimados para usar la fuerza o lo hacen fraudulentamente bajo un paraguas ficticio formal (apariencia de causas que legitiman el uso de la fuerza frente a su prohibición general) para encubrir verdaderas conductas agresivas.

KREß advierte que la dimensión cuantitativa del umbral exige un uso ilícito de la fuerza armada de "intensidad bastante considerable". Y, a través de la dimensión cualitativa, el "hecho de que la prohibición del uso de la fuerza sigue rodeada de una zona gris de auténtica inseguridad jurídica que refleja diferencias políticas profundamente arraigadas entre los Estados"[1143].

[1143] KREß: On the New… ob. cit.

5.2.1. Actuaciones del Consejo de Seguridad en el ámbito de la seguridad colectiva

El uso de la fuerza armada por parte de los Estados no siempre será ilícito[1144]. El CdS es el órgano de NNUU responsable del mantenimiento de la paz y la seguridad internacionales (artículo 1.1 y 2.4 de la Carta), según los propósitos y principios de las NNUU (artículo 24.1 y 2 de la Carta). El sistema de seguridad colectiva está regulado en el *capítulo VII* de la Carta y también en el capítulo VIII (acuerdos regionales para el mantenimiento de la paz y la seguridad internacionales, por ejemplo, a través de la Unión Europea o de la OTAN). Es un sistema de seguridad centralizado internacional, donde se detallan las acciones que exclusivamente puede adoptar el Consejo en caso de "amenazas a la paz, quebrantamiento de la paz o actos de agresión".

Si el CdS, en el ámbito del capítulo VII, *determina*, de acuerdo con el artículo 39 de la Carta, la existencia de una *amenaza a la paz*, un *quebrantamiento de la paz* o de un *acto de agresión* hará *recomendaciones* o *decidirá* las medidas adecuadas[1145], ambas de carácter obligatorio (artículos 24 y 25), para *mantener o restablecer la paz y la seguridad internacionales.* En este contexto, si se incumplen las recomendaciones o decisiones, el CdS podrá recurrir a medidas coactivas distintas al uso

---

1144 V. una síntesis de las ideas de Tomás Moro, Hugo Grocio y Emer de Vattel sobre la "guerra justa", en MAY, L.: "Just War Theory and the Crime of Aggression", *Crime of Aggression Library, The Crime of Aggression a commentary,* KREß, C. and BARRIGA, S. (ed.), Cambridge University Press 2017, pp. 273 a 278.
Este autor concluye que de los postulados y doctrina de la época de Tomás de Moro se podía deducir como pensamiento que "si una guerra carece de causa justa, entonces es claramente una guerra de agresión", pero, además de la causa justa, hay otras "la más importante que la guerra sea la única forma de lograr la causa justa".
V. la reflexión de MACMAHAN, J.: "Unjust War and the Crime of Aggression", *Crime of Aggression Library, The Crime of Aggression a commentary,* KREß, C. and BARRIGA, S. (ed.), Cambridge University Press 2017, pp. 1386 a 1397.

1145 Salvo que previamente apele a que las partes interesadas cumplan las *medidas provisionales* que decretase (artículo 40).

de la fuerza armada, como la interrupción total o parcial de las relaciones económicas y de las comunicaciones ferroviarias, marítimas, aéreas, postales, telegráficas, radioeléctricas y otros medios de comunicación, así como la ruptura de relaciones diplomáticas (artículo 41). Pero si éstas "pueden ser inadecuadas o han demostrado serlo" podría acudir a medidas coactivas que implican el uso a la fuerza armada (aérea, naval o terrestre), para ejercer la acción que sea necesaria para mantener o reestablecer la paz y la seguridad internacionales (artículos 42 y 43). Para contribuir a este fin todos los miembros de las NNUU se comprometen —al menos en el plano teórico— a poner a disposición del CdS las fuerzas armadas, la ayuda y las facilidades, incluso el derecho de paso (artículo 43)[1146] que sean precisos.

La actuación del CdS en el ámbito del capítulo VII de la Carta es la que, sin perjuicio de lo político, aséptica y objetivamente provoca menos problemas en el ámbito jurídico. Siempre tendrá su base en una resolución adoptada en el seno del propio CdS.

5.2.2. La legítima defensa y legítima defensa preventiva

La legítima defensa convierte el uso de la fuerza armada en lícito. A lo largo de este trabajo he hecho referencias puntuales a la misma al referirme al Tratado de Garantías Recíprocas o Pacto de Renano, de 16 de octubre de 1925"[1147], y a los proyectos de código de delitos contra la paz y la seguridad. De estos, el proyecto de 1951 consideraba como delito contra la paz "el empleo o la amenaza de empleo, por las autoridades de un Estado, de la fuerza armada contra otro Estado, con propósito distinto de la legítima defensa nacional o colectiva de la aplicación de una decisión o recomendación de un órgano competente de Naciones Unidas"[1148]. El proyecto de 1954[1149] declaraba como delitos contra la paz y la seguridad de la humanidad a "todo

---

1146 Sobre la acción colectiva del CdS v. con mayor detalle: FERNÁNDEZ TOMÁS: El control del…, ob. cit., pp. 438 a 448.

1147 V. *supra*, notas 58 a 59.

1148 UN. Doc. A/CN.4/L.15, p. 4 (v. *supra*, nota 246).

1149 UN. Doc. A/2693 y corrección A/2693/Corr.1. Report of the International Law Commission covering the work of its 6th session, 3 June-28 July 1954.

acto de agresión, inclusive el empleo por las autoridades de un Estado de la fuerza armada contra otro Estado para cualquier propósito que no sea la legítima defensa nacional o colectiva o la aplicación de una decisión o recomendación de un órgano competente de las Naciones Unidas". También, el proyecto de artículos sobre la responsabilidad de los Estados dedicaba el artículo 21 a la legítima defensa: "La ilicitud del hecho de un Estado queda excluida si ese hecho constituye una medida lícita de legítima defensa tomada de conformidad con la Carta de las Naciones Unidas"[1150].

La CDI en el comentario a este artículo reconocía que la legítima defensa era —y es— un principio indiscutible general de excepción a la prohibición del uso de la fuerza en las relaciones internacionales. El artículo 51 de la Carta preserva el "derecho inmanente" de un Estado a la legítima defensa frente a un ataque armado. El Estado que lo ejerce, en consecuencia, no puede violar el párrafo 4 del artículo 2 de la Carta[1151] (el uso de la fuerza armada tendrá que ser compatible con los propósitos de NNUU). En la terminología del Derecho internacional de la responsabilidad internacional del Estado se trata de una de las "circunstancias que excluyen la ilicitud"[1152]. La CDI concluía que la legítima defensa debe respetar "las obligaciones de limitación total aplicables en un conflicto armado de carácter internacional, y cumpl[ir] los requisitos de proporcionalidad y necesidad"[1153].

El fundamento de la legítima defensa, de naturaleza consuetudinaria[1154], reside en el derecho inmanente de todo Estado de de-

---

Official Records. Supplement, No 9, 1954. Disponible en: https://digitallibrary.un.org/record/712101?ln=es

1150 UN. Doc. A/56/10, p. 180 (v. *supra*, nota 375).

1151 *Ibid.*
La CDI cita en apoyo de su tesis: ICJ, *Legality of the Threat of Use of Nuclear Weapons, I.C.J., Reports, 1996,* p. 226, párrs. 38 y 96, donde se resalta que en casos de legítima defensa el uso de la fuerza es lícito. Disponible en: https://www.icj-cij.org/sites/default/files/case-related/95/095-19960708-ADV-01-00-EN.pdf

1152 V., en más detalle, CHINCHÓN: La responsabilidad del…, ob. cit., pp. 161 a 169.

1153 UN. Doc. A/56/10, p. 183, apartado 6 (v. *supra*, nota 375).

1154 ICJ, *Nicaragua v. United States of America, Merits,* párr. 176 (v. *supra*, nota 940).

fenderse de los *ataques armados* de otro Estado. Se ha considerado como la cara opuesta de la agresión[1155]. El análisis de sus requisitos, presupuestos y límites se revela especialmente importante para evitar que, bajo la apariencia de una situación de legítima defensa, se enmascaren en esta figura otras conductas estatales prohibidas en el DI de uso ilícito de la fuerza[1156] y, por tanto, incompatibles con la Carta. El requisito fundamental de la legítima defensa es la existencia de un ataque armado por parte del Estado agresor, del que se defiende el Estado agredido.

La CIJ, como he reiterado, dentro de la distinción que formula del *uso de la fuerza*, estima que, de acuerdo con el artículo 51 de la Carta, solo cabe la legítima defensa respecto del uso de la fuerza *más grave* que *constituye un ataque armado*[1157]. Este precepto garantiza el derecho *inmanente* de la legítima defensa individual o colectiva en caso de ataque armado contra cualquier miembro de NNUU. La Carta no define ni describe los requisitos de la legítima defensa. En cuanto a su régimen jurídico solo limita la duración de la misma "hasta tanto que el Consejo de Seguridad haya tomado las medidas necesarias para mantener la paz y la seguridad internacionales". E impone al Estado que se defiende que *comunique inmediatamente* al CdS el uso legítimo de la fuerza. Y ello sin perjuicio de las decisiones que adopte el CdS "para ejercer en cualquier momento la acción que estime necesaria con el fin de mantener o reestablecer la paz y la seguridad internacional".

La legítima defensa de acuerdo con la jurisprudencia de la CIJ requiere: i) un "ataque armado" *real o inminente*, que no anticipado (artículo 2.4 de la Carta), del que se defiende el Estado víctima; y ii) que la fuerza utilizada por el Estado víctima en respuesta al ataque del

---

1155 AKANDE y TZANAKOPOLOS: ob. cit., p. 217.

1156 FERNÁNDEZ TOMÁS: El control del…, ob. cit., p. 448, advierte de la necesidad de deslindar la legítima defensa —que exige la *inmediatez* del ataque armado y la *necesidad* de una respuesta análoga— de represalias que son armadas con posterioridad. Para este autor, citando a Ortega Carcelén "no deberían encubrirse bajo este concepto acciones armadas posteriores de carácter punitivo o aflictivo que constituyen *represalias armadas*".

1157 ICJ, *Nicaragua v. United States of America, Merits,* párr. 191 (v. *supra,* nota 940).

agresor sea *inmediata, necesaria* y *proporcionada*[1158]. La necesidad de la defensa para el Estado víctima vendrá determinada por la inexistencia de otras medidas de potencial menos lesivo, y distintas al uso de la fuerza, por parte del Estado agredido para defenderse. El uso de la fuerza armada, en estas condiciones, deviene *necesario*. El presupuesto de la *proporcionalidad* estricta exige que el uso de la fuerza concreta utilizada por el Estado que se defiende, el medio utilizado y el grado de intensidad del mismo, sea proporcional al uso concreto de la fuerza del Estado agresor y al fin que se pretende conseguir.

El ejercicio de la legítima defensa tiene período de caducidad y un objeto delimitado. Se mueve entre dos límites temporales, dentro de los cuales será lícito el uso de la fuerza armada para el Estado agredido. El *dies a quo* lo marcará el momento del inicio del ataque o su inminencia y el *dies ad quem* el momento temporal en el que ha cesado el ataque. Será válida la legítima defensa durante el transcurso del tiempo necesario para frenar y repeler el ataque agresivo.

La duración del uso de la fuerza que ejercita quien se defiende puede dar lugar a situaciones controvertidas y difíciles de resolver. KREß parte de la premisa indiscutible de que el derecho a la legítima defensa colectiva o individual puede ejercitarse mientras sea necesario para detener y repeler el ataque o hasta que haya logrado el Estado agredido el retorno al *statu quo ante bellum*. En los supuestos en los que previamente a la respuesta del Estado agredido no ha intervenido el CdS, el alcance temporal de la licitud de la legitima defensa se valorará con el criterio de la *inmediatez*. Toda medida que se adopte con el "fin de impedir un nuevo ataque" se realizará, sin "demoras indebidas", una vez que el ataque se haya producido, o en el caso de ser una sucesión de los mismos, desde que el último haya tenido lugar[1159].

1158 ICJ, *Legality of the Threat of Use of Nuclear Weapons, I.C.J., Reports, 1996,* p. 245, párr. 41 a 43; e ICJ, *Nicaragua v. United States of America, Merits,* párrs. 176, 194 y 195 (v. *supra*, nota 940).
Disponible la primera decisión en: https://www.icj-cij.org/public/files/case-related/95/095-19960708-ADV-01-00-EN.pdf

1159 KREß: The State Conduct..., ob. cit., pp. 468 a 471.

Si el Estado víctima que se defiende es también un Estado ocupado por la invasión del Estado agresor se suscita cuál es el momento en el que debe cesar el uso de la fuerza por parte del Estado invadido-agredido-defensor. La conducta estatal agresora de la invasión si perdura en el tiempo supone el mantenimiento de una situación antijurídica que *permanece* y se prolonga hasta que la invasión cesa, bien por voluntad de los agresores que deciden poner fin a la invasión, bien porque el agredido recupera su territorio. La naturaleza permanente de esta conducta permitirá que mientras se siga lesionando el bien jurídico (mientras permanezca la invasión), el Estado agredido pueda ejercer su legítimo derecho a la legítima defensa[1160]. Postura que es avalada a *sensu contrario* por el artículo 3 a) del anexo de la resolución 3314 y por el artículo 8.2 a) *bis* ECPI, al señalar que es acto de agresión la invasión o el ataque o toda ocupación militar, aun temporal, que resulte de dicha invasión, o toda anexión mediante el uso de la fuerza[1161].

Si el CdS interviene en auxilio del Estado víctima asumirá "la autoridad y responsabilidad" para ejercer "en cualquier momento la acción que estime necesaria" (artículo 52 de la Carta). Las acciones individuales emprendidas por el Estado víctima —que, salvo decisión expresa del CdS, continuarán— serían en cualquier caso complementarias a las colectivas acordadas por el CdS. El problema añadido surgirá si el Estado víctima soslaya la "autoridad" del CdS y mantiene las medidas de autodefensa individual que hubiera adoptado inicialmente, en contra del criterio del CdS. El Estado que ejercita la legítima defensa puede ser tanto el que es objeto y víctima del ataque (legítima defensa individual[1162]) como otros terceros Estados (legítima defensa colectiva[1163]).

1160 *Ibid.*, pp. 470 y 471. KREß argumenta, con razón que "el interés de la paz y de la seguridad internacionales, como el interés en reestablecer una vida en común pacífica en el territorio ocupado puede considerarse que exige que el derecho de legítima defensa llegue, en algún momento, a su fin".

1161 Sobre esta modalidad de acto de agresión, v. *supra*, apartado 4.5.1 de este capítulo.

1162 ICJ, *Nicaragua v. United States of America, Merits,* párr. 195 (v. *supra*, nota 940).

1163 *Ibid.,* párr. 193.

El presupuesto esencial de la legítima defensa es *la existencia* real *de un ataque* inicial. Es la *legítima defensa reactiva*[1164]. Naturalmente, no planteara controversia alguna porque objetivamente y previamente al ejercicio del derecho a defenderse, el acto de agresión es real. El problema surge cuando la legítima defensa es previa al inicio real del ataque. En el DI consuetudinario, y antes de la promulgación de la Carta de San Francisco, se reconocía el derecho a la "autodefensa anticipada" en caso de un ataque inminente[1165]. El lenguaje utilizado desde entonces ha sido confuso. Se entendió por "legítima defensa anticipada" el uso de la fuerza que se utilizaba para evitar un ataque armado aun no iniciado y por "legítima defensa interceptativa" la acción forzosa contra un ataque armado ya lanzado e iniciado pero que aún no ha golpeado[1166].

La CIJ, como he señalado, no se ha pronunciado hasta el momento sobre la legítima defensa anticipada o preventiva. Sin embargo, sí ha certificado que el artículo 51 de la carta "solo puede justificar el uso de la fuerza en legítima defensa dentro de los estrictos límites allí establecidos" y que "no permite el uso de la fuerza por un Estado para proteger intereses de seguridad percibidos más allá de estos parámetros" porque "el Estado afectado dispone de otros medios, en particular el recurso al Consejo de Seguridad"[1167].

1164 Así la conceptúa, COCCHINI, A.: "Intentado definir la legítima defensa preventiva", *Anuario de Derecho internacional,* V. 34, 2018, p. 522., inspirada en un trabajo del Instituto de Derecho Internacional. Para esta autora es la fuerza utilizada para "interceptar el ataque que está a punto de lanzarse".

1165 KREß: The State Conduct…, ob. cit., pp. 473.
COCCHINI: ob. cit., p. 523, la considera como legítima defensa anticipada en sentido estricto y la define como el uso de la fuerza "para interceptar el ataque que está a punto de lanzarse", siempre que el ataque armado sea "manifiesta y objetivamente verificable".
Para esta autora (*ibid.*, p. 524) si, "la agresión aún no ha sido perpetrada, sin embargo su inicio es tan inminente que no deja otras alternativas al Estado afectado y resulta verificable mediante pruebas concretas", estaremos, ante legítima defensa anticipada en sentido amplio, admitida también como la estricta, en el DI.

1166 KREß: The State Conduct…, ob. cit., pp. 473, nota 323.

1167 ICJ, *Actividades armadas en el territorio del Congo,* pp. 223 y 224, párr. 148 (v. *supra,* nota 946).

En el año 2005, los objetivos de desarrollo del milenio propusieron sin éxito que se aceptara que "las amenazas inminentes esta[ban] plenamente incluidas en el artículo 51 de la Carta, que salvaguarda el derecho inherente de los Estados soberanos a defenderse de un ataque armado". Según este documento "la doctrina ha reconocido hace tiempo que esto abarca tanto a un ataque inminente como un ataque ya ocurrido"[1168]. No surge, sin embargo, de la práctica generalizada de los Estados un apoyo a la legítima defensa anticipada, pero sí, en la actualidad, la legítima defensa es posible frente a un ataque inminente[1169]. La Estrategia de Seguridad Nacional de EE.UU. de 2002 reconocía que la legítima defensa (preventiva) sería legal "incluso si persiste la incertidumbre sobre el momento y el lugar del ataque enemigo"[1170].

Sobre el significado del adjetivo inminente, el Diccionario de la Real Academia lo conceptúa como "que amenaza o está para suceder prontamente"[1171]. El Oxford English Dictionary lo define como "De un acontecimiento, etc. (casi siempre de mal o peligro): Inminente, amenazador, que se cierne sobre la cabeza; a punto de acaecer o de alcanzar; próximo"[1172].

El principio 4, de los Principles of International Law on the Use of Force by States in Self-Denfense, conocidos como los *principios de*

1168 UN. Doc. A/59/2005, Un concepto más amplio de la libertad: desarrollo, seguridad y derechos humanos para todos, 21 de marzo de 2005, párr. 124. Disponible en: https://digitallibrary.UN.org/record/543857?ln=es
Finalmente, no hizo fortuna este postulado y no se incluyó en el documento final de la cumbre mundial de 2005 (v. UN. Doc. A/RES/60/1, Documento final de la Cumbre Mundial 2005, 24 de octubre de 2005, disponible en: https://digitallibrary.UN.org/record/556636?ln=es).

1169 KREß: The State Conduct..., ob. cit., pp. 476 y 477 compendia los argumentos en favor de las dos posturas, basadas especialmente en el contexto y tenor literal del artículo 51 de la Carta y sostiene que en la actualidad se puede argumentar razonablemente en favor de cualquier de las dos posturas.

1170 ZIMMERMANN and FREIBURG-BRAUN: Article 8 bis..., ob. cit., p. 707.

1171 REAL ACADEMIA ESPAÑOLA: Diccionario de la lengua española, 23.ª ed., [versión 23.6 en línea]. <https://dle.rae.es>.

1172 Oxford English Dictionary, s.v. "imminent, adj.", July 2023. <https://doi.org/10.1093/OED/7369441684>

Chatham, advertía del riesgo del abuso de la doctrina de la legítima defensa anticipada. Por ello, el criterio de la inminencia —estrechamente relacionado con el requisito de la necesidad— es el válido. Éste se observará sobre la base de la buena fe y teniendo presente la diversa tipología de amenazas actuales y las circunstancias concretas del caso. Concluía este principio que: i) "sólo puede recurrirse a la fuerza cuando cualquier demora adicional supondría la incapacidad del Estado amenazado de defenderse eficazmente contra el ataque de evitarlo"; ii) "para evaluar la inminencia del ataque, se puede hacer referencia a la gravedad del ataque, la capacidad del atacante y la naturaleza de la amenaza, por ejemplo, si es probable que el ataque se produzca sin previo aviso"; y iii) que "la fuerza solo puede utilizarse sobre una base adecuada y tras una evaluación de buena fe de los hechos"[1173].

En la explicación de este principio se argumenta que el concepto de inminencia se toma de la formulación de Caroline[1174] en el sentido de "instantáneo, abrumador, que no deja elección de medios ni de momento para la deliberación". Se añade que debe existir una circunstancia de "emergencia irreversible" y que la inminencia del ataque "depende de la naturaleza de la amenaza y de la posibilidad de hacerle frente con eficacia". Los factores a evaluar son: la *gravedad de la amenaza,* la *capacidad del atacante* y la *naturaleza de la amenaza* del ataque, sin despreciar otros como *la situación geográfica del Estado víctima y el historial de ataques del Estado en cuestión.* El retraso en la respuesta al ataque incapacitará al Estado defensor para la defensa eficaz frente al ataque. El Estado que se defiende será quien determi-

---

1173 CHATHAM HOUSE: Principles of International Law on the use of Force by States in Self-Defence, ILP WP 05/01, October 2005, p. 8. Disponibles en: https://www.chathamhouse.org/sites/default/files/public/Research/International%20Law/ilpforce.doc

1174 Se refiere al asunto conocido como el incidente del *Caroline,* de 1837, entre Estados Unidos, Gran Bretaña y Reino Unido que fue considerado como el paradigma de legítima defensa preventiva. V. JENNINGS, R. Y: "The Caroline and McLeod Cases", *American Journal of International Law,* 32(1), pp. 82 a 99, 1938.

ne la existencia de la inminencia de buena fe y sobre pruebas que se puedan evaluar objetivamente[1175].

El ataque inminente, en consecuencia, forma parte del "ataque armado" del artículo 51 de la Carta. Es más que una simple amenaza. Es la amenaza seria y concreta del uso de la fuerza de forma inmediata que está a punto de suceder por parte del Estado atacante. Por su gravedad, capacidad del atacante y su naturaleza, es objetiva y efectivamente peligrosa y capaz de producir un daño grave en el Estado que se defiende. La existencia real o inminente de un ataque descarta de plano la llamada *legítima defensa preventiva* o *anticipada.* En ésta no existe, lógicamente, ni ataque real, ni amenaza seria e inminente de un próximo ataque. Por esta razón, tampoco sería legítima defensa el uso de la fuerza para prevenir futuros ataques que no sean inminentes[1176].

También se descarta como legítima defensa colectiva o individual otras acciones posteriores al momento en el que ha cesado el ataque armado, denominadas fraudulentamente "defensivas". En ambos casos, la legitima defensa no estaría justificada. Todo uso anterior (mera amenaza) o posterior no es legítima defensa colectiva o individual[1177]. Una vez cesada la situación de necesidad de la legítima defensa, el consiguiente uso de la fuerza por el Estado que inicialmente se defiende, se convierte en venganza.

La *legítima defensa preventiva* y la *represalia armada* están prohibidas por el DI. El objetivo de la dirección del ataque del Estado defensor será el mismo (civil o militar) que el del atacante. Por ejemplo, el mero hecho de almacenar un potencial importante de armas por parte de un Estado no justifica que otro le ataque amparado una mal

---

1175 CHATHAM HOUSE; ob. cit., pp. 8 y 9.

1176 COCCHINI: ob. cit., p. 523, distingue conceptualmente legítima defensa anticipada y preventiva (v. *supra*, nota 1165), y define esta última, no admitida en el DI, como "la que los estados pretenden ejercer frente a una amenaza potencial y latente de padecer un ataque armado en un futuro no mejor precisado".

1177 V. un análisis de los requisitos con ejemplos ilustrativos en PEREA: ob. cit., pp. 337 a 339.

llamada legítima defensa. La prohibición de su uso no alcanza a la prohibición de su posesión[1178].

Uno de los casos más notorios y criticados del uso torticero de la fuerza armada en legítima defensa preventiva fue en 2003 cuando EE.UU. invadió Iraq justificando su intervención militar en que este país estaba en posesión de armas de destrucción masiva, lo que suponía una amenaza futura tanto para Estados Unidos como para el resto de países aliados[1179]. Igualmente, tampoco encuentra encaje legal en la legítima defensa, la transformación impuesta de gobiernos por parte de terceros Estados. Está prohibida por normas internacionales de *ius cogens*. Si un Estado impone la metamorfosis del gobierno o de la organización política mediante la fuerza armada será una agresión. Es el caso paradigmático de la agresión infringida en el año 2003 por Gran Bretaña y Estados Unidos al régimen de Sadam Husein en Iraq[1180].

Igualmente se ha considerado como ataque preventivo el realizado por Israel, el 7 de junio de 1981, contra las instalaciones del reactor nuclear de Osirak en Bagdad en el marco de la "operación opera"[1181]. Israel justificó el bombardeo aéreo en una amenaza para

---

1178 ICJ, *Nicaragua v. United States of America, Merits,* párr. 135 (v. *supra,* nota 940).

1179 ZIMMERMANN and FREIBURG-BRAUN: Article 8 bis..., ob. cit., pp. 709 y 710, explican que EE.UU. y Reino Unido trataron de justificar la invasión de Iraq en el año 2003 con la autorización implícita de la resolución 1441 (2002) y en una supuesta "revitalización", prevista en la resolución 678 (1990), de autorización de utilizar todos los medios necesarios para reestablecer la paz y la seguridad en la región. Al margen de que esta postura fue rechazada, hoy podría considerarse un crimen de agresión al no existir una resolución expresa del CdS que lo permitiera. Sin embargo, para AMBOS: El crimen de..., ob. cit., 42, no existiría crimen de agresión porque es defendible la postura doctrinal de que la invasión estaba justificada de acuerdo a la resolución 678 y, por tanto, no supondría una violación manifiesta de la Carta.

1180 REMIRO: Derecho internacional..., ob. cit., p. 103.

1181 Hechos que fueron calificados por la AG como "agresión armada". V. UN Doc. A/RES/36/27, Agresión armada israelí contra las instalaciones nucleares iraquíes y sus graves consecuencias para el sistema internacional establecido respecto de la utilización de la energía nuclear con fines pacíficos, la no proliferación de las armas nucleares y la paz y la seguridad inter-

su seguridad. Temía que Iraq estuviese fabricando armas nucleares. En este caso existió consenso internacional sobre la ausencia de un ataque armado *inminente*[1182].

También es inaceptable, además de absurdo, uno de los argumentos ofrecidos por la Federación de Rusia para justificar la invasión de Ucrania en el marco de la llamada "operación militar especial" en febrero de 2022[1183]. Rusia arguyó una supuesta amenaza de la influencia de la OTAN en Europa del este[1184]. Rusia pretendía impedir que los países miembros de la OTAN (Ucrania, Georgia y Moldavia) fueran fronterizos con Rusia, ante el posible ingreso de Ucrania en la

---

nacionales, 13 de noviembre de 1981. Disponible en: https://digitallibrary.un.org/record/27621?ln=es

No era la primera vez que la AG atribuía a Israel la comisión de actos de agresión y recordaba la vigencia de la Resolución 3314. V. UN. Doc. A/RES/ES-9/1, la situación en los territorios árabes ocupados, 5 de febrero de 1982. Disponible en: https://digitallibrary.un.org/record/28176?ln=es

V. el estado de la doctrina israelí y su incidencia política sobre la definición alcanzada en Kampala en: SCHÖNDORF, R. S. and GERON, D.: "Israel", *Crime of Aggression Library, The Crime of Aggression a commentary*, KREß, C. and BARRIGA, S. (dir.), Cambridge University Prest 2017, pp. 1198 a 1216.

1182 KREß: The State Conduct..., ob. cit., pp. 473, nota 474.

V. UN. Doc. S/RES/487 (1981) de 19 de junio, de 1981, por la que se recordaba el principio general de prohibición de la fuerza y se condenaba el ataque militar de Israel por violación de la Carta y las normas de comportamiento internacional. Disponible en: https://digitallibrary.UN.org/record/22225?ln=es

1183 REGUEIRO DUBRA, R.: "La operación militar especial rusa en Ucrania: ¿Una reafirmación de las normas relativas al uso de la fuerza?", *La agresión de Rusia contra Ucrania. Neo-Imperialismo de Putin vs. ordenamiento internacional*, Regueiro Dubra, R. (coord..), Tirant lo Blanch, Valencia, 2023, p. 342, concluye que los argumentos de Rusia para la justificar la legítima defensa no pasan del terreno de lo creativo. Fue una invasión, no el ejercicio de la legítima defensa y que los motivos "novedosos" esgrimidos por la Federación de Rusia, especialmente la práctica de los Estados, como las acciones militares de los EE.UU. y sus aliados, solo buscaban alegar el derecho de legítima defensa frente a actos inexistentes de genocidio, de apoyo a la libre determinación de los pueblos o de asegurar la supervivencia del Estado.

1184 Sobre este aspecto v. PEREIRA: ob. cit., pp. 316 a 320.

organización regional[1185]. Por el contrario, cualquier Estado podría ayudar a Ucrania, en el derecho de legítima defensa colectiva organizada, con fuerza armada a repeler la agresión de la Federación de Rusia.

La defensa preventiva es por consiguiente incompatible con la prohibición del uso de la fuerza en los términos de los artículos 2.4 y 51 de la Carta[1186]. La legítima defensa estatal preventiva es inadmisible. Se transforma automáticamente en un acto de agresión estatal y, en su caso, en un crimen de agresión. Y, en cualquier caso, la legítima defensa como excepción al principio de prohibición general de la fuerza se interpretará siempre restrictivamente[1187].

5.2.3. La acción preventiva unilateral

La *acción preventiva unilateral* es una suerte de legítima defensa preventiva. FERNÁNDEZ TOMÁS retoma la explicación gráfica sobre este concepto que ofrecieron los asesores del gobierno americano después de la "muerte" de Osama Bin Laden en Pakistán. Si un Estado (EE.UU.) corre el *riesgo* de sufrir el ataque de una organización terrorista o de uno de sus miembros que están ocultos en un tercer Estado (Pakistán) que es *renuente* o *incapaz* de desactivar la organización, de detener a sus miembros y de impedir ese ataque, el primer Estado (EE.UU.) puede intervenir en el territorio del segundo (Pakistán) para eliminar al autor del posible ataque. La actuación se justificaría con base en la legítima defensa preventiva.

[1185] La representante del Reino Unido ante el CdS, en la sesión de debate del proyecto de resolución S/2022/155, tachó de "absurdo" el argumento de Rusia de actuar en legítima defensa e irónicamente espetó: "El único acto en legítima defensa de Rusia es el voto contra el proyecto de resolución que han emitido hoy" (UN. Doc. S/PV.8979, p. 8, v. *supra*, nota 904).
V. el interesante estudio sobre los antecedentes de la "operación militar especial", los argumentos ofrecidos por la Federación de Rusia, la violación de la prohibición del uso de la fuerza por parte de Rusia, y la inexistencia de legítima defensa en REGUEIRO: ob. cit., pp. 288 a 363.

[1186] También, ZIMMERMANN and FREIBURG-BRAUN: Article 8 bis..., ob. cit., p. 707.

[1187] FERNÁNDEZ TOMÁS: El control de..., ob. cit., p. 450.

En la construcción de esta hipotética legítima defensa el ataque no es contra un Estado, sino contra una persona o una organización. Se "suprime la necesidad de un ataque armado en curso para que pueda haber una respuesta en legítima defensa y la *sustituye por la de una amenaza* (sea o no *inminente*), englobando en ella el derecho a una intervención armada puntual o quirúrgica"[1188].

Esta conducta, por muy selectiva, individualizada o quirúrgica que fuera, será un acto estatal, acompañado de conductas individuales, frente a una "amenaza" que sería incompatible con el artículo 2.4 y 51 de la Carta. Y, según las circunstancias concretas que acontecieran, y siempre que concurrieran el resto de requisitos normativos del artículo 8 *bis* ER, ni siquiera entraría en el perímetro de la zona gris. Se podría convertir en un crimen de agresión[1189].

5.2.4. Otros supuestos de posible legítima defensa

KREß plantea acertadamente otros supuestos cuya caracterización como legítima defensa sería dudosa. En primer lugar, el uso de la fuerza por parte de un Estado víctima (A) en respuesta a un ataque armado de un Estado (B) que procede del territorio de un tercer Estado (C) que permite o no puede impedir que (B) ataque a (A). Una postura, en aplicación estricta de la legítima defensa, impediría la defensa armada de (A) porque el ataque no se dirigiría contra el Estado territorial (C). Sin embargo, en otra postura, y es la que parece correcta, (A) tendría derecho a defenderse en el territorio del que emana la fuerza (C), desde el momento que éste (C) lo tolera o no lo impide[1190].

El apartado f) del artículo 3 del anexo de la resolución 3314 considera acto de agresión la "acción de un Estado que permite que su

---

1188 FERNÁNDEZ TOMÁS y MARTÍNEZ: ob. cit., pp. 436 y 437. Otro ejemplo: la política de Israel de asesinatos selectivos de líderes de Hamás en Gaza (territorio ocupado).

1189 *Ibid.*, pp. 437, propone como medio "más ortodoxo" para paliar estas situaciones acudir, al ser una amenaza, el sistema de decisiones sancionadoras del CdS, contra el Estado de refugio.

1190 KREß: The State Conduct..., ob. cit., pp. 460 y 461.

territorio, que ha puesto a disposición de otro Estado, sea utilizado por ese otro Estado para perpetrar un acto de agresión contra un tercer Estado". Este precepto justifica la anterior afirmación de que (A) pueda atacar a (B) —defenderse de (B)— en el territorio de (C). (C) también sería autor de un acto de agresión indirecto porque está permitiendo el ataque directo de (B) sobre (A) y, por tanto, (C) asume la responsabilidad y las consecuencias de la cesión de su territorio al Estado atacante (B). Si (C) permite o tolera que (B) ataque a (A), (A) puede ejercer también contra el Estado (C) el uso de la fuerza en legítima defensa. Se defiende de un Estado (B) en el territorio de otro Estado (C) del que procede el ataque ilegítimo y lo permite. (A), en consecuencia, ejercería legítimamente su derecho de autodefensa.

En segundo lugar, por el contrario, la legítima defensa en caso de ataque transfronterizo por *agentes no estatales* no satisface el elemento de conducta del crimen de agresión[1191]. La consideración de actor no estatal impide considerar la agresión no estatal como acto de agresión a los efectos del artículo 8 *bis* ER.

KREß plantea igualmente si cabría la legítima defensa, de acuerdo con el artículo 51 de la Carta, cuando el uso de la fuerza es la respuesta a un ataque ilegal por parte de un Estado contra los dirigentes de otro Estado, con independencia de su ubicación territorial[1192]. También incluye en la zona gris los supuestos de uso ilegal de la fuerza por parte de un Estado en su propio territorio contra la embajada o consulado de otro Estado[1193]. Y, por último, igualmente mantiene en la zona gris el uso de la fuerza cuando las resoluciones del CdS dictadas dentro del sistema de seguridad colectiva sobre la autorización de la fuerza son ambiguas, por ejemplo, la 678 y la 687[1194] sobre

---

1191 KREß: On the New... ob. cit.

1192 KREß: The State Conduct..., ob. cit., p. 467.

1193 *Ibid.*, p. 467. Por ejemplo, el ataque al consulado de EE.UU. en Teherán.

1194 S/RES/678 (1990) de 29 de noviembre de 1990, disponible en: https://digitallibrary.UN.org/record/102245?ln=es; y S/RES/687 (1991), de 3 de abril, disponible en: https://digitallibrary.UN.org/record/110709?ln=es

la legalidad del uso de la fuerza en Iraq en el año 2003 o la 1973 relativa a Libia[1195].

5.2.5. La intervención por invitación

Otro supuesto de zona gris sobre la autorización estatal de la fuerza es la denominada *intervención por invitación*[1196]. Esta práctica establecida especialmente en África[1197] dibuja el interrogante de si un Estado viola la prohibición general del uso de la fuerza cuando interviene militarmente por invitación de otro Estado que se enfrenta a una rebelión interna (enemigo asimétrico). Rebelión que no es apoyada militarmente por ningún Estado extranjero y en la que el uso de la fuerza extranjera a petición del Estado invitador se dirige exclusivamente contra el movimiento rebelde[1198]. Al ser la *invitación* oficial estatal no existiría violación de la Carta. Así se ha pronunciado la CIJ al declarar válida la invitación siempre que la haya formulado el gobierno del Estado afectado, de acuerdo con el principio de DI consuetudinario de no intervención[1199]. La intervención por invita-

---

1195 KREß: The State Conduct…, ob. cit., pp. 457 a 459.

1196 Sobre la intervención por invitación v. la relevante monografía: RAUBE, S.: *Die antizipierte Einladung zur militaricen Gewaltanwendung im Völkerrecht*, Nomos, 2023.
Esta autora distingue entre invitación anticipada, admitida por el DI, formalizada antes de que surja un conflicto, e invitación "ad hoc" que se emite de forma abstracta y que, por lo general, carece de proximidad temporal con el conflicto para el que autoriza el uso de la fuerza militar.

1197 V. DE WET, E.: "The Modern Practice of Intervention by Invitation in Africa and Its Implications for the Prohibition of the Use of Force", *European Journal of International Law*, Volume 26, Issue 4, November 2015, pp. 979 a 998, https://doi.org/10.1093/ejil/chv055

1198 KREß: The State Conduct…, ob. cit., pp. 457 y nota 229, en la que ejemplifica su postura con el uso de la fuerza por parte de Arabia Saudí, Emiratos Árabes Unidos, Bahréin, Qatar y Kuwait en Yemen. Y ofrece tres parámetros para evaluar la legalidad del uso de la fuerza: i) el gobierno cuestionado fue elegido: ii) existía un proceso de transición política para Yemen que reflejaba el derecho de autodeterminación interna, propiedad de cada uno de los pueblos yemenís; y iii) la supuesta intervención exterior en Yemen. Califica la situación de ambigua porque la intervención aliada fue legal.

1199 ICJ, *Nicaragua v. United States of America, Merits*, párr. 246 (v. *supra*, nota 940).

ción no debe considerarse una violación de la Carta, sino una expresión de la soberanía estatal[1200].

La invitación se convierte en la causa de exclusión de la ilicitud del uso la fuerza por parte del o de los Estados invitados. El consentimiento del gobierno que invita sería válido y legitimaría la intervención de la fuerza externa, al ostentar el control efectivo sobre el territorio. Y si careciese de ese poder de control sobre el territorio porque no fuera efectivo (por ejemplo, un gobierno secuestrado por golpistas militares), razones de legitimidad constitucional —al ser el único representante legítimo del Estado— permitirían el uso de la fuerza externa. La doctrina internacionalista mayoritaria considera que el gobierno en funciones mantiene el control efectivo del territorio incluso aunque éste sea ficticio[1201]. Por el contrario, sí concurrirían los elementos típicos del artículo 8 *bis* ECPI, si quien invita no puede ser considerado como el gobierno efectivo[1202].

Una situación de intervención por invitación pude ser la producida por el golpe de Estado militar sufrido por el gobierno constitucional de Níger el 26 de julio de 2023 por la acción del autodenominado Consejo Nacional para la Protección de la Patria. Situación que sugiere complejos problemas sobre la legitimidad y conveniencia del uso de la fuerza armada para restablecer el sistema democrático de ese país. La Comunidad Económica de Estados de África Occidental[1203]

1200 RAUBE: ob. cit., p. 443.

1201 DE WET: ob. cit., p. 998.
También se ha mantenido como criterio para evaluar el control efectivo del territorio el criterio de que el gobierno debe mostrar "un mínimo de eficacia" dentro del control de una parte representativa del territorio del Estado. V. MAX PLANCK ENCYCLOPAEDIA OF PUBLIC INTERNATIONAL LAW, GEORG NOLTE: *Intervention by Invitation*, January 2010, https://opil.ouplaw.com/display/10.1093/law:epil/9780199231690/law-9780199231690-e1702

1202 ZIMMERMANN y FREIBURG-BRAUN: Article 8 bis…, ob. cit., p. 709.
Sobre el control efectivo de un gobierno respecto del territorio v. *supra*, Cap. 4: 5.

1203 Organización integrada por quince países africanos (v. https://ecowas.int). Contempla entre sus principios la "no agresión entre los Estados miembros", "el mantenimiento de la paz, la estabilidad y la seguridad regionales mediante la promoción y el fortalecimiento de la buena vecindad", "el re-

(CEDEAO o también ECOWAS), integrada por quince países, entre ellos la República de Níger, exigió reiteradamente en diferentes comunicados el restablecimiento del orden constitucional, la liberación del presidente Mohamed Bazoum y su familia y de los miembros del gobierno detenidos ilegalmente[1204]. La CEDEAO, al rechazar los golpistas toda solución pacífica y diplomática, amenazó, como último remedio, con usar la fuerza armada militar si fuera necesario.

La Carta, como es sabido, prohíbe la amenaza y el uso de la fuerza en las relaciones internacionales (artículo 2.4), salvo autorización del CdS en caso de amenazas a la paz y quebrantamientos de la paz o actos de agresión (capítulo VII de la Carta); o cuando se ejerce el derecho de legítima defensa de un Estado frente a una agresión ilegítima de otro Estado (artículo 51). El contexto de Níger es ciertamente particular. No encaja en ninguno de estos supuestos. Sin embargo, dos situaciones legitimarían, inicialmente, el uso colectivo de la fuerza armada en el país, contra la asonada militar.

La primera, cuando la "intervención" militar de los Estados miembros de la CEDEAO y de cualquier tercer Estado se produce por la "invitación" específica del legítimo gobierno de Níger, con la exclusiva finalidad de poner fin al golpe de Estado militar. No cabía duda de que el legítimo gobierno era el del presidente Bazoum. Éste, a través de un medio de comunicación público, hacía "un llamamiento al gobierno de Estados Unidos y a toda la comunidad internacional

---

conocimiento, la promoción y la protección de los derechos humanos y de los pueblos de conformidad con las disposiciones de la Carta Africana de los Derechos Humanos y de los Pueblos" (artículo 4, apartados d) y g)) del Treaty of the Economía Community of West A frican States, 24 July 1993. Disponible en: https://ecowas.int/wp-content/uploads/2022/08/Revised-treaty-1.pdfV. https://ecowas.int

No existe unanimidad entre los miembros de la CEDEAO sobre la intervención militar en Níger. Nigeria, Costa de Marfil y Senegal secundan la acción colectiva militar, mientras que Guinea-Conakry, Malí, Burkina Faso —regímenes militares y suspendidos de toda participación en la CEDEAO— y Cabo Verde, la rechazan.

1204 ECOWAS: Second extraordinary summit of the Ecowas authority of heads of state and government on the political situation in Niger, 10 th august 2023. Disponible en: https://ecowas.int/wp-content/uploads/2023/08/ENG_Final-Communique-1_230810_225639-1.pdf

para que nos ayuden a restaurar nuestro orden constitucional"[1205]: El gobierno constitucional de Níger estaba secuestrado y no ostentaba el control efectivo sobre el territorio, pero su consentimiento o invitación a que terceros Estados intervinieran militarmente en su país era válido al ser el único representante legítimo del Estado democrático. Esta condición de que el único gobierno legítimo es del presidente Bazoum fue reconocida tanto por el CdS[1206], como por la Unión Europea[1207] y otros muchos Estados.

El segundo argumento que legitimaría el uso de la fuerza armada se ampararía en el Protocolo de Lomé de 1999[1208] que regula el mecanismo de prevención de conflictos, gestión, resolución y mantenimiento de la paz y seguridad. Este Protocolo, aceptado por todos los Estados miembros de la CEDEAO, autoriza a esta organización intergubernamental a intervenir militarmente en el territorio de sus Estados miembros, si se produce un "derrocamiento o intento de derrocamiento de un gobierno elegido democráticamente" (artículo 25). La activación de ese mecanismo por parte de la organización africana no presentaría problemas. A la autorización anticipada otorgada en el momento de la firma del Protocolo (1999), adicionalmen-

1205 BAZOUM, M., August 3, 2023, "President of Niger: My country is under attack and I've been taken hostage", *The Washington Post*, https://www.washingtonpost.com/opinions/2023/08/03/mohamed-bazoum-coup-niger-democracy/

1206 El CdS condenó el "intento de cambiar inconstitucionalmente el gobierno legítimo de la república de Níger". V. Press statement by the Security Council the situation in the Republic of Niger, 28 July 2023: https://www.UN.org/securitycouncil/content/security-council-press-statement-situation-republic-niger

1207 La Unión Europea igualmente reconoce exclusivamente la legitimidad del presidente Bazoum y al gobierno objeto del golpe de Estado. V. Delegation of the European Union to Niger: Statement by High Representative Josep Borrell on the latest developments: https://www.eeas.europa.eu/eeas/niger-statement-high-representative-josep-borrell-latest-developments_en?s=

1208 Protocol Relating to the Mechanism for Conflict Prevention, Management, Resolution, Peace- Keeping and Security (1999). Disponible en: https://amaniafrica-et.org/wp-content/uploads/2021/04/Protocol-Relating-to-the-Mechanism-for-Conflict-Prevention-Management-Resolution-Peace-Keeping-and-Security-1999.pdf

te se uniría la invitación actual y expresa del gobierno legítimo a la CEDEAO[1209].

Este uso de la fuerza colectiva "quirúrgica" tiene límites. Solo podrá emplearse la estrictamente necesaria para alcanzar los fines propuestos (la restauración del sistema democrático y liberación de los secuestrados), la de menor intensidad posible y la que sea proporcional a la fuerza con la que los militares golpistas respondieran. Una vez conseguidos esos fines, el uso de la fuerza tendría que cesar.

5.2.6. Uso de la fuerza y el derecho a la libre determinación de los pueblos

El párrafo segundo del artículo 1 de la Carta declara como propósito de las NNUU "fomentar entre las naciones las relaciones de amistad basadas en el respeto al principio de la igualdad de derechos y al de la libre determinación de los pueblos, y tomar otras medidas adecuadas para fortalecer la paz universal". Propósito que es reproducido en el artículo 55 de la Carta. El derecho a la libre determinación de los pueblos como ha recordado y explicado la CDI tiene carácter de *ius cogens*[1210].

Este propósito legitimaría en determinados supuestos el uso de la fuerza armada. La resolución de la AG 1514 fue consciente del exigible respeto a los principios de igualdad y de libre determinación de todos los pueblos y de que "los crecientes conflictos que origina el hecho de negar la libertad a esos pueblos o de impedirla" constituye una "grave amenaza a la paz mundial". Reconoció que esos "pueblos desean ardientemente el fin del colonialismo en todas sus manifestaciones". Declaró su "derecho de libre determinación". Ordenó el

---

1209 V. un acertado análisis de la situación de Níger en: RAUBE, S: "An International Law Assessment of ECWASS' That to Use Force in Niger", https://www.justsecurity.org/87659/an-international-law-assessment-of-ecowas-threat-to-use-force-in-niger/

1210 UN. Doc. A/CN.4/727, Cuarto informe sobre las normas imperativas de derecho internacional general (*ius cogens*) presentado por Dire Tladi, Relator Especial, 31 de enero de 2019, párrs. 108 a 115. Disponible en: https://digitallibrary.un.org/record/3798216?ln=es

cese de toda acción armada o toda medida represiva de cualquier índole dirigida contra ellos. Exigió que se aceptarse "la integridad de su territorio nacional". Señalaba que "todo intento encaminado a quebrantar total o parcialmente la integridad territorial de un país es incompatible con los propósitos y principios de la Carta de las Naciones unidas". Y compelió a los Estados "a la no intervención en los asuntos internos de los demás Estados y del respeto de los derechos soberanos de todos los pueblos y su integridad territorial"[1211].

Años más tarde, en 1970, la AG proclamó la repetida declaración sobre los principios de derecho internacional referentes a las relaciones de amistad y a la cooperación entre los Estados de conformidad con la Cartas de las Naciones Unidas. En ella reconocía "el principio de la igualdad de derechos y de la libre determinación de los pueblos". Prohibía a los Estados usar la fuerza contra los pueblos en su lucha contra la libre determinación (prohibición, que fue reiterada en 1974, en la resolución 3314[1212]). Y permitía a los pueblos el uso de la fuerza para alcanzar su propósito. Incluso accedía a que solicitaran y recibieran apoyo de conformidad con "los propósitos y principios de la Carta"[1213], en los actos que realizaran y en la resistencia que opusieran contra las medidas de fuerza de que fueren objeto.

El Protocolo I adicional a los Convenios de Ginebra de 1949 relativo a la protección de las víctimas de los conflictos armados internacionales de 1977 completa los cuatro Convenios de Ginebra de 1949 para la protección de las víctimas de los conflictos armados internacionales. Considera, en el párrafo cuatro del artículo 1, como conflictos armados internacionales "los conflictos armados en que los pueblos luchan contra la dominación colonial y la ocupación ex-

---

1211 UN. Doc. A/RES/1514 (XV), Declaración sobre la concesión de la independencia a los países y a los pueblos coloniales, 14 de diciembre de 1960. Disponible en: https://digitallibrary.UN.org/record/206145?ln=es
V. también UN. Doc. A/RES/1541 (XV), Principios que deben servir de guía a los Estados Miembros para determinar si existo o no la obligación de transmitir la información que se pide en el inciso e del Artículo 73 de la Carta, 15 de diciembre de 1960. Disponible en: https://digitallibrary.UN.org/record/206178?ln=es

1212 Párrafo 7.

1213 UN. Doc. A/RES/2625 (XXV), v. *supra*, nota 92.

tranjera y contra los regímenes racistas, en el ejercicio del derecho de los pueblos a la libre determinación consagrado en consagrado en la Carta de las Naciones Unidas y en la Declaración sobre los principios de derecho internacional referentes a las relaciones de amistad y a la cooperación entre los Estados de conformidad con la Carta de las Naciones Unidas"[1214]. Este conflicto será internacional, y de acuerdo con lo dispuesto en el párrafo tercero del artículo 96 del Protocolo "[l]a autoridad que represente a un pueblo empeñado contra una Alta Parte contratante en un conflicto armado del tipo mencionado en el párrafo 4 del artículo 1 podrá comprometerse a aplicar los Convenios y el presente Protocolo en relación con ese conflicto por medio de una declaración unilateral dirigida al depositario".

A partir de la vigencia de las citadas resoluciones de NNUU, la potencia administradora deja de tener título jurídico válido sobre el territorio colonial, y carece de gobierno, al ser de mejor derecho el del pueblo colonial[1215]. La resolución 3314[1216] reconoce y refuerza la lucha de los pueblos coloniales hacia su libre determinación e independencia. Garantiza que no les será aplicable el acto de agresión y que recibirán en su lucha el apoyo necesario dentro del marco de la Carta y de la declaración 2625 en su lucha.

La CIJ no se ha pronunciado sobre si el uso de la fuerza en la lucha por la libre autodeterminación es lícito, aunque sí ha contemplado que este supuesto pueda darse en la realidad[1217]. Sin embargo, el

---

1214 Protocolo I adicional a los Convenios de Ginebra de 1949 relativo a la protección de las víctimas de los conflictos armados internacionales, de 8 de junio de 1977, United Nations, Treaty Series, Recueil des Traites, Vol. 1125, 1712. Disponible en: https://treaties.UN.org/pages/showdetails.aspx?objid=08000002800f3586

1215 FERNÁNDEZ TOMÁS y MARTÍNEZ: ob. cit., pp. 432 y 435.

1216 Artículo 7 del anexo de la resolución.
PEREA: ob. cit., p. 340, resume la esencia de este artículo: la agresión definida y prohibida en la resolución 3314 "ni afecta a la lucha de los pueblos sometidos a dominación colonial por la fuerza, ni excluye el derecho de los mismos a pedir y recibir apoyo de los Estados con este fin".

1217 ICJ, *Nicaragua v. United States of America, Merits*, párr. 206 (v. *supra*, nota 940). Sobre este derecho v. el interesante trabajo de MARTÍNEZ JIMÉNEZ, A.: *El Derecho de autodeterminación de los pueblos en el siglo XXI. La secesión-remedio*

voto separado del juez Schwebel en el asunto de *Nicaragua contra los Estados Unidos* sostuvo que de la propia argumentación de la CIJ puede desprenderse que existe un "derecho de intervención no general sino particular siempre que sea en favor del proceso de descolonización. Es decir, mediante estas afirmaciones, puede entenderse que el Tribunal respalda inferencialmente una excepción a la prohibición de intervención en la promoción de las llamadas guerras de liberación, o, en todo caso, algunas de tales guerras mientras que condena la intervención de otro carácter político"[1218].

Un "pueblo" en la lucha por su libre autodeterminación no podrá ser jurídicamente —a diferencia del Estado— sujeto de la conducta estatal del acto de agresión, ni las personas que realicen la conducta particular en nombre de ese pueblo tendrán responsabilidad penal individual por el crimen de agresión. El pueblo carece de la condición jurídica de Estado, cualidad indispensable para integrar el crimen de agresión. Si el pueblo colonial es atacado por un Estado tampoco se estaría ante un acto de agresión ni ante un crimen de agresión porque se exige igualmente que el ente agredido sea un Estado. Si un Estado cooperara y ayudara a un "pueblo" en la lucha por su libre determinación, y usara la fuerza contra otro Estado, no podrá considerarse, de acuerdo con el artículo 7 del anexo de la declaración 3314, ni acto de agresión ni crimen de agresión del artículo 8 *bis* ER.

Un caso paradigmático es el del pueblo saharaui que fue expulsado por la fuerza del Sáhara Occidental por la ocupación ilegal de Marruecos en 1975. Muchos saharauis huyeron de la persecución marroquí y se asentaron en la República de Argelia, en los campamentos de refugiados de Tinduf, y otros permanecen en el territorio ocupado por Marruecos. La tensión entre Marruecos y el Frente Polisario[1219] es un

---

como consecuencia de graves violaciones a los derechos humanos, Aranzadi-Thomson Reuters, Cizur Menor, 2015.

1218 ICJ, *Nicaragua v. United States of America, Merits*, párr. 179 (v. *supra*, nota 940).

1219 *Frente Popular de Liberación de Saguia el Hamra y Rio de Oro* es el movimiento de liberación nacional saharaui que lucha para acabar con la ocupación ilegal de Marruecos en el Sahara Occidental y tratar de alcanzar la autodeterminación del pueblo saharaui y la independencia del Sahara Occidental.

hecho notorio. La MINURSO[1220], por ejemplo, en los últimos años, ha documentado dieciocho ataques de vehículos aéreos no tripulados marroquís (drones) desde el 1 de septiembre de 2021 al 26 de julio de 2022. Uno de ellos ocasionó la muerte del jefe de Estado Mayor del Frente Polisario. Los ataques se habrían producido en el lado este del muro, construido por Marruecos, que separa el territorio del Sáhara Occidental ocupado del territorio del Sahara Occidental liberado[1221].

La utilización de la fuerza armada por parte de Marruecos no puede considerarse crimen de agresión al no haber sido objeto de ataque un Estado como tal. Si el ataque se hubiera producido en territorio argelino o mauritano (fronteras con Marruecos y el Sahara Occidental), estos dos Estados sí albergarían el legítimo derecho de defenderse contra Marruecos. El Frente Polisario también, de acuerdo con lo expuesto, en su lucha por el derecho a la autodeterminación, podría hacer uso de lícito de la fuerza y responder por medio de la fuerza armada incluso en territorio marroquí, lo que tampoco constituiría agresión.

La República Árabe Saharaui Democrática ha sido reconocida por 85 Estados. V.: https://frentepolisario.es/el-frente-polisario/

1220 Misión de Naciones Unidas para el Referéndum del Sáhara Occidental. V.: https://minurso.unmissions.org/

1221 S/2022/733, Situation concerning Western Sahara, 3 October 2022, párr. 42. Disponible en: https://minurso.unmissions.org/sites/default/files/res_26022021_minurso_e.pdf
El muro de 2.700 kilómetros divide en dos partes el Sahara Occidental. La ocupada actualmente por Marruecos desde 1975 y la otra se corresponde con los territorios liberados del Sáhara Occidental. Los medios de comunicación informaron, por ejemplo, que incluso civiles argelinos habían sido bombardeados por drones marroquís en los territorios liberados. V. por todos, PEREGIL, F.: "Argelia denuncia que un bombardeo marroquí mató a tres civiles en el Sáhara Occidental", *El País,* 2 de noviembre de 2021, https://elpais.com/internacional/2021-11-03/argelia-denuncia-que-un-bombardeo-marroqui-ha-matado-a-tres-civiles-en-el-sahara-occidental.html

5.2.7. Uso de la fuerza y la protección de derechos humanos en situaciones de vulnerabilidad

La cuestión que ahora esbozo es la de los casos paradigmáticos que se suceden en aquellos territorios donde la existencia o no (situaciones en las que se producen delitos de lesa humanidad, o genocidios, por ejemplo, sin violencia bélica) de un conflicto internacional o no internacional ocasiona violaciones de derechos humanos de las personas, en ocasiones masivas, como la vida, la integridad o la libertad personal. La doctrina es mayoritariamente contraria a la intervención armada por razón de humanidad sin autorización del CdS.

La posición doctrinal mayoritaria opina que la práctica de los Estados es insuficiente para sostener una excepción a la prohibición general del uso de la fuerza armada con la finalidad de evitar catástrofes humanitarias. Frente a ella, la minoritaria apuesta por la licitud de la fuerza. Una tercera postura mantiene las dudas, aun cuando se cumplan determinadas condiciones estrictas[1222]. KREß analizó los trabajos preparatorios de la Carta que fueron exhaustivos y no admitían excepciones a la posibilidad de usar la fuerza en casos benignos. También estudió la postura de la CIJ que nunca ha abordado la cuestión. No ha reconocido la evolución hacia el reconocimiento del derecho al uso de la fuerza para evitar catástrofes humanitarias, pero tampoco ha excluido que nazca esta excepción a través de la práctica de los Estados[1223].

1222 KREß: The State Conduct…, ob. cit., p. 499 y 500. Este autor realiza un interesante análisis de la práctica estatal (v. pp. 590 a 502) a través de diferentes casos de intervención humanitaria desde los años 60 (India, Tanzania, Vietnam, Liberia, Kosovo, Siria o Ruanda) con los específicos matices diferenciales concurrentes en cada uno de ellos.
Como advierte FERNÁNDEZ TOMÁS: ob. cit., pp. 435 y 436, la cuestión práctica no es nada sencilla, especialmente cuando es el propio poder o grupos próximos quienes vulneran esos derechos (por ejemplo, el caso de limpieza étnica de los bosnios musulmanes en la antigua Yugoslavia): ¿se debe intervenir (Kosovo en 1999) o no (Ruanda o Bosnia en 1995)? Sea cual sea la decisión, las consecuencias son criticables ya que la intervención también ocasionará destrucción de vidas.

1223 KREß: The State Conduct…, ob. cit., p. 489 a 491.

En los trabajos previos a la Conferencia de Kampala, EE.UU[1224]. pretendió insertar un entendimiento que justificara el uso de la fuerza armada para paliar graves situaciones humanitarias[1225]. En la conferencia de Kampala propuso, sin éxito, que la intervención humanitaria en casos de genocidio, lesa humanidad o crímenes de guerra, no constituirían una violación manifiesta de la Carta[1226]. Sin embargo, no fue aceptada su propuesta fundamentalmente por razones formales más que de fondo. Lo que no significaba que muchas delegaciones no estuvieran conformes con el contenido de ese entendimiento[1227].

En estas situaciones extremas que requieren de una protección humanitaria, un tercer Estado podría intervenir mediante la fuerza armada en otro Estado, con la finalidad de salvaguardar los derechos fundamentales esenciales de las víctimas, sin que suponga una contravención de la prohibición general del uso de la fuerza[1228]. El

---

[1224] Sobre la posición de EE.UU. respecto del crimen de agresión v.: SCHEFFER, D.: "El significado y la activación del crimen de agresión bajo el Estatuto de Roma de la Corte Penal Internacional", *Política Criminal,* Vol. 7, número 13, Julio 2012, Art. 6, pp. 220 a 224. [http://www.politicacriminal.cl/Vol_07/n_13/Vol7N13A6.pdf]

[1225] La propuesta, en Documento no oficial de Estados Unidos 2010, en KREß and BARRIGA: The Travaux..., ob. cit. pp. 751 y 752 (v. *supra,* nota 753), rezaba: "[q]ueda entendido que, a los efectos del Estatuto, un acto no puede considerarse una violación manifiesta de la Carta de las Naciones Unidas a menos que sea objetivamente evidente que cualquier Estado que se conduzca en la materia de acuerdo con la práctica normal y de buena fe, y por lo tanto un acto realizado en relación con un esfuerzo para prevenir la comisión de cualquier de los crímenes principales contenidos en los artículos 6, 7 u 8 del Estatuto no constituiría un acto de agresión".
MCDOUGALL: The crime of..., ob. cit., p. 25, advierte que los entendimientos propuestos por EE.UU. en la conferencia de revisión de Kampala pretendían restringir la definición del acto de agresión.

[1226] ZIMMERMANN and FREIBURG-BRAUN: Article 8 bis..., ob. cit., p. 709.

[1227] KREß: The State Conduct..., ob. cit., pp. 524 y 525.

[1228] KREß: On the New... ob. cit., considera que la intervención humanitaria realizada "como último recurso para aliviar a gran escala la angustia humanitaria extrema si se bloquea la acción en el Consejo de Seguridad, tampoco es un elemento de conducta del artículo 8 *bis* ER". Y advierte que "aunque en general se considera que una acción militar de este tipo es

concepto tradicional de soberanía, como protección de los Estados ante circunstanciales injerencias externas, al tratarse, en muchas ocasiones, de los delitos más graves que, además, vulneran los más elementales derechos humanos o el núcleo duro de estos, ha evolucionado en consonancia con el principio de la "responsabilidad de proteger"[1229]. Principio que se fundamenta en que los Estados son los que deben salvaguardar a sus ciudadanos frente a estos crímenes internacionales; pero si incumplen este deber protector, será la comunidad internacional la que adoptará las medidas necesarias para que esta obligación estatal —y también derecho de los ciudadanos— incumplida sea efectiva.

La doctrina de la responsabilidad de proteger tiene su origen en la postura de la AG de 2005. La resolución que plasmaba el Documento Final de la Cumbre Mundial del mismo año[1230] declaraba que cada Estado es responsable de proteger a su población del crimen de genocidio, de los crímenes de guerra, de los de lesa humanidad y de la depuración étnica[1231]. Esta responsabilidad de proteger amplía el concepto de soberanía de los Estados como derecho a la no injeren-

contraria a la prohibición del uso de la fuerza, aunque se lleve a cabo en condiciones tan estrictas, esta postura es objeto de auténtica controversia". El DI consuetudinario, concluye este autor, como se confirmó en las negociaciones del artículo 8 *bis* ECPI "no ha evolucionado hasta un punto en el que dicha intervención quedaría comprendida en el elemento de conducta del Estado del crimen de agresión".

1229 Sobre la responsabilidad de proteger v. GIL GIL, A. y MACULAN E.: "Responsabilidad de proteger, Derecho penal internacional y prevención y resolución de conflictos", *La justicia de transición: concepto, instrumentos y experiencias,* Isabel Turégano Masilla (ed.), Universidad del Rosario, Bogotá, 2013, pp. 137 a 165; OLÁSOLO ALONSO H.: *Ensayos de derecho penal y procesal internacional,* Tirant lo Blanch, Valencia, 2011, pp. 32 a 38; y RAUBE: ob. cit., pp. 567 a 572.

1230 UN. Doc. A/RES/60/1, párrs. 138 y 139 (v. *supra,* nota 1168).

1231 En concreto (UN. Doc. A/RES/60/1, párr. 139) señalaba la responsabilidad de la comunidad internacional, "por medio de las Naciones Unidas, de "utilizar los medios diplomáticos, humanitarios y otros medios pacíficos apropiados, de conformidad con los Capítulos VI y VIII de la Carta, para ayudar a proteger a las poblaciones del genocidio, los crímenes de guerra, la depuración étnica y los crímenes de lesa humanidad". En definitiva, la intervención la tendrá que autorizar el CdS.

cia de otros Estados a la de *responsabilidad*, de tal forma que el Estado donde se cometan los crímenes tendrá la ineludible responsabilidad de proteger a sus ciudadanos e investigar y enjuiciar los crímenes. Y en el caso que ese Estado o no quiera o no pueda hacerlo intervendrá la comunidad internacional[1232]. La soberanía, a partir de este concepto, se entiende como responsabilidad[1233].

De esta forma, la comunidad internacional está llamada a paliar las situaciones de insuficiencia en la protección de los derechos humanos, generalmente en aquellos Estados donde se desprecian los derechos más fundamentales de sus ciudadanos y donde escasamente se oyen y se atienden las exigencias de la comunidad internacional. Para algunos autores, la aprobación y progresiva consolidación del principio de la *responsabilidad de proteger* parece haber consolidado la intervención humanitaria como costumbre internacional[1234].

Adicionalmente, el párrafo tercero del artículo 1 de la Carta, como he anticipado, prevé cómo propósito de las Naciones Unidas "el desarrollo y estímulo del respeto a los derechos humanos y a las libertades fundamentales de todos, sin hacer distinción por motivos de raza, sexo, idioma o religión". Este propósito permitiría el uso de la fuerza por parte de un Estado frente a otro en situaciones extremas de vulneración de derechos humanos. Se produciría una excepción al principio de no intervención y no solo existiría "un *derecho* a intervenir sino un deber de *injerencia humanitaria* que permitiría a un Estado intervenir en territorio de otro sin su consentimiento"[1235]. En una lectura conjunta de los artículos 1.3 y 2.4 de la Carta, al ser el "desarrollo y estímulo del respeto de los derechos humanos" un propósito de la Carta, es defendible normativamente que el uso de la fuerza en estos casos sea lícito al no contradecir los propósitos de la Carta, siempre que lo autorice el CdS.

KREß entiende que el uso de la fuerza por el Estado rescatador, en ausencia de autorización del CdS, se legitimaría desde la dimen-

---

1232 GIL y MACULAN: Responsabilidad de proteger…, ob. cit., 142 y 143.

1233 OLÁSOLO: Ensayos de derecho…, ob. cit., p. 36.

1234 ZIMMERMANN y FREIBURG-BRAUN: Article 8 bis…, ob. cit., p. 708, sostienen que, al menos, estaría "en vías de hacerlo".

1235 FERNÁNDEZ TOMÁS y MARTÍNEZ: ob. cit., p. 435.

sión cualitativa de la cláusula del artículo 8.1 *bis* ER[1236]. Las *circunstancias* en las que se produciría el uso de la fuerza no constituirían una violación manifiesta de la Carta. No se violaría la soberanía estatal porque la intervención externa resultaría de un uso *interno* de la fuerza que por su "magnitud aterradora equivale a una amenaza para la paz y la seguridad internacionales en el sentido del artículo 39 de la Carta de las Naciones Unidas". Y el uso de esta fuerza se convertiría en el último recurso para salvar vidas "amenazadas por una catástrofe inminente humanitaria[1237].

MCDOGUALL suscita si los usos de la fuerza "legítimos pero ilícitos" en caso de intervención humanitaria están excluidos de la definición del crimen de agresión. Se inclina por afirmar que la voluntad de los Estados era excluir las intervenciones humanitarias del crimen de agresión. Serán los jueces de la CPI quienes finalmente se pronuncien al respecto[1238].

De ser así, al no constituir un acto de agresión esa conducta del Estado que utiliza la fuerza armada en un tercer Estado no constituiría ni acto ni crimen de agresión al estar permitida por la Carta. No obstante, si se considerara que la intervención humanitaria ha constituido un acto de agresión, para concluir que es un crimen de agresión, se exigiría el requisito adicional de violación manifiesta de la Carta por sus "características, gravedad y escala".

No obstante, el pretexto de la intervención humanitaria puede encubrir un acto y un crimen de agresión por parte del Estado que se autoerige en salvador de los derechos humanos en situaciones extremas. FERNÁNDEZ TOMÁS alerta de que los poderosos podrían así intervenir en los asuntos de otros Estados amparados el pretexto de que se están violando los derechos humanos. Así, propone para evitar fraudes y que se camuflen intereses políticos, que toda inter-

---

1236 V. *supra*, apartado 5.2 de este capítulo.

1237 KREß: The State Conduct…, ob. cit., pp. 524 a 526.
WERLE y JESSBERGER: ob. cit., p. 880, también excluyen estas operaciones del uso de la fuerza del artículo 8.1 *bis* ECPI.

1238 MCDOUGALL: The Crime of…, ob. cit., p. 208.

vención se adecue al procedimiento previsto en la Carta con el previo pronunciamiento del CdS[1239].

5.2.8. Operaciones militares de rescate de nacionales en terceros Estados

Las operaciones militares de rescate de los nacionales de un Estado que se encuentran secuestrados, retenidos, son rehenes o que por cualquier otro motivo su vida o integridad corren peligro, realizadas por el Estado del que son nacionales o de un tercero, pueden comprometer la soberanía del Estado del lugar donde se encuentran y lograr dar lugar, por tanto, si se reúnen los elementos típicos del artículo 8 *bis* ECPI, al crimen de agresión.

En el siglo XIX era práctica admitida el uso de la fuerza militar para proteger a los nacionales en otros países. Y con la adopción de la Carta la situación se volvió más controvertida porque el ataque a los nacionales de un Estado no se consideraba ataque al Estado del que esos ciudadanos eran nacionales[1240].

KREß distingue tres situaciones fácticas[1241] que pueden concurrir con consecuencias diferentes en cada una de ellas. La primera, la denominada "operación de evacuación de no combatientes", se produce cuando en el Estado donde se ubican los ciudadanos nacionales existen disturbios internos o un conflicto armado y el Estado de su nacionalidad decide, mediante una intrusión militar mínima, evacuar a sus ciudadanos[1242]. Esa operación la decide llevar a cabo el

---

1239 FERNÁNDEZ TOMÁS y MARTÍNEZ: ob. cit., p. 436. Este autor critica la intervención de la OTAN en la antigua Yugoslavia en 1999 porque con la excusa de la limpieza étnica que se estaba produciendo en Kosovo se intervino por motivos geoestratégicos. La misma crítica le merece la intervención de potencias occidentales y de algún Estado árabe, bajo la visión de la OTAN, en Libia para proteger a la población libia y no para derrocar al presidente Gadafi.

1240 ZIMMERMANN and FREIBURG-BRAUN: Article 8 bis..., ob. cit., p. 710.

1241 KREß: The State Conduct..., ob. cit., p. 479.

1242 Por ejemplo, la operación de evacuación por parte de militares españoles de nacionales españoles y otras nacionalidades e incluso afganos en Afganistán en agosto de 2021.

Estado de rescate aun sin estar en peligro real sus ciudadanos. En la segunda situación fáctica, la operación de rescate es obstruida bien por el Estado territorial, bien por actores no estatales. Y, en la tercera, los rescatados son atacados por el Estado territorial o por actores no estatales o incluso se han convertido en rehenes[1243].

El Estado rescatador habrá utilizado la fuerza armada en el sentido del artículo 3 del anexo de la resolución 3314, especialmente en los dos segundos supuestos. Sin embargo, esos actos de uso de la fuerza solo integrarán la conducta típica del artículo 8 *bis* del ECP si, además de ser incompatibles con la Carta, especialmente con su artículo 2.4 y con el 51, suponen una violación manifiesta de la misma atendiendo a sus circunstancias, escala y gravedad[1244]. En ese caso se cometería un crimen de agresión de acuerdo con el artículo 8 *bis* ECPI. Valoración que además deberá discernir el verdadero propósito del Estado rescatador para que no sea la fachada de un verdadero acto y crimen de agresión.

En el segundo supuesto, donde ya ha se ha usado en parte la fuerza, la actuación se podría justificar por el *estado de necesidad* en el que se encontraban los ciudadanos nacionales del Estado que acude al rescate, y también el uso de la fuerza por parte del Estado rescatador podría estar, a su vez, justificado por la legítima defensa estatal. Además, igualmente podría permitirse la actuación del Estado que

---

1243 Por ejemplo, las operaciones militares de EE.UU. en Irán, en abril de 1980, para rescatar a los rehenes de esta nacionalidad que permanecieron secuestrados 444 días en la embajada de EE.UU.
WERLE y JESSBERGER: ob. cit., p. 880, también excluyen a las operaciones de rescate del uso de la fuerza del artículo 8.1 *bis* ECPI.

1244 KREß: The State Conduct…, ob. cit., pp. 480.
Se ha destacado por ZIMMERMANN and FREIBURG-BRAUN: Article 8 bis…, ob. cit., p. 710, que la postura que adoptó el Reino Unido en 1993 puede servir de base para determinar o no la ilicitud de la conducta del Estado rescatador en el sentido de que será legítimo el uso de la fuerza cuando se amenaza a los propios nacionales “si existen pruebas fehacientes de que, de lo contrario, el objetivo atacado seguiría siendo utilizado por el otro Estado en apoyo de atentados terroristas contra los propios nacionales; si no existe, de hecho, ninguna otra forma de prevenir nuevos atentados inminentes contra los propios nacionales; y si la fuerza empleada es proporcionada a la amenaza”.

se inmiscuye en la soberanía de un tercero en la tolerancia de estas prácticas por los Estados[1245].

La cuestión que en el fondo se suscita es si la intervención de fuerzas armadas estatales en un tercer Estado para proteger a sus nacionales está justificada en el DI. El artículo 14 de la Convención Internacional Contra la Toma de Rehenes[1246] no se pronunció sobre la legalidad de las intromisiones de los Estados en otros para rescatar a rehenes. Se limitó a afirmar que las disposiciones de la convención no se "interpretará[n] de modo que justifique la violación de la integridad territorial o de la independencia política de un Estado, en contravención de lo dispuesto en la Carta de las Naciones Unidas".

En cualquier caso, el rescate de ciudadanos nacionales en el extranjero en verdadera "situación de extrema necesidad" no cumple el elemento de conducta del Estado del crimen de agresión[1247].

5.2.9. Uso de la fuerza contra actores no estatales (¿terroristas?)

El uso de la fuerza contra actores no estatales se puede ejemplificar en el hecho de que un Estado responde con el uso de la fuerza a un ataque armado de actores no estatales, por ejemplo, terroristas, que atacan desde otro Estado[1248]. Patrón de ello es el ataque del grupo islamista Hamás[1249] a Israel. Con independencia de la discusión sobre la existencia del Estado Palestino, Hamas lanzó un brutal ata-

---

1245 KREß: The State Conduct..., ob. cit., pp. 460 y 484 y 485.
Es elocuente el ejemplo legislativo que señala este profesor: la versión de 2009 de la Ley Federal Rusa de Defensa señala que los ataques contra nacionales rusos en el extranjero pueden equivaler a ataques armados que justifiquen un uso ruso de la fuerza, postura ésta en la que se amparó Rusia para justificar su intervención en el conflicto del Cáucaso de 2008.

1246 Convención internacional contra la Toma de Rehenes, United Nationes, Treaty Series, Vol. 1316, I-21931.

1247 KREß: On the New..., ob. cit.

1248 KREß: The State Conduct..., ob. cit., pp. 462.

1249 Acrónimo de Movimiento de Resistencia Islámica, que se declara yihadista, nacionalista e islamista, que controla la Franja de Gaza desde 2007. Su objetivo principal es la creación de un Estado palestino. Este grupo es tildado de terrorista, por EE.UU., la Unión Europea, Reino Unido o Israel entre

que desde la franja de Gaza contra Israel en octubre de 2023, invadiendo sus fronteras[1250]. Israel en su represalia bombardeó Gaza sin distinción entre población y objetivos civiles y militares, ordenó la evacuación del norte de la Franja y castigó colectivamente a la población asediándola, al privarles de los suministros básicos para la subsistencia[1251]. La AG, ante el veto del CdS, ha aprobado una resolu-

---

otros Estados. Israel considera responsable a Hamás de todos los ataques de los que es objeto que se producen desde Gaza.

1250 Ataque del 7 de octubre de 2023 que, sin perjuicio de las voces que abogan por considerarlo también como acción terrorista, ocasionó más de 1.400 civiles muertos, entre ellos una ciudadana española, y tomaron más 200 rehenes.

1251 Los datos reflejados en las informaciones públicas evidenciarían la comisión de crímenes de guerra por parte de las personas israelís como pertenecientes a Hamas involucradas en la barbarie. También los crímenes de los responsables de Hamás del 7 de octubre de 2023 podrían calificarse de lesa humanidad.

También se sostiene por algunos que la conducta de los responsables de la represalia de Israel que ha ocasionado más de 24.000 muertos, a fecha de la última revisión de este trabajo, podría calificarse de genocidio. La concurrencia de este tipo internacional exigiría la nada fácil tarea de acreditar el especial elemento subjetivo (*mens rea*), esto es, que la finalidad de la conducta era exterminar a los ciudadanos de gaza, como grupo humano objeto de protección.

En el momento de la última corrección de este trabajo, la República de Sudáfrica demandó, ante la CIJ, al Estado de Israel en relación con las supuestas violaciones por parte de Israel de sus obligaciones, en virtud de la Convención para la Prevención y Sanción del Delito de Genocidio: *Application of the Convention on the Prevention and Punishment of the Crime of Genocide in the Gaza Strip (South Africa v. Israel).*

El Estado demandante señala que los hechos se han cometido con la intención específica de "destruir a los palestinos de gaza "como parte del grupo nacional, racial y étnico palestino más amplio". Sudáfrica añade que ""Israel, desde el 7 de octubre de 2023 en particular, no ha logrado prevenir el genocidio y no ha perseguido la incitación directa y pública al genocidio" y que "Israel ha cometido, está cometiendo y corre el riesgo de seguir cometiendo actos genocidas contra el pueblo palestino en Gaza". El Estado demandante ha solicitado la aplicación de medidas cautelares con el fin de "proteger contra ulteriores, graves e irreparables a los derechos del pueblo palestino en virtud de la Convención sobre el Genocidio". V. ICJ, *The Republic of South Africa institutes proceedings against the State of Israel and requests the Court to indicate provisional measures*, Press Release, 29 December

ción apelando a la protección de los civiles y al cumplimiento de las obligaciones jurídicas y humanitarias internacionales[1252].

KREß, concreta las dos posturas existentes sobre el tratamiento jurídico de este tipo de situaciones. La restrictiva e impeditiva del ejercicio de la legítima defensa que vendría avalada por[1253]: i) el propio tenor literal del artículo 51 de la Carta; ii) la interpretación de la CIJ, a pesar de que ha dejado la cuestión abierta[1254], que solo permite

---

2023. Disponible en: https://www.icj-cij.org/sites/default/files/case-related/192/192-20231229-pre-01-00-en.pdf

El Alto Comisionado de las Naciones Unidas para los Derechos Humanos denuncia los incesantes bombardeos que están recibiendo los palestinos de Gaza que ha ocasionado miles de muertos. Ha calificado como crímenes de guerra tanto el "traslado forzoso" fruto del asedio al que Israel somete a los palestinos como el "castigo colectivo" (corte de suministros de agua, alimentos, combustible y electricidad) que está infringiendo Israel a toda la población de Gaza, provocando una catástrofe humanitaria para los 2,2 millones de personas encerradas en Gaza que están siendo castigadas colectivamente.

El Alto Comisionado también pide el cese de los ataques indiscriminados de los grupos armados palestinos y la liberación de todos los civiles capturados que están retenidos. Califica igualmente la toma de rehenes como crímenes de guerra. V.: https://www.ohchr.org/en/press-briefing-notes/2023/10/israel-opt-update?prm=ep-app

1252 UN. Doc. A/ES-10/L.25, Protección de los civiles y cumplimiento de las obligaciones jurídicas y humanitarias, 26 de octubre de 2023. La resolución adoptada en el décimo período extraordinario de sesiones de emergencia, abordó las medidas ilegales israelís en la Jerusalén Oriental ocupada y el resto del Territorio Palestino Ocupado. Condena todos los actos de violencia dirigidos contra civiles palestinos e israelís, incluidos todos los actos de terrorismo y los ataques indiscriminados, así como todos los actos de provocación, incitación y destrucción. Y exige una tregua humanitaria inmediata que permita el acceso y ayuda y la protección de los civiles de Gaza y rechaza firmemente todo intento de traslado forzoso de la población civil palestina.

Disponible en: https://documents-dds-ny.un.org/doc/UNDOC/LTD/N23/319/23/PDF/N2331923.pdf?OpenElement

1253 KREß: The State Conduct..., ob. cit., pp. 462.

1254 En el caso, ICJ, *Armed Activities on the Territory of the Congo (Democratic Republic of the Congo v. Uganda), Judgment, I.C.J. Reports 2005*, párrs. 146 147 (v. *supra*, nota, 946), la CIJ declaró la inexistencia de pruebas sobre que los ataques a Uganda emanaran de bandas armadas o irregulares enviadas por la Repú-

al Estado ("sujeta al Estado") la legítima defensa y excluye los actos de bandas armadas y de rebeldes, de acuerdo con el DI[1255]; y iii) por el estado de las opiniones doctrinales[1256].

La opinión favorable a la legitima defensa colectiva o individual frente a un ataque armado se sustentaría, en segundo lugar, en: i) opiniones doctrinales —fundadas, de acuerdo a un sólido consenso internacional, en la práctica de los Estados— que legitiman el ejercicio del uso de la fuerza transfronteriza si el Estado donde están ubicados los atacantes no estatales *no quiere* o *no puede* impedir que se produzca el ataque armado no estatal[1257]; ii) en el actual, pero no consolidado, peso de la práctica de los Estados que reconoce el derecho de legítima defensa individual y colectiva en caso de un ataque armado no estatal[1258];

---

blica Democrática del Congo o en su nombre según el sentido del artículo 3 g) de la resolución 3314, por ello, no entró a valorar si era o no legítima defensa el ataque estatal que repele el ataque de un actor no estatal. Disponible en: https://www.icj-cij.org/public/files/case-related/116/116-20051219-JUD-01-00-EN.pdf

1255 ICJ, *Nicaragua v. United States of America, Merits,* párrs. 193 y 195 (v. *supra*, nota 940).

1256 KREß: The State Conduct..., ob. cit., pp. 462.

1257 Opiniones que son compatibles con los artículos 2.4 y 51 de la Carta. KREß: The State Conduct..., ob. cit., pp. 462 y 463.

1258 KREß: The State Conduct..., ob. cit., pp. 463 y 463, sustenta esta afirmación en: i) UN. Doc. S/RES/1368 en la que instaba a todos los "Estados a que colaboren con urgencia para someter a la acción de la justicia a los autores, organizadores y patrocinadores de estos ataques terroristas" y, subrayaba, "que los responsables de prestar asistencia, apoyo o abrigo a los autores, organizadores y patrocinadores de estos actos tendrán que rendir cuenta de sus actos"; ii) en la petición, de aceptación general, de EE.UU., la OTAN y Reino Unido de utilizar la fuerza en legítima defensa, amparados en el artículo 51 de la Carta, contra Al Qaeda y los talibanes; iii) en el respaldo internacional de la "Operación Libertad Duradera"; y iv) en pretensiones de otros países como la postura de Rusia en 2002 para utilizar en Georgia la fuerza contra rebeldes chechenos e impedir su incursión en territorio ruso, en el derecho esgrimido por Israel en 2006 para usar la fuerza en Líbano contra un ataque de Hezbolá o en la ofensiva de Turquía, aunque no invocara la legítima defensa, contra posiciones no estatales del PKK.

iii) en las opiniones disidentes de jueces de la CIJ[1259]; y iv) en un informe del relator especial sobre ejecuciones extrajudiciales, sumarias o arbitrarias[1260].

Existe una cierta práctica de los Estados que considera ataque armado el realizado por organizaciones terroristas a gran escala cuando se originan en el territorio de un Estado que deliberadamente no quiso impedirlo, siempre que los actos terroristas sean comparables a actos de fuerzas armadas regulares[1261]. En estos casos existiría legítima defensa por parte del Estado que repele el ataque.

KREß todavía estira más la cuerda. Al hilo de la tesis favorable a usar la fuerza armada contra instalaciones y fuerzas armadas del Estado territorial que apoya a presuntos terroristas como ocurrió con Afganistán en 2001, suscita dos nuevos elementos a dilucidar. Uno, la delimitación entre ataques armados estatales y ataques armados no estatales, pero con apoyo estatal. Y el otro, los efectos que arrojaría

---

1259 KREß: The State Conduct…, ob. cit., p. 465, nota 275.
V. UN. Doc. A/ES-10/273, Opinión consultiva de la Corte Internacional de Justicia sobre las consecuencias jurídicas de la construcción de un muro en el territorio palestino ocupado, opinión separada del juez Higgins, p. 71, párr. 33; opinión separada del juez Kooijmans, p. 83 párr. 35, declaración del Juez Buergenthal, p. 94, párr. 6. Disponible en: https://www.icj-cij.org/sites/default/files/advisory-opinions/advisory-opinions-2004-es.pdf
Y las opiniones separadas, en el caso de, de los jueces Kooijmans, párrs. 28 ss. (v. *supra* nota, 953); y Simma, párr. 11 (v. *supra*, nota 922). Para el primero "sería irrazonable negar al Estado atacado el derecho de la legítima defensa por el mero hecho de que no hay un Estado atacante, cuando la Carta no lo exige" (párr. 29). El segundo, cita las resoluciones del CdS 1368 y 1373, funda su postura de que "los ataques a gran escala por parte de agentes no estatales pueden considerarse ataques armados, no solo la práctica de los Estados, sino también la *opinio iuris* que la acompaña.

1260 UN. Doc. A/68/150, Informe del Relator Especial sobre ejecuciones extrajudiciales, sumarias o arbitrarias, 13 de septiembre de 2013, párr. 88 en el que manifestaba que si bien antes del 11 de septiembre de 2011 no estaba respaldada la opinión de que la fuerza podía utilizarse en legítima defensa en respuesta a un ataque armado por un grupo no estatal, a partir de esa fecha "sugiera que el derecho internacional pueda admitir esa noción". Disponible en: https://documents-dds-ny.UN.org/doc/UNDOC/GEN/N13/473/66/PDF/N1347366.pdf?OpenElement

1261 ZIMMERMANN and FREIBURG-BRAUN: Article 8 bis…, ob. cit., 708.

una interpretación amplia del artículo 51 de la Carta o el reconocimiento de que el artículo 51 de la Carta es una norma de atribución más amplia como *lex specialis*[1262].

Los argumentos recién expuestos permiten confirmar que cabe la legítima defensa frente ataques armados de organizaciones no estatales. A estos argumentos cabe añadir el contenido de la resolución 1373 del CdS, que afirma: i) el "derecho inmanente de legítima defensa individual o colectiva reconocido en la Carta de las Naciones Unidas y confirmado en la resolución 1368"; y ii) que "todo acto de terrorismo internacional, constituyen una amenaza para la paz y seguridad internacionales". La resolución 1368 expresa: i) su decisión de combatir por todos los medios las amenazas a la paz y la seguridad internacionales creadas por actos de terrorismo; ii) que los actos de terrorismo del 11 de septiembre de 2001, constituían "una amenaza para la paz y seguridad internacionales"; y iii) la necesidad de combatir el terrorismo en todas sus formas.

El artículo 31 de la Convención de Viena sobre el Derecho de los Tratados[1263] dispone que los tratados se interpretarán "de buena fe conforme el sentido corriente que haya de atribuirse a los términos del tratado en el contexto de éstos y teniendo en cuenta su objeto". La prohibición general de la fuerza es, reitero, un principio estructural de las NNUU (artículo 2.4 de la Carta), y el mantenimiento de la paz y seguridad internacionales es un propósito de las NNUU (artículo 1.2 de la Carta). Su finalidad es evitar vulneraciones de los más esenciales derechos fundamentales de las personas. El CdS ha sostenido, como he indicado, que "todo acto de terrorismo internacional, es una amenaza para la paz y seguridad internacional" y que se reconocía el derecho a la legítima defensa del artículo 51 de la Carta.

Con todo, como he avanzado, no es una cuestión pacífica, pues por volver al ejemplo dado al comienzo de este apartado, hay que recordar que la CIJ mantuvo en 2004 que el artículo 51 de la Carta "reconoce, pues, la existencia de un derecho inmanente de legítima defensa en caso de ataque armado de un Estado contra otro. Ahora

---

1262 KREß: The State Conduct..., ob. cit., pp. 466.

1263 V. *supra*, nota 287.

bien, el Estado de Israel no alega que los ataques dirigidos contra él sean imputables a un Estado extranjero"[1264].

De todo lo anterior, es posible deducir que la legítima defensa prevista en el artículo 51 de la Carta comprende también la legítima defensa que ejercite el Estado víctima contra: i) una organización no estatal que opera desde un tercer Estado con la aquiescencia de éste; y ii) contra el Estado que apoya a esa organización y está en connivencia con la misma. Si esto es así, el Estado no incurrirá en un acto de agresión y, en consecuencia, tampoco existirá crimen de agresión.

La circunstancia de que el Estado desde el que opera la organización no estatal "no pueda" impedir la agresión, puede dar lugar a fraudes. Por ejemplo, la apariencia de falta de capacidad impeditiva y de control de las acciones de la organización, cuando la realidad es una apoyo expreso o tácito a esa organización. Se entenderá que ese Estado verdaderamente no ha podido impedir el ataque de los actores no estatales, si ha comunicado o solicitado auxilio internacional frente a esas organizaciones terroristas, incluso poniéndolo en conocimiento del CdS.

En todo caso, y en relación con la situación actual de Israel sobre Palestina, ha de ser proporcionada respecto de Gaza y ha de respetar en el uso de la fuerza armada, los principios de necesidad militar, distinción, proporcionalidad y precaución, que no parece que esté observando Israel.

5.2.10. Asentimiento del Estado al acto de agresión de una organización no estatal

El uso de la fuerza se tiene que producir en un marco "internacional" e interestatal. El artículo 2.4 de la Carta establece la prohibición general de amenaza y uso de la fuerza "en las relaciones internacionales". Excluye los conflictos no internacionales. Aunque el párrafo segundo del artículo 8 *bis* ER no señale expresamente el carácter internacional es indiscutible que forma parte del crimen de agresión.

1264 UN. Doc. A/ES-10/273, p. 53, párr. 139 (v. *supra*, nota 1158).

Es un crimen interestatal que se produce en un contexto exclusivamente internacional.

El crimen de agresión siempre supone un conflicto internacional interestatal. La *fuerza armada* (conducta estatal) la utilizará un Estado agresor frente a otro Estado, el agredido. El tenor literal del artículo 8 *bis* ER excluye, por definición, de la condición de sujeto activo de la conducta estatal, lógicamente, a personas físicas y a personas jurídicas u organizaciones de *iure*, o de *facto*, lícitas o criminales. La OTAN, como mero ejemplo teórico, si cometiera por iniciativa propia un acto de agresión en los términos del artículo 8 *bis* ECPI no sería sujeto activo internacional del acto de agresión, como tampoco lo sería, de acuerdo con lo expuesto en el epígrafe anterior, una organización terrorista que ejecutase un ataque contra un Estado.

Ya me he referido al uso de la fuerza indirecta de un Estado contra otro a través del envío de bandas armadas, grupos irregulares o mercenarios (artículo 8.2 *bis* ECPI y artículo 3 del anexo a la declaración 3314)[1265]. No obstante, conviene recordar que la CIJ ha reconocido que un ataque armado puede cometerse no solo por fuerzas armadas regulares, sino también —de acuerdo con el DI consuetudinario— por el envío de fuerzas irregulares que "lleven a cabo actos de fuerza armada contra otro Estado de tal gravedad que equivalgan (entre otros) a un ataque armado real llevado a cabo por fuerzas regulares o su participación sustancial en el mismo", siempre que —como ha sido ya mencionado— "si la operación por su envergadura y efectos, se hubiera calificado de ataque armado y no de mero incidente fronterizo si hubiera sido llevado a cabo por fuerzas regulares"[1266]. La CIJ equipara la fuerza irregular a la regular si aquélla es similar en su intensidad y efectos a la regular.

El artículo 8 del repetido proyecto de artículos sobre responsabilidad del Estado por hechos internacionalmente ilícitos —siguiendo la estela de la CIJ sobre el control del Estado— trasladaba a un instrumento de DI escrito el DI consuetudinario. Este precepto, bajo la rúbrica "comportamiento bajo la dirección o control del Estado",

---

[1265] V. *supra*, apartado 4.5.7 de este capítulo.

[1266] ICJ, *Nicaragua v. United States of America, Merits,* párr. 196 (v. *supra*, nota 940).

considera "hecho del Estado según el derecho internacional el comportamiento de una persona o de un grupo de personas si esa persona o ese grupo de personas actúa de hecho por instrucciones o bajo la dirección o el control de ese Estado"[1267].

Las situaciones que pueden surgir son tres. La primera, cuando la organización armada no estatal con entidad propia siguiendo las instrucciones de un Estado y/o bajo su *control efectivo,* usa la fuerza armada de forma equiparable a la que utilizaría el Estado. La segunda cuando el Estado permite o consiente que una organización incrustada en su territorio realice ataques trasfronterizos a otro Estado. Con ese ataque se menoscaba la paz o la seguridad internacionales. Un actor no estatal con su efectivo potencial de uso de la fuerza armada contra un Estado también compromete la paz y la seguridad internacionales. La tercera situación aparece cuando una organización armada no estatal, al margen del control de cualquier Estado, y con total autonomía e independencia respecto de cualquier Estado, usa la fuerza armada contra un Estado. Y una última —y al margen de estos supuestos— el uso de la fuerza contra un Estado *fallido* será susceptible de ser calificado como de crimen de agresión, porque la fuerza armada se ejecuta contra un Estado, por fallido que sea. No depende la calificación de la efectividad *de facto* de la soberanía de un concreto Estado[1268].

Sentada la imposibilidad material de que un actor no estatal pueda cometer un acto de agresión a los efectos del artículo 8 *bis* ECPI, es necesario indagar, en todo caso, si es posible atribuir al Estado, bajo cuyo asentimiento una organización delictiva comete un acto de agresión, la conducta estatal del crimen de agresión. Me refiero a los

---

1267 UN. Doc. A/RES/56/83 (v. *supra,* nota 947).
Desde una perspectiva formal, el artículo 4, se refiere al comportamiento de los órganos del Estado. Y considera hecho del Estado, de acuerdo con el DI, "el comportamiento de todo órgano del Estado, ya sea que ejerza funciones legislativas, ejecutivas, judiciales o de otra índole, cualquiera que sea su posición en la organización del Estado y tanto si pertenece al gobierno central como a una división territorial del Estado". Órgano del Estado, de acuerdo con el párrafo segundo, es "toda persona o entidad que tenga esa condición según el derecho interno del Estado".

1268 ZIMMERMANN and FREIBURG-BRAUN: Article 8 bis..., ob. cit., p. 713.

supuestos en los que el actor no estatal interviene directa o indirectamente junto con el Estado agresor. Un ejemplo de ello, aunque con las particularidades referidas, son los mercenarios[1269]. La resolución del interrogante dependerá del grado de control del Estado sobre la organización. La CIJ ha afirmado que el "*control general*" por parte de un Estado "sobre una fuerza con un alto grado de dependencia de él, no significaría por sí solo, sin más prueba, que el Estado demandado tuviera el control sobre una fuerza con un alto grado de dependencia de él". El Estado debe tener "el *control efectivo* de las operaciones militares o paramilitares"[1270]. El criterio del *control efectivo* vuelve a ser reiterado por la CIJ en el caso de *Bosnia and Herzegovina v. Serbia and Montenegro* donde se estableció que la prueba sobre la existencia de este control no puede determinarse de una forma general, sino respecto de cada operación concreta, para averiguar si la persona o entidad no estatal actuó "siguiendo las instrucciones de ese Estado o bajo su *control efectivo*"[1271]. La CIJ no aceptó el criterio del control "global" o "general"[1272] que previamente, en el ámbito del DPI, había

---

1269 V. *supra*, apartado 4.5.7 de este capítulo.

1270 ICJ, *Nicaragua v. United States of America, Merits*, párr. 115 (v. *supra*, nota 940), énfasis en el original.

1271 *ICJ*, *Bosnia and Herzegovina v. Serbia and Montenegro*, párrs. 118, 399 y 400. Énfasis en el original.
"El genocidio se considerará imputable a un Estado si y en la medida en que los actos materiales constitutivos de genocidio que hayan sido cometidos por órganos o personas distintos de los agentes del Estado se hayan realizado, en todo o en parte, siguiendo instrucciones o directrices del Estado, o bajo su control efectivo. Este es el estado del derecho internacional consuetudinario" (párr. 401).

1272 *Ibid.*, párr. 406. Para la CIJ, el Estado es responsable de su propio comportamiento en el que se incluye el de las personas que actúan en su nombre. Y esto se aplica tanto a "los actos realizados por sus órganos oficiales como a los realizados por personas o entidades que formalmente reconocidas como órganos oficiales en virtud del Derecho interno, pero que, sin embargo, deben equipararse a los órganos del Estado porque se encuentran en una relación de total dependencia del Estado. Aparte de estos casos, un Estado puede incurrir en responsabilidad por actos cometidos por personas o grupos de personas —que no son órganos del Estado ni pueden equipararse a tales órganos del Estado— sólo si, suponiendo que esos hechos sean internacionalmente ilícitos le son imputables en virtud de la norma de derecho internacional consuetudinario reflejada en el artículo 8 antes

acogido el ICTY[1273]. En la doctrina hay quienes apuestan por el control efectivo[1274] como quienes lo hacen por el control global[1275]. Lo que se debe exigir es un control global en el sentido expresado por el ICTY porque "el control global va más allá de la mera financiación o equipamiento" y porque "implica también la participación en la planificación y supervisión de operaciones militares"[1276].

En el primer supuesto, la responsabilidad es del Estado por el *control global* de la organización armada no estatal y, por tanto, encajaría en artículo 8 *bis* ECPI. También el segundo porque el Estado permite (*controla*) que una organización no estatal perpetre actos de agresión a través de su territorio. Por el contrario, en el tercero no existirá responsabilidad estatal porque la organización no estatal delictiva ha actuado al margen del Estado. Ahora bien, precisamente la estructura orgánica de estas entidades (terroristas, paramilitares, guerrilleras, etc.), los medios materiales, personales y económicos del que disponen, y su potencial armado, equiparable incluso al de un Estado, unido al añadido riesgo de, o el efectivo, quebranto de la paz y la seguridad internacionales exige de *lege ferenda* que estas organizaciones no estatales delictivas que operan al margen del Estado sean consideradas como autores colectivos del acto de agresión cuando ataquen a un Estado Parte del ECPI y sus dirigentes como autores del crimen de agresión. Su poder fáctico es semejante al poder político y militar de un Estado[1277].

---

citado (apartado 398). Esto es así cuando un órgano del Estado dio las instrucciones o impartió la dirección en virtud de las cuales actuaron los autores del hecho ilícito o cuando ejerció control efectivo de la acción durante la cual se cometió el ilícito. A este respecto, el criterio del "control global" es inadecuado, ya que demasiado lejos, casi hasta el punto de ruptura, la conexión que debe existir entre el comportamiento de los órganos de un Estado y su responsabilidad internacional".

1273 ICTY, *Dusko Tadić*, AC, párr. 115 y ss., y 145. Sentencia que criticaba la doctrina de la CIJ sobre el "control efectivo".

1274 ZIMMERMANN and FREIBURG-BRAUN: Article 8 bis..., ob. cit., pp. 723 y 724.

1275 KREß: The State Conduct..., ob. cit., p. 449.

1276 ICTY, *Dusko Tadić*, AC, párr. 145.

1277 MACULAN: El crimen de..., ob. cit., p. 479, sostiene que esta limitación no parece oportuna por la proliferación de actores armados no estatales y de

Un caso excepcional es el contemplado en el Protocolo de no Agresión y Defensa Mutua en la Región de los grandes Lagos que prevé que, además de los Estados, un "grupo armado" o una "entidad extranjera o exterior" use de forma "intencional y consciente" la "fuerza armada o cualquier acto hostil" contra la soberanía, la independencia política, la integridad territorial y la seguridad de la población de un Estado miembro, en contravención del Acta Constitutiva de la Unión Africana, el Pacto de no agresión y defensa común de la Unión Africana o de las Carta de las Naciones Unidas"[1278].

También en el ámbito de la Unión Africana, el *Protocolo on Amendments to the Protocol on the Statute of the African Court of Justice and Human Rights*[1279] —que no ha entrado en vigor— al Estatuto de la Corte Africana de Justicia y Derechos Humanos de la Unión Africana, permite, como constitutivo del crimen de agresión, que actores no estatales cometan actos de agresión. El artículo 28 M (anexo al Estatuto) atribuye la responsabilidad penal a quienes estén en condiciones de controlar o dirigir efectivamente la acción política o militar de

---

guerras asimétricas; y SCHEFFER, D.: "Amending the Crime of Aggression under the Roma Saturé", *Crime of Aggression Library, The Crime of Aggression a commentary*, KREß, C. and BARRIGA, S. (ed.), Cambridge University Press 2017, p. 1482, también opinan que estos actores no estatales, si han cometido un acto de agresión en un Estado Parte, sus dirigentes, deben ser objeto de persecución en la CPI aunque sean nacionales de Estados no Partes. En contra ODRIOZALA: ob. cit., p. 38.

1278 Protocol on Non-Aggression and Mutual Defence in the Great Lakes Region, 30 November 2006 (artículo 1). Este instrumento regional pone el énfasis en la renuncia a la amenaza y al uso de la fuerza por parte de los Estados, en la no agresión, en la defensa mutua, en las medidas a adoptar frente a los grupos armados —que define como los que no pertenezcan o no esté oficialmente incorporados a las fuerzas de defensa y seguridad de los Estados miembros (artículo 4)— y en el arreglo pacífico de los conflictos.
Disponible en: https://peacemaker.UN.org/sites/peacemaker.UN.org/files/061130_ProtocolofNonAgressionGreatLakes.pdf

1279 Adoptado en la 23ª sesión ordinaria de la Asamblea, en Malabo (Guinea Ecuatorial), el 27 de junio de 2014. Disponible en: https://au.int/sites/default/files/treaties/7804-treaty-0045_-_protocol_on_amendments_to_the_protocol_on_the_statute_of_the_african_court_of_justice_and_human_rights_e-compressed.pdf

un Estado, y añade "u organización vinculada o no a dicho Estado" (letra A). Y en el siguiente apartado (letra B) entiende por acto de agresión los que enumera cometidos por parte de un Estado, grupo de Estados, organizaciones de Estados o "actor(es) no estatal(es) o por cualquier entidad extranjera"[1280].

Ejemplos notorios, entre muchos, son los conflictos armados cuasi internacionales[1281] entre organizaciones terroristas en auge y los Estados. Es el caso del uso de la fuerza por HAMÁS[1282] y por el *Estado Islámico*, conocido como *DAESH* o *ISIS* en los años 2014 y 2017, cuando llegó a controlar una parte importante del territorio de Iraq y Siria, con la finalidad no solo de establecer allí su propio "Estado Islámico" sino también de extenderlo a otros territorios de otros Estados. La rama territorial de *DAESH*[1283] que opera en África Occidental y *Al Qaeda* han realizado ataques y atentados en diferentes regiones, como en Mali[1284], Burkina Faso[1285] en el Golfo de Guinea (Costa de

---

1280 V. *supra*, nota 1807.

1281 Término usado por WILLS, A.: "The Crime of Aggression and the Resor to Force against Entities in *Statu Nacendi*", *Journal of International Criminal Justice*, Vol. 10, Issue 1, March 2012, pp. 83 a 110.

1282 V. *supra*, partado 5.2.9 de este capítulo. El ejemplo del ataque de HAMÁS a Israel no puede ser considerado como un acto de agresión.

1283 La facción territorial de Daesh que operaba en África occidente se denominaba hasta marzo de 2022 *Estado Islámico en el Gran Sahara* (ISGS), y se integraba en la provincia de Estado Islámico en África Occidental (ISWAP). A partir de entonces, el ISGS se denominó, como consecuencia de una reestructuración interna de la organización, *Estado Islámico en el Sahel* (EIS). V. IGUALADA, C.: "Terrorismo yihadista global. Tendencias, actores y escenarios en 2022", *Anuario del terrorismo yihadista 2022*, Observatorio Internacional de Estudios sobre Terrorismo, San Sebastián, 2022, p. 28, nota 5.

1284 El Grupo Jama'at Nusrat al-Islam wal-Muslimin (JNIM), cuya traducción es Frente de Apoyo para el Islam y los Musulmanes, se ha autoproclamado como la rama oficial de Al Qaeda en Malí.

1285 SUMMERS, M.: "Actividad yihadista en el Magreb y en el Sahel Occidental en 2022", *Anuario del terrorismo yihadista 2022*, Observatorio Internacional de Estudios sobre Terrorismo, San Sebastián, 2022, pp. 74 y 75, registra 962 atentados en el Sahel occidental en 2022, perpetrados por JNIM y el EIS. Esta autora documenta que la coalición afín a *Al Qaeda* domina Malí y gran parte de Burkina Faso y los países del Golfo de Guinea, mientras que el EIS

Marfil, Ghana, Togo y Benín)[1286] y en la región del Lago Chad (Nigeria, Níger, Chad y Camerún)[1287]. *Boko Haram*[1288], con asentamiento en Nigeria, ha ejecutado diferentes ataques en la región del Sahel Occidental, que se convierte en el centro del terrorismo yihadista mundial[1289], como los perpetrados en Camerún, Níger, Chad y Burkina Faso[1290]. Estos grupos tienen un enorme potencial de medios materiales[1291] y una influencia estratégica en los lugares en los que operan, de entidad, incluso, semejante a la de un Estado.

Por lo que respecta a la responsabilidad criminal personal, el sujeto activo individual del *crimen de agresión* es necesariamente una persona física que por estar "en condiciones de controlar o dirigir efectivamente la acción política o militar de un Estado" convierte, a su vez, en sujeto activo estatal internacional al Estado que comete un ilícito internacional: el *acto de agresión.* El artículo 8 *bis* ECPI limita la responsabilidad personal a los que "efectivamente" controlen o dirijan políticas estatales.

En los dos primeros supuestos expuestos (la organización estatal ha seguido las instrucciones de un Estado y ha actuado bajo su *control global*; y el Estado permite que una organización incrustada en su territorio realice ataques trasfronterizos a otro Estado), serán sujetos responsables las personas que ostentaba ese poder de mando de *iure* o de *facto.* Si algún miembro de la organización no estatal delictiva detentaba ese poder de *facto* en la política estatal agresiva, será igualmente responsable del crimen de agresión. Por el contrario, en el

---

actúa en la zona occidental de Níger, el este de Burkina Faso y en menor medida en países ribereños.

1286 SUMMERS: ob. cit., p. 81.

1287 *Ibid.*, p. 81.

1288 Grupo de la Gente de la Sunnah para la Predicación y la Yihad.

1289 SUMMERS: ob. cit., p. 87.

1290 MATFESS, H.: "No home field advantage: The expansion of Boko Haram's activity outside of Nigeria in 2019", *Armed Conflict Location & Event Data Project (ACLED)*, mayo de 2019. Disponible en: https://www.acleddata.com/2019/05/20/no-home-field-advantage-the-expansion-of-boko-haramsactivity-outside-of-nigeria-in-2019

1291 Por ejemplo, grupos terroristas se financian con la explotación ilegal de minas de oro en Burkina Faso. V. SUMMERS: ob. cit., p. 88.

tercero de los supuestos, la actual regulación del artículo 8 *bis* ECPI, impide, como he avanzado, atribuir responsabilidad penal a los que controlen o dirijan la organización no estatal (paramilitar, terrorista, etc.) aunque usen la fuerza contra un Estado. Su conducta no será constitutiva del crimen de agresión, porque no actúan como Estado. No son Estado.

5.3. Umbral de gravedad: violación manifiesta de la Carta

El acto de agresión, esto es, el uso de fuerza armada, requiere, adicionalmente a su *incompatibilidad* con la Carta, y de acuerdo con el párrafo primero del artículo 8 *bis*, que el uso de la fuerza por sus "*características, gravedad* y *escala*" constituya una "*violación manifiesta de la Carta de las Naciones Unidas*"[1292]. Concepto eminentemente valorativo, indeterminado y sujeto a la ambigüedad y consiguiente ausencia de certeza[1293]. Formulación que es preciso interpretarla según el DI consuetudinario en el que el concepto de "guerra de agresión" es fundamental[1294]. Este criterio normativo de antijuridicidad servirá para subsumir únicamente en el crimen de agresión aquellas conductas que superen los tres umbrales de gravedad. Si no lo desbordan, por ser actos de menor entidad, por mucho que el uso de la fuerza armada sea *incompatible* con la Carta, no se subsumirá en el tipo internacional de agresión por su menor lesividad.

El fundamento de esta cláusula de gravedad del acto de agresión (el que "por sus circunstancias, gravedad y escala, constituya una violación manifiesta de la Carta") se descubre en los trabajos del SWGCA desde el año 2006[1295] a 2009[1296]. En las discusiones sobre la necesidad de incluir o no este umbral (inicialmente se barajaron los calificati-

---

1292 Cursiva añadida.

1293 PIGNATELLI: ob. cit., p. 708, lo califica de *concepto jurídico relativamente indeterminado.*

1294 KREß: La guerra de..., ob. cit., p. 21.

1295 ICC-ASP/5/SWGCA/INF.1, párrs. 18 y 19 (v. *supra*, nota 817).

1296 V. ICC-ASP/8/INF. 2, párr. 16 y 17 (v. *supra*, nota 508).

vos de *flagrante* o *manifiesto*[1297]), las posturas favorables a su inclusión, se apoyaron, en primer lugar, en que este umbral sería similar al de los otros tres crímenes internacionales de la competencia *ratione materiae* de la CPI. La Corte exige que los crímenes de su competencia sean de grave trascendencia para la comunidad internacional en su conjunto. Subyacía, entonces, una percepción competencial[1298].

En segundo lugar, este umbral se relacionaba con la gravedad de los actos de agresión, según los estándares del DI consuetudinario, pero no del convencional[1299]. Este fundamento, adicionalmente, disipaba cualquier duda de aplicación del artículo 8 *bis* ECPI a los nacionales de Estados que no formaran parte del sistema de NNUU y que hubieran cometido un acto de agresión. En estos supuestos ciertamente difíciles de localizar en la práctica, la medición cualitativa del acto de agresión se llevará a cabo según los estándares del DI consuetudinario[1300]. En tercer lugar, con esta fórmula, se excluían los supuestos dudosos o controvertidos de uso de la fuerza armada que entraban dentro de la denominada *zona gris* por la *insuficiente gravedad* del umbral de esos actos de fuerza[1301]. Al considerar que algunos supuestos entrarían en la zona gris o dudosa, se reconocía de alguna forma que la CPI —que aplica el DPI— no era la competente para aclarar los contornos de aplicación del uso de la fuerza, al corresponderle esta función al DI[1302].

1297 Documento del coordinador de 2002, en ICC-ASP/5/SWGCA/INF.1, párr. 18 y Anexo II y III (v. *supra*, nota 817).

1298 V. ICC-ASP/6/20/Add.1, párr. 23 (v. *supra*, nota 870).

1299 V. *Ibid.*, Annex II, Informe del SWGCA, párr. 24.

1300 V. ZIMMERMANN and FREIBURG-BRAUN: Article 8 bis..., ob. cit., p. 700.

1301 V. ICC-ASP/6/20/Add.1, Annex II, Informe del SWGCA, párr. 24 (v. *supra*, nota 870).

1302 KREß: The State Conduct..., ob. cit., p. 508: "sería cuestionable exigir a la Corte que intentara aclarar el ámbito de aplicación de la norma *primaria* del derecho internacional (es decir, la prohibición del uso de la fuerza) por la puerta trasera de la norma *secundaria* del derecho penal internacional (es decir, el crimen de agresión)".
Los partidarios de eliminar la cláusula de umbral, como recogen los trabajos desde 2006, argumentaron que todo acto de agresión era ya un acto de agresión grave que constituía una violación manifiesta de la Carta", por lo que "no era consistente excluir determinados actos de agresión" por moti-

El interrogante que surge inmediatamente es la secuencia en la que deben concurrir estos tres elementos (*circunstancias, gravedad* y *escala*), si los tres sucesivamente, solo dos de ellos o cualquiera de los tres. El segundo inciso del entendimiento 7 aclara que "ninguno de los tres elementos puede bastar por sí solo para satisfacer el criterio de violación manifiesta". Una primera lectura descarta la concurrencia en solitario de uno de ellos. Dicho de otra forma, la literalidad del entendimiento exige, al menos, la presencia de dos de ellos. Sin embargo, la redacción del párrafo primero del artículo 8 *bis* ECPI por su redacción (plural y con una "y" copulativa entre los dos últimos elementos) parece exigir —según la norma hermenéutica que impone el artículo 31.1 de la Convención sobre el Derecho de los Tratados— la presencia de los tres elementos.

Parte de la doctrina admite que con la presencia de dos de los elementos se satisfarían los comportamientos típicos. Postura que se argumenta por ser el entendimiento número 7 una fórmula de compromiso[1303] y compatible con la redacción del artículo 8 *bis*, ya que la "y" que enlaza a los tres elementos no es necesariamente una exigencia para que se cumplan los tres simultáneamente[1304]. Otro

---

vo de "falta de gravedad o magnitud insuficiente", v. ICC-ASP/6/20/Add.1, Annex II, Informe del SWGCA, párr. 26 (v. *supra*, nota 870).

1303 EE.UU. en el documento no oficial de 2010 (KREß and BARRIGA: The Travaux..., ob. cit. p. 752, v. *supra*, nota 1225) propuso como entendimiento: "se entiende que para determinar si un acto es manifiesto, los tres componentes de carácter, gravedad y escala deben ser suficientes para justificar una determinación "manifiesta". El cumplimiento de un criterio no puede ser por sí mismo lo suficientemente grave para cumplir el criterio de "manifiesto".

EE.UU. abogó por la concurrencia de los tres elementos acumulativamente para dejar fuera del alcance del crimen de agresión a las intervenciones humanitarias e Irán instó a que fueran dos. V. ZIMMERMANN and FREIBURG-BRAUN: Article 8 bis..., ob. cit., p. 703.

1304 ZIMMERMANN and FREIBURG-BRAUN: Article 8 bis..., ob. cit., p. 704; WERLE y JESSERGER: ob. cit., p. 895, estiman que los requisitos se deben cumplir "copulativamente"; y AMBOS: El crimen de..., ob. cit., p. 41, propugna por la existencia combinada de los elementos.

sector apoya el carácter acumulativo y exige la concurrencia de los tres elementos[1305].

KREß nos muestra una interrelación de estos requisitos desde la "doble función" de la cláusula del umbral. Parte de que "manifiesto" no significa necesariamente una exigencia de gravedad. Una fuerza de *menor intensidad* también puede violar la prohibición del uso de la fuerza. El ECPI requiere que la violación sea por los tres elementos (*características, gravedad* y *escala*). El término manifiesto se debe relacionar con la *intensidad de fuerza.* De tal forma que la cláusula cubre una doble función, una dimensión *cualitativa* expresada en "manifiesta por su carácter" y una dimensión *cuantitativa* porque la fuerza tiene que ser "manifiesta por su gravedad y escala". El profesor teutón no se basa en el número de requisitos que debe concurrir, sino en la doble función de la cláusula. Así, se deberá colmar la dimensión *cuantitativa requerida del acto de agresión* y, *además,* el *uso de la fuerza* deberá constituir una violación manifiesta de la Carta por *gravedad y escala.* Elementos estos dos últimos que pueden concurrir conjunta o separadamente[1306]. Por tanto, el elemento cualitativo del *carácter manifiesto* siempre tendrá que concurrir[1307].

En los trabajos de la SWGCA no tuvo acogida la posición alternativa que se presentó al umbral de gravedad. Esta opción era subjetiva y se basaba en la exigencia de la intención de agredir, es decir, en la presencia del *animus aggressionis* respecto del objetivo de la ocupación, subyugación o anexión[1308]. A este respecto, en el año 2003 se ofrecieron en los debates de la SWGCA otras dos *variantes* posibles a añadir al umbral de gravedad, esto es, que después de la redacción "el acto de agresión que por sus características, escala y gravedad consti-

---

1305 Por ejemplo, PIGNATELLI: ob. cit., pp. 710 y 711.

1306 KREß: The State Conduct..., ob. cit., p. 510 a 513. Llega a esta conclusión de acuerdo al contenido de los entendimientos 6 y 7, de la dicción literal del párrafo primero del artículo 8 y de los trabajos previos de los redactores, especialmente de las propuestas de Estados Unidos, Alemania y Canadá.
Para ZIMMERMANN and FREIBURG-BRAUN: Article 8 bis..., ob. cit., el requisito de la gravedad no es cuantitativo, sino cualitativo.

1307 KREß: The State Conduct..., ob. cit., p. 524. En el mismo sentido AMBOS: El crimen de..., ob. cit., p. 39.

1308 AMBOS: El crimen de..., ob. cit., p. 40.

tuya una violación manifiesta de la Carta de las Naciones Unidas" se añadiera: "como, en particular, una guerra de agresión o un acto que tenga por objetivo o por resultado establecer una ocupación militar de la totalidad o parte del territorio de otro Estado o anexionar la totalidad o parte del territorio de otro Estado" (variante 1). O, como variante 2, "y equivalga a una guerra de agresión o constituya un acto que tenga por objetivo o por resultado establecer una ocupación militar de la totalidad o parte del territorio de otro Estado o anexionar la totalidad o parte del territorio de otro Estado"[1309].

Ninguna de las dos alternativas prosperó. AMBOS lo lamenta y aboga por la inclusión añadida de la variante subjetiva como un umbral *adicional* de gravedad porque la combinación del doble umbral objetivo-subjetivo ayudaría a resolver los casos más difíciles por la concurrencia de los dos parámetros, el objetivo y el subjetivo, y no solo el objetivo[1310].

La aproximación a una definición de los tres elementos no es sencilla. "Carácter" se ha identificado con el núcleo de la prohibición del uso de la fuerza[1311]. También con la naturaleza del acto de agresión y con la identificación subjetiva de los objetivos pretendidos de los individuos que intervienen, por ejemplo, anexionarse parte de un

---

1309 PCNICC/2002/2/Add.2, Documento de debate sobre la definición y los elementos del crimen de agresión, preparado por el Coordinador del Grupo de Trabajo sobre el crimen de agresión en la Comisión Preparatoria de la Corte Penal Internacional, apartado I. Este documento está en: ICC-ASP/2/10, Asamblea de los Estados Partes en el Estatuto de Roma de la Corte Penal Internacional, segundo período de sesiones, Nueva York, 8 a 12 de septiembre de 2003, Anexo II. Disponible en: https://legal.un.org/icc/asp/2ndsession/report/second_report_contents.htm

1310 AMBOS: El crimen de…, ob. cit., pp. 42 y 32, aclara su postura con dos ejemplos. El primero sobre la intervención humanitaria: el calificativo subjetivo excluiría mayor criminalidad que un umbral objetivo porque la esencia de esa intervención reside en su propósito humanitario, siempre que los Estados involucrados actúen *bona fide*. Y el segundo sobre la invasión de EE.UU. a Iraq en 2003 donde "el umbral subjetivo confirmaría la negación objetiva de un crimen de agresión, por lo que difícilmente se puede sostener que la coalición liderada por EE.UU. actuó con un *animus aggressionis* específico con miras a una ocupación a largo plazo en Irak".

1311 KREß: The State Conduct…, ob. cit., p. 523 y 524.

territorio o proteger la vulneración de derechos humanos en situaciones extremas[1312]. Igualmente se ha identificado con la finalidad de la fuerza[1313] y con la naturaleza, distinta de la gravedad, del acto constitutivo de la agresión, que permitiría evaluar no solo los propósitos, fines u objetivos perseguidos, sino los procedimientos "caracterizados por lo artero o malicioso, por su doblez o contrariedad a la buena fe, etc." y utilizados para alcanzar esos propósitos, fines u objetivos[1314].

El término "gravedad", próximo a la "escala", se asimila con "la importancia del uso de la fuerza" con la "naturaleza de los medios utilizados" y con "los daños ocasionados al Estado atacado", ya se infrinjan normas tanto de *ius ad bellum* como de *ius in bello*[1315]. Se refiere al "número de víctimas en todos los bandos", "al alcance de la perturbación de la vida común en el Estado víctima" y "al nivel de destrucción de la propiedad en todos los bandos". Se alude a los efectos[1316]. Y la "escala" es el nivel o magnitud del acto de agresión, en razón del lugar y del tiempo, según sea generalizado o prolongado en el tiempo[1317] o la "dimensión espacial y temporal del uso de la fuerza", a la "intensidad de la potencia humana y de fuego utilizada". Se refiere a los "medios"[1318] utilizados.

Por ejemplo, una "invasión incruenta" —la que no tiene resistencia por parte del Estado víctima y no produce víctimas personales— podría integrar el nivel de intensidad que requiere el artículo 8 *bis* ECPI: viola la soberanía del Estado invadido, afecta negativamente a la vida de las personas, y vulnera la paz y la seguridad internacionales y potencialmente crea "grave riesgo" de que se produzcan víctimas ante el ejercicio por parte del Estado víctima de la legítima defensa, es decir, dependerá de la escala "de la dimensión espacial y temporal", y del número de efectivos militares que hayan intervenido[1319].

1312 ZIMMERMANN and FREIBURG-BRAUN: Article 8 bis..., ob. cit., p. 704.
1313 WERLE y JESSBERGER: ob. cit., p. 895.
1314 PIGNATELLI: ob. cit., p. 711.
1315 ZIMMERMANN and FREIBURG-BRAUN: Article 8 bis..., ob. cit., p. 704.
1316 KREẞ: The State Conduct..., ob. cit., p. 520.
1317 ZIMMERMANN and FREIBURG-BRAUN: Article 8 bis..., ob. cit., p. 704.
1318 KREẞ: The State Conduct..., ob. cit., p. 520.
1319 *Ibid.*, pp. 522 y 523.

La *gravedad* se determinará por la perturbación de la vida en el Estado invadido y por cuántas personas de las partes en conflicto corran *grave riesgo* de ser afectados por el uso de la fuerza entre los dos Estados[1320].

La CIJ, como he avanzado, ha distinguido dos formas del *uso de la fuerza*. La *más grave* que es la que *constituyen un ataque armado*[1321] *y la menos grave*[1322]. La dimensión cuantitativa del artículo 8.1 *bis* ER debe alcanzar, de acuerdo con el DI consuetudinario, un "umbral de alta intensidad" del uso de la fuerza. Así se superan los estándares establecidos por la CIJ sobre el uso de la fuerza. La referencia será el término "guerra limitada" en el sentido de que se limite su objetivo, por ejemplo, a la derrota de parte del aparato militar adversario o a la conquista de parte del territorio, pero la intensidad no tiene porqué alcanzar el "nivel de hostilidad a gran escala"[1323].

El entendimiento número 6 —surgido a propuesta de EE.UU.— se refirió a la gravedad de la fuerza: "queda entendido que la agresión es la forma más grave y peligrosa del uso ilegal de la fuerza y que la determinación de si se ha cometido un acto de agresión requiere la consideración de todas las circunstancias de cada caso particular, incluida la gravedad de los actos de que se trate y sus consecuencias, de conformidad con la Carta de las Naciones Unidas". Entendimiento que está en consonancia con el considerando del anexo de la definición de agresión de la resolución 3314 (párrafo 5) que declara

---

1320 *Ibid.*, p. 523.

1321 ICJ, *Nicaragua v. United States of America, Merits,* párr. 191 (v. *supra,* nota 1023). La CIJ sostuvo en esta sentencia (párr. 190) que la prohibición de la fuerza es una norma de DI imperativa.

1322 V. *supra,* Cap. 5: 2.2.

1323 KREß: The State Conduct…, ob. cit., pp. 513 a 520, propone como estándares para evaluar el nivel de intensidad, determinar la afección a los valores de la soberanía estatal, la paz y la seguridad internacionales, y la vida y la integridad física y la propiedad de las personas. Y como método propone que la CPI se fije en la evolución de la práctica de los Estados y en que realice comparaciones con la interpretación de la CPI respecto del genocidio, crímenes de lesa humanidad y de guerra.
WERLE y JESSBERGER: ob. cit., p. 882, también apuestan por un nivel de intensidad y no es necesario que la guerra sea declarada.

que la agresión "constituye la forma más grave y peligrosa del uso ilegítimo de la fuerza".

El documento de debate de 2005 se preguntaba si la agresión tendría que calificarse de violación "flagrante" o "manifiesta" de la Carta. En el comentario al interrogante, se argumentaba la necesidad de excluir el uso de la fuerza del crimen cuando se aplicara la legítima defensa (artículo 51 de la Carta). Y también se explicaba que uno de los dos calificativos serviría para establecer la "magnitud o gravedad de la acción", como, por ejemplo, "escaramuzas fronterizas". El Convenio para la Definición de la Agresión, firmado el 3, 4 y 5 de julio de 1933, ya sostuvo que los incidentes fronterizos no eran actos de agresión[1324]. No todo uso de la fuerza que viole el artículo 2.4 de la Carta constituye un crimen de agresión. No lo será naturalmente la amenaza del uso de la fuerza, ni el uso de la fuerza que no alcance el estándar de "ataque armado", ni el "ataque armado" que por su carácter, gravedad y escala no constituya una violación manifiesta de la Carta, por mucho que realmente sea una violación del artículo 2.4 de la Carta. Y, por el contrario, sí constituirá un crimen de agresión tanto el "uso de la fuerza" —aunque no sea considerado como un ataque armado— como el "ataque armado" que por su carácter, gravedad y escala comporte una violación manifiesta de la Carta.

En definitiva, el umbral de gravedad (*violación manifiesta*), "refleja el DI consuetudinario y distingue adecuadamente entre actos internacionales ilegales y crímenes internacionales"[1325], y se proyecta sobre cada uno de los tres elementos que califican la conducta estatal. El acto de agresión es una violación manifiesta de la Carta por las "características, gravedad y escala"[1326]. El entendimiento número 7, en su primer inciso, supedita la determinación de si "un acto de agre-

---

1324 V. *supra*, nota 146. KREß: The State Conduct…, ob. cit., p. 426, confirma que un cruce de frontera no tendrá la entidad suficiente para superar el umbral de gravedad, y en todo caso las personas implicadas "no serán conscientes de las circunstancias de hecho", sobre que ese uso de la fuerza era "incompatible con la carta". Sobre el *conocimiento de hecho*, v. *supra*, apartado 2 de este capítulo.

1325 KREß: On the New…, ob. cit. El profesor alemán, cita a su vez, a Zhou Lulu, representante en las negociaciones de las enmiendas de China.

1326 Subrayado añadido.

sión constituye o no una violación manifiesta de la Carta", a que los "tres elementos de características, gravedad y escala" tengan "la importancia suficiente para justificar una determinación de la violación *manifiesta*". El análisis del acto de agresión o uso de la fuerza para que tenga relevancia penal internacional, es doble. Por un lado, y necesariamente, el acto de agresión deberá constituir por sus *características* una violación manifiesta de la Carta. Y, por otro lado, si se produce esta transformación de lo internacional hacia lo penal internacional, la fuerza deberá cuantitativamente suponer "la forma más grave y peligrosa del uso ilegal de la fuerza" (entendimiento 6) y una violación manifiesta de la Carta por su gravedad y/o escala. El primer análisis es *cualitativo*. El segundo, *cuantitativo*, que transformará, por la exigencia de ese plus de antijuridicidad material penal —en lenguaje de Derecho penal nacional—, una conducta ilícita en el DI a una conducta típica y antijurídica en el ámbito del DPI.

En conclusión, la violación manifiesta de la Carta por el uso de la fuerza, no debe apreciarse por una suma numérica de elementos, sino por la doble dimensión o, en palabras de KREß, por la "doble función", que desempeñan los tres elementos referidos. El cualitativo o elemento del carácter siempre deberá concurrir y con éste tendrá que confluir, al menos, un elemento cuantitativo (gravedad y/o escala), es decir, cualquiera de los dos o los dos.

La interpretación de los términos que califican el uso de la fuerza (incompatible con la Carta y violación manifiesta de la misma) están sujetos a la futura interpretación de la CPI que no podrá desbordar las garantías propias del principio *nullum crimen sine lege*. Las dos dimensiones cualitativa y cuantitativa se tendrán que interpretar tanto por el Fiscal de la CPI como por los jueces de ésta. En esta labor hermenéutica, y al igual que como sucede generalmente para todo crimen de DI, será relevante el DI consuetudinario[1327]. El párrafo segundo del artículo 22 ECPI señala que "la definición de crimen será interpretada estrictamente y no se hará extensiva por analogía". Y añade que "en caso de ambigüedad, será interpretada en favor de la

---

[1327] KREß: On the New..., ob. cit.

persona objeto de investigación, enjuiciamiento o condena"[1328]. Precepto de extraordinaria importancia por el carácter indeterminado y valorativo de los elementos de *circunstancia.*

Es más que presumible que la CPI deberá esforzarse en su tarea de interpretación de la norma. Estamos ante un concepto jurídico parcialmente indeterminado valorativo que la Corte discrecionalmente tendrá que perfilar. El método exegético lo marcará el artículo 22 ECPI y la citada Convención sobre el Derecho de Tratados (artículos 31 a 33). Las fuentes en las que beberá la CPI, de acuerdo con los artículos 9 y 21 ER, serán tanto el ECPI, como los EC y los entendimientos, además de otros instrumentos de DI y sus principios[1329]. Será relevante la práctica de los Estados, la jurisprudencia de la CIJ y las decisiones o resoluciones de otras organizaciones internacionales universales o regionales. Por ejemplo, en el ámbito de las NNUU las resoluciones de la AG o del CdS relativas al uso de la fuerza, o, y aun a riesgo de instrumentalización política, las dictadas en el marco del Consejo de Europa (por ejemplo, decisiones y sentencias del TEDH) o las decisiones de la Unión Europea (Parlamento y Consejo Europeo) sobre el crimen de agresión[1330].

En relación con la expresión "manifiesta", inserta en el EC 5 y en el párrafo primero del artículo 8 *bis* ECPI, para calificar la violación de la Carta es, de acuerdo con el párrafo 3 de la introducción particular al crimen de agresión en los EC, "una calificación objetiva". Ya he señalado que al sujeto se le exigirá el conocimiento de hecho no de derecho de que el uso de la fuerza era una violación *manifiesta* de la Carta. Quien tendrá que delimitar los contornos de esta expresión por su indicación objetiva será en el futuro la CPI[1331].

1328 Sobe el principio de legalidad en el ECPI v.: OLLÉ: Principios..., ob. cit., pp. 185 a 189.

1329 En general sobre los criterios hermenéuticos de interpretación del crimen de agresión v. GROVER, L.: Interpreting the Crime..., ob. cit.

1330 V. *supra*, Cap. 5: 2.

1331 V. también ICC-ASP/8/INF.2, párr. 25 (v. *supra*, nota 625). Algunos sugirieron que la Corte aplicara la norma del "bien dirigente" similar a la del "buen soldado".
MCDOUGALL: The Crime of..., ob. cit., p. 126, critica la indefinición de violación manifiesta y lo ejemplifica preguntándose si alcanza este umbral:

El actual sistema de fuentes de la CPI no impide en modo alguno que ésta se adentre en los terrenos del *ius ad bellum.* El ER como norma penal internacional (artículo 8 *bis* ER) produce un reenvío normativo no recepticio a la Carta. Admite, como derecho aplicable en la Corte, los "tratados aplicables, los principios y normas de derecho internacional, incluidos los principios establecidos del derecho internacional de los conflictos armados". Por ello, cualquier decisión de la CPI sobre los contornos del uso de la fuerza tendrá no solo legitimidad jurídica sino moral. Es difícil que pueda contradecir —se debe a los principios de DI— la jurisprudencia de la CIJ, pero no significa que no pueda evolucionar y superarla.

---

i) la violación del espacio aéreo, con el lanzamiento de una sola bomba que ocasiona la muerte de no más de 10 personas y daños materiales mínimos; ii) el lanzamiento de diferentes bombas que no producen ninguna muerte y solo daños mínimos sin relevancia militar; iii) el lanzamiento de múltiples bombas con daños materiales y la muerte de 100 personas; y iv) pequeñas escaramuzas fronterizas que se prolongan en el tiempo y al cado de días, meses o incluso años, ocasionan varias muertes.
AMBOS: El crimen de..., ob. cit., p. 41, también apuesta por este criterio objetivo del término manifiesto para diferenciar entre acto y crimen de agresión y así evitar su trivialización.

Capítulo 7

Mens rea o elemento subjetivo

El EC 1 especificó en el crimen de agresión, como conducta individual, "que el autor haya planificado, preparado, iniciado o realizado un acto de agresión". El artículo 30 del ECPI, de aplicación para todos los crímenes que son competencia de la CPI exige que se realicen con "intención y conocimiento de los elementos materiales del crimen"[1332]. El citado borrador de Montreux de 2009, sobre los EC[1333], mostraba los trabajos alcanzados por el SGWCA sobre los elementos que debían considerarse como conducta, consecuencia y circunstancia y, en su caso, los elementos mentales. Respecto de este EC 1 no descubrió explícitamente —para este EC, sí para el 3 y 5— ningún elemento mental específico porque el EC 1 indiscutiblemente era un elemento de *conducta*.

Al no existir en las enmiendas sobre el crimen de agresión disposición alguna específica sobre la *mens rea*, se aplica la norma general contenida en el artículo 30 ER. Éste dispone que "[s]alvo disposición en contrario, concurrirá el elemento mental si el sujeto en relación con una conducta se propone incurrir en ella" (artículo 30.2 b) ECPI). Es innecesario, al tratarse de un elemento de conducta, el elemento del *conocimiento*. El autor, en consecuencia, debe tener la intención (se propone incurrir en) de planificar, preparar, iniciar o realizar el acto de agresión. No es necesaria una intención específi-

---

1332 Como he apuntado, el ECPI en su dicción literal del artículo 30 ECPI antepone la *intención* al *conocimiento*. Sin embargo, en el análisis del caso en la realidad práctica debe verificarse, en primer lugar, y no en segundo, si el sujeto sabía o no que estaba realizando los elementos del tipo y con ese conocimiento intencionadamente realizar la conducta típica. La ausencia de conocimiento conducirá a un error de tipo. El conocimiento precede a la intención pues la intencionalidad solo puede referirse a los elementos que el sujeto conoce.

1333 Borrador de los Elementos de los Crímenes, Montreux, KREß and BARRIGA: The Travaux Préparatoires..., ob. cit., p. 670.

ca[1334]. Desde el inicio de los trabajos preparatorios se observó que no era necesaria una intención o *animus* particular o especial[1335].

MCDOUGALL sistematiza la doctrina sobre la *mens rea* de liberar guerras de agresión en los tribunales militares. El TMLO en términos generales no fue explícito sobre la cuestión. Absolvió a *Iwane Matsui* de librar una guerra de agresión porque no se justificó que tuviera conocimiento del carácter criminal de la guerra, a diferencia de otros acusados que sí conocieron que las guerras eran agresivas. En el *caso I.G. Farben*, el Tribunal Militar de los Estados Unidos absolvió a todos los acusados del crimen contra la paz porque no se acreditó que las actividades de rearme se llevaran a cabo "a sabiendas de que con ello preparaban a Alemania para participar en una guerra de agresión" y porque "no existía un conocimiento común de los planes agresivos de Hitler entre el pueblo alemán"[1336].

En el *caso Ministerios*, el tribunal reflexionó en la sentencia para "determinar cuál de los acusados, si alguno sabiendo que existía la intención de iniciar y librar una guerra agresiva, participó conscientemente en los planes, preparativos e iniciación de esas guerras, o sabiéndolo, participó o ayudó a llevarlas a cabo. Obviamente, ningún hombre puede ser condenado por luchar en lo que cree que es la defensa de su tierra natal, aunque su creencia sea errónea. Tampoco se puede esperar que emprenda una investigación independiente, para determinar si la causa por la que lucha es o no el resultado de un acto agresivo de su propio gobierno. Sólo se puede ser culpable cuando se tiene conocimiento de una agresión de hecho, y no basta con tener sospechas de que la guerra es agresiva"[1337].

1334 WERLE y JESSBERGER: ob. cit., p. 888.

1335 ICC-ASP/3/SWGCA/INF.1, párrs. 50 y 55. (v. *supra*, nota 507). PIGNATELLI: ob. cit., pp. 711 y 712, entiende que las cuatro conductas individuales del crimen de agresión no solo deben cometerse de forma dolosa, sino que, además, y aunque no lo establezca el párrafo primero del artículo 8 *bis* ER, es necesario el "dolo específico de agredir o *animus impectum* o *aggressionis* (*intention to attack*) que guíe el uso de la fuerza".

1336 MCDOUGALL: The Crimes against…, ob. cit., pp. 100 y 101

1337 *Ibid.*, p. 101.

En el *caso Krupp*, el tribunal se preguntó, y respondió negativamente, "si los acusados, al hacer lo que hicieron antes del 1 de septiembre de 1939, lo hicieron sabiendo que estaban participando, consistiendo, ayudando o instigando las invasiones y las guerras". En el caso del *Alto Mando* se pronunció de forma semejante. Las sentencias posteriores a la del TMI sentaron la premisa de que el conocimiento de los objetivos de Alemania y Japón eran esenciales. Y, en los casos, del *Alto Mando* y, en concreto respecto de *Roechling*, surgió la *intencionalidad* "como una característica crítica del delito"[1338].

Entre muchos ejemplos, el TMI aludió al *conocimiento* "de objetivos"[1339]; de los "planes agresivos"[1340]; de las "ambiciones de Hitler y su voluntad de recurrir a la fuerza para lograr sus objetivos"[1341]; de "ataques anticipados"[1342]; de "un plan común"[1343]; de "las políticas"[1344] o a la "prueba concluyente de conocimiento"[1345]. El Tribunal Militar de los Estados Unidos se refirió a pruebas concluyentes del conocimiento[1346]; al "conocimiento del plan"[1347]; al conocimiento real de la intención de hacer una guerra de agresión y de su carácter agresivo[1348]; al conocimiento de los esfuerzos ilegales de propaganda en Austria y su conocimiento de la justificación diplomática de la invasión de Austria que eran insuficientes "para demostrar su conocimiento de la planificación, la preparación y la iniciación de la invasión agresiva"[1349]; al conocimiento de los planes agresivos[1350];

1338 *Ibid.*, pp. 101 y 102.

1339 PCNICC/2002/WGCA/L.1, párr. 62 (v. *supra*, nota 50).

1340 *Ibid.*, párrs. 64, 67, 68, 71 a 76, 79, 80, 82, 84, 86

1341 *Ibid.*, párr. 69.

1342 *Ibid.*, párr. 71.

1343 *Ibid.*, párr. 88.

1344 *Ibid.*, párr. 110.

1345 *Ibid.*, párr. 117.

1346 *Ibid.*, párr. 129.

1347 *Ibid.*, párr. 130.

1348 *Ibid.*, párrs. 156, 157, 197.

1349 *Ibid.*, párrs. 204 y 259

1350 *Ibid.*, párr. 224.

al conocimiento como un elemento esencial de culpabilidad[1351]; o al conocimiento de las agresiones[1352], entre otras muchas situaciones.

El EC 2 fijó como circunstancia "que el autor sea una persona que estaba en condiciones de controlar o dirigir efectivamente la acción política o militar del Estado que cometió el crimen de agresión". La nota a pie de página a este elemento aclara, a su vez, que "respecto del acto de agresión, puede suceder que más de una persona se halle en una situación que cumpla con estos criterios". No existe, como sucedía con el EC 1, elemento mental específico para el EC 2. Se aplica, por tanto, el artículo 30 del ECPI. El párrafo 3 de este artículo ("elemento de intencionalidad") prevé para la circunstancia el *conocimiento*. Por éste "se entiende la conciencia de que existe una circunstancia o se va a producir una consecuencia en el curso normal de los acontecimientos". En consecuencia, y de acuerdo con el SWGCA, "el autor ha de haber sido consciente de estar en condiciones de controlar o dirigir efectivamente la acción política o militar del Estado que cometió el acto de agresión"[1353]. Es decir, la circunstancia debe ser abarcada por el conocimiento actual del sujeto activo, sin que sea necesaria la intención del sujeto.

El EC 3 confirma que para que nazca el crimen de agresión, tal y como he avanzado, el acto de agresión —esto es, el uso de la fuerza armada por un Estado contra la soberanía, la integridad territorial o la independencia política de otro Estado, o en cualquier otra forma incompatible con la Carta de las Naciones Unidas— debe cometerse. Y el EC 5 "que el acto de agresión por sus características, gravedad y escala, haya constituido una violación manifiesta de la Carta de la Naciones Unidas".

He anticipado que cualquier debate "práctico", no teórico, sobre la caracterización de estos dos elementos del crimen carece de trascendencia[1354]. El SWGCA, en el borrador de Montreux de 2009 sobre

1351 *Ibid.*, párr. 251.

1352 *Ibid.*, párr. 256.

1353 ICC-ASP/8/INF.2, párr. 14; y Borrador de los Elementos de los Crímenes, Montreux, KREß and BARRIGA: The Travaux Préparatoires..., ob. cit., p. 671 y 672.

1354 V. *supra*, Cap. 5: 2.

los EC[1355] dudó sobre si los elementos 3 y 5 se caracterizaban "como circunstancias (en las que la conducta del autor es una violación manifiesta de la Carta de las Naciones Unidas) o consecuencias (un resultado de la conducta del autor) o ambas". La cuestión se zanjó con la incorporación del EC 4 (uso de la fuerza armada como acto de agresión incompatible con la Carta) y del EC 6 (acto de agresión que, por sus características, gravedad y escala, constituían una violación manifiesta de la Carta). Los dos elementos especifican —y aclaran más allá del criterio general del artículo 30 ECPI— el elemento de la intencionalidad de los EC 3 y 5 respectivamente. La dicción literal de estos dos elementos determina que los EC 3 y 5 son de *circunstancia* y no de *consecuencia* o efectos[1356]. Esta suerte de interpretación auténtica, a través de los EC, sobre la caracterización de los elementos materiales, convierte, desde una perspectiva práctica, el debate doctrinal en especulativo. Han sido los redactores del ECPI y de los EC del crimen de agresión quienes han constituido el elemento típico de violación manifiesta de la Carta (umbral de gravedad) y el del uso de la fuerza incompatible con la Carta, como *circunstancia,* y no como *consecuencia.*

En el ámbito de la tipicidad subjetiva, de la vinculación subjetiva del autor con el hecho, la consideración de del acto colectivo estatal como *circunstancia,* y no como *consecuencia,* le concede efectos específicos y distintos a los de la *consecuencia.* Incluso el elemento mental de la consecuencia sería más difícil de probar porque habría que acreditar el conocimiento y la intención, es decir, que la persona tuvo la intención de causar la consecuencia o fue consciente de que

---

1355 Borrador de los Elementos de los Crímenes, Montreux, KREß and BARRIGA: The Travaux Préparatoires..., ob. cit., p. 671.

1356 CLARK: Generals Principles..., ob. cit., p. 617, al exponer su particular tesis sobre la tentativa del acto de Estado (v. *infra*, Cap. 8), mantiene que el acto de agresión no es una circunstancia, sino una consecuencia. Para este autor, es razonable pensar que es un elemento de circunstancia "desde el punto de vista de un actor que llega a la escena en la fase de ejecución y se suma a lo que otros han hecho. Pero desde el punto de vista de un planificador o preparador temprano, el acto estatal es más un elemento de resultado o incluso de conducta".
V. la interesante refutación de HAJDIN: ob. cit., pp. 10 a 14 (apartado 3.2.1 Acto colectivo como circunstancia) a CLARK.

se producirá en el curso normal de los acontecimientos. Aunque, sí serviría para acreditar la relación de causalidad en la conducta estatal y el acto de agresión[1357].

El EC 4 —que se proyecta sobre el EC 3 (acto estatal de agresión incompatible con la Carta)— exige "que el autor haya tenido conocimiento de las circunstancias de hecho que determinaban la incompatibilidad de dicho uso de la fuerza armada con la Carta de las Naciones Unidas"; y el EC 6 —proyectado sobre el EC 5 (umbral de gravedad)— "que el autor hay tenido conocimiento de las circunstancias de hecho que constituían dicha violación manifiesta de la Carta de las Naciones Unidas".

La caracterización de los EC como de circunstancias permite un tratamiento conjunto de los dos. El elemento de intencionalidad de ambos (acto estatal de agresión y umbral de gravedad) requiere en el sujeto —como reclama el tenor literal de los dos EC— un "conocimiento de hecho", no de derecho. El autor debe conocer, *las circunstancias de hecho* que, por un lado, determinan que el uso de la fuerza armada era incompatible con la Carta y, por otro, que eran una violación manifiesta de la Carta. El párrafo segundo de la introducción particular de los EC al crimen de agresión aclara, sobre la calidad de este conocimiento, que "no existe obligación de demostrar que el autor haya llevado a cabo una evaluación en derecho de la incompatibilidad del uso de la fuerza armada con la Carta de las Naciones Unidas". Y el párrafo cuarto de la misma introducción señala la misma inexistencia de obligación de evaluar en derecho "la naturaleza "manifiesta"[1358] de la violación de la Carta".

Tener conocimiento o "haya tenido conocimiento" es igual a "haya sabido". El inciso último del párrafo tercero del artículo 30 ER equipara las palabras "a sabiendas" y "con conocimiento": se "entenderá[n] en el mismo sentido"[1359]. Sobre la intensidad del elemento subjetivo, el SWGCA señaló que la relación entre el EC 4 y el párrafo segundo de la introducción a los EC de agresión no incluía

---

1357 Borrador Elementos Crímenes, Montreux 2009, KREß and BARRIGA: The Travaux Préparatoires..., ob. cit., párr. 11.

1358 Comillas en el original.

1359 V. también ICC-ASP/8/INF.2, párr. 18 (v. *supra*, nota 625).

la "negligencia". De acuerdo con el derecho consuetudinario "requería un conocimiento real, y no un conocimiento constructivo o imputado"[1360]. Dicho de otra forma, no solo excluiría la negligencia o imprudencia en lenguaje de Derecho penal nacional, sino también el equivalente al dolo eventual, al exigir un conocimiento "real".

Los dos elementos de circunstancia del uso de la fuerza (*incompatibilidad con la Carta* y su *manifiesta violación*) son elementos normativos valorativos y no descriptivos. Si se demandara un conocimiento en derecho obligaría al autor de la conducta a tener un conocimiento jurídico de DI, lo que, con independencia de la dificultad probatoria, exigiría un alto estándar de conocimiento personal de la norma internacional para que fuera responsable del crimen de agresión. Al caracterizar los EC estos dos elementos como *circunstanciales*, el nivel de conocimiento exigible al sujeto —con independencia de que sean conceptos normativos valorativos y no descriptivos—, como he anticipado[1361], lo relevante es el significado social de las circunstancias típicas. El sujeto debe comprender el alcance social de que la fuerza es incompatible con la Carta y una violación manifiesta de la misma. Las circunstancias son siempre de naturaleza objetiva. Suponen un estado de hecho o de derecho. Convierten una conducta prohibida en antijurídica. Una errónea valoración *jurídica* del sujeto será, en consecuencia, irrelevante[1362]. Este enfoque, como concluye MCDOUGALL, establece un umbral bajo en el elemento mental del crimen de agresión. No hay necesidad de demostrar un conocimiento del *ius ad bellum*[1363].

La SWGCA explica que los antecedentes jurisprudenciales, como en el caso del *Alto Mando*, requerían para atribuir al autor responsabilidad penal individual un alto grado de conocimiento de la guerra de agresión. Si se le reclamara al autor, como elemento mental, que supiera positivamente que los actos del Estado eran incompatibles con la Carta —exigiéndole, en consecuencia, un conocimiento jurídico estricto— podría tener consecuencias indeseadas e involunta-

---

1360 V. *ibid.*, párr. 19.

1361 V. *supra*, Cap. 4: 2.

1362 WERLE y JESSBERGER: ob. cit., p. 324.

1363 MCDOUGALL: The crime of ..., ob. cit., p. 257.

rias. Por ejemplo, el autor podría ponerse en ceguera voluntaria o ignorancia deliberada para esquivar la ilegalidad de sus actos, lo que no serviría para excluir su responsabilidad; o podría, por desconocimiento jurídico, no hacer uso de la fuerza cuando ese uso fuese lícito (en una situación de legítima defensa); o podría asimismo confiar en un asesoramiento de dudoso rigor que respaldara la legalidad de los actos del Estado, aunque posteriormente se demostrara que el asesoramiento recibido fue erróneo[1364]. Situación esta última poco probable dada la cualidad del autor (líder que dirige la acción política o militar del Estado). El asesoramiento que reciba no puede ser poco riguroso o erróneo.

El SWCGA enumera los siguientes ejemplos como circunstancias fácticas: el movimiento de tropas a través de la frontera de un Estado; el número de tropas implicadas; el tipo de armas utilizadas; o cualquier relación entre el ataque y otras operaciones militares en la misma zona u otros usos de la fuerza armada por parte del Estado en cuestión[1365]. Específicamente, en relación con el elemento 3 (acto de agresión incompatible con la Carta), el SWGCA debatió si las circunstancias de hecho incluirían acontecimientos ocurridos en el seno de las NNUU. Se confirmó que sí sería una circunstancia de hecho la existencia o no de una resolución del CdS sobre el uso de fuerza armada. Sin embargo, se estimó que, por el contrario, no se requeriría que el autor hubiera realizado una evaluación jurídica específica del contenido de esa resolución[1366].

En el primer grupo de casos se alcanzaría el conocimiento fáctico suficiente para integrar el tipo del artículo 8 *bis* ECPI porque el sujeto sabría o conocería que las fuerzas armadas se estarían dirigiendo hacia otro Estado (movimientos de tropas) y también se conocería la escala y gravedad de las operaciones (armas utilizadas, número de efectivos). En el segundo ejemplo, se comprobaría si el sujeto conocía o no verdaderamente la existencia de una resolución de NNUU y en caso afirmativo si conocía el sentido de la misma sin necesidad de

---

1364 Borrador Elementos Crímenes, Montreux 2009, KREß and BARRIGA: The Travaux Préparatoires…, ob. cit., párr. 12.

1365 *Ibid.*

1366 V. también ICC-ASP/8/INF.2, párr. 18 (v. *supra*, nota 625).

un examen jurídico técnico. En la legítima defensa, por ejemplo, el nivel de conocimiento de hecho se reduciría a la existencia o no de un previo ataque o ataque inminente por parte de otro Estado, sin necesidad de conocer jurídicamente la relevancia de los requisitos normativos de la legítima defensa.

El autor, en definitiva, tiene que ser consciente de las circunstancias de hecho. Es, en palabras del SWCGA "otro nivel de conciencia que se requiere más allá de la intención del autor de planificar, preparar, iniciar o ejecutar el acto de agresión". De acuerdo con la jurisprudencia de después de la Segunda Mundial el autor "requiere un alto grado de conciencia y participación en el acto de agresión del Estado" o "del umbral de violación manifiesta"[1367].

Por último, y en relación con los elementos materiales y mentales, HAJDIN ocurrentemente sostiene que el *acto material de uso de la violencia* es la *consecuencia* o resultado. Distingue "acto material de uso de la fuerza" de la "noción jurídica de acto de agresión". Acepta que el acto de agresión es un elemento circunstancial, pero, al ser innecesario probar que el autor haya efectuado una evaluación jurídica sobre si el uso de la fuerza era incompatible con la Carta, "la consecuencia del crimen de agresión solo puede ser el uso de la fuerza armada". Precisa que "el elemento de consecuencia del crimen de agresión es *el acto material de uso de violencia,* entendido en su sentido naturalista, perceptible por un individuo humano en el momento en el que tuvo lugar la conducta y divorciado de cualquier evaluación jurídica"[1368].

Este autor realiza una deducción ciertamente novedosa. El elemento circunstancial que califica la conducta de ilícita es el "concepto jurídico normativo de acto de agresión que viola manifiestamente la Carta de las Naciones Unidas". El uso de la fuerza en el DI "presupone indispensablemente el uso de la violencia" porque la prohibición del uso de la fuerza (artículo 2.4 de la Carta) parte de la

---

[1367] Borrador Elementos Crímenes, Montreux 2009, KREß and BARRIGA: The Travaux Préparatoires..., ob. cit., párr. 14.

[1368] HAJDIN: ob. cit., pp. 14 y 15 (el acto material de uso de la violencia), cursiva en el original. Este autor distingue entre el acto material del uso de la fuerza de la noción jurídica de acto de agresión. "El acto material se construye en la noción de agresión estatal".

prohibición de la guerra ilegal. La violencia es la esencia de la guerra. Por ello, "la manifestación naturalista de un acto de agresión es el acto material de uso de la violencia por parte de un Estado contra otro Estado". Y concluye que "en el crimen de agresión, la violencia es el ejercicio deliberado de la fuerza o la intimidación mediante la exhibición de dicha fuerza por parte de un Estado contra otro Estado". Violencia que "representa un *cambio especialmente relevante en el mundo material* al que vinculamos la conducta individual a la hora de atribuir responsabilidad penal"[1369].

La admisión de este planteamiento naturalístico exigirá en el plano subjetivo, como elemento de intencionalidad, demostrar que el autor actuó con conocimiento e intención. No obstante, no parece necesario separar el acto de agresión (*circunstancia*) del elemento material de la violencia porque éste es innato al elemento de la agresión. Siempre que se produzca un acto de agresión existirá ese uso de la violencia. El *conocimiento de hecho*, no jurídico, del elemento normativo acto de agresión implica, porque es un efecto de la *consecuencia*, el conocimiento de hecho del acto material de la violencia. No se pude ni disociar ni desgajar el acto material de uso de la violencia del acto de agresión. Cuestión distinta sería que se pasara a considerar en el plano teórico el acto de agresión como consecuencia y no —como determinan los EC— como circunstancia.

El error de hecho será relevante. Los EC 4 y 6 se refieren a las *circunstancias de hecho*. Si el autor se representa erróneamente los elementos materiales u objetivos del crimen de agresión (yerra sobre los hechos), creyendo que en su conducta no concurren todos o alguno de los elementos materiales del crimen de agresión, habrá error de hecho. El artículo 32.1 reclama como requisito para eximir de responsabilidad que el error "haga desaparecer el elemento de intencionalidad requerido por el crimen". Si el autor se representa erróneamente alguno de esos elementos materiales, faltará el elemento cognoscitivo o el conocimiento del sujeto de que está realizando con su conducta los elementos típicos del crimen agresión. En ese caso,

---

1369 HAJDIN: ob. cit., pp. 14 y 15.

el elemento de la intencionalidad desaparece[1370]. El error de hecho concurriría, entre otros supuestos y retomando el anterior ejemplo, en el jefe militar que inicia un bombardeo contra otro Estado creyendo que concurre la situación de legítima defensa, porque ha sido mal asesorado o engañado por otros dirigentes militares o políticos.

Por el contrario, el error de derecho —o error de prohibición o permisión en clave de Derecho penal doméstico— carece de relevancia en el ECPI, salvo que haga desaparecer el elemento de la intencionalidad, es decir cuando recae sobre elementos normativos, no materiales. Esto supondría una valoración en derecho. Si falta el conocimiento sobre el elemento normativo, el elemento subjetivo desaparece[1371]. Por ejemplo, si recae sobre los elementos normativos del *actus reus*: "manifiestos", "incompatible" o "uso de la fuerza"[1372]. No obstante, en el crimen de agresión, no parece que el error de derecho en la realidad sea muy recurrente. El sujeto activo precisamente por la "especial" cualificación personal que exige el control o la dirección de las políticas estatales o militares, goza de conocimientos jurídicos (y asesoramiento técnico en la materia) que pugnarían con una posible invocación del error de derecho[1373].

1370 Sobre el error v. OLLÉ: Circunstancias eximentes, atenuantes..., ob. cit., pp. 302 a 308.

1371 Una segunda excepción se producirá si el error queda comprendido en el artículo 33 ECPI.

1372 AMBOS: El crimen de..., ob. cit., p. 55.

1373 PIGNATELLI: ob. cit., p. 712, advierte en relación con el error de derecho, que un error sobre la ilegalidad manifiesta del uso de la fuerza armada al no producir la exclusión de la responsabilidad, puede plantear problemas en situaciones que de acuerdo con el DI son de dudosa interpretación al presentar la "criticable suerte de presunción *iuris et de iure* de ilicitud del uso de la fuerza armada".

Capítulo 8

La tentativa del crimen de agresión

El apartado *f)* del párrafo tercero del artículo 25 ECPI establece el régimen jurídico general de la tentativa para los cuatro crímenes de la competencia de la CPI. Atribuye responsabilidad penal individual a quien "intente cometer" un crimen de la competencia de la CPI "mediante actos que supongan un paso importante para su ejecución, aunque el crimen no se consume debido a circunstancias ajenas a su voluntad".

La complejidad jurídica de la tentativa en el crimen de agresión fue percibida por el SWGCA desde el año 2004, donde se manifestaron las primeras discrepancias sobre si la tentativa de cometer un crimen de agresión debía incluirse expresamente en el ECPI y sí técnicamente era viable su inserción[1374].

La conducta del sujeto activo del crimen de agresión se concreta en *planificar*, *preparar*, *iniciar* o *realizar* un acto de agresión. Los dos primeros elementos de conducta (*planificar* y *preparar*) aparentemente podrían identificarse con actos preparatorios y el tercero (*iniciar*) ya con un acto de ejecución, concretamente con la tentativa. Así, de esta forma, podría pensarse que, por la dicción literal del artículo 25 f) ER, sería posible aplicar la tentativa respecto de una suerte de conducta preparatoria, esto es, al intento, sin completar, de la planificación o preparación de un acto de agresión. Y también a una suerte de tentativa de la tentativa (*iniciar* un acto de agresión). Parecería incluso por la dicción literal del párrafo primero del artículo 8 *bis* ER que en los dos primeros casos estaríamos en presencia de una tentativa inacabada y en el tercero acabada.

1374 ICC-ASP/3/SWGCA/INF.1, párr. 55 (v. *supra*, nota 507). Se reprodujeron las dudas en el año 2005 (ICC-ASP/4/32, párrs. 33 a 43) donde se manifestó que la discusión era más bien teórica que práctica; y continuaron en el año 2007 (v. ICC-ASP/6/SWGCA/INF.1, párr. 13).

La tentativa por definición supone un paso más respecto del acto preparatorio en el grado de desarrollo de la conducta delictiva. Como ya he mencionado, el párrafo primero del artículo 8 *bis* ECPI no califica como actos preparatorios la planificación o preparación de un acto de agresión, sino que equiparando estos comportamientos a actos de ejecución como son la iniciación o ejecución de una agresión, considera que ya son suficientes para estimar el crimen como consumado. Lo mismo ocurre con la iniciación de una agresión. Estrictamente es una tentativa acabada de agresión, pero el párrafo primero del artículo 8 *bis* ECPI entiende que por razones político criminalmente emanadas de la ASP debe penalizarse con la misma pena que se prevé para la realización de la agresión, es decir para el delito consumado. En definitiva, el artículo 8 *bis* ER tipifica cuatro conductas: planificar un acto de agresión, preparar un acto de agresión, iniciar un acto de agresión o realizar un acto de agresión.

No es congruente, en primer lugar, equiparar la tentativa acabada que presupone el inicio ejecutivo de una conducta, con un acto preparatorio. Las conductas previstas en el párrafo primero del artículo 8 *bis* ER asimilables teóricamente a los actos preparatorios, son algo más, hay un plus de antijuridicidad. Se *traza un plan* para un acto de agresión y se *prepara específicamente* un acto de agresión. El ER no los considera como meros actos preparatorio equívocos, neutros, periféricos o alejados del resultado. Son actos ejecutivos con trascendencia exterior que contribuyen a la producción del acto estatal colectivo de agresión. La actuación del planificador y del preparador, por exigencias típicas, contribuye, con mayor o menor antijuridicidad material, a lesionar el bien jurídico[1375] (contribuyen al acto colectivo estatal de agresión). El ER no contempla actos preparatorios punibles en su articulado de la parte general. El ECPI los transforma en conductas materiales que forman parte del tipo internacional del crimen de agresión. *Planificar un acto de agresión* y *preparar un acto de agresión* son comportamientos típicos punibles por así considerarlos en un tipo específico del ECPI. Estrictamente constituirían delitos de peligro en tanto que para su consumación no requerirían de una lesión efectiva del bien jurídico protegido sino su mera puesta en riesgo. La planifi-

---

[1375] Sobre el bien jurídico v. *supra*, Cap. 4: 1.

cación y la preparación de una agresión constituyen un riesgo para el bien jurídico. Sin embargo, desde el momento, que el EC 3 exige que el acto de agresión debe cometerse abandona su carácter de delito de peligro para convertirse en uno de resultado. Se contribuye a un resultado, el acto de agresivo, a través de la planificación o preparación de ese acto.

La tentativa en el crimen de agresión está condicionada por un régimen particular. Es indispensable que el acto colectivo de agresión se produzca, que se consume, o en palabras del EC número 3 que se *haya cometido*[1376]. De lo contrario no existirá responsabilidad penal individual[1377]. El acto colectivo estatal de agresión es la circunstancia que necesariamente se tendrá que producir, al igual que sucede con los otros crímenes competencia de la CPI. El contexto es el que le otorga la cualificación de crimen *internacional*. El ataque generalizado o sistemático contra una población civil en el crimen de lesa humanidad, el conflicto armado en el crimen de guerra o la situación de exterminio de un grupo humano en el genocidio. Como se dirá más adelante, en el crimen de agresión se requerirá, al menos que el uso de la fuerza sea necesariamente por sus características (aspecto cualitativo) y, además, por su gravedad y/o escala (aspecto cuantitativo) una violación manifiesta de la Carta de las Naciones Unidas. El ECPI cubre las exigencias de la tipicidad y la Carta las de la antijuridicidad. La incompatibilidad con la Carta le otorga al crimen de agresión el carácter de internacional, al ser todo acto de agresión un comportamiento incompatible con una norma internacional como es la Carta de San Francisco.

La conducta individual de los diferentes intervinientes sólo tendrá lugar si se ha completado el acto estatal de agresión. Teóricamente, de acuerdo con el ECPI, es posible —a pesar de que apenas pueda suceder en la práctica, y, en todo caso, por su extrema dificultad

---

[1376] V. *supra*, nota 641.
Más allá del referido EC número 3, en el seno del SWGCA (ICC-ASP/4/SWGCA/INF.1, párr. 38) estuvo presente la idea de que un crimen de agresión "presuponía que el acto de agresión se había completado" por lo que "[a] falta de ese acto completado, no habrá crimen" (v. *supra*, nota 866).

[1377] En contra, CLARK: General Principles..., ob. cit., pp. 607 a 614.

probatoria— que un sujeto "intente cometer" (artículo 25. f) ER) el crimen de agresión, a su vez, *intentando* la *planificación*, la *preparación* o el *inicio de un acto de agresión*. El sujeto habría comenzado el *inicio de un acto de agresión* (acto típico del artículo 8.1. *bis* ER) mediante actos que suponían un *paso importante* [substantial] (concepto indeterminado) *para su ejecución*, pero sin conseguir alcanzar la conducta de planificación, preparación o inicio de la agresión al no completarse por "circunstancias ajenas a su voluntad" (artículo 25.3. f) ECPI). Se puniría entonces, como he avanzado, una suerte de *tentativa de la tentativa de un crimen de agresión* y una suerte de *tentativa de actos preparatorios*.

El SWGCA ofreció en el año 2006 un doble ejemplo de laboratorio, para ilustrar la afirmación anterior, es decir, cuando el acto individual de participación ha comenzado y el colectivo se ha consumado. El primero: "un oficial del Estado de alta graduación que ha comenzado a participar en una reunión en la fase de preparación del acto colectivo pero al que se le impide participar en la adopción de decisiones" [1378]. Y el segundo: un "militar de alta graduación que está a punto de dar una importante orden en el curso de la ejecución del uso de la fuerza del Estado pero al que se le ha impedido completar el acto de dar la orden"[1379]. La SWGCA, en el primer ejemplo, se estaría refiriendo a la tentativa de preparación de un acto de agresión y en el segundo a la tentativa de inicio de un acto de agresión. El SWGCA reconoció que estos supuestos "tienen un carácter más bien teórico".

Por otro lado, el SWGCA se planteó si la responsabilidad criminal individual, de acuerdo con el apartado f) del párrafo tercero del artículo 25 ECPI, era aplicable a aquellos casos en los que "el acto colectivo no se h[ubiera] materializado plenamente" o, en otros términos, en los supuestos de un "acto colectivo comenzado pero no

---

1378 ICC-ASP/4/32, Documento de debate 1: el crimen de agresión y el párrafo 3 del artículo 25 del Estatuto, Apartado B. II. 1, 2005. Disponible en: https://asp.icc-cpi.int/sites/asp/files/asp_docs/SWGCA/Annex_II_B__Spanish.pdf

1379 V.: ICC-ASP/4/32.

consumado"[1380]. Se preguntaba —partiendo de que el acto colectivo es el uso de la fuerza por parte del Estado— si se aplicaría la letra *f)* del apartado 25.3 ECPI, cuando ésta se hace depender no de "la efectividad real del uso de la fuerza sino de los actos derivados de una fase más temprana del acto colectivo". Y resaltaba la importancia práctica porque la "línea de demarcación de la criminalidad internacional de la agresión se desplazaría *colectivamente*, es decir, frente a *todos los líderes implicados*"[1381].

Por ello, este documento de debate se cuestionaba si "¿[p]uede decirse que todos los líderes que han participado en el acto colectivo en el momento en que las fuerzas armadas del Estado respectivo han comenzado a avanzar hacia la frontera del Estado objetivo han *cometido actos que supongan un paso importante para su ejecución*?". Objetaba si se podía extender la responsabilidad de manera colectiva a una suerte de "tentativa de acto colectivo" y dudaba de que se pudiera aplicar el apartado *f)* a los "casos en los que el uso de la fuerza del Estado no se ha producido realmente"[1382]. El SWGCA, ya en su primera reunión de trabajo de 2004, a modo de ejemplo, se interpelaba sobre si sería tentativa la concentración de tropas en la frontera del propio país agresor o, en caso contrario, si las tropas debían cruzar la frontera[1383].

En definitiva, y con las salvedades sobre la aplicación teórica y práctica, solo es predicable la tentativa si el acto colectivo del acto de agresión estatal se ha completado. Si el acto agresivo no se ha materializado no existirá tentativa, ni responsabilidad penal perso-

---

1380 *Ibid.*
Los antecedentes de Núremberg se pronunciaron en el mismo sentido: los actos preparatorios exigían que los actos de agresión se completasen. No existía jurisprudencia relativa a la tentativa porque en todos los casos la agresión se había cometido (ICC-ASP/4/SWGCA/INF.1, párrs. 39 y 41; v. *supra*, nota 866).

1381 ICC-ASP/4/32.

1382 *Ibid.*

1383 ICC-ASP/3/SWGCA/INF.1, párr. 39 (v. *supra*, nota 507).

nal, por mucho que el sujeto activo haya completado la conducta individual[1384].

Otros dos supuestos pueden suscitarse, el primero lo facilita CLARK: "un autor intenta (sin éxito) participar en un acto (exitoso) de agresión estatal"[1385]. Habrá tentativa. Y un segundo, en el que el autor interviene con éxito, pero su contribución es estéril para el acto de agresión estatal con éxito. Igualmente estaríamos ante un delito en grado de tentativa por el carácter colectivo y solidario del crimen: todos contribuyen con aportaciones individuales a la materialización del acto de agresión. El autor conoce la existencia de una pluralidad de conductas que conllevarán coralmente, con independencia de su personal contribución, a la consumación del crimen de agresión, e incluso se ha concertado con el resto de autores. Por ello, el autor ha intentado contribuir con un acto que valorado *ex ante*, suponía un *paso importante* [*substantial*], en el contexto global de la unidad típica de acción del crimen de agresión, para que se completase tanto su

---

1384 En contra, CLARK: Principles..., ob. cit., pp. 616 a 618, para quien sí habría tentativa de agresión. Justificaba su postura en una lectura diferente de la cuestión a la realizada en 2005 por el SWGCA. Afirmaba, en su condición de redactor de los EC, que, en la discusión de los mismos, nunca se consideró que la redacción del EC 3 tuviera que ver con la tentativa.
Clark clarifica su postura señalando que, si A ("inevitablemente en concierto con otros autores") intentó, mediante la planificación, preparación o iniciación cometer el crimen de agresión (se propuso, al igual que el resto, llevar a cabo el acto de agresión estatal), pero no se produjo por circunstancias independientes de sus intenciones, A no pudo completar el acto colectivo del Estado iniciado ("el esfuerzo se queda corto").
El acto es colectivo, pero los individuos (al menos varios) son necesarios para ponerlo en marcha y pueden ser responsables de intentarlo. Para este autor el acto estatal de agresión visto desde el autor que ejecuta es una circunstancia (contextual), sin embargo, para el planificador o preparador es un elemento de resultado e incluso de conducta (*ibid.*, pp. 608 y 617).

1385 CLARK: Principles..., ob. cit., pp. 608. Añade este autor como otro supuesto o categoría de tentativa aquella "en la que el autor (inevitablemente en concierto con otros autores) se proponen llevar a cabo lo que pretenden (de hecho, todos pretenden) que sea un acto de agresión estatal, pero el esfuerzo se queda corto (este último es "un acto colectivo iniciado pero no completado", si se prefiere). Cursiva y comillas en el original (*ibid.*, p. 608).

conducta individual como la colectiva. La conducta del sujeto, en estas condiciones, era peligrosa *ex ante* para el bien jurídico.

A pesar de todo lo expuesto, desde una perspectiva más bien teórica, al descender a la práctica, la literalidad del apartado 1 del artículo 8.1. *bis* ECPI es, en definitiva, absurda. Extiende los límites de punición a los *intentos* de realización de lo que serían dos actos *preparatorios* y uno de *inicio* de actos colectivos de agresión. De acuerdo con el principio de lesividad es injustificable el exceso legislativo internacional[1386] por la reduplicación de la punición que resultaría. El SWGCA en 2004 ya advirtió de la superposición del párrafo tercero del artículo 25 ECPI con la definición que en aquel momento se estaba proponiendo[1387]. Posteriormente, propuso corregir este exceso a través del examen obligatorio del Fiscal y de no enjuiciar tentativas irrelevantes; y a través de un "órgano exterior que determinara si un acto de agresión se había producido"[1388].

1386 AMBOS: El crimen de..., ob. cit., p. 51, en relación con los actos preparatorios, critica la intervención prematura del Derecho penal y su problemática por la vigencia del principio del daño o *Rechtsgutslehre* que exige la efectiva realización de un daño o la efectiva violación de un interés protegido que justifique la intervención del Derecho penal.

1387 ICC-ASP/3/SWGCA/INF.1, párr. 53 (v. *supra*, nota 507).

1388 ICC-ASP/4/SWGCA/INF.1, párr. 37 (v. *supra*, nota 866).

Capítulo 9

Consumación y concursos

1. CONSUMACIÓN

La consumación del crimen de agresión requerirá necesariamente de la producción del acto estatal de agresión. Es una consumación de dos velocidades. La conducta individual no adquirirá relevancia penal hasta que, de acuerdo con el EC 3, "el acto de agresión" se "haya cometido". De acuerdo con lo expuesto[1389], la conducta individual se producirá antes o simultáneamente a la decisión estatal de agresión, pero no se consumará el crimen de agresión hasta la comisión del acto agresivo. También la conducta individual puede surgir de una contribución posterior a la decisión del Estado de agredir a otro Estado, bien antes del *inicio* y *realización* del acto de agresión, bien una vez iniciado éste al ser un delito de consumación permanente.

La determinación del bien jurídico protegido inmediato (paz y seguridad internacionales, soberanía de los Estados y su seguridad o convivencia pacífica internacional)[1390] y las diferentes conductas individuales proyectadas a la ejecución del acto de agresión estatal conduce a considerar que el crimen de agresión es de naturaleza permanente[1391]. El crimen se sigue consumando progresivamente, se prolonga en el tiempo, se renueva constantemente, mientras se mantiene la situación antijurídica del acto de agresión del uso de la fuer-

---

1389 V. *supra*, Cap. 4: 3.

1390 Sobre el bien jurídico v. *supra*, Cap. 4: 1.

1391 ROXÍN, C.: *Derecho penal parte general, fundamentos. La estructura de la teoría del delito,* (traducción a la 2ª edición por LUZÓN PEÑA, D.M.; DÍAZ y GARCÍA CONLLEDO, M.; y DE VICENTE REMESA, J.), Tomo I, Civitas, Madrid, 1997, p. 329, define los delitos permanentes como "aquellos hechos en los que el delinto no está concluido con la realización del tipo, sino que se mantiene por la voluntad delictiva del autor tanto tiempo como subsiste el estado antijurídico creado por el mismo".

za armada, en cualquier de sus modalidades normativas del párrafo segundo del artículo 8 *bis* ER ejecutadas de forma sucesiva o alternativa, por voluntad de los autores del crimen. El mantenimiento de esta situación de agresión sigue realizando constantemente el tipo.

En consecuencia, la consumación del crimen de agresión se seguirá sucediendo en el tiempo hasta que, por un lado, cese el último acto de agresión o de uso de fuerza armada ilegal y hasta que, por otro lado, y conjunta o unidamente, el Estado víctima recupere completamente su soberanía estatal, integridad territorial o independencia política. Estos dos acontecimientos unidos, determinarán el cese de la situación antijurídica agresiva [1392]. Cese que se producirá voluntariamente por parte de las personas responsables del crimen del Estado agresor o por el ejercicio de la legítima defensa colectiva o individual del Estado agredido[1393]. El crimen de agresión se seguirá consumando hasta la finalización del conflicto. Lo relevante no es el ataque inicial, sino la conclusión del conflicto y la recuperación por el Estado agredido de su soberanía estatal, integridad territorial o independencia política. En este sentido, la redacción de algunos actos de agresión estatal enumerados en el párrafo segundo del artículo 8 *bis* ER puede ser confusa. Por ejemplo, el inicio de un bombardeo o del uso de armas (letra *b*) parecería que es suficiente para consumar el crimen de agresión; mientras que la invasión u ocupación (letra *a*) o el bloqueo de puertos o costas (letra *c*) exigiría un carácter permanente más o menos permanente.

1392 CORACINI, A. R.: "The Case fon Creating a Special Tribunal to Prosecute the Crime of Aggression Against Ukraine (Part II), Jurisdiction and Composition", *Just Security*, September 23, 2022, https://www.justsecurity.org/83201/tribunal-crime-of-aggression-part-two/, refiriéndose a la agresión de Ucrania por parte de Rusia, conceptúa el delito como "continuado" (*continuing*), que continuará "hasta que se ponga fin al uso de la fuerza y se reestablezca la soberanía, la integridad territorial y la independencia política de Ucrania. Estos son actos inseparables y forman una sola situación".

1393 La recurrente resolución 2433, la Asamblea Parlamentaria, párr. 11.13 (v. *supra*, nota 981), se refirió a los actos de agresión en Ucrania como "la agresión continuada de la Federación Rusa" e instaba el "cese inmediato e incondicionalmente su agresión contra Ucrania, y retire total completa e incondicional sus fuerzas de ocupación" (párr. 13.1).

El bloque de antijuridicidad material del crimen de agresión se describe en el primer inciso del párrafo segundo del artículo 8 *bis* ER al proyectar el uso de la fuerza armada, como acto de agresión, contra "la soberanía, la integridad territorial o la independencia política de otro Estado, o en cualquier otra forma incompatible con la Carta de las Naciones Unidas".

Este carácter permanente consumativo, también puede deducirse, *mutatis mutandis*, del ámbito de la responsabilidad estatal por hechos internacionalmente ilícitos. El repetido proyecto de artículos, al referirse a la extensión en el tiempo de la violación de una obligación internacional sostuvo que si esta violación tiene "carácter continuo se extiende durante todo el período en el cual el hecho continúa y se mantiene su falta de conformidad con una obligación internacional" (artículo 14.2)[1394].

La naturaleza de crimen permanente no afectará a la prescripción de la acción penal, como sucede en los delitos de derecho nacional, en el que el *dies a quo* del cómputo del período prescriptivo comienza cuando cesa el estado antijurídico creado por el autor del delito. Los crímenes competencia de la CPI, como el de agresión, son imprescriptibles (artículo 29 ER). Sin embargo, sí servirá para establecer la concreta forma de participación de otros intervinientes, el marco temporal en el que el Estado agredido puede ejercer el derecho a la legítima defensa individual o colectiva, y para solucionar problemas de la aplicación de la ley penal en el tiempo, como, por ejemplo, la entrada en vigor con posterioridad al inicio del acto de agresión de una ley penal más desfavorable a la vigente a la del comienzo de la agresión estatal.

2. CONCURSOS

Las relaciones concursales en el crimen de agresión, por su peculiar y diferenciada estructura respecto de los otros crímenes internacionales, no son tan complejas como las que se pueden producir

---

1394 V: UN. Doc. A/RES/56/83 (v. *supra*, nota 947).

con el resto de los crímenes de la competencia de la CPI. En primer lugar, el concurso intracategorial[1395] (comisión de varias conductas subyacentes dentro de la misma categoría del crimen de agresión) se resuelve sin dificultad.

La relación interna entre todos los intervinientes en la comisión del crimen colectivo de agresión es de solidaridad. Cada uno de los dirigentes o controladores de la acción política o militar del Estado agresor es responsable de *un* crimen de agresión, pero todos *del mismo* crimen de agresión. Es un crimen colectivo que se construye sobre la base de las aportaciones individuales. Todos contribuyen con su específica intervención con vínculos de solidaridad al acto estatal colectivo de la agresión, al uso de fuerza. La responsabilidad se les atribuye por ejecutar, al menos, uno de los elementos de la conducta individual: *planificar, preparar, iniciar* o *realizar* que, a su vez, contribuye a la materialización de un acto de agresión. Es indiferente que una misma persona intervenga en la ejecución de dos o más elementos de la conducta, por ejemplo, *planifica* y además *realiza* un acto de agresión. Es una unidad típica de acción para ese sujeto, aunque aisladamente pudieran considerarse acciones diferentes en sentido natural. Y, del mismo modo, es indiferente que un mismo sujeto ejecute varias acciones subsumibles en una misma conducta típica. Por ejemplo, varias acciones de planificación o varias acciones de preparación del acto de agresión o la participación con otros en varios escenarios de planificación o preparación.

La conducta individual debe conducir irremediablemente, al menos, a la *consumación* de uno de los actos colectivos de agresión, del párrafo segundo del artículo 8 *bis* ECPI. Si se ejecutan más de dos actos de agresión, por ejemplo, la invasión del territorio de otro Estado y después la ocupación del mismo, o la invasión y luego bombardeo de ese territorio igualmente constituirá un único crimen de agresión. Al igual que el *acto,* los *actos* de agresión (uso de la fuerza) se

---

1395 Sobre las relaciones concursales en el DPI y los conceptos de concurso intracategorial e intercategorial, v. MACULAN, E. y LIÑÁN LAFUENTE, A: "Relaciones concursales", *Derecho penal internacional,* Gil Gil A. y Maculan E (dirs.), Dykinson, Madrid, 2019, pp. 342 a 370.

dirige[n] contra la misma soberanía, la misma integridad territorio o la misma independencia política de un Estado. La conducta colectiva (conducta individual + acto de agresión) vulneran el mismo bien jurídico (la paz y la seguridad internacional) y generan una unidad delictiva.

Las distintas conductas individuales y el acto o los actos de agresión son modalidades diferentes de un mismo crimen de agresión, cometido a través, por ejemplo, de la *planificación* de un acto de *invasión*, a través de la *realización* de un acto de *invasión*, de la *preparación* de un *ataque*, etc., que daría lugar a una condena por un único crimen de agresión, para cada uno de los intervinientes.

El concurso intercategorial (realización de una conducta que pueda ser constitutiva, además del crimen de agresión, de otros crímenes de la competencia de la CPI) tampoco presenta problemas. Más allá de la compleja estructura dual del crimen, el bien jurídico protegido del crimen de agresión (la paz y la seguridad internacionales) determinará que en caso de la ejecución de conductas que pudieran subsumirse, a la vez, en otro tipo internacional se apliquen las reglas de un concurso de delitos. Por ejemplo, si el acto de agresión ha sido el bombardeo del territorio de otro Estado (artículo 8.2. *b*) ECPI), y esas bombas, además, han ido dirigidas conscientemente contra "ciudades, aldeas, viviendas o edificios que no estén defendidos y que no sean objetivos militares" (artículo 8.2. b) v) ECPI) se cometerá un crimen de agresión y otro de guerra.

El ECPI no establece regla concursal alguna. Sin embargo, sobre la pena a imponer, ordena (artículo 78.3 ER) que "si una persona ha sido declarada culpable de más de un crimen" (concurso de delitos) se impondrá una pena por cada crimen (acumulación de penas), y una pena común a todos ellos en la que se especificará la "duración total de la reclusión". El ER fija un límite mínimo y máximo penológico común para todos los crímenes cometidos: "La pena no será inferior a la más alta de cada una de las impuestas y no excederá de 30 años de reclusión o de una pena de reclusión a perpetuidad de conformidad con el párrafo 1 b) del artículo 77"[1396].

[1396] Sobre la pena en la CPI v.: MACULAN, E.: "El sistema de penas", *Derecho penal internacional*, Gil Gil A. y Maculan E (dirs.), Dykinson, Madrid, 2019, pp. 371 a 392.

Capítulo 10

Jurisdicción de la corte penal internacional sobre el crimen de agresión

1. PRINCIPALES DESAFÍOS JURISDICCIONALES

Las condiciones para el ejercicio de la competencia[1397] sobre el crimen de agresión suscitaron arduas y complejas discusiones y negociaciones que culminaron con los artículos 15 *bis* y 15 *ter* ER. Especialmente significativa fue la concreción de la entrada en vigor de las enmiendas y su activación. También fue un desafío el papel que debía desempeñar el CdS para determinar la (in)existencia de un acto de agresión y el grado de vinculación de esa decisión para la CPI. Asimismo, se debatió intensamente si el Estado agresor implicado en un acto de agresión debía manifestar su consentimiento para que la CPI ejerciera su competencia sobre él y en, caso afirmativo, en qué condiciones se otorgaría el consentimiento[1398].

En los últimos días de la *conferencia de revisión* en 2010, apenas 72 horas antes de su conclusión, se logró un acuerdo de consenso[1399]. Éste, en líneas generales pasó por diferenciar en dos artículos separados un régimen jurídico para las situaciones remitidas, bien por un Estado Parte, bien iniciadas de oficio (*proprio motu*) por el Fiscal (artí-

[1397] Utilizo competencia como sinónimo de jurisdicción, aunque técnicamente sean conceptos diferentes. Competencia es el término que utiliza la ECPI.

[1398] Sobre las discusiones acerca de si el Estado agresor debía otorgar su consentimiento v.: ICC-ASP/8/INF.2, párrs. 32 a 43 y Anexo III (v. *supra*, nota 625).

[1399] BARRIGA, S. and BLOKKER, N.: "Entry into Force and Conditions for the Exercise of Jurisdiction: Cross-Cutting Issues, *Crime of Aggression Library*, *The Crime of Aggression a commentary*, KREß, C. and BARRIGA, S. (ed.), Cambridge University Press 2017, p. 621. Estos autores sintetizan las diferentes posturas que se barajaron sobre el procedimiento de entrada en vigor y consentimiento del Estado (pp. 622 a 625).

culo 15 *bis* ER). Y otro régimen jurídico para las situaciones remitidas por el CdS (artículo 15 *ter* ECPI).

Esto explica que existen disposiciones idénticas para ambos regímenes. Unas sobre la entrada en vigor de la competencia de la Corte y su activación (párrafos 2 y 3, de los artículos 15 *bis* y 15 *ter* ECPI). Y otras en las que se deja sentado que el régimen competencial para el crimen de agresión no afecta al del resto de los crímenes de la competencia de la CPI enumerados en el artículo 5 ER (artículos 15.10 *bis* y 15.5 *ter* ER). Esta duplicidad normativa tiene su origen en que las negociaciones del texto sobre la jurisdicción siempre se basaron en un único artículo. Artículo que, finalmente, se deslindó en dos. Esos párrafos comunes se trasladaron a los dos artículos 15 *bis* y 15 *ter* ER.

El ejercicio de la jurisdicción de la CPI respecto del crimen de agresión se activa de tres formas distintas: i) a través de la remisión de una situación por un Estado Parte (artículo 15 *bis*); ii) por iniciativa *proprio motu* del Fiscal de la Corte (artículo 15 *bis* ER); y iii) por remisión por parte del CdS a la CPI de una situación (artículo 15 *ter* ER).

A estos tres mecanismos de activación me referiré en los dos últimos apartados de este capítulo. Previamente trataré las cuestiones comunes que afectan a la jurisdicción: al proceso de ratificación de las enmiendas, a la entrada en vigor de las mismas y su activación, al rol del CdS, y —por su interrelación con los artículos 15 *bis* y 15 *ter* ECPI— al mecanismo general de activación de la competencia para el resto de los crímenes de la competencia de la CPI[1400].

[1400] Estos desafíos jurisdiccionales que desarrollo seguidamente han conducido a pronosticar a FERNÁNDEZ PONS, X.: "El crimen de agresión en las jurisdicciones penales nacionales", *La Corte Penal Internacional 20 años después*, Salinas de Frías, A. y Petit de Gabriel, W. (dirs.) y García Andrade, P. y Álvarez Arcá, I. (coords.), Tiran lo Blanch, Valencia 2021, p. 172, que "es muy probable que a muchos crímenes de agresión únicamente los siga juzgando la historia".

2. RATIFICACIÓN DE LAS ENMIENDAS. ENTRADA EN VIGOR. ACTIVACIÓN DE LA JURISDICCIÓN

Las enmiendas de Kampala sobre el crimen de agresión (artículos 8 *bis*, 15 *bis* y 15 *ter* ER, *entendimientos* y *elementos de los crímenes*), como he adelantado[1401], se aprobaron por consenso el 11 junio de 2010[1402]. Me he referido con carácter general a la entrada en vigor y a la activación de las enmiendas sobre el crimen de agresión. Se debatió por las delegaciones de la ASP[1403] si el régimen jurídico de la entrada en vigor de las enmiendas era el previsto en el párrafo 4 o 5 del artículo 121 ER, y cómo se vinculaba jurídicamente con el entonces vigente párrafo 2 del artículo 5 ER[1404]. El párrafo 4 del artículo 121 requiere, con carácter general, y por defecto ("salvo lo dispuesto en el párrafo 5"), para la entrada en vigor de "toda enmienda", el transcurso de un año desde que siete octavos de los Estados Partes ratifiquen o se adhieran a las enmiendas. El párrafo 5 del artículo 121 ER es una excepción al anterior. Las enmiendas —según el artículo 121.5 ER— a los artículos 5, 6, 7 y 8 entrarán en vigor "únicamente respecto de los Estados Partes que las hayan aceptado un año después del depósito de sus instrumentos de ratificación o aceptación". El párrafo 5 muestra un régimen diferenciador cuantitativo y cualitativo respecto del párrafo 4. El párrafo 5 se aplica específicamente a "las enmiendas a

---

1401 V. *supra*, Cap. 3: 2.3.

1402 Resolución RC/Res.6.

1403 Sobre éstas, v. BARRIGA and BLOKKER: "Entry into Force…, ob. cit., pp. 622 a 625.

1404 Fue suprimido de conformidad con la resolución RC/Res.6, anexo I, de 11 de junio de 2010. Su texto era: "La Corte ejercerá competencia respecto del crimen de agresión una vez que se apruebe una disposición de conformidad con los artículos 121 y 123 en que se defina el crimen y se enuncien las condiciones en las cuales lo hará. Esa disposición será compatible con las disposiciones pertinentes de la Carta de las Naciones Unidas".
Incluso se planteó si cada situación según quien la remitiera debería tener un régimen de entrada en vigor diferente. A las remisiones del CdS se aplicaría el párrafo 5, mientras que a las estatales o investigaciones de oficio se aplicaría el párrafo 4. BARRIGA and BLOKKER: Entry into Forced…, ob. cit., pp. 623 y 624.

los artículos 5, 6, 7 y 8" del ER, mientras que el párrafo 4 a "toda enmienda" (cualitativo). Las enmiendas del párrafo 4 entran en vigor para todos los Estados Partes, mientras que las del 5 solo para "los Estados Partes que las hayan aceptado" (cuantitativo). Y cuantitativamente el número de ratificaciones exigidas difiere.

La postura favorable a la aplicación del párrafo 5 del artículo 121 ER era la solución que mejor se conciliaba con la opinión de los Estados que exigían la prestación de consentimiento para ser enjuiciados sus nacionales por el crimen de agresión. Además, esta solución se reforzaba con el compromiso alcanzado de insertar una cláusula, a la que luego me referiré, por la que los Estados Partes podrían excluirse voluntariamente de la competencia de la CPI para el crimen de agresión. Exclusión que también comprendería a los Estados no Partes, salvo que el CdS remitiese una situación[1405].

Finalmente, se acordó que las enmiendas entrarían en vigor según el párrafo 5 del artículo 121 ER[1406], esto es, únicamente de forma individual para cada Estado Parte que las aceptara un año después a partir del depósito de sus instrumentos de ratificación, adhesión o aceptación. La importancia de este párrafo es la delimitación inicial del *dies a quo* o momento temporal de la entrada en vigor para cada Estado Parte. Por ejemplo, España ratificó las enmiendas a través del depósito de su instrumento de ratificación, el 24 de septiembre de 2014[1407], por lo que las mismas entraron en vigor para nuestro país un año después, el 25 de septiembre de 2015. No es una entrada en

---

1405 BARRIGA and BLOKKER: Entry into Forced..., ob. cit., pp. 624 y 625.

1406 Resolución RC/Res.6.
BARRIGA and BLOKKER: Entry into Forced..., ob. cit., pp. 631 a 633, advierten que esta decisión fue muy criticada en la clausura de la Conferencia de Revisión, especialmente por Japón y también por la doctrina.

1407 V. listado de Estados que han aceptado o ratificado las enmiendas en: https://treaties.UN.org/Pages/ViewDetails.aspx?src=TREATY&mtdsg_no=XVIII-10-b&chapter=18&clang=_en
V. Ley Orgánica 5/2014, de 17 de septiembre, por la que se autoriza la ratificación de las Enmiendas al Estatuto de Roma de la Corte Penal Internacional, relativas a los crímenes de guerra y al crimen de agresión, hechas en Kampala el 10 y 11 de junio de 2010. BOE número 227, 18 de septiembre de 2014.

vigor colectiva. Es individual para cada Estado ratificante. La citada resolución RC/Res.6 decidía, además, revisar las actuales enmiendas siete años después del inicio del ejercicio de la competencia de la CPI. Será, en consecuencia, a partir del 17 de julio de 2025.

El sistema de activación de la competencia en el crimen de agresión era ciertamente particular. La entrada en vigor de las enmiendas para los Estados ratificantes no significaba que la CPI pudiera ejercer su competencia de forma inmediata. Se exigían dos requisitos específicos y acumulativos al anterior (entrada en vigor de las enmiendas), para activar la jurisdicción de la CPI, tanto si la situación es remitida por un Estado Parte o se inicia de oficio por el Fiscal (artículo 15 *bis* ER), como si lo es por el CdS (artículo 15 *ter* ER).

Para el primero, previsto de forma idéntica en el párrafo segundo de los artículos 15 *bis* y 15 *ter* ECPI, era necesario que las enmiendas fueran ratificadas por treinta Estados y hubiera transcurrido un año desde la trigésima ratificación. En los debates, algunas delegaciones, como destaca el SWCGA[1408], argumentaron que no era necesario, de acuerdo con el párrafo 5 del artículo 121, un número *mínimo* de ratificaciones. Una sola ratificación de la enmienda podría activar la jurisdicción *ratione materiae* de la CPI sobre el crimen de agresión. Otras delegaciones exigían un número mínimo de ratificaciones[1409]. Por primera vez apareció en un documento del presidente de la Conferencia de Revisión —que presentó un día antes de la conclusión de la Conferencia— la idea de que el número de Estados ratificantes fuera de treinta[1410].

[1408] Sobre las discusiones producidas en el SWGCA respecto de la entrada en vigor de las enmiendas v. MCDOUGALL, C.: The crime of…, ob. cit., pp. 22 a 24.

[1409] ICC-ASP/7/20, párrs. 36 y 37 (v. *supra*, nota 759).

[1410] Draft Resolution: The Crime of Aggression', informal non-paper submitted by the President of the Review Conference, 10 June 2010, 11.00 p.m. The non-paper was not published as such but considered by the linguistic Drafting Committee. V. KREß and BARRIGA: The Travaux…, ob. cit., p. 785 (annex III).

El segundo requisito acumulativo, una vez superada la ratificación por parte de treinta Estados[1411] —de acuerdo al párrafo tercero también común de los artículos 15 *bis* y 15 *ter* ER— era la necesidad de que se *adopt[ara] una decisión* después del 1 de enero de 2017, por la misma mayoría de Estados Partes que se requiere para la aprobación de una enmienda al Estatuto[1412]. El 14 de diciembre de 2017 se adoptaba por consenso, por la ASP —no fue necesario convocar una nueva conferencia de revisión— la resolución de *Activación de la competencia de la Corte respecto del crimen de agresión*[1413]. Se fijaba el inicio del ejercicio jurisdiccional o competencia de la CPI a partir del día 17 de julio de 2018[1414]. De esta forma, se diferenciaba semánticamente *activación* de la competencia de la CPI de la *entrada en vigor* de las enmiendas. En concreto, la citada resolución de 14 de diciembre de 2017 enfatizaba esta diferencia: "Decide activar la competencia de la Corte sobre el crimen de agresión a partir del 17 de julio de 1998". Con esta decisión —más allá de las cuestiones jurídicas controvertidas sobre la definición y la activación de la competencia necesitadas de ser perfeccionadas en el futuro— se cerraba el largo y tortuoso ca-

---

1411 V. *supra*, Cap. 3: 2.3.
Sobre el documento oficioso del presidente sobre la preocupación del momento de entrada en vigor de las enmiendas: RC/WGCA/2, Documento oficioso del Presidente: Elementos adicionales para una solución respecto del crimen de agresión, 25 de mayo de 2010. Disponible en: https://asp.icc-cpi.int/sites/asp/files/asp_docs/RC2010/RC-WGCA-2-SPA.pdf

1412 Esto es, de acuerdo con el artículo 121.3 ER: consenso o dos tercios de todos los Estados Partes.

1413 ICC-ASP/16/Res.5 (v. *supra*, nota 537).
MCDOUGALL, C.: The crime of..., ob. cit., p. 74, reprocha que en 2017 no existieran "verdaderos expertos" en DPI en el proceso de facilitación. Por ello, muchos Estados adoptaron una postura pasiva sobre las complejas cuestiones jurisdiccionales.

1414 En el ER no se establecía el período concreto para la activación, solo "después del 1° de enero de 2017". No obstante, *President´s Final Compromise Proposal*, Untitled text, 11 June 2010, 11:00 p.m., distributed by the President at the13 th plenary meeting of the Review Conference, KREß and BARRIGA: The Travaux Préparatoires..., ob. cit., p. 804, "resolvía", en relación con el párrafo tercero común, que la activación sería "tan pronto como fuera posible".

mino del nacimiento del crimen de agresión. El crimen de agresión como conducta prohibida ya era una realidad en el DPI.

En el seno del SWGCA se llegó a argumentar que la Corte podría ejercer la jurisdicción *ratione materiae* por el crimen de agresión a partir de la aprobación de la enmienda por la Conferencia de Revisión. De esta forma, "podría iniciar investigaciones acerca del crimen de agresión basándose en una remisión del Consejo de Seguridad", pero no en relación con las "remisiones por Estados partes y las investigaciones *proprio motu* [porque] todavía requerirían el consentimiento correspondiente para que fueran vinculantes en virtud del párrafo 4 o del párrafo 5 del artículo 121". Sin embargo, para otras delegaciones la CPI "solo podía recibir remisiones del Consejo de Seguridad una vez que entrara en vigor la enmienda con arreglo al párrafo 4 o al párrafo 5 del artículo 121"[1415].

La razón de este *lapsus* temporal desde la ratificación de las enmiendas y su entrada en vigor hasta la activación de la jurisdicción, lo justifica BARRIGA en el "respiro" que se le insuflaba a los Estados Partes antes de acometer situaciones tan complejas como es el crimen de agresión, además de la necesidad de crear un "cierto grado de voluntad política" por los Estados Partes "antes de accionar el interruptor". No obstante, algunas delegaciones pensaron que con esta fórmula sobre la activación no estaba "dicha la última palabra sobre el crimen de agresión", por lo que se facilitó que no se opusieran a la aprobación de las enmiendas[1416]. Este "respiro" también se insufló para que los Estados Partes, especialmente los miembros permanentes del CdS, y los no Partes pudieran aceptar más fácilmente las enmiendas[1417].

En esta resolución se confirmaba que las enmiendas entrarían en vigor para los Estados Partes que las hubieren aceptado un año después del depósito de sus instrumentos de ratificación o aceptación[1418] y que "en caso de remisión por un Estado o de investigación

---

1415 ICC-ASP/7/20, párr. 38 (2008). V. *supra*, nota 759.

1416 V. BARRIGA and BLOKKER: Entry into Force..., ob. cit., pp. 633 y 634.

1417 *Ibid.*, p. 636.

1418 Son los términos que utiliza el artículo 14.2 de la Convención de Viena sobre el Derecho de Tratados: "El consentimiento de un Estado en obligarse

de oficio" la Corte no ejercerá la competencia si el crimen de agresión ha sido cometido por nacionales (principio de personalidad activa) o en el territorio de un Estado Parte (principio de personalidad pasiva) que no haya ratificado o aceptado las enmiendas. El inciso último del párrafo 5 del artículo 121 dispone expresamente, como cláusula negativa, que la CPI "no ejercerá su competencia" respecto del crimen objeto de la enmienda "cuando se haya cometido por nacionales o en el territorio de un Estado Parte que no haya aceptado la enmienda".

La entrada en vigor de las enmiendas para los Estados que las hayan ratificado no exime, sin embargo, al resto de Estados Partes no ratificantes de las enmiendas de su obligación de cooperación con la CPI. El artículo 86 ECPI impone la obligación general de cooperar plenamente con la Corte a todos los Estados Partes en "relación con la investigación y el enjuiciamiento de crímenes de su competencia"[1419], entre los que se encuentra, indiscutiblemente, el de agresión[1420]. Sin una cooperación eficaz de los Estados[1421], ratificantes o no de las enmiendas, e incluso de los Estados no Partes[1422], para la investigación y posterior enjuiciamiento, la voluntad del Fiscal y de la CPI para perseguir y juzgar los crímenes de más grave trascendencia para la comunidad internacional en su conjunto se frustrará. La cooperación vertical entre la CPI y los Estados será especialmente dificultosa en el crimen de agresión al estar siempre implicados, al menos, dos Estados, y afectar a líderes políticos y militares

---

por un tratado se manifestará mediante la aceptación o la aprobación en condiciones semejantes a las que rigen para la ratificación". Deben entenderse que el efecto de ambos conceptos es idéntico.

1419 Sobre el régimen jurídico de la cooperación y asistencia internacional con la CPI, v.: Parte IX del ER, artículos 86 a 102.

1420 V. BARRIGA and BLOKKER: Entry into Force..., ob. cit., pp. 634.

1421 En el ICC-ASP/18/16, Informe de la Corte sobre la Cooperación, 21 de octubre de 2019, la ASP describe alguna de las dificultades que ha encontrado la CPI en materia de cooperación. Disponible en: https://asp.icc-cpi.int/sites/asp/files/asp_docs/ASP18/ICC-ASP-18-16-SPA.pdf

1422 La CPI puede invitar a los Estados no Parte a colaborar con ella, de acuerdo con el artículo 87.5 a) ER.

que ocupan altos o máximos puestos funcionariales o de autoridad en el Estado[1423].

El ejercicio eficaz de la acción penal internacional está supeditado, con carácter general, a que los Estados colaboren en el acopio y en la obtención de todo tipo de elementos probatorios[1424], a que faciliten a la CPI la presencia de los testigos en la sede del tribunal para prestar declaración, a que los Estados cumplan las órdenes de detención y entrega de la CPI y pongan a disposición del tribunal a los buscados[1425], y a que cooperen a la ejecución de las sentencias, por ejemplo, acogiendo en los centros penitenciarios de sus países a los condenados para que cumplan la pena impuesta[1426].

Como conclusión, la CPI ejerce su jurisdicción por el crimen de agresión respecto de hechos cometidos a partir del 17 de julio de 2018, y respecto de una situación remitida tanto por un Estado Parte o iniciada de oficio por el Fiscal si las enmiendas han sido ratificadas por el Estado del territorio donde se han cometido los hechos o del que es nacional su autor y han entrado en vigor para él. Requisitos de territorialidad y personalidad que no son exigibles, como se verá, si la situación la ha remitido el CdS. *Ratione temporis,* la entrada en vigor para un concreto Estado, por exigencias del principio de irretroactividad (artículo 24 ER), se producirá un año después de la ratificación, adhesión o aceptación (artículo 121.5 ER). Si es posterior al 17 de julio de 2018, ese día sería el *dies a quo* a partir del cual la CPI desplegará su jurisdicción respecto de los hechos cometidos en ese Estado y/o por un nacional suyo.

[1423] MCDOUGALL: The Crime of..., ob. cit., p. 370, pone en valor, para procurar que la cooperación sea eficaz en el crimen de agresión, el artículo 72 ER para proteger la información que afecte a la seguridad nacional, el artículo 73 sobre la información confidencial de terceros, y el párrafo 4 del artículo 93 sobre denegación de solicitudes de asistencia que afecten a la seguridad nacional del Estado Parte al que se ha solicitado la cooperación.

[1424] El artículo 93 ER enumera diferentes formas de cooperación de los Estados con la CPI.

[1425] V. artículos 89 a 92. ER.

[1426] V. también artículos 103 a 111 ER.

La resolución de activación de la competencia fue precedida de negociaciones especialmente complejas sobre el régimen jurisdiccional de la CPI. En palabras del profesor KREß es el fin a un proceso *fascinante* que ha durado un siglo y aunque *imperfecto*, "envía un mensaje oportuno a la conciencia de la humanidad acerca de la importancia fundamental de la prohibición del uso de la fuerza para el ordenamiento jurídico internacional, que tiene por objeto contribuir a la paz mundial"[1427].

La ratificación de las enmiendas, como he aseverado, servirá para promocionar la paz y el Estado de Derecho a nivel internacional y ayudará a que los dirigentes estatales se alejen y disuadan del uso de la fuerza armada; servirá para proteger los derechos humanos y evitar el sufrimiento de las personas[1428]; supondrá el compromiso del Estado ratificante de que no cometerá actos de agresión; y será un apoyo a la CPI[1429].

3. EL DISCUTIDO ROL DEL CONSEJO DE SEGURIDAD

Especialmente relevante fue el debate suscitado sobre el rol que debía desempeñar el CdS en la investigación y enjuiciamiento del crimen de agresión por parte de la CPI. La independencia de la CPI y su despolitización podían ponerse en duda, según el papel del CdS. La postura liderada fundamentalmente por los Estados miembros permanentes del CdS se aferraban al artículo 39 de la Carta[1430] para fundamentar que el CdS era el único órgano en exclusiva para *determinar* la existencia de un acto de agresión y si se soslayaba este papel se podría producir un conflicto que, de acuerdo con el artículo 103

1427 KREß: Los avances de..., ob. cit., pp. 593 y 594.

1428 V. *supra*, Cap. 4: 1.

1429 *Manual de ratificación*..., ob. cit. pp. 4 a 6. V. *supra*, nota 552.

1430 El artículo 39 dispone que "[e]l Consejo de Seguridad determinará la existencia de toda amenaza a la paz, quebrantamiento de la paz o acto de agresión".

de la Carta, haría prevalecer las obligaciones de la Carta[1431]. Se esgrimió también en favor del CdS la responsabilidad primordial que le corresponde según el artículo 24 de la Carta para mantener la paz mundial[1432]. Años antes, la CDI ya había señalado la conveniencia de que el CdS determinara, previamente a que se acusara a una persona de la comisión de un crimen de agresión, que se había cometido el acto de agresión por el que fuera acusado[1433]. Los Estados miembros permanentes del CdS en la Conferencia de Revisión de Kampala reivindicaron que el ejercicio jurisdiccional se debía basar en la decisión primordial del CdS[1434]. Si prosperaba esta posición, la decisión del CdS se convertiría en una condición pre procesal necesaria para que la CPI pudiera iniciar una investigación y convertiría a la CPI en esta materia en un tribunal *ad hoc*.

El artículo 103 de la Carta nunca entraría en juego, sin perjuicio de que, en el momento de su redacción, el crimen de agresión como tal era inexistente en el DI y en el DPI (sí su antecesor, los crímenes contra la paz) por lo que materialmente era imposible que se produjera la colisión normativa prevista en el artículo 103 de la Carta. La Carta adolece de cualquier norma que implique de algún modo al CdS en el enjuiciamiento de crímenes internacionales. Ni tampoco las decisiones de la CPI afectarían al sistema de medidas colectivas del CdS[1435].

La mayoría de los Estados Partes participantes en la Conferencia de Revisión se posicionaron en contra de que el CdS desempeñase un papel relevante en la persecución judicial del crimen de agresión. Argumentaron que ni el artículo 39 ni el artículo 24 de la Carta establecen una prohibición expresa para que otro órgano determi-

---

1431 V. un minucioso estudio sobre los argumentos favorables o contrarios a que el CdS determinase un acto de agresión en MCDOUGALL: The Crime of…, ob. cit., pp. 258 a 288.

1432 WERLE y JESSBERGER: ob. cit., p. 897.

1433 UN. Doc. A/CN.4/L.490, Informe revisado del grupo de trabajo sobre el proyecto de Estatuto de un Tribunal Penal Internacional, 19 de julio de 1993, p. 34 (artículo 27).
Disponible en: https://digitallibrary.UN.org/record/171305?ln=es

1434 KREß: On The New…, ob. cit.

1435 MCDOUGALL: The Crime of Aggression…, ob. cit., p. 283.

ne la existencia de un acto de agresión. Incidieron en que se pondría en peligro la independencia y credibilidad de la CPI. Y que los miembros permanentes y sus aliados podrían usar esa prerrogativa para protegerse a sí mismos[1436]. El hecho de que el derogado párrafo segundo del artículo 5 ER exigiera que la futura definición del crimen de agresión y las futuras condiciones para su persecución deberían ser "compatibles con las disposiciones pertinentes de la Carta de las Naciones Unidas", no otorgaba tácitamente rol alguno al CdS para determinar en exclusiva la existencia de un acto de agresión. Si hubiera prosperado la postura minoritaria no exagera AMBOS al expresar que se "habría causado una politización inaceptable y una subversión desastrosa de la autoridad de la Corte"[1437]. Se puede concluir que no existe en el DI ninguna norma que permita atribuir el monopolio del CdS para determinar un acto de agresión, ni que sea requisito *sine qua non* para la CPI ejerza su jurisdicción por el crimen de agresión.

Fue el SWGCA quien logró en 2009 establecer cuatro puntos relevantes de consenso: i) la activación de la competencia no solo sería por remisión del CdS, sino también por el Fiscal y por los Estados Partes; ii) el Fiscal notificaría al CdS la intención de investigar un crimen de agresión; iii) si el Consejo determinase la existencia de un acto de agresión, el Fiscal iniciaría la investigación; y iv) la determinación por el CdS de un acto de agresión no sería vinculante para la Corte, por garantías procesales[1438]. Puntos que se recogen en los actuales artículos 15 *bis* y 15 *ter* ER investidos, en palabras de MCDOU-

---

1436 WERLE y JESSBERGER: ob. cit., pp. 897 y 898.

1437 AMBOS: El crimen de…, ob. cit., p. 56.
PERALTA LOSILLA, E.: "La agresión en el sistema del Estatuto de Roma. Requisitos jurídicos, políticos y administrativos", *La Corte Penal Internacional 20 años después,* Salinas de Frías, A. y Petit de Gabriel, W. (dirs.) y García Andrade, P. y Álvarez Arcá, I. (coords.), Tiran lo Blanch, Valencia 2021, p. 131, califica la *determinación* del CdS como un "caso palmario de acto político con efectos jurídicos". REMIRO: Derecho internacional…, ob. cit., p. 1121, señalaba elocuentemente que el CdS es "un órgano político que vota resoluciones políticas atendiendo a consideraciones que, de ser sustentadas por un juez, estimaríamos tal vez prevaricadoras".

1438 BARRIGA and BLOKKER: Entry into Force…, ob. cit., pp. 625 y 626.

GALL, de una "ambigüedad constructiva" fruto de "un compromiso poco elegante"[1439].

Pensando en el futuro, sobre la relación institucional entre la CPI y el CdS, se ha señalado que, en las resoluciones y declaraciones del presidente del CdS desde finales de 2012 se plasman referencias positivas hacia la CPI, además de admitir de alguna forma que el CdS debe brindar un apoyo mayor a la CPI[1440].

4. EJERCICIO GENERAL DE LA COMPETENCIA

Para el estudio de las condiciones del ejercicio jurisdiccional de la CPI por el crimen de agresión es necesario sintetizar previamente el régimen general de la competencia que rige para los otros tres crímenes internacionales: genocidio, lesa humanidad y crímenes de guerra.

El artículo 13 ER fija con carácter general los mecanismos de activación del ejercicio por la CPI de su competencia para la investigación y enjuiciamiento de los crímenes de genocidio, lesa humanidad y de guerra. En primer lugar, de acuerdo con la letra *a)* de este artículo, se activa por la remisión de un *Estado Parte* al Fiscal de la CPI de "una situación en que parezca haberse cometido uno o varios" de los crímenes de la competencia *ratione materiae* de la CPI. El Estado Parte remitente le solicita al Fiscal, de conformidad con el artículo 14, que "investigue la situación a los fines de determinar si ha de acusar de la comisión de tales crímenes a una o varias personas"[1441]. El Estado Parte puede ser el Estado del lugar donde se cometieron los hechos (principio de territorialidad), el de nacionalidad de los denunciados

---

[1439] MCDOUGALL: The Crime of…, ob. cit., p. 258.

[1440] MCDOUGALL: The Crimes against…, ob. cit., p. 106.

[1441] Por ejemplo, las situaciones de Uganda en enero de 2004 (https://www.icc-cpi.int/uganda); República Democrática del Congo en abril de 2004 (https://www.icc-cpi.int/drc); República Centroafricana (https://www.icc-cpi.int/car); Mali en julio de 2012 (https://www.icc-cpi.int/situations/mali); y República Centroafricana II en mayo de 2014 (https://www.icc-cpi.int/carII). Todas ellas fueron remitidas por sus propios gobiernos.

(principio de personalidad activada), o un tercer Estado Parte cualquiera ajeno a los hechos y a la nacionalidad de los presuntos autores[1442]. El territorio se extiende a los crímenes cometidos a bordo de un buque o de una aeronave de matrícula del Estado Parte (artículo 12.2 *a)*). El principio de territorialidad permite que la CPI ejerza su jurisdicción contra nacionales de Estados no Partes que cometieran crímenes en el territorio de Estados Partes.

En segundo lugar, el CdS (letra *b)* del artículo 13 ER), "actuando con arreglo a lo dispuesto en el Capítulo VII de la Carta de las Naciones Unidas", puede remitir al Fiscal una situación respecto de cualquier Estado sea o no Parte del ECPI. Es indiferente si los crímenes se cometen en el territorio de Estados no Partes o afecten a sus nacionales. Se incluyen también los Estados no Parte y a los que no han aceptado la competencia de la CPI para una situación concreta[1443]. De esta forma, la CPI adquiere, como he avanzado, tintes de un tribunal *ad hoc*.

1442 La situación de Venezuela I fue remitida en septiembre de 2018 (https://www.icc-cpi.int/venezuela-i).
La de Ucrania fue remitida sucesivamente por diferentes Estados Partes hasta alcanzar el número de 43. El 1 de marzo, la República de Lituania remitió la situación de Ucrania y el 2 de marzo un grupo de 38 Estados, entre ellos España. La investigación fue aperturada por el fiscal el 2 de marzo de 2022. Posteriormente, el 11 y 21 de marzo y 1 de abril otros Estados igualmente remitieron la situación de Ucrania o se unieron a las anteriores. La actual investigación comprende todas las denuncias pasadas y presentes de crímenes de guerra, de lesa humanidad y de genocidio, cometidas en cualquier parte del territorio ucraniano por cualquier persona a partir del 21 de noviembre de 2013. Ucrania previamente en 2014 y 2015 había aceptado la competencia de la CPI para determinados hechos (v. *infra*, nota 1446). V. https://www.icc-cpi.int/situations/ukraine
Sobre el papel de la CPI en la investigación de los hechos ocurridos en Ucrania, v. el interesante trabajo de ESCOBAR HERNÁNDEZ, C.: "Ucrania y la Corte Penal Internacional: una oportunidad para la corte y para la lucha contra la impunidad", *Revista Española de Derecho Internacional*, 74 (2), 2022, pp. 57 A 76. Disponible en: https://www.revista-redi.es/redi/article/view/95

1443 Las situaciones remitidas por el CdS respecto de Darfur-Sudán en marzo de 2005 (https://www.icc-cpi.int/darfur) y de Libia en febrero de 2011 (https://www.icc-cpi.int/libya). V. respectivamente, UN Doc. S/RES/1593

En tercer lugar, el Fiscal por su propia iniciativa, *proprio motu*, de oficio, podrá iniciar una investigación de acuerdo con el artículo 15 ECPI siempre que se cumplan las condiciones de territorialidad o personalidad activa[1444]. Si el Fiscal estima que existe fundamento suficiente para abrir la investigación requerirá la autorización de la Sala de Cuestiones Preliminares[1445], compuesta por tres magistrados.

Sobre las condiciones previas para el ejercicio de la competencia, ésta *ratione loci* se extiende también a un Estado no Parte si acepta que la CPI ejerza su competencia para una situación concreta (artículo 13.3 ER)[1446].

(2005), de 31 de marzo (disponible en: https://digitallibrary.UN.org/record/544817?ln=es) y UN Doc. S/RES/1970 (2011), de 26 de febrero de 2011 (disponible en: https://digitallibrary.UN.org/record/698927?ln=es).

1444 La situación de Kenia iniciada en marzo de 2010 (https://www.icc-cpi.int/kenya); Georgia en enero de 2016 (https://www.icc-cpi.int/georgia); y Burundi octubre 2017 (https://www.icc-cpi.int/burundi).

1445 Situaciones cuya investigación del Fiscal ha sido autorizada por la Sala de Cuestiones Preliminares: Palestina febrero de 2021 (https://www.icc-cpi.int/palestine); Bangladesh/Myanmar en noviembre de 2019 (https://www.icc-cpi.int/bangladesh-myanmar); República de Filipinas (https://www.icc-cpi.int/philippines). La situación de Afganistán fue autorizada por la Sala de Apelación en 2020, que corregía la denegación de la Sala de Cuestiones Preliminares (https://www.icc-cpi.int/afghanistan).
En la situación de Palestina, la ICC, *Decision on the 'Prosecution request pursuant to article 19(3) for a ruling on the Court's territorial jurisdiction in Palestine'* ICC-01/18, 5 February 2021, sostuvo que la Corte podía ejercer su jurisdicción penal en la situación y, por mayoría, que el ámbito territorial de esta jurisdicción se extendía a Gaza y Cisjordania, incluida Jerusalén Oriental. Disponible en: https://www.icc-cpi.int/sites/default/files/CourtRecords/CR2021_01165.PDF

1446 Por ejemplo, la aceptación de la competencia de la CPI por parte de Costa de Marfil en abril de 2003 (https://www.icc-cpi.int/cdi). Estado que posteriormente ratificó el Estatuto, el 15 de febrero de 2013. También Ucrania en dos ocasiones, abril de 2014 y septiembre de 2015, aceptó la competencia de la CPI. La primera declaración de aceptación fue por los crímenes ocurridos en su territorio desde el 21 de noviembre de 2013 hasta el 22 de febrero de 2014. Y la segunda por los cometidos a partir del 20 de febrero de 2014. V. https://www.icc-cpi.int/situations/ukraine

Este régimen general de activación o ejercicio de la competencia de la CPI para los crímenes de genocidio, lesa humanidad y de guerra se matiza notablemente con especificidades concretas para el crimen de agresión.

5. EJERCICIO DE LA COMPETENCIA POR REMISIÓN DE UN ESTADO PARTE O POR EL FISCAL *PROPRIO MOTU*

El artículo 15 *bis* ER regula las condiciones del "ejercicio de la competencia del crimen de agresión", si la situación la ha remitido un Estado Parte o es el Fiscal quien *proprio motu*, de oficio, inicia la investigación. El mecanismo previsto en este artículo refleja la complejidad de las discusiones y diferentes posturas mantenidas en las negociaciones previas sobre si el CdS era el órgano que exclusivamente debía determinar la existencia de un acto de agresión y respecto a si el presunto Estado agresor tenía que prestar su consentimiento para ser sometido a la jurisdicción de la CPI[1447].

El párrafo 1 del artículo 15 *bis* establece que "[l]a Corte podrá ejercer su competencia respecto del crimen de agresión de conformidad con los apartados a) y c) del artículo 13, con sujeción a las disposiciones de este artículo". Este apartado delimita los dos primeros sujetos que pueden activar el inicio de una investigación de la Corte por el crimen de agresión. Por un lado, un(os) Estado(s) Parte(s) que remiten al Fiscal de la Corte una situación en la que "parezca haberse cometido" (apartado *a)* del artículo 13) un crimen de agresión. El Estado Parte puede ser el del territorio donde se hubieren perpetrado los hechos, el de nacionalidad del autor o un tercer Estado Parte sin vínculo de conexión alguno, ni con los hechos ni con los autores. Y, por otro lado, también puede activar la investigación ante la CPI, el Fiscal al iniciar una investigación *proprio motu*, de oficio,

---

[1447] V. un estudio sobre el proceso de elaboración del artículo 15 *bis* y las cuestiones jurídicas y posturas de las diferentes delegaciones en MCDOUGALL: The Crime of…, ob. cit., pp. 288 a 348.

por la posible comisión de un crimen de agresión (apartado *c)* del artículo 13 ER).

El último inciso de este primer párrafo acuerda el régimen jurídico del ejercicio de la jurisdicción cuando ésta se inicia por estos dos actores. Se aplica el régimen general del ECPI, pero "con sujeción a las disposiciones de este artículo", es decir, en todo lo que no contravenga a lo establecido en el propio artículo 15 *bis* ER. Este artículo se erige así en ley especial (*lex specialis*). Prevalece sobre el resto de las normas del ECPI en materia de competencia al acordar una regulación específica. El propio artículo 13 ER, como he anticipado, señala con carácter general que "[l]a Corte podrá ejercer su competencia respecto de cualquiera de los crímenes a que se refiere el artículo de conformidad con las disposiciones del presente Estatuto". En consecuencia, el articulado del ECPI, en relación con la competencia, se aplicará, en este supuesto de remisión estatal o de inicio de oficio por el Fiscal de la situación, al crimen de agresión, excepto en lo previsto *especialmente* en el artículo 15 *bis* ER.

En los trabajos preparatorios —como explicaba el presidente del SWGCA— se barajó la posibilidad también de que el propio Estado agresor-autor remitiera, después de que éste cometiera un acto de agresión, su situación a la Corte para ser perseguidos penalmente sus responsables por el crimen de agresión. A pesar de la improbabilidad de que un mismo Estado se autodenunciara, cabría, como ejemplo, en opinión del presidente del SWGCA, la remisión de la situación por parte del Estado agresor que ha cambiado de gobierno y que carece de posibilidad de investigar la situación por razones de índole práctica[1448].

Los párrafos 2[1449] y 3[1450] del artículo 15 *bis* ER —con idéntico contenido en el artículo 15 *ter* (remisión del CdS)— fijan, como ya he de-

1448 ICC-ASP/8/INF.2 p. 23, Anexo III, documento oficioso del Presidente sobre las condiciones para el ejercicio de la competencia.

1449 "La Corte únicamente podrá ejercer su competencia respecto de crímenes de agresión cometidos un año después de la ratificación o aceptación de las enmiendas por treinta Estados Partes".

1450 "La Corte ejercerá su competencia respecto del crimen de agresión de conformidad con el presente artículo, a condición de que se adopte una deci-

sarrollado[1451], los requisitos exigibles para la entrada en vigor de las enmiendas respecto de los Estados que las ratifiquen y acepten, y el mecanismo de activación de la competencia. Los dos preceptos en la actualidad han sido superados y quedan vacíos de contenido. La ASP, como he anotado, activó la jurisdicción de la CPI desde el 17 de julio de 2018. Una vez producida la activación de la competencia, la CPI despliega su jurisdicción para todos los Estados Partes que hubieran ratificado o aceptado las enmiendas siempre que haya transcurrido un año desde el depósito del instrumento de ratificación, aceptación o adhesión (artículo 121.5 ER). Los Estados indiscutiblemente pueden haberlas ratificado o aceptado antes o después del 17 de julio de 2018.

El párrafo 4 del artículo 15 *bis* indica que "[l]a Corte podrá, de conformidad con el artículo 12, ejercer su competencia sobre un crimen de agresión, resultante de un acto de agresión cometido por un Estado Parte, salvo que ese Estado Parte haya declarado previamente que no acepta esa competencia mediante el depósito de una declaración en poder del Secretario. La retirada de esa declaración podrá efectuarse en cualquier momento y será considerada por el Estado Parte en un plazo de tres años".

Este párrafo suscita diferentes interrogantes. El primer inciso declara que la CPI podrá ejercer su competencia por el crimen de agresión, de conformidad con el artículo 12 ER. De la relación de este precepto con el artículo 15 *bis* se averiguan los dos nexos de conexión jurisdiccionales para el crimen de agresión que, a su vez, son comunes para todos los crímenes de la competencia de la CPI: el de territorialidad y el de personalidad activa. Con carácter general se requerirá que la conducta: i) haya tenido lugar en el territorio de un Estado Parte (agredido); ii) o que se haya producido bordo de un buque o aeronave de matrícula de un Estado Parte (territorialidad, artículo 12.2 *a)* ER)[1452]; o iii) que el acusado del crimen de agre-

---

sión del 1º de enero de 2017 por la misma mayoría de Estados Partes que se requiere para la aprobación de una enmienda al Estatuto".

1451 V. *supra* apartado 4 de este capítulo.

1452 La letra *d)* del artículo 8.2. *bis* ER considera, a mayor abundamiento y como he expuesto, acto de agresión el ataque por las fuerzas armadas de un Es-

sión sea un nacional de un Estado Parte (personalidad activa, artículo 12.2 *b)* ER). Sin embargo, esta condición previa de competencia exigible para el resto de los crímenes (genocidio, lesa humanidad y de guerra) se cualifica, en el crimen de agresión, a través de las enmiendas. Se requiere, adicionalmente, ser Estado Parte y específicamente haber ratificado o aceptado las enmiendas sobre el crimen de agresión y que éstas hayan entrado en vigor individualmente para ese Estado. El ejercicio jurisdiccional para el crimen de agresión es, consecuentemente, restringido respecto de los otros tres crímenes de la competencia de la CPI.

La parte dispositiva de la RC/Res.6 —que aprobaba las enmiendas— abundaba en el nexo de territorialidad y personalidad activa. Se remitía, como he señalado, para la entrada en vigor de las enmiendas que figuraban en el anexo I de la resolución, al párrafo 5 del artículo 121 que impide (cláusula negativa) el ejercicio de la jurisdicción de la CPI "cuando haya sido cometido por un nacional o en el territorio de un Estado Parte que no haya aceptado la enmienda".

El último inciso del artículo 12.2 ER, en relación con la regla 44 de las Reglas de Procedimiento y Prueba, acoge también como nexo de jurisdicción la aceptación *ad hoc* de la competencia por parte de un Estado que no sea Parte. Este criterio jurisdiccional general podría inicialmente ser admitido según el texto de las enmiendas para el crimen de agresión. No obstante, como se ha destacado por la doctrina[1453], una interpretación sistemática excluye este vínculo de aceptación para el crimen de agresión. Así se deduce del párrafo quinto del artículo 15 *bis* que, como indicaré seguidamente, impide ejercer la competencia por el crimen de agresión respecto de un Estado no Parte. Igualmente, los trabajos preliminares abonan esta postura. Inicialmente contemplaron la posibilidad de que se pudiera

---

tado contra las fuerzas navales o aéreas de otro Estado o contra su flota mercante o aérea.

[1453] BARRIGA, S. and BLOKKER, N.: "Conditions for the Exercise of Jurisdiction Based on State Referrals and *Proprio Motu* Investigations, *Crime of Aggression Library, The Crime of Aggression a commentary*, KREß, C. and BARRIGA, S. (ed.), Cambridge University Press 2017, p. 656.

asumir la competencia a través de una declaración *ad hoc*[1454], pero finalmente se abandonó[1455].

Este ejercicio competencial recaerá sobre la CPI salvo —según el último inciso del párrafo cuarto del artículo 15 *bis*— "que ese Estado Parte haya declarado previamente que no acepta esa competencia mediante el depósito de una declaración en poder del Secretario". Esta cláusula o régimen de exclusión[1456] permite a cualquier Estado Parte, hayan o no ratificado las enmiendas sobre el crimen de agresión, efectuar una *declaración* de exclusión *previa* de no aceptación de la competencia de la Corte. Es una facultad *opt-out* que se concede a los Estados Partes. Es similar a la prevista en el artículo 124 ER que facultaba a los Estados a no aceptar la competencia de la CPI para los crímenes de guerra por un período de siete años. Por ejemplo,

---

1454 V. 2009 SWGCA, Report, Annex (Appendix) II, párr. 13, en KREß and BARRIGA: The Travaux Préparatoires..., ob. cit., p. 647; y los trabajos sobre el entendimiento 4 en: Conference Room Paper on the Crime of Aggressión, RC/WGCA/1/Rev.2, 1 de junio de 2010. Disponible en: https://asp.icc-cpi.int/sites/asp/files/asp_docs/RC2010/RC-WGCA-1-Rev.2-SPA.pdf

1455 V. Draf Resolution: The Crime of Aggression, informal non-paper submitted by the President if the Review Conference, 11 June 2010 (2010 President's Third Paper), KREß and BARRIGA: The Travaux Préparatoires..., ob. cit., pp. 790 a 796.

1456 El documento que presentó Liechtenstein, en abril de 2017, en el proceso de facilitación de la activación de la Corte (V. ICC-ASP/16/24, v. *supra*, nota, 532), que dio lugar a la resolución ICC-ASP/16/Res.5 (v. *supra*, nota 604), resumía el debate el régimen de "inclusión" (la jurisdicción solo respecto de los naciones de los Estados Parte ratificantes de las enmiendas, quedando excluidos los nacionales de los no Partes) y de "no consentimiento" (no era necesario requerir el consentimiento del Estado de nacionalidad, es decir, la competencia sería idéntica a la del resto de los crímenes competencia de la CPI) y la solución intermedia adoptada, o régimen de "exclusión".
V. en KREß: Los avances de..., ob. cit., pp. 604 a 615, una síntesis de las diferentes posturas mantenidas por las delegaciones en la conferencia de diciembre de 2017 en torno a las condiciones para activar la jurisdicción.

Kenia[1457] y Guatemala[1458], Estados que no ratificaron las enmiendas, presentaron declaración de no aceptación de la jurisdicción.

La declaración temporalmente se debe efectuar "previamente". Y, aunque el ER no aclara *previamente* a qué, tiene que entenderse que solo surtirá efectos la declaración prestada lógicamente antes del acto de agresión. Sin embargo, la interpretación de esta cláusula está en consonancia con el texto de la repetida resolución RC/Res.6 que aprobó las enmiendas. Ésta, expresamente "*señala* que cualquier Estado Parte podrá depositar una declaración como establece el artículo 15 *bis* ER antes de la ratificación, adhesión o aceptación"[1459]. Por tanto, la declaración de exclusión voluntaria se supedita a que se efectúe por los Estados *antes de la ratificación, adhesión* o *aceptación* de las enmiendas.

El sistema de ejercicio de competencia de la CPI exige, salvo para las situaciones remitidas por el CdS, que los Estados ratifiquen las enmiendas. La razón de esta exclusión competencial en el ER estribaría en fomentar la ratificación por parte de los Estados para alcanzar la suma necesaria (treinta Estados) para la activación de la competencia de la CPI[1460]. Si fuera así, una vez activada la jurisdicción de la CPI desde el 17 de julio de 2018[1461] esta disposición sería superflua. Una segunda interpretación, y quizá la correcta —y al margen del contenido limitativo temporal del ejercicio de esta facultad según la RC/Res.6 (*antes de la ratificación* de las enmiendas) y de su dicción

---

1457 V. Declaration of non acceptance of jurisdiction of the International Criminal Court pertaining to the crime of aggression pursuant to paragraph 4 of article 15 of the Rome Statute, 30 November 2015, MFA. 1NT. 8/14AVOL. X (86). Disponible en: https://www.icc-cpi.int/sites/default/files/2015_NV_Kenya_Declaration_article15bis-4.pdf

1458 Declaración de No Aceptación de la Republica de Guatemala a la Competencia de la Corte Penal Internacional respecto al Crimen de Agresión, Artículos 5, 12, 15 bis. 4, 121.5 del Estatuto de Roma, 59-18-OI. Declaración de 16 de enero de 2018, presentada el 2 de febrero del mismo año. Disponible en: https://www.icc-cpi.int/sites/default/files/iccdocs/other/20180206142750.pdf

1459 Cursiva en el original. V. *supra*, nota 514.

1460 MACULAN: El crimen de…, ob. cit., p. 485.

1461 V. *supra*, nota 537.

literal— es entenderla como una facultad que se concede a los Estados Partes ratificantes de las enmiendas para que también puedan ejercerla después de esa aceptación. Esta posibilidad de exclusión competencial para los Estados Partes, que pervive en la redacción final de las enmiendas, hubiera tenido sentido jurídico solo si se entendiera que las enmiendas también eran de aplicación a los Estados ya Partes, aunque no las hubieran ratificado. El ya inexistente párrafo segundo del artículo 5 ER preveía que la Corte ejercería la competencia respecto del crimen de agresión una vez que se aprobara "una disposición de conformidad con los artículos 121 y 123 en que se defina el crimen y se enuncien las condiciones en las cuales lo hará". Este extremo, como ya he anotado, generó debates contradictorios que concluyeron en que el precepto de aplicación para la entrada en vigor era el previsto en el párrafo quinto del artículo 121 ER.

No obstante, una vez activada la jurisdicción el sentido jurídico de esta cláusula es mínimo. Un Estado, por ejemplo, podría ratificar las enmiendas del crimen de agresión para someterse a la jurisdicción de la CPI, y en cualquier momento después de que entraran en vigor las enmiendas para él, como tiene previsto cometer un acto de agresión, ejercita la facultad depositando la declaración no aceptando la competencia. Por ello, con acierto se ha sostenido por la doctrina que, para impedir un uso indebido de la misma, se debe exigir un período de tiempo mínimo antes de que la declaración sea efectiva y que ésta se realice de buena fe[1462]. De esta forma, se impediría un uso fraudulento de esta cláusula en aquellos casos en los que la declaración de rechazo de la competencia por el crimen de agresión forma parte de una estrategia en la que seguidamente a la declaración negativa se cometerá el acto estatal de agresión.

1462 ZIMMERMANN, A. and FREIBURG-BRAUN, E.: "Article 15 *bis* Exercise of jurisdiction over the crime of aggression (State referral, proprio motu)", *Rome Statute of International Criminal Court, A Commentary*, TRIFFTERRER, O. and AMBOS, K. (edited), 3ª ed., C.H.Beck. Hart. Nomos, München, 2022, p. 916. Estos autores se basan por su similitud en el artículo 36.2 del Estatuto de la CIJ y, entre otras resoluciones de la CIJ, en ICJ, *Nicaragua v. United States of America, Jurisdiction and Admissibility*, párr. 63 (v. *supra*, nota 920).

El juego de la exclusión puede fomentar, además, la asimetría y un trato diferencial a los Estados. Si un Estado Parte, que no ha efectuado declaración alguna, comete un acto de agresión contra otro Estado (víctima) que sí ha depositado la declaración, el primero sería juzgado, mientras que, en el caso inverso, el segundo Estado nunca sería juzgado[1463].

En definitiva, el párrafo 4 del artículo 15 *bis* permite a los Estados Partes, hayan o no ratificado las enmiendas, excluirse voluntariamente de la competencia de la Corte para evitar la investigación y enjuiciamiento de los responsables del crimen de agresión por las conductas cometidas por el Estado o por sus nacionales. Esta disposición afecta solo al Estado agresor; por ello, tal vez, éste fuera el compromiso alcanzado para evitar la conveniencia de que el Estado Parte agresor otorgase consentimiento para aceptar la competencia de la CPI[1464].

La última oración de este párrafo permite al Estado Parte la *retirada de esa declaración* en cualquier momento. La única limitación temporal que fija el ECPI es la imposición de la obligación al Estado declarante de *considerar* su declaración negativa jurisdiccional en un plazo de tres años. El ECPI le obliga a un proceso de autoexamen. Se desconoce si esa reflexión interna se tiene que exteriorizar y de qué forma, ni las consecuencias si la misma se soslaya. Lo coherente sería formalizar una nueva declaración advirtiendo del cumplimiento del requisito de la *consideración*. Y, en cualquier caso, mientras no exista la voluntad expresa de retirada de la declaración efectuada de buena fe ésta permanecerá vigente.

1463 BARRIGA and BLOKKER: Conditions for the…, ob. cit., p. 659.

1464 MCDOUGALL. The Crime of…, ob. cit., p. 290 recoge el sentir de la doctrina mayoritaria sobre la inexistencia de norma alguna en el DI que prohíba a los Estados delegar voluntariamente el enjuiciamiento de crímenes internacionales cometidos en su territorio en la CPI.
De esta forma, no se aceptaba el denominado *principio del oro monetario* que había sido propuesto por el Reino Unido, según el cual un tribunal internacional no puede decidir un caso sobre los intereses legales de un Estado que no lo ha consentido (*ibid.*, p. 298). Principio que se basa en: "*Case of the monetary gold removed /rom Rome in 1943 (Preliminary Question), Judgment of June 15, 1954: I.C. J. Reports 1954*, p. 19."

El párrafo quinto del artículo 15 *bis* ER advierte, en consonancia con el párrafo 5 del artículo 121 ER, que "[r]especto de un Estado no Parte en el presente Estatuto, la Corte no ejercerá su competencia respecto del crimen de agresión cuando éste sea cometido por los nacionales de ese Estado o en el territorio del mismo".

La Corte, en consecuencia, como he advertido, carece de competencia ("no ejercerá la competencia") para investigar y enjuiciar el crimen de agresión que se cometiere tanto por un nacional de un Estado no Parte, como en el territorio de un Estado no Parte. La condición de no ser Estado Parte en el ECPI, o ser Parte y no haber ratificado las enmiendas, excluye de plano la competencia de la CPI. Este impedimento afecta tanto al Estado agresor como al Estado agredido o víctima. El régimen de excepción se aplicará incluso a los nacionales de Estados Partes que hubieren cometido un crimen de agresión en un Estado no Parte o que no haya aceptado las enmiendas. Éste es el caso, por ejemplo, de la agresión cometida en Ucrania por la Federación de Rusia. La CPI carece de jurisdicción al no ser parte ninguno de los dos Estados en el ECPI[1465]. Se requiere, por tanto, el doble consentimiento, esto es, que tanto el Estado agresor como el Estado agredido hayan ratificado las enmiendas y concedido, en consecuencia, su consentimiento para que la CPI ejerza su competencia por ese crimen de agresión.

La mayoría de los Estados africanos y de América del Sur preferían que el régimen jurisdiccional fuera el mismo que el aplicable a los otros tres crímenes de la competencia de la CPI. Así, la CPI ostentaría jurisdicción por los actos de agresión cometidos contra un Estado Parte que hubiere aceptado las enmiendas de Kampala y también respecto de los actos de agresión cometidos contra un Estado no Parte que efectuase una declaración aceptando la competencia de la Corte. Sin embargo, diferentes Estados, liderados por Francia y Reino Unido, consiguieron que se aceptara el requisito del doble

---

[1465] V. nota de prensa, ICC, Statement of ICC Prosecutor, Karim A.A. Khan QC, on the Situation in Ukraine: "I have been closely following recent developments in and around Ukraine with increasing concern." Disponible en: https://www.icc-cpi.int/news/statement-icc-prosecutor-karim-aa-khan-qc-situation-ukraine-i-have-been-closely-following

consentimiento. De este modo, se evitaba un tratamiento asimétrico entre los Estados Partes y los no Partes. Se impedía así que la CPI ejerciera su competencia por actos de agresión cometidos contra Estados no Partes[1466].

Sobre este punto, en el proceso de facilitación de la activación de la competencia de la CPI[1467] con respecto al crimen de agresión, a finales de 2017 se volvió a plantear el debate sobre la competencia y también sobre la definición del crimen de agresión. Algunos Estados trataron de aprovechar indebidamente la ocasión para reinterpretar restrictivamente o renegociar las enmiendas ya aprobadas de Kampala, o en palabras de KREß, realizar una "enmienda de la enmienda"[1468]. Siete años después de aprobadas las enmiendas se seguía debatiendo sobre el ejercicio de la competencia de la CPI respecto a los crímenes de agresión cometidos por nacionales o en

---

1466 KREß, HOBE and NUßBERGER: ob. cit.

1467 Sobre el proceso de facilitación v. MCDOUGALL, C.: The crime of…, ob. cit., pp. 32 a 40.

1468 KREß: Los avances de…, ob. cit., p. 607.
Para MCDOUGALL, C.: The crime of…, ob. cit., p. 32, nota, 131, era posible que algunos de esos Estados confiaran que sus presiones sobre las nuevas interpretaciones de las enmiendas retrasarían la decisión de activación. Esta autora resalta que durante el proceso de facilitación los Estados Partes no fueron tan optimistas como en Roma y Kampala sobre el futuro de la justicia penal internacional.
KREß: On the New…, ob. cit., recuerda la tensión previa a la decisión de activación en la noche del 14 al 15 de diciembre de 2017 en New York, cuando Francia y Reino Unido jugaron duro por última vez para imponer ("exigieron") la versión restringida sobre el ejercicio jurisdiccional. Y KREß, HOBE and NUßBERGER: ob. cit., anotan que quizá por los motivos indicados *supra* (v. nota 491) ni Francia ni Reino Unido mostraron "ningún aliento de entusiasmo" cuando se unieron al consenso en el último momento. También, porque estos dos Estados junto con los otros tres miembros permanentes del CdS no consiguieron que el ejercicio jurisdiccional por el crimen de agresión en la CPI se sometiera necesariamente a la autorización del CdS, impidiendo así el uso de sus poderes de veto.
Es significativo que Reino Unido, a pesar del papel que desempeñó en el proceso de negociación de las enmiendas y en la activación de la jurisdicción no ha tipificado el crimen de agresión. V.: O´KEEFE, R.: "United Kingdom", *Crime of Aggression Library, The Crime of Aggression a commentary*, KREß, C. and BARRIGA, S. (dir.), Cambridge University Press 2017, pp. 938 a 959.

el territorio de Estados Partes pero que no hubieran ratificado las enmiendas[1469]. Este párrafo quinto es el reflejo del insostenible régimen jurisdiccional restringido para el crimen de agresión.

El párrafo sexto del artículo 15 *bis* ER manifiesta que "[e]l Fiscal, si llegare a la conclusión de que existe fundamento razonable para iniciar una investigación sobre un crimen de agresión, verificará en primer lugar si el Consejo de Seguridad ha determinado la existencia de un acto de agresión cometido por el Estado de que se trate. El Fiscal notificará al Secretario General de las Naciones Unidas la situación ante la Corte, adjuntando la documentación y otros antecedentes que sean pertinentes".

Este párrafo, y los dos siguientes del artículo 15 *bis* ER, son el fruto del consenso al que se llegó por parte de las delegaciones sobre el papel que debe desempeñar el CdS en la activación de la jurisdicción de la CPI. Este precepto obedece a la postura común de la mayoría de las delegaciones de que el CdS fuera el primer filtro jurisdiccional y el primer actor en determinar la existencia de un acto de agresión. Su determinación positiva sería la condición para que la CPI ejerciera su jurisdicción, permitiendo al Fiscal el inicio de la investigación[1470]. Los trabajos preparatorios demuestran que esta postura fue aceptada desde el año 2008[1471].

1469 V. en ICC-ASP/16/24 (*supra*, nota 1456) los documentos presentados por Liechtenstein, Argentina, Botswana, Samoa, Eslovenia y Suiza. Este segundo grupo de Estados, por ejemplo, sostuvieron que, en relación con los Estados Partes, bastaría para que la CPI tuviera competencia, que solo un Estado Parte hubiera ratificado las enmiendas. Era la postura más permisiva.

1470 BARRIGA and BLOKKER: Conditions for the..., ob. cit., p. 660.

1471 CHAITIDOU, E., ECKELMANS, F. and ROCHE, B.: "The Judicial Function of the Pre-Trial División", *Crime of Aggression Library, The Crime of Aggression a commentary*, KREß, C. and BARRIGA, S. (ed.), Cambridge University Press 2017, pp. 753 y 754.
Este trabajo describe los antecedentes del párrafo octavo del artículo 15 *bis* ER, el funcionamiento de la Sección de Cuestiones Preliminares y analiza críticamente el artículo 15.8 *bis* ER.

Una vez que el Fiscal ha concluido la fase o *examen preliminar*[1472] y estima que existe "fundamento suficiente para abrir una investigación" (artículo 15. 3 ECPI) por el crimen de agresión, verificará si el CdS ha determinado la existencia de un acto de agresión cometido por el Estado de que se trate. El CdS es el *primer filtro jurisdiccional* para la investigación y enjuiciamiento del crimen de agresión. El ER obliga al Fiscal a dialogar con el CdS, esto es, a preguntarle si respecto de los hechos constitutivos de la situación cuya investigación preliminar ha concluido, ha determinado si son un acto de agresión. El ER impone al Fiscal la obligación de notificar esa situación al secretario general de las NNUU con la remisión documental y de los antecedentes necesarios. No obstante, en los trabajos previos se especuló en el seno del SWGCA por parte de algunas delegaciones con que no era necesaria la previa determinación del CdS porque afectaría a la independencia de la CPI y supondría una dependencia o subordinación de ésta al CdS[1473].

La dicción literal de la frase del ECPI utiliza el tiempo verbal en pasado ("ha determinado"), lo que implicaría que previamente a recibir la comunicación del Fiscal, el CdS ya tendría que haberse pronunciado sobre si la situación era o no acto de agresión. El tiempo transcurrido desde la comisión de los hechos, más los tiempos procesales de la investigación preliminar de la fiscalía, implicaría que el CdS de forma autónoma pudiera haber considerado, en su cometido de velar por la paz y la seguridad internacionales, la misma situación que la sometida a investigación en la CPI. De esta forma, incluso el CdS podría haberse pronunciado previamente a recibir la comunicación o notificación de la fiscalía. Aun en el caso de que fuera así, el requisito de la notificación al secretario general de las NNUU es exigible.

[1472] Sobre la investigación del Fiscal, v. OLLÉ SESÉ: M.: "La jurisdicción penal universal al servicio de la Corte Penal Internacional: utopía o realidad", *Liber Amicorum, Derechos humanos y Derecho penal,* Tomo II, libro Homenaje al Profesor Ignacio Berdugo Gómez de la Torre, Aquílafuente, ediciones Universidad de Salamanca, Salamanca, 2022, pp. 931 a 933.

[1473] ICC-ASP/5/35, párrs. 25 y 27. V. *supra*, nota 868.

De cualquier forma, si el CdS no se hubiere pronunciado previamente a recibir la petición del Fiscal de la CPI, analizará todas las fuentes probatorias remitidas por el Fiscal y sobre ellas adoptará su decisión sobre si determina que la situación constituye un acto de agresión. El análisis del CdS estará basado en DI público, en concreto en la resolución 3314 y se enmarcará en el contexto de la Carta (prohibición del uso de la fuerza, y mantenimiento de la paz y seguridad internacionales). El CdS ni puede, ni debe efectuar un examen amparado en la definición del crimen de agresión del artículo 8 *bis* ER. No obstante, por razones políticas y no estrictamente jurídicas, la decisión del CdS puede concluir que no es acto de agresión por el disenso de sus miembros, o, mejor, no alcanzar conclusión sobre tal extremo por el veto o amenaza de veto de un Miembro Permanente o varios.

El vehículo formal del CdS para determinar la existencia de un acto de agresión sería el de la *resolución*. Éste es el instrumento por el que el CdS expresa la opinión de este órgano de las NNUU. Se requeriría, como he expuesto, el voto favorable de nueve miembros, incluidos (necesariamente) los votos afirmativos de los cinco Miembros Permanentes (artículo 27 de la Carta). Es inviable que la determinación se exprese exclusivamente por el presidente del CdS a través de una *declaración del presidente*, ni mucho menos mediante declaraciones informales, por ejemplo, a los medios de comunicación.

Si el CdS determina la existencia de un acto de agresión, el Fiscal podrá iniciar la investigación de la situación (párrafo séptimo del artículo 15 *bis* ER). El Fiscal para iniciar una investigación de oficio por los otros tres crímenes de la competencia de la CPI requiere la autorización de la Sala de Cuestiones Preliminares, que supervisa y controla la actuación del Fiscal, para que ésta no sea infundada, y vela por los derechos de defensa[1474]. Sin embargo, este régimen general, no es el mismo si el CdS ha remitido la situación por aquellos tres crímenes o si ha determinado la existencia del acto de agresión. El Fiscal no tiene que interesar la autorización judicial. El CdS supli-

---

1474 V. BELTRÁN MONTOLIU, A.: "El proceso ante la Corte Penal Internacional", *Derecho penal internacional*, Gil Gil A. y Maculan E (dirs.), Dykinson, Madrid, 2019, pp. 492 y 493.

ría de alguna forma a la Sala de Cuestiones Preliminares o haría las veces de filtro jurisdiccional[1475], haciendo en ambos casos que la CPI funcione como un tribunal *ad hoc*.

El párrafo octavo del artículo 15 *bis* ER, alcanzado esencialmente por el compromiso político de las delegaciones[1476], describe el segundo filtro jurisdiccional que corresponde a la *Sección de Cuestiones Preliminares* y el mecanismo de actuación, si el CdS (*primer filtro jurisdiccional*) no ha realizado la determinación del acto de agresión: "Cuando no se realice dicha determinación en el plazo de seis meses desde la fecha de notificación, el Fiscal podrá iniciar los procedimientos de investigación respecto de un crimen de agresión, siempre y cuando la Sección de Cuestiones Preliminares, de conformidad con el procedimiento contenido en el artículo 15, haya autorizado el inicio de la investigación sobre un crimen de agresión, y el Consejo de Seguridad no haya decidido lo contrario de conformidad con el artículo 16".

El CdS dispone de un plazo de seis meses desde que el secretario general de las NNUU reciba la comunicación de la situación por parte del Fiscal (párrafo 6, del artículo 15 *bis* ER) para determinar la existencia de agresión. El *dies a quo* comenzará a computarse desde el día que el Fiscal remita la situación al secretario general de las NNUU. Si en este plazo no se ha producido la determinación e, incluso —y a pesar del tenor literal del artículo 15.8 *bis* ("no se realice dicha determinación")—, cuando la determinación fuera negativa[1477], el Fiscal, si pretende iniciar la investigación, deberá solicitar autorización a la *Sección de Cuestiones Preliminares*, de acuerdo con el "procedimiento contenido en el artículo 15 ER". De esta forma, la Sección de Cuestiones Preliminares se convierte en el *segundo filtro jurisdiccional*.

Hasta los últimos días de la conclusión de la *Conferencia de Revisión* fue objeto de discusión qué órgano ejercería este segundo filtro jurisdiccional. Así se desprende del último documento del SWGCA de

---

1475 BARRIGA and BLOKKER: Conditions for the…, ob. cit., p. 660.

1476 CHAITIDOU, ECKELMANS, and ROCHE: ob. cit., p. 811.

1477 En el mismo sentido, AMBOS: El crimen de…, ob. cit., p. 57; y MACULAN: EL crimen de…, ob. cit., p. 486.

2009[1478]. Las opciones fueron además del Consejo de Seguridad de las Naciones Unidas, las de la Sala de Cuestiones Preliminares, la AG y la de la CIJ. Estas opciones discutidas para convertirse en condiciones para el ejercicio de la competencia decayeron finalmente horas antes de concluir la *Conferencia de Revisión* en favor de la *Sección* y no de la Sala de Cuestiones Preliminares[1479].

La relación del párrafo octavo del artículo 15 *bis* ECPI en relación con el artículo 15 ER demuestra que para el crimen de agresión se pretende buscar un segundo filtro basado en una decisión de autoridad reforzada o "filtro interno reforzado"[1480], al estar compuesta la *Sección* por al menos seis jueces (artículo 39.1 ER) —a diferencia de la *Sala* que se conforma por tres magistrados— y así garantizar la razonabilidad del inicio de la investigación por un órgano judicial independiente después del silencio o de la no determinación del CdS.

El problema se planteará si las decisiones de la *Sección* son adoptadas por un número par de magistrados y en la votación se produce un empate. El Reglamento del Tribunal fue modificado en 2018 a los únicos efectos de imponer que "los magistrados de cada Sala de Primera Instancia, de cada Sala de Cuestiones Preliminares y de la Sección de Cuestiones Preliminares cuando actúen en virtud del artículo 15 *bis*, párrafo 8, elegirán de entre sus miembros un Magistrado Presidente que desempeñará las funciones que le confieran

---

1478 ICC-ASP/8/INF., p. 23, Anexo III, documento oficioso del Presidente sobre las condiciones para el ejercicio de la competencia.

1479 BARRIGA and BLOKKER: Entry into Force…, ob. cit., pp. 626. MACDOUGALL: The Crime of…, ob. cit., pp. 16 a 18, sintetiza las diferentes posturas y propuestas que se discutieron en el SWGCA sobre la posible determinación del acto de agresión por parte de: i) la CIJ a través de opiniones consultivas o contenciosas, o cuando el CdS no se pronunciara en el plazo de seis meses desde la notificación; ii) la AG a petición de la CPI, cuando el CdS no adoptara ninguna decisión sobre la determinación del acto de agresión y no hubiera recurrido al artículo 16 ER; y iii) la CPI si el CdS no ha actuado y la AG no se pronunció sobre una determinación después de la solicitud efectuada, o si el CdS no hubiera actuado en un plazo determinado.

1480 AMBOS: El crimen de…, ob. cit., p. 57.

el Estatuto, las Reglas u otras disposiciones"[1481]. Sin embargo, no se pronuncia sobre como dirimir un posible supuesto de empate entre los magistrados. Y, desde luego, no parece que una decisión en la que no exista mayoría se pueda interpretar como la concesión de la autorización para investigar.

La decisión la adopta toda la *Sección de Cuestiones Preliminares*[1482] y no solo la "Sala", como sucede, en este último caso, para el resto de los crímenes de competencia de la CPI (artículo 15.3 ER). El Fiscal facilitará a la *Sección* toda la documentación justificativa que hubiera reunido en apoyo de su pretensión. Si la Sección después de examinar la petición y la documentación considera que "hay fundamento suficiente para abrir una investigación y que el asunto parece corresponder a la competencia de la Corte, autorizará el inicio de la investigación" (párrafo 4 del artículo 15 ER). En este proceso ante la Sección de Cuestiones Preliminares, las víctimas podrán presentar observaciones ante la Sección, de acuerdo con lo previsto en las Reglas de Procedimiento y Prueba (artículo 15.3 ECPI, último inciso). De esta forma la Sala de Cuestiones Preliminares adquiere un papel relevante. Como tribunal penal verificará, de acuerdo al *ius ad bellum*, si inicialmente la situación puede ser constitutiva de un acto de agresión, a los efectos del artículo 8 *bis* ECPI.

Si la Sección no autoriza el inicio de la investigación al Fiscal, éste de acuerdo con el procedimiento previsto en el artículo 15 ER —al que se remite el párrafo 8 del artículo 15 *bis* ER— deja las puertas abiertas al Fiscal, con independencia del recurso de apelación que pudiera ejercitar, de acuerdo con el artículo 82.1 *a)* o *d)* ECPI—, para que, en el futuro, el Fiscal presente otra petición basada en "hechos nuevos o pruebas relacionadas con la misma situación" (artículo 15.5 ER)[1483].

1481 ICC-BD/01-05-16, Regulations, of the Court, adopted by the judges of the Court on 26 May 2004, Regulation (artículo), 13.2, que fue enmendado el 12 de noviembre de 2018, y entró en vigor el 15 de noviembre.

1482 V. artículo 39 ER. Las funciones judiciales de la Corte se realizan "en cada Sección por Salas". Las funciones de la Sala de Cuestiones preliminares serán realizadas por tres magistrados de la Sección o por uno solo.

1483 MAY, L: "Just War Theory and the Crime of Aggression", *Crime of Aggression Library*, *The Crime of Aggression a commentary*, KREß, C. and BARRIGA, S.

Si el Fiscal obtiene la autorización de la Sección de Cuestiones Preliminares, el inicio de la investigación está sujeto, de conformidad con el último inciso del párrafo 8 del artículo 15 *bis* ER, a que el CdS no use la facultad que le otorga el artículo 16 ER. Éste permite al CdS que solicite la suspensión de la investigación o del enjuiciamiento. En concreto, el CdS puede solicitar a la CPI, mediante "una resolución aprobada con arreglo a lo dispuesto en el Capítulo VII de la Carta de las Naciones Unidas", que "no inicie o que suspenda por un plazo de doce meses la investigación" que hubiere iniciado. Esta petición de suspensión es susceptible de ser prorrogada por el CdS sin límite alguno sucesivamente en las mismas condiciones. La petición del CdS provocará la inmediata suspensión del inicio o del curso de la investigación.

Esta facultad omnímoda o absoluta del CdS no era necesaria regularla específicamente en el párrafo 8 del artículo 15 *bis* ECPI al estar ya prevista con carácter general en el artículo 16 ER. Esta posibilidad que se le ofrece al CdS puede hacer inútil todo esfuerzo de investigación por parte del Fiscal e ilusoria la decisión de la Sección de Cuestiones Preliminares. El CdS, sin mayor explicación, pero amparado en el Capítulo VII de la Carta, puede fulminar con una sola decisión una exhaustiva investigación del Fiscal que apunte a la comisión del crimen internacional de agresión. Esta prerrogativa supone tácitamente una ampliación del período de seis meses de los que dispone el CdS para determinar la situación. Si en ese *lapsus* temporal (seis meses) el CdS no ofreciera contestación al Fiscal de la CPI, una vez expirado el mismo, y en cualquier momento y a su antojo, el CdS podría hacer uso del artículo 16 ECPI, con el condicionante añadido, dado el funcionamiento del CdS, de que votaran favorablemente nueve de sus miembros y no concurriese ningún veto.

La dicción literal del artículo 15 *bis* ER, en definitiva, concede al CdS la decisión en exclusiva, pero solo dentro de los seis primeros meses, de *determinar la existencia de un acto de agresión* respecto de una situación. Sin embargo, sí goza de la facultad exclusiva de *determinar*

(ed.), Cambridge University Press 2017, p. 284, concluye que necesariamente para que la CPI inicie una investigación por el crimen de agresión NNUU le tendrá que dar las correspondientes instrucciones.

la suerte procesal de la investigación y enjuiciamiento del crimen de agresión, en uso del artículo 16 ECPI. Puede suspender *sine die* tanto el inicio como su desarrollo. Si verdaderamente prevaleció en las negociaciones del ER el compromiso político y la voluntad de que no fuera el CdS quien decidiera en exclusiva sobre la existencia de un acto de agresión, para exteriorizar la independencia de la CPI, se pudo privar en el artículo 15 *bis* ECPI al CdS de la prerrogativa general (artículo 16 ECPI) de la que dispone para todos los crímenes de la competencia de la CPI. Este recordatorio de la vigencia del artículo 16 ER es "parte del paquete global del compromiso político"[1484], alcanzado en Kampala. Esta facultad de *facto* es dejar en manos del CdS la suerte de la investigación y enjuiciamiento del crimen de agresión. Se podría dar la paradoja de que inicialmente el CdS determinara la existencia de un acto de agresión y posteriormente una vez avanzada la investigación o en la fase de enjuiciamiento solicitase, por ejemplo, por motivos políticos, la suspensión de la investigación o el enjuiciamiento del crimen.

Ejemplo del uso del artículo 16 del ER es la resolución 1422 (2002) por la que el CdS, a instancia de EE.UU., *pidió* a la CPI, al amparo del artículo 16 ER, que "si surge un caso en relación con acciones u omisiones relacionadas con operaciones establecidas o autorizadas por las Naciones Unidas y que entrañe la participación de funcionarios, ex funcionarios, personal o antiguo personal de cualquier Estado que no sea parte en el Estatuto de Roma y aporte contingentes, no inicie ni prosiga, durante un período de doce meses a partir del 1° de julio de 2002, investigaciones o enjuiciamiento de ningún caso de esta índole salvo que el Consejo de Seguridad adopte una decisión en contrario". Y *expresaba* la intención de renovar esta petición el 1 de julio de cada año, "para períodos sucesivos de doce meses durante el tiempo que sea necesario"[1485].

[1484] BARRIGA and BLOKKER: Conditions for the…, ob. cit., p. 662.

[1485] UN Doc. S/RES/1422 (2002), de 12 de julio de 2002, disponible en: https://digitallibrary.UN.org/record/468885?ln=es
La renovación se produjo en idénticos términos por la UN Doc. S/RES/1487 (2003), disponible en: https://digitallibrary.UN.org/record/497047?ln=es

El párrafo 9 del artículo 15 *bis* ER advierte que "[l]a determinación de que hubo un acto de agresión realizada por un órgano ajeno a la Corte no irá en perjuicio de las propias conclusiones de la Corte en virtud del presente Estatuto"

Este párrafo demuestra la deseada independencia de la CPI respecto de cualquier órgano. No especifica el órgano concreto. Lógicamente, se referirá no solo a una posible determinación positiva del CdS, sino a cualquier órgano de las organizaciones internacionales que puedan o deban pronunciarse sobre la determinación de un acto de agresión, especialmente a los integrantes del sistema de NNUU, pero no solo a estos. En noviembre de 2008, el SWGCA, en las negociaciones sobre el rol que debía desempeñar el CdS y su relación con la CPI, introdujo, por primera vez, el antecedente de este penúltimo párrafo del artículo 15 *bis*[1486]. La actual redacción se adoptó en la sesión final del SWGCA de febrero de 2009 y pasó a formar parte, al alcanzar un "acuerdo general", del párrafo cuatro del artículo 15 *ter*[1487], idéntico al párrafo 9 del artículo 15 *bis*. Este artículo resuelve una suerte de hipotético conflicto en la calificación de una situación entre esos *órganos* internacionales —y no solo universales, como NNUU, sino también regionales— y la CPI. Primará la decisión de la CPI y primará el DPI frente al DI.

En el ámbito de NNUU, el CdS puede determinar la existencia de un acto de agresión, en el ejercicio propio de sus funciones, previa excitación del Fiscal de la CPI que le ha remitido una situación, y también si, en el ámbito propio del artículo 15 *ter* ER, el CdS remite una situación que ha determinado como acto de agresión a la CPI. Esa determinación no es vinculante para la CPI. La Corte, de acuerdo con la definición de acto de agresión y su consideración desde el DPI, podrá, según sus "propias conclusiones", sostener que no es acto de agresión. De esta forma, los jueces de la CPI, a efectos exclusivos del crimen de agresión, serán jueces revisores de la decisión de

1486 V. ICC-ASP/7/20, párr. 26 (v. *supra*, nota 759): "3 bis. La determinación de que hubo acto de agresión hecha por un órgano ajeno a la Corte no irá en perjuicio de la determinación por la Corte de que hubo acto de agresión en virtud del presente Estatuto".

1487 ICC-ASP/7/20/Add.1, Anexo II, párrs. 18 a 22 (v. *supra*, nota 509).

determinación del CdS y de cualquier otro organismo internacional que pudiera determinar o sugerir una situación como acto de agresión. El Acuerdo de relación entre la Corte Penal Internacional y las Naciones Unidas declara, como principio, que las NNUU "reconocen como institución judicial independiente de carácter permanente" a la CPI; que "la Corte reconoce las funciones que incumban a las Naciones Unidas de conformidad con la Carta"; y que tanto la CPI como NNUU "se compromete a respetar mutuamente su condición y mandato respectivos"[1488].

En los trabajos preliminares del SWGCA se discutió que el CdS necesariamente tendría que encender la "luz verde" para activar la competencia de la CPI, a través de la correspondiente determinación. Si ésta no se producía, el Fiscal no podría iniciar una investigación[1489]. No obstante, como he apuntado, a decir de la estadística, el CdS no parece muy proclive a determinar una conducta estatal como acto de agresión. Solo lo ha determinado en 34 ocasiones y la última en 1990. Ha preferido advertir que esos casos ponían en peligro o amenazaban la paz y la seguridad internacionales[1490].

[1488] Artículo 2 de la Resolución ICC-ASP/3/Res.1 Texto negociado del proyecto de Acuerdo de relación entre la Corte Penal Internacional y las Naciones Unidas, aprobada por consenso el 7 de septiembre de 2004. Disponible en: https://asp.icc-cpi.int/sites/asp/files/asp_docs/Resolutions/ICC-ASP-ASP3-Res-01-SPA.pdf
STRAPATSAS: ob. cit., p. 204, opina que la competencia de la CPI respecto del crimen de agresión debe ser un "complemento" del mandado de la Carta al CdS, y no un elemento de competición entre los dos órganos.

[1489] V. ICC-ASP/7/20/Add.1, Anexo II, Apéndice I (v. *supra*, nota 509). En el párrafo tercero al artículo 15 *bis* ER se señalaba que, si el CdS hubiere "hecho dicha determinación, el Fiscal podrá iniciar la investigación acerca de un crimen de agresión". Y en la *alternativa 1* que "[c]uando no se haya hecho tal determinación, el Fiscal *no* podrá iniciar la investigación" (cursiva añadida).
El SWGCA utilizó por primera vez el modelo de la "luz verde", en 2005. V. ICC-ASP/4/32, pregunta A 2 B (v. *supra*, notas 817 y 1378).

[1490] V. *supra*, Cap. 6: 2.1.

Del mismo modo, la supremacía penal de la CPI es respecto de otros órganos de NNUU, como puede ser la AG[1491] y la CIJ[1492] cuando se pronuncian en sus ámbitos específicos determinando o considerando que una situación es un acto de agresión. La AG y la CIJ, como he apuntado, fueron considerados, pero sin éxito, órganos llamados a ejercer el filtro jurisdiccional, siempre que la investigación se iniciara por remisión de un Estado Parte o *proprio motu* por el Fiscal. La CPI indiscutiblemente actuará igualmente con absoluta independencia y sin sujeción a opiniones, sea cual sea la forma y valor en que sean expresadas, de órganos de otras organizaciones internacionales universales o regionales que pudieran versar sobre la existencia de un acto de agresión, como, por ejemplo, la Unión Europea[1493], el Consejo de Europa[1494], la Organización para la Seguridad y Cooperación en Europa[1495], la Organización de Estados Americanos, la Unión Africana o la OTAN, entre otras. Y también respecto de la Cruz Roja y Media Luna Roja.

La independencia de la Corte se proyecta también con las garantías del acusado en la CPI. Éste goza del derecho a la presunción de inocencia (artículo 66) y de los derechos y estándares propios del proceso justo (artículo 67). Quien primero investiga a los responsables individuales del crimen de agresión, y no solo de la existencia de un acto de agresión, es el Fiscal de la CPI y quién después juzga son

1491 V. por ejemplo, UN. Docs. A/RES/ES-11/1, A/RES/Es-11/2 y A/RES/ES-11/5, y A/RES/41/38 (v. *supra*, notas 906 y 908; y 900 respectivamente, referidas las tres primeras a Ucrania; y la última a la condena del ataque contra la Jamahiriya Árabe Libia Popular).

1492 V. *supra*, Cap. 6: 2.2, sobre la forma que la CIJ entiende la agresión. Por los mismos motivos carecería de efecto vinculante alguno las opiniones directas o indirectas que se dictaren en los dictámenes u observaciones de los diferentes comités dentro del sistema de las NNUU, como, por ejemplo, el Comité de Derechos Humanos.

1493 V. *supra*, Cap. 6: 2.4, sobre los pronunciamientos de la Unión Europea respecto de los actos de agresión de la Federación de Rusia respecto de Ucrania.

1494 V. *supra*, Cap. 6: 2.3. Por ejemplo, en una suerte de *obiter dicta*, el TEDH podría referirse a la existencia de un acto de agresión.

1495 V. *supra*, Cap. 6: 2.5, sobre la condena de la OSCE de la guerra de agresión de la Federación Rusa contra Ucrania.

los magistrados de la CPI, con las debidas garantías en el marco de un procedimiento penal. Ni el CdS, ni ningún otro órgano ni organismo internacional puede injerirse en la labor judicial. Las "conclusiones" de la CPI son, en consecuencia, a efectos penales, vinculantes y preferentes en el ámbito del DPI para cualquier tercer órgano externo a la Corte. Sin embargo, es deseable un CdS cooperativo con la CPI. Sus resoluciones en las que se determinara el uso de la fuerza como acto de agresión relajarían la labor del Fiscal y su poder coercitivo serviría para enjuiciar a nacionales de Estados que no cooperan con la CPI[1496].

La cualificación de los magistrados de la CPI para determinar la existencia o no de un acto de agresión debe ser indispensable. Es el propio ECPI el que les exige una "alta consideración moral, imparcialidad e integridad" y no sólo una "reconocida competencia en derecho y procedimiento penales y la necesaria experiencia en causas penales en calidad de magistrado, Fiscal, abogado u otra función similar", sino también una "reconocida competencia en materias pertinentes de derecho internacional, tales como derecho internacional humanitario y las normas de derechos humanos, así como gran experiencia en funciones jurídicas profesionales que tengan relación con la labor judicial de la Corte" (artículo 36.3 ER)[1497]. La labor de los magistrados en la nueva tarea jurisdiccional de juzgar el crimen de agresión se extenderá también a la aplicación del *ius ad bellum*, materia propia del DI. Esto demandará la presencia de magistrados, también fiscales y operadores jurídicos, con especiales conocimientos en esta materia. Y, desde luego, y sin perjuicio de reconocer la

---

1496 MCDOUGALL: The Crime of…, ob. cit., p. 373.

1497 V. ICC-ASP/18/Res.4, resolución sobre el examen de procedimiento para la presentación de candidaturas y elección de los magistrados, 6 de diciembre de 2019. Disponible en: https://asp.icc-cpi.int/sites/asp/files/asp_docs/ASP18/ICC-ASP-18-Res4-SPA.pdf
FERNÁNDEZ ARRIBAS, G.: "Legitimidad e interpretación: las limitaciones de la Corte Penal Internacional respecto del crimen de agresión", *La Corte Penal Internacional 20 años después,* Salinas de Frías, A. y Petit de Gabriel, W. (dirs.) y García Andrade, P. y Álvarez Arcá, I. (coords.), Tiran lo Blanch, Valencia 2021, pp. 198 a 207, enfatiza la presencia de magistrados con conocimientos de DI y esboza la composición de los magistrados en las salas de la CPI de acuerdo su especialidad en Derecho penal o DI.

labor de académicos y diplomáticos, se les deberá exigir a estos operadores una acreditada experiencia práctica previa como abogados, fiscales o jueces[1498].

Los dos últimos párrafos de los artículos 15 *bis* y 15 *ter* ER, esto es, el 10 y el 5 respectivamente, sustraen del régimen jurídico jurisdiccional del crimen de agresión a los crímenes de genocidio, lesa humanidad y de guerra: "[e]l presente artículo se entenderá sin perjuicio de las disposiciones correspondientes al ejercicio de la competencia respecto de otros crímenes a los que se hace referencia en el artículo 5".

Este párrafo, tal vez innecesario, resalta la desconexión procesal, cuando sea necesaria, en la investigación del crimen de agresión respecto de los otros tres crímenes de la competencia de la Corte. Se pretendió enfatizar, como señala el SWGCA, que el Fiscal podría iniciar o continuar la investigación por cualquiera de los tres crímenes restantes, si fuera el caso, sin supeditarse a los tiempos procesales y al régimen jurídico concreto del crimen de agresión. Por ejemplo, podría iniciar o continuar una investigación por crímenes de guerra, mientras aguarda a que el CdS determine una situación como constitutiva de un acto de agresión[1499]. De esta forma, la investigación por cualquiera de los otros tres crímenes de la competencia de la CPI diferente al de agresión, seguiría su curso, y sin dilaciones innecesarias. Una de las garantías de todo acusado es ser "juzgado sin dilaciones indebidas" (artículo 1. c) ER). El Fiscal no tendría que esperar el transcurso de los seis meses para que se pronunciara el CdS.

6. REMISIÓN DE LA SITUACIÓN POR EL CONSEJO DE SEGURIDAD DE LAS NACIONES UNIDAS

El artículo 15 *ter* ECPI se refiere al ejercicio de la competencia respecto del crimen de agresión, cuando la situación la remite el CdS. Como he advertido al principio de este capítulo este artículo adqui-

---

1498 En el mismo sentido, MCDOUGALL: The Crime of..., ob. cit., pp. 395 y 396.

1499 ICC-ASP/6/SWGCA/INF.1 Anexo III (v. *supra*, nota 719).

rió luz propia días antes de la conclusión de la Conferencia de Revisión en el año 2010. Fue entonces cuando este extremo se desgajó del único artículo en el que se proyectaban de forma conjunta, en el mismo precepto, las remisiones estatales, de oficio o *proprio motu* del Fiscal y del CdS.

El párrafo primero del artículo 15 *ter* ER atribuye jurisdicción a la CPI "respecto del crimen de agresión de conformidad con el apartado b) del artículo 13, con sujeción a las disposiciones de este artículo". El apartado *b)* del artículo 13 ER permite con carácter general el ejercicio de la competencia de la CPI, "respecto de cualquiera de los crímenes" del artículo 5 ER al "Consejo de Seguridad, actuando con arreglo a lo dispuesto en el Capítulo VII de la Carta de las Naciones Unidas" cuando "remite al Fiscal una situación en que parezca haberse cometido uno o varios de esos crímenes". El CdS, en consecuencia, al remitir una situación, no podrá extender la remisión a consideraciones objetivas sobre crímenes ni podrá delimitar subjetivamente las personas que, en su caso, deban ser investigadas. Eso le corresponderá al Fiscal de la CPI.

El CdS, así, está facultado para remitir una situación al Fiscal de la CPI. A diferencia de lo que sucedía con las remisiones estatales y *proprio motu* del Fiscal, el régimen competencial, en el supuesto de remisión por el CdS, es igual para los cuatro crímenes. No se aparta del tratamiento competencial general. La remisión del CdS, de acuerdo con el apartado *b)* del artículo 13 ECPI, tiene que fundarse en la concurrencia de los supuestos del Capítulo VII, de la Carta. No obstante, se ha planteado la posibilidad de que incluso el CdS no actuara formalmente al remitir la situación al amparo del Capítulo VII[1500].

En estos supuestos de remisión de situaciones por el CdS inicialmente, y de acuerdo con una lectura literal del último inciso del artículo 121.5 ER, parecería que la Corte no podría ejercer su jurisdicción cuando el crimen de agresión "haya sido cometido por na-

---

[1500] ZIMMERMANN, A. and FREIBURG-BRAUN, E.: "Article 15 *ter*, Exercise of jurisdiction over the crime of aggression (Security Council, referral)", *Rome Statute of International Criminal Court, A Commentary*, TRIFFTERRER, O. and AMBOS, K. (edited), 3ª ed., C.H.Beck. Hart. Nomos, München, 2022, p. 929.

cionales o en el territorio de un Estado Parte que no haya aceptado la enmienda". El artículo 31.1 de la Convención de Viena sobre el Derecho de los Tratados, advierte —como regla general de interpretación— que un tratado se interpretará "de buena fe conforme al sentido corriente que haya de atribuirse a los términos del tratado en el contexto de éstos y teniendo en cuenta su objeto y fin". El artículo 34 de la misma Convención sostiene, con carácter general, que "[u]n tratado no crea obligaciones ni derechos para un tercer Estado, sin su consentimiento". Y el párrafo 4 del artículo 40 conviene que "[e]l acuerdo en virtud del cual se enmiende el tratado no obligará a ningún Estado que sea ya parte en el tratado que llegue a serlo en ese acuerdo".

La Conferencia de Revisión adoptó —respecto de esta forma de activación de la jurisdicción por parte del CdS, en abierta contradicción con el último inciso del párrafo 5 del artículo 121 ER— el entendimiento número 2 que, en contra del "sentido corriente" de los términos del último inciso del párrafo quinto del artículo 121 ER —y así zanjó toda discusión— sostiene que la Corte ejercerá su competencia si la remisión de la situación por el CdS es "de conformidad con el apartado b) del artículo 13 del Estatuto independientemente de que el Estado de que se trate haya aceptado la competencia de la Corte"[1501].

En consecuencia, la CPI siempre podrá ejercer su jurisdicción si la remisión de la situación es del CdS, sin sujeción a nexo alguno.

1501 La RC/Res.5 —aprobada el día anterior al de la RC/Res. 6 sobre el crimen de agresión— inició este camino contradictorio con el artículo 121.5, en el *observando* segundo de esta resolución que aprobaba las enmiendas al artículo 8 (crímenes de guerra), sostuvo en el mismo sentido: "y confirmando su entendimiento de que en el marco de esa enmienda el mismo principio aplicable a un Estado Parte que no haya aceptado la enmienda se aplica también a los Estados que no son partes en el Estatuto". Disponible en: https://asp.icc-cpi.int/sites/asp/files/asp_docs/Resolutions/RC-Res.5-SPA.pdf
V. también ICC-ASP/18/Res.5, Resolución sobre las enmiendas al artículo 8 del Estatuto de Roma de la Corte Penal Internacional, 6 de diciembre de 2019. Disponible en: https://asp.icc-cpi.int/sites/asp/files/asp_docs/ASP18/ICC-ASP-18-Res5-SPA.pdf

Es indiferente que concurra o no el criterio de territorialidad o de personalidad activa exigido solo para las remisiones estatales o investigaciones *proprio motu* del Fiscal. Es, lógicamente, innecesario que los Estados, sean o no Partes, consientan o no la competencia de la CPI. Y es indiferente que los Estados Partes se hayan o no excluido voluntariamente de la competencia por el crimen de agresión (*opt-out*). El CdS siempre, y en cualquier supuesto, podrá remitir, afecte a quien afecte, una situación al Fiscal de la CPI.

El problema que podría surgir para juzgar a los nacionales de Estados no Parte o a los nacionales que hubiere que fueran perseguidos por el crimen de agresión en un Estado en el territorio de Estados no Partes sería que estos argumentaran, de acuerdo al principio de legalidad, la imposibilidad de aplicación del ECPI. Si se mantuviera que la definición del artículo 8 *bis* difiere de la definición consuetudinaria del crimen de agresión, podría ser un obstáculo a la jurisdicción de la CPI[1502]. La Asamblea Parlamentaria del Consejo de Europa calificó el ataque armado de la Federación de Rusia contra Ucrania como "crimen contra la paz" de acuerdo con el Estatuto del TMI y consideró que constituye una "agresión" en los términos de la resolución 3314 de la AG[1503]. Con independencia de la imposibilidad de enjuiciar a las personas responsables de este crimen en la CPI, resalta la importancia del derecho consuetudinario y especialmente para su posible enjuiciamiento en un tribunal penal especial *ad hoc*.

Esta facultad deriva de la Carta y es coherente con ella. El artículo 39 de la Carta atribuye al CdS la determinación de la existencia de toda amenaza a la paz, quebrantamiento de la paz o acto de agresión. Es el CdS quien decide frente a un acto de agresión las medidas necesarias a adoptar que impliquen o no el uso de la fuerza (artículos 41 y 42), para mantener o restablecer la paz y la seguridad internacionales. Además, todos los miembros de las NNUU, de acuerdo con el artículo 25 de la Carta, "convienen en aceptar y cumplir las decisiones del Consejo de Seguridad de acuerdo con [la] Carta".

1502 MCDOGUALL. El Crime of Aggression…, ob..cit., p. 211.

1503 Opinion 300 (2022), párr. 3, V, *supra*, nota 961.

A diferencia de la remisión estatal o *propio motu* no se requiere que el CdS determine expresamente la existencia de un acto de agresión[1504]. Se puede considerar que toda remisión del CdS de una situación al Fiscal de la CPI para que investigue un crimen de agresión denotaría una suerte de determinación tácita de que la conducta estatal puede ser un acto de agresión. El juego y los intereses políticos del CdS serían más proclives a remitir una situación a la CPI que a determinar que la misma es un acto de agresión[1505].

Los párrafos segundo y tercero del artículo 15 *ter* ER se refieren a la activación de la jurisdicción. Preceptos que son comunes a los también párrafos 2 y 3 del artículo 15 *bis* y que ya he desarrollado al referirme a la ratificación, entrada en vigor de las enmiendas y activación de la jurisdicción[1506].

Los dos últimos párrafos, 4 y 5 del artículo 15 *ter* ECPI, establecen lo mismo que los párrafos 9 y 10 del artículo 15 *bis* ER, por lo que me remito a lo ya señalado a las situaciones remitidas por un Estado Parte o iniciadas *proprio motu* por el Fiscal. No obstante, conviene subrayar respecto del párrafo 4[1507] que la remisión del CdS no es vinculante ni para el Fiscal ni para la CPI. Estos investigarán y enjuiciarán bajo los parámetros y estándares del DPI. La remisión del CdS tiene el valor de denuncia, cuyos extremos serán confirmados o no en la investigación y, en su caso, en el enjuiciamiento.

1504 BARRIGA and BLOKKER: Conditions for the..., ob. cit., p. 651, recuerdan que la condición de que el CdS determinara la existencia de un acto de agresión estuvo presente durante todo el proceso de negociación, pero se suprimió en la fase final.

1505 En el mismo sentido, STRAPATSAS: ob. cit., p. 181. Por ello, sostiene que en el futuro es posible que el CdS, en caso de un conflicto armado interestatal, utilice la vía de la remisión "ordinaria" de una situación al Fiscal de la CPI según el artículo 13 b) ECPI, sin aludir en absoluto al artículo 15 *ter* ER (p. 203).

1506 V. apartado 2 de este capítulo.

1507 "La determinación de que hubo acto de agresión realizada por un órgano ajeno a la Corte no irá en perjuicio de las propias conclusiones de la Corte en virtud del presente Estatuto".

Por lo concerniente al último párrafo del artículo 15 *ter* ER[1508] nada impediría que, como consecuencia de la situación relativa al crimen de agresión remitida por el CdS (*ius ad bellum*), el Fiscal de la Corte pudiera investigar de oficio, con sujeción a los requisitos generales de competencia (artículo 15 ER), la comisión de otros posibles crímenes conexos, como los de guerra (*ius in bello*). Del mismo modo, al remitir el CdS una "situación" al Fiscal —y no un caso— éste podrá ampliar subjetivamente la autoría y participación a todas aquellas personas que aparezcan a lo largo de la investigación como posibles responsables penales individuales, fueran o no citados en la documentación en que se base la resolución del CdS de remisión de la situación a la CPI[1509]. El Fiscal una vez recibida la situación es soberano en su investigación para atribuir la responsabilidad penal individual a quien corresponda.

Ya me he referido al mecanismo de adopción de decisiones en el CdS. Éste lo conforman quince Estados. De estos, cinco son miembros permanentes con derecho de veto (República Popular China, Francia, la Federación de Rusia[1510], Reino Unido y EE.UU.), de tal forma que las decisiones se adoptan por el voto afirmativo de, al menos, nueve de los miembros. Sin embargo, al ser la agresión, una decisión de "fondo" y no de "procedimiento" se requiere que no exista ningún voto en contra (derecho de veto) de los cinco miembros permanentes (artículo 27.3 de la Carta). En consecuencia, cualquiera

---

[1508] "El presente artículo se entenderá sin perjuicio de las disposiciones correspondientes al ejercicio de la competencia respecto de otros crímenes a los que se hace referencia en el artículo 5".

[1509] Por ejemplo, la remisión de la situación de Darfur-Sudán (v. *supra*, nota 1443, UN Doc. S/RES/1593 (1593), se basó en la investigación de la Comisión Internacional de Investigación sobre Darfur, creada por el secretario general de las NNUU por la resolución UN Doc. S/RES/1564, de 18 de septiembre de 2004, párr. 16, disponible en: https://digitallibrary.UN.org/record/530567?ln=es. La comisión informó de que podrían haberse cometido crímenes de lesa humanidad y crímenes de guerra.

[1510] Rusia siempre incidió en las negociaciones del crimen de agresión en el papel que debía desempeñar el CdS en la activación de la jurisdicción de la CPI. V.: KUZMIN, G. and PANIN, I.: "Russia", *Crime of Aggression Library, The Crime of Aggression a commentary*, KREß, C. and BARRIGA, S. (ed.), Cambridge University Press 2017, pp. 1264 a 1270.

de los cinco Estados permanentes puede impedir la remisión de una situación a la CPI[1511].

La mencionada agresión de Ucrania en febrero de 2022 por parte de la Federación de Rusia es ejemplo paradigmático del derecho de veto de los miembros permanentes del CdS. La Federación de Rusia como miembro permanente del CdS imposibilitó, y lo seguirá haciendo, que el CdS remita cualquier situación a la CPI sobre Ucrania. No obstante, en la actualidad voces académicas argumentan que el ejercicio del derecho de veto podría ser nulo si obedece a un uso abusivo del mismo[1512]. El Consejo de Europa ha hecho un llamamiento para solicitar una opinión consultiva a la CIJ sobre las posibles limitaciones del derecho de veto "implícito" en la Carta y en los principios generales del derecho[1513]. A pesar de ello, el acto de agresión de febrero de 2022 inflingido por la Federación Rusa dio lugar, como he avanzado, a que 43 Estados Partes en el ER remitieran

---

1511 V. *supra*, Cap. 6: 2.1.

1512 V. KREß: La guerra de..., ob. cit., p. 30.
La AG en UN. Doc. A/RES/76/262, Mandato permanente para que se celebre un debate de la Asamblea General cuando se ejerza el derecho de veto en el Consejo de Seguridad, aprobada el 26 de abril de 2022, 28 de abril de 2022 —adoptado sin votación—, iniciaba el camino para que, cuando se ejerza el derecho de veto, el presidente de la AG convoque en el plazo de diez días hábiles una sesión oficial de la AG para que debatir sobre la situación a la que se refiera el derecho veto, siempre que la AG no celebre un período extraordinario de sesiones de emergencia sobre esa misma situación. Disponible en: https://documents-dds-ny.un.org/doc/UNDOC/GEN/N22/330/41/PDF/N2233041.pdf?OpenElement
La citada UN. Doc. A/RES/377 (V) A, (v. *supra*, nota 236), otorga a la AG la autoridad para formular recomendaciones de acción colectiva, si el CdS no actúa, incluso en caso de quebrantamiento de la paz o acto de agresión para mantener o restaurar la paz y la seguridad internacionales.

1513 Resolución 2482 (2023), párr. 23, v. *supra*, nota 980. El Consejo de Europa opinaba que, en el caso de Rusia, "el abuso del derecho de veto constituye una amenaza existencial para el orden internacional basado en normas y para la seguridad democrática de los Estados miembros del Consejo de Europa".
V. también una crítica sobre el derecho de veto en el crimen de agresión en PEREIRA: ob. cit., pp. 326 a 330.

a la CPI la situación de Ucrania[1514]. En la actualidad —ante la falta de competencia de la CPI para la investigación y enjuiciamiento del crimen de agresión cometido respecto de Ucrania— la investigación del Fiscal se extiende a crímenes de guerra, de lesa humanidad y de genocidio[1515].

7. RECAPITULACIÓN SOBRE LA COMPETENCIA DE LA CORTE

Existen tres modos de activar la competencia de la CPI: i) por remisión de una situación por parte de cualquier Estado Parte en el ECPI, sea el Estado agresor, el agredido o un tercer Estado Parte cualquiera sin conexión con los hechos, sea o no el Estado de nacionalidad del autor; ii) por inicio *proprio motu* de la investigación por parte del Fiscal; o iii) por remisión de una situación por parte del CdS.

7.1. Ejercicio de la competencia por remisión estatal o proprio motu

Los dos primeros supuestos, esto es, cuando la investigación la inicia *proprio motu* el Fiscal o cuando un Estado Parte en el ER con o sin vínculo de conexión con los hechos y con los autores, remite una situación, el régimen jurisdiccional es idéntico.

En primer lugar, la CPI *sí tendrá competencia*: i) cuando el crimen de agresión haya sido cometido en el territorio de un Estado Parte o a bordo de un buque o aeronave de un Estado Parte (Estado agredido); o ii) si el crimen de agresión lo ha cometido un nacional de un Estado Parte. Es Estado Parte, a los efectos del crimen de agresión, el que ha ratificado o aceptado las enmiendas sobre el crimen de agresión y han entrado en vigor para ese Estado.

En segundo lugar, y consecuentemente, la CPI *no tendrá competencia*: i) si el crimen de agresión ha sido cometido en el territorio de un Estado no Parte (Estado agredido); o ii) si el crimen de agresión

---

1514 V. *supra*, nota 1442.
1515 V. *supra*, notas 1442 y 1446.

lo ha cometido un nacional de un Estado no parte. Se entiende por Estado no Parte el que no ha ratificado ni aceptado ni se ha adherido al ECPI o el que, aun formando parte de la CPI, no ha ratificado las enmiendas sobre el crimen de agresión. Los Estados no Partes no pueden aceptar la competencia de la CPI por el crimen de agresión.

La combinación de estos elementos determina igualmente que la CPI carecerá de jurisdicción para enjuiciar a los nacionales de Estados Partes que han cometido el crimen de agresión en el territorio de un Estado agredido no Parte.

En tercer lugar, la CPI, *tampoco tendrá competencia*, si un Estado Parte —haya o no ratificado las enmiendas— se ha excluido voluntariamente y de buena fe de la competencia de la CPI antes de la comisión del acto de agresión (*opt-out*).

Las diferentes combinaciones posibles —de acuerdo a los supuestos que se barajaron en los trabajos previos[1516] si la activación es estatal o de oficio por el Fiscal— permiten afirmar que la CPI *sí tendrá competencia* tanto si el Estado agresor como el Estado agredido-víctima han ratificado las enmiendas y ninguno de los dos Estados ha hecho uso de la facultad *opt-out*. Por el contrario, *no tendrá competencia* si: i) el Estado agresor —que no ha ejercitado la facultad *opt-out*— ha ratificado las enmiendas, y el Estado víctima no las ha ratificado[1517]; ii) el Estado agresor no ha ratificado las enmiendas —y no ha ejercitado la facultad *opt-out*— y el Estado víctima sí las ha ratificado[1518]; iii) el Estado agresor no ha ratificado las enmiendas —y no ha ejercitado la facultad *opt-out*— y el Estado víctima tampoco

---

1516 V. por ejemplo, el cuadro ilustrativo presentado por el presidente del SWGCA para facilitar los debates en ICC-ASP/7/20, Apéndice II (v. *supra*, nota 759).

1517 Liechtenstein, en el citado documento de 2017 (v., *supra*, nota 1456), sostenía que, en estos casos, la CPI si tendría jurisdicción.

1518 Liechtenstein, igualmente, en el mismo documento, mantiene en estos casos que la CPI sí tendría jurisdicción (v. *supra*, nota 1456).
Durante el proceso de facilitación de activación de la competencia de la CPI por el crimen de agresión, antes de diciembre de 2017, fue objeto principal de discusión jurídica si los Estados Partes no ratificantes de las enmiendas debían efectuar una declaración de exclusión si el crimen de agresión lo cometían sus nacionales por ese Estado en otro Estado que sí

las ha ratificado; iv) el Estado agresor ha ratificado las enmiendas —y sí ha ejercitado la facultad *opt-out*— y el Estado víctima también ha ratificado las enmiendas; v) el Estado agresor ha ratificado las enmiendas —y sí ha ejercitado la facultad *opt-out*— y el Estado víctima no las ha ratificado; vi) el Estado agresor no ha ratificado las enmiendas —aunque sí ha ejercitado la facultad *opt-out*— y el Estado víctima si las ha ratificado; y vii) el Estado agresor no ha ratificado las enmiendas —aunque sí ha ejercitado la facultad *opt-out*— y el Estado víctima no las ha ratificado.

En resumen, la CPI ostentará jurisdicción para enjuiciar el crimen de agresión únicamente si las enmiendas han entrado en vigor tanto para el Estado agredido como para el Estado agresor o el crimen lo ha cometido un nacional de un Estado no agresor, pero ratificante de las enmiendas, en un Estado agredido que sí ha ratificado las enmiendas.

7.2. Ejercicio de la jurisdicción por remisión del Consejo de Seguridad

El tercer mecanismo de activación de la jurisdicción de la CPI por el crimen de agresión corresponde al CdS. Si éste le remite una situación a la CPI, ésta *siempre tendrá competencia.* Es indiferente que se cometa en el territorio de un Estado Parte o no Parte y por un nacional o no nacional de un Estado Parte. En cualquier supuesto y combinación, sea o no Parte el Estado agresor, y sea o no Parte el Estado agredido-víctima, la CPI siempre podrá ejercer su jurisdicción, lo que viene a convertirla en un tribunal *ad hoc* que el CdS crea para la situación que le remite.

La conclusión sobre el ejercicio jurisdiccional es desalentadora: el crimen de agresión que se cometa por un Estado no Parte o contra un Estado Parte, salvo que la situación sea remitida por el CdS, quedará extramuros de la competencia de la CPI. Ni será investigado ni juzgado. El actual ECPI establece un régimen restringido si la situación la remite un Estado Parte o si el Fiscal pretende iniciar de oficio

---

hubiera ratificado las enmiendas. V. KREß: Los avances de…, ob. cit., p. 604.

la investigación. Régimen que debería ser reformado[1519]. El Consejo de Europa acertadamente llamaba a "enmendar el régimen jurisdiccional", proponiendo tanto que la AG remita situaciones a la CPI cuando el CdS esté bloqueado, como planteando que se eliminen los límites actuales a la jurisdicción[1520].

En defintiva, es indudable que el ECPI establece para el crimen de agresión, a diferencia de los otros tres crímenes competencia de la CPI, un régimen restringido si la situación la remite un Estado Parte o si el Fiscal pretende iniciar de oficio la investigación. El párrafo 5 del artículo 15 *bis* ECPI debería ser enmendado. En el futuro, la competencia de la CPI debe extenderse también a los Estados que no sean Parte del ECPI. De esta forma, su jurisdicción se extenderá a juzgar a nacionales de Estados no Partes si cometen el crimen de agresión en el territorio de un Estado Parte. En el mismo sentido, el párrafo cuarto del mismo artículo necesita ser enmendado suprimiendo la referencia que supedita la competencia de la CPI a que el acto de agresión lo cometa un Estado Parte.

El crimen de agresión debe supeditarse al mismo régimen jurisdiccional que el resto de los crímenes competencia de la CPI. Labor que tendrá que realizarse en la correspondiente conferecia de Estados Partes con el acuerdo de, al menos, dos tercios de los participantes.

1519 Por ejemplo, la 12ª Asamblea de Parlamentarios para la Acción Global sobre la Corte Penal Internacional y el Estado de Derecho, en su 43ª foro anual, celebrado en Buenos Aires el 4 y 5 de noviembre de 2023, en el "Plan de Acción de Buenos Aires sobre la Universalidad, Eficacia y apoyo político al Sistema del Estatuto de roma contra la Impunidad", después de rechazar la impunidad para el crimen de agresión y el resto de los crímenes competencia de la CPI, *reconocía* que los Estados "deben corregir urgentemente y sin vacilaciones las restricciones incluidas en 2010 en el artículo 15 *bis* del Estatuto de Roma relativo al crimen de agresión". Disponible en: https://www.pgaction.org/pdf/2022/buenos-aires-poa-2022-es.pdf?v=3
V. *infra*, nota 1925.

1520 Párr. 20 (v. *supra*, nota 961).

Capítulo 11

Otros actores jurisdiccionales: tribunales nacionales y el tribunal especial para Ucrania

1. PRINCIPIO DE COMPLEMENTARIEDAD

El principio de complementariedad en el ECPI es el eje sobre el que pivota el ejercicio jurisdiccional de la CPI para el enjuiciamiento de los cuatro crímenes de su competencia *ratione materiae*. Su implantación en el ECPI supuso una transformación cualitativa, respecto de los precedentes tribunales penales internacionales en la forma de entender la atribución jurisdiccional penal a través de su distribución entre los Estados Partes y la CPI. La diferencia era significativa. Se inauguraba una nueva etapa en la jurisdicción penal universal en la que los Estados adquirían un indudable protagonismo como actores principales. La jurisdicción penal internacional que ejerció el TMI de forma exclusiva, o la ejercida por el ICTY y el ICTR con carácter preferente respecto de las jurisdicciones nacionales, pasaban a la historia con el nuevo sistema de justicia penal internacional que nacía el 17 de julio de 1998, con la aprobación del ECPI, con vigencia general desde el 1 de julio de 2002.

El ECPI, en el preámbulo, anuncia que la jurisdicción de la CPI será complementaria de las jurisdicciones penales nacionales. El artículo 1 que la Corte "tendrá carácter complementario de las jurisdicciones nacionales". Así, de acuerdo con este principio, los Estados tienen una responsabilidad primaria jurisdiccional penal. Son los primeros llamados a investigar y enjuiciar los crímenes de genocidio, lesa humanidad, guerra y agresión en sus tribunales nacionales, siempre que, de acuerdo con su legislación interna, ostenten jurisdicción. La CPI solo asumirá la jurisdicción de forma excepcional por, de acuerdo con el artículo 17 ECPI, razones de eficiencia y eficacia, cuando los Estados no quieran o no puedan realizar la investigación y enjuiciamiento. Será, entonces, la CPI quien asumirá la jurisdicción si se cumplen todos los criterios competenciales previstos en el ECPI[1521].

La primacía jurisdiccional nacional respecto de los crímenes de la competencia de la CPI —a pesar de las cuestiones abiertas relativas a este principio[1522]— se fundamenta en la naturaleza del crimen y en razones de conveniencia práctica. Los cuatro crímenes de la competencia de la CPI, incluido el crimen de agresión, están definidos en normas de *ius cogens* que genera, entre otras obligaciones *erga omnes*, el deber a los Estados de perseguir dichos crímenes en las jurisdicciones nacionales[1523]. La finalidad del Derecho penal también lo justifica. Existirá mayor impacto en la sociedad, especialmente, en los lugares donde se han cometido los hechos, si la acción de la justicia se realiza en esos lugares.

En 1998, igualmente, la idea de la complementariedad fue un aliciente necesario para animar a los Estados a que ratificaran el

---

1521 Sobre el principio de complementariedad v. ICC-01/04-01/07-1015-Anx 01-04-2009, Informal experta paper: The principle of complementarity in practice. Disponible en: https://www.icc-cpi.int/sites/default/files/RelatedRecords/CR2009_02250.PDF
El anexo 4 de este documento ofrece una sugestiva "lista de indicios de falta de voluntad o de incapacidad [de los Estados] para llevar a cabo realmente un procedimiento".

1522 MACULAN: La Corte Penal…, ob. cit., pp. 96 a 99, las sintetiza en: i) la posibilidad de la remisión por parte de un Estado Parte de una situación directamente a la CPI (auto remisión o *self-referral*), si detenta jurisdicción para el enjuiciamiento del o de los concretos crímenes internacionales y renuncia, por tanto, al enjuiciamiento nacional; ii) si jurisdicciones nacionales, ajenas a los hechos, pueden o deben asumir la investigación y enjuiciamiento al amparo del principio de jurisdicción universal; iii) si las jurisdicciones nacionales pueden perseguir solo algunos hechos y no todos, la relevancia de la calificación jurídica (por ejemplo, si los tribunales nacionales se tipifica como delitos ordinarios) y el efecto en la CPI de la imposición de un *quantum* de pena que se distanciaría del que se impondría en la CPI; y iv) si la activación de mecanismos alternativos de justicia transicional, como las comisiones de la verdad, satisfacen las exigencias efectivas del principio de complementariedad.
Sobre este último aspecto v. también: ICC-01/04-01/07-1015-Anx, párrs. 71 a 77 (v. *supra*, nota 1521).

1523 V. *infra*, apartado 3 de este capítulo.

ECPI. El mensaje que lanzaba el ECPI a los Estados de que siempre que cumplieran con los deberes impuestos por el DPI de enjuiciar seriamente —respetando los estándares del proceso debido— ante sus tribunales nacionales a los responsables de estos crímenes, la jurisdicción nacional sería la única competente para el enjuiciamiento de los más graves crímenes internacionales, reforzaba la reafirmación de la soberanía estatal. Asimismo, el principio de complementariedad se justifica en razones prácticas, como el mejor acceso a los elementos probatorios de las jurisdicciones nacionales donde se hubieren producido los hechos y en la capacidad limitada de la CPI respecto del número de procedimientos que puede asumir jurisdiccionalmente[1524].

El objetivo de la complementariedad operativamente adquiere otras dos dimensiones. La primera referida a la distribución de la realización de la justicia sobre quién debe juzgar hechos calificados como crímenes de genocidio, de lesa humanidad, de guerra o de agresión. Las jurisdicciones nacionales son actores y forman parte del sistema de justicia penal internacional. Son los Estados los que asumen su responsabilidad esencial en la investigación y enjuiciamiento de los más graves crímenes de trascendencia internacional. A esta dimensión se refirió gráficamente el Fiscal de la CPI: "[c]omo consecuencia de la complementariedad, el número de casos que llegan al Tribunal no debería ser una medida de su eficacia. Por el contrario, la ausencia de juicios ante este Tribunal, como consecuencia del funcionamiento regular de las instituciones nacionales, sería un gran éxito"[1525].

La complementariedad implica que las jurisdicciones nacionales inevitablemente apliquen su legislación penal procesal y sustantiva. El método o modelo de implementación[1526] podría incluso llevar a la aplicación directa del ECPI. Si los tipos penales se implementan en los códigos penales nacionales surgirá la duda de si opera DPI o

---

1524 ICC-01/04-01/07-1015-Anx, párr. 1 (v. *supra*, nota 1521).

1525 Declaración de Luis Moreno-Ocampo, 16 de junio de 2003, ceremonia del compromiso solemne del Fiscal jefe (ICC-01/04-01/07-1015-Anx, p. 1).

1526 Sobre los modelos de implementación, v. OLLÉ: La aplicación del Derecho..., ob. cit., pp. 149 a 152.

derecho interno respecto de un crimen de naturaleza internacional. Y una implementación exclusiva de los crímenes, dejando al margen a las normas de la parte general del ER, puede provocar disfunciones importantes, por ejemplo, en autoría y participación, al tener que aplicar los tribunales nacionales la parte general de sus códigos penales pensados en clave de Derecho penal interno.

La segunda dimensión del principio de complementariedad se corresponde con la función positiva que desempeña la relación de los Estados con la CPI a través de los principios que interactúan mutuamente de *asociación-colaboración* y *vigilancia*[1527]. El primero muestra la relación entre los Estados y la fiscalía de la CPI. Se pretende que través del diálogo de la CPI con los Estados, aquélla pueda animar a los Estados a: i) iniciar actuaciones judiciales y promoción de medidas contra la impunidad[1528]; ii) prestarle ayuda y asesoramiento directo sobre, y entre otros, intercambio de información y pruebas, asesoramiento técnico y formación[1529]; y iii) establecer estrategias cooperativas entre ambos. El segundo de los principios, o de vigilancia, permite al Fiscal examinar y controlar que los procedimientos nacionales son auténticos[1530], es decir, fiscalizar si los procedimientos domésticos estatales adolecen de "falta de voluntad", "incapacidad" o "autenticidad"[1531].

La Conferencia de Revisión de Kampala en la resolución dictada sobre la complementariedad reiteraba la "responsabilidad primaria de los Estados de investigar y enjuiciar los crímenes más graves de transcendencia internacional". Reafirmaba que se "debe garantizar" su "efectivo enjuiciamiento", "adoptando medidas en el plano nacional y ampliando la cooperación internacional". Destacaba la importancia de la "asistencia para fortalecer las capacidades nacionales", y la "conveniencia de que los Estados se presten ayuda mutua para fortalecer su capacidad interna a fin de asegurar la investigación y enjuiciamiento" de estos crímenes a "nivel nacional". Reconocía "la

1527 ICC-01/04-01/07-1015-Anx, párr. 3 (v. *supra*, nota 1521).
1528 *Ibid.*, párr. 7.
1529 *Ibid.*, párrs. 7 a 13.
1530 *Ibid.*, párr. 3.
1531 *Ibid.*, párrs. 16 a 23.

necesidad de adoptar medidas adicionales que procedan en el plano nacional". Y señalaba la importancia de que los Estados "implementen" el ECPI[1532].

El ECPI, en el proceso de decisiones preliminares relativas a la admisibilidad de una situación, contempla en el párrafo primero de su artículo 18 la posibilidad, cuando la situación es remitida por un Estado Parte o si el Fiscal inicia la investigación de oficio —como trámite previo a la declaración de la competencia de la propia CPI—, de que el Fiscal lo notifique "a todos los Estados Partes y a aquellos Estados que, teniendo en cuenta la información disponible, ejercerían normalmente la jurisdicción sobre los crímenes de que se trate". Igualmente, de acuerdo con el párrafo 2 del artículo 18 ER, el Estado podrá informar a la Corte que "está llevando a cabo una investigación en relación con sus nacionales u otras personas bajo su jurisdicción respecto de actos criminales que puedan constituir crímenes contemplados en el artículo 5". Del mismo modo, se produce otro reconocimiento de la jurisdicción nacional para la investigación y enjuiciamiento, en el párrafo segundo del artículo 19, letra *b)* ER, al permitir al "Estado que tenga jurisdicción en la causa" impugnar la competencia de la CPI, si está investigando o enjuiciando una causa o ya lo ha hecho antes.

El ER no establece una atribución preferencial jurisdiccional para ninguna jurisdicción nacional, ni para la territorial ni para la extraterritorial. Contempla que otros Estados voluntarios asuman la jurisdicción, sobre la base de cualquier principio de atribución jurisdiccional nacional. El Fiscal al dirigirse a todos los "Estados Partes" y a los que "ejercerían normalmente la jurisdicción", demuestra que las jurisdicciones de los diferentes Estados son concurrentes y que no hay prelación entre ellas. Igualmente, el párrafo segundo del artículo 18 ER acepta como criterio de alternatividad jurisdiccional, y no de subsidiariedad, dos nexos de conexión jurisdiccional con los Estados que internamente la ejercen. Uno el de nacionalidad: el Estado que enjuicia a sus propios nacionales. Y, otro, amplio, donde caben todos los principios jurisdiccionales: el Estado que investiga o enjuicia o

---

1532 RC/Res.1, complementariedad. Disponible en: https://asp.icc-cpi.int/sites/asp/files/asp_docs/Resolutions/RC-Res.1-SPA.pdf

ya lo ha hecho, "a otras personas bajo su jurisdicción". El ECPI, ni siquiera se refiere expresamente al Estado territorial del lugar donde se hubieran cometido los hechos.

Un último argumento lo ofrece el párrafo primero, letra *c)* del artículo 21 ER. También es derecho aplicable en la CPI (fuentes) el derecho interno de los "Estados que normalmente ejercerían jurisdicción sobre el crimen". Reconoce, una vez más, la vigencia de cualquier principio jurisdiccional, para la investigación y enjuiciamiento de los crímenes de su competencia en las jurisdicciones nacionales.

La complementariedad respecto del crimen de agresión está estrechamente ligada al régimen jurisdiccional de la ECPI. Como he anticipado, salvo en las situaciones que sean remitidas por el CdS, la CPI carece de competencia respecto del territorio y de los nacionales de los Estados no Partes. Este régimen jurisdiccional restringido de la CPI está íntimamente relacionado con la ratificación de las enmiendas, con el principio de complementariedad y con la implementación del crimen de agresión en las jurisdicciones nacionales. Los Estados ante el régimen competencial restringido de la CPI pueden optar por no ratificar las enmiendas sobre la agresión, al no sentir a la CPI como una amenaza judicial. Si los Estados no las ratifican esquivarán el principio de complementariedad. Ello provocará que los Estados no tipifiquen el crimen de agresión en sus legislaciones nacionales, al no sentirse compelidos por la CPI. Ésta, en esas condiciones, no podría atribuirse la jurisdicción. Y, por otro lado, y en sentido contrario, si los Estados tipifican el crimen de agresión, al ser el régimen jurisdiccional de la CPI limitado, contribuirán al enjuiciamiento del crimen de agresión en detrimento de la impunidad.

En conclusión, el ECPI no establece la preferencia jurisdiccional territorial de los tribunales nacionales. No excluye la competencia de otros tribunales nacionales que ostenten jurisdicción extraterritorial. El sistema de primacía-complementariedad del ECPI está basado en la concurrencia de diversas jurisdicciones estatales, territoriales o no, que investiguen y enjuicien los crímenes de la competencia de la

CPI, como el de agresión. Así, las jurisdicciones nacionales sustituyen y complementan a la CPI[1533].

2. EL EQUÍVOCO ENTENDIMIENTO NÚMERO 5

El citado Proyecto de Código de Crímenes contra la Paz y la Seguridad de la Humanidad aprobado en 1996[1534] —antes de que el SWG-CA se ocupara del principio de complementariedad en el crimen de agresión— consideró que la jurisdicción sobre el crimen de agresión correspondería en exclusiva a un tribunal penal internacional. La CDI argumentaba, entonces, que el "principio de jurisdicción exclusiva" de un tribunal internacional para el crimen de agresión, derivaba del carácter estatal del crimen. Argumentaba que era condición *sine qua non* para la existencia del crimen que previamente un Estado cometiera una agresión. Y que, por tanto, sería contrario al principio de DI *par in parem imperium non habet imperium* que un Estado determinase si otro Estado ha cometido un acto de agresión. Si un tribunal nacional tuviera que considerar la comisión de un acto de agresión cometido por otro Estado "tendría consecuencias graves para las relaciones internacionales y la paz y la seguridad internacional"[1535]. La CDI pretendía que no fueran los jueces nacionales quienes se pronunciaran sobre la responsabilidad del Estado[1536].

1533 FERENCZ: Epilogue. The Long..., ob. cit., pp. 1115 y 1116, se pronunciaba sobre la prioridad en el enjuiciamiento de las jurisdicciones nacionales porque "[l]a jurisdicción complementaria de la Corte nunca pretendió sustituir las obligaciones primarias de los Estados". Y añadía que "[n]o debe subestimarse el efecto disuasorio de los tribunales nacionales que hacen cumplir las obligaciones naciones en materia de derechos humanos".

1534 V, *supra*, nota 356.

1535 UN. Doc. A/51/10, p. 53 (párr. 14 del comentario al artículo 8). V. *supra*, nota 356.

1536 REMIRO: El crimen de..., ob. cit., p. 283.

La CDI, no obstante, ofrecía, como excepción, la facultad de que los nacionales del Estado agresor pudieran ser juzgados en ese mismo Estado, aplicando su propio Código Penal doméstico o el entonces futuro código de crímenes contra la paz, porque ese enjuiciamiento nacional del Estado "cuyos dirigentes participaron en el acto de agresión", podría constituir un "elemento esencial en un proceso de reconciliación nacional" y en que este ejercicio jurisdiccional nacional "no tendría las mismas consecuencias negativas para las relaciones internacionales o para la paz y la seguridad internacionales que el ejercicio de la jurisdicción de otro Estado a ese respecto"[1537]. Este proceso debería garantizar los estándares de "independencia e imparcialidad". En caso contrario, se justificaría un enjuiciamiento posterior ante un tribunal penal internacional, dejando a salvo la excepción del principio *non bis in idem*[1538]. Previsión de la CDI que se sustentaba en premisas equivocadas. Solo los nacionales del Estado agresor pueden ser sujetos activos del crimen de agresión y soslayaba el interés legítimo del Estado agredido para ejercer también su jurisdicción por el crimen de agresión sufrido[1539]. Por ello, el principio *par in parem imperium non habet imperium* hay que entenderlo no como un criterio de atribución de la jurisdicción sino como una limitación del ejercicio jurisdiccional por parte de los Estados.

HARTIG, no obstante, contradice con razón a la CDI, y argumenta que del principio *par in parem non habet imperium* no se deduce una regla prohibitiva absoluta que excluya el ejercicio de la jurisdicción nacional por Estados diferentes al agresor, ni se basa en una práctica general aceptada como derecho. No existe una práctica estatal para apoyar la existencia de una regla que prohíba la jurisdicción adjudicativa de terceros Estados diferentes al Estado agresor[1540].

En el seno del SWGCA, en el año 2004, se debatió si era necesario modificar o añadir a las normas existentes en el ECPI sobre el principio de complementariedad y admisibilidad, alguna adicio-

---

1537 UN. Doc. A/51/10, pp. 53 y 54 (párr. 15 del comentario al artículo 8). V. *supra*, nota 356.

1538 *Ibid.*, p. 54 (párr. 15 del comentario al artículo 8).

1539 REMIRO: El crimen de..., ob. cit., p. 283.

1540 HARTIG: ob. cit., p. 410 a 418.

nal que afectara específicamente al crimen de agresión. Prevaleció la opinión de que las disposiciones ya vigentes del ECPI no creaban ningún problema concreto en relación al crimen de agresión y se acordó que "las disposiciones de los actuales artículos 17, 18 y 19 se aplicaban en su forma actual" también al crimen de agresión. Aun así, los miembros del SWGCA se emplazaban a continuar esta discusión una vez alcanzado un acuerdo sobre la definición del crimen de agresión y las condiciones del ejercicio jurisdiccional[1541].

En el año 2010 —ante las dudas existentes en las entrañas del SWGCA sobre las enmiendas en relación con el ejercicio jurisdiccional y los interrogantes surgidos sobre el principio de complementariedad— el presidente del SWGC dedicó un punto a la cuestión de la "jurisdicción nacional con respecto al crimen de agresión". Recordó la postura mantenida en el año 2004. Sin embargo, apuntó que aquella conclusión no consideró si las enmiendas "supondrían una exigencia o un estímulo, de iure o de facto, para que los Estados ejercieran su jurisdicción", sobre la base de los principios de personalidad pasiva (en calidad de Estado víctima) o de jurisdicción universal, si los actos de agresión los cometieron otros Estados. Añadía el presidente que el artículo 17 ER se refería meramente a "un Estado que tenga jurisdicción" sobre los crímenes, pero no concretaba cuándo los Estados deberían establecer tal jurisdicción[1542].

Así, el presidente propuso como entendimiento añadir en el anexo III de las enmiendas[1543] que "se entiende que las enmiendas tratan de la definición del crimen de agresión y las condiciones en las que la Corte ejercerá su competencia respecto de este crimen para fines del Estatuto únicamente. De conformidad con el artículo 10 del Estatuto de Roma, las enmiendas no se interpretarán en el sentido de que limiten o menoscaben en modo alguno las normas existentes o en desarrollo del derecho internacional para fines distintos del presente Estatuto. Por consiguiente, las enmiendas no se interpretarán

---

1541 ICC-ASP/3/SWGCA/INF.1, párrs. 1, 20, 21 y 27 (v. *supra*, nota 507).

1542 RC/WGCA/2, párr. 4 (v. *supra*, nota 1411).

1543 En el anexo III de la RC/Res.6 (v. *supra*, nota 514) se incluyeron los siete "entendimientos sobre las enmiendas al Estatuto de Roma de la Corte Penal Internacional relativas al crimen de agresión".

en el sentido de que creen el derecho o la obligación de ejercer la jurisdicción nacional respecto de un acto de agresión cometido por otro Estado"[1544].

Finalmente, esta propuesta del presidente pasó a formar parte de los entendimientos, pero desdoblados en dos entendimientos, el entendimiento 4[1545] y el 5. La redacción final de este último fue: "[s]e entiende que las enmiendas no se interpretarán en el sentido de que crean el derecho o la obligación de ejercer la jurisdicción nacional respecto de un acto de agresión cometido por otro Estado"[1546].

La dicción literal de este entendimiento, ciertamente ambiguo, parecería que era una invitación tácita o una sugerencia a los Estados Partes que han suscrito las enmiendas, e incluso a los no Partes y a los Partes no ratificantes de las enmiendas, de que no enjuiciaran en sus tribunales domésticos el crimen de agresión. La lectura de este entendimiento debe ser conjunta con el principio de complementariedad y con el artículo 20.3 ER, y no desde una aislada literalidad.

El ECPI, con carácter general, no impone expresamente la obligación de los Estados ni de implementar el ER ni de enjuiciar los crímenes de la competencia de la CPI. La vigencia del principio de complementariedad, sin embargo, implica la pérdida de jurisdicción nacional en favor de la de la CPI si los Estados en sus jurisdicciones domésticas ni investigan ni enjuician los crímenes de la competencia de la CPI[1547]. El propio preámbulo del ECPI recuerda el deber —derivado del DI consuetudinario— de ejercer su jurisdicción penal contra los responsables de crímenes internacionales[1548]. La única obligación que sí impone el ECPI a las jurisdicciones nacionales es tipificar los delitos contra la administración de justicia de la CPI (artículo 70.4 *a)* ER) e incorporar normas internas para facilitar la cooperación internacional y la asistencia judicial prevista en la parte IX del ER (artículo 88 ER). España, por ejemplo, introdujo el artículo 471 *bis*

1544 RC/WGCA/2, párr. 4 (v. *supra*, nota 1411).

1545 Sobre este entendimiento, v. Cap. 6: 4.2.

1546 RC/Res.6, anexo III (v. *supra*, nota 514).

1547 OLLÉ: La aplicación del…, ob. cit., p. 148.

1548 HARTIG: ob. cit., p. 36, subraya que este deber ni es nuevo ni adicional a otros preexistentes en el derecho consuetudinario.

en nuestro Código Penal[1549] y promulgó la Ley de Cooperación con la Corte Penal Internacional[1550].

La ausencia de esa obligación explícita (implementación y enjuiciamiento) para los cuatro crímenes internacionales —no solo para el de agresión— ha merecido que se tilde al ECPI de "blando"[1551]. El principio de complementariedad, a pesar de esta suavidad, despliega un poder coercitivo a los Estados en relación con los cuatro crímenes internacionales de la competencia de la CPI. Los Estados, a pesar de la inexistente obligación de enjuiciar los crímenes en su jurisdicción interna, se ven amenazados por la CPI. Ésta puede atribuirse la jurisdicción ante la inactividad de los Estados. No obstante, este poder coercitivo vertical de la CPI hacia los Estados disminuye en el crimen de agresión por las limitaciones jurisdiccionales de la CPI para enjuiciar este crimen.

La consecuencia, como destaca acertadamente HARTIG, es que los Estados no se sentirán compelidos a la implementación en su sistema normativo penal del crimen de agresión. En esa relación jurisdiccional vertical con la CPI, los Estados saben que las restricciones de la CPI dificultarán el ejercicio jurisdiccional por parte de ésta. Los Estados ante "el riesgo de una sanción directa para perder la titularidad sobre los futuros casos ante la Corte Penal Internacional" no necesitarán "criminalizar proactivamente la agresión para asegurar su capacidad de hacer que los casos ante la Corte Penal Internacio-

---

1549 Por la Ley Orgánica 15/2003, de 25 de noviembre, por la que se modifica la Ley Orgánica 10/1995, de 23 de noviembre, del Código Penal, BOE número 283, de 26 de noviembre. Corrección de errores BOE número 65, de 16 de marzo de 2004 y número 80, de 2 abril de 2004. Entró en vigor el 1 de octubre de 2004 (Disp. Final 5ª).
Se introducía en el título XX del libro II del Código Penal el capítulo IX que pasaba a denominarse "De los delitos contra la Administración de Justicia de la Corte Penal Internacional", que contenía el nuevo artículo 471 *bis*.

1550 Ley Orgánica 18/2003, de 10 de diciembre, de Cooperación con la Corte Penal Internacional.

1551 HARTIG: ob. cit., pp. 33 a 46.

nal sean inadmisibles mediante la investigación y enjuiciamiento de nacionales"[1552].

Para la interpretación del entendimiento 5 se suma, a los fundamentos expuestos sobre el principio de complementariedad, la enmienda en la Conferencia de Kampala al párrafo 3 del artículo 20 ER[1553] sobre la cosa juzgada. Esta enmienda se ceñía específicamente al crimen de agresión. Afectaba al encabezamiento del párrafo 3 del artículo 20 ER. Expresamente impedía que la CPI procesara a nadie que hubiere "sido procesado por otro tribunal en razón de hechos también prohibidos en virtud de los artículos 6, 7, 8 u 8 *bis*". De esta forma, el ECPI añadía explícitamente a las causas que producen cosa juzgada el procesamiento por el crimen de agresión (artículo 8 *bis* ER) en "otro tribunal", bien sea internacional o nacional. De esta forma, la enmienda reconocía que un tribunal nacional —también otro tribunal internacional— pueden investigar y enjuiciar en su jurisdicción nacional hechos constitutivos del crimen de agresión[1554].

1552 HARTIG: ob. cit., p. 47. Esta autora reconoce que, al menos, el principio de complementariedad envía un "vago llamamiento moral a los Estados, para que contribuyan al "sistema de justicia penal global" del ECPI para acabar con la impunidad de los crímenes de DI.

1553 Anexo I de la RC/Res.6 "enmiendas al Estatuto de Roma de la Corte Penal Internacional relativas al crimen de agresión" (v. *supra*, nota 514).

1554 También existen opiniones expresamente discrepantes al enjuiciamiento en las jurisdicciones nacionales como la de VAN SCHAACK, B.: "Par in Parem Imperium Non Habet Complementarity and the Crime of Aggression", *Journal of International Criminal Justice*, Volume 10, Issue 1, March 2012, pp. 135 y 135, https://doi.org/10.1093/jicj/mqs004, que defiende que la ASP y la comunidad internacional deberían, como norma general, desalentar los enjuiciamiento nacionales por el crimen de agresión porque pueden exacerbar las tensiones internacionales, excepto si el Estado enjuicia a sus propios nacionales, de acuerdo con el principio de personalidad activa.
Concluye esta autora —soslayando el principio de complementariedad en favor de una suerte de oportunidad procesal en detrimento de la concurrencia de jurisdicción entre la CPI y el tribunal nacional— que el enjuiciamiento nacional estaría plagado de problemas jurídicos y políticos y que la CPI es el tribunal indicado para el ejercicio jurisdiccional de facto en exclusiva. Se garantizará así la aplicación de una definición internacionalmente consensuada sujeta a los controles juridiciales y los mecanismos de supervisión política respaldados por la ASP. (p. 163).

Y, en cualquier caso, el entendimiento ni impide ni puede impedir que los Estados en el ejercicio de su soberanía tipifiquen en sus ordenamientos internos el crimen de agresión[1555].

En consecuencia, y como conclusión, la interpretación del entendimiento 5 es doble. Sí permite el enjuiciamiento del crimen de agresión en las jurisdicciones nacionales. Sin embargo, como ha sido apuntado por la doctrina, no crea particularmente un derecho para que los Estados ejerzan su jurisdicción por el crimen de agresión. Este derecho lo concede el DI convencional o consuetudinario[1556]. La aparición en escena de este entendimiento y su dicción literal fue "intencionadamente inocuo"[1557] como bálsamo para los EE.UU. y para que los entendimientos fueran aceptados por la ASP.

3. OBLIGACIÓN INTERNACIONAL Y NACIONAL DE TIPIFICAR EL CRIMEN DE AGRESIÓN. EL *IUS COGENS*

Los crímenes internacionales más graves, a diferencia de otros injustos penales internacionales, asumen el estatus o carácter de *ius cogens*[1558]. El artículo 53 de la citada Convención sobre el Derecho de los Tratados incorpora y define en un instrumento internacional los elementos normativos del *ius cogens*[1559]. La doctrina se ha preocupa-

[1555] FERNÁNDEZ PONS: El crimen de..., ob. cit., p. 154.

[1556] MCDOUGALL: The Crime of..., ob. cit., p. 377.

[1557] HARTIG: ob. cit., p. 371.

[1558] Sobre los crímenes internacionales de *ius cogens* y obligaciones *erga omnes* v. OLLÉ: Crimen internacional y..., ob. cit., pp. 101 a 140.

[1559] La CDI, UN. Doc. A/66/10/Add.1, apartado 3.1.5.4 (reservas a disposiciones relativas a derechos que no pueden derogarse en ninguna circunstancia), p. 388 y ss. y apartado 4.4.3. (falta de efecto de una norma imperativa de derecho internacional general *ius cogens*), reconoce que no solo existen manifestaciones del *ius cogens* en la Convención de Viena, sino también en otros instrumentos como, por ejemplo, en los relativos a derechos humanos, derechos de los conflictos armados (artículo 3.1 común a los Convenios de Ginebra de 1949), a la protección del medio ambiente (artículo 311.3 de la Convención de las Naciones Unidas sobre el Derecho del Mar)

do notablemente de su estudio, mientras que la práctica jurisprudencial, principalmente la internacional, también lo ha abordado en sus resoluciones. La CIJ y otros tribunales nacionales e internacionales en diferentes decisiones y en diversos votos de sus magistrados han confirmado tanto la existencia del *ius cogens,* como su pertenencia al DI, para determinados crímenes internacionales. Los Estados también han admitido la existencia y vigencia de determinadas normas de *ius cogens* en distintos espacios jurídicos y judiciales.

El artículo 53 de la Convención declara la nulidad "de todo tratado que, en el momento de su celebración, esté en oposición con una norma imperativa de derecho internacional general". Define, a modo de interpretación auténtica, la "norma imperativa de derecho internacional general" como "una norma aceptada y reconocida por la comunidad internacional de Estados en su conjunto, como norma que no admite acuerdo en contrario y que solo puede ser modificada por una norma ulterior de derecho internacional general que tenga el mismo carácter". En la literalidad del artículo 53 no se menciona el *ius cogens.* Sin embargo, el título del artículo sí: "[t]ratados que están en oposición con una norma imperativa de derecho internacional general (*ius cogens*)". La Convención no deja lugar a dudas de que las normas imperativas de DI general son de *ius cogens*[1560].

Para determinar la aceptación y el reconocimiento por parte de la comunidad internacional, de los Estados, de que una norma es de *ius cogens,* se requiere que sea: i) de DI general porque refleja y protege valores fundamentales de la comunidad internacional; ii) de jerarquía superior al resto de las normas de DI; iii) de alcance universal; e iv) inderogable[1561]. Elementos que tienen que ser probados, principalmente

o a las relaciones diplomáticas (artículo 45 de la Convención de Viena sobre Relaciones Diplomáticas, de 1961).

1560 V. sobre el *ius cogens,* UN. Doc. A/74/10, Informe de la Comisión de Derecho Internacional, 71 período de sesiones (2019), capítulo IV, normas imperativas de derecho internacional general (ius *cogens*), pp. 154 a 227. Disponible en: https://digitallibrary.un.org/record/3827355?ln=es

1561 CASSESE, A.: *International law,* Oxford University Press, 2º ed., New York, 2005, p. 199, concluye que las normas de *ius cogens* son una clase especial de *normas generales* creadas por la costumbre e investidas de una *fuerza legal especial* de naturaleza imperativa que no pueden ser derogadas ni por un

y sin ánimo exhaustivo, por el conjunto de instrumentos internacionales y de resoluciones de organizaciones internacionales, especialmente de NNUU[1562], de manifestaciones y declaraciones públicas de los Estados[1563], de resoluciones de tribunales nacionales e internacionales[1564],

---

tratado ni por la costumbre internacional, y si lo son, las normas derogatorias pueden declararse nulas e inválidas. Por lo tanto, estas normas gozan de un rango y un estatus superior a las de todas las demás de la comunidad internacional.

1562 ICJ, *Questions relating to the Obligation to Prosecute or Extradite (Belgium v. Senegal), Judgment, I.C.J, 20 July 2012, I.C.J., Reports, 2012,* p. 422, párr. 99, determina que la prohibición de la tortura forma parte de la costumbre internacional y es una norma de *ius cogens.* Lo fundamenta en: i) la práctica internacional generalizada y en la *opinio iuris* de los Estados; ii) instrumentos internaciones del aplicación universal, como la Declaración Universal de Derechos Humanos de 1948, los Convenios de Ginebra de 1949 sobre la Protección de víctimas de guerra, el Pacto Internacional de Derechos Civiles y Políticos de 1966, y en la Resolución de la Asamblea General de NNUU 3452/30 de 9 de diciembre de 1975, sobre la protección de todas las personas contra la tortura y otros tratos o penas crueles, inhumanos o degradantes; iii) la incorporación de esa prohibición al derecho doméstico de la mayoría de los Estados; y iv) en la denuncia de los actos de tortura en foros nacionales e internacionales.
Disponible en: https://www.icj-cij.org/files/case-related/144/144-20120720-JUD-01-00-EN.pdf

1563 Entre otras: opiniones de asesores jurídicos oficiales, comunicados de prensa, comentarios gubernamentales, proyectos internacionales de codificación, decisiones, notas y correspondencia diplomática, publicaciones, declaraciones de voluntad en conferencias u organismos internacionales, dictámenes jurídicos, posiciones adoptadas ante determinadas resoluciones de organismos internacionales.

1564 Por ejemplo, la ICJ *Opinión Consultiva sobre las Reservas a la Convención para la Prevención y Sanción del Delito de Genocidio* ha sido citada para fundamentar el carácter de *ius cogens* de la prohibición del genocidio en ICTY, *Prosecutor Radovan Karadžić*, TC, Judgment, IT_95_5/18-T, 24 March 2016, párr. 539. Disponible en http://www.icty.org/x/cases/karadzic/tjug/en/160324_judgement.pdf;
V. *Decision on Ieng Sary´s Appeal Against the Closing Order, Extraordinary Chambers* in the Courts of Cambodia, nº: D427/1/30/, Criminal Case File Nº: 002/19-09-20007-ECCC/OCIJ (PTC 75), párr. 244, nota 461. Disponible en: https://www.eccc.gov.kh/sites/default/files/documents/courtdoc/D427_1_30_EN.PDF

de los trabajos de la CDI[1565], de otros organismos nacionales o internacionales[1566] y de la doctrina.

El concepto de *ius cogens* pertenece al DI y ha sido ampliamente estudiado por la doctrina internacionalista, en mucha mayor medida que por la doctrina penalista. En relación con las normas que definen y tipifican crímenes internacionales que alcanzarían este carácter de *ius cogens*, se puede concluir —del conjunto de estudios doctrinales, de las resoluciones de los tribunales nacionales e internacionales y de los trabajos de diferentes instituciones internacionales universales y regionales— que forman parte del *ius cogens* los crímenes internacionales de primer grado, esto es, las normas que prohíben el genocidio, la tortura, los crímenes de lesa humanidad, la desaparición forzada de personas, la esclavitud, la piratería, el apartheid, los crímenes de guerra o infracciones graves del Derecho internacional humanitario convencional previstos en los artículos 50 del Convenio I de Ginebra de 1949, 51 del II, 130 del III y 147 del IV, y 11.4 y 85.2 a 4 del Protocolo I Adicional a los cuatro Convenios de 1977, y también, para algún tratadista, la trata de personas[1567]. La norma que prohíbe

Es expresiva, ICTY *Prosecutor v. Vujadin Popović, Ljubiša Beara, Drago Nikolić, Ljubomir BorovČanin, Radivoje Miletić, Milan Gvero and Vinko Pandurević*, TC, Judgment, IT-05-88-T, 10 June 2010. En la nota 2910, describe que: "that the norm prohibiting genocide was assuredly a peremptory norm of international law (jus cogens)" (quoting Reservations to the Convention on the Prevention and Punishment of the Crime of Genocide, ICJ Advisory Opinion, p. 23 and citing Armed Activities on the Territory of the Congo (New Application 2002), ICJ Judgement, párr. 64)". Disponible en: http://www.icty.org/x/cases/popovic/tjug/en/100610judgement.pdf

1565 Por ejemplo, UN. Doc. A/56/10, pp. 214 a 217 (v. *supra*, nota 375).

1566 V., entre otros, las citas que realiza ICTY, *Prosecutor v. Furundžija*, TC, Judgment, IT-95-17/1-T, 10 December 1998, párr. 156, respecto del Comité Europeo contra la Tortura, Comité de Naciones Unidas contra la Tortura (párr. 145, nota 164), el comentario general nº 24 del Comité de Derechos Humanos de NNUU o en relación con el Informe del Relator Especial de NNUU, P. Kooijamns, sobre la tortura de 1986 (párr. 153, nota 170), para fundamentar su postura sobre la prohibición de la tortura, como norma de *ius cogens*. Disponible en: http://www.icty.org/x/cases/furundzija/tjug/en/fur-tj981210e.pdf

1567 OLLÉ: Crimen internacional y…, ob. cit., pp. 108 a 112.

el crimen de agresión también goza de naturaleza de *ius cogens* y se asienta en una indiscutida base jurídica de DI consuetudinario.

Los Estados deben aplicar el derecho que proceda de una norma de *ius cogens*. Incluso su oposición expresa no impide la aplicación de la misma[1568]. Toda obligación *erga omnes*, derivada de una norma de *ius cogens*, vincula, en consecuencia, a todos los Estados tanto si se oponen a su cumplimiento como si alegan el desconocimiento de la vigencia de esa obligación y de su naturaleza[1569].

El artículo 38 del Estatuto de la CIJ enumera las fuentes del DI (los tratados, la costumbre internacional y los principios generales de derecho reconocidos por las naciones civilizadas). Para averiguar si éstas son, a su vez, fuentes de normas de DI general que posteriormente puedan alcanzar el estatus de *ius cogens* hay que distinguir dos momentos diferenciados y consecutivos en el tiempo. El primero, referido a la creación de la norma, como norma de DI; y el segundo, a que la misma adquiera el carácter de *ius cogens*. Existe consenso en que el DI consuetudinario es DI general y que es fuente de creación de normas de *ius cogens*[1570]. Por lo que respecta a los principios generales del Derecho, aunque se afirme que son de aplicación general,

---

1568 GIL GIL, A.: *Derecho Penal Internacional*, Tecnos, Madrid, 1999, conviene en que el DPI debe gozar del carácter de *ius cogens*. Y se debe exigir su reconocimiento como normas generales imperativas, porque "han de poder aplicarse aun contra la voluntad de los Estados, ya que la mayoría de las veces se trata precisamente de conductas realizadas en el marco de una política estatal, y porque vinculan directamente a los ciudadanos de todo el mundo, con independencia de la voluntad del estado al que pertenezcan".

1569 BASSIOUNI, M. Ch.: "Universal Jurisdiction for International Crimes: Historical, Perspectives and Contemporary Practice", *Virginal Journal of International Law Association*, Otoño, 2001, 42 Va.J.Int'l. L. 81. Versión traducida al castellano por el centro de Derechos Humanos, de la Facultad de Derecho, de la Universidad de Chile, "Jurisdicción Universal para Crímenes Internacionales: Perspectivas Históricas y Práctica Contemporánea", pp. 55 y 56.

1570 Sobre la relación entre el DI consuetudinario y las normas de *ius cogens* v.: ICTY, *Prosecutor v. Zejnil Delalić, Zdravko Muci also known as "Pavo", Hazim Delić and Esad Landžo*, TC, Judgment, IT-96-21-T, 16 November 1998, párr.454 ("it can be said that the prohibition on torture is a norm of customary law. It further constitutes a norm of jus cogens"), disponible en: http://www.icty.org/x/cases/mucic/tjug/en/981116_judg_en.pdf.

mayoritariamente se acepta, a pesar de algunas divergencias, que los mismos son fuente de formación de normas de ius cogens[1571]. Y en el caso de los tratados internacionales, es común la idea de que en sí mismos no constituyen normas de DI general, pero sí que pueden

---

ICTY, *Prosecutor v. Furundžija*, TC, Judgment, párrs. 153 y 154, donde este tribunal *ad hoc*, reconoció la prohibición de la tortura como una norma de *ius cogens* por la "importancia de los valores que protege" y porque "es una de las normas más fundamentales de la comunidad internacional".

ICTY, *Prosecutor v. Goran Jelisić*, TC, Judgment, IT-95-10-T, 14 December 1999, párr. 60. Disponible en: http://www.icty.org/x/cases/jelisic/tjug/en/jel-tj991214e.pdf

Siderman de Blake v. Republic of Argentina, U.S. 9th Circuit Court of Appeals, 965 F.2d 699 (9th Cir. 1992), 965 F.2d 699, Nº 85-5773, decided 22 May 1992, p. Disponible en: http://www.refworld.org/pdfid/56d6bf794.pdf.

En las jurisdicciones nacionales v.: Corte Suprema de la República de Filipinas, *Decision Bayan Muna* as represented by Representative Satur Ocampo, Representative Crispin Beltrán, and Representative Liza L. Maza, v. Alberto Romulo, in his capacity as Executive Secretary and Blas F. Ople, in his capacity as Secretary of Foreing Affairs, G.R. Nº. 159618 sostuvo que cuando se aplica el *ius cogens* a crímenes internacionales, estos se han considerado "fundamentales para la existencia de un orden internacional justo, que los Estados no pueden derogar". Disponible en: http://sc.judiciary.gov.ph/jurisprudence/2011/february2011/159618.htm

Tribunal Constitucional de Perú, asunto 0024-2010-PI/PT (proceso de inconstitucionalidad contra el Decreto Legislativo número 1097), sentencia del Pleno Jurisdiccional, de 21 de marzo de 2010, párr. 53, reconoce que los crímenes de lesa humanidad, necesitados de la averiguación de la verdad, así como el procesamiento y posterior sanción de los responsables, constituye una norma de *ius cogens*, y confirma que estas se basan en "la extraordinaria importancia de los valores que subyacen a tal obligación". Disponible en: https://tc.gob.pe/jurisprudencia/2011/00024-2010-AI.pdf.

Y el fallo del Tribunal Superior de Kenia, de 28 de noviembre de 2011, en el caso *Kenya Section of the International Commission of Jurists v. Attorney General & Another* [2011], Misc. Criminal Application Nº 685 of 2010, Kenyan Law Reports, en el que se fundamenta: "I further subscribe to the view that the duty to prosecute international crimes has developed into jus-cogens and customary international law", pp. 17 y 18. Disponible en: http://kenyalaw.org/Downloads_FreeCases/84203.pdf.

1571 V., entre otros, CONKLIN, W.: "The Peremptory Norms of the International Community", *The European Journal of International Law*, vol. 23, Nº. 3, *Oxford University Press on behalf of EJIL Ltd.*, 2012, p. 840, http://www.ejil.org/pdfs/23/3/2305.pdf

acoger normas de DI general que, a su vez, sean fuentes de normas de *ius cogens*[1572].

En el ámbito del DPI para que un crimen esté investido del carácter de *ius cogens*: i) deberá ser un crimen de DI, es decir, que su fuente sea el DI (tratados o, excepcionalmente, costumbre internacional); ii) la calidad de la norma internacional que acoja ese crimen, dentro del DI, tendrá que ser considerada de especial importancia[1573]; iii) el bien jurídico protegido del crimen internacional deberá ser supranacional y proteger valores fundamentales de la comunidad internacional[1574]; y iv) la prohibición y persecución de ese crimen

---

1572 V. ICTY, *Furundžija*, TC, Judgment, párr. 144. Se argumenta que la prohibición de la tortura está presente en diferentes tratados y que esta prohibición de *ius cogens* procede del DI consuetudinario. Por lo que respecta al genocidio, ICTY, *Prosecutor v. Zdravko Tolimir*, TC, Judgment, IT-05-88/2-T, 12 December 2012, concluye que la prohibición contenida en la Convención contra el Genocidio ostenta el estatus de *ius cogens*, no porque sea una disposición convencional, sino porque así lo establece el DI consuetudinario, párr. 733. Disponible en: http://www.icty.org/x/cases/tolimir/tjug/en/121212.pdf.
En el mismo sentido, v.: ICTY, *Prosecutor v. Vujadin Popović*, TC, Judgment, párr. 807 y nota 2910.
ICTY, *Prosecutor v. Radislac Krstić*, TC, Judgment, IT-98-33-T, 2 August 2001, párr. 541. Disponible en: http://www.icty.org/x/cases/krstic/tjug/en/krs-tj010802e.pdf
ICTY, *Prosecutor v. Goran Jelisić*, TC, Judgment, IT-95-10-T, 14 December 1999, párr. 60. Disponible en: http://www.icty.org/x/cases/jelisic/tjug/en/jel-tj991214e.pdf
ICTY, *Prosecutor Radovan Karadžić,* TC, Judgment, párr. 539.
ICTR, *Prosecutor v. Georges Anderson Nderubumwe Rutanga*, TC, Judgment, ICTR-96-3-T, 6 December 1999, párr. 46. Disponible en: http://unictr.unmict.org/sites/unictr.org/files/case-documents/ictr-96-3/trial-judgements/en/991206.pdf
ICJ, *Bosnia and Herzegovina v. Serbia and Montenegro*, párr. 45.

1573 Para concretar este elemento sirve el criterio de BASSIOUNI: Introduction to international..., ob. cit., p. 240, consistente en el análisis del texto de los preámbulos y de las diferentes disposiciones de los tratados internacionales para averiguar si el estatus de ese crimen es el más alto en el Derecho internacional.

1574 BASSIOUNI, *Ibidem*, pp. 241 y 242, especifica que la comisión del crimen debe afectar a los intereses de la comunidad internacional en su conjunto,

debe ser aceptado por la mayoría de los Estados de la comunidad internacional. Para certificar la existencia de la *opinio iuris* de que esa norma que contempla la persecución de un crimen es aceptada y reconocida por los Estados, se tendrá que evaluar, al menos, el número de Estados que hubieren ratificado el correspondiente tratado internacional que sanciona su comisión[1575], la realidad de las incorporaciones de esas disposiciones internacionales a las legislaciones internas y la práctica ante los tribunales estatales e internacionales, como son los procedimientos seguidos por estos crímenes[1576].

A lo largo de este trabajo ya se ha reflejado que la prohibición de la agresión o la prohibición del uso de la fuerza es una norma de *ius cogens* porque implica el uso injustificado de la fuerza armada de un Estado contra otro Estado, transgrediendo la paz y la seguridad internacionales. Es una violación grave del DI, del *ius ad bellum.* La CDI ha reiterado que la prohibición de la agresión es una norma imperativa de DI general (*ius cogens*)[1577]. La CDI, en este documento sobre las normas imperativas de ius *cogens*, recuerda que ya se había referido a la prohibición de la agresión como norma de *ius cogens* en el proyecto

---

porque amenazan la paz y la seguridad de la humanidad, y/o conmocionan la conciencia de la humanidad.

1575 Por ejemplo, 133 Estados forman parte de la Convención contra el Genocidio y 124 países han ratificado el ECPI. La ratificación del ER es especialmente transcendente en lo que al derecho consuetudinario se refiere. Ya he indicado anteriormente que la norma de *ius cogens* tiene su origen en el DI, tanto en los tratados como en la costumbre. El ECPI, como instrumento en materia de DPI más avanzado que existe en la actualidad, ha cristalizado en un tratado la costumbre internacional respecto de algunos crímenes y principios penales. Esto significa también —y sin perjuicio de que los cuatro crímenes competencia de la CPI indiscutiblemente gozan del estatus de *ius cogens*— que los Estados ratificantes del ER aceptan y reconocen la norma consuetudinaria penal internacional.

BASSIOUNI: Introduction to international..., ob. cit., p. 242 y 243, añade que será importante comprobar la evolución legal histórica normativa del crimen.

1576 V. OLLÉ: Crimen Internacional y..., ob. cit., pp. 112 y 113.

1577 UN. Doc. A/74/10 (v. *supra*, nota 1560), conclusión 23 (p. 160) y comentarios a la conclusión 23 (p. 224, párr. 5).

REGUEIRO: ob. cit., p. 303, recuerda que el carácter de norma de *ius cogens* de la prohibición de la amenaza de uso o del uso de la fuerza no es pacífico.

de artículos sobre la responsabilidad del Estado por hechos internacionalmente ilícitos[1578]. En 1966 sostuvo que todas "las normas de la Carta por las que se prohíbe el uso de la fuerza constituyen por sí mismas un ejemplo patente de normas de derecho internacional que tiene carácter de *ius cogens*"[1579]. En el año 2006, el Grupo de Estudio sobre la fragmentación del Derecho internacional también referenció la *prohibición de la agresión* como norma imperativa e incluyó "la prohibición del uso agresivo de la fuerza" en la lista de "reglas más frecuentemente citadas para el rango de *ius cogens*"[1580]. El informe de la CDI de 2022 repite el carácter de *ius cogens* de la prohibición de la agresión[1581].

El crimen de agresión cumple los requisitos señalados: es una norma de DI general consuetudinaria aceptada en condiciones de igualdad por la comunidad internacional. Más allá del debate existente sobre su naturaleza o no de *ius cogens,* se puede afirmar que el crimen de agresión es de naturaleza de *ius cogens*[1582] porque necesariamente el crimen se comete mediante la violación de una norma imperativa prohibida del DI: prohibición de la agresión o el uso injustificado de

---

[1578] V. UN. Doc. A/56/10 (v. *supra,* nota, 375) p. 305, apartado 4, comentario al artículo 40. En el párr. 5, del comentario al artículo 26, se lee: las "normas imperativas que son claramente aceptadas y reconocidas comprenden las prohibiciones de la agresión". La AG expresó su reconocimiento a la labor de la Comisión en relación con las conclusiones sobre la identificación y las consecuencias jurídicas de las normas imperativas de derecho internacional general (*ius cogens*) y sus comentarios en UN. Doc. A/RES/77/103, Informe e de la Comisión de Derecho Internacional sobre la labor realizada en su 73er período de sesiones, 19 de diciembre de 2022. Disponible en: https://digitallibrary.un.org/record/3998321?ln=es

[1579] UN. Doc. A/74/10, p. 224, (v. *supra,* nota 1560).

[1580] *Ibid.*, pp. 224 y 225.

[1581] UN. Doc. Informe de la Comisión de Derecho Internacional, 73 período de sesiones (18 de abril a 3 de junio y 4 de julio a 5 de agosto de 2022), A/77/10, pp. 93 y 94, párr. 7, del comentario a la conclusión 23. Disponible en: https://digitallibrary.un.org/record/3987284?ln=es
V. también sobre el carácter de *ius cogens* de la prohibición del uso de la fuerza *supra,* notas 370 y 375.

[1582] BASSIOUNI: Introduction to international..., ob. cit., pp. 230, 231, 240, admite que los cuatro crímenes competencia de la CPI son parte del *ius cogens.*

la fuerza[1583], que forman parte del elemento de la conducta estatal del crimen de agresión.

El crimen de agresión, por su naturaleza y configuración, es un crimen internacional de primer grado[1584]. Estos los defino como "los más graves. Su fuente es el Derecho internacional convencional y consuetudinario. Protegen los valores y bienes jurídicos universales más valiosos que pertenecen y afectan a la comunidad internacional, como la paz, la seguridad o el bienestar de la humanidad. Determinan la responsabilidad penal de toda persona física y jurídica. Son imprescriptibles y existe la obligación internacional de investigarlos y enjuiciarlos y, en su caso, de sancionarlos y de hacer cumplir la pena, bajo los estándares internacionales del juicio justo, tanto en tribunales internacionales como nacionales, incluso bajo el principio de jurisdicción universal sin sujeción a ningún vínculo de conexión, entre el hecho y el autor con el Estado de enjuiciamiento"[1585].

Los crímenes de naturaleza de *ius cogens* acarrean obligaciones derivadas precisamente de la propia naturaleza de *ius cogens* del crimen, que se denominan por su imperatividad obligaciones *erga omnes*[1586]. Obligan a todos los Estados a su observancia y ejecución. Estas obligaciones en el ámbito del DPI en materia de crímenes internacionales de *ius cogens*, las concreta BASSIOUNI en: i) la obligación de investigarlos y enjuiciarlos de forma eficaz, imparcial y sin dilaciones, tanto por tribunales internacionales como nacionales, bajo cualquier principio jurisdiccional, incluso el de jurisdicción universal; ii) vigencia del principio *aut dedere aut iudicare*; iii) imprescriptibilidad; y iv)

1583 HARTIG: ob. cit., pp. 76 a 90, desarrolla un sugestivo estudio sobre la posible naturaleza de *ius cogens* del crimen de agresión. Concluye que se puede inferir una obligación de criminalizar por las consecuencias aceptadas del *ius cogens* en el ámbito de la responsabilidad del Estado y que esta obligación "garantiza que los Estados puedan cumplir su obligación de reparar en forma de enjuiciamiento penales si sus propios agentes estatales comenten una agresión contra otros Estados" (p. 90).

1584 OLLÉ: Crimen Internacional y..., ob. cit., p. 156.

1585 OLLÉ: *ibid.*, pp. 152 y 153.

1586 BASSIOUNI: Introduction to International..., ob. cit., p. 244, aclara gráficamente que *erga omnes* y *ius cogens* son conceptos que se presentan como las dos caras de una misa moneda.

irrelevancia del cargo oficial[1587]. Estas obligaciones, de acuerdo con BASSIOUNI, están vigentes tanto en tiempos de paz como de guerra y son inderogables en los estados de excepción[1588].

A la indicada obligación de investigar y enjuiciar los crímenes internacionales de primer grado se suma la derivada del principio *aut dedere aut iudicare*. Si una persona acusada de un crimen internacional de *ius cogens* no es entregada, en el contexto de un procedimiento de extradición pasiva, al Estado requirente, debe ser juzgada en la jurisdicción que ha denegado su entrega. Esta obligación en los crímenes internacionales de *ius cogens*, a diferencia de los comunes, es acumulativa y no alternativa. Deriva del DI convencional o consuetudinario y se convierte en una obligación en virtud del DI general, por lo que debe ser cumplida por los Estados afectados[1589].

En consecuencia, la obligación de investigar, de enjuiciar seriamente en las jurisdicciones nacionales a los responsables del crimen de agresión, como crimen internacional de primer grado, es una obligación *erga omnes* derivada de su carácter de *ius cogens*. El preámbulo del ECPI recuerda que los crímenes más graves de trascendencia para la comunidad internacional en su conjunto no deben quedar sin castigo, y recuerda que "es deber de todo Estado ejercer su jurisdicción penal contra los responsables de crímenes internacionales". Proclamación que se proyecta directamente con las obligaciones de todos los Estados de investigar, enjuiciar según el DI, y con el deber de garantía de los Estados de asegurar el derecho a un recurso efecti-

---

1587 BASSIOUNI: Introduction to International…, ob. cit., pp. 238 y 239.
V. también OLLÉ: Crimen internacional y…, ob. cit., pp. 114 a 117.

1588 BASSIOUNI: Introduction to international…, ob. cit., p. 238.

1589 *Ibid.*, pp. 496 y 497.
Para determinados crímenes que no están investidos del carácter de *ius cogens*, el principio *aut dedere aut auditare* se convierte, de acuerdo con diferentes tratados internacionales, en una obligación, cuando el Estado de custodia-requirente no entrega, en el marco de un procedimiento de extradición pasiva, a un nacional suyo, al Estado requerido. Otros tratados mantienen un nivel facultativo y no obligatorio.
V. OLLÉ: Crimen internacional y…, ob. cit., pp. 215 a 223 y notas 42 (listado de tratados de clausula obligatoria) y 47 (listado de tratados de clausula facultativa).

vo a las víctimas de las violaciones de derechos humanos constitutivas de crímenes internacionales de primer grado[1590].

Esta doble obligación internacional derivada del carácter de *ius cogens* de la prohibición de la agresión es suficiente para que los Estados tipifiquen el crimen de agresión en sus legislaciones nacionales. Y ello con independencia de que también se pueda fundamentar si de acuerdo con el Derecho internacional de los derechos humanos existe igualmente esta obligación de criminalizar la agresión[1591], e igualmente, sin menospreciar el debate sobre si existe una obligación consuetudinaria general de tipificar los crímenes de DI en el derecho interno y sobre si surge una obligación consuetudinaria de criminalizar la agresión[1592].

4. ATRIBUCIÓN JURISDICCIONAL NACIONAL

4.1. Planteamiento

El concepto jurisdicción proyectado sobre el adjetivo penal se refiere a la facultad de un Estado derivada de su soberanía de juzgar a personas determinadas en relación con hechos concretos mediante

---

1590 Deber de garantía proclamado a nivel general, por ejemplo, en el Pacto Internacional de Derechos Civiles y Políticos (artículo 2), en el Convenio Europeo de Derechos Humanos (artículo 13), en la Convención Interamericana de Derechos Humanos (artículo 8 y 25) o en la Carta Africana de Derechos Humanos y de los Pueblos (artículo 7); y específicamente, entre otros, en el Convenio para la Prevención y Sanción del Delito de Genocidio (artículo 1); en la Convención contra la Tortura y Otros Tratos o Penas Crueles, Inhumanos o Degradantes (artículos 4, 12 y 14); en la Convención Internacional sobre la Eliminación de todas las Formas de Discriminación Racial (artículo 6) o en la Convención Internacional para la protección de todas las personas contra las desapariciones forzadas (artículos 8 y 12).
V. sobre el bien jurídico protegido, Cap. 4: 1.

1591 V. este debate en HARTIG: ob. cit., pp. 48 a 66.

1592 *Ibid.*, p. 66 a 76.
REMIRO: Derecho internacional..., ob. cit., p. 1121, advertía persuasivamente en el año 2008 que "[s]í consideramos que el crimen de agresión, por su naturaleza, sólo es perseguible ante instancias judiciales internacionales, estamos muertos (aunque podamos resucitar más adelante)".

el ejercicio de su potestad punitiva estatal o ius puniendi[1593]. La jurisdicción entraña la posibilidad de que los tribunales de un Estado puedan investigar y enjuiciar a personas por los hechos cuya comisión se les atribuye[1594]. Sin embargo, este concepto debe ser matizado porque en determinados sistemas normativos de tradición romana, como el español[1595], en el ámbito del proceso penal, se puede ejercer conjuntamente con la acción penal la acción civil derivada del delito. Algunos magistrados de la CPI definen jurisdicción como "la prerrogativa de control sobre cosas, lugar y personas (y su conducta). Para fines funcionales, dicha prerrogativa puede expresarse en la forma de poder legislativo, judicial o ejecutivo"[1596].

1593 OLLÉ: Crimen internacional y..., ob. cit., p. 37.

1594 GIMENO SENDRA, V.: *Derecho procesal penal,* Civitas Thomson Reuters, Madrid, 2012, pp. 160 y 161.
El término *jurisdicción* también es utilizado por instrumentos internacionales cuando asignan a los Estados nacionales su investigación y enjuiciamiento. V., por todos, el artículo 9 de la Convención Internacional para la protección de todas las personas contra las desapariciones forzadas de 20 de diciembre de 2006.
UN. Doc. A/CN.4/661, segundo informe sobre la inmunidad de jurisdicción penal extranjera de los funcionarios del Estado, 4 de abril de 2013, párr. 4 —preparado por la relatora especial, Concepción Escobar Hernández— definía la jurisdicción penal, desde la perspectiva de la inmunidad, "como el conjunto de competencias, procesos, procedimientos y actos que, conforme al derecho del Estado que pretende ejercer su jurisdicción, son necesarias para que un tribunal pueda determinar y hacer efectiva la responsabilidad penal individual derivada de la comisión de actos tipificados como crímenes o delitos conforme al derecho aplicable en dicho Estado. A los efectos de la definición del concepto de "jurisdicción penal" es irrelevante el título competencial que habilite al Estado para el ejercicio de la jurisdicción". Disponible en: https://digitallibrary.un.org/record/748850

1595 El artículo 108 de la Ley de Enjuiciamiento Criminal española permite entablar la acción penal conjuntamente con la civil. Sin embargo, las víctimas, perjudicados u ofendidos por el delito pueden renunciar a este derecho o reservarlo para ejercerlo exclusivamente en la jurisdicción civil (artículo 112 de la misma ley procesal penal).

1596 ICC-02/05-01/09-397-Anx1-Corr, Joint Concurring Opinion of Judges Eboe-Osuji, Morrison, Hofmański and Bossa, párr. 41. Anexo a ICC, Judgment in the Jordan referral re Al-Ashir appeal, ICC-02/05-01/09-397-Corr, 6 May 2019. Disponible en: https://www.icc-cpi.int/sites/default/files/RelatedRecords/CR2019_02857.PDF

He advertido en este trabajo[1597] que utilizo a efectos de los artículos 8 *bis*, 15 *bis* y 15 *ter* ER los términos jurisdicción y competencia como sinónimos. Similitud que no puede ser admitida en el ámbito procesal nacional. Son estadios distintos. La competencia es un presupuesto de la jurisdicción para el enjuiciamiento de una persona y un hecho que deriva de la jurisdicción. Una vez asentada la jurisdicción aflora la competencia objetiva, funcional y territorial[1598].

La jurisdicción penal se asienta fundamentalmente en el principio de territorialidad, pero también se extiende a otros principios extraterritoriales con ciertas connotaciones internacionales que posibilitan que las jurisdiccionales nacionales investiguen y enjuicien si concurren determinados requisitos, hechos cometidos fuera de su territorio. Estos son los principios de territorialidad, personalidad activa y pasiva, de protección y de representación[1599]. El fundamento del ejercicio de la jurisdicción en el principio universal y en el de protección o de intereses se basa en la naturaleza del delito, mientras que el de territorialidad y de personalidad activa y pasiva depende de circunstancias fácticas, como es el lugar de la comisión del delito y

1597 V. *supra*, nota, 1397.

1598 El segundo informe sobre la inmunidad de jurisdicción penal extranjera de los funcionarios del Estado, preparado por la relatora especial, Concepción Escobar Hernández, Un. Doc. A/CN.4/661, párr. 4, definía la jurisdicción penal desde la perspectiva de la inmunidad "como el conjunto de competencias, procesos, procedimientos y actos que, conforme al derecho del Estado que pretende ejercer su jurisdicción, son necesarias para que un tribunal pueda determinar y hacer efectiva la responsabilidad penal individual derivada de la comisión de actos tipificados como crímenes o delitos conforme al derecho aplicable en dicho Estado. A los efectos de la definición del concepto de "jurisdicción penal" es irrelevante el título competencial que habilite al Estado para el ejercicio de la jurisdicción". Disponible en: http://undocs.org/sp/A/CN.4/661

1599 A estos principios se puede sumar el de beligerancia. MARTÍNEZ ALCAÑIZ, A.: *El principio de jurisdicción universal y los crímenes de guerra*, Instituto Universitario General Gutiérrez Mellado, Madrid, 2015, pp. 102 a 113, recuerda que es un principio que solo opera en conflictos armados internacionales para facultar al Estado beligerante a juzgar a los prisioneros de guerra capturados o a aquellas otras personas que no gocen de dicho estatuto, y que fueran responsables de violaciones graves de las leyes y costumbres de guerra.

la nacionalidad del victimario o de la víctima en los de personalidad activa y pasiva[1600]. La aplicación de la ley penal nacional en el espacio respecto del crimen de agresión es compleja por su exclusivo carácter transnacional, que le dota de un inescindible carácter internacional, como se verá en las líneas siguientes.

El ejercicio jurisdiccional extraterritorial para el crimen de agresión es posible y conveniente por todos los argumentos que se vierten seguidamente. Así lo ha destacado igualmente el grupo de expertos sobre la complementariedad al destacar la importancia, en la lucha contra la impunidad, del ejercicio jurisdiccional distinto al territorial sobre la base del principio de personalidad activa y pasiva y de jurisdicción universal, para los crímenes de la competencia de la CPI y, por tanto, para el crimen de agresión[1601].

Del mismo modo, la condición de comisión transfronteriza e interestatal del crimen de agresión que, al menos, se *ejecuta* materialmente en dos Estados, si no en más, y la necesaria condición especial o cualificación de líderes o dirigentes políticos y militares de sus autores, son elementos que dificultan la investigación y el enjuiciamiento de este crimen en los tribunales nacionales[1602].

1600 OLLÉ: Crimen internacional y..., ob. cit., p. 171 a 179.
V. un cuadro sistemático sobre la tipificación del crimen de genocidio, de lesa humanidad y de guerra, en 149 Estados, y su atribución jurisdiccional territorial o extraterritorial, en: LAW LIBRARY OF CONGRESS: *Genocide, Crimes Against Humanity, and War Crimes Jurisdiction*, November 2016. Disponible en: https://tile.loc.gov/storage-services/service/ll/llglrd/2016590022/2016590022.pdf
Y un estudio más detallado circunscrito a algunos países y específicamente sobre el crimen de lesa humanidad en: LAW LIBRARY OF CONGRESS: *Crimes Against Humanity Statutes and Criminal Code Provisions in Selected Countries*, April 2010. Disponible en: https://tile.loc.gov/storage-services/service/ll/llglrd/2018298838/2018298838.pdf; y sobre los crímenes de guerra y crímenes de lesa humanidad LAW LIBRARY OF CONGRESS: War Crimes and Crimes Against Humanity, March 2001. Disponible en: https://tile.loc.gov/storage-services/service/ll/llglrd/2021700290/2021700290.pdf

1601 ICC-01/04-01/07-1015-Anx 01-04-2009, párr. 75, (v. *supra*, nota 1521).

1602 MCDOUGALL, C.: The crime of..., ob. cit., p. 51.

No obstante, la complementariedad horizontal entre los Estados, o "efecto Pinochet legislativo"[1603], cuando terceros Estados traten de enjuiciar un crimen de agresión cometido en otro Estado al amparo del principio de personalidad pasiva, de protección o de justicia universal, dependerá también de la exigencia o no para el ejercicio jurisdiccional nacional de la presencia del principio de doble incriminación. Si la legislación de los terceros Estados que van a enjuiciar el crimen de agresión condiciona el ejercicio jurisdiccional a la doble identidad normativa será indispensable que el Estado de comisión haya tipificado en su sistema normativo penal el crimen de agresión. Así, los Estados en los que sea atípico el crimen de agresión se verán beneficiados. El efecto coactivo de la complementariedad horizontal, en estos supuestos, decae. Los Estados, especialmente los eventualmente proclives a cometer actos de agresión carecerán de interés en la implementación del crimen de agresión. En España, por ejemplo, no se requiere el presupuesto de la doble incriminación para ejercer la jurisdicción por el principio de protección y de justicia universal (artículos párrafos 3, 4 y 5 del artículo 23 LOPJ).

4.2. *Jurisdicción territorial dual concurrente. Crimen en tránsito*

El principio de territorialidad es esencial y el eje rector que otorga jurisdicción penal a los Estados para enjuiciar, en sus tribunales nacionales, a cualquier persona nacional o extranjera por la comisión de delitos dentro del espacio terrestre, marítimo y aéreo donde el Estado ejerce su soberanía (*forum loci delicti commissi*), salvo que, excepcionalmente, lo impida un tratado internacional[1604]. Su funda-

---

1603 Así lo denomina HARTIG: ob. cit., p. 47.
Sobre este *efecto* en España v. OLLÉ SESÉ, M.: "La jurisdicción universal en España por crímenes internacionales de primer grado", *Derecho penal internacional, evolución histórica, régimen jurídico y estudio de casos*, Aranzadi, Martínez Jiménez, A. (dir.), Cizur Menor, 2022.pp. 339 a 378; y OLLÉ SESÉ, M.: "El principio de Justicia Universal en España: del caso Pinochet a la situación actual", *Justicia de transición, justicia penal internacional y justicia universal*, coord.: Tamarit Sumalla, J., Atelier, Barcelona, 2010, pp. 225 a 236.

1604 Por ejemplo, la Convención de Viena, de 18 de abril de 1961, sobre relaciones diplomáticas (artículo 31); y la Convención sobre las Misiones Especia-

mento reside en el efecto preventivo general y especial de la pena, en la proximidad de los ciudadanos con los hechos, con sus autores y partícipes, y en la presencia en ese territorio del grueso de los elementos probatorios.

Las normas procesales de los Estados con carácter general —y sin perjuicio de diferentes variables que puedan presentarse y de sus respuestas interpretativas jurisprudenciales—, fijan como criterio de jurisdicción territorial que el delito *se cometa en su territorio* o *a bordo de buques o aeronaves* de su nacionalidad. El ECPI sienta, en el párrafo 2 *a)* del artículo 12, el principio de territorialidad como una de las condiciones previas para que la CPI ejerza su jurisdicción. Para el ECPI el principio de territorialidad se identifica con "el Estado en cuyo territorio haya tenido lugar la conducta" y si "el crimen se hubiere cometido a bordo de un buque o de una aeronave" con "el Estado de matrícula del buque o de la aeronave".

La cuestión a dilucidar es fijar el lugar de comisión del delito en el crimen de agresión, en el que necesariamente y, al menos, aparecen dos territorios nacionales como lugar de producción del delito.

El SWGCA debatió la cuestión de la territorialidad, pero referida, lógicamente, al nexo previsto en el párrafo 2 *a)* del artículo 12 ER, para concretar, a efectos de fijar la competencia de la CPI en relación con el crimen de agresión, cuál es el Estado en el que éste se ha cometido. En la reunión de noviembre de 2008, el SWGCA confirmó que "la conducta del líder responsable de un crimen de agresión ocurriría típicamente en el territorio del Estado agresor". Se preguntó si igualmente se podría considerar que "el crimen fue cometido donde se sintieron sus consecuencias", es decir, en el "territorio del Estado víctima" [1605]. El SWGCA apoyó de forma mayoritaria que la competencia territorial era una "jurisdicción concurrente" que "surge cuando el perpetrador actúa en un Estado y las consecuencias

---

les y Protocolo Facultativo sobre la Solución Obligatoria de Controversias, de 16 de diciembre de 1969 (artículo 31). España es parte de estos dos instrumentos.

1605 ICC-ASP/7/20, Anexo III, párr. 28 (v. *supra*, nota 759).
Se debatió también si la referencia de la conducta individual "ejecución" abarca tanto la conducta agresiva como sus consecuencias (párr. 29).

se sienten en otro"[1606]. En el documento *no oficial* de la reunión de noviembre de 2008 se introdujo como texto a discutir: "se entiende que la noción de conducta a que se refiere el apartado a) del párrafo 2 del artículo 12 del Estatuto abarca tanto la conducta en cuestión como sus consecuencias"[1607]. Y también se sugirió como texto alternativo: "se entiende que la competencia basada en el principio de territorialidad se refiere tanto al territorio donde ocurrió la conducta propiamente dicha como al territorio en el cual ocurrieron las consecuencias"[1608]. Estos trabajos previos del SWGCA sirven como elemento interpretativo de cuál es el Estado territorial en el que se comete el crimen de agresión.

En el crimen de agresión el criterio de la territorial parte de dos premisas esenciales que otorgan, de acuerdo con su definición en el artículo 8 *bis* ECPI, una dimensión más amplia del principio de territorialidad. La conducta se cometerá en dos Estados. Es un crimen interestatal transfronterizo en tránsito y de ejecución a distancia. El elemento esencial para fijar la jurisdicción territorial penal nacional en el crimen de agresión es determinar el lugar donde se ha "cometido" la conducta criminal. La conducta del crimen de agresión se desdobla en la individual y en la estatal. La individual consiste en *planificar, preparar, iniciar o realizar un acto de agresión*. Conducta típica que se ejecutará (*cometerá*), por regla general, pero no siempre, en el territorio del Estado agresor. La conducta estatal del acto de agresión, por el contrario, se *cometerá* inexcusablemente en el Estado agredido o Estado víctima, lugar donde acaecen las consecuencias. De esta forma, el nexo jurisdiccional territorial es dual y concurrente. Las dos conductas de un único crimen recaen en dos Estados. En el Estado agresor porque es el lugar donde se ha *cometido* la conducta individual y en el agredido. La conducta individual y la estatal transitan hasta el Estado víctima donde finalmente se consuma el hecho criminal. La conducta completa recorre, al menos, dos Estados y, por tanto, dos jurisdicciones nacionales.

1606 *Ibid.*, párr. 28. Algunas delegaciones abundaron en que estas conclusiones también se extendían al resto de los crímenes competencia de la CPI.

1607 ICC-ASP/7/20/Add.1, párr. 38.

1608 *Ibid.*, párr. 39.

La jurisdicción del Estado agredido o víctima se justifica por ser ese el lugar donde se ha producido el elemento de la conducta estatal y donde se han desencadenado las consecuencias del crimen de agresión. La consecuencia es el paso subsiguiente de la conducta individual que desemboca en la estatal, que produce, a su vez, dos efectos. Uno jurídico formal, al ejecutarse el acto de agresión y su consumación de forma directa e inmediata en el territorio del Estado agredido, afectando, no solo y principalmente, a la soberanía, integridad o la independencia política del Estado agredido, sino también a personas y cosas. Y es jurídica porque, a su vez, los efectos jurídico formales del párrafo segundo del artículo 8 *bis* ER se producen en el tercer Estado agredido[1609]. Por ello, en el crimen de agresión es relevante la distinción entre consecuencia y efectos. Sin embargo, no es posible extender el criterio de la territorialidad a otros Estados no agredidos directamente, que no son beligerantes, pero que sí han sufrido indirectamente y como consecuencia de la agresión, efectos diferentes a los propios de una agresión como pueden ser efectos económicos, sociales, ambientales o culturales, entre otros[1610].

La lógica comisiva del crimen de agresión indica además que los elementos de la conducta individual del párrafo primero del artículo 8 *bis* ER se cometerá en el Estado agresor. Allí es donde, por lo general, tiene lugar la fase ideación y preparación del crimen de agresión. Es donde se *planifica*, *prepara* e *inicia*. La *realización* se producirá ya en el Estado víctima.

Es posible adivinar diferentes escenarios procesales que puedan afectar al principio de territorialidad en relación con el crimen de agresión. Uno de ellos, es el que propicia el carácter plurisubjetivo del crimen de agresión. Es un crimen colectivo en el que intervienen necesariamente diferentes sujetos, cuyas contribuciones criminales individuales convergen en la producción del acto de agresión. Sus

---

[1609] Sobre el principio de los efectos, v. GUILFOYLE, D.: *International criminal law*, Oxford University Press, United Kingdom, 2016, pp. 34 y 35; y CASSESE, A.: *International criminal law*, 1ª ed., Oxford University Press, New York, 2003, p. 278.

[1610] HARTIG: ob. cit., pp. 335 y 387.

autores y partícipes, nacionales o no del Estado agresor[1611], pueden contribuir con su conducta individual desde un tercer Estado ajeno al agresor y agredido a la comisión del crimen de agresión. De esta forma, parte de la dinámica colectiva del crimen de agresión —la conducta individual— de un concreto sujeto se *cometerá* en ese tercer Estado y sus consecuencias y efectos transitarán al Estado agredido víctima. Esta contribución personal *a distancia* otorgará la condición de territorio a ese tercer país que ostentará su jurisdicción territorial para el enjuiciamiento del crimen de agresión respecto de esos sujetos.

En el caso de ciberataques la dificultad para determinar la jurisdicción territorial de un Estado es compleja. Y también para comprobar si la CPI tendrá competencia. El ataque es virtual y a distancia a lo largo de las redes. Su origen, navegación en la red y resultado final comprometerá a diferentes Estados territoriales físicos. El *forum loci delicti commissi* será tanto el del lugar de inicio y origen de la conducta y finalización del ataque, el del lugar de presencia física del autor del ataque y el del lugar donde éste produzca efectos y consecuencias relevantes. El Estado de cualquier de esos territorios ostentará jurisdicción para el enjuiciamiento. En los dos primeros supuestos la teoría de la ubicuidad lo permitiría, en el tercero la presencia en ese territorio del sujeto sería el nexo jurisdiccional y en el último la teoría de los efectos relevantes.

Del mismo modo, el territorio de un tercer Estado, vecino o no, desde el que se ejecutare la conducta estatal del acto de agresión, del que se sirve, por ejemplo, el Estado agresor, al ser fronterizo con el Estado agredido, será el vínculo de conexión territorial y, por tanto, ese tercer Estado ostentará jurisdicción para el enjuiciamiento del crimen de agresión. Parte de la consecuencia y efectos de la conducta individual también tendrían lugar en ese tercer Estado[1612].

[1611] Los nacionales del Estado agresor que cometieran un delito fuera del territorio de su país, no obstante, podrían ser enjuiciados por el Estado agresor, de acuerdo con el principio de personalidad activa.

[1612] Por ejemplo, OSCE, *Vancouver Declaration, and Resolutions Adopted by the Osce Parliamentary Assembly* (2023), Resolution on penalizing the deportation of Ukrainian children, ensuring their return, and prosecuting the perpetra-

Este concepto de territorio que incluye el de otros Estados diferentes a los directamente implicados y protagonistas del crimen estuvo presente, de alguna forma, en el Estatuto del ICTR. Éste extendía la "jurisdicción territorial" a Ruanda, pero también a "el territorio de Estados vecinos" en cuanto atañe a violaciones graves del derecho internacional humanitario cometidas por "ciudadanos de Ruanda", para el enjuiciamiento de los presuntos responsables de genocidio y de esas otras violaciones graves del derecho internacional humanitario[1613].

En conclusión, la jurisdicción territorial por el crimen de agresión es dual. Corresponderá al Estado agresor y al Estado agredido y se ejercerá, como se expone más adelante y con las dificultades que ello plantea, de forma concurrente. Además, se extenderá la jurisdicción territorial a la de cualquier otro Estado donde se hayan cometido elementos de la conducta del crimen de agresión y al del territorio donde se produzcan efectos del crimen de agresión.

La teoría se distanciará notablemente de la realidad práctica. El Estado agredido será ante todo Estado víctima de otro Estado. Los estándares y garantías del proceso debido como el pleno respeto al derecho de defensa de los victimarios y la independencia de los órganos jurisdiccionales de investigación y enjuiciamiento pueden verse comprometidos por el ánimo de venganza. Del mismo modo la investigación se verá mermada como esbozo más adelante por la más que probable falta de cooperación penal internacional del Estado agresor con el agredido[1614]. En el Estado agresor no parece que pudieran tener éxito las acciones penales contra los responsables del crimen de agresión. Éste se habría cometido en ejecución de políticas estatales. REMIRO, colige sutilmente "que es poco realista: Los Estados juzgan a los *traidores* (vencidos), no a los *agresores* (vencedores)"[1615].

---

tors (v. *supra*, nota 1008), párr. 18, solicitaba a Bielorrusia que no apoyara la agresión a Ucrania y "que no ponga su territorio e infraestructuras a disposición del ejército ruso y de los grupos paramilitares qye actúan en nombre del Estado ruso".

1613 V. preámbulo y artículos 1, 7, 8 y 15 del Estatuto del TPIR.

1614 V. *infra*, apartado 6 de este capítulo.

1615 REMIRO: El crimen de…, ob. cit., p. 284.

4.3. El principio de personalidad activa

El principio de personalidad activa[1616] permite a un Estado, si concurren determinadas condiciones procesales, juzgar a sus nacionales por los delitos que estos cometan en un tercer Estado. La conducta del ciudadano nacional lesiona, o pone en peligro, bienes jurídicos individuales o colectivos que producen efectos en el Estado del lugar de comisión o en el de la nacionalidad del autor. Este principio —que es admitido pacíficamente en el DI, incluso como vínculo obligatorio para muchos delitos— se basaba en la nacionalidad del autor del delito. Tradicionalmente el principio de personalidad activa, y también el de personalidad pasiva, se fundamentaba en que el Estado "hac[ía] seguir" su ley punitiva, considerada como personal, a los nacionales donde quiera que se encontraren[1617]. Es una manifestación de la autoridad del Estado sobre sus ciudadanos nacionales y del deber de estos para con el Estado[1618]. No se basa en la naturaleza del delito.

Otro fundamento del principio de personalidad activa reside en ofrecer al nacional, sujeto activo de un delito cometido en el extranjero —y por extensión a los residentes y a los que tuvieran un vínculo estrecho con ese Estado— la posibilidad de ser juzgado por sus propios tribunales, cuando concurran circunstancias que pudieran aventurar que los tribunales del lugar de comisión no respetarán los estándares del juicio justo y/o de los principios sustantivos del Derecho penal moderno y democrático. Esta situación se daría, por ejemplo, en los casos en los que las legislaciones de los Estados donde se cometieron los delitos, contemplaran penas inaceptables, como la pena de muerte, castigos punitivos desproporcionados entre el des-

---

1616 Sobre este principio v. OLLÉ: Crimen internacional y…, ob. cit., pp. 42 a 50.

1617 JIMÉNZ DE ASÚA, L.: *Tratado de Derecho penal*, T. II (Filosofía y Ley Penal), Losada, 5ª ed., Buenos Aires, 1992, p. 753.
BECCARIA, C.: *De los delitos y de las penas*, Buenos Aires, 1958, p. 180, refiriéndose a las leyes penales sostuvo que "la fuerza de ellas debe seguir a todo ciudadano, como la sombra sigue a su cuerpo".

1618 CRYER, R., FRIMAN, H., ROBINSON, D. and WILMSHURST, E.: *An introduction to international criminal law and procedure*, 3ª ed., Cambridge, University Press, Cambridge, 2014, pp. 54 y 55.

valor de la acción y del resultado, ausencia de garantías propias del juicio justo y cuando se vislumbra que en el lugar de comisión de los hechos la vida o la integridad física o moral del presunto infractor penal puedan correr peligro[1619].

El también tradicional fundamento de este principio de impedir la impunidad de nacionales se refuerza notablemente con el de la protección del ciudadano nacional frente a su eventual enjuiciamiento en un Estado del que se desconfíe, por advertir que los derechos fundamentales y los derechos procesales y sustantivos propios de un Derecho penal moderno y democrático, no serían respetados[1620].

La evolución de la sociedad global aconseja que este nexo de conexión, de nacionalidad del autor, sea superado y se incluyan en el principio de personalidad activa otros vínculos próximos a la nacionalidad que concurran en el sujeto responsable penalmente. En primer lugar, a los residentes de un determinado país, sea cual sea su nacionalidad[1621]. En el ámbito de la Unión Europea, el principio de personalidad activa tendrá que ser consecuente con el concepto de ciudadanía europea. Se podría incluir la condición de *ciudadano de la UE* cuando éste reside en otro Estado miembro distinto del suyo. En segundo lugar, a aquellas personas que tuvieran un vínculo estrecho con el Estado concreto que va a enjuiciar[1622]. Y, en tercer lugar, a los apátridas que residan habitualmente en el territorio del Estado

---

1619 OLLÉ: Crimen internacional y..., ob. cit., p. 47.

1620 *Ibid.*, p. 48.

1621 El vínculo de la residencia se contempla, con distintos matices, en diferentes Estados como, por ejemplo, en Argentina (artículo 3. c) de la Ley 26.2000); Antigua y Barbuda (artículo 5 de la Ley de Prevención de Tráfico de Seres Humanos); Brasil (respecto del genocidio en el artículo 7 d) del Código Penal); Canadá (en determinados supuestos, artículo 7 del Código Penal); Chile (para determinados delitos, artículo 6. 2º y 10º, de la Ley número 7421, Código Orgánico de Tribunales); Cuba (artículo 5 del Código Penal, siempre que el residente se encuentre en Cuba o sea extraditado); Estados Unidos de América (U.S. Code, title 18, Sección 1091, (e); Sección 1596 (a); y Sección 2442 (c); y Surinam (artículo 5 Código Penal).

1622 V. BROWNLIE, I.: *Principles of Public International Law*, Sixth edition, Oxford University Press, New York, 2003, pp. 301 y 302, opina que la aplicación del principio de nacionalidad puede ser extendido a los residentes y a los que tengan una relación de lealtad (*allegiance*) con un Estado determinado.

que ejercería la jurisdicción, como reconoce el Derecho internacional[1623].

En el crimen de agresión podrá y deberá ser perseguido al amparo del principio de personalidad activa. Se requerirá que el nacional del Estado que ha cometido en otro Estado un crimen de agresión reúna los elementos típicos, esto es, que esté en "condiciones de controlar o dirigir efectivamente la acción política o militar de un Estado".

PIGNATELLI plantea, como ejemplo elocuente para el ejercicio del principio de personalidad activa en las jurisdicciones nacionales, el enjuiciamiento de un nacional en su Estado de nacionalidad si ha intervenido en un acto que el CdS haya determinado como acto de agresión[1624].

4.4. Principio de personalidad pasiva

El controvertido principio de personalidad pasiva está previsto también en el DI convencional[1625]. Es el reverso del principio de

---

1623 V. por ejemplo, artículo 5.1.b) de la Convención Internacional contra la Toma de Rehenes de 1979 y el artículo 15.2.b) de la Convención de las Naciones Unidas contra la Delincuencia Organizada Transnacional.

1624 PIGNATELLI: ob. cit., p. 717.

1625 Convenio del Consejo de Europa, sobre falsificación de productos médicos y otros delitos similares que suponen una amenaza para la salud pública (artículo 10. 2); la Convención de las Naciones Unidas contra la Corrupción (artículo 42.2.a)) o la Convención contra la Delincuencia Organizada (artículo 15.2.a)), son ejemplos de aceptación facultativa en el DI convencional de Este principio.
Otros convenios instalan este nexo con carácter obligatorio, por ejemplo: la Convención sobre la Prevención y el Castigo de Delitos contra Personas Internacionalmente Protegidas, inclusive los Agentes Diplomáticos (artículo 3.1. c)); la Convención Internacional contra la Toma de Rehenes (artículo 5.1.d)); o el Convenio establecido sobre la base de la letra c) del apartado 2 del artículo K.3 del Tratado de la Unión Europea, relativo a la lucha contra los actos de corrupción en los que estén implicados funcionarios de las Comunidades Europeas o de los Estados miembros de la Unión Europea (artículo 17.1. c) y d)). También, la Directiva (UE) 2017/541 del Parlamento Europeo y del Consejo de 15 de marzo de 2017 relativa a la lucha contra el terrorismo y por la que se sustituye la Decisión marco 2002/475/JAI del

personalidad activa. Otorga jurisdicción a un Estado para enjuiciar los hechos delictivos cometidos en el extranjero contra un nacional suyo. Su fundamento es ajeno a la naturaleza del crimen. Los ciudadanos nacionales deben ser objeto de protección por parte de los tribunales de los que son nacionales cuando han sido víctimas de un delito cometido en el extranjero. Los bienes jurídicos lesionados o puestos en peligro o son individuales o, como sucede con el principio de protección, pertenecen al Estado.

Este principio debe extenderse, al igual que el de personalidad activa, a la protección de los residentes en un Estado, incluido, en el caso de los países miembros de la Unión Europea, a los ciudadanos de la Unión Europea que residan en ese Estado. A las personas unidas por un vínculo estrecho con el Estado concreto que va a enjuiciar. Y a la de los apátridas que residan habitualmente en el territorio del Estado que va a ejercer la jurisdicción.

La protección de un Estado a sus nacionales, sin necesidad de acudir a ningún otro vínculo acumulativo de conexión, se basa en la obligación específica de cada Estado de salvaguardar a sus nacionales, por el mero hecho de su nacionalidad, especialmente cuando no son objeto de protección judicial en el país donde han sido víctimas del delito. La protección a los residentes y a los apátridas residentes se justifica en la sujeción vincular solidaria del Estado con sus residentes. Los hipotéticos excesos que se podrían cometer en la aplicación de este principio se corregirían con los requisitos que exigen los Estados para el ejercicio del principio de personalidad activa, o incluso ampliando su fundamento a la persecución de delitos de cierta gravedad[1626].

En consecuencia, el Estado cuyo nacional haya sido *víctima* de un crimen de agresión, y prevea en su legislación este principio —ausente en diferentes sistemas normativos estatales— podrá ejercer la jurisdicción penal por el crimen de agresión en defensa de sus ciuda-

Consejo y se modifica la Decisión 2005/671/JAI del Consejo, prevé que los Estados miembros adopten su jurisdicción para el enjuiciamiento de determinadas conductas de terrorismo cuando el delito se haya cometido contra sus ciudadanos (artículo 19. 1.e).

1626 OLLÉ: Crimen internacional y..., ob. cit., pp. 50 y 51.

danos nacionales. Protección jurisdiccional que, según he expuesto, se extendería, o debería extenderse en un futuro, a los ciudadanos de la Unión Europea que residiesen en su territorio y a todas las personas unidas por un vínculo estrecho de arraigo con el Estado que va a ejercer la jurisdicción.

En el contexto del crimen de agresión la delimitación del concepto de víctima puede ser problemático. Al extenderse, de acuerdo con lo señalado, el bien jurídico protegido en el crimen de agresión —además de a la soberanía de los Estados y a la paz internacional— a las personas, una definición válida es la que ofrece el Derecho internacional de los derechos humanos: "toda persona que haya sufrido daños, individual o colectivamente, incluidas lesiones físicas o mentales, sufrimiento emocional, pérdidas económicas o menoscabo sustancial de sus derechos fundamentales, como consecuencia de acciones u omisiones que constituyan una violación manifiesta de las normas internacionales de derechos humanos o una violación grave del derecho internacional humanitario. Cuando corresponda, y en conformidad con el derecho interno, el término víctima también comprenderá a la familia inmediata o las personas a cargo de la víctima directa y a las personas que hayan sufrido daños al intervenir para prestar asistencia a víctimas en peligro o para impedir la victimización"[1627].

Francia inició, amparada en el principio de personalidad pasiva, tres investigaciones por presuntos crímenes de guerra, no de agresión, cometidos contra ciudadanos nacionales franceses en Ucrania, como consecuencia de la agresión de la Federación de Rusia[1628].

1627 UN. Doc. A/RES/60/147, Los Principios y Directrices Básicos sobre el Derecho de las Víctimas de Violaciones Manifiestas de las Normas Internacionales de Derechos Humanos y de Violaciones Graves del Derecho Internacional Humanitario a Interponer Recursos y Obtener Reparaciones, 6 de diciembre de 2005, párr. 8. Disponible en: https://documents-dds-ny.un.org/doc/UNDOC/GEN/N05/496/45/PDF/N0549645.pdf?OpenElement
Sobre el bien jurídico, v. *supra*, Cap. 4: 1.

1628 https://blog.leclubdesjuristes.com/louverture-denquetes-en-france-pour-crimes-de-guerre-en-ukraine-quelsfondements-et-perspective/?utm_source=sendinblue&utm_campaign=Newsletter%20du%20Club%20

Este principio ha ido evolucionando desde las iniciales reticencias a su admisión, a una progresiva tendencia hacia su aceptación por parte de los Estados, al menos para determinados delitos[1629] como, por ejemplo, el terrorismo.

4.5. Principio de protección

El principio real o de protección de intereses es también admitido en el DI[1630] y permite enjuiciar en las jurisdicciones domésticas a nacionales o extranjeros por determinados delitos cometidos fuera de las fronteras del Estado, cuando estos vulneran bienes jurídicos que afecten a intereses esenciales públicos nacionales o del Estado nacional, como su seguridad, integridad territorial e independencia política, si se cumplen los requisitos normativos de la legislación nacional. La razón de ser de este principio reside en la tutela jurídica de los bienes jurídicos comunes que pertenecen al Estado, con exclusión de los que afectan a otros Estados y de los bienes jurídicos individuales, cuando en el Estado en el que se han cometido, no gozan de la suficiente protección normativa. En el caso de la Unión Europea, este principio debería extenderse a la protección de aquellos delitos que se cometan desde un Estado no miembro de la Unión contra los intereses de la Unión Europea[1631].

El crimen de agresión afecta tanto a la integridad territorial como a la independencia política de los Estados. Así, de acuerdo con la práctica judicial existente desde la Segunda Guerra Mundial, este

---

des%20juristes%20-%20Spciale%20Ukraine%20-%20Dimanche%20 10%20avril%202022&utm_medium=emai

1629 ICJ, *Dissenting opinion of judges Higgins, Kooijmans y Buergenthal* en el ICJ, *case concerning the arrest warrant of 11 April 2000 (Democratic Republic of Congo v. Belgium), Judgment, 14 February 2002, I.C.J., Reports 2002,* p. 3, párr. 57. Este caso es conocido como Yerodia. Disponible en: http://www.icj-cij.org/files/case-related/121/121-20020214-JUD-01-05-EN.pdf

1630 V. por ejemplo, Convenio para la represión de actos ilícitos contra la seguridad de la navegación marítima, y Protocolo para la represión de actos ilícitos contra la seguridad de las plataformas fijas emplazadas en la plataforma continental (artículo 6.2. c)).

1631 OLLÉ: Crimen internacional y…, ob. cit., pp. 53 y 54.

principio es admitido para la autodefensa de los Estados (artículo 51 de la Carta) si son objeto de una agresión. Principio que, amparado en las resoluciones judiciales dictadas sobre la base de la LCA n.º 10, y de las del TMI y TMILO, en el ámbito del crimen de agresión debería extenderse, para poder ejercer la acción judicial penal, además de a los Estados directamente agredidos, a los Estados aliados del Estado agredido o terceros Estados cuyos intereses nacionales se vean comprometidos por el crimen de agresión[1632]. Por lo que respecta al estado agredido se aplicaría el principio de territorialidad.

Por consiguiente, e inicialmente, la jurisdicción española y el *ius puniendi* del Estado se encuentran limitados a los ilícitos penales que lesionen o pongan en peligro cualquier bien jurídico previsto en las leyes españolas (límite jurisdiccional objetivo), cometidos por españoles o extranjeros más que en territorio español en sentido jurídico en territorio bajo la jurisdicción española. Y es que esta última denominación es más apropiada, toda vez que comprende tanto el territorio *de iure* de un Estado, como otro territorio que se encuentre bajo su jurisdicción. Podría ser el caso del territorio ocupado por tropas españolas.

4.6. *El principio de justicia penal universal*

La adscripción del crimen de agresión al principio de justicia penal universal[1633] presenta un cierto "carácter inhibitorio"[1634], que puede alejar a los Estados de asumir su jurisdicción penal por el crimen de agresión. En primer lugar, en todo crimen de agresión el Estado siempre está implicado. Es un conflicto interestatal y supone el enjui-

---

1632 HARTIG: ob. cit., pp. 341 a 341 y 387.

1633 El jurista Carlos Slepoy se refería descriptivamente al significado de la justicia universal: "Parece claro que si una persona es asesinada sus responsables deben ser perseguidos, pero ¿por qué esto no es así cuando se trata de crímenes de genocidio o de lesa humanidad? La idea de la justicia universal se basa en la implicación de los tribunales de diferentes Estados para juzgar a los que cometen estos crímenes, especialmente cuando se comente desde el Estado. Deben ser perseguidos en todo tiempo y en todo lugar por los distintos tribunales del mundo".

1634 HARTIG: ob. cit., p. 348.

ciamiento de sujetos activos cualificados de alto nivel que sean líderes o dirigentes políticos o militares que controlan o dirigen de *iure* o de *facto* la acción política o militar de un Estado. Contexto que puede provocar que los Estados rechacen el ejercicio jurisdiccional por criterios de rentabilidad al no estar "dispuestos a asumir unilateralmente los costes materiales y diplomáticos causados por el ejercicio de la jurisdicción universal"[1635], mientras que los "acusados de bajo coste", son excluidos por la cláusula de liderazgo[1636]. En segundo lugar, el criterio normativo y valorativo de que el acto de agresión constituya una violación *manifiesta* de la Carta puede condicionar a los Estados a juzgar crímenes de menor entidad. En tercer lugar, la demora de la tipificación en el ECPI de la definición del crimen de agresión ha supuesto que este crimen permaneciera en el "limbo"[1637], sin ser recepcionado en las legislaciones penales domésticas. Y, en cuarto lugar, se plantea si el DI convencional o consuetudinario faculta u obliga a los Estados a que incorporen el crimen de agresión al listado de delitos sobre los que ejercer la jurisdicción nacional, con base en el principio universal.

Este principio jurisdiccional[1638] indiscutiblemente permite a un Estado extender su jurisdicción penal a determinados hechos constitutivos de delito, cometidos más allá de sus fronteras, con independencia de la nacionalidad de sus autores y de las víctimas. La idea de combatir la impunidad de los crímenes internacionales más graves siempre ha estado presente en el principio universal. Sin embargo, frente a este inicial consenso doctrinal, se alza un extenso disenso sobre el estatus o régimen jurídico de este principio. Se discute si la jurisdicción universal es un principio que los Estados deben incorporar a sus ordenamientos de forma obligatoria o facultativa; si el principio de jurisdicción universal está supeditado, en sí mismo, para su ejercicio nacional, a la presencia de algún vínculo de conexión o de un interés relevante entre el hecho, y/o sus autores y víctimas con

---

1635 *Ibid.*, p. 348.

1636 *Ibid.*, p. 349.

1637 *Ibid.*, p. 349 y 350.

1638 Sobre la el fundamento de este principio v. OLLÉ. Crimen internacional y..., ob. cit., pp. 169 a 194.

el Estado que pretende ejercerla; y qué concretos delitos y crímenes deben integrar el principio universal[1639].

El tratamiento de todos estos aspectos, por interesantes que sean, excedería del propósito de este trabajo. En las líneas que siguen me detendré en los fundamentos del ejercicio de la jurisdicción universal para seguidamente concretar si, de acuerdo con el DI, el crimen de agresión debe formar parte del catálogo de crímenes que conforman el principio de jurisdicción universal. Finalmente, me referiré a la jurisdicción universal cooperativa como instrumento de cooperación internacional penal no solo horizontal e interestatal, sino también vertical en relación con el crimen de agresión.

Las definiciones de este principio son diversas y no existe unanimidad sobre su contenido que es objeto de continua discusión. Defino el principio de jurisdicción universal o cosmopolita "como el derivado del Derecho internacional, que basado en el interés supranacional común de los Estados de proteger bienes jurídicos universales que afectan al orden social internacional, posibilita a los tribunales nacionales ejercer la jurisdicción penal, en representación de la comunidad internacional y en interés de esta, para investigar y enjuiciar crímenes internacionales de primer grado, cometidos fuera de su territorio nacional por personas físicas o jurídicas, o para cooperar con otros Estados en su investigación y enjuiciamiento, sin sujeción a ningún vínculo de conexión entre el hecho y el Estado que lo aplica; y de forma relativamente subsidiaria y complementaria a los tribunales nacionales del lugar donde se cometió el hecho"[1640].

El crimen de agresión, según el contenido de esta definición, debe integrarse en el listado de crímenes objeto del principio universal susceptibles de ser perseguido por parte de los Estados.

El acercamiento al fundamento material del principio cosmopolita es sencillo cuando se sostiene que reside en el interés de toda la comunidad internacional en la persecución de los crímenes considerados más graves e intolerables que siempre han formado parte del DPI (crímenes internacionales de primer grado). Como se demues-

1639 Sobre estos aspectos, v. *ibid.*, pp. 179 a 195.

1640 *Ibid.*, pp. 205 y 206.

tra desde sus orígenes y en su evolución histórica, este principio se basó en el derecho consuetudinario y se fundamentó en que determinados delitos —como la piratería, la esclavitud y prácticas similares o el bandolerismo— se cometían en territorios en los que ningún Estado ostentaba jurisdicción, o en lugares en los que se carecía de un sistema judicial adecuado. Acogía en su seno jurisdiccional no solo a los crímenes más graves, sino también a otros delitos, de diferente naturaleza, que también afectaban a intereses comunes para todos los Estados, es decir, no solo a crímenes internacionales de primer grado, sino también de segundo grado[1641].

A partir del legado de Núremberg y de la Segunda Guerra Mundial, con la aparición de nuevos crímenes internacionales (crímenes contra la paz, genocidio, crímenes de lesa humanidad y crímenes de guerra) se retomó la posibilidad de aplicación del principio de jurisdicción universal para los crímenes más graves. Hasta mediados del siglo pasado, el principio de jurisdicción universal se residenció desde sus orígenes en la Edad Media en el derecho consuetudinario. El criterio de conexión para su ejercicio por las jurisdicciones domésticas dejó de ser paulatinamente la comisión de aquellos delitos en tierras o mares de nadie (*terra nullius*) para atender progresivamente a su gravedad. Lo que finalmente justificaba el ejercicio universal era la gravedad del delito. Esta gravedad del injusto penal es la que marca la adscripción de los delitos al principio de justicia universal[1642].

1641 Estos son "los que se fundamentan en el derecho nacional, pero se internacionalizan a través de instrumentos internacionales al afectar a bienes jurídicos y valores estatales que son de preocupación común para los Estados. Los Estados se comprometen a su persecución cuando se cometen en su territorio y también pueden posibilitar su investigación y enjuiciamiento, aunque se hayan cometido en otro país o en diferentes Estados. Determinan la responsabilidad penal de las personas físicas y jurídicas. Y son investigados, enjuiciados y, en su caso, sancionados en los tribunales nacionales, incluso bajo el principio de jurisdicción penal interestatal, con sujeción a determinados vínculos de conexión entre el hecho y el autor con el Estado de enjuiciamiento" (*ibid.*, p. 161).

1642 *Ibid.*, p. 171. En esa obra se refleja, además, cómo el principio de jurisdicción universal se ha aplicado a lo largo de la historia no solo a los crímenes más graves (crímenes internacionales de primer grado), sino también a otros de menor entidad o crímenes internacionales de segundo grado (pp.

La gravedad de los crímenes internacionales de primer grado, como el genocidio, los crímenes de guerra y los crímenes de lesa humanidad son aceptados por los Estados dentro del listado de crímenes objeto de persecución nacional bajo el principio universal. Ahora el emergente crimen de agresión también debe ser acogido obligatoriamente por los Estados bajo el principio de jurisdicción universal[1643].

Lo que condiciona el ejercicio universal puro por la comisión crímenes internacionales no es la adscripción de estos, sin mayor criterio jurídico, al catálogo de crímenes encuadrables bajo este principio cosmopolita, sino su estatus jurídico. Es la naturaleza del concreto crimen internacional la que condiciona, por su gravedad, la adscripción de un determinado crimen al principio de jurisdicción universal[1644]. La naturaleza grave del crimen internacional está unida al principio de jurisdicción universal, a su evolución y a su relación con el DPI y con el DI. La gravedad o antijuridicidad material o desvalor es temporalmente relativa. Debe apreciarse su entidad y transcen-

---

172 a 176). Por ello, se propone en esa monografía que en el principio de justicia universal se residencien exclusivamente los crímenes internacionales de primer grado, lo más graves. Y los de segundo grado en el principio de jurisdicción penal interestatal (pp. 207 a 227).

LEMKIN, en la ponencia escrita que remitió a la V Conferencia para la Unificación del Derecho penal de Madrid, celebrada entre el 14 y 20 de octubre de 1933, ya manifestó, refiriéndose a los delitos de derecho de gentes, que este principio se aplicaba solo a las infracciones "consideradas como particularmente nocivas para la comunidad internacional". V. ELORZA, A.: *Raphaël Lemkin, Genocidio escritos*, Centro de Estudios Políticos y Constitucionales, Madrid, 2015, p. 83.

1643 VALLEJO PEÑA, C.: *El estado de la jurisdicción universal en el Derecho internacional y en el derecho interno español*, Tirant lo Blanch, Valencia, 2016, pp. 177 a 179, sintetiza las razones, desde el DI, del porque el crimen de agresión no era acogido por el principio de jurisdicción universal.

1644 ICTY, *Furundžija*, TC, Judgment, párr. 156, con cita la resolución de la Corte Suprema de Israel en el caso *Eichman* y la del caso *Demjanjuk* (EE.UU.) sostuvo que es el "carácter universal" de los crímenes internacionales es el que confiere a cada Estado la autoridad para enjuiciar, investigar y castigar a quienes participaron en su comisión.

dencia en cada momento histórico[1645]. Es el desarrollo del DI y del DPI el que determina qué crímenes alcanzan ese estado que permita afirmar un elevado grado de gravedad[1646]. La cuestión de que el fundamento de la jurisdicción universal radica en que ésta solo debe ejercerse para los delitos más graves es pacífica[1647]. Existe consenso en que del principio de jurisdicción universal deben formar parte los crímenes más graves[1648].

El TEDH ha considerado que los delitos acogidos por el principio universal son "delitos internacionales especialmente graves"[1649]. También reconocen el criterio de la gravedad del crimen acogido por el principio universal, los *Principios de Princeton*[1650], los *Principios*

1645 Ya advertía LEMKIN (v. ELORZA: ob. cit., p. 86.) en su ponencia de la conferencia de Madrid que era un error considerar en aquel entonces (1933) una lista cerrada de crímenes internacionales.

1646 El *Working Group on the scope and application of universal jurisdiction* de NNUU está debatiendo, sin avances significativos, la inclusión como crímenes propios del principio de jurisdicción universal los de: piratería, esclavitud, genocidio, crímenes de guerra, crímenes contra la paz/crimen de agresión, crímenes de lesa humanidad y tortura. V. https://www.un.org/en/ga/sixth/73/universal_jurisdiction.shtml
V. también UN. Doc. A/73/10, Informe de la Comisión de Derecho Internacional, 70° período de sesiones (2018), Anexos, la jurisdicción penal universal, pp. 357 a 348. Disponible en: https://digitallibrary.un.org/record/1643630?ln=es

1647 OLLÉ: Crimen internacional y…, ob. cit., pp. 176 y 177.

1648 V., por todos, BASSIOUNI M. C.: "The history of Universal Jurisdiction and Its Place International Law", *Universal Jurisdiction*, S. Macedo (dir.), University of Pennsylvania Press, Philadelphia, 2004, pp. 39 y 62.

1649 V., por ejemplo, ECHR, *Asanidzé c. Georgia*, [GC], n° 71503/01 8 de abril de 2004, párr. 137.

1650 V. *The Princeton Principles on Universal Jurisdiction*, Princeton University, Princeton, New Jersey, 2001, pp. 23 a 39. Principio 1°. Estos principios fueron elaborados por diversos académicos y expertos, y se les reconoce un importante valor doctrinal. Fueron incorporados a UN. Doc. A/56/677, Nota verbal de fecha 27 de noviembre de 2001 dirigida al Secretario General por las Misiones Permanentes del Canadá y de los Países Bajos ante las Naciones Unidas, 4 de diciembre de 2001. Disponible en: https://digitallibrary.un.org/record/457330?ln=es

de El Cairo-Arusha[1651] y la *resolución de Cracovia*[1652]. De esta forma, el nexo común de unión entre el principio de jurisdicción universal y los crímenes internacionales es la naturaleza grave de éstos[1653].

El criterio de la gravedad se fija en un triple fundamento. Los crímenes más graves: i) afectan a la comunidad internacional y ofenden a la conciencia de toda la humanidad; ii) se reprochan universalmente por infringir valores universales; y iii) ponen en peligro o lesionan intereses comunes a toda la comunidad internacional. Cualquiera de estos tres casos suponía una preocupación común para la comunidad internacional[1654]. El crimen de agresión de indudable gravedad fue definido por la el TMI como "el crimen supremo"[1655]. El Tribunal Constitucional español ha afirmado que el principio universal es "aplicable a la persecución de los *delita iuris gentium*", a los que definió como "crímenes particularmente graves por atentar contra el *derecho de gentes,* los derechos humanos y afectar a intereses fundamentales de la comunidad internacional". Y reconoce que este principio debe reservarse para "crímenes, particularmente odiosos para la humanidad por ser agresiones muy graves de los derechos

---

1651 *The Cairo-Arusha Principles on Universal Jurisdiction in Respect of Gross Human Rights Offences: an African Perspective,* proclamó, en el principio 1, que la jurisdicción universal se aplica a las violaciones más graves de derechos humanos incluso en tiempos de paz. Disponible en: http://www.africalegalaid.com/download/policy_document/Policy_Document.pdf

1652 También la denominada *Resolución de Cracovia* (Resolución Justitia et Pace, Institute of International Law, Krakow Session-2005, *Seventeenth Commission, Universal criminal jurisdiction with regard to the crime of genocide, crimes against humanity and war crimes*) estableció la jurisdicción universal para crímenes graves al referirse al genocidio, crímenes de lesa humanidad y crímenes de guerra. Disponible en: http://www.justitiaetpace.org/idiE/resolutionsE/2005_kra_03_en.pdf

1653 OLLÉ: Crimen internacional y…, ob. cit., pp. 178 y 179.
En España, por ejemplo, la sentencia del Tribunal Supremo, Sala de lo Penal, 798/2007, de 1 de octubre, caso *Scilingo,* manifestó que la naturaleza del delito es lo que determina fundamentalmente el ejercicio de la jurisdicción universal, Fundamento Jurídicos: 6 y 7.

1654 OLLÉ: Crimen internacional y…, ob. cit., p. 172.

1655 V. *supra,* nota 185.

humanos"[1656]. Ante esta gravedad, el Estado que ejerce la jurisdicción universal interpone una *actio popularis*[1657] contra personas que son *hostes humani generis*[1658].

Una vez sentando el fundamento de la jurisdicción universal hay que determinar si la persecución de crímenes internacionales de primer grado por las jurisdicciones domésticas —como es el crimen de agresión— es una obligación o una facultad para los Estados. La conclusión a la que se llegará es que la incorporación del crimen de

---

1656 Sentencia del Tribunal Constitucional 140/2018, de 20 de diciembre, Fundamento Jurídico 3º.
El Parlamento Europeo celebraba en 2011 que algunos Estados miembros de la Unión Europea aplicaran el principio de justicia universal porque "fomentan la lucha contra la impunidad de los peores crímenes que ha conocido la humanidad". Resolución del Parlamento Europeo, de 17 de noviembre de 2011, sobre el apoyo de la UE a la Corte Penal Internacional: hacer frente a los retos y superar las dificultades (2011/2109(INI)), (2013/C 153 E/13), P7_TA(2011)0507, párr. 14.

1657 SAMMONS, A: *The Under-Theorization of Universal Jurisdiction: Implications for Legitimacy on Trials of War Criminals by National,* Courts, 21 Berkeley J. Int'l Law. 111, 2003, p. 125, entiende, relacionando la soberanía de los Estados con la jurisdicción universal, que con el ejercicio de aquella se produce una transferencia de la soberanía del Estado afectado por el delito a la comunidad internacional. Disponible en: http://scholarship.law.berkeley.edu/bjil/vol21/iss1/4

1658 BASSIOUNI: Universal Jurisdiction…, ob. cit., p. 7, especifica que cualquier Estado puede interponer una *actio popularis* en nombre de la comunidad internacional, con base en la naturaleza del crimen y con el único propósito de reestablecer el orden internacional.
La repetida sentencia ICTY *Furundzija,* TC párr. 147 y 156, declaró, apoyándose en el caso *Filartiga v Peña-Irala* que los responsables de los delitos de torturas, como los piratas o los que trafican con esclavos, eran considerados como *hostes humani generis,* enemigos de la humanidad. El ICTY proclama que los crímenes internacionales son universalmente condenados cualquiera que sea el lugar donde se comenten, y recuerda que los tribunales de los Estados Unidos de América en el caso *Demjanjuk v. Petrovsky,* y los de Israel en el caso *Eichmann,* aplicaron el principio de persecución universal porque, para estos crímenes, los Estados tienen el derecho de perseguir y castigar a sus autores.

agresión al ejercicio jurisdiccional universal es, como para el resto de crímenes internacionales de primer grado, obligatorio[1659].

La persecución de los crímenes internacionales al amparo de la jurisdicción universal es considerada mayoritariamente como una facultad que reconoce el DI consuetudinario[1660], al menos, para los crímenes de genocidio[1661], de lesa humanidad[1662] y para los crímenes de guerra en conflictos armados internacionales[1663]. Para el crimen de guerra resulta incluso, en opinión de la doctrina mayoritaria, una obligación[1664].

BASSIOUNI explica que el ejercicio universal por crímenes internacionales puede ser considerado un principio de derecho consuetudinario internacional, porque es discutible que cada una de las fuentes internacionales consideradas de forma individual pueda fundamentar la práctica de la jurisdicción universal para crímenes

---

1659 V. OLLÉ: Crimen internacional y…, ob. cit., pp. 179 a 190.

1660 WERLE y JESSBERGER: ob. cit., p. 155 y 156, reconocen la validez consuetudinaria del principio de jurisdicción universal para estos delitos, aunque muestran sus dudas para el crimen de agresión.

1661 LEMKIN, en 1944, cuando estaba trabajando en la configuración del "nuevo crimen" y "crimen sin nombre", que terminó siendo el crimen de genocidio, sostuvo que este debería ser perseguido bajo el principio de jurisdicción universal. V.: LEMKIN, R.: *Axis rule in occupied Europe, laws of Occupation, Analysis of Government, Proposals for Redress,* Carnegie Endowment for International, Peace Division of International law, Washington, 1944, pp. 91 y 94.
LEMKIN, en 1946, en su escrito *El crimen de genocidio, memorándum para introducir el crimen de genocidio en los tratados de paz,* reconocía el principio de jurisdicción universal para el entonces embrionario crimen de genocidio, que, hasta la aprobación de la convención de 1948, fue un "crimen nuevo" y "sin nombre". V. ELORZA: ob. cit., p. 267.

1662 V. respecto de este crimen la excelente monografía: LIÑÁN: El crimen contra…, ob. cit.

1663 V. LIÑÁN LAFUENTE, A.: "Los crímenes de guerra", *Derecho penal internacional, Derecho penal internacional,* A. Gil Gil y E. Maculan, 2ª ed., Dikynson, Madrid, 2019, pp. 443 a 472; y PIGNATELLI: ob. cit., pp. 639 a 695.

1664 OLLÉ: Crimen internacional y…, ob. cit., p. 180.
V. MARTÍNEZ ALCAÑIZ: *El principio de justicia universal y los crímenes de guerra,* Instituto Universitario General Gutiérrez Mellado, Madrid, 2015, pp. 261 a 311.

internacionales, pero es indiscutible que desde la convergencia, concurso o suma de todas sus fuentes consideradas como un todo, no se pueda concluir que en el ámbito del DI la jurisdicción universal es aceptada, reconocida para determinados crímenes internacionales e incluso impuesta para la persecución de algunos crímenes internacionales de primer grado, como se comprueba especialmente en las legislaciones internas y en la práctica habitual de los tribunales domésticos[1665]. El efecto convergente de todas las fuentes del DPI y, especialmente, de las legislaciones internas y de la práctica habitual de los tribunales domésticos conduce a la conclusión de que la jurisdicción universal, como mecanismo para garantizar el deber de incriminación de los crímenes internacionales de primer grado, es, cuando menos, en el plano teórico, un principio del DPI.

Los diferentes crímenes internacionales de primer grado acogidos por el principio de jurisdicción universal traen causa de distintos convenios internacionales y/o de la costumbre internacional. Su específica naturaleza resolverá si terceros Estados, ajenos al lugar de la comisión de los hechos, están obligados o, por el contrario, facultados, para perseguir estos crímenes de primer grado, bajo el principio de justicia universal. La respuesta y los límites los ofrece el DI convencional y consuetudinario. Hay que verificar si las normas contenidas en estos instrumentos internacionales respecto de esos crímenes y delitos contienen previsiones sobre la aplicación del principio de universalidad. Por ejemplo, es indudable que los cuatro Convenios de Ginebra de 1949 (artículos 49, 50, 129 y 146, respectivamente) determinan, para los crímenes de guerra cometidos en conflictos armados de carácter internacional, la obligación del ejercicio de la jurisdicción universal[1666]; mientras que la Convención contra la Tor-

---

1665 Para BASSIOUNI: Universal jurisdiction..., ob. cit., p. 56, el "efecto acumulativo o acumulación de fuentes del derecho internacional" es el que permite el reconocimiento de la jurisdicción universal.

1666 El Comité Internacional de la Cruz Roja en una declaración de 13 de octubre de 2017, indicaba que más de 110 Estados (actualmente 117 Estados) preveían en sus normas internas alguna forma de jurisdicción universal respecto de infracciones graves del Derecho internacional humanitario. Este comité anotaba además un incremento de los enjuiciamientos basados en la jurisdicción universal para crímenes de guerra. Disponible en: https://

tura y Otros Tratos o Penas Crueles, Inhumanos o Degradantes[1667] o el Convenio para la Prevención y Sanción del Delito de Genocidio[1668] facultarían a los Estados para su persecución.

---

www.icrc.org/es/document/alcance-y-aplicacion-del-principio-de-jurisdiccion-universal-declaracion-del-cicr-ante-la

V. Un exhaustivo y excelente estudio sobre los crímenes de guerra en nuestra legislación en la citada obra: PIGNATELLI: ob. cit. También con amplitud MARTÍNEZ ALCAÑIZ: ob. cit., pp. 303 a 312.

El congreso de EE.UU., como consecuencia de la invasión de Ucrania, aprobó el proyecto de ley, "Ley de Justicia para las Víctimas de Crímenes de Guerra", que permitiría enjuiciar en EE.UU. por crímenes de guerra a extranjeros, aun cuando el delito se cometiera en el extranjero y no existieran víctimas estadounidenses. Los tribunales federales ostentarán jurisdicción con independencia de dónde se cometió el crimen y de la nacionalidad de víctima y victimario. Así se pretende que EE.UU. no sea un potencial refugio para criminales de guerra. Hasta este momento EE.UU. solo puede ejercer su jurisdicción por crímenes de guerra si el delito se ha cometido en su territorio o si la víctima o el autor son ciudadanos o miembros de las fuerzas armadas estadounidenses. V. THE NEW YORK TIMES: "Congress Votes to Expand U.S. Power to Prosecute International War Crimes", December, 22, 2022, https://www.nytimes.com/2022/12/22/us/politics/congress-war-crimes.html

1667 ICJ, *Questions relating to the Obligation to Prosecute or Extradite (Belgium v. Senegal)* párr. 91, interpreta el artículo 7.1. de la Convención contra la Tortura, respecto del *aut dedere aut iudicare,* en el sentido de que esta obligación hay que ampliarla por parte de los Estados a aprobar normas que permitan a los Estados establecer la jurisdicción universal.

1668 LEMKIN: Axis rule..., ob. cit., p. 94, antes de la aprobación definitiva de esta convención, alertaba de que, algunos países, como los Estados Unidos de América, no firmarían la convención si se imponía como obligatorio el principio de jurisdicción universal. Y admitía que se impusiera una cláusula facultativa para facilitar, en el futuro, la adhesión a la convención.

El Consejo de la Unión Europea recomendó —aunque esquiva en todo momento referirse al crimen de agresión— que "[l]os Estados miembros deben garantizar que sus respectivas legislaciones recojan la definición de los crímenes internacionales más graves de conformidad con las normas internacionales, así como el ejercicio de una jurisdicción extraterritorial, incluso universal". V. Consejo de Europa, 15581/2/14, Estrategia de la red de la UE de cooperación contra el genocidio para luchar contra los delitos de genocidio, crímenes de lesa humanidad y crímenes de guerra en la Unión Europea y sus Estados miembros, p. 40. Puede consultarse en: https://www.

Por lo que al crimen de agresión se refiere, para confirmar que su adscripción al principio de jurisdicción universal se puede considerar como una norma integrante del derecho consuetudinario hay que acudir a la práctica estatal y de la *opinio iuris*[1669]. Una indagación en las mismas permite llegar a la conclusión que éste, al menos, permite la jurisdicción universal para el crimen de agresión. Y, como aquí se defiende, se puede sostener que incluso existe una obligación de incorporar este crimen emergente al principio universal.

En primer lugar, una comparación analógica del crimen de agresión con el clásico crimen de piratería permite atribuir la jurisdicción universal al crimen de agresión. HARTIG argumenta deductivamente que el crimen de agresión es como la piratería atroz y, al igual que la libertad de comercio marítimo fue entonces de interés vital, la paz internacional es en la actualidad del mismo interés vital[1670].

En segundo lugar, la afirmación del carácter consuetudinario del ejercicio universal por el crimen de agresión puede inferirse del ejercicio de la jurisdicción penal por el TMI. HARTIG resalta, junto con parte de la doctrina, a pesar de otras interpretaciones[1671], como prueba de norma permisiva del ejercicio de la jurisdicción universal, la afirmación del TMI: "Las potencias signatarias crearon este tribu-

---

eurojust.europa.eu/sites/default/files/assets/strategy-genocide-network-2014-11-es.pdff

1669 Sobre la delimitación de los dos elementos de la costumbre: práctica estatal y *opinio iuris*, v. OLLÉ: Justicia Universal para..., ob. cit., pp. 149 a 155.

1670 HARTIG: ob. cit., pp. 376 a 379.
Sobre la piratería y su fundamento como crimen clásico y paradigmático del ejercicio de la jurisdicción universal v. OLLÉ: Justicia universal para..., ob. cit., pp. 103 a 111.
El informe *The application of universal jurisdiction in the fight against impunity*, del Parlamento Europeo (Directorate General for External Policies, Policy Department) —realizado en el año 2016, a instancias de la subcomisión de derechos humanos y elaborado por el profesor Luc Reydams— niega, sorprendentemente, y en contra de la más que mayoritaria opinión científica, que la piratería fuera el delito que históricamente fundamentaba el principio de jurisdicción universal. http://statewatch.org/news/2016/apr/ep-study-universal-jurisdiction-fight-against-impunity-4-16.pdf

1671 MCDOUGALL: The Crime of..., ob. cit., p. 382, muestra sus dudas sobre esta afirmación.

nal...Al hacerlo, han hecho juntas lo que cualquiera de ellas podría haber hecho por separado; pues no cabe duda de que cualquier nación tiene derecho a establecer así tribunales especiales para administrar la ley"[1672]. La expresión "cualquier nación" es la referencia que describiría el ejercicio de la jurisdicción universal para el crimen contra la paz.

Esta apreciación sobre el TMI como elemento inicial para justificar la práctica estatal, fue corroborada en 1949 por el secretario general de NNUU. También para él, el TMI ejerció la jurisdicción no solo basada en la autoridad suprema de las potencias ocupantes, sino también el de jurisdicción universal[1673]. Y los principios de Núremberg confirmaron que toda persona que cometa acto que constituya un delito de DI, como son los delitos contra la paz, es responsable de él y está sujeta a sanción[1674].

En tercer lugar, una obligación internacional *erga omnes* derivada del carácter de los crímenes de *ius cogens*, como el de agresión, es el deber de persecución del crimen por tribunales internacionales y nacionales, incluso al amparo del principio de universalidad[1675]. La responsabilidad de la obligación recae en el Estado, como ejecutor

---

1672 HARTIG: ob. cit., p. 353, cita a su vez IMT, Judgment, 1 October 1946, in International Military Tribunal 1950, p. 444.

1673 *Ibid.*, p. 382 355.

1674 Principio I y VI. V. *supra*, nota 222.

1675 Sobre la práctica judicial de la jurisdicción universal y su regulación normativa en diferentes países puede verse un análisis sobre distintas convenciones multilaterales regionales y universales referidas a esta obligación en el estudio de la secretaría de la CDI: UN. Doc. A/CN.4/630, Examen de las convenciones multilaterales que pueden resultar pertinentes para la labor de la Comisión de Derecho Internacional sobre el tema "La obligación de extraditar o juzgar (*aut dedere aut iudicare*), 18 de junio de 2010. Disponible en: http://undocs.org/es/A/CN.4/630.
V. también, las diferentes publicaciones anuales de TRIAL INTERNATIONAL, publicadas desde 2016 hasta 2023, en las que se refleja el estado y evolución de los procedimientos enjuiciados en diferentes países bajo el principio de jurisdicción universal. Disponibles en: https://trialinternational.org/resources/universal-jurisdiction-tools/universal-jurisdiction-annual-review-ujar/

de las obligaciones jurídico internacionales[1676]. La CIJ, en el caso de la *Barcelona Traction*, sostuvo que las obligaciones *erga omnes* "derivan, por ejemplo del derecho internacional contemporáneo, de la proscripción de los actos de agresión"[1677]. La CDI ha recordado en el año 2019 que la prohibición de la agresión es una norma que ha adquirido el estatus de norma imperativa de DI general o de *ius cogens*[1678].

En cuarto lugar, al menos, una decisión judicial, en concreto en la opinión separada de Lord Millett en el *caso Pinochet*, ha afirmado, amparado en el Derecho de Núremberg, la aplicación del principio universal para los crímenes contra la paz. La opinión judicial afirma la responsabilidad penal para los responsables de "crímenes de guerra y crímenes contra la paz". Observar que el enjuiciamiento por lo general se producirá en el territorio donde se cometieron los crímenes. Sostuvo que "no se sugirió que éste fuera el único lugar en el que el juicio pudiera tener lugar". Y concluyó Lord

---

La última publicación es TRIAL INTERNATIONAL: *Universal Jurisdiction Annual Review, 2023*, https://trialinternational.org/wp-content/uploads/2023/11/UJAR-2023_13112023_updated.pdf
Y UN. Doc. A/73/123, Informe del Secretario General de Naciones Unidas sobre el Alcance y aplicación del principio de jurisdicción universal, 3 de julio de 2018, basado en la información y las observaciones recibidas de algunos Estados sobre los tratados internacionales aplicables y sus disposiciones legales y prácticas judiciales internas en jurisdicción universal. Disponible en: https://undocs.org/es/A/73/123.
Diferentes estudios sobre el estado legislativo de la jurisdicción universal en el derecho comparado pueden verse en: AAVV: "Principio de Justicia Universal", *Revista Penal*, número 26, julio 2010, pp. 187 a 234. Y sobre la práctica universal de diferentes tribunales nacionales en relación con el genocidio, crímenes de guerra y crímenes contra la humanidad v. PIGRAU SOLÉ, A.: "La jurisdicción universal y su aplicación en España: la persecución del genocidio, los crímenes de guerra y los crímenes contra la humanidad por los tribunales nacionales", *Recerca x Drets Humans*, 3, Barcelona, 2009, pp. 38 a 58.

1676 Para HARTIG: ob. cit., pp. 379 a 383, se puede justificar, a pesar de la controversia que plantea, al menos, en una reacción del Estado a una violación de una obligación *erga omnes* derivada de una norma de *ius cogens*.

1677 ICJ, Barcelona Traction, párr. 34 (v. *supra*, nota 952).

1678 V. *supra*, notas 1560 y 1577.

Millett que "los crímenes prohibidos por el derecho internacional atraen la jurisdicción universal en virtud del derecho internacional consuetudinario"[1679].

En quinto lugar, los citados *Principios de Princeton* sitúan bajo la aplicación del principio universal —junto a la piratería, la esclavitud, los crímenes de guerra, los crímenes contra la paz, los crímenes de lesa humanidad, el genocidio y la tortura— a los crímenes contra la paz, calificados todos como crímenes graves de DI[1680]. También el Parlamento Europeo ha tildado a la "guerra de agresión" como "crimen internacional grave"[1681].

En sexto lugar, la práctica estatal de la jurisdicción universal abona igualmente la adscripción del crimen de agresión al principio universal. En el estudio sistemático de HARTIG se comprueba que de la totalidad de los Estados que conforman la comunidad internacional (casi 200) solo entre 20 y 30 Estados han promulgado normas de atribución de la jurisdicción universal sobre el crimen de agresión hasta el año 2022[1682]. No se puede precisar con exactitud el número concreto de Estados por la diferente interpretación estatal de la justicia universal y de los elementos típicos del crimen de agresión[1683]. Las enmiendas de Kampala han sido implementadas por dieciséis Estados (Afganistán, Austria, Chipre, Croacia, Ecuador, Estonia, Finlandia, Georgia, República Checa, Alemania, Liechtenstein, Luxemburgo, Países Bajos, Macedonia del Norte, Samoa y Eslovenia). De

---

1679 Judgment - Regina v. Bartle and the Commissioner of Police for the Metropolis and Others Ex Parte Pinochet Regina v. Evans and Another and the Commissioner of Police for the Metropolis and Others Ex Parte Pinochet (On Appeal from a Divisional Court of the Queen's Bench Division), 24 March 1999. V. pp. 87 y 91, de la versión disponible en: https://www.asser.nl/upload/documents/20120516T100340-Pinochet_House_of_Lords_Opinion_24-03-1999.pdf

1680 Principio 2. V. *supra*, nota 1650.

1681 Resolución 2022/3017 (RSP) párr. N (v. *supra*, nota 986).

1682 V. HARTIG: ob. cit., pp. 359 a 362, notas 300 a 332; y MCDOUGALL: The Crime of..., ob. cit., p. 382.

1683 *Ibid.*, p. 357 y 358.
V. un cuadro comparativo sobre Estados que en general albergan normas sobre jurisdicción universal en OLLÉ: Justicia universal para..., ob. cit., pp. 448 a 452.

estos, Austria, Georgia, Liechtenstein, Luxemburgo, Macedonia del Norte y Eslovenia adscriben al principio universal el crimen de agresión y el resto de los crímenes internacionales, pero con diferentes matices[1684]. Países Bajos, Chipre y Samoa aplican el principio universal al crimen de agresión[1685]. Croacia, República Checa, Finlandia y Alemania no prevén la aplicación del principio universal para este crimen[1686]. Y Afganistán, Ecuador y Estonia aplican el principio universal, pero sujeto a cláusulas generales de interpretación de acuerdo con el DI para determinar si se incluye el crimen de agresión[1687]. En el período comprendido entre Núremberg y la aprobación de las enmiendas de Kampala, trece Estados contemplaron, con diferentes variantes, la jurisdicción universal para la "guerra de agresión" [1688] o "incitación a la guerra de agresión"[1689]. Entre estos, Letonia y Lituania, están investigando al amparo del principio de jurisdic-

---

[1684] Austria (artículo 64 Código Penal), Georgia (artículo 5 Código Penal), Liechtenstein (artículo 64 Código Penal), Luxemburgo (artículo 7 Código Penal), Macedonia del Norte (artículo 117 Código Penal) y Eslovenia (artículo 13 Código Penal). V. HARTIG: ob. cit., p. 362.

[1685] V. respecto de Chipre, artículo 6 de la Ley 23 (III)/2006 y Ley 3 (III)/2018); de Países Bajos, artículo 2 de la Ley de Crímenes Internacionales; y respecto de Samoa, artículo 13 Ley de enmienda de la Corte Penal Internacional. V. HARTIG: ob. cit., p. 362.

[1686] V. respecto de Alemania, Sección 1 del Código Penal Internacional; Croacia, artículos 5 y 16 Código Penal; de Finlandia, Sección 7 (1) del Código Penal; y respecto de República Checa, artículo 7 Código Penal). V. HARTIG: ob. cit., p. 362. Esta autora describe las características legislativas de cada uno de estos Estados en relación con su particular regulación del principio de jurisdicción universal para el crimen de agresión.

[1687] V. respecto de Afganistán, artículo 26 Código Penal; de Ecuador, artículos 14 y 401 Código Penal; y respecto de Estonia (artículo 8 Código Penal). V. HARTIG: ob. cit., p. 362.

[1688] Armenia (artículo 15 Código Penal), Azerbaiyán (artículos 12 y 100 Código Penal), Bielorrusia (artículo 6 y 122 Código Penal), Moldavia (artículos 11 y 139 Código Penal), Kazajstán (artículos 8 y 160 Código Penal), Letonia (artículos 4 y 72 Código Penal), Lituania (artículos 7 y 110), Tayikistán (artículos 15 y 395 Código Penal), Uzbekistán (artículos 12 y 151 Código Penal) y Vietnam (artículos 6 y 421 Código Penal). V. HARTIG: ob. cit., pp. 364 a 366.

[1689] Timor Oriental (artículo 8 Código Penal), Portugal (artículo 17 y artículo 5 de la Ley Penal relativa a las violaciones del Derecho internacional humani-

ción universal los crímenes de guerra y de agresión que se hubieren cometido por la agresión rusa en territorio ucraniano[1690]. También Rumanía[1691], Francia, Alemania, y Suecia han iniciado investigaciones amparadas en el principio universal para investigar crímenes de guerra y de lesa humanidad cometidos en Ucrania por parte de la Federación de Rusia[1692]. Para HARTIG esta práctica estatal deduce que el ejercicio de la jurisdicción universal por el crimen de agresión es una norma permisiva, y no obligatoria, que concede un derecho para el ejercicio de la jurisdicción universal[1693].

En séptimo lugar, los actos verbales que se puedan hacer mediante declaraciones sobre la jurisdicción universal (por ejemplo, en la Sexta Comisión de la AG, o la ASP), o su ausencia o silencio al renunciar los Estados a formular comentarios sobre la práctica legislativa de otros Estados, puede ser prueba de *opinio iuris*. Para HARTIG, el silencio de los Estados frente a las investigaciones estatales de Letonia y Lituania sobre la base del principio universal sería muestra de la progresiva aceptación por los Estados de este principio extraterritorial para perseguir el crimen de agresión[1694]. No obstante, la postura de la autora alemana sobre el silencio es discutible.

---

tario) y Hungría (artículos 3 y 331 Código Penal). V. HARTIG: ob. cit., pp. 366 a 367.

1690 *Ibid.* 365 y 367.
El fiscal general de Lituania subrayó que la jurisdicción universal permite perseguir crímenes de guerra y de lesa humanidad a fiscales nacionales, aun cuando los hechos no se hayan cometido en su territorio, por ello la jurisdicción universal "no solo debe ser formal" y "debe aplicarse cuando sea necesario". V. https://www.swissinfo.ch/spa/ucrania-guerra_estonia-letonia-y-eslovaquia-investigan-cr%C3%ADmenes-en-ucrania-con-eurojust/47637870

1691 JUSCTICEINFO.NET, "Romania opens probe into Ukraine crimes against humanity", 11 July, 2022, https://www.justiceinfo.net/en

1692 Resolución del Parlamento Europeo 2022/2655(RSP), apartado L. V. *supra*, nota 984.

1693 HARTIG: ob. cit., p. 364.

1694 *Ibid.*, pp. 368 a 370.

En octavo lugar, HARTIG cita el proyecto de Ley Modelo Árabe sobre Crímenes en el marco de la Jurisdicción de la Corte Penal Internacional de 2005[1695], del Consejo de Ministros de Justicia Árabes, que contemplaba la jurisdicción universal por el crimen de agresión[1696] y la doctrina científica como medio auxiliar para determinar las normas de DI consuetudinario[1697].

En noveno lugar, el legislador de la UE proclama que la investigación, el enjuiciamiento y el intercambio de información respecto de los casos de genocidio, crímenes de lesa humanidad y crímenes de guerra corresponderán, salvo cuando sea aplicable el DI, a las autoridades nacionales[1698]. Aunque evita pronunciarse sobre el crimen de agresión, es indicativo de que los crímenes internacionales de primer grado deben ser enjuiciados también en las jurisdicciones nacionales.

1695 Los Estados Árabes aprobaron este modelo para que sirviera a los Estados de guía para enmendar sus leyes nacionales en la implementación del ECPI. V. un interesante comentario sobre The Arab Model Law for Crimes within the Court's Jurisdiction en CORACINI, A. R.: "(Extended) Synopsis: The Crime of Aggression under Domestic Criminal Law, "Germany", *Crime of Aggression Library, The Crime of Aggression a commentary*, KREß, C. and BARRIGA, S. (dir.), Cambridge University Press 2017, pp. 1049 a 1051.

1696 HARTIG: ob. cit., pp. 370 y 371. Las leyes modelos, las adoptan por lo general organizaciones internacionales o por conferencias internacionales para guiar a los Estados a implementar el ECPI.
Sobre el papel de los países árabes y la reticencia a la tipificación del crimen de agresión en sus legislaciones nacionales en contra del papel mantenido en las negociaciones de Kampala, v.: EL ZEIDY, M. M.: *Crime of Aggression Library, The Crime of Aggression a commentary*, KREß, C. and BARRIGA, S. (dir.), Cambridge University Press 2017, pp. 960 a 992.

1697 HARTIG: ob. cit., pp. 372 a 374.

1698 V. Decisión 2003/335/JAI del Consejo, de 8 de mayo de 2003, sobre investigación y enjuiciamiento de delitos de genocidio, crímenes contra la humanidad y crímenes de guerra, considerando 5 y artículo 3. Decisión europea que retoma parte del contenido del preámbulo del ECPI al reiterar que "es deber de todo Estado ejercer su jurisdicción penal contra los responsables de tales crímenes internacionales" (considerando 3). Disponible en: https://eur-lex.europa.eu/legal-content/ES/ALL/?uri=CELEX%3A32003D0335

En décimo lugar, me he referido en este trabajo a las resoluciones de la AG, Consejo de Derechos Humanos de NNUU, del Consejo de Europa, de la Unión Europea (Consejo y Parlamento) en relación con el crimen de agresión perpetrado en territorio ucraniano, que, de una forma u otra, condenan la agresión de Ucrania y exigen la responsabilidad individual de sus perpetradores. Este posicionamiento vertido en sus resoluciones es también indicativo de la perseguibilidad territorial nacional del crimen de agresión.

De los razonamientos expuestos se desprende la existencia de una norma permisiva para la persecución del crimen de agresión en virtud del principio universal. En general, en relación con los crímenes internacionales de primer grado, la norma internacional permite y no obliga —pero tampoco prohíbe— el ejercicio de la jurisdicción universal para determinados ilícitos penales internacionales graves. Sin embargo, existen razonamientos adicionales para que los Estados incorporen obligatoriamente el crimen de agresión al ámbito del principio universal.

El proyecto de código de crímenes contra la paz y la seguridad de la humanidad de 1996 compelía a los Estados a adoptar las medidas necesarias para establecer su jurisdicción por los delitos de genocidio, de lesa humanidad y de guerra, con independencia tanto del lugar de comisión, como de quién los hubiere cometido, pero no incluía al crimen de agresión. La CDI, en los comentarios a este proyecto, explicaba que cada Estado estaba facultado para ejercer su jurisdicción contra el presunto responsable de cualquiera de los crímenes internacionales de agresión, de genocidio, lesa humanidad, contra el personal de NNUU y de guerra, de acuerdo con el principio de jurisdicción universal previsto en el articulado del proyecto, con independencia del lugar de comisión de los crímenes y de quienes fueren sus autores[1699]. Añadía que, a tal efecto, cada Estado Parte

[1699] UN. Doc. A/51/10, p. 49, ordinal 7.
Este documento en los comentarios al artículo 8 establecía (p. 52, ordinales 11 y 12) la jurisdicción concurrente de un tribunal penal internacional con los tribunales nacionales, reconociendo la jurisdicción universal como competencia obligatoria, para los crímenes de genocidio (artículo 17), lesa humanidad (artículo 18), crímenes contra el personal de NNUU y el perso-

debería adoptar las medidas necesarias en su legislación interna. El proyecto, sin embargo, establecía un régimen diferenciado para el crimen de agresión. Éste solo sería juzgado ante un tribunal internacional o en el Estado agresor[1700]. Desde entonces hasta hoy la evolución del DI en relación con el crimen de agresión ha progresado considerablemente.

Los Estados, con sujeción al DI, ante la comisión de estos crímenes tienen el deber de investigarlos, enjuiciarlos y, en su caso, sancionarlos, así como de ejecutar la pena y reparar a las víctimas. La evolución y estado actual del sistema de DPI respecto de los crímenes internacionales afianzan la tesis de que los Estados, de acuerdo con la obligación *erga omnes* de persecución de estos ilícitos penales que afectan a toda la comunidad internacional, deben transformar la facultad en el compromiso de perseguir esos crímenes bajo el principio de justicia universal[1701].

Esta posibilidad de convertir la facultad en una obligación está prevista en los convenios más recientes sobre crímenes internacionales de primer grado. Así, la Convención contra la Tortura o la Convención contra la Desaparición Forzada de Personas[1702], de forma idéntica, reconocen tácitamente que los Estados Partes puedan transformar esa facultad de persecución en obligación, al admitir que la persecución de esos crímenes "no excluye ninguna jurisdic-

---

nal asociado (artículo 19) y crímenes de guerra (artículo 20), pero no para el crimen de agresión (artículo 16).

1700 V. *supra*, apartado 2 de este capítulo.

1701 Para WERLE y JESSBERGER: ob. cit., p. 160, la jurisdicción universal posibilita a los Estados la instauración de una justicia "lista para actuar" cuando sea necesario para perseguir los crímenes contra el derecho internacional y para impedir la impunidad.

1702 Artículos 5.3 del Convenio contra la Tortura y 9.3 de la Convención Internacional para la protección de todas las personas contra las desapariciones forzada, de 23 de diciembre de 2010. Respecto de la piratería, en el mismo sentido, se pronuncia el artículo 3.3 del Convenio sobre las infracciones y ciertos otros actos cometidos a bordo de aeronaves, de Tokio, de 14 de septiembre de 1963; el artículo 5.3 del Convenio para la Represión de Actos Ilícitos contra la Seguridad de la Aviación Civil, de 23 de septiembre de 1971; o el artículo 4.3 del Convenio para la Represión del Apoderamiento Ilícito de Aeronaves, de 16 de diciembre de 1970.

ción penal ejercida de conformidad con las leyes nacionales". Los debates del grupo de trabajo de la Comisión de Derechos Humanos sobre la Convención contra la desaparición forzada concluyeron que había que implantar, para la persecución de este delito, una competencia lo más amplia posible para las jurisdicciones nacionales a fin de que la Convención fuera eficaz[1703]. Y también el TEDH se muestra favorable —aunque, en consonancia con determinados tratados internacionales, no sostenga la obligatoriedad de la persecución universal— a la asunción por parte de los Estados del ejercicio penal universal[1704].

El proyecto de NNUU de convención para la prevención y sanción del crimen contra la humanidad —aunque incorpora diferentes nexos para el ejercicio jurisdiccional por parte de los Estados respecto de este crimen— "no excluye el ejercicio de las competencias penales" que un Estado unilateralmente establezca "en su derecho interno"[1705]. La mayoría de los convenios internacionales, respecto de estos crímenes, respetan los vínculos jurisdiccionales fijados por los Estados Partes, sean los que sean, siempre que no se opongan al DI general[1706].

1703 UN. Doc. E/CN.4/2003/71, informe del Grupo de Trabajo entre períodos de sesiones, de composición abierta, encargado de elaborar un proyecto de instrumento normativo jurídicamente vinculante para la protección de todas las personas contra las desapariciones forzadas, párr. 65. Disponible en: https://digitallibrary.un.org/record/490016?ln=es

1704 ECHR *Asanidzé c. Georgia*; *Jorgic c. Germany*, nº 74613/01, 12 de julio 2007; y *Rantsev c. Cyprus and Russia*, nº 25965/04, 7 de enero de 2010, párr. 244; y *J. and others v. Austria*, nº 58216/12 17 de enero de 2017, párr 114, aunque en este caso se refería a la prohibición de la esclavitud y del trabajo forzado (artículo 4 CEDH).

1705 UN. Doc. A/CN.4/L.892, Crímenes de lesa humanidad, texto y título del proyecto, preámbulo, los proyectos de artículo y el proyecto de anexo aprobados provisionalmente por el Comité de Redacción en primera lectura, 26 de mayo de 2017, artículo 7. Disponible en: http://legal.un.org/docs/index.asp?symbol=A/CN.4/L.892&referer=http://legal.un.org/ilc/sessions/69/docs.shtml&Lang=S

1706 OLLÉ: Crimen internacional y..., ob. cit., pp. 186 y 187.

La CIJ en el caso *Lotus* proclamó el principio de libertad soberana de los Estados para fijar la extensión y los límites que estimen respecto de la jurisdicción de sus tribunales, siempre que no exista una norma prohibitiva o restrictiva de DI que lo impida[1707]. Norma prohibitiva que, en el DI, para los crímenes internacionales de primer grado es inexistente.

Estos argumentos deben leerse en el contexto de la nueva cultura del sistema de justicia penal internacional y de la evolución del crimen de agresión. Es cierto, como he adelantado, que algunos tratados internacionales apuntan a la facultad del ejercicio universal, con la excepción de los Convenios de Ginebra que la impone. A estos tratados se une el ECPI, tratado internacional de alcance universal. El preámbulo recuerda que "es deber de todo Estado ejercer su jurisdicción penal contra los responsables de crímenes internacionales". Y afirma que "los crímenes más graves de transcendencia para la comunidad internacional en su conjunto no pueden quedar sin castigo y que, a tal fin, hay que adoptar medidas en el plano nacional e intensificar la cooperación internacional para asegurar que sean efectivamente sometidos a la acción de la justicia". Los postulados de este tratado multilateral obligan a los Estados a ejercer su jurisdicción penal para evitar la impunidad de los más graves crímenes internacionales. Obsérvese que el preámbulo del ER solo se refiere a la "jurisdicción penal", y no excluye ningún principio de atribución jurisdiccional. Por tanto, del preámbulo del ECPI se deduce que el ejercicio de la justicia universal para los crímenes internacionales de primer grado competencia de la CPI es obligatoria[1708].

1707 Corte Permanente de Justicia Internacional, serie A, número 10 (1927), *S.S. Lotus (France v. Turkey)*, Judgement, 7 September 1927, p. 20.

1708 En contra de esta interpretación del preámbulo del ER, entre otros, WERLE y JESSBERGER.: ob. cit., pp. 164 a 167. Estos expertos reconocen la obligación consuetudinaria de la persecución en los lugares de comisión. Cuando se trata de su persecución por el principio de jurisdicción universal solo la admiten, de acuerdo con las Convenciones de Ginebra, para los crímenes de guerra en conflictos armados internacionales. Sin embargo, niegan esta obligación, de conformidad con el derecho consuetudinario, para los crímenes de genocidio y lesa humanidad. Para estos tratadistas el deber impuesto en el preámbulo del ER solo permite a los Estados perseguir los crímenes que se hubieran cometido en su territorio. (pp. 82 y 83). Y

Como he advertido, el ECPI no impone una obligación de su implementación en las jurisdicciones internas. Sí rige el principio de complementariedad, en virtud del cual, si los Estados no persiguen en sus jurisdicciones nacionales los crímenes competencia de la CPI, ésta se atribuye la investigación y enjuiciamiento. En el fondo se trasluce la obligación nacional de investigar y juzgar, de lo contrario será la CPI la que se atraiga la jurisdicción.

La obligación de persecución de estos crímenes, y del de agresión, se refuerza por el principio de interdicción de la impunidad. Este principio —derivado tanto del ECPI como de diferentes instrumentos internacionales universales y regionales que obligan a la persecución de crímenes internacionales de primer grado— impone a los Estados el deber de remover los obstáculos fácticos y jurídicos que dificulten o impidan la investigación y el enjuiciamiento de los responsables de estos crímenes internacionales de primer grado[1709]. La consecuencia lógica de la vigencia del principio de interdicción de la impunidad es la realización de la acción de la justicia. A este carácter funcional del principio universal se refería la citada sentencia del Tribunal Constitucional español, cuando descartaba que el principio de jurisdicción universal fuera una "mera regla de atribución de competencia" dirigida a los órganos judiciales de los Estados de la comunidad internacional. Lo consideró como "una formula garante de un espacio universal de jurisdicción con el objetivo de erradicar la

---

recuerdan que se ha advertido por parte de diferentes sectores que el ejercicio de la jurisdicción universal puede ser potencial de abusos y demandas concurrentes (pp. 77 y 78).

Para AMBOS, K.: "La implementación del Estatuto de la Corte Penal Internacional en Alemania", *Revista electrónica de ciencia penal y criminología*, 07-17 (2005), p. 27, "no es claro" que los cuatro crímenes competencia de la CPI establezcan el principio de jurisdicción universal. Disponible en: http://criminet.ugr.es/recpc/07/recpc07-17.pdf

1709 Sobre este principio v. el interesante trabajo de HORMAZÁBAL MALARÉE, H.: "Interdicción de la impunidad y cosa juzgada fraudulenta en el Pacto de San José y en el Estatuto de Roma", *Un juez para la democracia, libro homenaje a Perfecto Andrés Ibáñez*, G. Portilla y F. Velázquez (coords.), E. Pomares y J.L. Fuentes (coords.), Dkynson, 2019, pp. 253 a 267.

[impunidad[1710]] respecto de la comisión de determinados crímenes, particularmente odiosos para la humanidad por ser agresiones muy graves de los derechos humanos"[1711].

El Consejo de Europa, en el caso de Ucrania, hacía un llamamiento a sus Estados miembros para que si su legislación lo permite "hagan uso de su jurisdicción universal para investigar y enjuiciar las presuntas violaciones de las normas internacionales de derechos humanos, el derecho humanitario y otros crímenes internacionales cometidos en el territorio de Ucrania por dirigentes políticos y militares rusos en el contexto de la Federación Rusa"[1712].

La CIJ, en una opinión separada, rechazaba la postura de que la lucha contra la impunidad se "delega" en los tratados internacionales y en los tribunales internacionales y también la idea de que los tribunales domésticos carecen de competencia en esas cuestiones. Concluía esa opinión que las disposiciones convencionales en la materia no excluyen otros elementos de competencia que puedan ejercerse con carácter voluntario[1713]. La misma CIJ, refiriéndose a la tortura, recordó la obligación —derivada de la Convención contra la Tortura, y especialmente por su carácter preventivo y para evitar la impunidad— para los Estados de tipificar esa conducta en las legislaciones internas e instaurar su jurisdicción para su persecución[1714]. Sin embargo, no se consideraba expresamente que la jurisdicción

---

1710 La sentencia literalmente se refiere a "inmunidad". Todo indica que es una errata de la sentencia y debe decir impunidad.

1711 Sentencia 140/2018, Fundamento Jurídico 3º.

1712 Resolución de la Asamblea Parlamentaria del Consejo de Europa 2433, párr. 11.17, (v. *supra*, nota 981).

1713 ICJ, *Dissenting opinion of judges Higgins, Kooijmans y* en el ICJ, *case concerning the arrest warrant*, párrs. 49 y 52 (v. *supra*, nota 1629). Este caso *Buergenthal* es conocido como Yerodia. Disponible en: http://www.icj-cij.org/files/case-related/121/121-20020214-JUD-01-05-EN.pdf

Esta misma opinión separada, párr. 51, sostuvo que, como se desprende de diferentes tratados internacionales sobre competencia, la comunidad internacional no desea la impunidad de los autores de crímenes de guerra, secuestros, toma de rehenes y torturas.

1714 ICJ, *Questions relating to the Obligation to Prosecute or Extradite (Belgium v. Senegal)*, párr. 75 (v. *supra*, nota 1562).

universal penal se pudiera proyectar al crimen de agresión[1715], o que la gravedad de un crimen fuera era elemento suficiente para atribuir la jurisdicción universal[1716], aunque se detectaban claros indicios que apuntaban a la evolución del DI para castigar a nacionales extranjeros, por ejemplo, en los crímenes de lesa humanidad[1717].

En definitiva, el principio de persecución universal se convierte en el instrumento para perseguir aquellos crímenes internacionales de primer grado que protegen bienes jurídicos que pertenecen y afectan a toda la comunidad internacional y que, por tanto, obligan a todos los Estados a la persecución de quienes los violan. La finalidad última de la jurisdicción universal, en la persecución de crímenes internacionales de primer grado, es combatir y desterrar la impunidad de la comunidad internacional y procurar la acción de la justicia respecto de estos crímenes[1718]. Así, la jurisdicción universal coadyuva a la eficacia del principio de interdicción de la impunidad de estos graves crímenes internacionales[1719].

De esta forma, se puede concluir que el crimen de agresión, por su especial gravedad y por su carácter de *ius cogens*, como crimen internacional de primer grado, debe ser perseguido por las jurisdicciones nacionales en aplicación del principio de jurisdicción universal.

1715 ICJ, *Separate opinion of president Guillame y Separate opinion of Judge Koroma* en ICJ, *case concerning the arrest warrant* of 11 April 2000 (Democratic Republic of Congo v. Belgium), *Judgment, 14 February 2002, I.C.J., Reports 2002, p. 3,* párr. 12 y 9, respectivamente. Disponible en: https://www.icj-cij.org/sites/default/files/case-related/121/121-20020214-JUD-01-01-EN.pdf

1716 ICJ, *Declaration of judge Ranjeva* en el ICJ, *case concerning the arrest warrant* of 11 April 2000 (Democratic Republic of Congo v. Belgium), *Judgment, 14 February 2002, I.C.J., Reports 2002, p. 3,* párr. 6. Disponible en: https://www.icj-cij.org/sites/default/files/case-related/121/121-20020214-JUD-01-03-EN.pdf

1717 ICJ, *Dissenting opinion of judges Higgins, Kooijmans y Buergenthal* en el ICJ, *case concerning the arrest warrant,* párr. 52, (v. *supra,* nota 1629).

1718 Para LEMKIN: Totalmente…, ob. cit., p. 201, el juicio de Núremberg alivió en parte las tensiones morales del mundo porque el castigo a los criminales de guerra alemanes generó la sensación de que, en la vida internacional, así como en la sociedad civil, "los crímenes no pueden quedar impunes".

1719 OLLÉ: Crimen internacional y…, ob. cit., pp. 189 y 190.

Por último, y en relación con la complementariedad, se puede identificar en relación con el principio de jurisdicción universal, un sistema de la doble complementariedad. Ante la fraudulenta inactividad (especialmente del Estado agresor) o incapacidad (especialmente del Estado víctima) de las jurisdicciones nacionales —y con carácter previo a asumir la jurisdicción la CPI— la jurisdicción universal también puede formar parte del principio de complementariedad. El destinatario de la complementariedad es inicial y principalmente, la jurisdicción del lugar donde se cometió el ilícito penal internacional. Pero, ante un eventual fracaso nacional, se activa el sistema de doble complementariedad, para aquellos terceros Estados que puedan o deban ejercer, en palabras del ECPI, su jurisdicción penal nacional amparados en otros principios distintos al de territorialidad y, especialmente, bajo el principio universal[1720].

De esta forma, el tercer Estado que ejerce la jurisdicción lo hará complementariamente al Estado nacional que ha omitido su deber jurisdiccional doméstico y, a su vez, complementariamente a la CPI. Tendrá también otro efecto positivo en la persecución de los más graves crímenes internacionales. Los tribunales de los Estados que ejerzan la jurisdicción universal no solo podrán investigar y enjuiciar los crímenes de la competencia de la CPI, cuando ésta, por las razones que fuere, no lo hiciere, sino que también cooperará activamente con la CPI y su Fiscalía a la investigación y enjuiciamiento de las situaciones y casos de que estuviere conociendo.

[1720] *Ibid.*, pp. 197 y 198.
La juez Van Den Wagner, en *Dissenting opinion of judge Van Den Wyngaert* en el ICJ, *case concerning the arrest* warrant of 11 April 2000 (Democratic Republic of Congo v. Belgium), sostuvo que del ECPI no se desprendía una base jurídica para que terceros Estados introduzcan la jurisdicción universal. "No lo prohíbe, pero tampoco lo autoriza". Para esta juez "esto significa que, en lo que respecta los crímenes del Estatuto de Roma (crímenes de guerra, crímenes de lesa humanidad, genocidio y, en el futuro, quizá agresión y otros crímenes), las fuentes preexistentes conservan su importancia", párr. 66.
Disponible en: https://www.icj-cij.org/sites/default/files/case-related/121/121-20020214-JUD-01-09-EN.pdf

4.7. Justicia penal universal cooperativa

La evolución del principio de jurisdicción universal demuestra que éste no solo se fundamenta en la exclusiva investigación y enjuiciamiento de los crímenes internacionales de primer grado sino también en la cooperación coordinada entre diferentes Estados. El Estado que esté en mejor posición jurídica será quien finalmente pueda enjuiciar los hechos. Otros Estados prestarán su cooperación en la investigación de los hechos. Es necesario desbordar el concepto clásico de la jurisdicción universal y sumar un enfoque de cooperación internacional vinculante para los crímenes internacionales de primer grado. La jurisdicción universal cooperativa permite también investigar los hechos y la autoría o participación de personas no para ser juzgadas en sus tribunales sino como una nueva forma de cooperación efectiva con los tribunales de otros terceros Estados o con tribunales internacionales, como la CPI[1721].

La jurisdicción universal cooperativa pretende que el enjuiciamiento se culmine por los tribunales del Estado que esté en mejor situación jurídica y resulte razonable que el enjuiciamiento sea en ese tribunal. Por ejemplo, el tribunal del lugar: i) donde se encuentre el responsable de los hechos; ii) donde estén la mayoría de las pruebas; iii) donde la cooperación internacional sea más efectiva; iv) que disponga de mayores y mejores medios materiales y personales para el enjuiciamiento; v) que disponga de un sistema judicial fiable e independiente; o vi) que sea aconsejable por cualquier otra circunstancia que convierta a ese foro nacional en el más apropiado.

[1721] OLLÉ: Crimen internacional y…, ob. cit., pp. 203 y 204.
MARTÍNEZ JIMÉNEZ, A: "Los crímenes de la dictadura paraguaya ante los tribunales argentinos. La jurisdicción universal como mecanismo de presión ante la jurisdicción territorial", en Martínez Jiménez, A. (dir.), *Derecho Penal Internacional. Evolución histórica, régimen jurídico y estudio de casos*, Aranzadi-Thomson Reuters, Cizur Menor, 2022, p. 856, destaca también el poder de la jurisdicción universal, además de un mecanismo de efectiva punición extraterritorial, como "herramienta de presión para los tribunales del lugar de comisión de los hechos, forzándolos a desplegar investigaciones y poner así fin a la impunidad local".

El citado documento del grupo de expertos sobre el principio de complementariedad, reconocía el importante papel que puede desempeñar la Fiscalía de la CPI y animaba a ejercer la jurisdicción a los Estados no territoriales que "ofrezcan las perspectivas más prometedoras para una investigación y un enjuiciamiento efectivo" que se basará en "la disponibilidad de testigos y el acceso a los mismos, la presencia del presunto autor en el territorio de un Estado y la independencia e imparcialidad del poder judicial"[1722].

Una manifestación de este tipo de cooperación se observa en el ámbito de la Unión Europea con la creación de una red de puntos de contacto en relación con personas responsables de genocidio, crímenes de lesa humanidad y crímenes de guerra, para evitar la impunidad de estos delitos. La citada Decisión[1723] se inspira en el principio de cooperación eficaz entre los Estados para que la investigación y enjuiciamiento de estos crímenes en las jurisdicciones domésticas sea efectiva. Su objetivo fue incrementar la cooperación entre las unidades nacionales a fin de potenciar la capacidad de las autoridades policiales y judiciales de los diferentes Estados miembros para cooperar eficazmente en el ámbito de la investigación y el enjuiciamiento de las personas que hayan participado en estos tres delitos. Para ello, la Decisión impone a los Estados miembros que adopten las medidas necesarias a efectos de que se informe a las autoridades policiales y judiciales, cuando existan motivos fundados para sospechar que un solicitante de permiso de residencia ha cometido algunos de esos crímenes que puedan dar lugar al enjuiciamiento en un Estado miembro o en tribunales penales internacionales. Y también se obliga a los Estados miembros a cooperar en la investigación y enjuiciamiento de estos crímenes[1724].

[1722] ICC-01/04-01/07-1015-Anx 01-04-2009, párr. 76, (v. *supra*, nota 1521).

[1723] Decisión 2003/335/JAI del Consejo.

[1724] WERLE y JESSBERGER: ob. cit., p. 158, resaltan los problemas de la jurisdicción universal absoluta y destacan que la persecución descentralizada de los crímenes de "derecho internacional" a nivel mundial, gracias a este principio absoluto, puede "crear una completa red de pretensiones penales" para su persecución. Estos autores, concluyen, citando a WEIGEND, que progresivamente se viene rechazando lo que denomina este autor la "competencia total de los tribunales nacionales".

El Parlamento Europeo en la citada resolución 2022/2655 destacó el importante papel del principio de jurisdicción universal para: i) impedir la impunidad; ii) la cooperación entre los Estados en la obtención de pruebas; y iii) alentar a los Estados miembros a que "hagan un uso efectivo" de este principio "en la investigación y el enjuiciamiento de los crímenes de guerra en Ucrania, y a que intensifiquen la cooperación entre ellos"[1725].

En el crimen de agresión, la jurisdicción universal cooperativa adquiere mayor protagonismo por el carácter especialmente internacional e interestatal de este crimen. Afecta a dos Estados como actores principales, el agresor y el agredido, pero al suponer una violación de la prohibición del uso de la fuerza y ser una transgresión de la paz internacional, puede implicar a terceros Estados en el proceso de investigación de los hechos y de rendición de cuentas de los responsables del crimen de agresión. La cooperación contribuirá a que la investigación global sea eficaz y efectiva. Versará sobre cualquier forma de cooperación, como son los actos procesales enumerados en el artículo 93 ECPI, incluida la extradición o entrega de las personas que fueran reclamadas. Y se desplegará tanto horizontal, entre los Estados, como verticalmente entre el Estado cooperante y la CPI u otro tribunal internacional[1726].

Ejemplo de la jurisdicción universal cooperativa es la respuesta de algunos Estados para colaborar en la investigación de los crímenes internacionales de primer grado cometidos en Ucrania como consecuencia de la agresión de la Federación de Rusia. Así, la Fiscalía General del Estado de España[1727], al amparo del principio universal —asumiendo novedosamente este nuevo enfoque cooperativo del principio universal—, decretó la apertura de diligencias de investi-

---

El jurista comprometido con el principio de jurisdicción universal y con la defensa de los derechos humanos, CARLOS SLEPOY, con su agudo ingenio, propugnaba que la jurisdicción universal actuara como un principio que legitimaría que los tribunales nacionales actuaran en la investigación y el enjuiciamiento de crímenes competencia de la CPI cuando esta lo demandara por cualquier necesidad.

1725 Resolución 2022/2655 RSP, apartado 17, v. *supra*, nota 984.

1726 Sobre la cooperación con la CPI, v. artículos 86 a 102 ECPI.

1727 Decreto de 8 de marzo de 2022 (diligencias de investigación 1/2022).

gación[1728], en una suerte de investigación estructural para ayudar, desde el ámbito fiscal, policial y forense, a la fiscalía ucraniana y a la de la CPI en la investigación de los hechos acaecidos en territorio ucraniano.

Cualquiera que sea el nivel jurisdiccional de actuación, nacional o internacional, no solo es imprescindible la cooperación judicial penal, sino también la policial y forense, para la averiguación de los hechos y de sus responsables, y para acopiar elementos probatorios, almacenarlos y conservarlos. Así se ha procedido en el caso de Ucrania con la creación de un *equipo conjunto de investigación*[1729], en el marco de Eurojust, el 25 de marzo de 2022, para la investigación sobre los posibles crímenes internacionales cometidos en Ucrania[1730]. Su finalidad es permitir el intercambio de información y facilitar las investigaciones sobre crímenes de guerra, crímenes de lesa humanidad y otros crímenes graves. Su objeto es apoyar la recogida de pruebas y su intercambio rápido entre los Estados y la CPI, y la transmisión de información y pruebas. El papel de Eurojust es ayudar en ese proceso proporcionando asistencia operativa, analítica, jurídica y financiera a los Estados del *equipo*, y apoyar la cooperación entre todas las autoridades nacionales de investigación y enjuiciamiento que hayan iniciado investigaciones sobre delitos principales. También facilitar y apoyar la cooperación de los Estados del *equipo* con la CPI. De esta forma Eurojust y los Estados del *equipo conjunto de investigación* cooperan con la fiscalía de la CPI para garantizar un intercambio continuo de información[1731].

1728 Sobre la jurisdicción universal cooperativa v. OLLÉ: Crimen internacional…, ob. cit., pp. 203 y 204.

1729 La Red de Expertos Nacionales en Equipos Conjuntos de Investigación se creó por el documento 11037/05, de 8 de julio de 2005, Joint Investigation Teams - Proposal for designation of national experts. Disponible en: https://www.eurojust.europa.eu/sites/default/files/Partners/JITs/JITs-Council-document-11037-05-EN.pdf

1730 Aunque Ucrania no es Estado miembro de la Unión Europea, celebró el 27 de junio de 2016 con Eurojust un acuerdo de cooperación.

1731 European Union Agency for Criminal Justice Cooperation (Eurojust), Eurojust supports joint investigation team into alleged core international crimes in Ukraine, 28 March 2022, press release. Disponible en: https://www.

En este *equipo* participan la fiscalía de la CPI, Lituania, Polonia, Ucrania, Estonia, Letonia, Eslovaquia[1732] y Rumania[1733]. El Fiscal de la CPI al anunciar en 2022 la incorporación de la fiscalía al *equipo conjunto* enfatizó la importancia de esa "acción colectiva a fin de obtener pruebas pertinentes y, en última instancia, garantizar su utilización efectiva en procedimientos penales"[1734].

También en el ámbito de la OSCE, cuarenta y cinco Estados participantes de esta organización iniciaron el *Mecanismo de Moscú* de la OSCE para recopilar pruebas de las "presuntas atrocidades masivas y crímenes de guerra y de lesa la humanidad en Ucrania cometidos por la Federación Rusa como co-agresor"[1735].

El Reglamento de la Unión Europea sobre preservación, análisis y almacenamiento de pruebas relativas al genocidio, los crímenes de lesa humanidad, los crímenes de guerra y las infracciones penales conexas, reconoce la importancia de la aplicación del principio de jurisdicción universal para "coordinar e intercambiar pruebas entre las autoridades nacionales encargadas de la investigación y el enjuiciamiento en diferentes jurisdicciones, así como con la Corte Penal

---

eurojust.europa.eu/news/eurojust-supports-joint-investigation-team-alleged-core-international-crimes-ukraine

1732 European Union Agency for Criminal Justice Cooperation (Eurojust), Estonia, Latvia and Slovakia become members of joint investigation team on alleged core international crimes in Ukraine, 31 May 2022, press release. Disponible en: https://www.eurojust.europa.eu/news/estonia-latvia-and-slovakia-become-members-joint-investigation-team-alleged-core-international

1733 V. European Union Agency for Criminal Justice Cooperation (Eurojust), Romania becomes seventh member of joint investigation team on alleged core international crimes committed in Ukraine, 13 October, press release. Disponible: https://www.eurojust.europa.eu/news/romania-becomes-seventh-member-joint-investigation-team-alleged-core-international-crimes

1734 Statement by ICC Prosecutor, Karim A.A. Khan QC: Office of the Prosecutor joins national authorities in Joint Investigation Team on international crimes committed in Ukraine, 25 April 2022. Disponible en https://www.icc-cpi.int/news/statement-icc-prosecutor-karim-aa-khan-qc-office-prosecutor-joins-national-authorities-joint

1735 OSCE, *Birmingham declaration*, 2-6 July, 2022, preámbulo, párr. 3. V. *supra*, nota 1007.

Internacional o cualquier otro órgano jurisdiccional o mecanismo establecido con tal fin, para garantizar la eficacia de la investigación y el enjuiciamiento del genocidio, los crímenes contra la humanidad, los crímenes de guerra y las infracciones penales conexas, incluidos los que pueden estar cometiéndose en Ucrania"[1736].

El informe del Comité de expertos sobre la aplicación práctica de la complementariedad resaltaba la importancia de que la cooperación de los Estados territoriales con la CPI o con otro Estado se extendiera, más allá del ámbito judicial y jurídico, a la "asistencia política, técnica y logística para facilitar los esfuerzos de investigación y enjuiciamiento"[1737].

Es deseable que la justicia penal universal cooperativa contribuya a las investigaciones del crimen de agresión y del resto de crímenes internacionales de primer grado. Esta cooperación en el acopio probatorio se deberá practicar con estándares comunes armónicos que garanticen la legitimidad y validez de la prueba y los estándares del proceso debido[1738]. Este imprescindible deber de cooperación de los

---

[1736] Reglamento (UE) 2022/838 del Parlamento Europeo y del Consejo de 30 de mayo de 2022 por el que se modifica el Reglamento (UE) 2018/1727 en lo que respecta a la preservación, análisis y almacenamiento en Eurojust de pruebas relativas al genocidio, los crímenes contra la humanidad, los crímenes de guerra y las infracciones penales conexas, considerando 7.
Hay que destacar que en la lista de delitos a los que se aplicación este reglamento, no aparece el crimen de agresión. Sí, por el contrario, el de genocidio, los crímenes de lesa humanidad y los crímenes de guerra, "y las infracciones penales conexas". El crimen de agresión, desde luego, se puede considerar como un crimen conexo. Sorprende la reticencia a incluir expresamente el crimen de agresión.
KREß, HOBE and NUßBERGER: ob. cit., sobre la omisión en determinados contextos de referencias al crimen de agresión, critican que el alto representante de la Unión Europea en su declaración en el día internacional de la justicia penal internacional, el 17 de julio de 2021, no contemplara en la misma el crimen de agresión. V. https://www.pubaffairsbruxelles.eu/eu-institution-news/day-of-international-criminal-justice-declaration-by-the-high-representative-josep-borrell-on-behalf-of-the-european-union-2/

[1737] ICC-01/04-01/07-1015-Anx 01-04-2009, párr. 77, (v. *supra*, nota 1521).

[1738] V. Reglamento (UE) 2018/1727 del Parlamento Europeo y del Consejo de 14 de noviembre de 2018 sobre la Agencia de la Unión Europea para la Cooperación Judicial Penal (Eurojust) y por la que se sustituye y deroga

Estados, para evitar la impunidad de esos crímenes y someterlos a la acción de la justicia, lo recuerda el ECPI en su preámbulo: "intensificar la cooperación internacional para asegurar que sean efectivamente sometidos a la acción de la justicia".

4.8. *Principio de representación*

El principio de representación, también contemplado en el DI, especialmente en diferentes tratados internacionales[1739], es otra manifestación del ejercicio jurisdiccional de un Estado para la persecución de delitos cometidos fuera de sus fronteras. Este principio —que en ocasiones se confunde con el de jurisdicción universal— se activa cuando el Estado en el que se encuentre el presunto autor de un delito deniega su extradición al Estado requirente, pero con la limitación de que los hechos deben ser típicos en el Estado requerido. El Estado que actúa ejerciendo la jurisdicción lo hace en representación del Estado requirente y no, como en el de jurisdicción universal, en representación de la comunidad internacional. Este principio es una manifestación de la obligación *aut dedere aut iudicare*[1740], cuya

la Decisión 2002/187/JAI del Consejo. Y Reglamento (UE) 2022/838 del Parlamento Europeo y del Consejo de 30 de mayo de 2022 (v. *supra*, nota 1736).

1739 Sobre los diferentes tratados internacionales que regulan manifestaciones de este principio con carácter obligatorio o facultativo, v. OLLÉ: Crimen internacional y..., ob. cit., pp. 216 y 217, nota 42 (obligatorio); y p. 219, nota 47 (facultativo).

1740 Esta obligación nace cuando el presunto infractor de un crimen se encuentra en el territorio de un determinado Estado y éste tiene el deber de enjuiciarlo, extraditarlo a otro Estado, o de entregarlo a un tribunal internacional. Esta obligación adopta la conocida como "fórmula de La Haya" por aparecer modernamente en el citado Convenio para la Represión del Apoderamiento Ilícito de Aeronaves: "[e]l Estado Contratante en cuyo territorio sea hallado el presunto delincuente si no procede a la extradición del mismo, someterá el caso a sus autoridades competentes a efectos de enjuiciamiento, sin excepción alguna y con independencia de que el delito haya sido o no cometido en su territorio" (artículo 7).

ICJ, *Questions relating to the Obligation to Prosecute or Extradite* (v. *supra*, nota 1562), en relación con la tortura, ha explicado que las dos obligaciones (juzgar/extraditar) no tienen el mismo peso, porque la extradición es una

finalidad también es impedir la impunidad del autor del crimen, lo que ha llevado, en ocasiones, a confundir este principio con el de jurisdicción universal[1741].

El principio de representación en el crimen de agresión se convierte en un título jurisdiccional nacional para que el Estado en el que se encuentra la persona acusada de este crimen, pueda juzgarlo en sustitución del Estado que reclama, cuando no se ha concedido su extradición. El Estado del lugar donde se encuentra el sujeto ejerce la jurisdicción en representación de otro Estado, pero no en representación de la comunidad internacional, como sucede cuando el enjuiciamiento nacional de un tercer Estado es en aplicación del principio universal.

5. LA TIPICIDAD NACIONAL, IMPLEMENTACIÓN DEL ESTATUTO DE ROMA Y PRINCIPIO DE LEGALIDAD

El DPI es una disciplina que se aplica en el espacio en diferentes ámbitos y escenarios judiciales: en la CPI, en los tribunales *ad hoc* internacionalizados e híbridos y también en los tribunales nacionales al incorporar los Estados el DPI a sus legislaciones internas. Esta diversificación normativa y funcional convierte al DPI en un sistema multinivel, al ser múltiples los actores judiciales llamados a interpretar y aplicar el DPI una vez "nacionalizado". El primero es el nivel nacional, al ser las jurisdicciones domésticas del lugar de comisión de los crímenes (principio de territorialidad) las competentes para perseguir estos ilícitos penales internacionales. Estos tribunales na-

---

opción y el enjuiciamiento una obligación internacional (párr. 95), y la finalidad de esta obligación es evitar la impunidad de los actos de tortura y que sus autores no puedan refugiarse en ninguno de los Estados Partes (párr. 120).

1741 PÉREZ CEPEDA, A.: "Principio de justicia penal universal versus principio de jurisdicción penal internacional", *El principio de Justicia Universal: fundamentos y límites*, A. Pérez Cepeda (dir.), Tirant lo Blanch, Valencia, 2102, p. 72, por ejemplo, identifica esta obligación con una suerte de jurisdicción universal subsidiaria.

cionales se convierten en el escenario judicial principal y fundamental para el enjuiciamiento de los crímenes internacionales y para la aplicación del DPI. Jurisdicción nacional que, de acuerdo con los criterios expuestos, podrá o deberá ejercerse también al amparo de otros principios extraterritoriales.

Este sistema multinivel del DPI por lo que se refiere a los sistemas jurídicos nacionales es plural. Los Estados gozan de amplia libertad para la incorporación del DPI en sus legislaciones internas, siempre que respeten el contenido o núcleo mínimo de la norma internacional, lo que conduce a que las normas internas puedan ser, o sean, parcialmente diferentes. Las características propias de los diferentes sistemas jurídicos de los Estados que conforman la comunidad internacional pueden producir disfunciones en la aplicación e interpretación doméstica del DPI por parte de los tribunales nacionales. Y también el DPI plasmado en los diferentes estatutos de los tribunales internacionales (*ad hoc*, híbridos y mixtos y CPI) presentan características sustantivas y procesales desiguales[1742].

El ejercicio jurisdiccional nacional por el crimen de agresión sea cual sea el título por el que se ejerza la jurisdicción exigirá, de acuerdo con el principio de legalidad, que el mismo esté tipificado como delito en las normas penales de los Estados. Se criminalizará en el ámbito nacional el crimen de agresión cometido tanto por los líderes y dirigentes del propio Estado, como de terceros, o por los del propio estado únicamente. La necesidad de que el crimen de agresión se incorpore a las normas penales domésticas de los ordenamientos legislativos nacionales de todos los Estados deriva de los argumentos reflejados sobre la prohibición de la agresión, como norma de *ius cogens*, y de la obligación *erga omnes* de perseguir este crimen en las jurisdicciones nacionales. Deber que adquiere un plus inexcusable para los Estados que han ratificado las enmiendas del crimen de agresión. Y también para el resto de los Estados, aunque no sean ratificantes de las enmiendas, por la obligación general de cooperación con la CPI (artículo 86 ER) y el deber de asegurar que en su derecho interno existan procedimientos aplicables a todas las formas de cooperación (artículo 88 ER). Por ejemplo, si un Estado requerido de

---

[1742] OLLÉ: La aplicación del…, ob. cit., pp. 145 y 146.

cooperación exigiese en su sistema interno la doble incriminación para la cooperación vertical con la CPI, necesariamente deberá tipificar el crimen de agresión.

Además, respecto a los Estados que son Partes en el ECPI, de acuerdo con las consecuencias derivadas del principio de complementariedad, es aconsejable la implementación del ECPI en las jurisdicciones domésticas. El ECPI es el instrumento normativo internacional más desarrollado en el ámbito del DPI. Está reconocido por la mayoría numérica de los Estados de la comunidad internacional y es el código de Derecho penal y procesal penal internacional más avanzado en la esfera del DPI. El sistema de internacionalización del DPI, implantado por el ECPI a través del principio de complementariedad, produce efectos importantes en la aplicación del DPI para los Estados. El proceso de implementación —cuya importancia reside en la aplicación descentralizada del DPI— invita a los Estados Partes a incorporar y/o adaptar (implementar) la parte sustantiva del ECPI en sus legislaciones nacionales penales para aplicarlo en sus tribunales nacionales. Su contenido, por su carácter internacional, debe implementarse de la forma más uniforme posible en las múltiples legislaciones penales internas de los diferentes Estados. Labor que está condicionada por las peculiaridades propias de los concretos sistemas normativos y constitucionales, por las culturas y tradiciones jurídicas de los Estados. Ello impide la unificación, pero no la armonización del DPI en las diferentes legislaciones nacionales. La implementación es el nexo común entre la complementariedad y la armonización, y el Derecho contenido en el ER es la fuente principal de la referida implementación, al brindarle a los Estados los elementos normativos necesarios para la persecución de estos graves crímenes internacionales[1743].

Sin embargo, como he avanzado, la implementación del ER no es una obligación para los Estados Partes en el ER. El ECPI no impone ese deber, pero esta afirmación no puede entenderse al margen del principio de complementariedad. Si los Estados Partes están obligados a investigar y enjuiciar los hechos criminales constitutivos de cualquier de los crímenes de la competencia de la CPI, el presu-

---

1743 *Ibid.*, p. 147.

puesto previo es que las legislaciones penales nacionales satisfagan los presupuestos normativos mínimos del DPI. El problema surgirá cuando los Estados no implementen el DPI o lo hagan deficientemente y su legislación interna sea insuficiente, desde la perspectiva del DPI, para la investigación y el enjuiciamiento de los crímenes internacionales de la competencia de la CPI. La consecuencia de esta ausencia o deficiencia de implementación, traducida en inactividad judicial nacional, será, por el carácter complementario de la CPI, la pérdida, para ese Estado, de su jurisdicción nacional en favor de la CPI. No obstante, es necesario resaltar que la propia CPI admite que la persecución de determinados hechos en las jurisdicciones domésticas como delitos comunes, a pesar de que pudieran calificarse como crímenes internacionales, también puede satisfacer los criterios de voluntad y capacidad exigidos por el ER a los Estados en la persecución nacional de los crímenes de la competencia de la CPI[1744].

La labor de la implementación no siempre es fácil[1745]. Como he advertido existen diferentes sistemas normativos penales nacionales cuyas especificidades pueden entrar en contradicción con el DPI. Los mandatos o principios constitucionales e institutos de Derecho penal interno de un determinado país pueden diverger de lo establecido en el ECPI. La implementación se convierte en la labor fundamental de todos los Estados Partes del ECPI, en la ruta hacia la armonización de los sistemas normativos penales internos. Esta travesía que queda por recorrer es un reto para los diferentes sistemas jurídicos, por las diferencias sustanciales entre las legislaciones penales nacionales y el DPI, y por la heterogénea interpretación del DPI entre los tribunales nacionales y los internacionales[1746].

La implementación, aunque normativamente no sea obligatoria para los Estados Partes, está indirectamente relacionada con el deber de los Estados Partes en los tratados internacionales de cumplir las obligaciones derivadas de los mismos y también del DI consuetudinario. La complementariedad solo es posible, de acuerdo con el

---

1744 OLLÉ: La aplicación del…, ob. cit., pp. 147 y 148.

1745 Sobre los modelos de implementación v. *ibid.*, pp. 149 a 152.

1746 *Ibid.*, pp. 147 y 148.

sistema de justicia distributiva que implanta este principio, si la legislación interna estatal se conforma al ECPI. Por ello, de acuerdo con el principio *pacta sunt servanda* (aunque no imponga una implementación nacional), para los Estados de acuerdo con sus respectivos sistemas de recepción constitucional de las normas internacionales monistas o dualistas[1747], si deciden implementar el ECPI al no ser las normas de éste autoejecutivas han de llevar a cabo un proceso de producción de nuevas normas o de modificación de las existentes. Las definiciones de los crímenes internacionales por exigencia del principio de legalidad, no pueden ser aplicadas directamente por mucho que el ECPI pase a ser parte del ordenamiento jurídico de un Estado —por ejemplo, en España desde su publicación en el BOE— sino que tienen que ser tipificadas en las normas penales nacionales.

Las normas internas afectadas por el ECPI y que requieren, por lo general, de la necesaria adecuación al DPI del ER son las constituciones, los códigos penales, las leyes procesales penales y, en su caso, los códigos penales militares. Las normas penales internacionales pueden implementarse en las legislaciones internas de diversas maneras, según los sistemas legislativos de los Estados. Lo más frecuente es la modificación legislativa de las normas penales existentes, especialmente de los códigos penales y también de las leyes procesales penales, en aquellos aspectos adjetivos que se considere que deben ser adaptados al DPI procesal[1748].

La tipificación del crimen de agresión en los sistemas normativos nacionales es indudablemente necesaria, de acuerdo con el principio de legalidad, para su aplicación por los tribunales nacionales. El crimen de agresión, sin embargo, normativamente es el crimen internacional de más reciente tipificación en el DPI, pero también se pue-

---

1747 En España, nuestra Constitución establece que los tratados internacionales válidamente celebrados formarán parte del ordenamiento interno, una vez que hayan sido publicados oficialmente (artículo 96.1).

1748 OLLÉ: La aplicación del..., ob. cit., p. 152. Un ejemplo de esta técnica legislativa es la Ley de Código Penal Internacional alemana, de 26 de junio de 2002, o la adopción de una ley especial, como ha sucedido en Argentina: Ley número 26.200, de Implementación del Estatuto de Roma.

de considerar que el mismo pertenece al DI consuetudinario. Esta condición puede plantear el complejo debate —y sin perjuicio de las diferencias respecto de las fuentes del Derecho entre los sistemas de *civil law* y de *common law*— sobre la aplicación del principio de legalidad respecto de un crimen internacional, como el de agresión, en las jurisdicciones nacionales. Es decir: si es aplicable directamente (*self executing*) el crimen de agresión como norma internacional consuetudinaria penal cuando no existe tipificación legal expresa interna o la tipificación es posterior a la comisión del hecho y qué pena se impondría al responsable del crimen de agresión. O, por el contrario, si la aplicación en las jurisdicciones nacionales del crimen de agresión como norma de derecho consuetudinario viola el principio de legalidad penal y de irretroactividad[1749].

Esta aplicación directa del DPI consuetudinario en los ordenamientos internos se puede fundamentar inicialmente en que todo crimen internacional que esté prohibido por una norma de DI es un hecho típico de DPI, aunque la legislación interna no lo tipifique. Se exigirá que la norma prohibitiva o de mandato penal del DI consuetudinaria (*lex*) describa con claridad e inteligibilidad los elementos constitutivos de la conducta prohibida (*certa*) y cumpla, en consecuencia, con las garantías materiales del principio de legalidad. Respecto de la pena, la garantía penal igualmente está prevista en el ámbito del DI, porque las normas consuetudinarias o convencionales internacionales, aunque no contemplen pena, determinan que los autores de esos crímenes internacionales deben ser sancionados penalmente. Por tanto, la pena a imponer será la correspondiente a los crímenes subyacentes y consecuentes del crimen de agresión, por ejemplo, crímenes de guerra[1750].

La jurisprudencia nacional de algunos países confirma la aplicación del DPI de forma directa en las jurisdicciones nacionales. En la jurisprudencia latinoamericana encontramos resoluciones judiciales que consideran el principio de legalidad como un principio de justicia y como un derecho humano y entienden que el DI forma par-

---

1749 *Ibid.*, p. 190.

1750 *Ibid.* y OLLÉ: Justicia Universal para..., ob. cit., pp. 161 a 183.

te del sistema jurídico interno por lo que le otorgan plenos efectos como ley previa, incluida la costumbre internacional[1751].

La postura contraria a la que mantengo sostiene que la aplicación directa del DPI en las jurisdicciones domésticas es contraria a las exigencias del principio de legalidad en aquellos sistemas, como el español, en que dicho principio goza de una protección reforzada en relación a la otorgada por los tratados internacionales. Protección reforzada que en todo caso —según esta postura—debe prevalecer, tal y como disponen los propios tratados, como el art. 53 CEDH, que estipula que "[n]inguna de las disposiciones del presente Convenio se interpretará en el sentido de limitar o perjudicar aquellos derechos humanos y libertades fundamentales que podrían ser reconocidos conforme a las leyes de cualquier Alta Parte Contratante o en cualquier otro Convenio en el que ésta sea parte"[1752].

1751 Corte Suprema de Justicia de la Nación de Argentina, *Arancibia Clavel, Lautaro s/ homicidio calificado y asociación ilícita y otros*, causa n. 259, 24.08.2004; Corte Suprema de Chile, Sala de lo Penal, *Molco de Choshuenco (Vásquez Martínez y Superby Jeldres)*, rol n. 559-2004, 13.12.2006; Corte Constitucional de Colombia, *Manuel José Cepeda Espinosa*, sentencia, 25.04.2007; Tribunal Constitucional de Perú, *Vera Navarrete, Gabriel Orlando, recurso extraordinario de hábeas corpus*, Exp. n. 2798-2004-HC/TC, 9.12.2004; Tribunal Constitucional de Perú, *Juan Nolberto Rivero Lazo*, sentencia, 12.08.2005; Juzgado Penal de 7º Turno de Montevideo, *Borbaderry Arocena, Juan Maria*, sentencia, 9.02.2010, entre otras.
V. un excelente estudio sobre las tendencias interpretativas de la jurisprudencia latinoamericana respecto de los crímenes internacionales y su impacto respecto de la tipificación de los mismos en: MACULAN, E.: *Los crímenes internacionales en la jurisprudencia latinoamericana*, Marcial Pons, Madrid, 2019.

1752 V. MACULAN: Los crímenes internacionales..., ob. cit., pp. 199 a 201; GIL GIL: "La excepción al principio de legalidad del número 2 del artículo 7 del Convenio Europeo de Derechos Humanos", *Anuario de Derecho Penal y Ciencias Penales*, vol. LXIII, 2010, p. 131); y CALDERÓN MENDOZA: "La aplicación de los crímenes de lesa humanidad en España bajo el principio de justicia universal y los conflictos derivados del principio de legalidad: el caso Scilingo", *Estudios penales y criminológicos*, vol. XXXI, 2011, pp. 458 a 471.

Los que defienden esta postura se amparan en que, lejos del mero principio de juridicidad internacional, por ejemplo, España, la Constitución garantiza en el principio de legalidad también la llamada garantía formal, lo que excluye a la costumbre como fuente del Derecho penal. La costumbre internacional, argumentan, no garantiza ni la taxatividad del tipo penal, ni la legalidad de las penas, al no estar determinado siquiera el tipo o clase de pena aplicable, por lo que el principio de legalidad interno estricto impide la aplicación de la costumbre. De lo contrario, se ignoraría el fundamento democrático formal de este principio y la garantía material respecto de la preexistencia del mandato de prohibición y la taxatividad se soslayaría, lo que es inaceptable en un Estado de Derecho[1753].

Otro argumento ofrecido por quienes no admiten la aplicación directa del DI es que el principio de legalidad internacional (o principio de juridicidad) solo opera en el ámbito internacional y no ante las jurisdicciones nacionales en las que rige un principio de legalidad reforzado. El requisito de la taxatividad, especialmente devaluado en la costumbre, únicamente se cumpliría mediante la interacción de las fuentes del DI al codificarse la costumbre internacional. Rechazan que los tribunales nacionales apliquen normas internacionales porque no son órganos judiciales internacionales y porque descartan la aplicación *self excuting* de la norma penal internacional (tratado o costumbre) al no estar establecidas en dichas normas las penas. El castigo por los tribunales nacionales de una conducta con una pena más grave y una calificación jurídica distinta a las previstas en la ley en el momento de comisión de los hechos, amparándose en la costumbre internacional o en los principios generales del Derecho, vulneraría el principio de tipicidad y de taxatividad de la ley penal, así como el de la irretroactividad de la ley penal desfavorable, por atipicidad nacional en el momento de la comisión delictiva, es decir por inexistencia tanto del delito como de pena. En el caso español, para este sector doctrinal, se infringirían los artículos 25 y 9.3 de la Constitución Española y el artículo 2 del Código Penal[1754].

[1753] OLLÉ: Principios generales…, ob. cit., p. 191.

[1754] *Ibid.*, pp. 191 y 192.

La citada sentencia del Tribunal Supremo español 798/2007, en esta línea, declaró la imposibilidad de que los tribunales españoles aplicaran directamente el DPI. El principio de legalidad para el tribunal español exige indispensablemente la transposición a la legislación interna de las normas internacionales porque no se contempla su eficacia directa. Esta sentencia —que anuló parcialmente otra del Audiencia Nacional que aplicó directamente el crimen de lesa humanidad, como DI consuetudinario[1755]— sostuvo que el artículo 7.2 CEDH ofrece, respecto del principio de legalidad, un contenido mínimo, que no impide que los Estados formulen, en sus sistemas normativos, el principio de legalidad de forma más exigente. Negó que la costumbre pueda cumplir con las exigencias del principio de legalidad. Rechazó, por tanto, la aplicación retroactiva del nuevo precepto del Código Penal que castiga los crímenes de lesa humanidad, no vigente en el momento de los hechos, que previamente había realizado la Audiencia Nacional con el argumento de que la conducta ya era punible en el momento de su comisión conforme a la costumbre internacional.

El siempre apasionado debate sobre el principio de legalidad, en relación con la aplicación directa del DPI tanto convencional como consuetudinario que parecía que se estaba diluyendo, se reaviva con el crimen de agresión. El dilema de la aplicación del principio de legalidad para otros crímenes internacionales, especialmente para el crimen de lesa humanidad, progresivamente fue disminuyendo. Los Estados han ido incorporando el DI convencional de carácter penal a sus ordenamientos penales internos. Y la costumbre internacional penal ha ido cristalizando en instrumentos internacionales escritos y/o en las legislaciones penales domésticas. Estos dos factores jurídicos permiten ya la aplicación del Derecho penal nacional a crímenes internacionales cometidos desde su tipificación en las legislaciones nacionales. No obstante, para los crímenes del pasado, o recientes, como puede ser el crimen de agresión, donde las legislaciones nacionales no contemplan la definición de determinados crímenes internacionales, y en concreto el de agresión, la polémica

---

1755 Sentencia 16/2005, de 19 de abril, de la Audiencia Nacional, Sección Tercera.

sobre el principio de legalidad de los delitos y de las penas seguirá activa[1756].

En el derecho estatal comparado entre los Estados que han tipificado de alguna forma el crimen de agresión[1757] encontramos a Afganistán[1758], Alemania[1759], Armenia[1760], Austria[1761], Azerbaiyán[1762], Bangladés[1763],

---

1756 OLLÉ: Principios generales...p. 192.

1757 CORACINI: (Extended) Synopsis..., ob. cit., pp. 1041 a 1044, desarrolla y explica los modelos de implementación del crimen de agresión de diez de países, después de Kampala sobre la base del artículo 8 *bis* ER.
V., sin perjuicio de lo que especifico en las notas siguientes sobre la tipificación del crimen de agresión en concretas normas penales nacionales, el listado de países que se enumeran como ejemplo de esta tipificación en: UN. Doc. A/77/10, p. 261, nota 1033. (V. *supra*, nota 1581). OLLÉ: La aplicación del..., ob. cit., pp. 147 y 148.

1758 Artículo 341 del Código Penal de la República Islámica de Afganistán ("crimen de agresión contra un Estado"). V. HARTIG: ob. cit., p. 481.

1759 Sección 13, Código de crímenes contra el Derecho internacional, ("delito de agresión"), 26 de junio de 2002. V. https://www.gesetze-im-internet.de/englisch_vstgb/englisch_vstgb.pdf
Sobre la regulación del crimen de agresión en Alemania v. HOVEN, E.: "Germany", *Crime of Aggression Library, The Crime of Aggression a commentary*, KREß, C. and BARRIGA, S. (dir.), Cambridge University Press 2017, pp. 880 a 894. V. también WASUM-RAINER, S.: "Germany", *Crime of Aggression Library, The Crime of Aggression a commentary*, KREß, C. and BARRIGA, S. (dir.), Cambridge University Press 2017, pp. 1149 a 1157.

1760 Artículo 384 Código Penal, de 18 de abril de 2003 ("guerra agresiva"). V.https://www.venice.coe.int/webforms/documents/default.aspx?pdffile=CDL-REF(2021)022-e

1761 Artículo 321 K ("delito de agresión") Bundesgesetz vom 23. Jänner 1974 über die mit gerichtlicher Strafe bedrohten Handlungen (Strafgesetzbuch–StGB), BGBl. Nr. 60/1974 of 23 January 1974, as amended by BGBl. I Nr. 112/2015 of 13 August 2015. V. HARTIG: ob. cit., p. 483.

1762 Artículo 100, Código Penal ("planificación, preparación, ejecución o realización de una guerra agresiva) 1 de septiembre de 2000. V. https://www.refworld.org/pdfid/4417f82d4.pdf

1763 La Sección 3(2)(b) de la Ley de Crímenes Internacionales de 1973 define, miméticamente al artículo 6 del Estatuto del TMI, crímenes contra la paz como "la planificación, preparación, iniciación o libración de una guerra de guerra de agresión o una guerra en violación de tratados, acuerdos o garantías internacionales". JØRGENSEN, N. H. B.: "Asia", *Crime of Aggres-*

Bielorrusia[1764], Bulgaria[1765], Croacia[1766], Chipre[1767], República Checa[1768], Ecuador[1769], Eslovenia[1770], Eslovaquia[1771], Estonia[1772],

---

sion Library, The Crime of Aggression a commentary, KREß, C. and BARRIGA, S. (dir.), Cambridge University Press, pp. 1004 a 1006.

1764 Artículo 122 Código Penal ("preparar o llevar a cabo una guerra agresiva) 21 de abril de 2003. V. https://www.wipo.int/wipolex/en/text/578223

1765 Artículo 407 a 409 del Código Penal ("crímenes contra la paz"). V.: https://www.mlsp.government.bg/uploads/1/blgarsko-zakonodatelstvo/en/criminal-code.pdf

1766 Artículo 89 Código Penal ("crimen de agresión"), 21 de octubre de 2011 y 157 Código Penal ("guerra de agresión"), 21 de octubre de 1997. V.: https://vlada.gov.hr/UserDocsImages//2016/Glavno tajništvo/ENG/documents in english//Criminal Code.pdfY y HARTIG: ob. cit., pp. 485 y 486. Sobre la regulación en Croacia del crimen de agresión v. TURKOVIĆ, K. and VAJDA, M. M.: "Croatia", *Crime of Aggression Library, The Crime of Aggression a commentary*, KREß, C. and BARRIGA, S. (dir.), Cambridge University Press 2017, pp. 863 a 879.

1767 Sección 4, Estatuto de Roma chipriota para el establecimiento de la Corte Penal Internacional (Ratificación) Ley 8(III)/2002 modificada por la Ley 23(III)/2006, la Ley 13(III)/2013 y la Ley 3(Ill)/2018),

1768 Sección 405 Código Penal ("acto de agresión"). V. HARTIG: ob. cit., 487 y 488.

1769 Artículo 88 Código Orgánico Integral Penal ("agresión"), 3 de febrero de 2014. V.: https://www.defensa.gob.ec/wp-content/uploads/downloads/2021/03/COIP_act_feb-2021.pdf

1770 Artículo 103 Código Penal ("agresión"), 14 de mayo 2012. V. HARTIG: ob. cit., p. 502.

1771 Artículo 417 del Código Penal (amenazas a la paz, incitación a la agresión). V.: https://www.unodc.org/uploads/icsant/documents/Legislation/Slovakia/201124_CC_en.pdf

1772 Artículo 91 Código Penal ("delito de agresión"), 6 de junio de 2001. V.: https://www.riigiteataja.ee/en/eli/522012015002/consolide
Estonia puede ejercer la jurisdicción universal por el crimen de agresión, de acuerdo con la aplicabilidad de la ley penal a los actos contra bienes jurídicos internacionalmente protegidos. Con independencia de la ley del lugar de comisión de comisión de un acto, la ley penal de Estonia se aplicará a cualquier acto cometido fuera del territorio de este país si la punibilidad del acto se deriva de una obligación internacional que vincule a Estonia [RT I, 05.07.2013, 2 - entrada en vigor 15.07.2013].
V. sobre la regulación del crimen de agresión en Estonia: PARMAS, A.: "Estonia", *Crime of Aggression Library, The Crime of Aggression a commentary*, KREß, C. and BARRIGA, S. (dir.), Cambridge University Press 2017, pp. 895 a 992.

Finlandia[1773], Georgia[1774], Hungría[1775], Kazajstán[1776], Letonia[1777], Liechtenstein[1778], Lituania[1779], Luxemburgo[1780], Malta[1781], Moldavia[1782], Países Bajos[1783], Macedonia del Nor-

1773 Capítulo 11, Sección 4 *a* y *b* Código Penal ("crimen de agresión" y "preparación del crimen de agresión"). V.: https://www.finlex.fi/en/laki/kaannokset/1889/en18890039.pdf.

1774 Artículo 404 Código Penal ("planificación, preparación, inicio o ejecución de un acto de agresión"), 22 de agosto de 1999. V.: https://matsne.gov.ge/en/document/view/16426?publication=252

1775 Artículo 153 Código Penal ("incitación a la guerra"), 1 de enero de 2015. V. HARTIG: ob. cit., p. 493.

1776 Artículo 160 Código Penal ("planificación, preparación, iniciación o desencadenamiento de una guerra de agresión"), 3 de julio de 2014. V. https://www.refworld.org/pdfid/5d541c884.pdf&lang=en
V. sobre esta tipificación, JØRGENSEN: ob. cit., pp. 999 a 1000.

1777 Sección 72 Código Penal ("delitos contra la paz") y sección 77 ("incitación a la guerra de agresión"), 18 de mayo de 2000. V. https://likumi.lv/ta/en/en/id/88966-the-criminal-law
También puede ejercer el principio de jurisdicción universal, de acuerdo con la Sección 4, Parte 4, del Código Penal.

1778 Artículo 321 Código Penal ("delito de agresión"). V. HARTIG: ob. cit., p. 495.

1779 Artículo 110 Código Penal ("agresión"). V. https://www.lithuanialaw.com/lithuanian-criminal-code-495
Este Estado también puede ejercer la jurisdicción universal por el crimen de agresión.

1780 Artículo 136 quinqués Código Penal, 27 de febrero de 2012. V.: https://legislationline.org/sites/default/files/2023-10/Criminal Code of the Grand-Duchy of Luxembourg.pdf

1781 Artículo 54DA ("crime of aggression"), Código Penal. V.: https://legislation.mt/eli/cap/9/eng/pdf

1782 Artículo 139 Código Penal ("planificar, preparar, desencadenar o hacer la guerra"), 18 de abril de 2002. V.: https://sherloc.unodc.org/cld/uploads/res/document/criminal-code-of-the-republic-of-moldova_html/Republic_of_Moldova_Criminal_Code.pdf

1783 Artículo 8 b, International Crimes Act. Este país contempla la jurisdicción universal, para el crimen de agresión, si el sospechoso o la víctima del crimen son de nacionalidad holandesa, o si el sospechoso se encuentra en territorio neerlandés. En definitiva, con esta regulación admite el principio de personalidad activa y pasiva para la persecución del crimen de agresión. V.: HARTIG: ob. cit., p. 498.

te[1784], Polonia[1785], Portugal[1786], Federación de Rusia[1787], Samoa[1788], Suiza[1789], Tayikistán[1790], Timor-Leste[1791], Ucrania[1792],

---

1784 Artículo 403 b Código Penal ("crimen de agresión") y 415 ("instigación a la guerra agresiva"), 23 de julio de 1996, V.: https://legislationline.org/sites/default/files/documents/67/fYROM_CC_2009_am2018_en.pdf

1785 Artículo 117 Código Penal ("guerra de agresión"). V.: https://supertrans2014.files.wordpress.com/2014/06/the-criminal-code.pdf

1786 Artículo 16 Ley Portuguesa número 31/2004 ("crimen internacional de agresión"), 22 de julio de 2004, modificada por la Ley 11(2019, de 7 de febrero. V.: https://www.pgdlisboa.pt/leis/lei_mostra_articulado.php?nid=123&tabela=leis

1787 Artículo 353 Código Penal ("planificación, preparación, desencadenamiento o ejecución de una guerra agresiva"), 13 de julio de 1996. V.: https://www.wipo.int/edocs/lexdocs/laws/en/ru/ru080en.pdf
En concreto, tipifica las conductas de: "1. Planear, preparar o desencadenar una guerra de agresión" y "2. Librar una guerra de agresión".
Sobre el crimen de agresión en la legislación de la Federación de Rusia v.: GLOTOVA, S. V.: "Russia", *Crime of Aggression Library, The Crime of Aggression a commentary*, KREß, C. and BARRIGA, S. (dir.), Cambridge University Press 2017, pp. 923 a 937.

1788 Sección 7 A de la Ley de la Corte Penal Internacional ("delito de agresión"). V. HARTIG: ob. cit., p. 501.

1789 Sección 11a del Act on Criminal Responsibility for certain International Offences. Gozará de jurisdicción si el crimen fue cometido en el extranjero por un ciudadano sueco, un residente sueco o en un buque o aeronave de pabellón sueco, o aeronaves de pabellón sueco o si el acto se cometió contra un interés sueco; y en los casos en que el acto de agresión haya sido cometido por un Estado que haya aplicado las enmiendas de Kampala de 2010. V. Eurojust and Network for Investigation and Prosecution of Genocide, Crimes Against Humanity and War Crimes: *Genocide Network Paper, The crime of aggression in the national laws of EU Member States, Genocide Network Observer States and Ukraine*, Publications Office of the European Union, 2023, Luxembourg, p. 28.

1790 Artículo 395 Código Penal ("guerra agresiva"). V. https://www.warnathgroup.com/wp-content/uploads/2015/03/Tajikistan-Criminal-Code.pdf
Sobre la regulación del crimen de agresión en el Código Penal de Tayikistán, v. JØRGENSEN: ob. cit., pp. 998 a 999.

1791 Artículo 134 Código Penal ("incitación a la guerra"), 2015. V.: https://www.wipo.int/wipolex/en/text/498680
V. también v. JØRGENSEN: ob. cit., pp. 1012 a 1013.

1792 Artículos 436 y 437 del Código Penal ("Propaganda de guerra" y "planificación, preparación y desencadenamiento de una guerra agresiva, respec-

Uzbekistán[1793] y Vietnam[1794]. Otros Estados tipifican conductas próximas al crimen de agresión, como, por ejemplo, Camboya[1795], Corea del Sur[1796], Filipinas[1797], Indonesia[1798], Japón[1799], Malasia[1800],

---

tivamente), 1 de septiembre de 2001. V.: https://www.justice.gov/sites/default/files/eoir/legacy/2013/11/08/criminal_code_0.pdf
El artículo 437, que transcribo por la lamentable actualidad de la situación en Ucrania, tipifica la conducta de: "1. Planificar, preparar o librar una guerra de agresión o un conflicto armado, o conspirar para tales fines" y "2. Llevar a cabo una guerra agresiva u operaciones militares agresivas".

1793 Artículo 151 del Código Penal ("agresión"), 29 de agosto de 2001. V.: https://adsdatabase.ohchr.org/IssueLibrary/UZBEKISTAN_Criminal Code.pdf
Sobre la regulación en este Código Penal, v. JØRGENSEN: ob. cit., pp. 1000 a 1001.

1794 Artículo 421 Código Penal ("socavar la paz, provocar guerras agresivas"), 27 de noviembre de 2015. V. https://www.wipo.int/edocs/lexdocs/laws/en/vn/vn086en.pdf
V. sobre la regulación en este Código Penal JØRGENSEN: ob. cit., pp. 1001 y 1002.

1795 Parte 4, del libro 1 del Código Penal, se refiere a los delitos contra el Estado, incluida la agresión contra el Rey, la traición y el espionaje. El artículo 444 tipifica la conducta de "suministro a un Estado extranjero de medios para fomentar hostilidades o actos de agresión". El artículo 443 contiene una disposición sobre la conspiración con una potencia extranjera para incitar a las hostilidades o a cometer actos de agresión contra Camboya. v. JØRGENSEN: ob. cit., pp. 1008 y 1009.

1796 Artículo 92 o "inducción a la agresión extranjera". V. JØRGENSEN: ob. cit., pp. 1013; y SOK KIM, Y.: "Republic of Korea (South Korea)", *Crime of Aggression Library, The Crime of Aggression a commentary*, KREß, C. and BARRIGA, S. (dir.), Cambridge University Press 2017, pp. 1234 a 1241.

1797 Artículo 118 del Código Penal sobre "incitación a la guerra". V. JØRGENSEN: ob. cit., pp. 1009 y 1010.

1798 Libro II, Capítulo I, del Código Penal, "delitos contra la seguridad del Estado". Por ejemplo, el artículo 111 de ese Código sustantivo tipifica la connivencia con una potencia extranjera para hacer la guerra a Indonesia. V. JØRGENSEN: ob. cit., p. 1011.

1799 Capítulo III del Código Penal, "delitos relacionados con la agresión extranjera", artículos 81, 82, 87 y 88. https://www.japaneselawtranslation.go.jp/en/laws/view/3581/en
V. JØRGENSEN: ob. cit., p. 1013 a 1016.

1800 Capítulo VI sobre "Delitos contra el Estado", artículo 121, relativo al jefe Supremo del Estado de Malasia o a sus gobernantes, y el artículo 125, re-

Mongolia[1801], India[1802], Pakistán[1803], Sri Lanka[1804]o Singapur[1805]. Es significativa también, a pesar de su naturaleza supraestatal, la posición del citado Estatuto de la Corte Africana de Justicia y Derechos Humanos, de la Unión Africana. Su *Protocol on Amendments to the Protocol on the Statute of the African Court of Justice and Human Rights*[1806] —que no ha entrado en vigor— introdujo en el artículo 28 A. 14 (anexo al Estatuto), entre los crímenes de jurisdicción de la futura corte, el de agresión, que definió en el artículo 28 M, basándose, aunque con algunas diferencias, en la actual definición del artículo 8 *bis* ER[1807].

---

lativo a la guerra contra cualquier persona o entidad. Este último tipifica la conducta de librar una guerra contra cualquier poder aliado con el jefe Supremo del Estado. V. JØRGENSEN: ob. cit., pp. 1007 y 1008.

1801 El Código Penal de Mongolia, título 10, capítulo 30, titulado "Delitos contra la Seguridad de la Humanidad y la Paz", prohíbe la "provocación de un conflicto armado internacional o local". No se refiere disposición no se refiere directamente al crimen de agresión, aunque se puede interpretar que incluye la incitación a la guerra de agresión. V. JØRGENSEN: ob. cit., p. 1001.

1802 Artículos 121 y 125 del Código Penal, tipifican las conductas de hacer la guerra contra el Gobierno de la India, o intentar hacerla, o instigar a hacerla; y hacer la guerra contra el Gobierno de cualquier potencia asiática en alianza o con el Gobierno de la India o intentar librar tal guerra, o instigar a librar dicha guerra. v. JØRGENSEN: ob. cit., pp. 1000 a 1001. V. también: SINGH, N.: "India", *Crime of Aggression Library, The Crime of Aggression a commentary*, KREẞ, C. and BARRIGA, S. (dir.), Cambridge University Press 2017, pp. 1158 a 1173.

1803 El capítulo VI del Código Penal de Pakistán, "Delitos contra el Estado", tipifica la guerra contra Pakistán en el artículo 121 y la guerra contra el gobierno de una potencia en alianza o en paz con Pakistán en el artículo 125. v. JØRGENSEN: ob. cit., pp. 1003 y 1004.

1804 El capítulo VI del Código Penal de Sri Lanka, "De los delitos contra el Estado", tipifica conductas de librar una guerra contra Sri Lanka, así como a librar guerra contra el gobierno de cualquier potencia en alianza o en paz con Sri Lanka. V.: JØRGENSEN: ob. cit., p. 1006.

1805 Artículos 121 y 125 del Código Penal de Singapur que sobre hacer la guerra contra el gobierno o contra cualquier potencia en paz o en alianza con Singapur. V. JØRGENSEN: ob. cit., p. 1007.

1806 V. *supra*, nota 1279.

1807 V. un comentario sobre el crimen de agresión en este Estatuto en: CORACINI: (Extended) Synopsis..., ob. cit., pp. 1051 a 1055.

En la Unión Europea, de los 21 Estados miembros que han ratificado las enmiendas de Kampala, cinco de ellos, Bélgica, Irlanda, España, Italia y Eslovaquia, no han tipificado en su legislación penal el crimen de agresión. No las han ratificado: Bulgaria, Dinamarca, Grecia, Francia, Hungría ni Rumanía. De los dieciséis que sí lo han incorporado, ocho (Croacia, Chipre, Luxemburgo, Malta, Países Bajos, Portugal, Eslovenia y Finlandia) reproducen prácticamente en su literalidad el artículo 8 *bis* ECPI, cuatro adoptan sus propias definiciones sobre la base del artículo 8 *bis* ER, y otros cuatro Estados miembros (Estonia, Letonia, Lituania y Polonia) contemplan definiciones más genuinas amparadas en el DI tradicional y amplían o reducen la del artículo 8 *bis* ER. Por ejemplo, Letonia y Polonia no señalan con nitidez el elemento del liderazgo[1808].

Sobre el contenido de las definiciones estatales, doce Estados miembros (República Checa, Alemania, Estonia, Croacia, Luxemburgo, Malta, Países Bajos, Austria, Portugal, Eslovenia, Finlandia y Suecia) incluyen la cláusula de liderazgo. Estonia, sin embargo, la aplica en relación con "la dirección, ejecución o preparación de un acto de agresión". Cuatro Estados (Estonia, Croacia, Letonia y Polonia) no acotan la responsabilidad exclusivamente a los dirigentes del Estado. Diez Estados (República Checa, Alemania, Croacia, Luxemburgo, Malta, Países Bajos, Portugal, Eslovenia, Finlandia y Suecia) incorporan el umbral de gravedad (carácter, gravedad y escala). Otros diez Estados miembros (Alemania, Estonia, Croacia, Luxemburgo, Malta, Países Bajos, Portugal, Eslovenia, Finlandia y Suecia) definen el acto de agresión de forma semejante al artículo 8 *bis* ER. Cuatro Estados (Estonia, Letonia, Lituania y Polonia) contemplan la jurisdicción universal para el crimen de agresión, mientras que siete (República Checa, Alemania, Croacia, Luxemburgo, Países Bajos, Portugal y Suecia) la excluyen. Y Estonia prevé la responsabilidad penal de la persona jurídica para el crimen de agresión[1809].

1808 EUROJUST and NETWORK FOR INVESTIGATION: ob. cit., pp. 13 y 14.

1809 *Ibid.*, pp. 14 y 15.
V. en *ibid.*, pp. 15 a 27, las diferentes definiciones normativas típicas de los Estados miembros de la Unión Europea y las cláusulas sobre la jurisdicción universal de los Estados que la aceptan para el crimen de agresión.

En la dimensión constitucional, Alemania, por ejemplo, ha impuesto la obligación de tipificar el acto de agresión en su Constitución[1810] y otros Estados, como Croacia, Armenia, Azerbaiyán, Kazajstán, Lituania, Moldavia y Tayikistán, incluyen en sus textos constitucionales la prohibición de la guerra o declaran punible la incitación a la guerra o la propaganda en favor de la guerra[1811].

La Unión Europea resalta la necesidad de la implementación de la CPI después de la aprobación de las enmiendas de Kampala sobre el crimen de agresión y los crímenes de guerra. Consciente de que todos sus Estados miembros han ratificado el ER y de que tanto la propia Unión como sus Estados miembros están decididos a poner fin a la impunidad de los autores de los crímenes de la competencia *ratione materiae* de la CPI, adoptando medidas nacionales y reforzando la cooperación internacional para el efectivo enjuiciamiento; a tal efecto, se comprometió en la conferencia de Kampala a revisar y actualizar sus instrumentos en apoyo de la CPI. Por ello, en una Decisión sobre la CPI, entre otros extremos, apoyó la aplicación del principio de complementariedad, acordando que "[l]a Unión y sus estados miembros adoptarán, en su caso, iniciativas o medidas para garantizar la aplicación del principio de complementariedad a nivel nacional"[1812]. Posteriormente, el Parlamento Europeo solicitó a todos los Estados miembros que ratificasen sin demora las enmiendas de Kampala sobre el crimen de agresión y las incorporasen a sus legislaciones nacionales[1813]. Este pedimento lo reiteraba el Parlamento

---

V. una evaluación global común de las diferentes definiciones del crimen de agresión en las legislaciones nacionales y su relación normativa con el actual artículo 8 *bis* ER en CORACINI: (Extended) Synopsis..., ob. cit., pp. 1071 a 1075.

1810 HARTIG: ob. cit., pp. 24 y 25. Artículo 26.1 de la Constitución alemana.

1811 *Ibid.*, pp. 26 y 27. Artículos 39, 47, 47.3, 20.3, 135,2, 32.3 y 11.2 de las respectivas constituciones.

1812 Decisión 2011/168/PESC del Consejo, de 21 de marzo de 2011, relativa a la Corte Penal Internacional y por la que se deroga la Posición Común 2003/444/PESC.

1813 Resolución del Parlamento Europeo (2011/2109(INI)), (2013/C 153 E/13), P7_TA(2011)0507, párr. 14 (v. *supra*, nota 1656).
En el mismo sentido la Resolución del Parlamento Europeo, de 18 de abril de 2012, sobre el Informe anual sobre los derechos humanos en el mun-

Europeo en el año 2014 y añadía que los Estados miembros adoptaran otras obligaciones derivadas del ER para "permitir la investigación y persecución nacional de los crímenes por los Estados miembros de la [Unión Europea] y cooperar con la Corte"[1814].

6. OBSTÁCULOS AL EJERCICIO JURISDICCIONAL NACIONAL

La naturaleza y características propias del crimen de agresión presenta obstáculos que dificultan o impiden el enjuiciamiento de este crimen en las jurisdicciones nacionales. El Consejo de Europa, concluía —ante la imposibilidad de que el crimen de agresión cometido contra Ucrania por parte de las autoridades rusas sea enjuiciado en la CPI— que "los enjuiciamientos nacionales, en Ucrania y en otros países, sobre la base de los principios de territorialidad o jurisdicción universal, se enfrentan a muchos retos jurídicos y prácticos, incluso en términos de imparcialidad, legitimidad e inmunidades percibidas"[1815].

A continuación, me referiré a la inmunidad como uno de los principales obstáculos, y concluiré con otros elementos que pueden dificultad considerablemente el enjuiciamiento del crimen de agresión en los tribunales domésticos.

6.1. Crimen de líderes e inmunidad

El crimen de agresión es un crimen especial cualificado por la condición del sujeto activo. Se exige, como elemento de tipicidad

---

do y la política de la Unión Europea al respecto, incluidas las repercusiones para la política estratégica de la UE en materia de derechos humanos (2011/2185(INI)), (2013/C 258 E/02), párr. 34, pedía a los Estados miembros que aplicaran las enmiendas sobre el crimen de agresión "como parte de sus sistemas penales internos".

1814 Resolución del Parlamento Europeo, de 17 de julio de 2014, sobre el crimen de agresión (2014/2724(RSP)), (2016/C 224/08), párr. 6.

1815 Resolution 2482 (2023), v. *supra*, nota 980.

objetiva, que el autor y partícipe sea quien esté en "condiciones de controlar o dirigir efectivamente la acción política o militar de un Estado".

El estado actual del DPI está escrito en el artículo 27 ECPI. Este precepto, denominado "improcedencia del cargo oficial", proclama el principio de irrelevancia del cargo oficial en el ECPI. El párrafo es claro: "[e]l presente Estatuto será aplicable por igual a todos sin distinción alguna basada en cargo oficial. En particular, el cargo oficial de una persona, sea jefe de Estado o de Gobierno, miembro de un Gobierno o Parlamento, representante elegido o funcionario de gobierno, en ningún caso la eximirá de responsabilidad penal ni constituirá *per se* motivo para reducir la pena". El primer inciso, reafirma, como principio informador del ECPI, el de absoluta igualdad ante la CPI de todas las personas que cometan un crimen de la competencia de la Corte "sin distinción alguna basada en el cargo oficial".

El ECPI pretende que los responsables de los crímenes internacionales no se parapeten ni en la soberanía de los Estados ni en el cargo oficial que desempeñen en los mismos. Es consciente de que en la inmensa mayoría de estos crímenes intervienen los Estados de forma directa o indirecta, a través de cargos oficiales, por ello determina imperativamente la responsabilidad penal individual para todos y cada uno de los intervinientes en un crimen de genocidio, de lesa humanidad, de guerra o de agresión, sin importar que en el momento de los hechos ostentaran *cargo oficial* alguno[1816]. El segundo inciso de este primer párrafo declara, *eo nomine*, y específicamente a modo de ejemplo, y sin ánimo exhaustivo, la irrelevancia, a efectos de exención de responsabilidad penal individual, del cargo de jefe de Estado o de Gobierno, miembro de un Gobierno o Parlamento, representante elegido o funcionario de gobierno. Y expresamente establece que la condición de cargo oficial *per se*, sea cual sea el mismo, ni exime ni atenúa la pena[1817].

1816 V. *supra*, Cap. 5: 1, donde se citan las órdenes de detención emitidas por la CPI contra cargos oficiales de Estados.

1817 OLLÉ: Principios generales...pp. 195 y 196.

Este principio del ECPI que proclama la igualdad en la responsabilidad penal individual de todos los autores, sea cual sea su condición personal u oficial, de un crimen internacional de la competencia de la CPI, cambia radicalmente en las jurisdicciones nacionales. El DI carece de una regulación específica sobre la inmunidad de los jefes de Estado y de Gobierno y de los ministros de Asuntos Exteriores. Precisamente, este debate provocó que la CDI incorporara a su programa de trabajo desde el 59º período de sesiones del año 2007 el tema "Inmunidad de jurisdicción penal extranjera de los funcionarios del Estado". Estos trabajos, reflejados en los informes elaborados por los diferentes relatores especiales a lo largo de los sucesivos períodos de sesiones, culminaron en un proyecto de artículos sobre la inmunidad de jurisdicción penal extranjera de los funcionarios del Estado. Los informes abordan cuestiones relacionadas con los funcionarios objeto de inmunidad, la naturaleza de los actos que debe comprender, las excepciones a la inmunidad y cuestiones procesales[1818].

El DI consuetudinario concede a los cargos oficiales y a los agentes diplomáticos y consulares y miembros de misiones especiales[1819] inmunidad de jurisdicción penal *ratione personae* en los tribunales extranjeros mientras ostentan el cargo y ejercen funciones públicas. Se fundamenta esta inmunidad en la capacidad funcional de la que deben gozar algunos agentes estatales y en su necesaria libertad de movimiento fuera de sus Estados. Su efecto, como condición objetiva de procedibilidad, es la imposibilidad de perseguir a estos agentes estatales en las jurisdicciones penales extranjeras, al menos, mientras ejerzan el cargo[1820].

[1818] V. *infra*, notas 1844 a 1850.

[1819] V. el citado Convenio de Viena sobre relaciones diplomáticas de 1961 y el Convenio de Viena sobre relaciones consulares de 24 de abril de 1963.

[1820] OLLÉ: Principios generales..., ob. cit., p. 201.
Por ejemplo, la Corte de Casación Belga, en el caso Ariel Sharon y otros, acusados de crímenes de genocidio, excluyó la jurisdicción de los tribunales belgas en atención al cargo oficial de Ariel Sharon. El Tribunal de Casación de Francia, amparado en la costumbre internacional, reconoció la inmunidad de Gadafi en su condición de jefe de Estado de Libia, acusado de terrorismo (Cour de Cassation, *Affaire Kadhafi*, Jugement 1414, 13 de

Esta norma de DI consuetudinario ha sido confirmada por la CIJ en el citado caso *Yerodia*[1821]. Las inmunidades de jurisdicción reconocidas a los ministros de Asuntos Exteriores (a los que asimila en cuanto a sus funciones con los jefes de Estado y los de Gobierno) en tribunales penales extranjeros forman parte del DI consuetudinario que les garantiza el cumplimiento efectivo de las funciones que les corresponden como representantes de sus Estados[1822]. La CIJ dictaminó sobre la inmunidad del ministro de Relaciones Exteriores de la República Democrática del Congo, Abdoulaye Yerodia Ndombasi, acusado, ante los tribunales belgas, de crímenes de guerra y de lesa humanidad. Concluyó que el ministro congoleño gozaba de inmunidad absoluta de jurisdicción penal y de inviolabilidad frente a los tribunales de otro Estado mientras estuviera en el ejercicio de su cargo y funciones cuando se encontrara en el extranjero[1823]. La CIJ posteriormente ha confirmado la inmunidad en el ámbito penal de estos altos cargos[1824]. Se observa cómo en la evolución del DI las funciones de los ministros de asuntos exteriores se han asimilado a las de los jefes de Estado[1825].

La CIJ, no obstante, ha relativizado la inmunidad absoluta. Cesa la protección de la inmunidad respecto del ministro, si: i) el Estado al que representa o representó le levanta la inmunidad; ii) una vez

---

marzo de 2001). Los tribunales del Reino Unido observaron la inmunidad del jefe de Estado de Zimbabue, Mugabe, acusado de tortura (Bow Street District Superior Court, *Peter Tatchell v. Robert Mugabe,* judgment, 14 January 2004). A Pinochet no se le reconoció inmunidad al haber cesado como jefe de Estado (United Kingdom High Court of Justice, Queen's Bench Division (Divisional Court), in re Augusto Pinochet Ugarte, judgment, 28 October 1998).

1821 V. *supra,* nota 1629.

1822 ICJ, *Democratic Republic of the Congo v. Belgium, Arrest Warrant,* párr. 53, (v. *supra,* nota 1713.

1823 *Ibid.*, párr. 54.

1824 ICJ, *Certain Questions of Mutual Assistance in Criminal Matters (Djibouti v. France), Judgment (4 June 2008), I.C.J., Reports 2008,* p. 177. Disponible en: https://www.icj-cij.org/sites/default/files/case-related/136/136-20080604-JUD-01-00-EN.pdf; y ICJ, *Questions relating to the Obligation to Prosecute or Extradite (Belgium v. Senegal),* p. 422 (v. *supra,* nota 1562).

1825 OLLÉ: Principios generales..., ob. cit., p. 202.

cesado en su cargo, lo juzga un Estado que, de acuerdo con el DI, ostente jurisdicción, pero solo por actos cometidos antes o después de su mandato, o los cometidos de forma privada (no los oficiales) durante el ejercicio de su cargo[1826]; o iii) cuando sea investigado o enjuiciado por un tribunal penal internacional[1827]. Excepciones en el reconocimiento de las inmunidades que también serán aplicables a los jefes de Estado, los jefes de Gobierno, a los agentes diplomáticos y consulares y a los miembros de misiones especiales. Todos gozarán, en principio, de inmunidad residual por los actos cometidos en el ejercicio de su cargo y funciones, salvo que concurra alguna de las excepciones señaladas[1828].

La CIJ fundamentó su postura en el *caso Yerodia*: i) en evitar conflictos entre los Estados soberanos[1829]. Reafirma la vigencia del principio *par in paran non habet iurisdictionem* —solo aplicable en relaciones horizontales entre los Estados, pero inoperante ante los tribunales internacionales— que fija la igualdad soberana de los Estados: un Estado no puede ejercer su jurisdicción respecto de otro); ii) en que no existe ninguna excepción al reconocimiento de estas inmunidades en el DI consuetudinario en relación con los tribunales nacionales; y iii) porque, aunque diferentes convenciones internacionales sobre prevención y castigo de crímenes internacionales obliguen a los Estados a su persecución, esas obligaciones no afectan a las inmunidades de DI consuetudinario[1830]. Esta sentencia de la CIJ recibió críticas doctrinales que consideraron que contravenía el movimiento para destronar la impunidad de los crímenes internacionales graves[1831].

1826 Parte de la doctrina sostiene que la comisión de un crimen internacional no sería considerada un acto oficial y podría ser perseguida cuando el sujeto abandone el cargo. V. CARNERERO CASTILLA: "La inmunidad de jurisdicción de los Jefes de Estado y de Gobierno extranjeros en la Audiencia Nacional española", *Anuario hispano-luso-americano de Derecho internacional*, número 16, 2003, p. 294.

1827 ICJ, *Democratic Republic of the Congo v. Belgium, Arrest Warrant*, párr. 61, (v. *supra*, nota 1713.

1828 OLLÉ: Principios generales..., ob. cit., p. 202.

1829 ICJ, *Democratic Republic of the Congo v. Belgium, Arrest Warrant*, párr. 58, (v. *supra*, nota 1713).

1830 OLLÉ: Principios generales..., ob. cit., pp. 202 y 203.

1831 MCDOUGALL: The crime of..., ob. cit., p. 385.

En conclusión, los sujetos activos del crimen de agresión, en los que concurra la doble condición de ser cargos oficiales estatales y de controlar o dirigir efectivamente la acción política o militar del Estado, gozan de inmunidad *ratione personae* ante una jurisdicción penal extranjera. Es indiferente que los actos cometidos sean estatales o no, pero únicamente durante su mandato es una inmunidad absoluta porque comprende a la totalidad de los actos privados y oficiales. Esta inmunidad personal, que constituye una norma prohibitiva de DI consuetudinario, se basa en la igualdad soberana de los Estados, en la que las personas protegidas desempeñan libremente sus funciones de representación, y abarca tanto a los actos oficiales como a los privados realizados antes del mandato y durante el mismo. Una vez cesado en el cargo, la inmunidad *ratione personae* al ser de duración temporal se extingue, pero se mantiene —y sin perjuicio de lo que se dirá más adelante sobre su inaplicación a crímenes internacionales— la inmunidad *ratione materiae* o funcional para los *antiguos* cargos estatales respecto de los actos oficiales, es decir, carecerán de inmunidad por los actos privados[1832].

La relatora de la CDI sobre la inmunidad de jurisdicción penal extranjera señalaba que los tribunales nacionales, amparados en el DI consuetudinario, de forma prácticamente unánime, han garantizado la inmunidad personal de jefes de Estado y otros funcionarios de alto nivel mientras se encuentran en el ejercicio de sus funciones, incluidas las inmunidades para crímenes internacionales[1833]. Sin embargo, respecto de la inmunidad *ratione materiae* observaba que la práctica

---

1832 OLLÉ: Principios generales..., ob. cit., pp. 203 y 204.
Los tribunales franceses condenaron a Teodoro Nguema Obiang Mangue, ministro y vicepresidente segundo de la República de Guinea Ecuatorial, por el delito de blanqueo de fondos públicos y delito de malversación, y no le reconocieron la inmunidad. Los hechos los cometió en su esfera privada y no en el ejercicio de las funciones estatales protegidas por las leyes internacionales (Cour d'Appele de Parías, Tribunal de Grande Instance de Paris, Jugement, 083337096017, 27.10.2017). La condena fue confirmada por la *Cour de Cassation*, Nº G 20-81.553 F-D, Arrêt de la Cour de Cassation, Chambre Criminelle el 28 de julio de 2021.

1833 UN. Doc. A/CN.4/701, Quinto informe sobre la inmunidad de jurisdicción penal extranjera de los funcionarios del Estado, de la Sra. Concepción Escobar Hernández, Relatora Especial, 68º período de sesiones, 14

de los Estados era menos uniforme y que en ocasiones han aceptado límites y excepciones a la inmunidad cuando se trata de crímenes internacionales, aunque también algunos Estados han procesado por crímenes internacionales a funcionarios de un tercer Estado, pero sin pronunciarse sobre la inmunidad[1834]. Los argumentos esgrimidos por los Estados para no aplicar mayoritariamente la inmunidad *ratione materiae* se basaban en la gravedad de los actos cometidos por los funcionarios del Estado, o porque viola normas de *ius cogens* o atentaban a valores de la comunidad internacional en su conjunto, o porque esos actos no pueden considerarse como actos realizados a título oficial porque la comisión de los crímenes no puede considerarse como una función ordinaria del Estado o de un funcionario del Estado[1835].

La CDI, en los trabajos sobre el proyecto de artículos sobre la inmunidad no incluyó en el artículo 7 el crimen de agresión como categoría de crimen de DI respecto del que la inmunidad *ratione materiae* no se aplica "considerando la naturaleza del crimen de agresión, que exigiría a los tribunales nacionales determinar la existencia de un acto previo de agresión del Estado extranjero, así como la especial dimensión política de este tipo de crímenes, dada su configuración como un crimen de líderes"[1836], a pesar de que algunos miembros señalaron que sí debía incluirse.

Por tanto, al ser los actos de agresión actos oficiales, adoptados como consecuencia de una política estatal, los responsables que sean agentes estatales gozarán de inmunidad. Es impensable que el Estado responsable del acto de agresión levante la inmunidad de quienes sean penalmente responsables. El crimen de agresión lo ha cometido el cargo oficial como consecuencia de una política estatal, decidida, aprobada y ejecutada por el propio Estado. Solo un cambio en el régimen político permitiría el levantamiento de la inmunidad. Des-

---

de junio de 2016, párr. 110. Disponible en: https://digitallibrary.un.org/record/863249?ln=es

1834 *Ibid.*, párrs. 114 y 121.

1835 *Ibid.*, párrs. 115 y 121.

1836 UN. Doc. A/77/10, p. 260, párr. 21 a los comentarios al artículo 7 (v. *supra*, nota 1581). Comillas en el original.

pués de cesar en el cargo desaparece la protección personal, pero conservan la inmunidad residual *ratione materiae* respecto de los actos oficiales cometidos de *iure* o de *facto*. El crimen de agresión será considerado por el Estado agresor, por su carácter estatal, como una conducta oficial.

El estado actual del DI sobre las inmunidades es altamente criticable cuando se trata de los crímenes internacionales. La CIJ no duda en señalar que el reconocimiento de la inmunidad, como principio de DI consuetudinario, no equivale a la impunidad[1837]. No es necesario realizar esfuerzos para inferir de las palabras de la CIJ un mero voluntarismo teórico, ya que, *de facto*, en su inmensa mayoría, por no decir en todos los casos, inmunidad será igual a impunidad[1838].

La inmunidad para los responsables de los crímenes internacionales, como el de agresión, no se debería observar ni en las jurisdicciones del lugar donde se cometieron los hechos por sus cargos oficiales, ni en otras jurisdicciones extranjeras. La naturaleza de los mismos y la obligación internacional de su persecución y de combatir la impunidad deberían primar respecto del régimen de inmunidades. No parece que sea muy coherente reconocer la obligación de los Estados de enjuiciar los crímenes internacionales, con el impedimento de someter a la acción de la justicia a los altos representantes de los Estados que los han cometido, al gozar de inmunidad de jurisdicción penal.

En los tribunales internacionales *ad hoc* no se reconocen, de acuerdo con el DI consuetudinario, las inmunidades de los cargos oficiales en activo. El ICTY admite como norma general de DI la igualdad soberana de los Estados (*par in parem non habet imperium* o un igual no tiene autoridad sobre otro igual), pero excepciona de la norma a las que, a su vez, derivan del DPI que prohíben los crímenes de guerra, de lesa humanidad y de genocidio. Sus autores "no pueden invocar la inmunidad de jurisdicción nacional o internacional aunque los ha-

---

1837 ICJ, *Democratic Republic of the Congo v. Belgium, Arrest Warrant*, párr. 61, (v. supra, nota 1589).

1838 OLLÉ: Principios generales..., ob. cit., p. 204.

yan cometido en el ejercicio de sus funciones oficiales" [1839]. Parte de la doctrina sostiene que en el DI consuetudinario no solo existe una excepción a la aplicación de la inmunidad personal en los tribunales internacionales, sino también en los tribunales mixtos[1840].

1839 V. ICTY, *Prosecutor v. Tihomir Blaškić*, AC, Judgment, on the Request of the Republic of Croatia for the review of the decision of Trial Chamber II of 18 July 1997 IT-95-14-A, 29 October 1997, párr. 41. Disponible en: https://ucr.irmct.org/scasedocs/case/IT-95-14#eng
Slobodan Milošević, por ejemplo, fue inculpado por el TPIY cuando era presidente de la República Federal de Yugoslavia (ICTY, *Prosecutor v. Slodoban Milošević*, TC, Decision on Preliminary Motions, 8 November 2001, párr. 26). Y, Jean Kambanda, en su condición de ex primer ministro de Ruanda, fue condenado por el TPIR (ICTR, *Prosecutor v. Jean Kambanda*, TC, Judgment and Sentence (ICTR 97-23-S), 04 September 1998; y AC (ICTR 97-23-A), 19 October 2000.

1840 OLÁSOLO ALONSO, H: *Derecho internacional penal, justicia transicional y delitos transnacionales: dilemas políticos y normativos*, Tirant lo Blanch, Valencia, 2017, p. 195.
La Corte Especial para Sierra Leona, después de reconocer que el principio de inmunidad tiene su base en el principio de igualdad soberana de los Estados, se consideró competente para enjuiciar y condenar al que fuera presidente de Liberia, Charles Taylor, por hechos cometidos cuando este era presidente de ese país (SCSL, *Prosecutor v. Charles Chamkay Taylor*, TC II, Judgment (SCSL-03-01-T), 18 May 2012; TC II, Sentencing Judgment, 30 May 2012; y AC (SCSL-03-01-A), 26 September 2013). La Sala de Apelaciones de este tribunal mixto, consideró a la Corte Especial para Sierra Leona como un tribunal penal internacional y estimó que los mandatos del tribunal, al no ser estatal, proceden de la comunidad internacional (SCSL, *Taylor*, AC, Decision on Immunity from Jurisdiction (SCSL-2003-01-I), 31 May 2004. Disponible en: Disponible en: https://www.rscsl.org/Documents/Decisions/Taylor/Appeal/059/SCSL-03-01-I-059.pdf
Las Salas especiales en las Cortes de Camboya condenaron igualmente al ex jefe del Estado de Kampuchea Democrática Khieu Samphan (ECCC, *Prosecutor v. Nuon Chea y Khieu Samphan*, TC, Case 002/02 Judgment (002/19-09-2007/ECCC/TC), 16 November 2018; ECCC, *Prosecutor v. Nuon Chea y Khieu Samphan*, TC, Case 002/01 Judgment (002/19-09-2007/ECCC/TC), 07 August 2014).
Y las Salas Africanas Extraordinarias también condenaron al ex presidente del Chad, Hissène Habré (Chambre Africaine Extraordinaire D' Assies, *Procureur c. Hissein Habré*, Jugement, 30 May 2016. Chambre Africaine Extraordinaire D' Assies D'Appel, *Procureur c. Hissein Habré*, Arrêt, 27.05.2017).

El actual artículo 27 ECPI supone un claro indicio de la evolución del DI en la prohibición de las inmunidades respecto de los crímenes internacionales. La CPI no reconoce inmunidad alguna[1841]. Y el principio de complementariedad, llamado a ejercerse no solo en las jurisdicciones nacionales del lugar de comisión del delito, sino también en otras extranjeras, mal se compagina con el principio general de irrelevancia del cargo oficial en el ECPI. Este principio de *facto* será inoperante en las jurisdicciones nacionales respecto de los acusados que según el DI consuetudinario gocen de inmunidad. Se impedirá que el principio de complementariedad sea efectivo.

En esta evolución del DI en materia de inmunidades, el citado voto disidente de la juez de la CIJ, Van Den Wyngaert, criticaba la postura mayoritaria plasmada en la sentencia al no pronunciarse sobre si los crímenes de guerra y de lesa humanidad debían gozar de inmunidad. La juez lamentaba que la sentencia no acogiera el criterio de la Cámara de los Lores en el caso Pinochet de que los crímenes de guerra y contra la humanidad no pueden integrar la categoría a los que se aplica la inmunidad. Añadía que algunos crímenes de DI, como ciertos actos de genocidio y de agresión, "solo pueden cometerse con los medios y mecanismos de un Estado y como parte de una política de Estado". Son actos "oficiales" y por ello "la inmunidad nunca debe aplicarse a crímenes de derecho internacional ni ante tribunales internacionales ni en tribunales nacionales"[1842]. Los jueces Higgins, Kooijmans y Buergenthal, en su referido voto disidente a la misma sentencia, recogían el sentir de la doctrina: "cada vez se afirma más en la literatura" que "los crímenes internacionales graves no pueden considerarse actos oficiales porque no son ni funciones normales del Estado ni funciones que un Estado solo (en contraste con el individuo) puede llevar a cabo". Añadían estos tres jueces que

---

[1841] Sobre las inmunidades, el crimen de agresión y el ECPI v. KREICKER, H.: "Inmunities", *Crime of Aggression Library, The Crime of Aggression a commentary*, KREß, C. and BARRIGA, S. (dir.), Cambridge University Press 2017, pp. 675 a 703.

[1842] *Dissenting opinion of judge Van Den Wyngaert* en el ICJ, *case concerning the arrest* warrant, párr. 36, (v. *supra*, nota 1720).

el mismo criterio se está esgrimiendo progresivamente en decisiones y opiniones judiciales[1843].

La CDI, en 2016, en los mencionados trabajos sobre la "inmunidad de jurisdicción penal extranjera de los funcionarios del Estado" abordó el proyecto de artículo 7, denominado crímenes respecto de los que la inmunidad no se aplica. En este precepto incluía —entre otros, y por los que se refiere a los crímenes internacionales de primer grado— a los crímenes de genocidio, lesa humanidad, guerra, apartheid, tortura y desaparición forzada. Sin embargo, el crimen de agresión no era mencionado en su listado[1844]. Esta exclusión sorprende. La propia CDI había declarado que todos estos crímenes —incluido el de agresión— se encuadraban en la misma categoría de crímenes internacionales, porque "atacan los valores jurídicos esenciales de la comunidad internacional entendida en su conjunto"[1845]. Para la CDI existe consenso en la comunidad internacional de que los crímenes de genocidio, lesa humanidad y guerra deben ser perseguidos en tribunales penales internacionales y, en especial, en la CPI, pero no respecto del crimen de agresión[1846].

La CDI argumentaba, de acuerdo con las posturas barajadas en sus trabajos, la exclusión de la agresión —a pesar de ser competencia *ratione materiae* de la CPI— en que: i) la competencia de la CPI para el crimen de agresión es, a diferencia del resto de los crímenes, facultativa; ii) este crimen, como ya estableció la propia CDI en el proyecto de código de delitos contra la paz y seguridad de 1996, debe ser enjuiciado en tribunales internacionales por las "implicaciones políticas que podía tener en el marco de las relaciones estables entre los Estados"; iii) por el reducido número de Estados que han tipificado el crimen; iv) porque en la práctica estatal legislativa y judicial no se pueden identificar supuestos en los que el crimen de agresión sea

---

1843 ICJ, *Dissenting opinion of judges Higgins, Kooijmans y Buergenthal* en ICJ, *case concerning the arrest warrant*, párr. 85, (v. *supra*, nota 1629). Estos jueces enumeraban como ejemplo de decisiones judiciales: el caso Eichmann del Tribunal Supremo de Israel, las opiniones de los lores Hutton y Phillips en caso Pinochet; y también la de los lores Steyn y Nicholls en el caso Pinochet.

1844 UN. Doc. A/CN.4/701, anexo III, p. 110. (v. *supra*, nota 1833)

1845 *Ibid.*, párr. 119.

1846 *Ibid.*, párr. 221.

un límite o excepción al ejercicio de la inmunidad[1847]; v) en que si se enjuicia a funcionarios acusados de crímenes de agresión por parte de terceros Estados se afectaría la igualdad soberana de los Estados, lo que no se plantearía ante un tribunal internacional[1848]; y vi) porque exigiría a los tribunales nacionales determinar la existencia de un acto previo de agresión del Estado extranjero[1849]. En las consideraciones de la relatora estuvo presente en la elaboración del artículo la idea de que la inclusión del crimen de agresión "aumentaba el riesgo de politización de todo el proyecto"[1850].

Las posturas de los Estados que propugnaron lo contrario se basaron en: i) la importancia del crimen de agresión en los Principios de Núremberg y su reconocimiento y vigencia en el ECPI; y ii) que la tipicidad del crimen en diferentes Estados prevé el enjuiciamiento nacional del crimen[1851]. Por ello, algunos Estados propugnaron la modificación del artículo 7 del proyecto para incorporar el crimen de agresión[1852] o para establecer una cláusula general de excepción en la que no constará referencia específica a ninguna lista de crímenes[1853].

HARTIG, concluye que no existe en el DI ninguna norma que impida el enjuiciamiento en las jurisdicciones internas de los presuntos autores del crimen de agresión, después de que han cesado en sus cargos y que los procedimientos nacionales no están prohibidos ni por la inmunidad funcional, ni por la personal, ni por el principio

---

1847 *Ibid.*, párr. 222.

1848 UN. Doc. A/72/10, Informe de la Comisión de Derecho Internacional, 69º período de sesiones (1 de mayo a 2 de junio y 3 de julio a 4 de agosto de 2017), párr. 122. Disponible en: https://digitallibrary.un.org/record/1303207?ln=es

1849 *Ibid.*, p. 201, ordinal 18.

1850 *Ibid.*, párr. 137.

1851 *Ibid.*, párr. 122.

1852 Estonia, Portugal y Nicaragua. V. UN. Doc. A/CN.4/729, Séptimo informe sobre la inmunidad de jurisdicción penal extranjera de los funcionarios del Estado, de la Sra. Concepción Escobar Hernández, Relatora Especial, 71 período de sesiones, 18 de abril de 2019, párr. 12. Disponible en: https://digitallibrary.un.org/record/3809554?ln=es

1853 Países Bajos. V. UN. Doc. A/CN.4/729, párr. 12 (v. *supra*, nota 1852).

par in parem non habet imperium, ni por la doctrina del *oro monetario*[1854]. Desde un razonamiento tanto inductivo como deductivo, argumenta que existe una norma consuetudinaria por la que es posible mantener la inaplicabilidad de la norma prohibitiva de inmunidad funcional en el crimen de agresión, tanto en las jurisdicciones nacionales como en tribunales internacionales. Inductivamente por la práctica posterior a la Segunda Guerra Mundial, de acuerdo con el TMI y su Estatuto que alimentaron los *Principios de Núremberg*[1855]. El TMI no consideró la inmunidad funcional, pero lejos de ampararse en el carácter de internacional del propio TMI, lo hizo en el alumbramiento del DPI que supuso el juicio de Núremberg. Para esta autora, la inaplicabilidad de la inmunidad funcional es al menos aplicable en la jurisdicción nacional del Estado víctima, pero también en terceros Estados por el reconocimiento de estos de la jurisdicción extraterritorial y especialmente de la universal[1856] respecto del crimen de agresión[1857].

1854 HARTIG: ob. cit., p. 479.

1855 El artículo 7 del Estatuto del TMI sentó que "[e]l cargo oficial de los acusados, ya sean jefes de Estado o funcionarios a cargo de Departamentos del Gobierno no les exonerará de la responsabilidad ni les servirá para atenuar las penas".

1856 En el ámbito de la jurisdicción universal es ilustrativa la experiencia española. La Audiencia Nacional española, amparada inicialmente en el DI convencional y consuetudinario y, posteriormente, en la jurisprudencia de la CIJ, ha reconocido la inmunidad de jurisdicción respecto de diferentes jefes de Estado en activo acusados de la comisión de crímenes internacionales. Así, en el denominado caso Ruanda-República Democrática del Congo, no procesó a Paul Kagame por gozar de inmunidad al ser presidente en activo de la República de Ruanda (Juzgado Central de Instrucción número 4, auto de 6 de febrero de 2008). Este mismo Juzgado inadmitía una querella contra Hugo Chaves Frías por ser en aquel momento presidente de la República Bolivariana de Venezuela (Juzgado Central de Instrucción número 4, auto de 18 de marzo de 2003). Igualmente, inadmitió una acción penal contra Slobodan Milosević (Juzgado Central de Instrucción número 1, auto de 25 de octubre de 1999). Estimó la falta de jurisdicción para enjuiciar al presidente de la República de Cuba, Fidel Castro (Pleno de la Sala de lo Penal de la Audiencia Nacional, autos de 4 de marzo de 1999 y 13 de diciembre de 2007, en este último se reconoció la inmunidad de Fidel Castro a pesar de que hubiere cedido temporalmente, por enfermedad, los poderes de la Jefatura de Estado a su hermano). También el mismo pleno, en dos

HARTIG argumenta que no es aplicable la doctrina de la CIJ sobre el *oro monetario*[1858], que exigiría para el ejercicio jurisdiccional el consentimiento del Estado agresor. La jurisdicción de los tribunales nacionales, a diferencia de la de la CIJ —que se basa en el consentimiento de los Estados (soberanía extranjera)— se sustenta en la soberanía de los Estados del foro[1859]. En definitiva, esta autora concluye, con acierto, que no existe una norma prohibitiva en el DI que proscriba la jurisdicción nacional para los responsables del crimen de agresión, una vez que estos han cesado en sus cargos.

La relatora sobre la inmunidad, concluía en 2016 que, de acuerdo con el DI consuetudinario, existe una excepción a la inmunidad de jurisdicción penal extranjera respecto de los funcionarios que cometan crímenes internacionales[1860]. Por ello, apuntalaba que, según la práctica, "no es posible identificar la existencia de una norma consuetudinaria que permita la aplicación de límites o excepciones a la inmunidad *ratione personae*" pero sí se aplican estos límites o excepciones "a los funcionarios en el marco de la inmunidad *ratione materiae*"[1861].

---

autos de la misma fecha (Pleno de la Sala de lo Penal de la Audiencia Nacional, autos 23 de diciembre de 1998) se pronunció, respectivamente, de igual forma, en las causas contra el rey de Marruecos y contra el presidente de la República de Guinea Ecuatorial, Teodoro Obiang Nguema.

Sin embargo, la Audiencia Nacional no ha considerado obstáculo procesal alguno para la persecución de estos agentes estatales, una vez que han cesado en sus respectivos cargos, como se demuestra, por ejemplo, en los casos seguidos contra Augusto Pinochet y Videla (Juzgado Central de Instrucción número 5, autos de 4 y 5 de noviembre de 1998) o contra el ex presidente chino Jiang Zemin y el ex primer ministro Li Peng, por el caso del genocidio del Tibet (Audiencia Nacional, Sala de lo Penal, Sección Cuarta, auto de 18 de noviembre de 2013 y Juzgado Central de Instrucción número 2, auto de 10 de febrero de 2014). Igualmente, se interesó la extradición de los ex jefes de Gobierno y ex ministros guatemaltecos (Juzgado Central de Instrucción número 1, autos de 7 de junio de 2006 y 22 de noviembre de 2006).

1857 HARTIG: ob. cit., pp. 422 a 457.

1858 V. *supra*, nota 1464.

1859 HARTIG: ob. cit., pp. 457 a 461.

1860 UN. Doc. A/72/10, párrs. 180 y 184 (v. *supra*, nota 1848).

1861 *Ibid.*, párr. 240.

En conclusión, de acuerdo con el DI consuetudinario la inmunidad personal amparará a los sujetos responsables del crimen de agresión durante el ejercicio de su cargo. Una vez cesados sí podrán ser juzgados, al ser inaplicable la inmunidad funcional.

6.2. *Otros obstáculos*

Me he referido a los problemas propios que pueden presentarse el enjuiciamiento del crimen de agresión en el Estado víctima y en el Estado agresor por verse comprometida las garantías y estándares del proceso justo[1862]. Igualmente, al obstáculo de la inmunidad. Sin embargo, también, el ejercicio de la jurisdicción penal nacional por el crimen de agresión puede frustrarse en las jurisdicciones nacionales por otros dos entorpecimientos a los que, sin ánimo exhaustivo, apunto seguidamente.

6.2.1. Condicionantes políticos internacionales

El acto de agresión imprime a este crimen un carácter estatal. Es el Estado el que usa la fuerza armada contra otro Estado. La comisión de un crimen de agresión se convierte por definición en un conflicto armado internacional e interestatal en el que el Estado agresor, que además incurre en responsabilidad internacional, viola la paz internacional mediante el uso prohibido de la fuerza contra la soberanía, la integridad territorial o la independencia política de otro Estado. Esto provocará diferentes alineamientos o desencuentros de terceros Estados con el Estado agresor y con el Estado víctima, presididos por intereses geopolíticos y no jurídicos. Los condicionantes y presiones políticas internacionales serán relevantes y máxime cuando la amenaza de la pena por el crimen de agresión recaiga contra líderes políticos y gubernamentales. Con razón se ha calificado al crimen de agresión como "el supremo delito político"[1863].

[1862] V. *supra*, apartado 4.2 de este capítulo.

[1863] PERALTA: ob. cit., p. 113. Y añade que la agresión es quizá una de las instituciones de DI "donde la imbricación entre lo jurídico y lo político se hace más evidente" (p. 115).

Otro condicionante internacional relevante es la relación entre el CdS y el Estado que ejerciera su jurisdicción por el crimen de agresión. Surgen dos cuestiones. La primera —al igual que sucede en el ECPI cuando el inicio de la investigación es de oficio, *proprio motu*, por el Fiscal o por remisión de un Estado Parte— si el CdS, de acuerdo con los artículos 39 y 48 de la Carta, debe determinar o no, previamente al inicio de la actuación jurisdiccional nacional, la existencia de la comisión de un acto de agresión[1864].

Y, la segunda, y consecuencia de la anterior, si —tal y como planteó el grupo de trabajo sobre la complementariedad— el CdS puede ordenar a un Estado miembro de las NNUU que decline la investigación y enjuiciamiento nacional del crimen, en nuestro caso de agresión, en favor de la CPI[1865]. La respuesta a estos interrogantes, como ya he señalado, la ofrece el DI. La naturaleza de *ius cogens* del crimen agresión genera la obligación *erga omnes* de su persecución nacional[1866]. Por tanto, el CdS no puede impedir el ejercicio jurisdiccional de un tribunal nacional. La no determinación por parte del CdS de la existencia del acto de agresión o su silencio tampoco será obstáculo procesal para la jurisdicción nacional penal, aunque lo deseable siempre será que los tribunales nacionales actuaran en sintonía con las resoluciones del CdS.

Es importante señalar la deseada especialización de los actores judiciales llamados a enjuiciar el crimen de agresión en las jurisdicciones nacionales tanto en DPI, como en DI y, en concreto, en el *ius ad bellum*[1867].

[1864] El grupo de trabajo especial se planteó esta situación en 2004. V. UN. Doc. ICC-ASP/3/SWGCA/INF.1, párr. 23 (v. *supra*, nota 507).

[1865] UN. Doc. ICC-01/04-01/07-1015-Anx, párr. 69, (v. *supra*, nota 1521).

[1866] El grupo de trabajo sobre la complementariedad mantuvo posturas encontradas sobre esta cuestión. Una de ellas, refiriéndose a los crímenes de genocidio, lesa humanidad y de guerra, pero no al de agresión, estimó que por el carácter de *ius cogens* de estos crímenes, el CdS no podía emitir este tipo de orden a los Estados de NNUU. UN. Doc. ICC-01/04-01/07-1015-Anx, párr. 70, (v. *supra*, nota 1521).

[1867] PIGNATELLI: ob. cit., p. 716, enfatiza los problemas políticos y diplomáticos que supondría para un Estado determinar la existencia de un acto de agresión, si el CdS no lo hiciera.

6.2.2. Cooperación penal internacional (y extradición) del Estado agresor con el Estado víctima y terceros Estados. Doble identidad normativa

La cooperación judicial penal internacional en el crimen de agresión adquiere una importancia extraordinaria respecto de otros crímenes internacionales, por su comisión siempre interestatal. El crimen se ejecutará al menos, si no en más, en dos Estados. Los elementos probatorios se encontrarán en el Estado agresor y agredido y probablemente en terceros Estados. Los responsables del crimen de agresión se resguardarán en el Estado agresor o en Estados amigos de éste.

Estos factores no permiten pensar que la investigación judicial y enjuiciamiento del crimen de agresión en el Estado víctima y en otros terceros Estados que ostenten jurisdicción extraterritorial sea realista. Por lo general, los responsables penales, en su condición de líderes o dirigentes, no se encontrarán físicamente ni en el Estado víctima, ni en otros terceros. No son ellos quienes ejecutan materialmente los actos de agresión. Tampoco son ellos los que penetran en el territorio del Estado agredido víctima. Y los autores materiales de la agresión —los que se manchan las manos de sangre, los que efectivamente materializan el acto de agresión— al no ser ni líderes ni dirigentes de las políticas estatales o militares del Estado agredido están extramuros de la tipicidad objetiva del crimen de agresión.

Los presuntos autores del crimen de agresión que sí reúnen la condición especial de sujeto activo, a buen seguro se encontrarán en el Estado agresor. Esta circunstancia no solo probable sino real, frustrará toda acción de la justicia. Si el Estado víctima o los terceros Estados impiden en su legislación procesal penal el enjuiciamiento en rebeldía o *in absentia* —como es deseable, y sucede en la mayoría de las legislaciones procesales comparadas, salvo en algunos casos para infracciones penales menores—, mientras los presuntos responsables penales del crimen de agresión no estén físicamente a disposición de la justicia del tribunal del Estado víctima o de los terceros Estados será materialmente imposible su enjuiciamiento en esas jurisdicciones. Solo sería posible si sus sistemas procesales penales permitieran el juicio *in absentia*. Éste sería, por ejemplo, el caso de Ucrania, que permite en su Código de Procedimiento Penal los juicios en rebeldía si concurren circunstancias excepcionales (artículo 262).

En estos casos de exigencia de la presencia física en el Estado víctima, la única posibilidad de enjuiciamiento nacional pasaría por la emisión por parte del Estado víctima de una orden internacional de detención con fines de extradición contra los posibles responsables del crimen de agresión para ser enjuiciados. Igualmente, en el supuesto de que ya hubieran sido condenados *in absentia* si lo permitiera el sistema doméstico estatal —y dejando de lado los problemas que plantean en los procesos extradicionales las peticiones derivadas de condenas en rebeldía—, la orden internacional se emitiría para el cumplimiento de la pena. Esta orden estaría abocada al fracaso.

En ambos supuestos (extradición para enjuiciamiento o ejecutiva) los presuntos autores del crimen de agresión en su práctica totalidad, si no todos, se encontrarán plácidamente en el Estado agresor, del que, además, normalmente serán nacionales. Esa presencia física en el Estado agresor será su mejor blindaje jurídico para evitar ser detenidos y extraditados. El Estado agresor, salvo cambio de régimen político[1868], ni detendrá ni extraditará a los responsables del crimen de agresión que se hallen en su territorio nacional.

El mismo comportamiento procesal adoptaría sin duda cualquier Estado amigo aliado del Estado agresor en el que pudieran hallarse las personas objeto de la orden internacional de detención con miras a extradición. Denegaría la detención y la extradición. La propia naturaleza del instituto de la extradición permite sin esfuerzos a los Estados denegarla. Sin perjuicio de la decisión judicial que se adopte en el Estado requerido de extradición y de su valor vinculante o no, en todo sistema extradicional interviene de alguna forma el poder gubernativo, que podrá impedir la concesión de la demanda de extradición pasiva al Estado requirente, amparado en sus políticas internas o externas[1869]. Por el contrario, cuando en

---

1868 FERENCZ: Epilogue. The Long..., ob. cit., pp. 1115, advertía que el cambio de régimen contra los tiranos en los últimos años es más frecuente.

1869 Sobre la naturaleza de la extradición v.: OLLÉ SESÉ, M.: *La extradición pasiva: un enfoque de derechos humanos fundamentales*, Iustel, Madrid, 2021, 19 a 148. Por ejemplo, la Ley 4/1985, de 21 de marzo, de Extradición Pasiva,

otros terceros Estados no amigos o aliados se encontrase el acusado o condenado por el crimen de agresión, o a los países que éste viajase por descuido o desafiando posibles órdenes internacionales de detención —como sucedió con Pinochet—, éste podría ser aprehendido y extraditado a un tercer Estado o ser juzgado en ese Estado donde ha sido detenido.

Con los mismos obstáculos señalados para la extradición, y por las mismas razones, se topará el Estado agredido y terceros Estados que pretendan auxiliarse en la investigación y enjuiciamiento del crimen de agresión de la cooperación judicial penal del Estado agresor o de terceros Estados amigos del agresor. Cualquier solicitud relacionada, por ejemplo, con la identificación de personas u objetos o con la práctica de pruebas será denegada[1870]. La prueba del crimen de agresión es especialmente compleja. Se requerirá establecer el nexo entre la persona física que planifica, prepara, inicia o realiza el acto de agresión y la ejecución de la conducta individual que, como resultado, produce la agresión estatal. Gran parte de los elementos probatorios de la conducta individual estarán en el Estado agresor, que denegará toda comisión rogatoria internacional de cooperación.

La cooperación judicial internacional horizontal y los procedimientos extradicionales están sujetos al principio de doble incriminación o de doble identidad normativa. Es necesario que las legislaciones penales nacionales tanto del Estado requirente, como del requerido hayan incorporado el crimen de agresión, salvando los posibles supuestos excepcionales de que la norma internacional tuviera carácter de *self executing*[1871]. En caso contrario, solo se podría prestar la cooperación interestatal o acceder a la extradición —dentro de la extrema dificultad advertida— si los hechos extradicionales fueren

permite al Gobierno denegar la entrega extradicional —aunque judicialmente se acordare su entrega— "en el ejercicio de la soberanía nacional, atendiendo al principio de reciprocidad o a razones de seguridad, orden público o demás intereses esenciales para España" (artículo 6 en relación con el artículo 18.3).

1870 V. como ejemplo de colaboración, el artículo 93 ECPI en el que se enumeran diferentes formas de cooperación de los Estados con la CPI.

1871 V. *supra*, apartado 5 de de este capítulo.

constitutivos de otro injusto penal que sí estuviere tipificado en la legislación de los dos Estados. Tampoco existe en la actualidad, más allá del ECPI, un tratado internacional específico de prohibición del crimen de agresión que, en ese caso, pudiera incorporar cláusulas extradicionales[1872] en las que normativamente se dispensara del requisito de la doble incriminación al Estado requerido al presuponer que, con la excepción señalada de auto ejecutividad de la norma internacional, en el Estado requirente el crimen de agresión es típico. Del mismo modo, si el procedimiento de extradición horizontal se ventilara, ante la ausencia de tratado extradicional entre los dos Estados, sobre la base del principio de reciprocidad, el requisito de la doble identidad normativa igualmente sería exigible. Identidad normativa que asimismo puede predicarse para otras formas de cooperación internacional penal.

Me he referido a la necesidad de la implementación del crimen de agresión en las *jurisdicciones nacionales*[1873]. Los posibles obstáculos en la cooperación penal internacional para el enjuiciamiento del crimen de agresión en las jurisdicciones nacionales invitan también a la implementación del crimen de agresión por parte de los Estados, para garantizar igualmente la cooperación penal internacional. La implementación debe ser armónica entre todas las legislaciones, tomando como referencia mínima la definición del ECPI. De esta forma se garantizará que en supuestos de extradición o de cualquier otra forma de cooperación penal internacional horizontal, el principio de doble incriminación no será un obstáculo. La definición del crimen y de sus elementos será internacionalmente armónica.

[1872] Sobre este tipo de tratados internacionales de persecución de delitos, con cláusulas extradicionales, v. OLLÉ: La extradición pasiva…, ob. cit., pp.42 a 44. V. un listado de tratados con disposiciones relativas a la extradición vigentes en España en BAUTISTA SAMANIEGO, C.M.: *Procedimiento de extradición pasiva. Doctrina y jurisprudencia*, 2ª ed., Sepín, Madrid, 2024, pp. 327 a 330.

[1873] V. *supra*, apartado 5 de de este capítulo.

7. EL CRIMEN DE AGRESIÓN: UN CRIMEN EN ESPERA EN ESPAÑA

El Código Penal español no ha tipificado el crimen de agresión[1874] aún a pesar de haber ratificado España las enmiendas de Kampala[1875]. Sí los otros tres crímenes competencia de la CPI: el crimen de genocidio en el artículo 607, los de lesa humanidad en el artículo 607 *bis*, y los delitos contra las personas y bienes protegidas en caso de conflicto armado (artículos 608 a 614 *bis*), dentro del Título denominado "delitos contra la comunidad internacional". El crimen de genocidio[1876] y los crímenes de guerra[1877], lógicamente, ya formaban

---

1874 PIGNATELLI: ob. cit., pp. 700 a 702, justifica acertadamente su no inclusión en el Código Penal de 1995, al no existir en aquel momento un texto escrito sobre la definición del crimen de agresión aceptado por la comunidad internacional, como la actual del artículo 8 *bis* ER. El mismo autor advierte que en el Título XXIV del actual Código Penal ("Delitos contra la Comunidad Internacional") no se incluyeron "actos contrarios al *ius ad bellum* (*crímenes contra la paz*)" como la *agresión*, de acuerdo con la recomendación de la memoria justificativa de la *Propuesta de modificación del ordenamiento penal español, como consecuencia de la ratificación por España de los Protocolos de 1977 Adicionales a los Convenios de Ginebra de 1949*, de 1991, elaborada por el Centro de Estudios del Derecho Internacional Humanitario CEDIH) de la Cruz Roja Española (p. 700). Sobre esta *Propuesta* de 1991 v. *Ibid.*, pp. 597 a 599.

1875 Las ratificó el 25 de septiembre de 2014.

1876 Se introdujo en el artículo 137 *bis* del Código Penal, por la Ley 44/1971, de 15 de diciembre, BOE número 274, de 16 de noviembre de 1971, sobre reforma del Código Penal. Este artículo sufrió tres modificaciones. Una, por la Ley Orgánica 8/1983, de 25 de junio. Otra, por la Ley Orgánica 10/1995, convirtiéndose, desde entonces, en el artículo 607 del CP, ubicándose en el Título XXIV, Delitos contra la Comunidad Internacional, Capítulo II, Delitos de Genocidio. Y la última por la citada Ley Orgánica 5/2010, en el que sorprendentemente, se añadió como grupo objeto de protección el "determinado por la discapacidad".

1877 Los primeros antecedentes normativos datan del Código de Justicia Militar de 17 de julio de 1945 (Ley de 17 de julio de 1945 por la que se aprueba y promulga el Código de Justicia Militar, BOE número 201, de 20 de julio de 1945). Posteriormente, se incorporaron inicialmente en los artículos 69 a 78 del Código Penal Militar (Ley Orgánica 13/1985, de 9 de diciembre, BOE número 296, de 11 de diciembre de 1985) bajo la rúbrica "delitos contra las leyes y usos de la guerra" y posteriormente en el Código Penal de

parte de nuestro Código Penal, antes de la aprobación del ECPI en 1998. Los crímenes de lesa humanidad se incorporaron en el año 2003[1878]. El legislador justificó su inclusión en que la definición y regulación de estos delitos "permiten coordinar nuestra legislación interna con las competencias de la Corte Penal Internacional"[1879].

España, en virtud de la autorización de la citada Ley Orgánica 5/2014[1880], ratificó las enmiendas de Kampala —aprobadas por la ASP por consenso— sobe los crímenes de guerra (Resolución RC/Res.5[1881]) y el crimen de agresión (Resolución RC/Res.6[1882]).

El preámbulo de la ley española anotaba que la ratificación "afianza[ba] el compromiso de nuestro país con la defensa de los Derechos Humanos y la labor de la Corte Penal Internacional como organización independiente que encarna el paradigma de justicia penal universal y que abandera la lucha contra la impunidad frente a los más graves crímenes cometidos contra la humanidad". Sin perjuicio de que el legislador pudo, y debió, mostrar un compromiso más explícito y extenso sobre la relevancia del crimen de agresión en el preámbulo de la ley, al menos, justificó la conveniencia de la ratificación de las enmiendas en la protección de los derechos humanos y en el compromiso con la CPI, al que reconoce como órgano independiente llamado dentro del sistema de justicia penal universal a combatir la impunidad de los más graves crímenes internacionales. Propósitos que se aparcaron para siempre en el almacén del legisla-

---

1995, con la tipificación de los delitos contra las personas y bienes protegidos en caso de conflicto armado (artículos 608 a 614). V. *infra*, nota 1886. V. los hitos normativos en PIGNATELLI: ob. cit., pp. 579 a 612.

1878 Se introducían, por la Ley Orgánica 15/2003 (v. *supra*, nota 1549) en el Título XXIV, el capítulo II *bis*, con la rúbrica De los delitos de lesa humanidad, con un único artículo 607 bis, siguiendo la estructura y práctica totalidad del contenido del artículo 7 del ECPI. Posteriormente, este artículo fue modificado por la Ley Orgánica 5/2010 (v. *supra*, nota 1127).

1879 Preámbulo de la citada Ley Orgánica 15/2003 (v. *supra*, nota 1549).

1880 V. *supra*, nota 1407.

1881 V. *supra*, nota 1501. Enmendaba el artículo 8.2 e) ER.

1882 V. *supra*, nota 481. Suprimía, como ya se ha señalado, el artículo 5.2 ER e introducía los artículos 15 *bis* y 15 *ter* ECPI.

dor. No ha implementado el crimen de agresión. No lo ha tipificado en nuestro Código Penal.

Esta omisión del legislador español contrasta con la diligencia legislativa derivada de la ratificación por parte de España del ECPI de 1998[1883]. La LO 15/2003[1884]introdujo, como ya se ha avanzado, los delitos contra la Administración de Justicia de la Corte Penal Internacional[1885], los delitos de lesa humanidad, modificaba o introducía elementos típicos de los delitos contra las personas y bienes protegidos en caso de conflicto armado[1886] y otros relacionados con la responsabilidad del superior[1887] y la obediencia jerárquica[1888]. La exposición de motivos de la norma certificaba que estas nuevas disposiciones eran fruto de la implementación del ECPI en la legislación penal interna que nacía "con el fin de coordinar nuestra legislación interna con las competencias de la Corte Penal Internacional"[1889]. También el legislador, en la Ley Orgánica 5/2010, que modificaba los crímenes de lesa humanidad y de guerra, justificaba en el preámbulo que "las normas de desarrollo del Estatuto de Roma de la Corte Penal Internacional, así como la ratificación por España de otros instrumentos de Derecho Internacional Humanitario" habían "puesto de relieve la necesidad de adecuar los delitos contra la comunidad internacional"[1890]. La Ley Orgánica 14/2015, del Código Penal Militar[1891], asume, igualmente, la necesidad de implementación del ECPI en nuestro ordenamiento interno, en el Código Penal Militar. Su

---

[1883] Instrumento de Ratificación del Estatuto de Roma de la Corte Penal Internacional, hecho en Roma el 17 de julio de 1998, BOE, número 126, de 27 de mayo de 2002.

[1884] V. *supra*, nota 1549.

[1885] V. *supra*, nota 1549.

[1886] Esta reforma afectó a los artículos 608, 610, 611, 612, 613, 614 *bis*. Posteriormente los crímenes de guerra también sufrieron una modificación por la citada Ley Orgánica 5/2010 (v. *supra*, nota 1127).

[1887] Se introducía el artículo 615 *bis*.

[1888] Se introducía el artículo 616 *bis*.

[1889] Exposición de motivos III, k).

[1890] Ley Orgánica 5/2010, preámbulo, apartado XXX, (v. *supra*, nota 1127).

[1891] Ley Orgánica 14/2015, de 14 de octubre, del Código Penal Miliar, BOE número 247, de 15 de octubre de 2015.

preámbulo significaba la necesidad de dar cumplimiento a las obligaciones derivadas de la ratificación del ECPI.

En nuestro Código Penal existen algunas conductas típicas próximas al crimen de agresión. Son algunas de las reguladas en el obsoleto título XXIII del libro II del Código Penal o "de los delitos de traición y contra la paz o la independencia del Estado y relativos a la defensa nacional". En concreto, el delito de traición, encajado en el capítulo I, que tipifica la conducta del "español que indujere a una potencia extranjera a declarar la guerra a España o se concierte con ella para el mismo fin" (artículo 588 Código Penal). También guardan cierta semejanza con el crimen de agresión los comportamientos descritos en los artículos 590 y 591 del Código Penal (capítulo segundo del mismo título o "de los delitos que comprometen la paz o la independencia del Estado"). El artículo 590.1 pune al "que, con actos ilegales o que no estén debidamente autorizados, provocare o diere motivo a una declaración de guerra contra España por parte de otra potencia, o expusiere a los españoles a experimentar vejaciones o represalias en sus personas o en sus bienes". Y el artículo 591 del Código Penal tipifica la conducta del "que, durante una guerra en que no intervenga España, ejecutare cualquier acto que comprometa la neutralidad del Estado o infringiere las disposiciones publicadas por el Gobierno para mantenerla".

Sin embargo, tomando como referencia normativa los elementos de la conducta individual y estatal que definen el crimen de agresión en el artículo 8 *bis* ECPI y su configuración en el DI consuetudinario, ninguno de los tres tipos referidos (artículos 588, 590 y 591 del Código Penal) permiten en absoluto —después de valorar jurídicamente el tipo objetivo y el bien jurídico protegido, bajo el principio de legalidad— atribuir a esos tipos de injusto la antijuridicidad nuclear del comportamiento del crimen de agresión[1892]. Tampoco estos tipos penales actuales reflejan el carácter de crimen internacional que le es propio al crimen de agresión.

[1892] V. un estudio comparativo de estos delitos de nuestro Código Penal con el crimen de agresión en PIGNATELLI: ob. cit., pp. 713 a 717.

Tampoco encajaría la conducta del crimen de agresión ni el genocidio, ni el crimen de guerra ni en el de lesa humanidad. Ninguno de ellos protege la soberanía estatal, y las conductas que definen estos tres tipos en modo alguno abarcan el desvalor del crimen de agresión. Sin embargo, sí parece que puedan proteger la paz y la seguridad internacionales.

Las razones que he vertido en este capítulo sobre la implementación y tipificación del crimen de agresión en los sistemas normativos nacionales son directamente aplicables a nuestro país. Es necesaria la tipificación en el Código Penal español del crimen de agresión. Su ubicación sistemática legal, por su naturaleza y carácter de crimen de DI, debe ser en un capítulo independiente, dentro del título XXIV, del libro II, que regula los "delitos contra la comunidad internacional". La definición y los elementos objetivos y subjetivos que lo configuren en el futuro en nuestro código sustantivo deberían incorporar, al menos, o como mínimo, los elementos del crimen de agresión previstos en el DI, tanto en el ER como en el derecho consuetudinario[1893].

PIGNATELLI no es favorable a enjuiciar el crimen de agresión en las jurisdicciones domésticas. Pero, en caso de implementarse en nuestro Código Penal, propone la modificación del "desfasado"[1894] delito del artículo 588, adaptándolo al artículo 2.4 de la Carta. Añade que, como sujetos activos del delito, además de los ya previstos "miembros del gobierno", habría que sumar con "carácter alternativo o disyuntivo a *quienes, en su condición de autoridad o funcionario público o persona en ejercicio de funciones públicas,* lleven a cabo el comportamiento típico, y describiendo, tras ello, dicho comportamiento con la frase, *realicen cualquier acto por consecuencia del cual se inicie, de forma efectiva y violando de manera manifiesta la Carta de las Naciones Uni-*

1893 QUESADA: ob. cit., pp. 108 a 110, también y en el mismo sentido se muestra favorable a la tipificación del crimen de agresión en nuestro Código Penal. Igualmente, HUETE MERINO, L.: "Avanzando en la regulación armonizada del Derecho penal internacional en España: el crimen de agresión en la legislación española", *Estudios Penales y Criminológicos,* 42 (2022), pp. 12, 13 y 18 a 21, DOI: https://doi.org/10.15304/epc.42.8576

1894 PIGNATELLI: ob. cit., p. 713.

das, un conflicto armado de carácter internacional". Concluye este autor que así se abarcarían los supuestos del artículo 8 *bis* ER, incluso los no expresamente enumerados en el párrafo segundo de este artículo 8 *bis* ECPI[1895].

En el ámbito jurisdiccional, una vez que se incorporara el crimen de agresión al Código Penal español, el crimen de agresión debe ser acogido indudablemente por el principio de territorialidad y también por los tres principios extraterritoriales que prevé la LOPJ, e incluso implementar su persecución a través del inexistente principio de personalidad pasiva y del principio de representación.

En nuestro ordenamiento jurídico, el ejercicio jurisdiccional del *ius puniendi* se encomienda, constitucionalmente, al poder judicial "juzgando y haciendo ejecutar lo juzgado" (artículos 117.3 de la Constitución y 2 LOPJ). El criterio lógico seguido por nuestro legislador es el de la territorialidad (límite jurisdiccional territorial). Nuestro ordenamiento extiende su jurisdicción "a todas las personas, a todas las materias y a todo el territorio español, en la forma establecida en la Constitución y en las leyes" (artículo 4 LOPJ). Jurisdicción que será ejercida por los juzgados y tribunales de los diferentes órdenes, exclusivamente en los casos que les atribuya la ley (artículo 9.1. LOPJ). La LOPJ concreta el ejercicio jurisdiccional en las pretensiones que se susciten en territorio español con arreglo a lo establecido en los tratados y convenios internacionales en los que España sea Parte, en las normas de la Unión Europea, y en las leyes internas, con excepción de las pretensiones formuladas respecto de sujetos o bienes que gocen de inmunidad de jurisdicción o de ejecución establecidas por el Derecho internacional público (artículo 21 LOPJ)[1896]. En España, los tres principios llamados extraterritoriales, que comparten la jurisdicción con el principio de territorialidad, son

1895 *Ibid.*, pp. 718 y 719.
HUETE MERINO, L.: "Avanzando en la regulación armonizada del Derecho penal internacional en España: el crimen de agresión en la legislación española", *Estudios Penales y Criminológicos*, 42 (2022), pp. 18 a 21, DOI: https://doi.org/10.15304/epc.42.8576, también se muestra favorable a la tipificación expresa en nuestro Código Penal del crimen de agresión.

1896 OLLÉ: Crimen internacional y…, ob. cit., p. 38.

el de personalidad activa, el real o de protección de intereses y el de jurisdicción universal. El denominador común de todos ellos es que el Estado extiende su jurisdicción a enjuiciar delitos que se han ejecutado fuera de sus fronteras, aunque, la razón de ser o el fundamento de cada uno, como he apuntado, es diferente.

El sistema normativo español proclama el principio de territorialidad, tanto en el Código Civil, al señalar que las leyes penales obligan a todos los que se hallen en territorio español (artículo 8), como en la LOPJ, al atribuir al poder judicial español "el conocimiento de las causas por delitos y faltas[1897] cometidos en territorio español o cometidos a bordo de buques o aeronaves españoles, sin perjuicio de lo previsto en los tratados internacionales en los que España sea parte" (artículo 23.1 LOPJ)[1898].

Este último artículo de la LOPJ es el que certifica el denominado principio de territorialidad, por el que se permite enjuiciar, ante nuestros tribunales penales, a cualquier persona nacional o extranjera por la comisión de delitos dentro del territorio (*forum delicti commissi*) donde España ejerce su soberanía, salvo que excepcionalmente lo impida un tratado internacional[1899]. Indudablemente, si España fuera Estado víctima de un acto de agresión, o en nuestro país se produjeran efectos con relevancia jurídica por la comisión de un crimen de agresión, según he expuesto[1900], nuestros tribunales ostentarían jurisdicción penal frente a los autores del crimen de agresión, siempre que fuera típico en nuestro Código Penal.

El artículo 23.2 LOPJ regula el principio de personalidad activa. En España, nuestros tribunales pueden perseguir los delitos que

---

1897 Las faltas fueron derogadas del Código Penal por la disposición derogatoria única de la Ley Orgánica 1/2015, de 30 de marzo, por la que se modifica la Ley Orgánica 10/1995, de 23 de noviembre, del Código Penal.

1898 OLLÉ: Crimen internacional y…, ob. cit., p. 41.

1899 Por ejemplo, la Convención de Viena, de 18 de abril de 1961, sobre relaciones diplomáticas (artículo 31); y la Convención sobre las Misiones Especiales y Protocolo Facultativo sobre la Solución Obligatoria de Controversias, de 16 de diciembre de 1969 (artículo 31). España es parte de estos dos instrumentos.

1900 V. *supra*, apartado 4.2 de este capítulo.

hayan sido cometidos fuera del territorio nacional, por españoles o extranjeros que hubieran adquirido la nacionalidad española con posterioridad a la comisión del hecho delictivo, siempre que, como *conditio sine qua non*: i) exista doble incriminación entre España y el Estado del lugar de comisión, salvo que disponga lo contrario un tratado internacional o un acto normativo de una organización internacional de la que España sea Parte; ii) que el agraviado o el Ministerio Fiscal interpongan querella; y iii) que el presunto delincuente no hubiera sido absuelto, indultado o penado en el extranjero o, en este último caso, no haya cumplido la condena. Si solo la hubiera cumplido en parte, se le tendrá en cuenta para rebajarle proporcionalmente la que le corresponda[1901].

La actual redacción del artículo 23.4 LOPJ, operada por la modificación introducida por la Ley Orgánica 1/2014[1902] referida al principio de jurisdicción universal, determina que la práctica totalidad de los delitos o crímenes acogidos por este principio podrán ser perseguidos en España siempre que su autor sea un nacional español (cuando "el procedimiento se dirija contra un español"). Se incrusta en el principio de justicia universal el nexo de nacionalidad española, propio del principio de personalidad activa. Sin embargo, este reconocimiento indirecto del principio de personalidad activa, a través del principio universal, difiere en el régimen jurídico. Para el ejercicio universal no se exigen los tres requisitos que sí demanda el principio de personalidad activa del artículo 23.2 LOPJ. Además, el principio de personalidad activa marca un elemento diferenciador cronológico entre la comisión del hecho y la adquisición de la nacionalidad española —inexistente en el principio de jurisdicción universal— para los extranjeros. De tal suerte que estos solo serán perseguidos, bajo el principio personal, cuando "hubieran adquirido la nacionalidad española con posterioridad a la comisión del hecho". En el principio de jurisdicción universal, por el contrario, no se con-

---

1901 OLLÉ: Crimen internacional y…, ob. cit., pp. 43 y 44.

1902 Ley Orgánica 1/2014, de 13 de marzo, de modificación de la Ley Orgánica 6/1985, de 1 de julio, del Poder Judicial, relativa a la justicia universal, BOE número 63, de 14 de marzo.

diciona el ejercicio jurisdiccional a ningún criterio cronológico, lo relevante será que el presunto autor sea español[1903].

El crimen de agresión debe ser juzgado en España al amparo del principio de personalidad activa, cuando el autor de este crimen sea nacional español u ostente residencia habitual en España. No se olvide que, aun a pesar de las concretas limitaciones de la CPI para activar el crimen de agresión, también establece como criterio de conexión jurisdiccional, si la situación la ha remitido un Estado Parte o la inicia de oficio el Fiscal, el principio de personalidad activa, es decir, cuando el crimen de agresión lo ha cometido un nacional de un Estado Parte que haya ratificado o aceptado las enmiendas sobre el crimen de agresión y hayan entrado en vigor para ese Estado.

El principio de personalidad pasiva no está previsto *stricto sensu* en nuestra legislación, pero sí aparecen manifestaciones del mismo, insertadas o camufladas dentro del principio de jurisdicción universal (artículo 23.4 LOPJ), de tal suerte que los tribunales españoles ostentarán jurisdicción penal cuando un ciudadano español sea "víctima" en el extranjero de delitos de tortura y contra la integridad moral[1904] (artículo 23.4. b) 2º)); de desaparición forzada[1905] (artículo 23.4 c) 2)); de terrorismo (artículo 23.4. e) 4)); de delitos contra la libertad e indemnidad sexual respecto de menores[1906] (artículo 23.4. k) 4)); de delitos sobre la prevención y lucha contra la violencia contra las mujeres y la violencia doméstica[1907] (artículo 23.4. l) 3)); de trata de seres humanos[1908] (artículo 23.4. m) 4)); delitos sobre falsificación

---

1903 V. OLLÉ: Crimen internacional y..., ob. cit., pp. 48 a 50.

1904 La LOPJ exige, acumulativamente, que la víctima sea de nacionalidad española y que el presunto autor de los hechos "se encuentre en territorio español".

1905 Se exige el mismo requisito acumulativo que para los delitos de tortura y contra la integridad moral.

1906 La jurisdicción se amplía para este delito no solo cuando existan víctimas españolas, sino también cuando estas tengan "residencia habitual en España".

1907 El legislador español en este delito exige que la víctima sea española o alternativamente resida habitualmente en España, y además (acumulativamente) que el presunto autor del hecho se encuentre en España.

1908 Para este delito se requieren los mismos vínculos que para el anterior.

de productos médicos y delitos que amenacen la salud pública (artículo 23.4. o) 4)). Y, por último, en el delito de apoderamiento ilícito de aeronaves cuando esta navegue bajo pabellón español (artículo 23.4. f) 2))[1909].

La ausencia del principio de personalidad pasiva en la legislación española debe ser corregida mediante su incorporación a la LOPJ o, al menos, incluir, para el crimen de agresión, un nexo jurisdiccional específico por el que las víctimas de nacionalidad y de residencia española del crimen de agresión sean tuteladas judicialmente en la jurisdicción española mediante el ejercicio jurisdiccional penal contra los responsables del crimen de agresión, si los hechos se han cometido fuera de nuestras fronteras.

El principio real o de protección de intereses está regulado en el artículo 23.3 LOPJ. Es un principio que permite enjuiciar en España a nacionales o extranjeros por determinados delitos[1910] cometidos fuera de nuestras fronteras, cuando estos vulneran bienes jurídicos que afecten a intereses esenciales públicos nacionales o del Estado español[1911]. La razón de ser de este principio reside en la tutela jurídica de los bienes o intereses jurídicos comunes que pertenecen al Estado español, con exclusión de los que afectan a otros Estados

---

[1909] V. OLLÉ: Crimen internacional y…, ob. cit., pp. 51 y 52.

[1910] El párrafo 3 del artículo 23 LOPJ enumera de forma cerrada los delitos objeto de este principio: traición y contra la paz o la independencia del Estado; contra el titular de la Corona, su Consorte, su Sucesor o el Regente; rebelión y sedición; falsificación de la firma o estampillas reales, del sello del Estado, de las firmas de los Ministros y de los sellos público u oficiales; falsificación de moneda española y su expedición; otras falsificaciones que perjudiquen directamente al crédito o intereses del Estado, e introducción o expedición de lo falsificado; atentado contra autoridades o funcionarios públicos españoles; y los cometidos en el ejercicio de sus funciones por funcionarios públicos españoles residentes en el extranjero y los delitos contra la Administración Pública española.

[1911] Para perseguir estos delitos, al amparo del principio real o de protección, se requiere, como sucede con el principio de jurisdicción universal, la interposición de querella por el agraviado o por el Ministerio Fiscal (artículo 23.6 LOPJ)

y de los bienes jurídicos individuales, cuando en el Estado en el que se han cometido, no gozan de la suficiente protección normativa[1912].

El crimen de agresión protege, entre otros bienes jurídicos, la paz, la independencia y la soberanía de los Estados. El crimen de agresión exige la producción del acto estatal de la agresión. Implicará que necesariamente las conductas agresivas acontezcan en el Estado víctima. La afección a la soberanía estatal, aunque su diseño y origen sea en el exterior, será siempre en el territorio del Estado víctima. El condicionante normativo de la necesaria consumación del acto de agresión en el Estado agredido, exime de la incorporación del crimen de agresión al principio de protección de intereses. Si España fuera víctima de un acto de agresión, al producirse ésta en nuestro territorio, el principio territorial otorgaría la jurisdicción a nuestros tribunales.

El principio de justicia universal sí debe incluir en el listado de los crímenes que conceden jurisdicción penal el crimen de agresión. En España la regulación de este principio universal ha sido compleja. En una primera fase, desde 1985 hasta la reforma de 2009[1913], se adoptó un modelo de jurisdicción universal absoluta y concurrente. El sistema de 2009 optó por el modelo restringido: se condicionaba el ejercicio jurisdiccional, para todos los crímenes internacionales de primer o de segundo grado, a la presencia de tres nexos de conexión alternativos y se establecía el criterio de subsidiariedad jurisdiccional. Y la ulterior modificación normativa de 2014[1914], vigente hasta este momento, adoptó, para una diversidad heterogénea de delitos, el modelo restringidísimo con un enmarañado régimen jurídico. El legislador ató cada crimen a lazos de conexión específicos para cada delito, y confirmó el carácter subsidiario de este principio. Este caos normativo servido en el actual artículo 23.4 LOPJ, elevado de tono con la reforma de 2014 y de difícil comprensión, ignora espe-

---

1912 OLLÉ: Crimen internacional y..., ob. cit., pp. 53 a 55.

1913 Operada por la Ley Orgánica 1/2009, de 3 de noviembre, complementaria de la Ley de reforma de la legislación procesal para la implantación de la nueva Oficina judicial, por la que se modifica la Ley Orgánica 6/1985, de 1 de julio, del Poder Judicial.

1914 Ley Orgánica 1/2014 (v. *supra*, nota 1902).

cialmente las diferentes obligaciones que dimanan de los crímenes internacionales de primer grado en orden a su persecución internacional[1915].

Es incuestionable que el crimen de agresión, por todos los fundamentos que ya he expuesto, especialmente por su naturaleza y carácter internacional[1916], debe integrar el catálogo de delitos que en España acoge el principio de jurisdicción universal. El crimen de genocidio, los de lesa humanidad y los crímenes de guerra engrosan, entre otros, la lista de delitos del principio universal. Una vez que se tipificare el crimen de agresión en nuestro Código Penal, su inclusión en la persecución universal debería ser inmediata.

El principio de representación, aunque no está previsto expresamente en nuestra LOPJ, sí se reconoce implícitamente en el contenido normativo del principio de jurisdicción universal (artículo 23.4 LOPJ). El último inciso de este precepto legal inserta, como cláusula de cierre general, la extensión de la jurisdicción española para conocer de los delitos objeto del principio de jurisdicción universal cometidos fuera del territorio nacional por ciudadanos extranjeros si los presuntos responsables se encuentran en España y su extradición hubiera sido denegada por las autoridades españolas. El propio texto normativo añade que, además de que confluyan esos dos presupuestos, la imposición de la persecución ante nuestros tribunales tendrá que estar prevista en un tratado.

En relación con los crímenes de la competencia de la CPI, la LOPJ prevé expresamente la jurisdicción universal española para los responsables extranjeros de los delitos de genocidio, lesa humanidad y contra las personas y bienes protegidos en caso de conflicto armado cometidos fuera de España, cuando su extradición hubiera sido denegada por las autoridades españolas (artículo 23.4 a)). Lógicamente, por razones de atipicidad sustantiva, no lo prevé respecto del crimen de agresión[1917].

1915 Sobre la evolución del principio de jurisdicción universal en España v. OLLÉ: La jurisdicción universal..., ob. cit., pp. 339 a 378.

1916 V. *supra*, apartado 4.6 de este capítulo.

1917 OLLÉ: Crimen internacional y..., ob. cit., pp. 53 a 55.

Nuestra legislación debería incorporar expresamente de *lege ferenda* el principio de representación para el crimen de agresión. La obligación *aut dedere aut iudicare*, por las razones expuestas, permitiría que España pudiera enjuiciar a los responsables del crimen de agresión, cuando careciendo de otro nexo jurisdiccional, la persona acusada del crimen de agresión, se encontrare en territorio español y se hubiera solicitado su extradición, pero ésta se hubiera denegado.

El ejercicio jurisdiccional basado en cualquiera de los principios extraterritoriales pasará, reitero, por la previa tipificación del crimen de agresión en nuestro Código Penal. La naturaleza del crimen y los fundamentos expuestos sobre su persecución, deben eximir, en este ejercicio jurisdiccional extraterritorial, de la concurrencia del requisito de la doble incriminación, pero no solo, como sucede actualmente, para el principio de protección de intereses y de justicia universal (artículo 23.6 LOPJ), sino para todos los principios de ejercicio jurisdiccional extraterritorial respecto del crimen de agresión. En nuestro entorno comparado, por ejemplo, el Código Penal francés ha suprimido la condición de la doble incriminación para el ejercicio de la jurisdicción universal por sus tribunales para los delitos genocidio, crímenes de lesa humanidad y de guerra[1918].

España debe tipificar el crimen de agresión con una implementación "modificatoria"[1919] aceptando los pilares básicos de la definición del artículo 8 *bis* ER (la conducta individual, que el acto de agresión suponga una violación manifiesta de la Carta y la condición especial de líderes de los sujetos activos) y adaptando la misma a nuestro sistema normativo penal interno. Tal vez sea el momento, incluso, de crear en nuestra legislación, siguiendo el sistema penal normativo alemán, un nuevo código de Derecho penal internacional en el que se regulen todos los crímenes internacionales de primer grado,

---

1918 Artículo 689-11 del Código Penal Francés. Disponible en: https://www.legifrance.gouv.fr/codes/id/LEGIARTI000048442165/2023-11-22

1919 V. OLLÉ: La aplicación del…, ob. cit., p. 151.
Para FERNÁNDEZ-PACHECO: ob. cit., p. 20, la "implementación no es necesaria, pero sí aconsejable", de acuerdo con el principio de complementariedad.

y no solo los cuatro crímenes competencia de la CPI, y en el que se identifiquen sus principios rectores y la parte general aplicable a los mismos.

8. EL PRETENDIDO TRIBUNAL PENAL INTERNACIONAL ESPECIAL PARA JUZGAR EL CRIMEN DE AGRESIÓN CONTRA UCRANIA

El juego de los párrafos 4 y 5 del artículo 15 *bis* ER impide que la CPI asuma la investigación y enjuiciamiento del crimen de agresión producido por los dirigentes rusos —si no también por otros líderes bielorrusos— contra Ucrania[1920]. La Federación de Rusia ha cometido un acto de agresión, pero no forma parte del ECPI y el CdS no remitirá la situación a la CPI por el veto de la Federación de Rusia[1921]. Esto, unido, además, a las extremas dificultades —si no imposibilidad— del enjuiciamiento nacional en Ucrania y en otros terceros Estados, así como la utopía de que los autores sean juzgados en la Federación de Rusia, hay que imaginar, desde la obligación de perseguir a los responsables de crímenes internacionales como el de agresión, otros posibles escenarios judiciales donde los hechos y sus autores sean investigados y enjuiciados. Además, el estatus de la Federación de Rusia como Estado miembro permanente del CdS veta el establecimiento de un posible tribunal *ad hoc* al amparo del capítulo VII de la Carta, a semejanza, por ejemplo, del ICTY y del

---

1920 El Fiscal de la CPI se lamentaba de no poder perseguir el crimen de agresión "[d]ado que ni Ucrania ni la Federación de Rusia son Estados Partes en el Estatuto de Roma". V. *supra*, nota 1465.
QUESADA ALCALÁ, C.: "El Crimen de agresión contra Ucrania, un crimen cierto de enjuiciamiento incierto", *Revista Electrónica De Estudios Internacionales*, número 46, diciembre, 2023, p., 309, https://doi.org/10.36151/reei.46.10, lo califica como un "crimen de agresión "de manual"" (comillas en el original).

1921 Sobre este aspecto v. FERNÁNDEZ PONS, X.: "El rol de la Corte Penal Internacional (CPI) ante la guerra de Ucrania", *Impactos de la guerra de Ucrania*, González Beilfuss, C., Navarro-Michel, M., Fernández Pons, X. (dirs.), Soto, Y. (coord..), Tirant lo Blanch, Valencia, 2023, pp. 80 a 83.

ICTR. En palabras de KREß esta situación demuestra una "laguna en la arquitectura jurídica internacional"[1922]

La agresión padecida por Ucrania y la condición de Estados no Partes en el ECPI de la Federación de Rusia y Ucrania evidencian las carencias jurisdiccionales de la CPI para el enjuiciamiento del crimen de agresión. Este hecho ha reavivado, en primer lugar, el debate sobre la necesaria reforma del régimen jurisdiccional en la CPI del crimen de agresión. Al hilo de la situación de Ucrania, tres opciones se barajan[1923]. Una pasa por retomar la idea que otrora propugnaron la mayoría de Estados africanos y de América del Sur[1924] de que se aplicara al crimen de agresión el mismo régimen jurisdiccional que al de los crímenes de genocidio, lesa humanidad y de guerra[1925]. Otra, por permitir que la CPI investigue un acto de agresión cometido por un Estado Parte no ratificante de las enmiendas o por un Estado no Parte contra un Estado Parte ratificante de las enmiendas o contra un Estado no Parte, pero que haya aceptado la competencia de la CPI, condicionado a que la AG lo recomiende[1926]. Y la última

1922 KREß: Russia's War of…, ob. cit. El autor esboza, además, en este trabajo las posibles vías para enjuiciar el crimen de agresión por los actos de la Federación de Rusia en Ucrania.
QUESADA: El Crimen de…, ob. cit., p. 309, demuestra que el enjuiciamiento en la CPI es una "misión imposible". Esta autora baraja igualmente las diferentes posibilidades procesales de enjuiciamiento de este crimen en Ucrania (pp. 323 a 337).

1923 KREß, HOBE and NUßBERGER: ob. cit., condensan las tres opciones que expongo seguidamente. También KREß: Russia's War of…, ob. cit.

1924 V. *supra*, Cap. 10: 5.

1925 La Asamblea de Parlamentarios por la Acción Global (v. *supra*, nota 1519) exhortaba a *garantizar* que "*no exista una brecha de impunidad sobre el crimen de agresión*" no solo respecto de la guerra de agresión de Ucrania sino de "todas las situaciones de guerra de agresión" e instaba a reajustar las jurisdicción de la CPI para los cuatro crímenes de su competencia, "eliminando así las normas contenidas en los párrafos 4 y 5 del artículo 15 *bis* del Estatuto que son incompatibles con el principio de *igualdad de todos los individuos ante la ley*" (subrayado en el original). El Global Institute for the Prevention of Aggression se pronunció en el mismo sentido y urgía a emprender esa labor. V. https://crimeofaggression.info/wp-content/uploads/GIPA_Statement_Increasing-ICC-Jurisdiction.pdf

1926 KREß, HOBE and NUßBERGER: ob. cit.

opción pasaría por que la AG remitiera una situación a la CPI si el CdS no lo hiciera por el ejercicio del derecho de veto de un miembro permanente[1927].

No obstante, algún sector doctrinal ha abogado, por alcanzar un remedio sustantivo consistente en calificar los hechos como crímenes de lesa humanidad. De esta forma, la CPI podría investigar y enjuiciar los mismos[1928]. Sin embargo, esta opción quebrantaría el principio de legalidad y debilitaría la esencia del crimen de agresión. Forzar la calificación jurídica es indeseable. Un crimen de agresión no es un crimen de lesa humanidad. Cuestión diferente es que, como consecuencia del crimen de agresión, se desencadenen concursalmente crímenes de lesa humanidad.

Estas opciones plantearían importantes y complejos retos jurídicos para su aplicación inmediata en el caso de Ucrania. Uno de ellos sería la aplicación retroactiva de la norma. Es asumible que, al afectar a las condiciones para el ejercicio de la competencia (norma procesal), podrían tener efectos retroactivos, al menos, hasta el momento de la activación de la competencia de la CPI para el crimen de agresión (17 de julio de 2018)[1929]. Esa modificación normativa no afectaría a la definición de la agresión del artículo 8 *bis* ER, como norma sustantiva —que, además y, en cualquier caso, formaba parte del DI consuetudinario antes de la activación de la competencia el 17 de julio de 2018— sino a una norma procesal (condiciones jurisdiccionales para el ejercicio de la competencia por el crimen de agresión). Normas adjetivas que, aunque —en el plano teórico, y desde una visión nacional (*tempus regit actum*[1930])— pudieran aplicarse a hechos anteriores a su vigencia, no parece muy realista la ejecución de una inmediata reforma del ECPI ni que se admitieran por la ASP efectos retroactivos a las nuevas condiciones jurisdiccionales más amplias que se normativizaran. No obstante, esta

---

1927 *Ibid.*

1928 Se hace eco de esta opinión, aunque no la comparte, QUESADA: El Crimen de…, ob. cit., p. 313.

1929 *Ibid.*

1930 Los actos procesales se rigen por las normas procesales vigentes en el momento que se produzcan esos actos.

propuesta puede, y debe, ser el embrión para plantear y discutir en la ASP la correspondiente enmienda al régimen jurisdiccional actual del crimen de agresión.

La alternativa jurisdiccional internacional más plausible para paliar la deficiencia de la actual arquitectura de la justicia penal internacional en la situación de la agresión de Ucrania es doble: la creación de un tribunal penal especial o *ad hoc* internacional para juzgar el crimen de agresión contra Ucrania surgido del acuerdo entre NNUU y Ucrania, como, por ejemplo, el Tribunal Especial para Sierra Leona; o el establecimiento de un tribunal híbrido, internacionalizado o mixto conformado por jueces nacionales e internacionales y basado en la legislación ucraniana, como sucedió con las Salas Extraordinarias en las Cortes de Camboya, constituidas dentro del sistema judicial camboyano o las Salas Especializadas de Kosovo[1931].

[1931] Por ejemplo, la Comisión Europea propuso para garantizar la acción de la justicia, o la creación de un tribunal internacional especial e independiente basado en un tratado multilateral o la creación de un tribunal especializado híbrido integrado en un sistema de justicia nacional con jueces internacionales, destacando que en ambas opciones el apoyo de NNUU sería esencial. V.: *Ukraine: Commission presents options to make sure that Russia pays for its crimes*, 30 November 2022, https://ec.europa.eu/commission/presscorner/detail/en/IP_22_7311
Sobre las diferentes opciones de modelos de tribunales posibles, v. también, en el marco del Consejo de Europa: Committee on Legal Affairs and Human Rights Rapporteur: Mr Aleksander POCIEJ, Poland, Group of the European People's Part, The Russian Federation's aggression against Ukraine: ensuring accountability for serious violations of international humanitarian law and other international crimes, Doc. 15510, 26 April 2022, párrs. 26 a 30. Disponible en: https://pace.coe.int/pdf/4bc8a7831b0c055b84c3075c8c7b9a964f1262035f204342fd4dea431f22d365/doc.%2015510.pdf
LEMOS, M.: "The Law of Immunity and the Prosecution of the Head of State of the Russian Federation for International Crimes in the War against Ukraine", *EJIL: Talk!*, January 16, 2023, https://www.ejiltalk.org/the-law-of-immunity-and-the-prosecution-of-the-head-of-state-of-the-russian-federation-for-international-crimes-in-the-war-against-ukraine/, sintentiza las diferentes alternativas para enjuiciar el crimen de agresión en: i) enmendar el ECPI para que la AG pueda remitir la situación a la CPI; ii) un tribunal *ad hoc* "al estilo de Nuremberg"; iii) un tribunal ad *hoc* híbrido creado por ac-

Este último escenario judicial híbrido o mixto encontraría esencialmente tres dificultades jurídicas. Las inmunidades serían objeto de alegación y discusión como causa impeditiva del ejercicio jurisdiccional del tribunal mixto, híbrido o internacionalizado[1932]. El artículo 125 de la Constitución ucraniana declara que el "establecimiento de cortes extraordinarias y especiales no está permitido"[1933], lo que exigiría importantes y probablemente complejas reformas normativas y no solo constitucionales en Ucrania. La propia Ucrania rechaza esta posibilidad. Y un tribunal de esta naturaleza no dimensionaría

---

uerdo entre la ONU y Ucrania: y iv): un nuevo tribunal penal internacional permanente especializado; un tribunal penal internacional creado por la AG; o un tribunal híbrido establecido por un acuerdo entre Ucrania y el Consejo de Europa, o entre Ucrania y la Unión Europea.

V. también, TCHOBO, D.L.: "Russia's Invasion of Ukraine: Creating A Special Tribunal for the Crime of Aggression Would Be A Danger To The Future of International Criminal Law", *SSRN Electronic Journal*, March 11, 2022, https://papers.ssrn.com/sol3/papers.cfm?abstract_id=4078759

1932 Sobre la aplicación de la inmunidad personal y funcional en los tribunales internacionales, v. *supra*, apartado 6.1 de este capítulo.

1933 V. la Constitución de Ucrania en: https://www.refworld.org/pdfid/44a280124.pdf

V. KOMAROV, A. and HATHAWAY, O. A.: "Ukraine's Constitutional Constraints: How to Achieve Accountability for the Crime of Aggression", *Just Security*, April 5, 2022, https://www.justsecurity.org/80958/ukraines-constitutional-constraints-how-to-achieve-accountability-for-the-crime-of-aggression/

KREß: The Ukraine War..., ob. cit. (conferencia, v. *supra*, nota 902), recuerda diferentes propuestas. Treinta y seis Estados apoyan la petición de Ucrania para la creación del tribunal especial sobre el crimen de agresión. Los ministros de asuntos exteriores del G7 son favorables a "la creación de un tribunal internacionalizado basado en el sistema judicial de Ucrania", reconociendo que "los procedimientos por el crimen de agresión redundan en interés de la comunidad internacional en su conjunto". Trece Estados europeos y no europeos emitieron una declaración conjunta en favor de un tribunal internacional y han reafirmado "su compromiso de armonizar la jurisdicción del Estatuto de Roma sobre sus cuatro crímenes para permitir que la Corte Penal Internacional enjuicie el crimen de agresión en situaciones futuras similares". En el mismo sentido, la Asamblea Parlamentaria del Consejo de Europa. Y EE.UU. igualmente aboga por un tribunal basado en el sistema judicial ucraniano. V. igualmente, KREß: Russia's War of..., ob. cit.

la plenitud de crimen de DI del crimen de agresión, por lo que se devaluaría el fundamento de que este crimen preocupa a la comunidad internacional en su conjunto[1934]. En esta línea KREß abunda en la conveniencia del establecimiento de un tribunal especial en detrimento de un tribunal ucraniano internacionalizado. Un tribunal de esta naturaleza no transmitiría con nitidez el carácter internacional del crimen de agresión: "enfatizaría el interés nacional de Ucrania como víctima inmediata en lugar del de la comunidad internacional en su conjunto"[1935].

En esta tesitura, diferentes expertos juristas y personalidades políticas y sociales[1936], bajo el impulso e idea inicial de SANDS[1937] han propuesto la creación de un tribunal penal especial o *ad hoc* inter-

---

1934 KREß, HOBE and NUßBERGER: ob. cit.

1935 KREß: The Ukraine War..., ob. cit. (conferencia, v. *supra*, nota 902); y KREß: Russia's War of..., ob. cit.

1936 V. la declaración de diferentes expertos proponiendo la creación del tribunal especial: https://gordonandsarahbrown.com/wp-content/uploads/2022/03/Combined-Statement-and-Declaration.pdf

1937 SANDS, F.: "Putin's use of military force is a crime of aggression", *Financial Times*, February 28, 2022. Disponible en: https://www.ft.com/content/cbbdd146-4e36-42fb-95e1-50128506652c
SANDS, recordaba anecdóticamente en este artículo que "[d]espués de todo, fue un jurista soviético, Aron Trainin, quien hizo gran parte del trabajo preliminar para incorporar los "crímenes contra la paz" al derecho internacional". Y, citando a Francano Hirsch, atribuía a Trainin las ideas que "persuadieron a los estadounidenses y a los británicos de incluir los "crímenes contra la paz" en el Estatuto de Núremberg y en las acusaciones contra los acusados alemanes".
V. Tambien: SANDS, F.: *MailOnline*, 4 March 2022, disponible en: https://www.dailymail.co.uk/news/ukraine/article-10579137/PHILIPPE-SANDS-need-new-Nuremberg-trial-make-Putin-pay.html; y MCDOUGALL, C.: "Why Creating a Special Tribunal for Aggression Against Ukraine is the Best Available Option: A Reply to Kevin Jon Heller and Other Critics", *Opinio iuris*, 15.03.2022, disponible en: https://opiniojuris.org/2022/03/15/why-creating-a-special-tribunal-for-aggression-against-ukraine-is-the-best-available-option-a-reply-to-kevin-jon-heller-and-other-critics/
El escritor y novelista Juan Gabriel Vásquez apoyaba la idea de Sands, advertía que después de la agresión de Ucrania pueden sucederse otras y abogaba para que los crímenes más intolerables de los tiranos "no sean condenados solamente por la opinión pública". V. VÁSQUES, J. G.: "¿Un

nacional para el crimen de agresión contra Ucrania. Idea que, aún no exenta de críticas, —y a pesar de no ser la solución que se "ajuste a las normas más estrictas del Estado de Derecho y de que muchas constituciones nacionales excluyen el establecimiento de un tribunal ex post facto"[1938]— ha cobrado fuerza tanto jurídica como políticamente[1939].

Algunas de las cuestiones jurídicas y políticas relevantes que suscitaba la creación de un tribunal penal especial para el crimen de agresión en Ucrania se esbozaron en la reunión del *Club de Yale* que congregó a representantes estatales, académicos y a la sociedad civil, a instancia de las misiones permanentes de Letonia y Liechtenstein ante NNUU. La premisa de la que partió el debate fue la imperativa obligación de investigar y enjuiciar el crimen de agresión en el DI y la necesidad, ante el impedimento jurisdiccional de la CPI para enjuiciar la situación de Ucrania por el crimen de agresión, de encontrar una alternativa para la rendición de cuentas. La vía adecuada sería —de acuerdo con la estela marcada por la citada resolución de la AG, A/RES/ES-11/1[1940]— que la AG recomendara la creación del tribunal especial para el crimen de agresión, que se articularía con la firma de un tratado entre el secretario general de NNUU[1941] y Ucrania.

---

tribunal para Putin?", *El País*, 17 de marzo de 2022, https://elpais.com/opinion/2022-03-17/un-tribunal-para-putin.html?event_log=oklogin

1938 KREß, HOBE and NUßBERGER: ob. cit.

1939 Albania, Bélgica, Estonia, Guatemala, Letonia, Liechtenstein, Lituania, Luxemburgo, Islas Marshall, Macedonia del Norte, Polonia y Ucrania lideraron esta iniciativa. V.: FREQUENTLY ASKED QUESTIONS A Special Tribunal for the Crime of Aggression against Ukraine, https://www.justsecurity.org/wp-content/uploads/2023/01/FAQ_Special-Tribunal-for-the-Crime-of-Aggression.pdf

1940 V. *supra*, nota 906.

1941 V. el resumen del contenido de esta reunión en el documento: *Yale Club Roundtable: A Special Tribunal for the Crime of Aggression Recommended by the UN General Assembly?*, 22 June 2022, New York City Chair's Summar, disponible en: https://www2.mfa.gov.lv/images/SG_-_Chairs_Summary_-_Yale_Club_Roundtable_on_STCoA.pdf

En la reunión de Yale se debatió, en primer lugar, la historia de la prohibición de la guerra[1942]. En un segundo grupo de cuestiones se expuso que la definición del crimen de agresión forma parte del DI consuetudinario y que la definición en el estatuto del futuro tribunal debía corresponderse con la del artículo 8 *bis* ECPI, porque ésta fue negociada y consensuada por los Estados miembros de NNUU interesados, incluida la Federación de Rusia. Se aconsejó que la ubicación física del tribunal fuera La Haya para facilitar las sinergias con otros mecanismos internacionales, como la CPI. Se debatió sobre la organización funcional y composición del tribunal; la selección de jueces y del Fiscal inspirándose en los tribunales *ad hoc*; los idiomas de trabajo (inglés, francés, ucraniano y ruso); la competencia territorial (el crimen se comete en el Estado agresor, como es la Federación de Rusia y Bielorrusia[1943], y en el Estado agredido, es decir, Ucrania); y sobre la competencia temporal, que se remontaría a la anexión ilegal de Crimea en febrero de 2014 o a la continuación de la agresión de la Federación de Rusia contra Ucrania en febrero de 2022[1944].

1942 *Yale Club Roundtable: A Special Tribunal for the Crime of Aggression Recommended by the UN General Assembly?*, pp. 2 y 3. Estos aspectos de la discusión fueron presentados por Oona A. Hathaway.
Esta profesora destacó posteriormente al hilo de la reunión de Yale que el futuro tribunal: i) debería ser internacional; ii) crearse mediante un acuerdo entre Ucrania y NNUU, por recomendación de la AG; y iii) que debía limitarse al crimen de agresión y centrarse en los líderes. V. HATHAWAY, O. A.: "The Case for Creating an International Tribunal to Prosecute the Crime of Aggression Against Ukraine (Part I), An agreement between the United Nations and Ukraine can pave the way*Just Security*, September 20, 2022, https://www.justsecurity.org/83117/the-case-for-creating-an-international-tribunal-to-prosecute-the-crime-of-aggression-against-ukraine/

1943 La aludida resolución 2433, la Asamblea Parlamentaria, párr. 17 (v. *supra*, nota 981) reiteraba la condena por la implicación de Bielorrusia en la agresión de Ucrania, evidenciaba la responsabilidad de Lukashenko y de su régimen por permitir el uso del territorio bielorruso y sus infraestructuras por parte de Rusia para perpetrar el acto de agresión contra Ucrania. Y recordaba que, de acuerdo con la resolución 3314 (artículo 3 *f*) del anexo), es un acto de agresión "la acción de un Estado que permite que su territorio, que ha puesto a disposición de otro Estado, sea utilizado por ese otro Estado para perpetrar, un acto de agresión contra un tercer Estado".

1944 *Yale Club Roundtable: A Special Tribunal for the Crime of Aggression Recommended by the UN General Assembly?*, pp. 3 a 5. La profesora Astrid Reisinger Coracini

En tercer lugar, se recomendó que las reglas de procedimiento y prueba se dejaran en manos de los jueces; que el número de personas a enjuiciar —que necesariamente serían quienes controlaran o dirigieran efectivamente la acción política o militar del Estado— se dejara a discreción del Fiscal; se establecieron los derechos de los acusados bajo los estándares de un juicio justo y las garantías procesales; se suscitó la motivación de las sentencias; se reconoció la vigencia del principio *non bis in idem*; se aceptó que la concesión de una posible amnistía —utilizando las mismas palabras que el artículo 10 del Estatuto del Tribunal Especial para Sierra Leona— "no será obstáculo para el enjuiciamiento"; se afirmó, en los mismos términos del artículo 27 ECPI, el no reconocimiento de inmunidad alguna, incluida la de los jefes de Estado, al ser un tribunal internacional; y sobre la naturaleza de las penas se fijó la de prisión, excluyendo la de muerte, y como pena adicional se aceptó la confiscación de bienes[1945].

---

expuso estos puntos del debate. Argumentos que posteriormente los desarrolló en CORACINI: The Case for…, ob. cit.

REGUEIRO: ob. cit., pp. 305 a 319, argumenta que la invasión de Ucrania es la continuación de la ocupación de Crimea.

1945 *Yale Club Roundtable: A Special Tribunal for the Crime of Aggression Recommended by the UN General Assembly?*, pp. 5 y 6. Este elemento de la discusión fue exhibido por la profesora Jennifer Trahan.

La profesora Trahan fundamenta su postura en: TRAHAN, J.: "The Case for Creating a Special Tribunal to Prosecute the Crime of Aggression Against Ukraine (Part III), Part III: How Many to Prosecute, Immunities, Amnesty, and More", *Just Security*, September 26, 2022, https://www.justsecurity.org/83238/tribunal-crime-of-aggression-part-three/

Las profesoras CORACINI y TRAHAN, ampliaron sus comentarios sobre: i) por qué no se aplican las inmunidades personales en los tribunales internacionales, de acuerdo con el DI consuetudinario; ii) cuál es el motivo por el que un tribunal internacional que enjuicia crímenes de DI consuetudinario sea "internacional"; y iii) por qué el futuro tribunal especial para Ucrania sería un tribunal internacional en el que no se aplicarían las inmunidades. V. CORACINI, A. R., and TRAHAN, J.: "The Case for Creating a Special Tribunal to Prosecute the Crime of Aggression Committed Against Ukraine (Part VI): On the Non-Applicability of Personal Immunities", *Just Security*, November 8, 2022, https://www.justsecurity.org/84017/the-case-for-creating-a-special-tribunal-to-prosecute-the-crime-of-aggression-committed-against-ukraine-part-vi-on-the-non-applicability-of-personal-immunities/

En cuarto lugar, se discutió sobre el intercambio de información clasificada y su acceso; la protección de testigos, que sería "seria" al afectar a personas que han estado cerca de la toma de decisiones de alto nivel; sobre la información pública que ofreciera el tribunal de su actividad y cómo combatir la desinformación; sobre la unidad de defensa; sobre la participación de las víctimas —que técnicamente sería el Estado— por lo que su reparación pertenecía a la responsabilidad estatal y a los tribunales pertinentes; sobre la recogida de pruebas; sobre los juicios en rebeldía; sobre la incautación y embargo preventivo de bienes; y sobre cómo aprovechar la experiencia de otros tribunales internacionales[1946].

En quinto lugar, se acometieron diferentes cuestiones de relevancia para el futuro, como la voluntad política; la relación entre el posible tribunal y la defensa del orden internacional basado en la Carta; el papel complementario del futuro tribunal respecto de la CPI; el necesario cambio del régimen jurisdiccional del crimen de agresión en el ECPI; la problemática financiación del tribunal; la incidencia de que los posibles apoyos que recibiría el tribunal por parte de la AG serían menores que los de la repetida resolución A/RES/ES-11/1[1947]; que el proceso de creación del tribunal debía iniciarse mediante una carta del gobierno de Ucrania al secretario general de NNUU, similar a la remitida en su día por el Presidente de Sierra Leona al secretario general que condujo a la creación del Tribunal Especial para Sierra Leona; y finalmente que se provocara que el CdS remitiera la situación en Ucrania a la CPI porque el veto que sin

---

1946 *Yale Club Roundtable: A Special Tribunal for the Crime of Aggression Recommended by the UN General Assembly?*, pp. 6 a 8. Estos extremos de la discusión los mostró el embajador David Scheffer.
V. también sobre ellos: SCHEFFER, D.: "The Case for Creating a Special Tribunal to Prosecute the Crime of Aggression Committed Against Ukraine (Part IV), Part IV: Information Sharing, Victim Participation, Outreach and More", *Just Security*, September 28, 2022, https://www.justsecurity.org/83290/tribunal-crime-of-aggression-part-four-2/

1947 V. *supra*, nota 906.

duda se produciría, podría desencadenar la creación del tribunal especial para Ucrania[1948].

En las observaciones finales de la reunión de Yale se resaltó que el crimen de agresión era el origen de todos crímenes atroces cometidos en Ucrania; que esta agresión es una de las violaciones más flagrantes de la prohibición del uso de la fuerza; se reiteró la posibilidad del establecimiento del tribunal por recomendación de la AG; y que cuanto más multilateral fuera el establecimiento y más internacional más fácil sería afrontar los desafíos jurídicos y políticos que plantee, incluidas las cuestiones de inmunidad, legitimidad e imparcialidad[1949]. El documento final del Club de Yale fue remitido, a través de las representaciones de Letonia, Liechtenstein y Ucrania ante NNUU, como carta al secretario general de NNUU[1950].

Posteriormente a esta propuesta, el Consejo Europeo alentó a la completa rendición de cuentas por el crimen de agresión e instó a que en el ámbito de la Unión Europea se impulsaran los trabajos para su logro, destacando que el enjuiciamiento de este crimen es de trascendencia para la comunidad internacional en su conjunto[1951].

1948 *Yale Club Roundtable: A Special Tribunal for the Crime of Aggression Recommended by the UN General Assembly?*, pp. 8 y 9. El embajador Christian Wenaweser se ocupó de estos aspectos.

1949 *Yale Club Roundtable: A Special Tribunal for the Crime of Aggression Recommended by the UN General Assembly?*, pp. 9 y 10. Las observaciones finales corrieron a cargo de los embajadores Andrejs PildegoviČs y Christian Wenaweser, y de los profesores Claus Kreß y Oona Hathaway.

1950 UN. Doc. A/ES-11/7-S/2022/616, Carta de fecha 12 de agosto de 2022 dirigida al Secretario General por las representaciones de Letonia, Liechtenstein y Ucrania ante las Naciones Unidas, 17 de agosto de 2022. Disponible en: https://digitallibrary.un.org/record/3985003?ln=es
El propósito de la carta fue su distribución como documento del undécimo período extraordinario de sesiones de emergencia de la AG, en relación con el tema 5 del programa, y del Consejo de Seguridad.

1951 Resolución del Parlamento Europeo 2022/3017 (RSP), párr. S, (v. *supra*, nota 986). V. *supra*, Cap. 6: 2.4.
V. asimismo, la nota de prensa: *European Commission, Ukraine: Commission presents options to make sure that Russia pays for its crimes*, 30 November 2022, disponible en: https://ec.europa.eu/commission/presscorner/detail/en/ip_22_7311

El Parlamento Europeo, retomando la iniciativa y trabajo del Consejo Europeo, hizo "hincapié" en que el crimen de agresión contra Ucrania "no puede quedar sin respuesta de la comunidad internacional"[1952]. Subrayaba la necesidad de impulsar, "preferiblemente a través de las Naciones Unidas" la creación de un "tribunal internacional especial para enjuiciar el crimen de agresión contra Ucrania perpetrado por los dirigentes políticos y militares de la Federación de Rusia y sus aliados". Así, "se colmaría la gran laguna existente en la actual estructura institucional de la justicia penal internacional y debería basarse en las normas y principios aplicables a la CPI, tal como se establece en el Estatuto de Roma"[1953]. Y enfatizaba el valor preventivo que se infundiría con la creación del nuevo tribunal no solo al tratar de alcanzar justicia para el pueblo ucraniano, sino también para "disuadir a otros actores internacionales de imitar la agresión ilegal de Rusia"[1954], al enviar un mensaje tanto a la sociedad rusa como a la comunidad internacional de que "Putin y los dirigentes políticos y militares rusos pueden ser condenados por el crimen de agresión"[1955].

El Parlamento Europeo no se pronunciaba sobre el mecanismo de funcionamiento y composición del futuro tribunal. Únicamente sentaba como criterios "estrictos" de su actuación el de transparencia e imparcialidad. Y sobre la competencia personal advertía que se debía extender no solo a Vladimir Putin y a los dirigentes políticos y militares de la Federación Rusa, sino también a Aleksandr Lukashenko y a los dirigentes políticos y militares de Bielorrusia[1956].

1952 Resolución del Parlamento Europeo 2022/3017 (RSP), párr. 2, (v. *supra*, nota 986).

1953 *Ibid.*, párr. 3, (v. *supra*, nota 986). El Parlamento invitaba a que la creación de este tribunal fuera un esfuerzo común de los Estados miembros de la Unión Europea en cooperación con las autoridades ucranianas y a que se buscara apoyo en la AG y en otros foros internacionales como el Consejo de Europa, la OSCE y el G7 (párr. 3 y 4). E instaba a que se recurriera activamente a la diplomacia y a la comunicación estratégica de la Unión para apoyar la creación de este tribunal (párr. 6).

1954 *Ibid.*, párr. 11.

1955 *Ibid.*, párr. 13.

1956 *Ibid.*, párr. 7.

La Asamblea Parlamentaria del Consejo de Europa recordó la imposibilidad de la investigación y enjuiciamiento de estos hechos en la CPI, la inexistencia de otro posible tribunal internacional que pudiera enjuiciarlos, y los complicados retos jurídicos de enjuiciamiento en Ucrania y otros Estados sobre la base del principio de territorialidad o de jurisdicción universal, "incluso en términos de imparcialidad, legitimidad e inmunidades"[1957]. Por ello, igualmente, propuso que los Estados miembros del Consejo de Europa y los Estados observadores crearan un "tribunal penal internacional especial para el crimen de agresión contra Ucrania", respaldado y apoyado por el mayor número posible de Estados y organizaciones internacionales y especialmente por la AG[1958].

[1957] Asamblea Parlamentaria del Consejo de Europa, resolución 2482 (2023), párr. 5, (v. *supra*, nota 980).

[1958] *Ibid.*, párr. 5. Solicitaba que los Estados y organizaciones internacionales que apoyen el tribunal aporten recursos humanos y financieros suficientes, para garantizar su independencia y eficaz funcionamiento operativo (párr. 7.7).

Previamente la repetida resolución 2433, la Asamblea Parlamentaria (v. *supra*, nota 981), párr. 14.2, llamaba a los Estados miembros del Consejo de Europa a "crear urgentemente un tribunal penal internacional ad hoc para investigar el crimen de agresión cometido por los dirigentes políticos y militares de la Federación rusa".

V. también, Parliamentary Assembly, Recommendation 2245 (2023), The Reykjavik Summit of the Council of Europe – United around values in the face of extraordinary challenges; disponible en: https://pace.coe.int/en/files/31592/html

En esta recomendación se solicitaba a los jefes de Estado y de Gobierno del Consejo de Europa que adoptaran "un enfoque global de la cuestión de la rendición de cuentas de la Federación de Rusia en relación con la agresión contra Ucrania" (párr. 8.3), "apoyando y liderando la iniciativa de crear un tribunal penal internacional ad hoc para investigar y enjuiciar el crimen de agresión cometido por los dirigentes políticos y militares de la Federación de Rusia y pidiendo al Consejo de Europa y a los Estados miembros que presten asistencia técnica y especializada concreta para su creación, y pidiendo también al Consejo de Europa que desempeñe un papel activo de liderazgo en la creación de dicho tribunal penal internacional ad hoc" (párr. 8.3.1).

La OTAN condenó también la "brutal" agresión de Ucrania y apoyó la creación de un tribunal penal internacional especial ad hoc para investigar y enjuiciar el crimen de agresión contra Ucrania[1959].

La Asamblea Parlamentaria del Consejo de Europa apuntó, siguiendo el camino de Yale, posibles bases jurídicas del futuro tribunal especial sobre las que se asentaría su estatuto. En primer lugar, la jurisdicción *ratione materiae* se limitaría al crimen de agresión; *ratione temporis* se extendería a la agresión de 2022 y a la iniciada por la Federación Rusa en febrero de 2014, y *ratione personae* se extendería no solo a los dirigentes rusos, sino también a los bielorrusos que hubieren intervenido en el crimen de agresión. En segundo lugar, la definición del crimen de agresión estaría en consonancia con el artículo 8 *bis* ER y el DI consuetudinario. En tercer lugar, no serían de aplicación ni las inmunidades personales ni las funcionales. En cuarto lugar, se garantizarán en el estatuto todos los derechos del acusado a un juicio justo y también el principio de legalidad y el *non bis in idem*. En cuarto lugar, el tribunal tendría una función complementaria de la CPI, respetando la jurisdicción de ésta para el enjuiciamiento de los crímenes de guerra, de lesa humanidad y posible genocidio cometidos en el contexto de la agresión. En quinto lugar, se establecería un sistema de cooperación entre el tribunal especial y la CPI para el intercambio de pruebas, custodia de los sospechosos, planes comunes de protección de testigos y las secuencias de los juicios de las personas procesadas en los dos tribunales. Y, en sexto lugar, la sede sería La Haya para garantizar la complementariedad y funcionamiento conjunto con la CPI y también con otros tribunales e instituciones internacionales[1960]. Inicia-

---

1959 Resolution 111 SESP 22 E rev. 1 (v. *supra*, nota 585), párrs. 2, 8 y 18. J.

1960 Asamblea Parlamentaria del Consejo de Europa, resolución 2482 (2023), párrs. 7.1 a 7.6, (v. *supra*, nota 980).
V. igualmente, Council of Europe, Information Documents, SG/Inf(2023)7, Accountability for human rights violations as a result of the aggression of the Russian Federation against Ukraine: role of the international community, including the Council of Europe, 31 January 2023. Disponible en: https://rm.coe.int/accountability-for-human-rights-violations/1680aa086e
V. sobre la base jurídica para su creación, los problemas de inmunidad y las cuestiones de ejecución y aplicación de sus decisiones el documento elaborado por CORTEN y por KOUTROULIS, producido en el marco del Parlamento Europeo, *Tribunal for the crime of aggression against Ukraine*

tivas, todas ellas, que demuestran un interés renovado por el crimen de agresión[1961].

La Federación de Rusia ha tildado de ilegítimo el intento de creación del tribunal y se apresuró a decir que si se consuma su creación carecerá de legitimidad y no será aceptado por Rusia[1962]. Por el contrario, el presidente de Ucrania insiste en la creación del tribunal especial[1963].

En el ámbito doctrinal, KREß reconoce que el establecimiento del tribunal especial para Ucrania podría percibirse "con razón, como un ejercicio de justicia selectiva", que, en ese caso, "dañaría la legitimidad del funcionamiento del sistema global de justicia penal internacional en su totalidad". Por ello, para este jurista, su creación debe entenderse como un instrumento de "transición, como un peldaño hacia una verdadera adopción de la promesa de Núremberg a través de un régimen jurisdiccional más basado en principios en el Estatuto de la CPI"[1964]. Esta laguna demuestra que, en el futuro, la mejor opción, a pesar de la extraordinaria dificultad, es la reforma del ECPI, al ser la CPI —como único tribunal penal internacional permanente y con vocación universal— "la institución judicial más legítima"[1965].

- a legal assessment, December, 2022, PE 702574. Disponible en: https://www.europarl.europa.eu/RegData/etudes/IDAN/2022/702574/EXPO_IDA(2022)702574_EN.pdf#page=45&zoom=100,72,542

1961 KREß: Russia's War of…, ob. cit.; y KREß: Russia's War of…, ob. cit.

1962 EL PAÍS: *Un tribunal "ilegítimo" para los crímenes*, 2 de diciembre de 2022, p. 2

1963 EL PAÍS: *Zelenski pide en pide en Países Bajos la creación de una corte especial para juzgar a Putin*, 5 de mayo de 2023, p. 3.

1964 KREß: *On the New* (conferencia, v. *supra*, nota 1325).
MORENO OCAMPO, L.: "Ending Selective Justice for the International Crime of Aggression", *Just Security*, January 31, 2023, https://www.justsecurity.org/84949/ending-selective-justice-for-the-international-crime-of-aggression/ ha sostenido que la instauración del tribunal propiciaría la justicia selectiva y un abuso de derecho. Propone, por ello, la modificación por la parte de la ASP del párrafo 5, del artículo 15 *bis* ER

1965 KREß: The Ukraine War…, ob. cit. (conferencia, v. *supra*, nota 902); y KREß: Russia's War of…, ob. cit.

Igualmente, se ha argumentado que un posible obstáculo para el funcionamiento eficaz de un tribunal *ad hoc* sería la inexistencia de una obligación para los Estados de cooperar con el tribunal[1966]. Sin embargo, este riesgo se mitigaría con el establecimiento de acuerdos de cooperación de los Estados con el nuevo tribunal y/o con el compromiso nacional de los Estados, incluso con la implantación de leyes internas de cooperación con el tribunal, para colaborar en la investigación y enjuiciamiento con ese tribunal. El crimen de agresión como crimen internacional de primer grado genera una obligación de persecución para toda la comunidad internacional y como consecuencia de ésta surge, a su vez, la obligación de cooperación judicial.

El profesor alemán argumenta, frente a la crítica de que el establecimiento del tribunal especial podría debilitar la CPI, que el nuevo tribunal complementaría la labor de la CPI en el enjuiciamiento del crimen de agresión, mientras ésta lo hace por el resto de crímenes competencia de la CPI[1967]. Contribuiría —al igual que la CPI— a tratar de garantizar la rendición de cuentas por la comisión de crímenes internacionales[1968]. Y respecto de la crítica del posible escepticismo del Sur Global objeta que: i) fueron estos Estados los impulsores del crimen de agresión en el ECPI y una mayoría significativa de ellos apoyó la activación de la competencia del crimen de agresión "sobre un régimen jurisdiccional más fuerte"; ii) 141 Estados de NNUU han acogido la rendición de cuentas por los crímenes internacionales cometidos en Ucrania; iii) de los trece Estados que han apoyado el establecimiento del tribunal especial, tres son del Sur Global; y iv) personas destacadas del Sur Global, como Ban-Ki Moon (ex secreta-

---

1966 PASCUAL: ob. cit., p. 203.

1967 KREß: The Ukraine War…, ob. cit. (conferencia, v. *supra*, nota 902), recuerda los votos disidentes de los jueces Higgins, Kooijmans y Buergenthal en el *case concerning the arrest warrant* (v. *supra*, nota 1713) cuando sostuvieron en 2002 que "el consenso internacional de que los autores de crímenes internacionales no deben quedar impunes se está fomentado mediante una estrategia flexible en la que los tribunales penales internacionales de reciente creación, las obligaciones derivadas de los tratados y los tribunales nacionales tienen todos su papel que desempeñar" (v. ICJ, *case concerning the arrest warrant*, p. 79).

1968 KREß: The Ukraine War…, ob. cit. (conferencia, v. *supra*, nota 902); y KREß: Russia's War of…, ob. cit.

rio general de NNUU), Eve Osuji (ex presidente de la CPI) y Richard Goldstone (fiscal jefe del ICTY y ICTR) han apoyado el establecimiento del tribunal internacional[1969].

En conclusión, la legitimidad del tribunal podría cuestionarse al no ser el CdS quien lo instaurase al amparo del Capítulo VII de la Carta. Igualmente, su legitimidad se devaluaría si fuera un grupo de Estados quien lo creara a través de un acuerdo[1970]. Por ello, si, y como es lo deseable, el tribunal especial se impulsara por recomendación de la AG[1971] y se creara por un acuerdo entre el secretario general de

---

1969 *Ibid.*

SLUITER, G.: "The criminal justice response to the war in Ukraine one year later - the arrest warrant against Putin from the ICC and the discussion of a special 'aggression tribunal'", 20 March 2023, https://rethinkingslic.org/blog/criminal-law/169-the-criminal-justice-response-to-the-war-in-ukraine-one-year-later-the-arrest-warrant-against-putin-from-the-icc-and-the-discussion-of-a-special-aggression-tribunal, apoya el establecimiento del tribunal: i) para evitar la impunidad del crimen de agresión; ii) la implantación de normas procesales penales específicas para el tribunal que incluso difieran de las del ECPI, como la aceptación del juicio en rebeldía; iii) en la oportunidad para crear una base jurídica para la expropiación definitiva de los activos y propiedades congelados de poderosos ciudadano rusos en Europa; y iv) porque de forma coordinada con la CPI se facilitaría con esta nueva opción de enjuiciamiento la tarea de prevención de la impunidad.

1970 KOMAROV, A. and HATHAWAY, O.A.: "The Best Path for Accountability for the Crime of Aggression Under Ukrainian and International Law A treaty between Ukraine and the UN General Assembly is the way to proceed", *Just Security*, April 11, 2022, https://www.justsecurity.org/81063/the-best-path-for-accountability-for-the-crime-of-aggression-under-ukrainian-and-international-law/, argumentan que un tribunal creado por un grupo de Estados podría ser acusado de justicia selectiva y también sentar un precedente que pudieran seguir otros Estados en el futuro con propósitos menos defendibles.

1971 KREß: The Ukraine War..., ob. cit. (conferencia, v. *supra*, nota 902), razona que la CIJ en su opinión consultiva del caso *Certain Expenses* señaló las funciones y poderes de la AG para ejercer su responsabilidad secundaria en el mantenimiento de la paz y la seguridad internacionales; y KREß: Russia's War of..., ob. cit.

V. ICJ, *Certain Expenses of the United Nations* (v., *supra*, nota 916). Esta decisión señalaba que el artículo 24 de la Carta asigna al CdS "la responsabilidad primordial de mantener la paz y la seguridad internacionales". De

NNUU y Ucrania, su legitimidad se reforzaría, al ser NNUU la organización que por definición representa a la comunidad internacional[1972]. La recomendación y posterior firma del acuerdo se conver tiría en el aval de una parte sustancial, al menos numéricamente, de la comunidad internacional. No sería una organización u organismo internacional regional, como la Unión Europea o el Consejo de Europa, quien promoviere el proceso de su creación, sino la organización internacional universal por excelencia. Y ello con independen-

esta forma, los Estados tienen "una obligación expresa de acatamiento si, por ejemplo, imparten una orden o mandato [...] con arreglo al Capítulo VII" por lo que el CdS puede "exigir el cumplimiento mediante medidas coercitivas" (p. 163).

Sin embargo, esta responsabilidad del artículo 24 es "primaria, no exclusiva". La AG también debe ocuparse de la paz y seguridad internacionales. El artículo 14 de la Carta autoriza a la AG a "recomendar medidas para el arreglo pacífico de diversas situaciones, cualquiera que sea su origen, que estime susceptible de perjudicar el bienestar general o las relaciones de amistad entre las naciones resultantes de una violación de las disposiciones de esta Carta".

La CIJ añade que "la única limitación" que impone el artículo 14 a la AG es, de acuerdo con el artículo 12 de la Carta, que la AG "no debe recomendar medidas mientras el Consejo de Seguridad esté tratando el mismo asunto, a menos que el Consejo se lo pida". Anota que, aunque es el CdS "el que de forma exclusiva puede ordenar medidas coercitivas, las funciones y poderes que la Carta confiere a la Asamblea General no se limitan a la discusión, consideración, el inicio de estudios y la formulación de recomendaciones; ellas no son meramente exhortatorias". Y concluye que "el artículo 18 trata de las decisiones de la Asamblea General "sobre cuestiones importantes". Estas decisiones incluyen, en efecto, algunas recomendaciones, pero otras tienen fuerza y efecto dispositivo" (p. 163).

Por ello, como concluye KREẞ: The Ukraine War..., ob. cit., la petición del secretario general para celebrar un acuerdo con un Estado para la creación de un tribunal internacional para el enjuiciamiento de crímenes internacionales no es una acción coercitiva.

1972 KREẞ, HOBE and NUẞBERGER: ob. cit., apuntan que al estar el crimen de agresión anclado en el DI consuetudinario se inserta dentro de la jurisdicción penal internacional que en última instancia está arraigada en la comunidad internacional en su conjunto. Por ello, la AG no atribuiría jurisdicción al tribunal especial, solo "contribuiría a activar el ejercicio internacional adecuado de una jurisdicción ya existente" y le "conferiría un carácter genuinamente universal".

cia del necesario apoyo de los Estados o instituciones que pudieran liderar su establecimiento.

El establecimiento del tribunal especial, como he adelantado, continuaría la senda de las Salas Extraordinarias en las Cortes de Camboya que —y aunque éstas no fueran estrictamente internacionales al integrarse en el sistema de justicia nacional de Camboya— se crearon por el acuerdo entre NNUU y el gobierno de Camboya, previa recomendación de la AG[1973]. Y también la del Tribunal Especial para Sierra Leona que fue creado en 2002 igualmente por un acuerdo entre NNUU y el gobierno de Sierra Leona, aunque por recomendación, no de la AG, sino del CdS, y al amparo del Capítulo VI, y no VII, de la Carta[1974].

La tipificación del crimen de agresión en el estatuto del nuevo tribunal debería acoger la definición del crimen de agresión del artículo 8 *bis* ECPI, al ser éste reflejo del DI consuetudinario. De esta forma, se respetaría el principio de legalidad penal internacional y el de irretroactividad de la norma penal desfavorable. No obstante, el principio de legalidad, en este caso, sería reforzado. Tanto la Federación de Rusia (artículo 353 del Código Penal)[1975] como Ucrania (artículos 436 y 437 del Código Penal)[1976] y Bielorrusia (artículo 122 del Código Penal)[1977] han tipificado en sus normas penales internas el crimen de agresión. La Federación de Rusia, como he avanzado, participó en la conformación de la definición del crimen de agresión del artículo 8 *bis* ER.

[1973] V. UN. Doc. A/RES/57/228A, Procesos contra el Khmer Rouge, 27 de febrero de 2003, disponible en: https://digitallibrary.un.org/record/482017?ln=es; y UN. Doc. A/RES/57/228B, Procesos contra el Khmer Rouge, 22 de mayo de 2003, disponible en: https://digitallibrary.un.org/record/494448?ln=es; y OLLÉ: Justicia Universal para…, ob. cit., pp. 51 y 52, nota 23.

[1974] V. UN. Doc. S/RES/1315 (2000), 14 de agosto de 2002, disponible en: https://documents-dds-ny.un.org/doc/UNDOC/GEN/N00/605/35/PDF/N0060535.pdf?OpenElement; y OLLÉ: Justicia Universal para…, ob. cit., pp. 50 y 51, nota 23.

[1975] V. *supra*, nota 1787.

[1976] V. *supra*, nota 1792.

[1977] V. *supra*, nota 1764.

La condición de internacional del tribunal penal especial para Ucrania impediría, como ya he desarrollado[1978], que las inmunidades funcionales y personales fueran de aplicación al ser un tribunal penal internacional en el que se juzgaría un crimen internacional, el de agresión. Los presuntos responsables de este crimen no podrían acogerse a inmunidad alguna[1979]. Y, además de juzgar el concreto crimen de agresión, haría avanzar al sistema de justicia penal internacional, "allanando el terreno para que la CPI asuma, en el futuro, su papel adecuado en la adjudicación [para juzgar el crimen], pero preferiblemente en la prevención del crimen de agresión"[1980].

Por último, el movimiento de Estados y de órganos e instituciones internacionales favorables al establecimiento del tribunal penal internacional para Ucrania debe aprovecharse para impulsar la ratificación de las enmiendas de Kampala sobre este crimen por el mayor número posible de Estados. Una postura coherente de esos Estados debe pasar porque éstos también ratifiquen esas enmiendas.

1978 V. *supra*, apartado 6.1 de este capítulo.

1979 Por ejemplo, la citada SCSL, Taylor, AC, *Decision on Immunity from Jurisdiction* (v. *supra*, nota 1840), párrs. 50 a 54 no aplicó la inmunidad personal al presidente Taylor al ser un tribunal internacional.

1980 KREß, HOBE and NUßBERGER: ob. cit.

Conclusiones y propuestas

—I—

La definición actual de crimen de agresión es el fruto de una larga y compleja evolución normativa experimentada por el DI y por el Derecho penal. Hasta la primera definición de los crímenes contra la paz en el Estatuto del TMI, el DI solo se ocupaba de la guerra como un acto estatal. No se exigía la responsabilidad penal personal de los responsables de desencadenar y hacer una guerra de agresión.

La guerra, hasta la Primera Guerra Mundial, fuera agresiva o no, se consideraba como un medio legítimo de hacer política. No existía una prohibición incondicional de la guerra. A lo sumo se trataba de evitar su desencadenamiento. El DI solo se ocupaba del modo de hacer la guerra, de las reglas de la guerra, de la protección de combatientes y de la población civil (*ius in bello*), pero no del *ius ad bellum* ni del *ius contra bellum.*

A partir de la Primera Guerra Mundial, después del fracaso del Pacto de la Sociedad de Naciones para alcanzar la prohibición absoluta de la guerra, se comienza a calificar la guerra de agresión como un crimen internacional (Tratado de Asistencia Mutua de Lord Robert Cecil, Asamblea de la Sociedad de Naciones y Protocolo para el Arreglo Pacífico de las Controversias Internacionales, entre otros). Se fue fraguando la conciencia de la necesidad de la prohibición incondicional de la guerra.

El Tratado General de Renuncia a la Guerra o Pacto Briand-Kellogg supuso un hito histórico en la renuncia a la guerra como instrumento de política nacional. Proclamó que toda diferencia o conflicto se arreglaría de forma pacífica. Su influencia fue imparable en sucesivos instrumentos internacionales que siguieron la senda de la prohibición del uso de la fuerza en favor de la paz y de la seguridad internacionales. El Pacto fue recurrente en la jurisprudencia de Núremberg. Sirvió para fundamentar la punibilidad de los crímenes contra la paz y la consideración del *ius ad bellum* y del *ius contra bellum.* Sin embargo, esta nueva conciencia jurídica no impidió que, en la práctica, se sucedieran otros conflictos bélicos, como la Segunda Guerra Mundial.

La Carta proclamó en 1945, como propósito, mantener la paz y la seguridad internacionales. Toda controversia que quebrante la paz se debe someter a arreglos pacíficos. Y sentaba, como principio estructural del ordenamiento jurídico internacional, la prohibición general del uso y de la amenaza de la fuerza. Solo se permitiría el uso de la fuerza armada si el CdS lo autoriza de acuerdo con el Capítulo VII de la Carta, después de determinar una amenaza a la paz, su quebranto o un acto de agresión, o en caso de legítima defensa individual o colectiva de los Estados.

— II —

Paralelamente al desarrollo del DI sobre la prohibición de la guerra se fueron sucediendo los primeros intentos para exigir la responsabilidad penal personal de quienes procuraban las guerras de agresión y para lograr una definición de los crímenes contra la paz. La Comisión encargada del estudio de la responsabilidad de los autores de la guerra e imposición de penas, en 1919, eludió aceptar la responsabilidad penal personal por la guerra de agresión, aunque se planteó exigir la responsabilidad penal personal. En 1920, el Tratado de Versalles, solo dibujó la responsabilidad penal individual por actos de guerra, pero no por la guerra de agresión. En 1933, el Convenio para la Definición de la Agresión definía el acto de agresión. En la doctrina, a partir de 1920, se iniciaron principalmente con PELLA, SALDAÑA y DONNEDIEU DE VABRES los debates sobre la necesidad de establecer una definición del crimen de agresión. Debate que cesó en el período entreguerras y se retomó en los años noventa del siglo pasado.

Después de la Segunda Guerra Mundial, se declaró, finalmente, en el Acuerdo de Londres de 1945, que la responsabilidad penal individual por crímenes internacionales era exigible. Se definieron, por primera vez, los crímenes contra la paz, como un ilícito penal internacional. Fueron tipificados de forma similar, pero no idéntica, en el Estatuto del TMI, en el LCA n.º 10 y en el Estatuto del TMILO.

Posteriormente, en 1950, la formulación de los *Principios de Derecho Internacional Reconocidos en la Carta del Tribunal de Núremberg y en la Sentencia del Tribunal,* declaró la responsabilidad penal personal de quien cometiera un delito de DI y conceptuaba de esta categoría a los crímenes contra la paz.

La tipificación de los crímenes contra la paz y su aplicación en el juicio de Núremberg y en Tokio suscitó si se vulneraba el principio de legalidad y si se aplicaba retroactivamente la ley penal. La sentencia de Núremberg favoreció indiscutiblemente al desarrollo del DPI. Sin embargo, la de Tokio, gracias a los dos votos disidentes de los dos jueces Pal y Röling, fue la que contribuyó a la futura configuración sustantiva del crimen de agresión. Cuestionaron en 1948, la existencia de este crimen antes de la comisión de los hechos juzgados.

Otros instrumentos internacionales de DI aparecidos después de la Segunda Guerra Mundial, como los Tratados de París de 1947, la Convención sobre el Estatuto de los Refugiados (1951) o la Declaración sobre los principios de Derecho internacionales referentes a las relaciones de amistad y a la cooperación entre los Estados de conformidad con la Carta de las Naciones Unidas, se referían en su articulado a los crímenes contra la paz (1970).

Después de arduos y complejos trabajos en el seno de NNUU, la AG aprobó la resolución 3314 (XXIX), *Definición de agresión,* el 14 de diciembre de 1974. Era la primera definición de agresión universalmente reconocida. La demora en alcanzar un consenso en la definición de la agresión se debió a las tensiones de la guerra fría y a la desconfianza en que la redacción final de la definición no contemplase todos los actos posibles en los que se podría instrumentar la agresión, lo que podría dar lugar a confusión. Los puntos de tensión pivotaron entre los que apostaban por una definición cristalina y los que mantenían que la definición no contribuiría a la paz, porque sería NNUU quien limitaría discrecionalmente la determinación de un acto como agresión. Desde entonces, la comunidad internacional disponía de una definición de agresión universalmente aceptada y de un listado, aunque no exhaustivo, de actos de agresión.

Se concluía la discusión de más de 25 años, que había nacido con los votos disidentes de Tokio sobre la criminalización de la guerra de agresión y la exigencia de la responsabilidad penal individual. La situación política en el mundo había cambiado. Sin embargo, el DI primaba sobre el DPI. A pesar de que los crímenes contra la paz eran considerados como los más graves crímenes internacionales, el acto agresivo solo generaba en el DI una obligación de reparar estatal. La tipificación del futuro crimen de agresión seguía congelada.

Los crímenes contra la paz son considerados crímenes de DI consuetudinario después de la Segunda Guerra Mundial. El DI consuetudinario prohíbe las guerras de agresión y reclama la responsabilidad penal personal de quienes contribuyen a los actos de agresión. El carácter de DI consuetudinario servirá para interpretar la actual definición del crimen de agresión.

— III —

La CDI retomó los trabajos sobre el proyecto de código de delitos contra la paz y la seguridad de la humanidad iniciados en 1954 y 1981. Dentro de la diferente naturaleza de los crímenes internacionales se definieron los crímenes contra la paz y la seguridad de la humanidad, como, los "en cierto modo, *los más graves entre los más graves*". En 1984 se retomó en la lista de crímenes, el artículo 2 del proyecto de 1954 sobre la agresión y se planteó si ésta debía extenderse a otros actos agresivos diferentes a los militares, como a la agresión económica.

En 1991 se aprobó en primera lectura el proyecto. El artículo 15 sobre la agresión y el artículo 16 sobre la amenaza de agresión. La amenaza desapareció y el artículo 15 se aligeró de contenido con la aprobación en segunda lectura del proyecto de código en 1995. Paralelamente la CDI, a instancia de la AG, aprobó en 1994 aprobó un proyecto de estatuto de una corte penal internacional donde contempló el crimen de agresión, la importancia de su definición y la competencia de la futura corte sobre él, pero no llegó a definirlo y atribuía la determinación del acto de agresión al CdS. En diciembre de 1994 se creó el *comité preparatorio* o *ad hoc* de "una convención sobre el establecimiento de una corte penal internacional para su examen por una conferencia de plenipotenciarios". En 1995, este *comité* debatió la inclusión de la agresión en el futuro estatuto y en las legislaciones penales nacionales, con posiciones favorables y adversas. Se deliberó igualmente sobre el papel del CdS y las contradicciones posibles que podrían surgir entre las decisiones del Consejo, la futura corte e incluso la CIJ, si el CdS era el competente para determinar la existencia de un acto de agresión y la corte para establecer la responsabilidad personal.

El segundo borrador de proyecto de código de 1996 de la CDI superaba al de 1994. Se definía el crimen de agresión —pero no la agresión—, se estipulaba la responsabilidad penal personal del reducido círculo de autores y partícipes que contribuían al acto estatal de agresión, y se elevaba el umbral de la violación de la prohibición del uso de la fuerza (artículo 2.4 de la Carta) a que fuera "suficientemente grave". Aspecto que se contempló en el proyecto de 1994.

La CDI igualmente consideró la responsabilidad del Estado por hechos ilícitos en el proyecto de artículos sobre la responsabilidad de los Estados, donde también consideró desde 1975 a la agresión. En el proyecto aprobado en segunda lectura, la CDI citaba como ejemplo de prohibición imperativa, la prohibición de la agresión.

La CDI en todos sus trabajos no alcanzó ninguna definición del crimen de agresión. La definición de la resolución 3314 adoptada en 1974 seguía sin ser desarrollada en el ámbito del DPI. La definición del crimen de agresión seguía esperando.

El *comité preparatorio* de examinar las principales cuestiones sustantivas y administrativas del proyecto de estatuto preparado por la CDI y preparar un texto refundido de "convención sobre el establecimiento de una corte penal internacional para su examen por una conferencia de plenipotenciarios", siguió con los trabajos preparatorios a lo largo del año 1996 y 1997. En 1997, se examinó la propuesta de definición de agresión y de los actos que constituían agresión, que había formulado el *grupo de trabajo sobre la definición de los crímenes.* El 14 de abril de 1998, el comité preparatorio presentó el proyecto de estatuto y el proyecto de acta final de la conferencia, en el que se presentaba una propuesta de definición con diferentes alternativas o variantes y el mecanismo que articulaba las decisiones del CdS, sus funciones y la relación de éste con la futura corte penal internacional.

Finalmente, en la Conferencia Diplomática de Plenipotenciario de las Naciones Unidas sobre el establecimiento de una corte penal internacional, celebrada en Roma, entre el 15 de junio y el 17 de julio de 1998, se aprobó el ECPI. Las posturas de las diferentes delegaciones fueron encontradas en favor y en contra de la definición de la agresión propuesta. La mesa de la comisión plenaria del 10 de julio de 1998 excluyó el crimen de agresión del futuro estatuto, pero se dejaba la puerta abierta a su incorporación si se lograba un acuerdo antes del 13 de julio. No se consiguió avanzar por la discrepancia de los Estados y el 17 de julio de 1998 se aprobó el ECPI en el que se declaraba la competencia de la CPI para el crimen de agresión, pero éste no se definía, postergando esta labor para más adelante. El crimen de agresión se convertía en el crimen "en espera". El viaje normativo de Núremberg a Roma en busca de una definición internacionalmente consensuada del crimen internacional de agresión y su incorporación a un instrumento penal con vocación de aplicación universal se había interrumpido. Los condicionantes políticos vencieron a los jurídicos.

La ASP encomendó a la Comisión Preparatoria de la Corte Penal Internacional —que creaba el 17 de julio de 1998 y concluía sus trabajos en 2002— una propuesta de disposición sobre la agresión, "incluyendo la definición y los elementos de los crímenes de agresión y las condiciones en las que la Corte Penal Internacional podrá ejercer la jurisdicción respecto de este crimen". Se emprendía de esta forma el segundo viaje normativo de Roma a Kampala. El SWGAC tomó el relevo de la comisión preparatoria en 2002 para elaborar propuestas "relativas a una disposición sobre la agresión". Su primera reunión fue en 2004 y la última en 2009. La ASP aprobó por consenso el 26 de noviembre de 2009 las propuestas del SWGCA sobre el crimen de agresión. El 11 de junio, en la Conferencia de Revisión del Estatuto de Kampala, se aprobó por parte de la ASP la que puede considerarse como la histórica resolución RC/Res.6 sobre el crimen de agresión. Desde entonces, y después de más de 65 años, se tipificaba en una suerte de código penal internacional y de alcance universal, el ECPI, la definición normativa del crimen de agresión (artículo 8 *bis* ER) y las condiciones jurisdiccionales para su persecución por la CPI (artículos 15 *bis* y 15 *ter* ER). Igualmente se suprimió el párrafo 2 del artículo 5 ECPI. Se añadió, sobre autoría y participación, el apartado tercero *bis* al artículo 25 ECPI. Y dentro del paquete de Kampala se adoptaron los EC y los *entendimientos* sobre las enmiendas.

Se iniciaba el camino a Nueva York. Las enmiendas, después de los trabajos de facilitación en Nueva York, se activaron el 17 de julio de 2018, una vez cumplidos los requisitos exigidos: i) que se ratificaran las enmiendas por al menos treinta Estados; y ii) que adicionalmente se adoptara la activación en una decisión posterior 1 de enero de 2017. Decisión que tuvo lugar el 14 de diciembre de 2017.

— IV —

El crimen de agresión se configura como un tipo de injusto pluriofensivo. La paz internacional, la soberanía de los Estados y su seguridad o convivencia pacífica internacional son bienes jurídicos colectivos supranacionales protegidos inmediata y directamente por el crimen de agresión con el fin de mantener el orden público internacional. Pertenecen todos ellos a la comunidad internacional, afectan a las relaciones internacionales entre los Estados y son regulados por el DI. Mediata e indirectamente también se protegen bienes jurídicos fundamentales individuales personales, como la vida, la integridad y la libertad, o materiales para evitar la destrucción, cuando se producen como consecuencia del crimen de agresión.

La estructura del crimen internacional del ECPI se inspira en el sistema anglosajón y continental. Se divide en el elemento objetivo o *actus reus* (acto culpable) conformado por la conducta humana, la consecuencia, la imputación objetiva y, en su caso, las circunstancias externas; y el elemento subjetivo o *mens rea*, es decir, conocimiento e intención. La responsabilidad penal personal requiere que exista esta doble vinculación objetiva (material) y subjetiva (psicológica) entre el hecho y el sujeto. Si no existe esta vinculación dual no se podrá atribuir el crimen al sujeto.

La intención no tiene por qué abarcar las circunstancias, y el conocimiento tampoco se proyecta sobre la conducta. La consecuencia es el único elemento material objetivo que tiene que ser comprendido por la intención y el conocimiento. Es decir, la conducta debe ser querida por el sujeto (realización voluntaria), las circunstancias deben ser conocidas por el autor, y las consecuencias deben ser queridas por el sujeto y ser consciente de que las mismas se deberían producir. El crimen de agresión es, entonces, una conducta que se realiza en determinas circunstancias y produce consecuencias.

En el crimen de agresión se acepta la aplicación general del elemento subjetivo del artículo 30, no requiere de la concurrencia de ningún especial elemento subjetivo.

El injusto internacional se conforma de dos conductas diferentes pero interrelacionadas e interdependientes. El acto individual que dará lugar a la responsabilidad penal personal de sus autores. Y el acto estatal sobre el que se proyecta la conducta individual formará parte de los elementos materiales del crimen. La comisión es necesaria para la exigencia de la responsabilidad penal individual y la consumación de crimen. Además, el acto agresivo o uso de la fuerza armada dará lugar, de acuerdo con el DI, a la responsabilidad estatal, al ser el acto de agresión un hecho ilícito internacional del Estado agresor.

El crimen de agresión es de naturaleza colectiva. Es un crimen complejo en el que convergen dos comportamientos. Requiere la realización de una conducta individual del sujeto activo (primera conducta) y la de un acto colectivo estatal de agresión (segunda conducta). La realización de la primera conducta converge en la realización de la segunda en tanto que se dirige y tiene como objetivo la realización del acto colectivo estatal de agresión o uso real de la fuerza armada. La contribución personal es el punto de unión entre la conducta individual y el acto estatal de agresión.

La decisión estatal del acto de agresión será adoptada por los dirigentes políticos y/o militares (delito especial propio) del Estado agresor. Esa decisión antijurídica de agresión, dará lugar a la responsabilidad penal individual de los dirigentes que la adoptaron. La conducta individual en la adopción de esa decisión estatal inicial se identificará, por lo general, con la planificación o preparación del acto de agresión. Sin embargo, con posterioridad a acordar estatalmente los actos de agresión, otros sujetos especiales podrán contribuir a su comisión sumándose a la planificación o preparación, o a la fase o estadio posterior de inicio o de realización del acto de agresión.

El acto de agresión es la consecuencia de una previa conducta individual del sujeto que contribuye en cualquiera de las modalidades típicas al acto de agresión. Si el acto estatal de agresión se hubiera comenzado a gestar, cualquier sujeto cualificado podrá contribuir a su comisión uniéndose al plan colectivo agresivo iniciado. Y si el acto agresivo hubiera comenzado a materializarse, a través del uso de la fuerza armada, también cualquier sujeto cualificado podrá unirse al plan criminal.

El injusto internacional se conforma así de dos conductas diferentes pero interrelacionadas e interdependientes. El acto individual dará lugar a la responsabilidad penal personal de sus autores. El acto estatal, sobre el que se proyecta la conducta individual, formará parte de los elementos materiales del crimen y es necesaria para la exigencia de la responsabilidad penal individual. Además, dará lugar, de acuerdo con el DI, a la responsabilidad estatal, al ser el acto de agresión esencialmente un hecho ilícito internacional del Estado agresor.

Por ello, la comisión de un crimen de agresión genera doble responsabilidad o responsabilidad dual y compatible. La penal individual que se ventilará ante la jurisdicción penal correspondiente. Y la responsabilidad del Estado que, dentro del sistema de NNUU, corresponderá declararla a la CIJ.

El concepto de Estado no es propio del DPI, sino del DI general. Su contenido a efectos del crimen de agresión tendrá que ser delimitado por la CPI, para fijar la condición de sujeto activo y pasivo del crimen, al suponer todo acto de agresión un conflicto interestatal entre el Estado que agrede y el agredido. El Estado es un sujeto con subjetividad internacional. Es el sujeto originario, primario, primordial y pleno del DI. Es soberano porque está sujeto al DI y existe cuando reúne, según los principios de DI los elementos de población, territorio y organización política o gobierno y, para algunos tratadistas, organización social. La completa ausencia de uno estos elementos esenciales impediría la consideración de Estado. El concepto de Estado resolverá en el futuro situaciones difusas en casos, por ejemplo, de unificación de dos o más Estados en uno, o de disolución o de separación de un Estado en dos o más, la secesión violenta de una parte del territorio para formar un Estado, o en el caso de reconocimiento parcial, no de toda la comunidad internacional, de un Estado.

Igualmente, en el ámbito del DI se reconocen otros sujetos distintos de los Estados que también gozan de personalidad jurídica internacional derivada y restringida o limitada (subjetividad parcial o limitada) y con capacidad para ser sujetos de derechos y obligaciones y de relacionarse en la comunidad internacional. Son los beligerantes, los pueblos y los movimientos de liberación nacional. Estos sujetos limitados de DI también pueden plantear en el ámbito del DPI complejos problemas. Y lo mismo sucede con los movimientos de liberación y los denominados como *cuasi Estados*.

—V—

El párrafo primero del artículo 8 *bis* ER define la conducta individual del crimen de agresión: "una persona comete el "crimen de agresión" cuando estando en condiciones de controlar o dirigir efectivamente la acción política o militar de un Estado, dicha persona planifica, prepara, inicia o realiza un acto de agresión".

El crimen de agresión es un crimen especial propio cualificado por la condición y cualidad que debe reunir el sujeto activo. Es sujeto activo únicamente la persona que esté "en condiciones de controlar o dirigir efectivamente la acción o política militar de un Estado". Es un crimen de líderes o dirigentes. El sujeto puede, de acuerdo con el adverbio típico (*efectivamente*), detentar el poder de control o dirección, en primer lugar, de *iure* porque pertenecen formalmente a las estructuras civiles o militares del Estado y por mandato normativo controlan o dirigen las políticas estatales. Y, en segundo lugar, de *facto*, es decir, las personas que, aunque formalmente pertenecen a la estructura del Estado, legalmente carecen de esas facultades de mando, de control o dirección de las políticas estatales, pero las asumen de *facto*; y también aquellas personas que no pertenecen formalmente a la estructura del Estado, pero que de *facto* ejercen su poder de control y dirección.

La planificación es un plan del sujeto activo perceptible en el exterior y dirigido a la comisión de un acto estatal de agresión. El plan debe ser agresivo, concreto, explícito y unívoco que suponga una contribución del sujeto a la realización de un acto estatal de agresión. La preparación es un acto previo al inicio y/o realización del acto de agresión. Son acciones adecuadas o medidas concretas decisivas dirigidas a la comisión del acto de agresión. Son medidas preparatorias del inicio y/o realización del acto de agresión. Iniciar un acto de agresión se corresponde con el inicio del uso de la fuerza armada, no en su sentido literal, sino según cualquiera de las conductas previstas en el párrafo 2° del artículo 8 *bis* ECPI. Y la conducta de realización o ejecución será efectuar o llevar a cabo un acto de agresión. Iniciar un acto de agresión es poner en marcha un acto de agresión. No es diáfana la diferencia entre "iniciar" y "realizar" un acto de agresión, incluso pudiera ser redundante.

El párrafo primero del artículo 8 *bis* ECPI no tipifica actos preparatorios. Son cuatro conductas típicas: planificar un acto de agresión, preparar un acto de agresión, iniciar un acto de agresión o realizar un acto de agresión. Su literalidad impide considerar normativamente a las dos primeras conductas como acto preparatorio, y a la tercera como tentativa. Cronológicamente, y desde una visión meramente naturalística, es palmario que el crimen de agresión no es de ejecución inmediata. Es una sucesión sincronizada de conductas. El acto de agresión primero se planifica, le seguirá la preparación, se dará inicio y concluirá con su realización. Sea cual sea la conducta individual que se produzca adicionalmente para confirmar el crimen de agresión el acto de agresión se tiene que producir o completar.

La arquitectura del tipo de agresión compuesto por cuatro conductas se corresponde con una unidad típica de acción. El sujeto activo contribuye a la comisión típica bien a través de una única conducta —a su vez alternativa (o planifica o prepara o inicia o realiza)— bien acumulativamente contribuyendo con más de una de ellas (planifica y/o prepara y/o inicia y/o realiza el acto de agresión) para logar el resultado colectivo efectivo del acto de agresión. El tipo del artículo 8 *bis* ER es un tipo mixto alternativo y también acumulativo. Y la intervención de diferentes sujetos convierte al crimen de agresión en tipo plurisubjetivo y de convergencia. Varias personas convergen, mediante la realización de conductas individuales, para obtener el resultado colectivo estatal del acto de agresión. Por tanto, el crimen de agresión es un delito de resultado material.

El carácter colectivo del crimen de agresión, le imprime naturaleza coral. El *actus reus* es una sinfonía de conductas criminales individuales (planificación + preparación+ toma de decisión+ orden del inicio de las acciones) que contribuyen al resultado colectivo final del acto de agresión.

El carácter colectivo del crimen de agresión exige que la contribución de sus autores para alcanzar relevancia penal sea esencial si es autor, y significativa si es partícipe. El grado cualitativo de la contribución no se mide en relación con la consecuencia (acto de agresión) sino respecto del acto individual de planificación de un acto agresivo, preparación de un acto agresivo, inicio de un acto agresivo o de realización de un acto agresivo. La consecuencia es el resultado de un acto colectivo, precedido de diversas contribuciones individuales.

El crimen de agresión también puede ser cometido, al menos desde una percepción teórica, por omisión. Sólo podrán ser autores de la omisión los sujetos que estando en el plano político y teniendo la capacidad de influir en las políticas estatales infringieran un deber jurídico de actuar que en este caso es el de impedir la agresión.

La coautoría y participación, consecuentemente, solo es posible si el coautor o partícipe —al igual que el autor— reúne el elemento personal especial de control y dirección efectivo de las políticas de un Estado. El *extraneus* que intervenga en la comisión del crimen de agresión carece de responsabilidad penal. La misma conducta ejecutada por diversos sujetos unos a título de autoría y otros de participación provocará solo la responsabilidad penal del *intranei* que es el único con capacidad de mando, control o dirección de políticas estatales, mientras que el *extraneus* sin poder efectivo en las políticas estatales o militares quedará impune (artículo 25.3 *bis* ER).

El crimen de agresión, de acuerdo con el modelo diferenciado —donde lo relevante es la definición de la conducta que realiza el autor— distingue, al menos en el plano teórico, por un lado, la intervención de los líderes o dirigentes que cometen el crimen como autores autónomos (letra a), del artículo 25.3 ER), es decir que *por sí solo, con otro* o *por conducto de otro* planea, prepara, inicia o realiza un acto de agresión. Y, por otro lado, los partícipes que contribuyen de forma accesoria al comportamiento de los autores con las conductas de: *ordenar, proponer o inducir* (letra b)); *complicidad, encubrimiento* o *colaboración* (letra c)); o, y aunque no parece que en la realidad práctica sea de aplicación porque el sujeto activo, líder, normalmente formará parte del grupo que ha cometido el acto de agresión, *participar en un crimen cometido por un grupo* (letra d)). Por último, la *responsabilidad del superior* no tendrá aplicación práctica porque el crimen de agresión lo cometerían subordinados, que por la cláusula de liderazgo es imposible considerarlos sujetos activos.

La importancia de concretar la intervención de cada persona radica tanto en la accesoriedad de la participación respecto de la autoría y sus consecuencias, como en que la CPI ha señalado que las diferentes formas de intervención acarrean "diferente grado de responsabilidad", siendo mayor el de la autoría que el de la participación, lo que influirá en el *quantum* de la pena. La Regla de Procedimiento y Prueba número 145. 1. c) considera, entre otros, como factor, para imponer la pena "el grado de participación del condenado".

— VI —

El acto colectivo estatal de agresión, como elemento de conducta, está regulado con cierta imprecisión sistemática en los dos párrafos del artículo 8 *bis*. Se basa en la realización de un "acto [estatal] de agresión" (párrafo primero) o "uso de la fuerza armada" (párrafo segundo) que ejecuta un Estado contra otro Estado (párrafo segundo). Esa fuerza armada, que se identifica con el acto de agresión (párrafo segundo), "necesariamente" se caracterizará —de acuerdo con el párrafo segundo del artículo 8 *bis* ER— en cualquiera de los actos de agresión descritos en la resolución 3314 (párrafo segundo). No es suficiente para el tipo penal internacional del artículo 8 *bis* ER cualquier uso de fuerza armada. Ésta tiene que ser incompatible con la Carta y ser una violación manifiesta de la misma por sus "características, gravedad y escala".

Es indudable la influencia que tendrán en el futuro el DI en el DPI para determinar la existencia de un acto de agresión. Por ello, es inevitable aproximarse a la agresión en el ámbito del CdS, de la CIJ, y más recientemente a raíz de la invasión de Ucrania del Consejo de Europa, de la Unión Europea y de la Organización para la Seguridad y Cooperación en Europa.

El CdS desempeña un rol esencial en la actualidad para el enjuiciamiento del crimen de agresión en la CPI. Además, y al margen de su papel en el ECPI, es el órgano permanente de NNUU cuya responsabilidad primordial es mantener en nombre de los Estados miembros, la paz y la seguridad internacionales, de acuerdo con los propósitos y principios de las NNUU. El capítulo VII de la Carta regula el sistema de seguridad colectiva centralizado internacional o la "acción en caso de amenazas a la paz, quebrantamiento de la paz o actos de agresión", que recae de modo principal y, en su caso, exclusivo en el CdS.

En el ámbito Capítulo VII de la Carta, la función primordial del CdS es determinar discrecionalmente, respecto de una situación, la existencia de una amenaza a la paz, un quebrantamiento de la paz o de un acto de agresión (artículo 39 de la Carta). Si el CdS concluye que la situación se puede calificar como una de esas tres categorías, hará recomendaciones o decidirá las medidas adecuadas para mantener o restablecer la paz y la seguridad internacionales (artículo 39 de la Carta). Si esas recomendaciones o decisiones se incumplen, el CdS podrá adoptar inicialmente medidas que no consistan en el uso de la fuerza armada (artículo 41 de la Carta), y si éstas "pueden ser inadecuadas o han demostrado serlo" se recurriría a la fuerza armada (artículos 42 y 43 de la Carta).

La labor del CdS en la búsqueda de la paz y seguridad internacionales no parece que haya sido especialmente convincente al calificar situaciones que comprometían o transgredían la paz. Ha determinado la existencia de un "acto de agresión" en treinta y cuatro resoluciones dictadas entre 1973 y 1990. A partir de la resolución 667, dictada en 1990, el CdS no volvió a determinar que un Estado era responsable de un acto de agresión. El CdS mutó el lenguaje de sus resoluciones y calificó situaciones en las que efectivamente se usó la fuerza armada por los Estados en contra de la Carta de NNUU, como una amenaza para la paz y la seguridad internacionales o excepcionalmente como un quebrantamiento de la paz. El CdS desde entonces esquivó el sustantivo "agresión" y la expresión "acto de agresión". El CdS ha ignorado, hasta el momento, la definición de agresión de la resolución 3314.

La CIJ se ha referido a la agresión en materia de distribución de funciones y poderes con respecto al mantenimiento de la paz y la seguridad internacionales entre el CdS y la AG, y entre el CdS y la propia CIJ. Sin embargo, la jurisprudencia de la CIJ es huérfana en cuanto al contenido y delimitación del acto de agresión. Nunca ha declarado que un Estado ha cometido una agresión, ni ha profundizado en su concepto, ni ha definido la misma, aunque sí son relevantes sus decisiones en el desarrollo de la prohibición del uso de la fuerza, en la distinción de los distintos tipos de usos ilícitos de la fuerza, y en las causas que pueden justificar el uso de la fuerza. Igualmente, algunas de sus resoluciones indirectamente han aludido de forma indirecta a actos de agresión.

La CIJ distingue dos formas del uso de la fuerza. La más grave, que son las que constituyen un ataque armado y frente al que cabe, de acuerdo con el artículo 51 de la Carta, legítima defensa, y la menos grave, como podría ser un mero incidente fronterizo. La CIJ entiende que los conceptos de ataque armado y agresión son semejantes. La CIJ ha declarado que el principio de la prohibición de la fuerza es una norma de DI consuetudinario de *ius cogens* o norma imperativa, que la defensa colectiva también es derecho consuetudinario y que existe una obligación *erga omnes* en el DI para toda comunidad internacional que proscribe los actos de agresión. Sin embargo, no ha sido una cuestión pacífica en la CIJ que la resolución 3314 refleje DI consuetudinario.

En el ámbito del Consejo de Europa, el TEDH en sus decisiones, aunque tampoco sea su cometido, no se ha pronunciado ni sobre la agresión, ni sobre el crimen de agresión, pero sí sobre la violación de los derechos garantizados en el CEDH en contextos de conflictos y ataques armados o usos de la fuerza internacionales, en virtud de las demandas de particulares o interestatales. Destacan las diferentes demandas contra la Federación de Rusia derivadas del conflicto que mantiene con Ucrania desde el año 2014 hasta la actualidad. La Corte, en sus decisiones, hasta el momento, no ha utilizado el término acto de agresión, aunque Ucrania sí ha denunciado rotundamente los actos de agresión cometidos por parte de la Federación de Rusia. La Asamblea Parlamentaria del Consejo de Europa ha calificado la invasión de Ucrania de agresión y ha condenado esta agresión cometida por la Federación de Rusia.

La Unión Europea, el Parlamento Europeo y el Consejo Europeo han condenado el conflicto militar entre Ucrania y Rusia, iniciado en febrero de 2014 y relanzado el 24 de febrero de 2022, por ser guerra de agresión ilegal. Consideran la guerra de agresión de Ucrania como un crimen internacional grave. Recuerdan la prohibición general del uso de la fuerza armada contra la integridad territorial o la independencia política de cualquier Estado y consideran que la guerra de agresión constituye una violación indisimulada y flagrante de la Carta, de todos los principios fundamentales del Derecho internacional y de otros instrumentos internacionales. Y exigen la rendición de cuentas de los autores y partícipes del crimen de agresión.

La Organización para la Seguridad y Cooperación en Europa también ha condenado enérgicamente la guerra de agresión de la Federación de Rusia contra Ucrania. Considera que la invasión rusa es una flagrante violación del DI, de la soberanía de Ucrania y de su integridad territorial, además de un ataque a los derechos humanos y las libertades fundamentales. Ha acusado a Bielorrusia de Estado coagresor y ha solicitado a la comunidad internacional que el crimen de agresión no quede impune.

El *acto de agresión* es un *uso de la fuerza armada*. Este uso la fuerza armada no significa que necesariamente se usen armas físicas o que se produzca materialmente la destrucción de bienes personales —como la vida, la integridad física— o materiales. No es necesario ni siquiera que se produzcan disparos o enfrentamientos armados. Acto de agresión y uso de fuerza armada es un concepto valorativo descrito en el párrafo segundo del artículo 8 *bis* ER.

El acto de agresión estatal debe ser internacional, interestatal. Su objeto es la soberanía, la integridad territorial o la independencia política del Estado agredido. Existe una interrelación entre el artículo 8 *bis* ECPI y la resolución 3314. Acto de agresión es un concepto normativo ajeno al Derecho penal, propio del DI y específico para determinar la responsabilidad estatal. Se incorpora a un instrumento de DPI para definir el crimen internacional de agresión. Sin embargo, el DPI no puede influir en el DI, sin perjuicio de que la resolución 3314 sirva de elemento interpretativo para la CPI. No obstante, los jueces de la CPI serán soberanos para interpretar cuándo el uso de fuerza constituye un crimen de agresión, incluso distanciándose de la jurisprudencia de la CIJ y de los pronunciamientos del CdS.

El párrafo segundo del artículo 8 *bis* ER enumera una lista de actos que caracteriza como de agresión. Está lista no es ni cerrada ni exhaustiva, sino de naturaleza mixta: semiabierta. Comprende, en primer lugar, todos los actos de agresión enumerados en las letras *a)* a *g)* del artículo 8.2 *bis* ECPI. Y, en segundo, todos aquellos no previstos expresamente en la lista, siempre que superen un doble estándar de gravedad. El acto no descrito en la norma debe ser semejante, del mismo carácter y gravedad que los actos enumerados en las letras *a)* a g). Y una vez concretado ese acto como inicialmente típico, tendrá superar el segundo umbral de gravedad previsto en el párrafo primero del artículo 8 *bis* ER (características, gravedad y escala). Las técnicas actuales del uso de la fuerza (por ejemplo, una ciberguerra contra infraestructuras críticas) han superado a los tradicionales métodos reflejados en la resolución 3314, que establece una interpretación cuasi auténtica del acto de agresión. El propio ER ofrece un listado sobre qué es acto de agresión (interpretación auténtica), pero permite la incorporación de otros de entidad y carácter semejante (naturaleza semiabierta). El ECPI establece una interpretación cuasi auténtica del acto de agresión.

El párrafo segundo del artículo 8 *bis* ER especifica que es indiferente que con el uso de la fuerza o acto de agresión se declare o no formalmente la guerra.

Este mismo párrafo lista en las letras *a)* a *g)* los concretos actos de agresión típicos. Pero, no todo acto de agresión previsto en el párrafo segundo del ER desencadenará la comisión de un crimen de agresión. Solo los que supongan una violación manifiesta de la Carta y superen el umbral de gravedad por sus características, gravedad y escala.

El primer acto de agresión se describe en la letra a): "La invasión o el ataque por las fuerzas armadas de un Estado del territorio de otro Estado, o toda ocupación militar, aún temporal, que resulte de dicha invasión o ataque, o toda anexión, mediante el uso de la fuerza, del territorio de otro Estado o de Parte de él". Se concreta en cuatro conductas. La invasión y ataque sobre el territorio de otro Estado. Y la ocupación militar que se producirá con posterioridad en el tiempo a cualquiera de las otras dos conductas anteriores; salvo que un Estado que hubiera sido atacado repeliere el ataque amparado en la legítima defensa, se excediera en ese derecho y se convirtiera en un Estado agresor ocupante. El último acto de agresión sería la anexión.

El segundo acto de agresión se describe en la letra *b)* del párrafo segundo del artículo 8 *bis* ER: "[e]l bombardeo, por las fuerzas armadas de un Estado, del territorio de otro Estado, o el empleo de cualesquiera armas por un Estado contra el territorio de otro Estado". Dos son, consecuentemente, las conductas estatales: el bombardeo, que podrá ser desde dentro o fuera del Estado agredido, y el empleo de armas contra el territorio del Estado agredido, también desde dentro o fuera de su territorio. Puede ser cualquier arma, de cualquier naturaleza. No se limita el tipo, al ser abierto.

La letra *c)* del artículo 8.2 *bis* ER describe como acto de agresión "[e]l bloqueo de los puertos o de las costas de un Estado por las fuerzas armadas de otro Estado". La finalidad del bloqueo puede ser económica, militar, impedir recibir alimentos y bienes de primera necesidad, paralizar transacciones comerciales, o neutralizar a las fuerzas armadas de otro Estado. La conducta hostil del Estado agresor consiste en impedir, de cualquier forma, a través de sus fuerzas armadas, por tierra, mar o aire, que salgan o entren en los puertos y en las costas de un Estado buques o cualquier tipo de embarcación. A pesar de que la letra *c)* no incluye el bloqueo de aeropuertos, según la naturaleza semiabierta de la lista, el bloqueo de los aeropuertos constituiría un acto de agresión si su carácter y gravedad es similar al bloqueo de puertos y adicionalmente supere el umbral de gravedad del párrafo primero del artículo 8 *bis* ER.

La letra *d)* declara como acto de agresión "[e]l ataque por las fuerzas armadas de un Estado contra las fuerzas armadas terrestres, navales o aéreas de otro Estado, o contra su flota mercante o aérea".

Se distingue el ataque frente a fuerza armadas del ataque a la flota mercante o aérea.

La letra *e)* tipifica como acto de agresión "[l]a utilización de fuerzas armadas de un Estado, que se encuentran en el territorio de otro Estado con el acuerdo del Estado receptor, en violación de las condiciones establecidas en el acuerdo o toda prolongación de su presencia en dicho territorio después de terminado el acuerdo". El primer acto de agresión exige el efectivo uso de fuerzas armadas del Estado que permanece en el Estado receptor contra éste o contra un tercer Estado, en contra de lo dispuesto en el acuerdo de cooperación y asistencia interestatal que une a ese Estado con el receptor. El segundo de los actos de agresión consiste en la prolongación o permanencia de un Estado en el territorio del Estado receptor, de forma hostil, una vez expirado el término convenido por los dos Estados en el acuerdo interestatal que les une.

La letra *f)* tipifica como acto de agresión "[l]a acción de un Estado que permite que su territorio, que ha puesto a disposición de otro Estado, sea utilizado por ese otro Estado para perpetrar un acto de agresión contra un tercer Estado". Poner a disposición denota una conducta activa por parte del Estado territorial, es decir, es consciente o sabe que el permiso de utilización de su territorio que ha concedido es para que el tercer Estado cometa un acto de agresión. No serán actos agresivos los de utilización del territorio de un Estado si éste no ha podido impedir la agresión del Estado que desde su territorio agrede a un tercero. El Estado debe querer que, desde su territorio, se cometan actos agresivos. La oposición expresa a la utilización del territorio por parte del Estado territorial impediría considerar a éste como responsable a los efectos del artículo 8.2 *bis* ECPI. Se producirá una doble agresión una directa por el Estado que usa el territorio de un tercero y otra indirecta por el Estado que conscientemente permite que se cometa la directa desde su territorio que lo pone a disposición.

La letra *g)* considera como acto de agresión dos conductas diferentes alternativas: "[e]l envío por un Estado, o en su nombre, de bandas armadas, grupos irregulares o mercenarios que llevan a cabo actos de fuerza armada contra otro Estado de tal gravedad que sean equiparables a los actos antes enumerados, o su sustancial participación en dichos actos". Las tres fuerzas no regulares y no estatales que integran la descripción típica son: *bandas armadas, grupos irregulares* o *mercenarios.* El concepto de banda armada puede alcanzarse a través de una aproximación a la Convención de las Naciones Unidas contra la Delincuencia Organizada Transnacional, que distingue entre grupo organizado y grupo estructurado, en la Decisión Marco 2008/841, relativa a la Lucha contra la Delincuencia Organizada e incluso puede servir de guía el Código Penal español. Grupo irregular es el que formalmente no pertenece a las fuerzas armadas oficiales del Estado, ni es una banda ni mercenarios. Mercenario puede ser definido de acuerdo con la Convención Internacional contra el reclutamiento, la utilización, la financiación y el entrenamiento de mercenarios. La primera de las conductas agresivas es de pluralidad de actos sucesivos en el tiempo e intervienen dos sujetos colectivos (plurisubjetivo). Requiere, en primer lugar, el envío (primera conducta) por parte del Estado (primer sujeto) de bandas armadas, grupos irregulares o mercenarios (segundo sujeto de la conducta estatal); y, en segundo lugar y sucesivamente, que —estos grupos— lleven a cabo actos de fuerza armada contra otro Estado (segunda conducta estatal ejecutada por fuerzas no estatales). Si el acto de fuerza no se produce, a pesar del envío del grupo, no existirá un acto de agresión típico. El ECPI utiliza la preposición que (lleven a cabo); y no la expresión para que lleven a cabo. El Estado es autor indirecto de la conducta directa del grupo no estatal.

El acto material de la utilización de la fuerza armada, no lo realiza el Estado, sino cualquiera de los tres grupos no estatales, que o bien ha enviado el Estado o bien actúan en su nombre, bajo un acuerdo entre el Estado y el grupo. Los actos de fuerza armada ejecutados por los actores no estatales deben ser "equiparables a los actos" enumerados en las letras *a) a f).* La exigencia típica de gravedad es doble. Una, la del propio acto que tiene que ser equiparable a la del resto de los actos agresivos, y la otra, marcada por el umbral de gravedad (característica, gravedad y escala) del párrafo primero del artículo 8 *bis* ER. El segundo acto de agresión es la "sustancial participación" del Estado en los actos de agresión de cualquiera de los tres grupos. El Estado deberá mantener un control global sobre los actos de fuerza ejecutados por los grupos no estatales.

El ECPI, de *lege ferenda*, debe ser modificado en relación con los concretos actos de agresión que se enumeran en el párrafo segundo del artículo 8 *bis* ER. La lista actual es insuficiente y debe catalogar todos los actos, como por ejemplo el ataque cibernético, que, de acuerdo la realidad de los tiempos, puedan calificarse como acto de agresión. Y, en cualquier caso, la lista no puede ser cerrada, sino abierta.

Igualmente, en el futuro se debe incluir en la definición del crimen de agresión a los dirigentes de entidades no estatales, como por ejemplo organizaciones terroristas, que comenten actos de agresión contra Estados. Para estos sujetos, el régimen competencial de la CPI también deberá ser modificado, de tal forma que se aplique sean o no nacionales de Estados Partes.

No todo uso de la fuerza armada será crimen de agresión, ni todo uso de la fuerza será ilegal. El ER exige que ésta sea "incompatible con la Carta de las Naciones Unidas" (párrafo segundo, del artículo 8 *bis*). Y que ese uso "por sus características, gravedad y escala constituya una violación manifiesta de la Carta de la Naciones Unidas" (párrafo primero, del artículo 8 *bis*). Los dos párrafos del artículo 8 *bis* ER conforman una unidad a efectos de tipicidad internacional. Únicamente el uso de la fuerza que constituya una violación de la Carta y que cualitativa y cuantitativamente alcance ese umbral de gravedad (características, gravedad y escala) integrará el tipo del crimen de agresión. El artículo 8 *bis* ECPI es una norma penal incompleta. Se produce un reenvío normativo recepticio a una norma de DI, a la Carta, para valorar la antijuridicidad del comportamiento y, a su vez, para completar el tipo penal de agresión. Es la Carta la que inicialmente completará el tipo penal internacional, al ofrecer el marco conceptual de la licitud o ilicitud de uso de la fuerza. El artículo 8 *bis* ER al remitirse a la Carta y considerarla texto de referencia para valorar la antijuridicidad y como elemento de tipicidad la reconoce como texto jurídico de carácter vinculante.

No todo uso de la fuerza armada es incompatible con la Carta. En determinadas circunstancias su uso está justificado en el DI. La justificación en DI afecta al DPI. No podrá considerarse crimen de agresión el uso lícito de la fuerza armada. Sin embargo, quien decidirá si ese uso es lícito, desde la perspectiva de la responsabilidad individual, es la CPI. Lo que eventualmente puede provocar disfunciones entre la CPI y la CIJ.

El CdS, en primer lugar, en el ámbito del capítulo VII, determina, de acuerdo con el artículo 39 de la Carta, la existencia de una amenaza a la paz, un quebrantamiento de la paz o de un acto de agresión hará recomendaciones o decidirá las medidas adecuadas, ambas de carácter obligatorio para mantener o restablecer la paz y la seguridad internacionales. En este contexto, si se incumplen las recomendaciones o decisiones, el CdS podrá recurrir a medidas distintas al uso de la fuerza armada, pero si éstas "pueden ser inadecuadas o han demostrado serlo" podría acudir a la fuerza armada para ejercer la acción que sea necesaria para mantener o reestablecer la paz y la seguridad internacionales.

La legítima defensa, de naturaleza consuetudinaria, en segundo lugar, convierte el uso de la fuerza armada en lícito. Su fundamenta en el derecho inmanente de todo Estado de defenderse de los ataques armados de otro Estado. El requisito fundamental de la legítima defensa es la existencia de un ataque armado por parte del Estado agresor, del que se defiende el Estado agredido. La CIJ estima que solo cabe la legítima defensa respecto del uso de la fuerza más grave que constituye un ataque armado. Para la CIJ, la legítima requiere de un "ataque armado" real o inminente, que no anticipado, del que se defiende el Estado víctima; que la fuerza utilizada por el Estado víctima en respuesta al ataque del agresor sea inmediata, necesaria y proporcionada. La necesidad de la defensa para el Estado víctima vendrá determinada por la inexistencia de otras medidas de potencial menos lesivo, y distintas al uso de la fuerza, por parte del Estado agredido para defenderse. La proporcionalidad estricta exige que el uso de la fuerza concreta utilizada por el Estado que se defiende, el medio utilizado y el grado de intensidad del mismo, sea proporcional al uso concreto de la fuerza del Estado agresor y al fin que se pretende conseguir.

El ejercicio de la legítima defensa tiene período de caducidad y un objeto delimitado. El *dies a quo* lo marca el momento del inicio del ataque o su inminencia y el *dies ad quem* el momento temporal en el que ha cesado el ataque. Será válida la legítima defensa durante el transcurso del tiempo necesario para frenar y repeler el ataque agresivo. Si la conducta estatal agresora de la invasión perdura en el tiempo supone el mantenimiento de una situación antijurídica que permanece y se prolonga hasta que la invasión cesa, bien por voluntad de los agresores que deciden poner fin a la invasión, bien porque el agredido recupera su territorio. La naturaleza permanente de esta conducta permitirá que mientras se siga lesionando el bien jurídico (mientras permanezca la invasión), el Estado agredido pueda ejercer su legítimo derecho a la legítima defensa. Una vez cesada la situación de necesidad de la legítima defensa, el consiguiente uso de la fuerza por el Estado que inicialmente se defiende, se convierte en venganza.

La legítima defensa preventiva y la represalia armada están prohibidas por el DI. La defensa preventiva es incompatible con la prohibición del uso de la fuerza en los términos de los artículos 2.4 y 51 de la Carta de las Naciones Unidas. La legítima defensa estatal preventiva es inadmisible. Se transforma automáticamente en un acto de agresión estatal y, en su caso, en un crimen de agresión.

La acción preventiva unilateral es una suerte de legítima defensa preventiva. No se ejercita contra un Estado, sino contra una persona o una organización. No existe un ataque armado del que defenderse sino la amenaza del uso de la fuerza. Esta conducta, por muy selectiva, individualizada o quirúrgica que fuera, será un acto estatal, acompañado de conductas individuales, frente a una "amenaza" que sería incompatible con el artículo 2.4 y 51 de la Carta. Y, según las concretas circunstancias, y siempre que concurrieran los requisitos normativos del artículo 8 *bis* ER, podría convertirse en un crimen de agresión.

Un supuesto próximo a la legítima defensa es el uso de la fuerza armada por parte de un Estado víctima en respuesta a un ataque armado de un Estado que procede del territorio de un tercer Estado que permite o no puede impedir que ataque al Estado víctima.

Otro supuesto de zona gris sobre la autorización estatal de la fuerza es la denominada intervención por invitación. Esta práctica plantea el interrogante de si un Estado viola la prohibición general del uso de la fuerza cuando interviene militarmente por invitación de otro Estado que se enfrenta a una rebelión interna (enemigo asimétrico). Rebelión que no es apoyada militarmente por ningún Estado extranjero y en la que el uso de la fuerza extranjera a petición del Estado invitador se dirige exclusivamente contra el movimiento rebelde. Al ser la invitación oficial estatal no existiría violación de la Carta. La intervención por invitación no debe considerarse una violación de la Carta, sino una expresión de la soberanía estatal.

La invitación se convierte en la causa de exclusión de la ilicitud de la fuerza por parte de los Estados invitados. El consentimiento del gobierno que invita sería válido y legitimaría la intervención de la fuerza externa, al detentar el control efectivo sobre el territorio. Y si careciese de ese poder de control sobre el territorio porque no fuera efectivo (por ejemplo, un gobierno secuestrado por golpistas militares), razones de legitimidad constitucional —al ser el único representante legítimo del Estado— permitirían el uso de la fuerza externa. La doctrina internacionalista mayoritaria considera que el gobierno en funciones mantiene el control efectivo del territorio incluso aunque éste sea ficticio. Por el contrario, sí concurrirían los elementos típicos del artículo 8 *bis* ECPI, si quien invita no puede ser considerado como el gobierno efectivo.

El derecho a la libre determinación de los pueblos es de carácter de *ius cogens*. Un "pueblo" en la lucha por su libre autodeterminación no podrá ser jurídicamente —a diferencia del Estado— sujeto de la conducta estatal del acto de agresión, ni las personas que realicen la conducta particular en nombre de ese pueblo tendrán responsabilidad penal individual por el crimen de agresión. El pueblo carece de la condición jurídica de Estado. Si el pueblo colonial es atacado por un Estado tampoco se estaría ante un acto de agresión ni ante un crimen de agresión porque se exige igualmente que el ente agredido sea un Estado. Si un Estado cooperara y ayudara a un "pueblo" en la lucha por su libre determinación, y usara la fuerza contra otro Estado, no podrá considerarse, de acuerdo con el artículo 7 del anexo de la declaración 3314, ni acto de agresión, ni tampoco crimen de agresión del artículo 8 *bis* ER.

El uso de la fuerza y la protección de los derechos humanos en situaciones de vulnerabilidad en aquellos territorios donde la existencia de un conflicto internacional o no internacional ocasiona violaciones de derechos humanos de las personas, en ocasiones masivas, como la vida, la integridad o la libertad personal, es discutible. Sin embargo, en estas situaciones extremas que requieren de una protección humanitaria, un tercer Estado podría intervenir mediante la fuerza armada en otro Estado, con la finalidad de salvaguardar los derechos fundamentales esenciales de las víctimas, sin que suponga una contravención de la prohibición general del uso de la fuerza. El principio de "responsabilidad de proteger" legitimaría esta intervención y no constituiría ni acto de agresión, ni crimen de agresión.

Las operaciones militares de rescate de los nacionales de un Estado que se encuentran secuestrados, retenidos, son rehenes o que por cualquier otro motivo su vida o integridad corren peligro, realizadas por el Estado del que son nacionales o de un tercero, puede comprometer la soberanía del Estado del lugar donde se encuentran y puede dar lugar, por tanto, si se reúnen los elementos típicos del artículo 8 *bis* ECPI, al crimen de agresión. No se cometerá crimen de agresión y el uso de la fuerza armada será lícito en situaciones de verdadera y extrema situación de necesidad.

El uso de la fuerza contra actores no estatales se puede ejemplificar en el hecho de que un Estado responde con el uso de la fuerza a un ataque armado de actores no estatales, por ejemplo, terrorista, que atacan desde otro Estado. La legítima defensa prevista en el artículo 51 de la Carta se extiende a la que ejercite el Estado víctima contra una organización no estatal que opera desde un tercer Estado con la aquiescencia de éste; y contra el Estado que apoya a esa organización y está en connivencia con la misma. Si esto es así, el Estado no incurrirá en un acto de agresión y, en consecuencia, tampoco existirá crimen de agresión.

El crimen de agresión siempre supone un conflicto interestatal e internacional. Sin embargo, es necesario indagar si es posible atribuir al Estado, bajo cuyo asentimiento una organización delictiva comete un acto de agresión, la conducta estatal del crimen de agresión. Tres situaciones pueden surgir. La primera, cuando la organización armada no estatal con entidad propia siguiendo las instrucciones de un Estado y/o bajo su control efectivo usa la fuerza armada de forma equiparable a la que utilizaría el Estado. La segunda cuando el Estado permite o consiente que una organización incrustada en su territorio realice ataques trasfronterizos a otro Estado. Con ese ataque se menoscaba la paz o la seguridad internacionales. Un actor no estatal con su efectivo potencial de uso de la fuerza armada contra un Estado también compromete la paz y la seguridad internacionales. La tercera situación aparece cuando una organización armada no estatal, al margen del control de cualquier Estado, y con total autonomía e independencia respecto de cualquier Estado, usa la fuerza armada contra un Estado.

La resolución del interrogante dependerá del grado de control del Estado sobre la organización. Éste tendrá que ser un *control global* de la organización armada no estatal. En el primer supuesto, la responsabilidad es del Estado por el control global de la organización armada no estatal. También en el segundo porque el Estado permite (controla) que una organización no estatal perpetre actos de agresión a través de su territorio. Por el contrario, en el tercero no existirá responsabilidad estatal porque la organización no estatal delictiva ha actuado al margen del Estado. En los dos primeros supuestos expuestos serán sujetos responsables las personas que ostenten ese poder de mando de *iure* o de *facto*. Si algún miembro de la organización no estatal delictiva detentaba ese poder de *facto* en la política estatal agresiva, será igualmente responsable del crimen de agresión. Por el contrario, en el tercero, la actual regulación del artículo 8 *bis* ECPI, impide atribuir responsabilidad penal a los que controlen o dirijan la organización no estatal (paramilitar, terrorista, etc.) aunque usen la fuerza contra un Estado. Su conducta no será constitutiva del crimen de agresión, porque no actúan como Estado. No son Estado.

El umbral típico de gravedad solo permite subsumir en el crimen de agresión aquellas conductas que superen los tres umbrales de gravedad (características, gravedad y escala). Si no lo desbordan, por ser actos de menor entidad, por mucho el uso de la fuerza sea incompatible con la Carta, no se subsumirá en el tipo internacional de agresión por su menor lesividad. La violación manifiesta adquiere una doble dimensión. El carácter es de dimensión cualitativa y su escala y gravedad es de dimensión cuantitativa. El "carácter" hace referencia al núcleo de la prohibición de la fuerza. La "gravedad" se asimila a "la importancia del uso de la fuerza" con la "naturaleza de los medios utilizados" y con "los daños ocasionados al Estado atacado" al "número de víctimas en todos los bandos", "al alcance de la perturbación de la vida común en el Estado víctima" y "al nivel de destrucción de la propiedad en todos los bandos". Se refiere a los efectos. Y la "escala" es el nivel o magnitud del acto de agresión, en razón del lugar y del tiempo, según sea generalizado o prolongado en el tiempo o la "dimensión espacial y temporal del uso de la fuerza", a la "intensidad de la potencia humana y de fuego utilizada". Se refiere a los "medios" utilizados.

El umbral de gravedad (violación manifiesta), refleja el DI consuetudinario. El análisis del acto de agresión o uso de la fuerza para que tenga relevancia penal internacional, es doble. Por un lado, y necesariamente, el acto de agresión deberá constituir por sus características una violación manifiesta de la Carta. La fuerza deberá cuantitativamente suponer "la forma más grave y peligrosa del uso ilegal de la fuerza" (entendimiento 6) y una violación manifiesta de la Carta por su gravedad y/o escala. El primer análisis, la concurrencia del carácter, es cualitativo. El segundo, la gravedad y/o escala, cuantitativo, que transformará, por la exigencia de ese plus de antijuridicidad material penal una conducta ilícita en el DI en una conducta típica y antijurídica en el ámbito del DPI. Por ello, la violación manifiesta de la Carta por el uso de la fuerza, no debe apreciarse por una suma numérica de elementos, sino por la doble dimensión que desempeñan los tres elementos referidos. El cualitativo o elemento del carácter siempre deberá concurrir y con éste tendrá que confluir, al menos, un elemento cuantitativo (gravedad y/o escala), es decir, cualquiera de los dos o los dos.

La violación manifiesta de la Carta por sus características, gravedad y escala (umbral de gravedad) y el uso de la fuerza de forma incompatible con la Carta son, de acuerdo con los elementos del crimen 3 y 4, y 5 y 6, respectivamente, *circunstancias* y no *consecuencias.* El autor debe conocer o saber, las circunstancias de hecho que determinan que el uso de la fuerza armada era incompatible con la Carta y que eran una violación manifiesta de la Carta. No existe obligación de demostrar que el autor haya llevado a cabo una evaluación en derecho de la incompatibilidad del uso de la fuerza armada con la Carta. Tampoco existe obligación de evaluar en derecho la naturaleza "manifiesta" de la violación de la Carta. El sujeto debe comprender el alcance social de que la fuerza es incompatible con la Carta y una violación manifiesta de la misma.

— VII —

En relación con la *mens rea* se aplica la norma general contenida en el artículo 30 ER, al no existir en las enmiendas sobre el crimen de agresión disposición alguna específica sobre el elemento subjetivo. De acuerdo con el artículo 30.2 b) ECPI es innecesario, al tratarse de un elemento de conducta, el elemento del conocimiento. El autor, en consecuencia, debe tener la intención (se propone incurrir en) de planificar, preparar, iniciar o realizar el acto de agresión. No es necesaria una intención específica o *animus* particular o especial.

Por lo que se refiere al *actus reus*, al ser de acuerdo con el EC 2, una *circunstancia* que "el autor sea una persona que estaba en condiciones el autor sea una persona que estaba condiciones de controlar o dirigir efectivamente la acción política o militar del Estado que cometió el crimen de agresión", ésta debe ser abarcada por el *conocimiento* del sujeto activo, sin que sea necesaria la intención, de acuerdo con el párrafo tercero del artículo 30 ER.

El error de hecho es relevante. Si el autor yerra sobre los hechos, es decir, se representa erróneamente los elementos materiales u objetivos del crimen de agresión creyendo que en su conducta no concurren todos o alguno de los elementos materiales del crimen de agresión, habrá error de hecho. Por el contrario, el error de derecho es irrelevante en el ECPI, salvo que haga desaparecer el elemento de la intencionalidad, es decir cuando recae sobre elementos normativos, no materiales. Esto supondría una valoración en derecho. Si falta el conocimiento sobre el elemento normativo, el elemento subjetivo desaparece. No obstante, en el crimen de agresión, no parece que el error de derecho en la realidad sea posible. El sujeto activo, por su "especial" cualificación personal al controlar o dirigir las políticas estatales o militares, goza de conocimientos jurídicos y asesoramiento técnico en la materia que impedirán, por lo general, la concurrencia del error de derecho.

— VIII —

La tentativa en el crimen de agresión forja particularidades específicas en comparación con los otros tres crímenes competencia de la CPI. La conducta individual de los diferentes intervinientes sólo tendrá lugar si se ha completado el acto estatal de agresión. Teóricamente, es posible que un sujeto "intente cometer" (artículo 25. f) ER) el crimen de agresión, intentando, a su vez, la planificación, la preparación o el inicio de un acto de agresión. El sujeto habría comenzado el inicio de un acto de agresión (acto típico del artículo 8.1. *bis* ER) mediante actos que suponían un paso importante para su ejecución, pero sin lograr la conducta de planificación, preparación o inicio de la agresión al no completarse por "circunstancias ajenas a su voluntad" (artículo 25.3. f) ECPI).

— IX —

La consumación del crimen de agresión es de dos velocidades. La conducta individual no adquirirá relevancia penal hasta que, de acuerdo con el EC 3, "el acto de agresión" se "haya cometido". La conducta individual se producirá antes o simultáneamente a la decisión estatal de agresión, pero no se consumará el crimen de agresión hasta la comisión del acto agresivo. También la conducta individual puede surgir de una contribución posterior a la decisión del Estado de agredir a otro Estado, bien antes del inicio y realización del acto de agresión, bien una vez iniciado éste al ser un delito de consumación permanente.

El crimen de agresión es de naturaleza permanente. Se sigue consumando progresivamente, se prolonga en el tiempo, se renueva constantemente, mientras se mantiene la situación antijurídica del acto de agresión del uso de la fuerza armada, en cualquiera de sus modalidades normativas del párrafo segundo del artículo 8 *bis* ER ejecutadas de forma sucesiva o alternativa, por voluntad de los autores del crimen. El mantenimiento de esta situación de agresión sigue realizando constantemente el tipo. La consumación del crimen de agresión se seguirá sucediendo en el tiempo hasta que, por un lado, cese el último acto de agresión o de fuerza armada ilegal y hasta que, por otro lado, y conjunta o unidamente, el Estado víctima recupere completamente su soberanía estatal, integridad territorial o independencia política.

Las relaciones concursales en el crimen de agresión se presentan de forma intracategorial e intercategorial. El concurso intracategorial, esto es, la comisión de varias conductas subyacentes dentro de la misma categoría del crimen de agresión es de solidaridad. Cada uno de los dirigentes o controladores de la acción política o militar del Estado agresor es responsable de un crimen de agresión y todos los que contribuyen son responsables del mismo crimen de agresión. El concurso intercategorial o realización de una conducta que pueda ser constitutiva además del crimen de agresión, de otros crímenes competencia de la CPI determinará que en caso de la ejecución de conductas que pudieran subsumirse, a la vez, en otro tipo internacional se apliquen las reglas de un concurso de delitos.

El ECPI no establece regla concursal alguna, sin embargo, sobre la pena a imponer, ordena (artículo 78.3 ER) que, "si una persona ha sido declarada culpable de más de un crimen" (concurso de delitos), se impondrá una pena por cada crimen (acumulación de penas), y una pena común a todos ellos en la que se especificará la "duración total de la reclusión". El ER fija un límite mínimo y máximo penológico común para todos los crímenes cometidos: "La pena no será inferior a la más alta de cada una de las impuestas y no excederá de 30 años de reclusión o de una pena de reclusión a perpetuidad de conformidad con el párrafo 1 b) del artículo 77".

—X—

El régimen de entrada en vigor de las enmiendas de Kampala fue el previsto en el párrafo 5 del artículo 121 ER, y no de acuerdo con el párrafo 2 del artículo 5 del ER, entonces vigente (no hoy). La vigencia se producirá de forma individual para cada Estado parte que aceptara el paquete de Kampala un año después a partir del depósito de sus instrumentos de ratificación o aceptación. La importancia de este párrafo es la delimitación inicial del *dies a quo* o momento temporal de la entrada en vigor para cada Estado Parte. No es una entrada en vigor colectiva. Es individual para cada Estado ratificante. Las actuales enmiendas se revisarán siete años después del inicio del ejercicio de la competencia de la CPI, a partir del 17 de julio de 2025.

El sistema de *activación*, como paso adicional y diferente e la *entrada en vigor*, de la competencia en el crimen de agresión fue particular. El 14 de diciembre de 2017 se adoptaba por consenso, por la ASP, la resolución de *Activación de la competencia de la Corte respecto del crimen de agresión*. Se fijaba el inicio del ejercicio jurisdiccional o competencia de la CPI a partir del día 17 de julio de 2018. *Ratione temporis*, la entrada en vigor para un concreto Estado, por exigencias del principio de irretroactividad (artículo 24 ER), se producirá un año después de la ratificación o aceptación (artículo 121.5 ER). Si es posterior al 17 de julio de 2018, ese día sería el *dies a quo* a partir del cual la CPI desplegará su jurisdicción respecto de los hechos cometidos en ese Estado y/o por un nacional suyo.

Las condiciones para el ejercicio de la competencia del crimen de agresión por parte de la CPI suscitaron arduas y complejas discusiones y negociaciones que culminaron con la aprobación de los artículos 15 *bis* y 15 *ter* ER. También fue un desafío el papel que debía desempeñar el CdS para determinar la (in)existencia de un acto de agresión y el grado de vinculación de esa decisión para la CPI. Y asimismo si el Estado agresor implicado en un acto de agresión debía manifestar su consentimiento para que la CPI ejerciera su competencia sobre él y, en caso afirmativo, en qué condiciones se otorgaría el consentimiento.

Especialmente discutido fue el rol que debía desempeñar el CdS en la investigación y enjuiciamiento del crimen de agresión en la CPI. La independencia de la CPI y su despolitización podían ponerse en duda. La mayoría de los Estados se posicionaron en contra de que el CdS desempeñase un papel relevante en la persecución judicial del crimen de agresión. No existe en el DI ninguna norma que permita atribuir el monopolio del CdS para determinar un acto de agresión, ni que sea requisito *sine qua non* para que la CPI ejerza su jurisdicción por el crimen de agresión.

Finalmente, se decidió que el ejercicio de la jurisdicción de la CPI respecto del crimen de agresión se activara de tres formas distintas: i) a través de la remisión de una situación por un Estado Parte (artículo 15 *bis* ER); ii) por iniciativa *proprio motu* del Fiscal de la Corte (artículo 15 *bis* ER); y iii) por remisión por parte del CdS de una situación (artículo 15 *ter* ER). Régimen jurisdiccional que se convierte en *lex specialis* al apartarse notablemente del régimen que rige para los otros crímenes internacionales de la competencia de la CPI.

En los dos primeros supuestos, la CPI tendrá competencia para investigar y enjuiciar el crimen de agresión: i) si éste se ha cometido en el territorio de un Estado Parte o a bordo de un buque o aeronave de un Estado Parte (Estado agredido); o ii) si el crimen de agresión lo ha cometido un nacional de un Estado Parte. Carecerá de competencia: i) si el crimen de agresión ha sido cometido en el territorio de un Estado no Parte (Estado agredido); o ii) si el crimen de agresión lo ha cometido un nacional de un Estado no Parte. Los Estados no Parte no pueden aceptar la competencia de la CPI por el crimen de agresión. La CPI carecerá de jurisdicción para enjuiciar a los nacionales de Estados Partes que han cometido el crimen de agresión en el territorio de un Estado agredido no Parte.

La CPI, tampoco tendrá competencia, si un Estado Parte —haya o no ratificado las enmiendas— se ha excluido voluntariamente y de buena fe de la competencia de la CPI antes de la comisión del acto de agresión (*opt-out*).

En consecuencia, la CPI sí tendrá competencia para el crimen de agresión, tanto si el Estado agresor como el Estado agredido-víctima han ratificado las enmiendas y ninguno de los dos Estados ha hecho uso de la facultad *opt-out*. Por el contrario, carecerá de competencia si: i) el Estado agresor —que no ha ejercitado la facultad *opt-out*— ha ratificado las enmiendas y el Estado víctima no las ha ratificado; ii) el Estado agresor no ha ratificado las enmiendas —y no ha ejercitado la facultad *opt-out*— y el Estado víctima sí las ha ratificado; iii) el Estado agresor no ha ratificado las enmiendas —y no ha ejercitado la facultad *opt-out*— y el Estado víctima no las ha ratificado; iv) el Estado agresor ha ratificado las enmiendas —y sí ha ejercitado la facultad *opt-out*— y el Estado víctima también ha ratificado las enmiendas; v) el Estado agresor ha ratificado las enmiendas —y sí ha ejercitado la facultad *opt-out*— y el Estado víctima no las ha ratificado; vi) el Estado agresor no ha ratificado las enmiendas —aunque sí ha ejercitado la facultad *opt-out*— y el Estado víctima si las ha ratificado; y vii) el Estado agresor no ha ratificado las enmiendas —aunque sí ha ejercitado la facultad *opt-out*— y el Estado víctima no las ha ratificado.

La CPI, en definitiva, ostentará jurisdicción para enjuiciar el crimen de agresión únicamente si las enmiendas han entrado en vigor tanto para el Estado agredido como para el Estado agresor, o el crimen lo ha cometido un nacional de un Estado no agresor, pero ratificante de las enmiendas, en un Estado agredido que sí ha ratificado las enmiendas.

En el tercer mecanismo de activación de la jurisdicción de la CPI, esto es, cuando remite la situación el CdS, la CPI siempre tendrá competencia. Es indiferente que se cometa en el territorio de un Estado Parte o no Parte y por un nacional o no nacional de un Estado Parte. Sea o no Parte el Estado agresor, y sea o no Parte el Estado agredido, la CPI siempre podrá ejercer su jurisdicción. De esta forma, la CPI actuaría como una suerte de tribunal internacional *ad hoc*.

El actual ECPI establece para el crimen de agresión un régimen restringido si la situación la remite un Estado parte o si el Fiscal pretende iniciar de oficio la investigación que debe ser reformado. El párrafo 5 del artículo 15 *bis* ECPI debe ser enmendado. En el futuro la competencia de la CPI debe extenderse a los Estados que no sean parte del ECPI. De esta forma, su jurisdicción se extenderá a juzgar a nacionales de Estados no Partes si cometen el crimen de agresión en el territorio de un Estado Parte. En el mismo sentido, el párrafo cuarto del mismo artículo debe ser enmendado suprimiendo la referencia que supedita la competencia de la CPI a que el acto de agresión lo cometa un Estado Parte.

El crimen de agresión debe supeditarse al mismo régimen jurisdiccional que el resto de los crímenes competencia de la CPI. Labor que tendrá que realizarse en la correspondiente conferencia de Estados Partes con el acuerdo de, al menos, dos tercios de los participantes.

— XI —

El crimen de agresión puede y debe ser enjuiciado también en tribunales nacionales. La complementariedad respecto del crimen de agresión está estrechamente ligada al régimen jurisdiccional restringido del ECPI sobre este crimen. Régimen que está íntimamente relacionado con la ratificación de las enmiendas, con el principio de complementariedad y con la implementación del crimen de agresión en las jurisdicciones nacionales. Si los Estados no las ratifican esquivarán el principio de complementariedad. Ello provocará que los Estados no tipifiquen el crimen de agresión en sus legislaciones nacionales, al no sentirse compelidos por la CPI. Ésta, en esas condiciones, no podría atribuirse la jurisdicción. Y, por otro lado, y en sentido contrario, si los Estados tipifican el crimen de agresión, al ser el régimen jurisdiccional de la CPI limitado, contribuirán al enjuiciamiento del crimen de agresión, en detrimento de la impunidad.

El Proyecto de Código de Crímenes contra la Paz y la Seguridad de la Humanidad de 1996 consideró que la jurisdicción sobre el crimen de agresión debía ejercer en exclusiva por un tribunal penal internacional, con la excepción de los nacionales del Estado agresor fueran enjuiciados en ese Estado garantizando los estándares de independencia e imparcialidad. No existe una práctica estatal para apoyar la existencia de una regla que prohíba la jurisdicción adjudicativa de terceros Estados diferentes al Estado agresor.

El entendimiento 5 sostiene que "[s]e entiende que las enmiendas no se interpretarán en el sentido de que crean el derecho o la obligación de ejercer la jurisdicción nacional respecto de un acto de agresión cometido por otro Estado". Su redacción es equívoca y aparentemente podría pensarse que es una sugerencia para que los Estados rechacen enjuiciar en sus tribunales nacionales el crimen de agresión. Sin embargo, la lectura de este entendimiento debe ser en el contexto del principio de complementariedad y del artículo 20.3 ER. En consecuencia, el entendimiento 5 sí permite el enjuiciamiento del crimen de agresión en las jurisdicciones nacionales, aunque no crea particularmente un derecho para que los Estados ejerzan su jurisdicción por el crimen de agresión.

En el ámbito del DPI para que un crimen esté investido del carácter de *ius cogens*: i) deberá ser un crimen de DI, que su fuente sea el DI (tratado o costumbre internacional); ii) la calidad de la norma internacional que acoja ese crimen, dentro del DI, tendrá que ser considerada de especial importancia; iii) el bien jurídico protegido del crimen internacional deberá ser supranacional y proteger valores fundamentales de la comunidad internacional; y iv) la prohibición y persecución de ese crimen deberá ser aceptado por la mayoría de los Estados de la comunidad internacional. Para certificar la existencia de la *opinio iuris* de que esa norma que contempla la persecución de un crimen es aceptada y reconocida por los Estados, se tendrá que evaluar, al menos, el número de Estados que hubieren ratificado el correspondiente tratado internacional que sanciona su comisión, la realidad de las incorporaciones de esas disposiciones internacionales a las legislaciones internas y la práctica ante los tribunales estatales e internacionales, como son los procedimientos seguidos por estos crímenes.

La prohibición de la agresión o la prohibición del uso de la fuerza es una norma de *ius cogens* porque implica el uso injustificado de la fuerza armada de un Estado contra otro Estado, transgrediendo la paz y de la seguridad internacionales. Es una violación grave del DI, del *ius ad bellum.* El crimen de agresión es de *ius cogens.* Es una norma de DI general consuetudinario aceptada en condiciones de igualdad por la comunidad internacional. Se comete mediante la violación de una norma imperativa prohibida en el DI: la agresión o el uso injustificado de la fuerza.

Los crímenes de naturaleza *ius cogens* acarrean obligaciones derivadas de esta naturaleza, que se denominan por su imperatividad obligaciones *erga omnes.* Obligan a todos los Estados a su observancia y ejecución. Una de ellas, es la obligación de investigar, enjuiciar seriamente en las jurisdicciones nacionales a los responsables del crimen de agresión.

El crimen de agresión puede y debe ser juzgado en tribunales nacionales por los Estados que detenten jurisdicción. Es un crimen interestatal transfronterizo en tránsito y de ejecución a distancia. En primer lugar, la jurisdicción territorial por el crimen de agresión es dual. Corresponderá al Estado agresor y al Estado agredido y se ejercerá, con las dificultades que plantea, de forma concurrente. Además, se extenderá la jurisdicción territorial a la de cualquier otro Estado donde se hayan cometido elementos de la conducta del crimen de agresión y al del territorio donde se produzcan efectos del crimen de agresión.

En segundo lugar, el crimen de agresión podrá y deberá ser perseguido al amparo del principio de personalidad activa. Se requerirá que el nacional del Estado que ha cometido en otro Estado un crimen de agresión reúna los elementos típicos, esto es, que esté en "condiciones de controlar o dirigir efectivamente la acción política o militar de un Estado". En tercer lugar, por lo que respecta al principio de personalidad pasiva, el Estado cuyo nacional haya sido víctima de un crimen de agresión, y prevea en su legislación este principio —ausente en diferentes sistemas normativos estatales— podrá ejercer la jurisdicción penal por el crimen de agresión en defensa de sus ciudadanos nacionales. En el contexto del crimen de agresión la delimitación del concepto de víctima puede ser problemático. Al extenderse, de acuerdo con lo señalado, el bien jurídico protegido en el crimen de agresión —además de a la soberanía de los Estados y a la paz internacional— a las personas.

En cuarto lugar, el principio real o de protección de intereses, en el ámbito del crimen de agresión, debería extenderse, para poder ejercer la acción judicial penal, a los Estados aliados del Estado agredido o terceros Estados cuyos intereses nacionales se vean comprometidos por el crimen de agresión.

En quinto lugar, el emergente crimen de agresión por su gravedad, como crimen supremo de DI, debe ser acogido obligatoriamente por los Estados bajo el principio de jurisdicción universal. Esta afirmación se fundamenta en la comparación analógica con el crimen de piratería; en el carácter consuetudinario del ejercicio universal; en ser una obligación jurisdiccional *erga omnes* derivada del carácter de *ius cogens* del crimen de agresión; en la opinión separada de Lord Millet en el *caso Pinochet*; en los *Principios de Princeton*; en la práctica estatal del ejercicio de la jurisdicción universal sobre el crimen de agresión; en determinados actos verbales tanto expresos como por silencio; en la Ley Modelo Árabe sobre Crímenes en el marco de la Jurisdicción de la Corte Penal Internacional de 2005; en la doctrina científica como medio auxiliar para determinar las normas de DI consuetudinario; en la posición de la Unión Europea respecto de la persecución por el principio universal de los crímenes internacionales de primer grado; en las resoluciones de la AG, Consejo de Derechos Humanos de NNUU, del Consejo de Europa, y de la Unión

Europea (Consejo y Parlamento), entre otros documentos de organismos e instituciones internacionales, en relación con el crimen de agresión perpetrado en territorio ucraniano, que, de una forma u otra, condenan la agresión de Ucrania y exigen la responsabilidad individual de sus perpetradores; y en la vigencia del principio de interdicción de la impunidad. El crimen de agresión, en definitiva, debe ser perseguido por las jurisdicciones nacionales en aplicación del principio de jurisdicción universal.

En sexto lugar, la evolución del principio de jurisdicción universal demuestra que éste no solo se fundamenta en la exclusiva investigación y enjuiciamiento de los crímenes internacionales de primer grado sino también en la cooperación coordinada entre diferentes Estados. El Estado que esté en mejor posición jurídica será quien finalmente pueda enjuiciar los hechos. En el crimen de agresión, la jurisdicción universal cooperativa adquiere mayor protagonismo por el carácter especialmente internacional e interestatal de este crimen. Afecta a dos Estados como actores principales, el agresor y el agredido, pero al suponer una violación de la prohibición del uso de la fuerza y ser una transgresión de la paz internacional, puede implicar a terceros Estados en el proceso de investigación de los hechos y de rendición de cuentas de los responsables del crimen de agresión. La cooperación contribuirá a que la investigación global sea eficaz y efectiva. Versará sobre cualquier forma de cooperación.

Y, en séptimo lugar, por lo que se refiere a las jurisdicciones nacionales, como actores estatales en el enjuiciamiento del crimen de agresión, el principio de representación en el crimen de agresión se convierte en un título jurisdiccional nacional para que el Estado en el que se encuentra la persona acusada de este crimen, pueda juzgarlo en sustitución del Estado que reclama, cuando no se ha concedido su extradición.

El ejercicio jurisdiccional nacional por el crimen de agresión sea cual sea el título por el que se ejerza la jurisdicción exigirá de acuerdo con el principio de legalidad que el mismo esté tipificado como delito en las normas penales de los Estados. La tipificación deriva de los argumentos reflejados sobre la prohibición de la agresión, como norma de *ius cogens*, la naturaleza grave del crimen internacional de agresión de primer grado, su carácter de *ius cogens* y la obligación *erga omnes* de perseguir este crimen en las jurisdicciones nacionales. Esta tipificación, además, reforzará la cooperación penal en materia de extradición y solicitudes de colaboración judicial penal entre los Estados al garantizar, si lo exigen las normas interestatales de auxilio jurisdiccional internacional, la identidad normativa entre los Estados o doble incriminación. Es necesario que la mayor parte de los Estados de la comunidad internacional ratifiquen el paquete de Kampala, e implementen o adapten el crimen de agresión de forma armónica en las legislaciones nacionales.

Por otro lado, también, y a pesar de la extraordinaria complejidad que suscita, no es descartable, en aquellos sistemas normativos nacionales que lo permitan, aplicar directamente —aun sin estar tipificado el crimen de agresión en la ley penal en el momento de los hechos— la definición consuetudinaria de crimen de agresión.

La naturaleza y características propias del crimen de agresión presenta obstáculos que dificultan o impiden el enjuiciamiento de este crimen en las jurisdicciones nacionales. El primero de ellos es la inmunidad de muchos de sus responsables. El crimen de agresión es un crimen cualificado por la especial posición del sujeto activo de dirigente político o militar. Los sujetos activos del crimen de agresión en los que concurra la doble condición de ser cargos oficiales estatales y de controlar o dirigir efectivamente la acción política o militar del Estado gozarán generalmente, de acuerdo con el concreto cargo que ostenten, de inmunidad *ratione personae* ante una jurisdicción penal extranjera. Es indiferente que los actos cometidos sean estatales o no, pero únicamente durante su mandato es una inmunidad absoluta porque comprende a la totalidad de los actos privados y oficiales.

Esta inmunidad personal comprende tanto a los actos oficiales como a los privados realizados antes del mandato y durante el mismo. Una vez cesado en el cargo, la inmunidad *ratione personae*, al ser de duración temporal, se extingue, pero se mantiene la inmunidad *ratione materiae* o funcional para los antiguos cargos estatales respecto de los actos oficiales, es decir, carecerán de inmunidad por los actos privados. Por tanto, al ser los actos de agresión, actos oficiales, adoptados como consecuencia de una política estatal, esos concretos responsables que sean agentes estatales gozarán de inmunidad. Solo un cambio en el régimen político permitiría el levantamiento de la inmunidad. Después de cesar en el cargo desaparece la protección personal, pero conservan la inmunidad residual *ratione materiae* respecto de los actos oficiales cometidos de *iure* o de *facto*. El crimen de agresión será considerado por el Estado agresor, por su carácter estatal, como una conducta oficial.

El estado actual del DI sobre las inmunidades es altamente criticable cuando se trata de los crímenes internacionales. La inmunidad para los responsables de los crímenes internacionales, como el de agresión, no se debería observar ni en las jurisdicciones del lugar donde se cometieron los hechos por sus cargos oficiales, ni en otras jurisdicciones extranjeras. De acuerdo con el DI consuetudinario, la inmunidad personal amparará a los sujetos responsables del crimen de agresión durante el ejercicio de su cargo. Una vez cesados sí podrán ser juzgados, al ser inaplicable la inmunidad funcional.

El principio de complementariedad de *facto* será inoperante en las jurisdicciones nacionales respecto de los acusados que según el DI consuetudinario gocen de inmunidad. Se impedirá que el principio de complementariedad sea efectivo, al tener que observar la inmunidad.

Un segundo obstáculo que puede presentarse en el enjuiciamiento del crimen de agresión en las jurisdicciones nacionales son los condicionantes políticos internacionales. Todo crimen de agresión supone un conflicto internacional e interestatal que provocará alineamientos o desencuentros geopolíticos de los Estados de la comunidad internacional con los Estados. Igualmente, la relación entre el CdS y el Estado que ejerciera la jurisdicción nacional. El CdS no pude impedir, determine o no la situación como agresión, el ejercicio jurisdiccional nacional.

Un último obstáculo, entre otros, sería la extradición y las concretas solicitudes de cooperación judicial penal. El crimen se ejecutará al menos, sino en más, dos Estados. Los elementos probatorios se encontrarán en el Estado agresor y agredido y probablemente en terceros Estados. Los responsables del crimen de agresión se resguardarán en el Estado agresor o en Estados amigos de éste, lo que impedirá su extradición. Con los mismos obstáculos señalados para la extradición, y por las mismas razones, se encontrará el Estado agredido y terceros Estados que pretendan auxiliarse en la investigación y enjuiciamiento del crimen de agresión de la cooperación judicial penal del Estado agresor o de terceros Estados amigos del agresor. Cualquier solicitud relacionada con la práctica de pruebas será denegada.

El Código Penal español no tipifica incomprensiblemente el crimen de agresión, a pesar de haber ratificado las enmiendas de Kampala. Los obsoletos tipos penales "de los delitos de traición y contra la paz o la independencia del Estado y relativos a la defensa nacional" (artículos 588, 590 y 591 del Código Penal) no satisfacen la definición ni consuetudinaria ni normativa del artículo 8 *bis* ER.

Es necesaria la tipificación en el Código Penal español del crimen de agresión. Su ubicación sistemática legal, por su naturaleza y carácter de crimen de DI, debe ser en un capítulo independiente, dentro del título XXIV, del libro II, que regula los "delitos contra la comunidad internacional". La definición y los elementos objetivos y subjetivos que lo configuren en el futuro en nuestro código sustantivo debería incorporar, al menos, o como mínimo, los elementos del crimen de agresión previstos en el DI, tanto en el ER como en el derecho consuetudinario. En el ámbito jurisdiccional, una vez que se incorporara el crimen de agresión al Código Penal español, el crimen de agresión debe ser acogido indudablemente por el principio de territorialidad y también por los tres principios extraterritoriales que prevé la LOPJ, e incluso implementar su persecución a través del inexistente principio de personalidad pasiva y del principio de representación.

Quizá sea el momento de crear en nuestra legislación, siguiendo el modelo alemán, un nuevo Código de Derecho penal internacional en el que se regulen todos los crímenes internacionales de primer grado, y no solo los cuatro crímenes competencia de la CPI, y en el que se identifiquen sus principios rectores y la parte general aplicable a los mismos.

Por último, el régimen jurisdiccional del ECPI impide que la CPI asuma la investigación y enjuiciamiento del crimen de agresión producido por los dirigentes rusos y otros líderes bielorrusos contra Ucrania. La Federación de Rusia no forma parte del ECPI y el CdS no remitirá la situación a la CPI por el veto de la Federación de Rusia.

Esto, unido, además, a las extremas dificultades —sino imposibilidad— del enjuiciamiento nacional en Ucrania y en otros terceros Estados, así como la utopía de que sean juzgados en la Federación de Rusia, lleva a imaginar, desde la obligación de perseguir a los responsables de crímenes internacionales como el de agresión, otros posibles escenarios judiciales donde los hechos y sus autores sean investigados y enjuiciados. Rusia, además, vetaría el establecimiento de un posible tribunal internacional *ad hoc* al amparo del capítulo VII de la Carta.

Dentro de las opciones que se barajan para el enjuiciamiento del crimen de agresión en Ucrania, la alternativa jurisdiccional internacional más plausible es doble: la creación de un tribunal penal especial internacional para juzgar el crimen de agresión contra Ucrania. El tribunal especial, para no ver mermada su legitimidad, debe impulsarse por recomendación de la AG, como organización representante de la mayoría numérica de la comunidad internacional. Su creación debería surgir del acuerdo entre el secretario general de NNUU y Ucrania.

La rendición de cuentas de los responsables del crimen de agresión cometido contra Ucrania y la instauración de un tribunal penal especial ha sido apoyado por la Unión Europea, por el Consejo de Europa, la OSCE y otros organismos e instituciones de la comunidad internacional.

El movimiento de Estados y de órganos e instituciones internacional favorables al establecimiento del tribunal penal internacional para Ucrania debe aprovecharse para impulsar la ratificación de las enmiendas de Kampala sobre este crimen por el mayor número posible de Estados. Una postura coherente de esos países debe pasar por que estos también ratifiquen esas enmiendas.

Las enmiendas relativas al crimen de agresión, de acuerdo con la Resolución RC/Res.6, serán revisadas siete años después del inicio del ejercicio de la competencia de la CPI, es decir, en el año 2025, una vez transcurridos los siete desde el momento de su activación el 17 de julio de 2018. Es el momento de que, desde todos los ámbitos jurídicos, pero, muy especialmente, desde la doctrina, se contribuya a mejorar unas enmiendas que, sin haber sido aplicadas hasta el momento por la CPI, exigen ser perfeccionadas.

Bibiliografía

AA.VV.: *Crime of Aggression Library*, Crime of Aggression Library, Barriga, S. and Kreß, C. (ed.), Cambridge University Press 2012.

AAVV: "Principio de Justicia Universal", *Revista Penal*, núm. 26, julio 2010, pp. 187 a 234.

AMBOS, K.: "La implementación del Estatuto de la Corte Penal Internacional en Alemania", *Revista electrónica de ciencia penal y criminología*, 07-17, 2005, http://criminet.ugr.es/recpc/07/recpc07-17.pdf

— *El crimen de agresión después de Kampala*, Tassara, L. (traductor), Dykinson, Madrid, 2011.

— "Ucrania y la doble moral de occidente", *Revista penal*, Tirant lo Blanch, número 51, enero 2023, pp. 33 a 48.

BARRIGA, S. and BLOKKER, N.: "Entry into Force and Conditions for the Exercise of Jurisdiction: Cross-Cutting Issues", *Crime of Aggression Library, The Crime of Aggression a commentary*, KREß, C. and Barriga, S. (ed.), Cambridge University Press 2017, pp. 621 a 645.

— "Conditions for the Exercise of Jurisdiction Based on Security Council Referrals" *Crime of Aggression Library, The Crime of Aggression a commentary*, KREß, C. and Barriga, S. (ed.), Cambridge University Press 2017, pp. 646 a 651.

— "Conditions for the Exercise of Jurisdiction Based on State Referrals and *Proprio Motu* Investigations, *Crime of Aggression Library, The Crime of Aggression a commentary*, KREß, C. and Barriga, S. (ed.), Cambridge University Press 2017, pp. 652 a 674.

BASCUÑÁN MONTES, A.: *Tratados aprobados en la Conferencia Internacional de La Haya*, Librería Española de Garnier Hermanos, París, 1900.

BASSIOUNI, M. C. *International Criminal Law*, 2ª ed., T III, *Enforcement*, Transnational Publishers, Inc., Ardsley, New York, 1999.

— "Universal Jurisdiction for International Crimes: Historical, Perspectives and Contemporary Practice", *Virginal Journal of International Law Association*, Otoño, 2001, 42 Va.J.Int'l. L. 81,pp. 81 a 162. Versión traducida al castellano por el centro de Derechos Humanos, de la Facultad de Derecho, de la Universidad de Chile, "Jurisdicción Universal para Crímenes Internacionales: Perspectivas Históricas y Práctica Contemporánea".

— “The history of Universal Jurisdiction and Its Place International Law”, *Universal Jurisdiction,* S. Macedo (dir.), University of Pennsylvania Press, Philadelphia, 2004, pp. 39 a 63.

— *Introduction to International Criminal Law,* 2ª ed., Martinus Nijhoff Publishers, Leiden-Boston, 2013.

BAUTISTA SAMANIEGO, C.M.: *Procedimiento de extradición pasiva. Doctrina y jurisprudencia,* 2ª ed., Sepín, Madrid, 2024.

BAZOUM, M., August 3, 2023, “President of Niger: My country is under attack and I've been taken hostage”, *The Washington Post,* https://www.washingtonpost.com/opinions/2023/08/03/mohamed-bazoum-coup-niger-democracy/

BECCARIA, C.: *De los delitos y de las penas,* Buenos Aires, 1958.

BELTRÁN MONTOLIU, A.: “El proceso ante la Corte Penal Internacional”, *Derecho penal internacional,* Gil Gil A. y Maculan E (dirs.), Dykinson, Madrid, 2019, pp. 491 a 519.

BERMEJO, R.: “El uso de la fuerza, la Sociedad de Naciones y el Pacto Briand-Kellog”, *Los orígenes del derecho internacional contemporáneo: estudios conmemorativos del Centenario de la Primera Guerra Mundial,* coord. Yolanda Gamarra Chopo y Carlos R. Fernández Liesa, Publicación número 3440 de la Institución Fernando el Católico, Organismo autónomo de la Excma. Diputación de Zaragoza, 2015, pp. 217 a 245.

The Cairo-Arusha Principles on Universal Jurisdictión in Respect of Gross Human Rights Offences: an African Perspective, http://www.africalegalaid.com/download/policy_document/Policy_Document.pdf

BIATO, M. and BÖHLKE, M.: “Brazil”, *Crime of Aggression Library, The Crime of Aggression a commentary,* The Crime of Aggression a commentary KREß, C. and Barriga, S. (ed.), Cambridge University Press 2017, pp. 1117 a 1130.

CARNERERO CASTILLA, R.: “La inmunidad de jurisdicción de los Jefes de Estado y de Gobierno extranjeros en la Audiencia Nacional española”, *Anuario hispano-luso-americano de Derecho internacional,* número 16, 2003, pp. 289 a 302.

— “Los procedimientos para hacer efectiva la responsabilidad internacional”, *Derecho internacional público,* López Martín A.G. (dir.), Dykinson, Madrid, 2022, pp. 181 a 201.

BROWNLIE, I.: *Principles of Public International Law,* Sixth edition, Oxford University Press, New York, 2003.

CALDERÓN MENDOZA, S.: “La aplicación de los crímenes de lesa humanidad en España bajo el principio de justicia universal y los conflictos derivados del principio de legalidad: el caso Scilingo", *Estudios penales y criminológicos,* vol. XXXI, 2011, pp. 431 a 507.

CASADEVALL, J.: *El Convenio Europeo de Derechos Humanos, el Tribunal de Estrasburgo y su jurisprudencia,* Tirant lo Blanch, Valencia, 2012.

CASANOVAS, O. y RODRIGO, A.J.: *Compendio de Derecho internacional público,* 4ª ed., Tecnos, Madrid, 2015.

CASSESE, A.: *International criminal law,* 1ª ed., Oxford University Press, New York, 2003.

— *International law,* Oxford University Press, 2º ed., New York, 2005.

CHAITIDOU, E., ECKELMANS, F. and ROCHE, B.: "The Judicial Function of the Pre-Trial División", *Crime of Aggression Library, The Crime of Aggression a commentary,* KREß, C. and Barriga, S. (ed.), Cambridge University Press 2017, pp. 752 a 815.

CHATHAM HOUSE: "Principles of International Law on the use of Force by States in Self-Defence", ILP WP 05/01, October 2005, https://www.chathamhouse.org/sites/default/files/public/Research/International%20Law/ilpforce.doc

CHINCHÓN ÁLVAREZ, J.: *Derecho internacional y transiciones a la democracia y a la paz,* Parthenon, Madrid, 2007.

— "Responsabilidad internacional del individuo y responsabilidad internacional del Estado: Encuentros y desencuentros en torno a la figura de los crímenes de derecho internacional", *Protección internacional de Derechos Humanos y Estado de Derecho. Studia in honorem Nelson Mandela,* J. González Ibáñez (dir.), Bogotá, Grupo Editorial Ibáñez, 2009, pp. 551 a 582.

— "Nuevas oportunidades y viejos circunloquios de la Corte Internacional de Justicia: A propósito de la legítima defensa (preventiva) en la historia de una violación grave de la prohibición del uso de la fuerza que no quiso ser llamada agresión. La sentencia de la Corte Internacional de Justicia de 19 de diciembre de 2005 en el asunto relativo a las actividades armadas en el territorio del Congo (República Democrática del Congo c. Uganda)", *El poder de los jueces y el estado actual del Derecho Internacional. Análisis crítico de la jurisprudencia internacional (2000-2007),* Sánchez Rodríguez, L.I., López Martín, A. G. (eds.), Servicio Editorial de la Universidad del País Vasco, Bilbao, 2010, pp. 419 a 450.

— "La responsabilidad del Estado por hechos internacionalmente ilícitos", *Derecho internacional público,* López Martín A.G. (dir.), Dykinson, Madrid, 2022, pp. 141 a 179.

CLARK, ROGER S.: "Negotiations on the Rome Statute, 1995–98", "The International Law Commission's Work on Aggression", *Crime of Aggression Library, The Crime of Aggression a commentary,* Kreb, C. y Barriga, S. (dir.), Cambridge University Press 2017, pp. 244 a 270.

— "Individual conduct", *Crime of Aggression Library, The Crime of Aggression a commentary,* Kreb, C. y Barriga, S. (dir.), Cambridge University Press 2017, pp. 565 a 587.

COCCHINI, A.: "Intentado definir la legítima defensa preventiva", *Anuario de Derecho internacional,* V. 34, 2018, pp. 499 a 524.

COMISIÓN ENCARGADA DEL ESTUDIO DE LA RESPONSABILIDAD DE LOS AUTORES DE LA GUERRA E IMPOSICIÓN DE PENAS: Informe presentado a la conferencia preliminar de la paz, Dotación Carnegie para la Paz Internacional. División de Derecho Internacional. Folletos en castellano. Núm. 2. Washington, 1921.

COMITÉ INTERNACIONAL DE LA CRUZ ROJA: *declaración de 13 de octubre de 2017,* https://www.icrc.org/es/document/alcance-y-aplicacion-del-principio-de-jurisdiccion-universal-declaracion-del-cicr-ante-la

CONKLIN, W.: "The Peremptory Norms of the International Community", *The European Journal of International Law,* vol. 23, Nº. 3, *Oxford University Press on behalf of EJIL Ltd.,* 2012, http://www.ejil.org/pdfs/23/3/2305.pdf.

CORACINI, A. R.: "(Extended) Synopsis: The Crime of Aggression under Domestic Criminal Law, "Germany", *Crime of Aggression Library, The Crime of Aggression a commentary,* KREß, C. and Barriga, S. (dir.), Cambridge University Press 2017, pp. 1038 a 1114.

— "The Case for Creating a Special Tribunal to Prosecute the Crime of Aggression Against Ukraine (Part II), Jurisdiction and Composition", *Just Security,* September 23, 2022, https://www.justsecurity.org/83201/tribunal-crime-of-aggression-part-two/

CORACINI, A. R., and TRAHAN, J.: "The Case for Creating a Special Tribunal to Prosecute the Crime of Aggression Committed Against Ukraine (Part VI): On the Non-Applicability of Personal Immunities", *Just Security,* November 8, 2022, https://www.justsecurity.org/84017/the-case-for-creating-a-special-tribunal-to-prosecute-the-crime-of-aggression-committed-against-ukraine-part-vi-on-the-non-applicability-of-personal-immunities/

CRAWFORD, J.: "The International Law Commission's Work on Aggression", *Crime of Aggression Library, The Crime of Aggression a commentary,* Kreb, C. y Barriga, S. (dir.), Cambridge University Press 2017, pp. 233 a 243.

CRYER, R., FRIMAN, H., ROBINSON, D. and WILMSHURST, E.: *An introduction to international criminal law and procedure,* 3ª ed., Cambridge, University Press, Cambridge, 2014.

DE WET, E.: "The Modern Practice of Intervention by Invitation in Africa and Its Implications for the Prohibition of the Use of Force", *European Journal of International Law,* Volume 26, Issue 4, November 2015, pp. 979–998, https://doi.org/10.1093/ejil/chv055

ELORZA, A.: *Raphaël Lemkin, Genocidio escritos,* Centro de Estudios Políticos y Constitucionales, Madrid, 2015.

ESCOBAR HERNÁNDEZ, C.: "Ucrania y la Corte Penal Internacional: una oportunidad para la corte y para la lucha contra la impunidad", *Revista Española de Derecho Internacional,* 74 (2), 2022, pp. 57 a 76.

EUROJUST and NETWORK FOR INVESTIGATION AND PROSECUTION OF GENOCIDE, CRIMES AGAINST HUMANITY AND WAR CRIMES: *Genocide Network Paper, The crime of aggression in the national laws of EU Member States, Genocide Network Observer States and Ukraine,* Publications Office of the European Union, 2023, Luxembourg.

EL PERIÓDICO: "Así fue la crisis de Perejil: España y Marruecos se enfrentaron por un islote hace 19 años", 18 de mayo de 2021, https://www.elperiodico.com/es/politica/20210518/crisis-perejil-espana-marruecos-enfrentaron-11738049

EL PAÍS: *Un tribunal "ilegítimo" para los crímenes,* 2 de diciembre de 2022, p. 2.

— *Zelenski pide en pide en Países Bajos la creación de una corte especial para juzgar a Putin,* 5 de mayo de 2023, p. 3.

— "La desaparición de un monstruo", 27 de agosto, 2023, https://elpais.com/opinion/2023-08-27/la-desaparicion-de-un-monstruo.html

EL PAÍS SEMANAL: *Entrevista a Jürgen Stock,* número 2.465, 24 de diciembre de 2023, p. 57.

EUROPEAN UNION AGENCY FOR CRIMINAL JUSTICE COOPERATION (EUROJUST), ESTONIA, LATVIA AND SLOVAKIA BECOME MEMBERS OF JOINT INVESTIGATION TEAM ON ALLEGED CORE INTERNATIONAL CRIMES IN UKRAINE, 31 may 2022, press release, https://www.eurojust.europa.eu/news/estonia-latvia-and-slovakia-become-members-joint-investigation-team-alleged-core-international

EUROPEAN UNION AGENCY FOR CRIMINAL JUSTICE COOPERATION (EUROJUST), EUROJUST SUPPORTS JOINT INVESTIGATION TEAM INTO ALLEGED CORE INTERNATIONAL CRIMES IN UKRAINE, 28, March 2022, press release, https://www.eurojust.europa.eu/news/eurojust-supports-joint-investigation-team-alleged-core-international-crimes-ukraine

EUROPEAN UNION AGENCY FOR CRIMINAL JUSTICE COOPERATION (EUROJUST), ROMANIA BECOMES SEVENTH MEMBER OF JOINT INVESTIGATION TEAM ON ALLEGED CORE INTERNATIONAL CRIMES COMMITTED IN UKRAINE, 13 October, press release, https://www.eurojust.europa.eu/news/romania-becomes-seventh-member-joint-investigation-team-alleged-core-international-crimes

FERENCZ, B: *Defining International Aggression: The Search for World Peace: A Documentary History and Analysis,* Volumens I and II, New York: Oceana Publications, 1975, Author´s Preface.

— "Epilogue. The Long Journey to Kampala: A personal Memoir", *Crime of Aggression Library, The Crime of Aggression a commentary,* KREß, C. and Barriga, S. (ed.), Cambridge University Press 2017, pp. 1501 a 1519.

FERNÁNDEZ ARRIBAS, G.: "Legitimidad e interpretación: las limitaciones de la Corte Penal Internacional respecto del crimen de agresión", *La Corte Penal Internacional 20 años después,* Salinas de Frías, A. y Petit de Gabriel, W. (dirs.) y García Andrade, P. y Álvarez Arcá, I. (coords.), Tiran lo Blanch, Valencia 2021, pp. 193 a 207.

FERNÁNDEZ-PACHECO ESTRADA, C.: "Consecuencias de la ratificación de las enmiendas de Kampala. A propósito de la implementación del delito de agresión en España", *Revista General de Derecho Penal,* número 22, noviembre (2014), pp. 1 a 27.

FERNÁNDEZ PONS, X.: "El crimen de agresión en las jurisdicciones penales nacionales", *La Corte Penal Internacional 20 años después,* Salinas de Frías, A. y Petit de Gabriel, W. (dirs.) y García Andrade, P. y Álvarez Arcá, I. (coords.), Tiran lo Blanch, Valencia 2021, pp. 139 a 172.

— "El rol de la Corte Penal Internacional (CPI) ante la guerra de Ucrania", *Impactos de la guerra de Ucrania,* González Beilfuss, C., Navarro-Michel, M., Fernández Pons, X. (dirs.), Soto, Y. (coord..), Tirant lo Blanch, Valencia, 2023, pp. 69 a 94.

FERNÁNDEZ TOMÁS, A.F.: "La estructura del Derecho internacional", *Curso de Derecho internacional público,* AA.VV., Tiran lo Blanch, 2ª, Valencia, 2022, pp. 59 a 80.

FERNÁNDEZ TOMÁS, A.F. y MARTÍNEZ CARMENA, M., en FERNÁNDEZ TOMÁS, A. y MARTÍNEZ CARMENA, MARÍA: "El control del uso de la fuerza en las relaciones internacionales", Curso de Derecho internacional público, AA.VV., Tiran lo Blanch, 2ª, Valencia, 2022, pp. 429 a 461.

FIFER, R.E.: "Norway", *Crime of Aggression Library, The Crime of Aggression a commentary,* KREß, C. and Barriga, S. (dir.), Cambridge University Press 2017, pp. 1242 a 1263.

GIL GIL, A.: *Derecho Penal Internacional,* Tecnos, Madrid, 1999.

— "La excepción al principio de legalidad del número 2 del artículo 7 del Convenio Europeo de Derechos Humanos", *Anuario de Derecho Penal y Ciencias Penales,* vol. LXIII, 2010, pp. 131 a 163.

GIL GIL, A. y MACULAN E.: "Responsabilidad de proteger, Derecho penal internacional y prevención y resolución de conflictos", *La justicia de transición: concepto, instrumentos y experiencias,* Isabel Turégano Masilla (ed.), Universidad del Rosario, Bogotá, 2013, pp. 137 a 165.

GIMENO SENDRA, V.: *Derecho procesal penal,* Civitas Thomson Reuters, Madrid, 2012.

GLOTOVA, S. V.: "Russia", *Crime of Aggression Library, The Crime of Aggression a commentary,* KREß, C. and Barriga, S. (dir.), Cambridge University Press 2017, pp. 923 a 937.

GONZÁLEZ, M.: Una "potencia extranjera" atacó los ordenadores de Defensa, *El País,* 27 de marzo de 2019, https://elpais.com/politica/2019/03/25/actualidad/1553543912_758690.html

GONZÁLEZ IBAÑEZ, J.: "Putin, el derecho internacional y la penicilina de Stalin", *El País (Babelia),* 7 de abril de 2022, https://elpais.com/babelia/2022-04-07/putin-el-derecho-internacional-y-la-penicilina-de-stalin.html

— "La agresión y el derecho humano a la paz", *Núremberg y Vietnam: una tragedia americana, reflexiones desde el Derecho internacional,* Taylor, T., González Ibáñez, J. (ed.), Tirant lo Blanch, Valencia, 2023, pp. 283 a 354.

GROVER, L.: "Interpreting the Crime of Aggression", "The International Law Commission's Work on Aggression", *Crime of Aggression Library, The Crime of Aggression a commentary* KREß, C. and Barriga, S. (dir.), Cambridge University Press 2017, pp. 375 a 411.

GUILFOYLE, D.: *International criminal law,* Oxford University Press, United Kingdom, 2016.

HAJDIN, N.: "The actus reus of the crime of aggression", *Leiden Journal for International Law* 2021, 34(2), pp, 489 a 504, doi:10.1017/S0922156521000042.

HARTIG A.: *Making Aggression a Crime Under Domestic Law, On the Legislative Implementation of Article 8 bis of the ICC Statute,* T.M.C. Asser Press, Berlin, 2023.

HATHAWAY, O. A.: "The Case for Creating an International Tribunal to Prosecute the Crime of Aggression Against Ukraine (Part I), An agreement between the United Nations and Ukraine can pave the way", *Just Security*, 20 September, 2022, https://www.justsecurity.org/83117/the-case-for-creating-an-international-tribunal-to-prosecute-the-crime-of-aggression-against-ukraine/

HORMAZÁBAL MALARÉE, H.: "Interdicción de la impunidad y cosa juzgada fraudulenta en el Pacto de San José y en el Estatuto de Roma", *Un juez para la democracia, libro homenaje a Perfecto Andrés Ibáñez*, G. Portilla y F. Velázquez (coords.), E. Pomares y J.L. Fuentes (coords.), Dkynson, 2019, pp. 253 a 267.

— "El Sistema Internacional de protección de los derechos humanos y la obligación de perseguir a los responsables de los crímenes contra los derechos humanos", *Revista Sistema Penal Crítico*, volumen 3, septiembre de 2022, pp. 91 a 110, https://revistas.usal.es/cuatro/index.php/2697-0007/article/view/31477

— "La protección de los Derechos Humanos en el Código Penal español. Una propuesta de reforma", *Liber Amicorum, Derechos humanos y Derecho penal*, Tomo II, libro Homenaje al Profesor Ignacio Berdugo Gómez de la Torre, Aquílafuente, ediciones Universidad de Salamanca, Salamanca, 2022, pp. 633 a 646.

HOVEN, E.: "Germany", *Crime of Aggression Library, The Crime of Aggression a commentary*, KREß, C. and Barriga, S. (dir.), Cambridge University Press 2017, pp. 880 a 894.

HUETE MERINO, L.: "Avanzando en la regulación armonizada del Derecho penal internacional en España: el crimen de agresión en la legislación española", *Estudios Penales y Criminológicos*, 42 (2022), pp. 1 a 24, DOI: https://doi.org/10.15304/epc.42.8576

IGLESIAS BERLANGA, M.: "Los sujetos de Derecho internacional", *Derecho internacional público*, López Martín A.G. (dir.), Dykinson, Madrid, 2022, pp. 33 a 44.

IGUALADA, C.: "Terrorismo yihadista global. Tendencias, actores y escenarios en 2022", *Anuario del terrorismo yihadista 2022*, Observatorio Internacional de Estudios sobre Terrorismo, San Sebastián, 2022, pp. 106 a 128.

INSTITUT DE DROIT INTERNATIONAL: "Resolutions Concerning the Recognition of New States and New Governments." *The American Journal of International Law* 30, no. 4 (1936), https://doi.org/10.2307/2213442, pp. 185 a 187.

INTERNATIONAL ASSOCIATION OF PENAL LAW AND INTERNATIONAL INSTITUTE OF HIGHER STUDIES IN CRIMINAL SCIENCES

AND MAX PLANCK INSTITUTE FOR FOREIGN AND INTERNATIONAL CRIMINAL LAW: *Draft Statute for an International Criminal Court -Alternative to the ILC-Draft- (Siracusa-Draft)*, Siracusa/Freiburg, July 1995, https://www.legal-tools.org/doc/39a534/pdf/

INSTITUTE OF INTERNATIONAL LAW, KRAKOW: *Resolución Justitia et Pace, Seventeenth Commission, Universal criminal jurisdiction with regard to the crime of genocide, crimes against humanity and war crimes*, Session-2005, http://www.justitiaetpace.org/idiE/resolutionsE/2005_kra_03_en.pdf

JEßBERGUER, F.: "The Modern Doctrinal Debate on the Crime of Aggression", *Crime of Aggression Library, The Crime of Aggression a commentary*, KREß, C. and Barriga, S. (ed.), Cambridge University Press 2017, pp. 287 a 306.

JENNINGS, R. Y: "The Caroline and McLeod Cases", *American Journal of International Law*, 32(1), pp. 82 a 99, 1938.

JIMÉNZ DE ASÚA, L.: *Tratado de Derecho penal*, T. II (Filosofía y Ley Penal), Losada, 5ª ed., Buenos Aires, 1992.

JØRGENSEN, N. H. B.: "Asia", *Crime of Aggression Library, The Crime of Aggression a commentary*, KREß, C. and Barriga, S. (dir.), Cambridge University Press, pp. 993 a 1037.

JUSCTICEINFO.NET: "Romania opens probe into Ukraine crimes against humanity", 11 July, 2022, https://www.justiceinfo.net/en

KANT, I.: *Sobre la paz perpetua*, Akal, introducción y traducción Kimana Zulueta Fülscher, Tres Catos, 2011.

KELSEN, H.: *Derecho y justicia internacional, antes y después de Núremberg*, García Pascual, C. y García Sáez, J.A. (editores), Trotta, Madrid, 2023.

KERSTEN, M.: "Straight to the top: The International Criminal Court issues an arrest warrant for Russia's Vladimir Putin", *Justice in Conflict*, March 17, 2023, https://justiceinconflict.org/2023/03/17/straight-to-the-top-the-international-criminal-court-issues-an-arrest-warrant-for-russias-vladimir-putin/

KHAN, K.: "Technology Will not exceed our humanity", Digital Front Lines, https://digitalfrontlines.io/2023/08/20/technology-will-not-exceed-our-humanity/

KOMATSU, I.: "Japan", *Crime of Aggression Library, The Crime of Aggression a commentary*, KREß, C. and Barriga, S. (dir.), Cambridge University Press 2017, pp. 1217 a 1233.

KOMAROV, A. and HATHAWAY, O. A.: "Ukraine's Constitutional Constraints: How to Achieve Accountability for the Crime of Aggression", *Just Security*, April 5, 2022, https://www.justsecurity.org/80958/ukraines-constitutional-constraints-how-to-achieve-accountability-for-the-crime-of-aggression/

KREß, C.: "The State Conduct Element", *Crime of Aggression Library, The Crime of Aggression a commentary,* KREß, C. and Barriga, S. (ed.), Cambridge University Press 2017, pp. 412 a 564.

— "Los avances de la Corte Penal Internacional: la compleja activación de la jurisdicción sobre el crimen de agresión", *Derecho penal internacional, evolución histórica, régimen jurídico y estudio de casos,* Aranzadi-Thomson Reuters, Martínez Jiménez, A. (dir.), Cizur Menor, 2022.

— *La guerra de Ucrania y la prohibición del uso de la fuerza en el derecho internacional,* traducción Jimena Sofía Viveros Álvarez, Instituto de Investigaciones Jurídicas, Opiniones técnicas sobre temas de relevancia nacional, número 66, Universidad Nacional Autónoma de México, 2023.

— *The Ukraine War and the Crime of Aggression* [Lecture], 4 May 2023, at Courtroom 600 of the Nuremberg Palace of Justice. Nuremberg Academy Lecture. Nuremberg. Alemania.

— *On the New Momentum Regarding the Prosecution of the Crime of Aggression* [Keynote], 6 and 7 October, 2023. Commemoration of the 25th anniversary of the adoption of the Rome Statute Conference on Amendments: Towards one Comprehensive Jurisdictional Regime for all Crimes Within the Jurisdiction of the International Criminal Court, Universität Wien, Viena, Austria.

— "Russia's War of Aggression against Ukraine and the Crime of Aggression", *The War in Ukraine and International Law,* Masahiko Asada and Dai Tamada (eds.), Springer, 2024, en prensa.

KREß, C. AND BARRIGA, S. (eds.): *The Travaux Préparatoires of the Crime of Aggression,* Cambridge University Press, 2012.

KREß, C., HOBE, H., and NUßBERGER, A.: "The Ukraine War and the Crime of Aggression: How to Fill the Gaps in the International Legal System", *Just Security,* January 23, 2023, https://www.justsecurity.org/84783/the-ukraine-war-and-the-crime-of-aggression-how-to-fill-the-gaps-in-the-international-legal-system/

KREICKER, H.: "Immunities", *Crime of Aggression Library, The Crime of Aggression a commentary,* KREß, C. and Barriga, S. (dir.), Cambridge University Press 2017, pp. 675 a 703.

KUZMIN, G. and PANIN, I.: "Russia", *Crime of Aggression Library, The Crime of Aggression a commentary,* KREß, C. and Barriga, S. (ed.), Cambridge University Press 2017, pp. 1264 a 1270.

LAW LIBRARY OF CONGRESS: *Genocide, Crimes Against Humanity, and War Crimes Jurisdiction,* November 2016, https://tile.loc.gov/storage-services/service/ll/llglrd/2016590022/2016590022.pdf

LAW LIBRARY OF CONGRESS: *Crimes Against Humanity Statutes and Criminal Code Provisions in Selected Countries,* April 2010, https://tile.loc.gov/storage-services/service/ll/llglrd/2018298838/2018298838.pdf

LAW LIBRARY OF CONGRESS: *War Crimes and Crimes Against Humanity,* March 2001, https://tile.loc.gov/storage-services/service/ll/llglrd/2021700290/2021700290.pdf

LEMKIN, R.: *Axis rule in occupied Europe, laws of Occupation, Analysis of Government, Proposals for Redress,* Carnegie Endowment for International, Peace Division of International law, Washington.

LEMOS, M.: "The Law of Immunity and the Prosecution of the Head of State of the Russian Federation for International Crimes in the War against Ukraine", *EJIL: Talk!,* January 16, 2023, https://www.ejiltalk.org/the-law-of-immunity-and-the-prosecution-of-the-head-of-state-of-the-russian-federation-for-international-crimes-in-the-war-against-ukraine/

LIÑÁN LAFUENTE, A.: *El crimen contra la humanidad,* Dykinson, Madrid, 2015.

— "Origen y Evolución del Derecho penal internacional (I)", *Derecho penal internacional,* Gil Gil A. y Maculan E (dirs.), Dykinson, Madrid, 2019, pp. 53 a 66.

— "Origen y Evolución del Derecho penal internacional (II)", *Derecho penal internacional,* Gil Gil A. y Maculan E (dirs.), Dykinson, Madrid, 2019, pp. 67 a 77.

— "Los tribunales penales híbridos e internacionalizados", *Derecho penal internacional,* Gil Gil A. y Maculan E (dirs.), Dykinson, Madrid, 2019, pp. 115 a 143.

— "Los crímenes de guerra", *Derecho penal internacional, Derecho penal internacional,* A. Gil Gil y Maculan E. (dirs.), 2ª ed., Dikynson, Madrid, 2019, pp. 443 a 472.

LÓPEZ JIMÉNEZ, J. A.: "Instrumentos de la agresión rusa a Ucrania: Derivadas político-ideológicas e interpretación creativa del Derecho internacional", *La agresión de Rusia contra Ucrania. Neo-Imperialismo de Putin vs. ordenamiento internacional,* Regueiro Dubra, R. (coord..), Tirant lo Blanch, Valencia, 2023, pp. 17 a 90.

LÓPEZ MARTÍN, A.G.: "El ordenamiento jurídico internacional", *Derecho internacional público,* López Martín, A.G. (ed.), Dykinson, Madrid, 2002, pp. 15 a 32.

MCDOUGALL, C.: "The Crimes against Peace Precedent", *Crime of Aggression Library, The Crime of Aggression a commentary,* Kreb, C. y Barriga, S. (dir.), Cambridge University Press 2017, pp. 49 a 112.

— *The crime of aggression under the Roma Statute of the International Criminal Court,* 2ª ed. Cambridge, University Press, New York, 2021.

— "Why Creating a Special Tribunal for Aggression Against Ukraine is the Best Available Option: A Reply to Kevin Jon Heller and Other Critics", *Opinio iuris,* 15.03.2022, https://opiniojuris.org/2022/03/15/why-creating-a-special-tribunal-for-aggression-against-ukraine-is-the-best-available-option-a-reply-to-kevin-jon-heller-and-other-critics/

MACMAHAN, J.: "Unjust War and the Crime of Aggression", *Crime of Aggression Library, The Crime of Aggression a commentary,* KREß, C. and Barriga, S. (ed.), Cambridge University Press 2017, pp. 1386 a 1397.

MACULAN, E.: Los crímenes internacionales en la jurisprudencia latinoamericana, Marcial Pons, Madrid, 2019.

— "El crimen de agresión", *Derecho penal internacional,* Gil Gil A. y Maculan E (dirs.), Dykinson, Madrid, 2019, pp. 473 a 488.

— "La Corte Penal Internacional", *Derecho penal internacional,* Gil Gil A. y Maculan E (dirs.), Dykinson, Madrid, 2019, pp. 83 a 113.

— "Qué es el Derecho penal internacional", *Derecho penal internacional,* Gil Gil A. y Maculan E (dirs.), Dykinson, Madrid, 2019, pp. 39 a 52.

— "El sistema de penas", *Derecho penal internacional,* Gil Gil A. y Maculan E (dirs.), Dykinson, Madrid, 2019, pp. 371 a 392.

MACULAN, E. y LIÑÁN LAFUENTE, A: "Relaciones concursales", *Derecho penal internacional,* Gil Gil A. y Maculan E (dirs.), Dykinson, Madrid, 2019, pp. 342 a 370.

MARTÍNEZ ALCAÑIZ, A.: *El principio de jurisdicción universal y los crímenes de guerra,* Instituto Universitario General Gutiérrez Mellado, Madrid, 2015.

MARTÍNEZ JIMÉNEZ, A.: *El Derecho de autodeterminación de los pueblos en el siglo XXI. La secesión-remedio como consecuencia de graves violaciones a los derechos humanos,* Aranzadi-Thomson Reuters, Cizur Menor, 2015.

— "Los crímenes de la dictadura paraguaya ante los tribunales argentinos. La jurisdicción universal como mecanismo de presión ante la jurisdicción territorial", en Martínez Jiménez, A. (dir.), *Derecho Penal Internacional. Evolución histórica, régimen jurídico y estudio de casos,* Aranzadi-Thomson Reuters, Cizur Menor, 2022, pp. 855 a 908.

MATFESS, H.: "No home field advantage: The expansion of Boko Haram's activity outside of Nigeria in 2019", *Armed Conflict Location & Event Data Project (ACLED),* mayo de 2019, https://www.acleddata.com/2019/05/20/

no-home-field-advantage-the-expansion-of-boko-haramsactivity-outside-of-nigeria-in-2019

MAX PLANCK ENCYCLOPAEDIA OF PUBLIC INTERNATIONAL LAW, GEORG NOLTE: *Intervention by Invitation,* January 2010, https://opil.ouplaw.com/display/10.1093/law:epil/9780199231690/law-9780199231690-e1702

MAY, L.: *Aggression and crimes against peace,* Cambridge University Press, 2008, New York.

— "Just War Theory and the Crime of Aggression", *Crime of Aggression Library, The Crime of Aggression a commentary,* KREß, C. and Barriga, S. (ed.), Cambridge University Press 2017, pp. 273 a 286.

MÉGRET, F: "What is the Specific Evil of Aggression?", *Crime of Aggression Library, The Crime of Aggression a commentary,* KREß, C. and Barriga, S. (ed.), Cambridge University Press 2017, pp. 1398 a 1453.

MIR PUIG, S.: *Derecho penal parte general,* 10ª ed., Reppertor, Barcelona, 2015.

MISIÓN PERMANENTE DEL PRINCIPADO DE LIECHTENSTEIN ANTE LAS NACIONES UNIDAS, INSTITUTO GLOBAL PARA LA PREVENCIÓN DE LA AGRESIÓN INSTITUTO DE LIECHTENSTEIN SOBRE LA LIBRE DETERMINACIÓN y UNIVERSIDAD DE PRINCETON, *Manual de ratificación e implementación de las enmiendas de Kampala al Estatuto de la Rosma de la Corte Penal Internacional,* Instituto de Liechtenstein sobre la Libre Determinación, Princeton, 2012.

MOMTAZ, D. and HAMMEH, E. B.: "Iran", *Crime of Aggression Library, The Crime of Aggression a commentary,* The Crime of Aggression a commentary KREß, C. and Barriga, S. (ed.), Cambridge University Press 2017, pp. 1174 a 1197.

MORENO OCAMPO, L.: "Ending Selective Justice for the International Crime of Aggression", *Just Security,* January 31, 2023, https://www.justsecurity.org/84949/ending-selective-justice-for-the-international-crime-of-aggression/

NARANJO, F.: "La solidez de Wagner en África se somete a prueba", *El País,* 25 de agosto de 2023, https://elpais.com/internacional/2023-08-25/la-solidez-de-wagner-en-africa-se-pone-a-prueba-tras-la-muerte-de-prigozhin.html

NEGEM, N.: "Egypt", *Crime of Aggression Library, The Crime of Aggression a commentary,* The Crime of Aggression a commentary KREß, C. and Barriga, S. (ed.), Cambridge University Press 2017, pp. 1300 a 1309.

THE NEW YORK TIMES: "Congress Votes to Expand U.S. Power to Prosecute International War Crimes", December, 22, 2022, https://www.nytimes.com/2022/12/22/us/politics/congress-war-crimes.html

ODRIOZOLA GURRUTXAGA, M.: "El crimen de agresión en el Estatuto de Roma: limitaciones derivadas de su definición y de las condiciones para el ejercicio de la competencia", *Revista General de Derecho Penal,* Iustel, número 40, noviembre, 2023, pp. 1 a 62.

THE OFFICE OF THE PROSECUTOR, INTERNATIONAL CRIMINAL COURT: *Policy Paper on Case Selection and Prioritisation,* de 15 September 2016, https://www.icc-cpi.int/itemsDocuments/20160915_OTP-Policy_Case-Selection_Eng.pdf

O´KEEFE, R.: "United Kingdom", *Crime of Aggression Library, The Crime of Aggression a commentary,* KREß, C. and Barriga, S. (dir.), Cambridge University Press 2017, pp. 938 a 959.

OLÁSOLO ALONSO, H.: *Ensayos de derecho penal y procesal internacional,* Tirant lo Blanch, Valencia, 2011.

— *Tratado de autoría y participación en Derecho penal internacional,* Tirant lo Blanch, Valencia, 2013.

— *Derecho internacional penal, justicia transicional y delitos transnacionales: dilemas políticos y normativos,* Tirant lo Blanch, Valencia, 2017.

OLLÉ SESÉ, M.: Justicia universal para crímenes internacionales, La Ley, Madrid, 2008.

— "Principios generales", *Derecho penal internacional,* Gil Gil A. y Maculan E. (dirs), Dykinson, Madrid, 2019, pp. 177 a 207.

— "La aplicación del Derecho penal internacional por los tribunales nacionales", *Derecho penal internacional,* Gil Gil A. y Maculan E (dirs.), Dykinson, Madrid, 2019, pp. 129 a 154.

— "Circunstancias eximentes, atenuantes y agravantes", *Derecho penal internacional,* Gil Gil A. y Maculan E. (dirs.), Dykinson, Madrid, 2019, pp. 287 a 329.

— *Crimen internacional y jurisdicción penal nacional: de la justicia universal a la jurisdicción penal interestatal,* Aranzadi, Cizur Menor, 2019.

— *La extradición pasiva: un enfoque de derechos humanos fundamentales,* Iustel, Madrid, 2021.

— "La jurisdicción penal universal al servicio de la Corte Penal Internacional: utopía o realidad", *Liber Amicorum, Derechos humanos y Derecho penal,* Tomo II, libro Homenaje al Profesor Ignacio Berdugo Gómez de la Torre, Aquílafuente, ediciones Universidad de Salamanca, Salamanca, 2022, pp. 929 a 943.

— "La jurisdicción universal en España por crímenes internacionales de primer grado", *Derecho penal internacional, evolución histórica, régimen jurídico y estudio de casos,* Aranzadi-Thomson Reuters, Martínez Jiménez, A. (dir.), Cizur Menor, 2022, pp. 339 a 378.

— "La responsabilidad penal de Putin", El Ciervo pensamiento y cultura, número 793, mayo-junio 2022, pp. 12 a 13.

— "La responsabilidad penal internacional individual en la guerra de Ucrania", Tiempos de Paz: La guerra de Ucrania, número 146-147, 2022, pp. 74 a 83.

OLLÉ SESÉ, M. y CANCIO MELIÁ, M.: "El caso Jesuitas: justicia universal, coautoría conjunta mediata en aparatos organizados de poder, y terrorismo desde el Estado y prueba", *La Ley penal: revista de Derecho penal, procesal y penitenciario,* número 146, año 17, septiembre-octubre 2020, pp. 15 a 22.

ORGANIZACIÓN DE ESTADOS AMERICANOS: Segundo Informe del Comité Jurídico Interamericano, *El Derecho internacional aplicable al ciberespacio,* OEA/Ser.Q, CJI/doc. 671/22 rev.2 corr.1, de 25 de octubre de 2022.

ORTEGA TEROL, J.M.: "El estatuto jurídico del Estado", *Curso de Derecho internacional público,* AA.VV., Tiran lo Blanch, 2ª, Valencia, 2022, pp. 81 a 102.

OXFORD ENGLISH DICTIONARY, July 2023. https://doi.org/10.1093/OED/1035222258

PARLAMENTO EUROPEO, DIRECTORATE GENERAL FOR EXTERNAL POLICIES, POLICY DEPARTMENT: *The application of universal jurisdiction in the fight against impunity,* http://statewatch.org/news/2016/apr/ep-study-universal-jurisdiction-fight-against-impunity-4-16.pdf

PARMAS, A.: "Estonia", *Crime of Aggression Library, The Crime of Aggression a commentary,* KREß, C. and Barriga, S. (dir.), Cambridge University Press 2017, pp. 895 a 992.

PASCUAL PLACHUELO, V.: "La ruptura de Rusia con los sistemas internacionales de derechos humanos y las normas de la guerra en la agresión a Ucrania", *La agresión de Rusia contra Ucrania. Neo-Imperialismo de Putin vs. ordenamiento internacional,* Regueiro Dubra, R. (coord..), Tirant lo Blanch, Valencia, 2023, pp. 159 a 221.

PERALTA LOSILLA, E.: "La agresión en el sistema del Estatuto de Roma. Requisitos jurídicos, políticos y administrativos", *La Corte Penal Internacional 20 años después,* Salinas de Frías, A. y Petit de Gabriel, W. (dirs.) y García Andrade, P. y Álvarez Arcá, I. (coords.), Tiran lo Blanch, Valencia 2021, pp. 113 a 138.

PEREA UNCETA, J.A.: "La regulación del uso de la fuerza en el Derecho internacional", *Derecho internacional público,* López Martín, A.G. (ed.), Dykinson, Madrid, 2022, pp. 329 a 340.

— "El Estado", *Derecho internacional público,* López Martín, A.G. (ed.), Dykinson, Madrid, 2022, pp. 203 a 222.

PEREIRA GARMENDIA, M.: "La responsabilidad de Vladimir Putin y asociados: ¿es posible hacerle rendir cuentas ante la justicia por la invasión de Ucrania?", *La invasión de la Federación Rusa a Ucrania,* Zapata Gonzalez, D. y Fajardo Mejía, G. (coords.), IB de F, Montevideo-Buenos Aires, 2023, pp. 283 a 351.

PEREGIL, F.: "Argelia denuncia que un bombardeo marroquí mató a tres civiles en el Sáhara Occidental", *El País,* 2 de noviembre de 2021, https://elpais.com/internacional/2021-11-03/argelia-denuncia-que-un-bombardeo-marroqui-ha-matado-a-tres-civiles-en-el-sahara-occidental.html

PÉREZ CEPEDA, A.: "Principio de justicia penal universal versus principio de jurisdicción penal internacional", *El principio de Justicia Universal: fundamentos y límites,* A. Pérez Cepeda (dir.), Tirant lo Blanch, Valencia, 2012, pp. 61 a 101.

PIGNATELLI Y MECA, F.: *Tratado sobre los crímenes de guerra en el derecho español,* Tirant lo Blanch, Valencia, 2023.

PIGRAU SOLÉ, A.: "La jurisdicción universal y su aplicación en España: la persecución del genocidio, los crímenes de guerra y los crímenes contra la humanidad por los tribunales nacionales", *Recerca x Drets Humans,* 3, Barcelona, 2009, pp. 38 a 58.

POBJIE, E.: "Victims of the Crime of Aggression", *Crime of Aggression Library, The Crime of Aggression a commentary,* KREß, C. and Barriga, S. (ed.), Cambridge University Press 2017, pp. 816 a 860.

PONS RAFOLS, X.: "La guerra de Ucrania: Naciones Unidas y el Derecho Internacional", *Impactos de la guerra de Ucrania,* González Beilfuss, C., Navarro-Michel, M., Fernández Pons, X. (dirs.), Soto, Y. (coord..), Tirant lo Blanch, Valencia, 2023, pp. 45 a 68.

QUESADA ALCALÁ, C.: "El crimen de agresión como amenaza a la seguridad global", *Cuadernos de estrategia,* (La respuesta internacional a los problemas actuales de la seguridad global), Ministerio de Defensa, número 160, 2013, p. 90 a 116.

— "El Crimen de agresión contra Ucrania, un crimen cierto de enjuiciamiento incierto", *Revista Electrónica De Estudios Internacionales,* n.º 46, diciembre, 2023, pp., 299-340, https://doi.org/10.36151/reei.46.10

QUINTANO RIPOLLÉS, A.: *Tratado de Derecho penal internacional e internacional penal*, Tomo I, Consejo Superior de Investigaciones Científicas, Instituto Francisco de Vitoria, Madrid, 1955.

RAUBE, S.: *Die antizipierte Einladung zur militärischen Gewaltanwendung im Völkerrecht*, Nomos, 2023.

— "An International Law Assessment of ECWASS' Threat to Use Force in Niger", https://www.justsecurity.org/87659/an-international-law-assessment-of-ecowas-threat-to-use-force-in-niger/

REAL ACADEMIA ESPAÑOLA: Diccionario de la lengua española, 23.ª ed., [versión 23.6 en línea]. <https://dle.rae.es>

REISINGER CORACINI, A. and WRANGE P: "The Specificity of the Crime of Aggression", *Crime of Aggression Library, The Crime of Aggression a commentary*, Kreb, C. y Barriga, S. (dir.), Cambridge University Press 2017, pp. 307 a 350.

REGUEIRO DUBRA, R.: "La operación militar especial rusa en Ucrania: ¿Una reafirmación de las normas relativas al uso de la fuerza?", *La agresión de Rusia contra Ucrania. Neo-Imperialismo de Putin vs. ordenamiento internacional*, Regueiro Dubra, R. (coord..), Tirant lo Blanch, Valencia, 2023, pp. 288 a 363.

REMIRO BROTONS, A.: *Derecho internacional*, Tirant lo Blanch, Valencia, 2007.

— "El crimen de agresión", *Derecho penal internacional, evolución histórica, régimen jurídico y estudio de casos,* Aranzadi-Thomson Reuters, Martínez Jiménez, A. (dir.), Cizur Menor, 2022, pp. 263 a 287.

REPÚBLICA ARGENTINA, MINISTERIO DE RELACIONES EXTERIORES y CULTO: *La política argentina en la guerra del Chaco*, Guillermo Kraft, Ltda., Soc. Anón. de Impresiones Generales, Buenos aires, 1937.

ROBERT H. JACKSON CENTER: *Opening Statement before the International Military Tribunal*, https://www.roberthjackson.org/speech-and-writing/opening-statement-before-the-international-military-tribunal/

ROXÍN, C.: *Derecho penal parte general, fundamentos. La estructura de la teoría del delito*, (traducción a la 2ª edición por LUZÓN PEÑA, D.M.; DÍAZ y GARCÍA CONLLEDO, M.; y DE VICENTE REMESA, J.), Tomo I, Civitas, Madrid, 1997.

SALDAÑA, Q.: "La justice pénale internationale, *collected Courses of the Hague Academy of International Law*, Vol. 10, 1995, pp. 223 a 430, https://referenceworks.brillonline.com/entries/the-hague-academy-collected-courses/*A9789028604728_02?lang=en

SAMMONS, A: The Under-Theorization of Universal Jurisdiction: Implications for Legitimacy on Trials of War Criminals by National, Courts, 21 Berkeley J. Int'l Law. 111, 2003, pp. 111 a 143.

SANDS. F.: "Un tribunal internacional para Putin", *El País,* 2 de marzo de 2022, https://elpais.com/opinion/2022-03-02/un-tribunal-internacional-para-putin.html

— "Putin's use of military force is a crime of aggression", *Financial Times,* February 28, 2022, https://www.ft.com/content/cbbdd146-4e36-42fb-95e1-50128506652c

— "Why we need a new Nuremberg trial to make Putin pay: From Britain's leading expert on crimes against humanity PHILIPPE SANDS, a powerfully personal plea for the world to hold a tribunal just like the one which condemned Hitler's henchmen", *MailOnline,* 4 March 2022, https://www.dailymail.co.uk/news/ukraine/article-10579137/PHILIPPE-SANDS-need-new-Nuremberg-trial-make-Putin-pay.html

SCHABAS, W.: "La agresión y el derecho humano a la paz", *Núremberg y Vietnam: una tragedia americana, reflexiones desde el Derecho internacional,* Taylor, T., González Ibáñez, J. (ed.), Tirant lo Blanch, Valencia, 2023, pp. 263 a 281.

SCHEFFER, D.: "El significado y la activación del crimen de agresión bajo el Estatuto de Roma de la Corte Penal Internacional", *Política Criminal,* Volumen 7, número 13, Julio 2012, Art. 6, pp. 220 a 224. [http://www.politicacriminal.cl/Vol_07/n_13/Vol7N13A6.pdf]

— "Amending the Crime of Aggression under the Roma Statute", *Crime of Aggression Library, The Crime of Aggression a commentary,* KREß, C. and Barriga, S. (ed.), Cambridge University Press 2017, pp. 1480 a 1500.

— "The Case for Creating a Special Tribunal to Prosecute the Crime of Aggression Committed Against Ukraine (Part IV), Part IV: Information Sharing, Victim Participation, Outreach and More", *Just Security,* September 28, 2022, https://www.justsecurity.org/83290/tribunal-crime-of-aggression-part-four-2/

SCHÖNDORF, R. S. and GERON, D.: "Israel", *Crime of Aggression Library, The Crime of Aggression a commentary,* KREß, C. and Barriga, S. (dir.), Cambridge University Press 2017, pp. 1198 a 1216.

SELLARS, K.: "The First World War, Wilhelm II and Article 227: The Origin of the Idea of Aggression in International Criminal Law", *Crime of Aggression Library, The Crime of Aggression a commentary,* Kreb, C. and Barriga, S. (dir.), Cambridge University Press 2017, pp. 21 a 48.

— "The Legacy of the Tokio Dissents on Crimes against Peace", *Crime of Aggression Library, The Crime of Aggression a commentary*, Kreb, C. and Barriga, S. (dir.), Cambridge University Press 2017, pp. 113 a 141.

— "Definitions of Aggression as Harbingers of International Change", Leila Nadya Sadat (ed.), Seeking Accountability for the Unlawful Use of Force (Cambridge University Press, 2018), pp. 122 a 153, https://ssrn.com/abstract=2851308.

SLUITER, G.: "The criminal justice response to the war in Ukraine one year later the arrest warrant against Putin from the ICC and the discussion of a special 'aggression tribunal'", 20 March 2023, https://rethinkingslic.org/blog/criminal-law/169-the-criminal-justice-response-to-the-war-in-ukraine-one-year-later-the-arrest-warrant-against-putin-from-the-icc-and-the-discussion-of-a-special-aggression-tribunal

SINGH, N.: "India", *Crime of Aggression Library, The Crime of Aggression a commentary*, KREß, C. and Barriga, S. (dir.), Cambridge University Press 2017, pp. 1158 a 1173.

STRAPATSAS, N.: "The Practice of the Security Council Regarding the Concept of Aggression", *Crime of Aggression Library, The Crime of Aggression a commentary*, Kreb, C. y Barriga, S. (dir.), Cambridge University Press 2017, pp. 178 a 213.

SUMMERS, M.: "Actividad yihadista en el Magreb y en el Sahel Occidental en 2022", *Anuario del terrorismo yihadista 2022*, Observatorio Internacional de Estudios sobre Terrorismo, San Sebastián, 2022, pp. 65 a 91.

SOK KIM, Y.: "Republic of Korea (South Korea)", *Crime of Aggression Library, The Crime of Aggression a commentary*, KREß, C. and Barriga, S. (dir.), Cambridge University Press 2017, pp. 1234 a 1241.

STEMMET, A.: "South Africa", *Crime of Aggression Library, The Crime of Aggression a commentary*, KREß, C. and Barriga, S. (ed.), Cambridge University Press 2017, pp. 1271 a 1284.

TALLIN MANUAL. INTERNATIONAL GROUPS OF EXPERTS AT THE INVITATIOS OF THE NATO COOPERATIVE CYBER DEFENSE CENTRE OF EXCELENCE: *Tallinn Manual 2.0 on the international Law Applicable to Cyber Operations*, Schmitt, M. (general editor) Vihul, L. (managing editor), Cambridge University Press, 2017.

TAYLOR, T.: *Núremberg y Vietnam: una tragedia americana*, trad.: Díaz Lorenzo, S.H., Biblioteca Literatura y Derechos Humanos, Berg Institute, Madrid, 2023.

TCHOBO, D.L.: "Russia's Invasion of Ukraine: Creating A Special Tribunal for the Crime of Aggression Would Be A Danger To The Future of International Criminal Law", *SSRN Electronic Journal*, March 11, 2022, https://papers.ssrn.com/sol3/papers.cfm?abstract_id=4078759

THE PRINCETON PRINCIPLES ON UNIVERSAL JURISDICTION, Princeton University, Princeton, New Jersey, 200.

TRAHAN, J.: "The Case for Creating a Special Tribunal to Prosecute the Crime of Aggression Against Ukraine (Part III), Part III: How Many to Prosecute, Immunities, Amnesty, and More", *Just Security*, September 26, 2022, https://www.justsecurity.org/83238/tribunal-crime-of-aggression-part-three/

TRIAL INTERNATIONAL: *Universal Jurisdiction Annual Review, 2023*, https://trialinternational.org/wp-content/uploads/2023/11/UJAR-2023_13112023_updated.pdf

TURKOVIĆ, K. and VAJDA, M. M.: "Croatia", *Crime of Aggression Library, The Crime of Aggression a commentary*, KREß, C. and Barriga, S. (dir.), Cambridge University Press 2017, pp. 863 a 879.

VAL GARIJO, F.: "La activación de la competencia de la Corte Penal Internacional respecto del crimen de agresión", *La Corte Penal Internacional 20 años después*, Salinas de Frías, A. y Petit de Gabriel, W. (dirs.) y García Andrade, P. y Álvarez Arcá, I. (coords.), Tiran lo Blanch, Valencia 2021, pp. 173 a 192.

VAN SCHAACK, B.: "Par in Parem Imperium Non Habet Complementarity and the Crime of Aggression", *Journal of International Criminal Justice*, Volume 10, Issue 1, March 2012, pp. 133 a 164, https://doi.org/10.1093/jicj/mqs004

VÁSQUES, J. G.: "¿Un tribunal para Putin?", *El País*, 17 de marzo de 2022, https://elpais.com/opinion/2022-03-17/un-tribunal-para-putin.html?event_log=oklogin

WASUM-RAINER, S.: "Germany", *Crime of Aggression Library, The Crime of Aggression a commentary*, KREß, C. and Barriga, S. (dir.), Cambridge University Press 2017, pp. 1149 a 1157.

WEISBORD, N.: "Civil Society", *Crime of Aggression Library, The Crime of Aggression a commentary*, KREß, C. and Barriga, S. (dir.), Cambridge University Press 2017, pp. 1310 a 1355.

WERLE, G. y JESSBERGER, F.: *Tratado de Derecho penal internacional*, 3ª ed., Tirant lo Blanch, Valencia, 2017.

WILMSHURST, E.: *Definición de la agresión*, NNUU, 2009, pp. 1 a 5. https://legal.un.org/avl/pdf/ha/da/da_s.pdf

WILLS, A.: "The Crime of Aggression and the Resor to Force against Entities in *Statu Nacendi*", *Journal of International Criminal Justice*, Volume. 10, Issue 1, March 2012, pp. 83 a 110.

YALE CLUB ROUNDTABLE*: A Special Tribunal for the Crime of Aggression Recommended by the UN General Assembly?*, 22 June 2022, New York City Chair's Summar, https://www2.mfa.gov.lv/images/SG_-_Chairs_Summary_-_Yale_Club_Roundtable_on_STCoA.pdf

ZIMMERMANN, A. y FREIBURG-BRAUN, E.: "Article 8 bis", *Rome Statute of International Criminal Court, A Commentary*, TRIFFTERRER, O. and AMBOS, K. (edited), 3ª ed., C.H.Beck. Hart. Nomos., München, 2022, pp. 686 a 726.

— "Article 15 *bis* Exercise of jurisdiction over the crime of aggression (State referral, proprio motu)", *Rome Statute of International Criminal Court, A Commentary*, TRIFFTERRER, O. and AMBOS, K. (edited), 3ª ed., C.H.Beck. Hart. Nomos., München, 2022, pp. 899 a 926.

— "Article 15 *ter*, Exercise of jurisdiction over the crime of aggression (Security Council, referral)", *Rome Statute of International Criminal Court, A Commentary*, TRIFFTERRER, O. and AMBOS, K. (edited), 3ª ed., C.H.Beck. Hart. Nomos, München, 2022, pp. 927 a 932.

Páginas web

Alto Comisionado de las Naciones Unidas para los Derechos Humanos: https://www.ohchr.org/en/press-briefing-notes/2023/10/israel-opt-update?prm=ep-app

Asamblea de Estados Parte de la Corte Penal Internacional: https://asp.icc-cpi.int/reviewconference/crime-of-aggression

Asamblea de Parlamentarios para la Acción Global: https://www.pgaction.org/pdf/2022/buenos-aires-poa-2022-es.pdf?v=3

Comisión preparatoria del Crimen de Agresión entre 1999 y 2022: https://legal.un.org/icc/documents/aggression/aggressiondocs.htm

Comunidad Económica de Estados de África Occidental: https://ecowas.int

Delegation of the European Union to Niger: Statement by High Representative Josep Borrell on the latest developments: https://www.eeas.europa.eu/eeas/niger-statement-high-representative-josep-borrell-latest-developments_en?s=113

Equipo Nizkor: https://www.derechos.org/peace/dia/index.html

European Commission, Ukraine: Commission presents options to make sure that Russia pays for its crimes, 30 November 2022: https://ec.europa.eu/commission/presscorner/detail/en/ip_22_7311

Frente Polisario: https://frentepolisario.es/el-frente-polisario/

Institute for the Prevention of Aggression: https://crimeofaggression.info/wp-content/uploads/GIPA_Statement_Increasing-ICC-Jurisdiction.pdf

Misión de Naciones Unidas para el Referéndum del Sáhara Occidental: https://minurso.unmissions.org/

Taube Archive of the International Military Tribunal (IMT) at Nuremberg, 1945-46, Biblioteca de la Universidad de Stanford: https://jweekly.com/2023/04/11/stanford-releases-full-digital-archive-of-nuremberg-trials/

Tribunal General de la Unión Europea, https://curia.europa.eu/jcms/upload/docs/application/pdf/2021-09/cp210166es.pdf

https://blog.leclubdesjuristes.com/louverture-denquetes-en-france-pour-crimes-de-guerre-en-ukraine-quelsfondements-et-perspective/?utm_source=sendinblue&utm_campaign=Newsletter%20du%20Club%20des%20juristes %20-%20Spciale%20Ukraine%20-%20Dimanche%2010%20avril%202022&utm_medium=emai

https://www.legifrance.gouv.fr/codes/id/LEGIARTI000048442165/2023-11-22

https://www.refworld.org/pdfid/44a280124.pdf

https://www.justsecurity.org/wp-content/uploads/2023/01/FAQ_Special-Tribunal-for-the-Crime-of-Aggression.pdf

https://legislation.mt/eli/cap/9/eng/pdf

https://supertrans2014.files.wordpress.com/2014/06/the-criminal-code.pdf

https://www.unodc.org/uploads/icsant/documents/Legislation/Slovakia/201124_CC_en.pdf

https://www.mlsp.government.bg/uploads/1/blgarsko-zakonodatelstvo/en/criminal-code.pdf

https://www.finlex.fi/en/laki/kaannokset/1889/en18890039.pdf.

https://www.pgdlisboa.pt/leis/lei_mostra_articulado.php?nid=123&tabela=leis

https://www.pubaffairsbruxelles.eu/eu-institution-news/day-of-international-criminal-justice-declaration-by-the-high-representative-josep-borrell-on-behalf-of-the-european-union-2/

https://trialinternational.org/resources/universal-jurisdiction-tools/universal-jurisdiction-annual-review-ujar/

https://asp.icc-cpi.int/crime-of-aggression/History-CoA

https://asp.icc-cpi.int/crime-of-aggression

https://asp.icc-cpi.int/reviewconference/crime-of-aggression

https://legal.UN.org/icc/documents/aggression/aggressiondocs.htm

http://treaties.un.org.

https://www.wipo.int/wipolex/en/text/498680

https://www.gesetze-im-internet.de/englisch_vstgb/englisch_vstgb.pdf

https://www.venice.coe.int/webforms/documents/default.aspx?pdffile=CDL-REF(2021)022-e

https://www.refworld.org/pdfid/4417f82d4.pdf

https://www.wipo.int/wipolex/en/text/578223

https://vlada.gov.hr/UserDocsImages//2016/Glavno tajništvo/ENG/documents in english//Criminal Code.pdfY

https://www.defensa.gob.ec/wp-content/uploads/downloads/2021/03/COIP_act_feb-2021.pdf

https://www.riigiteataja.ee/en/eli/522012015002/consolide

https://matsne.gov.ge/en/document/view/16426?publication=252

https://www.refworld.org/pdfid/5d541c884.pdf&lang=en

https://likumi.lv/ta/en/en/id/88966-the-criminal-law

https://www.lithuanialaw.com/lithuanian-criminal-code-495

https://legislationline.org/sites/default/files/2023-10/Criminal Code of the Grand-Duchy of Luxembourg.pdf

https://sherloc.unodc.org/cld/uploads/res/document/criminal-code-of-the-republic-of-

https://legislationline.org/sites/default/files/documents/67/fYROM_CC_2009_am2018_en.pdf

https://ihl-databases.icrc.org/en/national-practice/law-implementing-statute-international-criminal-court-2004

https://www.wipo.int/edocs/lexdocs/laws/en/ru/ru080en.pdf

https://www.warnathgroup.com/wp-content/uploads/2015/03/Tajikistan-Criminal-Code.pdf

https://www.warnathgroup.com/wp-content/uploads/2015/03/Tajikistan-Criminal-Code.pdf

https://www.justice.gov/sites/default/files/eoir/legacy/2013/11/08/criminal_code_0.pdf

https://adsdatabase.ohchr.org/IssueLibrary/UZBEKISTAN_Criminal Code.pdf

https://www.wipo.int/edocs/lexdocs/laws/en/vn/vn086en.pdf

Anexos

ANEXO I. TEXTOS LEGALES

—I—
ESTATUTO DE ROMA DE LA CORTE PENAL INTERNACIONAL

Artículo 8 *bis*.– Crimen de agresión

1. A los efectos del presente Estatuto, una persona comete un "crimen de agresión" cuando, estando en condiciones de controlar o dirigir efectivamente la acción política o militar de un Estado, dicha persona planifica, prepara, inicia o realiza un acto de agresión que por sus características, gravedad y escala constituya una violación manifiesta de la Carta de las Naciones Unidas.
2. A los efectos del párrafo 1, por "acto de agresión" se entenderá el uso de la fuerza armada por un Estado contra la soberanía, la integridad territorial o la independencia política de otro Estado, o en cualquier otra forma incompatible con la Carta de las Naciones Unidas. De conformidad con la resolución 3314 (XXIX) de la Asamblea General de las Naciones Unidas, de 14 de diciembre de 1974, cualquiera de los actos siguientes, independientemente de que haya o no declaración de guerra, se caracterizará como acto de agresión:
   a) La invasión o el ataque por las fuerzas armadas de un Estado del territorio de otro Estado, o toda ocupación militar, aún temporal, que resulte de dicha invasión o ataque, o toda anexión, mediante el uso de la fuerza, del territorio de otro Estado o de parte de él;
   b) El bombardeo, por las fuerzas armadas de un Estado, del territorio de otro Estado, o el empleo de cualesquiera armas por un Estado contra el territorio de otro Estado;
   c) El bloqueo de los puertos o de las costas de un Estado por las fuerzas armadas de otro Estado;
   d) El ataque por las fuerzas armadas de un Estado contra las fuerzas armadas terrestres, navales o aéreas de otro Estado, o contra su flota mercante o aérea;
   e) La utilización de fuerzas armadas de un Estado, que se encuentran en el territorio de otro Estado con el acuerdo del Estado receptor, en

violación de las condiciones establecidas en el acuerdo o toda prolongación de su presencia en dicho territorio después de terminado el acuerdo;

f) La acción de un Estado que permite que su territorio, que ha puesto a disposición de otro Estado, sea utilizado por ese otro Estado para perpetrar un acto de agresión contra un tercer Estado;

g) El envío por un Estado, o en su nombre, de bandas armadas, grupos irregulares o mercenarios que lleven a cabo actos de fuerza armada contra otro Estado de tal gravedad que sean equiparables a los actos antes enumerados, o su sustancial participación en dichos actos.

Artículo 15 *bis*.– Ejercicio de la competencia respecto del crimen de agresión (Remisión por un Estado, *proprio motu*)

1. La Corte podrá ejercer su competencia respecto del crimen de agresión de conformidad con los apartados a) y c) del artículo 13, con sujeción a las disposiciones de este artículo.
2. La Corte únicamente podrá ejercer su competencia respecto de crímenes de agresión cometidos un año después de la ratificación o aceptación de las enmiendas por treinta Estados Partes.
3. La Corte ejercerá su competencia respecto del crimen de agresión de conformidad con el presente artículo, a condición de que se adopte una decisión después del 1 de enero de 2017 por la misma mayoría de Estados Partes que se requiere para la aprobación de una enmienda al Estatuto.
4. La Corte podrá, de conformidad con el artículo 12, ejercer su competencia sobre un crimen de agresión, resultante de un acto de agresión cometido por un Estado Parte, salvo que ese Estado Parte haya declarado previamente que no acepta esa competencia mediante el depósito de una declaración en poder del Secretario. La retirada de esa declaración podrá efectuarse en cualquier momento y será considerada por el Estado Parte en un plazo de tres años.
5. Respecto de un Estado no Parte en el presente Estatuto, la Corte no ejercerá su competencia respecto del crimen de agresión cuando este sea cometido por los nacionales de ese Estado o en el territorio del mismo.
6. El Fiscal, si llegare a la conclusión de que existe fundamento razonable para iniciar una investigación sobre un crimen de agresión, verificará en primer lugar si el Consejo de Seguridad ha determinado la existencia de un acto de agresión cometido por el Estado de que se trate. El Fiscal notificará al Secretario General de las Naciones Unidas la situación ante

la Corte, adjuntando la documentación y otros antecedentes que sean pertinentes.

7. Cuando el Consejo de Seguridad haya realizado dicha determinación, el Fiscal podrá iniciar la investigación acerca de un crimen de agresión.
8. Cuando no se realice dicha determinación en el plazo de seis meses desde la fecha de notificación, el Fiscal podrá iniciar los procedimientos de investigación respecto de un crimen de agresión, siempre y cuando la Sección de Cuestiones Preliminares, de conformidad con el procedimiento contenido en el artículo 15, haya autorizado el inicio de la investigación sobre un crimen de agresión, y el Consejo de Seguridad no haya decidido lo contrario de conformidad con el artículo 16.
9. La determinación de que hubo acto de agresión realizada por un órgano ajeno a la Corte no irá en perjuicio de las propias conclusiones de la Corte en virtud del presente Estatuto.
10. El presente artículo se entenderá sin perjuicio de las disposiciones correspondientes al ejercicio de la competencia respecto de otros crímenes a los que se hace referencia en el artículo 5.

Artículo *15 ter*.– Ejercicio de la competencia respecto del crimen de agresión (Remisión por el Consejo de Seguridad)

1. La Corte podrá ejercer su competencia respecto del crimen de agresión de conformidad con el apartado b) del artículo 13, con sujeción a las disposiciones de este artículo.
2. La Corte únicamente podrá ejercer su competencia respecto de crímenes de agresión cometidos un año después de la ratificación o aceptación de las enmiendas por treinta Estados Partes.
3. La Corte ejercerá su competencia respecto del crimen de agresión de conformidad con el presente artículo, a condición de que se adopte una decisión después del 1 de enero de 2017 por la misma mayoría de Estados Partes que se requiere para la aprobación de una enmienda al Estatuto.
4. La determinación de que hubo acto de agresión realizada por un órgano ajeno a la Corte no irá en perjuicio de las propias conclusiones de la Corte en virtud del presente Estatuto.
5. El presente artículo se entenderá sin perjuicio de las disposiciones correspondientes al ejercicio de la competencia respecto de otros crímenes a los que se hace referencia en el artículo 5.

Artículo 25.– Responsabilidad penal individual

1. De conformidad con el presente Estatuto, la Corte tendrá competencia respecto de las personas naturales.
2. Quien cometa un crimen de la competencia de la Corte será responsable individualmente y podrá ser penado de conformidad con el presente Estatuto.
3. De conformidad con el presente Estatuto, será penalmente responsable y podrá ser penado por la comisión de un crimen de la competencia de la Corte quien:
   a) Cometa ese crimen por sí solo, con otro o por conducto de otro, sea éste o no penalmente responsable;
   b) Ordene, proponga o induzca la comisión de ese crimen, ya sea consumado o en grado de tentativa;
   c) Con el propósito de facilitar la comisión de ese crimen, sea cómplice o encubridor o colabore de algún modo en la comisión o la tentativa de comisión del crimen, incluso suministrando los medios para su comisión;
   d) Contribuya de algún otro modo en la comisión o tentativa de comisión del crimen por un grupo de personas que tengan una finalidad común. La contribución deberá ser intencional y se hará:
      i) Con el propósito de llevar a cabo la actividad o propósito delictivo del grupo, cuando una u otro entrañe la comisión de un crimen de la competencia de la Corte; o
      ii) A sabiendas de que el grupo tiene la intención de cometer el crimen;
   e) Respecto del crimen de genocidio, haga una instigación directa y pública a que se cometa;
   f) Intente cometer ese crimen mediante actos que supongan un paso importante para su ejecución, aunque el crimen no se consume debido a circunstancias ajenas a su voluntad. Sin embargo, quien desista de la comisión del crimen o impida de otra forma que se consume no podrá ser penado de conformidad con el presente Estatuto por la tentativa si renunciare íntegra y voluntariamente al propósito delictivo.

3 *bis*. Por lo que respecta al crimen de agresión, las disposiciones del presente artículo sólo se aplicarán a las personas en condiciones de controlar o dirigir efectivamente la acción política o militar de un Estado.

4. Nada de lo dispuesto en el presente Estatuto respecto de la responsabilidad penal de las personas naturales afectará a la responsabilidad del Estado conforme al derecho internacional

— II —
ELEMENTOS DEL CRIMEN

Artículo 8 *bis*.– Crimen de agresión

Introducción

"1. Se entenderá que cualquiera de los actos a los que se hace referencia en el párrafo 2 del artículo 8 bis se caracteriza como un acto de agresión.
2. No existe obligación de demostrar que el autor haya llevado a cabo una evaluación en derecho de la incompatibilidad del uso de la fuerza armada con la Carta de las Naciones Unidas.
3. La expresión "manifiesta" es una calificación objetiva.
4. No existe la obligación de demostrar que el autor haya llevado a cabo una evaluación en derecho de la naturaleza "manifiesta" de la violación de la Carta de las Naciones Unidas".

Elementos

"1. Que el autor haya planificado, preparado, iniciado o realizado un acto de agresión.
2. Que el autor sea una persona* que estaba en condiciones de controlar o dirigir efectivamente la acción política o militar del Estado que cometió el acto de agresión.
3. Que el acto de agresión —el uso de la fuerza armada por un Estado contra la soberanía, la integridad territorial o la independencia política de otro Estado, o en cualquier otra forma incompatible con la Carta de las Naciones Unidas — se haya cometido.
4. Que el autor haya tenido conocimiento de las circunstancias de hecho que determinaban la incompatibilidad de dicho uso de la fuerza armada con la Carta de las Naciones Unidas.
5. Que el acto de agresión, por sus características, gravedad y escala, haya constituido una violación manifiesta de la Carta de las Naciones Unidas.

* Respecto de un acto de agresión, puede suceder que más de una persona se halle en una situación que cumpla con estos criterios.

6. Que el autor haya tenido conocimiento de las circunstancias de hecho que constituían dicha violación manifiesta de la Carta de las Naciones Unidas".

— II —
ENTENDIMIENTOS SOBRE LAS ENMIENDAS AL ESTATUTO DE ROMA DE LA CORTE PENAL INTERNACIONAL RELATIVAS AL CRIMEN DE AGRESIÓN

Remisiones por el Consejo de Seguridad

1. Se entiende que la Corte podrá ejercer su competencia sobre la base de una remisión por el Consejo de Seguridad de conformidad con el apartado b) del artículo 13 del estatuto, únicamente respecto de crímenes de agresión que se hayan cometido después de que una decisión se haya adoptado de conformidad con el párrafo 3 del artículo 15 ter, y un año después de la ratificación o aceptación de las enmiendas por treinta Estados Partes, si esta última fecha fuera posterior.
2. Se entiende que la Corte ejercerá su competencia respecto del crimen de agresión sobre la base de una remisión por el Consejo de Seguridad, de conformidad con el apartado b) del artículo 13 del Estatuto, independientemente de que el Estado de que se trate haya aceptado la competencia de la Corte a este respecto.

Competencia *ratione temporis*

3. Se entiende que, en el caso de los apartados a) y c) del artículo 13, la Corte únicamente podrá ejercer su competencia respecto de crímenes de agresión que se hayan cometido después de que una decisión se haya adoptado de conformidad con el párrafo 3 del artículo 15 bis, y un año después de la ratificación o aceptación de las enmiendas por treinta Estados Partes, si esta última fecha fuera posterior.

Jurisdicción nacional respecto del crimen de agresión

4. Se entiende que las enmiendas que abordan la definición del acto de agresión y el crimen de agresión lo hacen únicamente a los efectos del presente Estatuto. De conformidad con el artículo 10 del Estatuto de Roma, las enmiendas no se interpretarán en el sentido de que limiten o menoscaben en modo alguno las normas existentes o en desarrollo del derecho internacional para fines distintos del presente Estatuto.

5. Se entiende que las enmiendas no se interpretarán en el sentido de que crean el derecho o la obligación de ejercer la jurisdicción nacional respecto de un acto de agresión cometido por otro Estado.

Otros entendimientos

6. Se entiende que la agresión es la forma más grave y peligrosa del uso ilegal de la fuerza, y que una determinación sobre si un acto de agresión ha sido cometido requiere el examen de todas las circunstancias de cada caso particular, incluyendo la gravedad de los actos correspondientes y de sus consecuencias, de conformidad con la Carta de las Naciones Unidas.
7. Se entiende que al determinar si un acto de agresión constituye o no una violación manifiesta de la Carta de las Naciones Unidas, los tres elementos de características, gravedad y escala deben tener la importancia suficiente para justificar una determinación de violación "manifiesta". Ninguno de los elementos puede bastar por sí solo para satisfacer el criterio de violación manifiesta.

ANEXO II. INSTRUMENTOS Y NORMAS INTERNACIONALES Y NACIONALES

— I —
INSTRUMENTOS INTERNACIONALES

- Convención II relativa a las Leyes y Costumbres de la Guerra Terrestre y Convención III, para aplicar a la guerra marítima los principios del Convenio de Ginebra de 22 de agosto de 1864.
- Reglamento relativo a las leyes y costumbres de la guerra terrestre, de 18 de octubre de 1907.
- Tratado de Versalles de 28 de junio de 1919.
- Pacte de la Société des Nations, Société des Nationes-Journal Officiel, Février 1920.
- Proyecto de Tratado de Asistencia Mutua de 1923.
- Protocolo para el Arreglo Pacífico de las Controversias Internacionales o Protocolo de Ginebra, de 2 de octubre de 1924.
- Tratado de Garantías Recíprocas o Pacto de Renano, de 16 de octubre de 1925.

- Tratado General de Renuncia a la Guerra o Pacto Briand-Kellogg, de 27 de agosto de 1928.
- Tratado de No Agresión entre Finlandia y la Unión de Repúblicas Socialistas Soviéticas, de 21 de enero de 1932.
- Declaración del Chaco, de 3 de agosto de 1932.
- Convention for the Definition of Aggression. Signed at London, No. 3391, July 3rd, 1933.
- Tratado Antibélico de No Agresión y Conciliación o Pacto de Saavedra Lamas, de 10 de octubre de 1933.
- Declaración de Principios sobre Solidaridad y Cooperación Interamericanas, de 21 de diciembre de 1936.
- Convención sobre Derechos y Deberes de los Estados, adoptada en la Conferencia Internacional Americana, Montevideo, 26 de diciembre de 1933.
- Convención sobre mantenimiento, afianzamiento y restablecimiento de la paz, adoptada en la Conferencia Interamericana de Consolidación de la Paz, Buenos Aires, 23 de diciembre de 1936.
- Declaración de Principios sobre Solidaridad y Cooperación Interamericanas, hecha en la Conferencia Interamericana de Consolidación de la Paz, Buenos Aires 21 de diciembre de 1936.
- Tratado de No Agresión entre China y la Unión de Repúblicas Socialistas Soviéticas, de 21 de agosto de 1937.
- Declaración de Moscú, de 1 de noviembre de 1943, *Trials of War Criminals before the Nuernberg Military Tribunals.*
- Agreement' by the government of the United Kingdom of Great Britain and Northern Ireland, the Government of the United States of America, the provisional government of the French Republic and the Government of the Union of Soviet Socialist Republics for the prosecution and punishment of the major war criminals of the european axis, signed at London, on 8 August 1945.
- Control Council Law No. 10, Punishment of Persons Guilty of War Crimes, Crimes Against Peace and Against Humanity, December 20, 1945.
- Special proclamation by the Supreme Commander tor the Allied Powers at Tokyo, January 19, 1946; Charter of the international military Tribunal for the far east, January 19, 1946; y Amended Charter of the International Military Tribunal for the Far East, April 26, 1946.
- Tratado de Paz con Italia, de 10 de febrero de 1947.

- Tratado de Paz con Bulgaria, de 10 de febrero de 1947.
- Tratado de Paz con Rumania, de 10 de febrero de 1947.
- Tratado de Paz con Hungría, de 10 de febrero de 1947.
- Tratado de Paz con Finlandia, de 10 de febrero de 1947.
- Carta de las Naciones Unidas, firmada en San Francisco el 26 de junio de 1945.
- Statute of the Council of Europe, ETS No. 1, 1949.
- Convenio para la Protección de los Derechos Humanos y de las Libertades Fundamentales, 4 de noviembre de 1950.
- Convención sobre el Estatuto de los Refugiados, de 28 de julio de 1951.
- Convención de Viena, de 18 de abril de 1961, sobre Relaciones Diplomáticas.
- Convenio de Viena sobre Relaciones Consulares de 24 de abril de 1963.
- Convención de Viena sobre el Derecho de los Tratados, de 23 de mayo de 1969.
- Convenio sobre las infracciones y ciertos otros actos cometidos a bordo de aeronaves, de Tokio, de 14 de septiembre de 1963.
- Convenio para la Represión del Apoderamiento Ilícito de Aeronaves, de 16 de diciembre de 1970.
- Convenio para la Represión de Actos Ilícitos contra la Seguridad de la Aviación Civil, de 23 de septiembre de 1971.
- Convención sobre las Misiones Especiales y Protocolo Facultativo sobre la Solución Obligatoria de Controversias, de 16 de diciembre de 1969.
- Convención sobre la Prevención y el Castigo de Delitos contra Personas Internacionalmente Protegidas, inclusive los Agentes Diplomáticos, de 1973.
- Convención Internacional contra la Toma de Rehenes, de 1979.
- Protocolo I adicional a los Convenios de Ginebra de 1949 relativo a la protección de las víctimas de los conflictos armados internacionales, de 8 de junio de 1977.
- Protocolo II, adicional a los Convenios de Ginebra de 1949 relativo a la protección de las víctimas de conflictos armados sin carácter internacional, de 8 de junio de 1977.
- Convención contra la Tortura y Otros Tratos o Penas Crueles, Inhumanos o Degradantes, 10 de diciembre de 1984.

- Convenio entre el Reino de España y los Estados Unidos de América sobre Cooperación para la Defensa de 1 de diciembre de 1988.
- Convenio para la represión de actos ilícitos contra la seguridad de la navegación marítima y del Protocolo para la represión de actos ilícitos contra la seguridad de las plataformas fijas emplazadas en la plataforma continental, hecho en Roma el 10 de marzo de 1988.
- Convención internacional contra el reclutamiento, la utilización, la financiación y el entrenamiento de mercenarios, de 4 de diciembre de 1989.
- Treaty of the Economic Community of West African States, 24 July 1993.
- Estatuto de Roma de la Corte Penal Internacional, de 18 de julio de 1998.
- Estatuto del Tribunal Internacional para el Castigo de los Crímenes Internacionales Perpetrados en la Antigua Yugoslavia, creado por la Resolución 827 (1993), Un. Doc. S/RES/827, de 25 de mayo, del Consejo de Seguridad de las Naciones Unidas.
- Estatuto del Tribunal Internacional Para Ruanda, creado por la Resolución 955 (1994), Un. Doc. S/RES/955 de 8 de noviembre, del Consejo de Seguridad de las Naciones Unidas.
- Convenio establecido sobre la base de la letra c) del apartado 2 del artículo K.3 del Tratado de la Unión Europea, relativo a la lucha contra los actos de corrupción en los que estén implicados funcionarios de las Comunidades Europeas o de los Estados miembros de la Unión Europea, de 1997.
- Protocolo de enmienda del Convenio de Cooperación para la defensa entre el Reino de España y los Estados Unidos de América, de 1 de diciembre de 1988.
- Protocol Relating to the Mechanism for Conflict Prevention, Management, Resolution, Peace– Keeping and Security, 1999.
- Convención de las Naciones Unidas contra la Delincuencia Organizada Transnacional, 15 de noviembre de 2000.
- Convención de las Naciones Unidas contra la Corrupción o Convención de Mérida, de 31 de octubre de 2003.
- Decisión 2004/579/CE del Consejo, de 29 abril 2004, relativa a la celebración, en nombre de la Comunidad Europea.
- Protocol on Non-Aggression and Mutual Defence in the Great Lakes Region, 30 November 2006.

- Convención Internacional para la protección de todas las personas contra las desapariciones forzadas de 20 de diciembre de 2006.
- Decisión Marco 2008/841, JAI del Consejo, de 24 de octubre de 2008.
- Directiva Europea 2008/114/CE, de 8 de diciembre de 2008, sobre la identificación y designación de infraestructuras críticas europeas y la evaluación de la necesidad de mejorar su protección.
- Convención Internacional para la protección de todas las personas contra las desapariciones forzada, de 23 de diciembre de 2010.
- Decisión 2011/168/PESC del Consejo, de 21 de marzo de 2011, relativa a la Corte Penal Internacional y por la que se deroga la Posición Común 2003/444/PESC.
- Convenio del Consejo de Europa, sobre falsificación de productos médicos y otros delitos similares que suponen una amenaza para la salud pública, hecho en Moscú, el 28 de octubre del 2011.
- Segundo protocolo de enmienda del Convenio de Cooperación para la defensa entre el Reino de España y los Estados Unidos de América, de 1 de diciembre de 1988, revisado, 10 de octubre de 2012.
- Directiva (UE) 2017/541 del Parlamento Europeo y del Consejo de 15 de marzo de 2017 relativa a la lucha contra el terrorismo y por la que se sustituye la Decisión marco 2002/475/JAI del Consejo y se modifica la Decisión 2005/671/JAI del Consejo.
- Tercer Protocolo de Enmienda del Convenio de Cooperación para la Defensa entre el Reino de España y los Estados Unidos de América, de 1 de diciembre de 1988, y sus Enmiendas, 17 de junio de 2015.
- Reglamento (UE) 2018/1727 del Parlamento Europeo y del Consejo de 14 de noviembre de 2018 sobre la Agencia de la Unión Europea para la Cooperación Judicial Penal (Eurojust) y por la que se sustituye y deroga la Decisión 2002/187/JAI del Consejo.
- Reglamento (UE) 2022/838 del Parlamento Europeo y del Consejo de 30 de mayo de 2022 por el que se modifica el Reglamento (UE) 2018/1727 en lo que respecta a la preservación, análisis y almacenamiento en Eurojust de pruebas relativas al genocidio, los crímenes contra la humanidad, los crímenes de guerra y las infracciones penales conexas.
- Acuerdo relativo al despliegue de dos buques adicionales de la marina de los Estados Unidos en la base naval de Rota para el desarrollo de la cooperación establecida por el Segundo protocolo de enmienda del Convenio de Cooperación para la defensa entre el Reino de España y los Estados Unidos de América de 8 de mayo de 2023.

— II —
NORMAS NACIONALES

- Ley de 17 de julio de 1945 por la que se aprueba y promulga el Código de Justicia Militar.
- Ley 44/1971, de 15 de diciembre, sobre reforma del Código Penal.
- Constitución Española de 1978.
- Ley 4/1985, de 21 de marzo, de Extradición Pasiva.
- Ley Orgánica 6/1985, de 1 de julio, del Poder Judicial.
- Ley Orgánica 13/1985, de 9 de diciembre.
- Declaración unilateral española en aceptación de la jurisdicción obligatoria del Tribunal Internacional de Justicia, de 29 de octubre de 1990.
- Ley Orgánica 10/1995, de 23 de noviembre, del Código Penal.
- Instrumento de Ratificación del Estatuto de Roma de la Corte Penal Internacional, hecho en Roma el 17 de julio de 1998.
- Ley Orgánica 15/2003, de 25 de noviembre, por la que se modifica la Ley Orgánica 10/1995, de 23 de noviembre, del Código Penal.
- Ley Orgánica 18/2003, de 10 de diciembre, de Cooperación con la Corte Penal Internacional.
- Ley Orgánica 1/2009, de 3 de noviembre, complementaria de la Ley de reforma de la legislación procesal para la implantación de la nueva Oficina judicial, por la que se modifica la Ley Orgánica 6/1985, de 1 de julio, del Poder Judicial.
- Ley Orgánica 1/2014, de 13 de marzo, de modificación de la Ley Orgánica 6/1985, de 1 de julio, del Poder Judicial, relativa a la justicia universal.
- Ley Orgánica 5/2010, de 22 de junio, por la que se modifica la Ley Orgánica 10/1995, de 23 de noviembre, del Código Penal.
- Ley 8/2011, de 28 de abril, por la que se establecen medidas para la protección de las infraestructuras críticas.
- Ley Orgánica 5/2014, de 17 de septiembre, por la que se autoriza la ratificación de las Enmiendas al Estatuto de Roma de la Corte Penal Internacional, relativas a los crímenes de guerra y al crimen de agresión, hechas en Kampala el 10 y 11 de junio de 2010.
- Ley Orgánica 14/2015, de 14 de octubre, del Código Penal Miliar.

ANEXO III. RESOLUCIONES Y DOCUMENTOS DE ORGANIZACIONES INTERNACIONALES Y DE TRIBUNALES NACIONALES E INTERNACIONALES

1. DOCUMENTOS DE LA SOCIEDAD DE NACIONES

- Doc. Conf. D//C.G./P.V. 38, Definition of Aggression: Draft Declaration Proposed by the Delegation of the Union of Soviet Socialist Republics: General Discussion, March 10th, 1933. Disponible en: https://www.derechos.org/peace/dia/doc/dia16.html#1
- Conf. D./C.G./108, Conf. D./C.P./C.R.S./9, League of Nations Conference for the Reduction and Limitation of Armaments General Commission, Report of the Committee on Security Questions (Rapporteur: M.N. Politis), Geneva, May 24th, 1933. Disponible en: https://www.derechos.org/peace/dia/doc/dia17.html

2. RESOLUCIONES Y DOCUMENTOS DE LAS NACIONES UNIDAS

2.1. Asamblea General

- UN. Doc. A/Res/95 (I), Afirmación de los Principios de Derecho Internacional Reconocidos por la Carta del Tribunal de Núremberg, 11 de diciembre de 1946. Disponible en: https://digitallibrary.un.org/record/209872?ln=es
- UN. Doc. A/RES/ 177 (II), Formulación de los principios reconocidos por el Estatuto y por las sentencias del Tribunal de Núremberg, 21 de noviembre de 1947. Disponible en: https://digitallibrary.un.org/record/210004?ln=es
- UN. Doc. A/RES/174 (II), Establecimiento de una Comisión de Derecho Internacional, 21 de noviembre de 1947. Disponible en: https://digitallibrary.un.org/record/210001?ln=es
- A/CN.4/22, Formulation of Nurnberg Principles: report / by J. Spiropoulos, Special Rapporteur, 12 April, 1950. Disponible en: https://digitallibrary.un.org/record/1301861?ln=es
- UN. Doc. A/RES/1514 (XV), Declaración sobre la concesión de la independencia a los países y a los pueblos coloniales, 14 de diciembre de 1960. Disponible en: https://digitallibrary.un.org/record/206145?ln=es
- UN. Doc. A/RES/1541 (XV), Principios que deben servir de guía a los Estados Miembros para determinar si existo o no la obligación de trans-

mitir la información que se pide en el inciso e del Artículo 73 de la Carta, 15 de diciembre de 1960. Disponible en: https://digitallibrary.un.org/record/206178?ln=es

- UN. Doc. A/RES/2625 (XXV), Declaración sobre los principios de Derecho internacional referentes a las relaciones de amistad y a la cooperación entre los Estados de conformidad con la Carta de las Naciones Unidas, 24 de octubre de 1970. Disponible en https://digitallibrary.un.org/record/202170?ln=es
- UN. Doc. A/RES/290 (IV), bases esenciales para la paz, de 1 de diciembre de 1949. Disponible en: https://digitallibrary.un.org/record/210389?ln=es
- UN. Doc. A/RES/375 (IV), Proyecto de Declaración de Derechos y Deberes de los Estados, 6 de diciembre de 1949. Disponible en: https://digitallibrary.un.org/record/210455?ln=es
- UN. Doc. A/RES/377 (V), Unión pro paz, de 3 de noviembre de 1950.

  Disponible en: https://documents-dds-ny.un.org/doc/RESOLUTION/GEN/NR0/063/41/PDF/NR006341.pdf?OpenElement
- UN. Doc. A/RES/378 A (V), Deberes de los Estados en caso de ruptura de hostilidades, 17 de noviembre de 1950. Disponible en: https://documents-dds-ny.un.org/doc/RESOLUTION/GEN/NR0/063/42/IMG/NR006342.pdf?OpenElement
- UN. Doc. A/RES/378 B (V). Deberes de los Estados en caso de ruptura de hostilidades, 17 de noviembre de 1950. Disponible en: https://digitallibrary.un.org/record/670320?ln=es
- UN. Doc. A/RES/380 (V), La paz por los hechos, 17 de noviembre de 1950. Disponible en: https://digitallibrary.un.org/record/209540?ln=es
- UN. Doc. A/RES/488 (V), Formulación de los principios de Núremberg, 12 de diciembre de 1950. Disponible en: https://digitallibrary.un.org/record/211020?ln=es
- UN. Doc. A/RES/599 (V), Cuestión de la definición de la agresión, de 31 de enero de 1952. Puede verse en: https://documents-dds-ny.un.org/doc/RESOLUTION/GEN/NR0/071/74/PDF/NR007174.pdf?OpenElement
- UN. Doc. A/RES/688 (VII). Cuestión de la definición de la agresión, 20 de diciembre de 1952. Disponible en: https://documents-dds-ny.un.org/doc/RESOLUTION/GEN/NR0/083/04/PDF/NR008304.pdf?OpenElement
- UN. Doc. A/RES/895 (IX), Cuestión de la definición de la agresión, 4 de diciembre de 1954. Disponible en: https://documents-dds-ny.

un.org/doc/RESOLUTION/GEN/NR0/099/33/PDF/NR009933.pdf?OpenElement
- UN. Doc. A/RES/897 (IX), Proyecto de código de delitos contra la paz y la seguridad de la humanidad, 4 de diciembre de 1954. Disponible en: https://digitallibrary.un.org/record/211927?ln=es
- UN. Doc. A/RES/1181 (XII), Cuestión de la definición de la agresión, 29 de noviembre de 1957. Disponible en: https://daccess-ods.un.org/tmp/2442268.87822151.html
- UN. Doc. A/3770, Draf code of offences against the pace and security of mankind, report to the six committee, 6 December 1957. Disponible en: https://digitallibrary.un.org/record/840463?ln=es
- UN. Doc. A/RES/1186 (XII), Proyecto de código de delitos contra la paz y la seguridad de la humanidad, 11 de diciembre de 1957. Disponible en: https://documents-dds-ny.un.org/doc/RESOLUTION/GEN/NR0/121/77/PDF/NR012177.pdf?OpenElement
- UN. Doc. A/RES/1731 (XVI), procedimientos administrativos y presupuestarios de las Naciones Unidas, 20 de diciembre de 1961.
- UN. Doc. A/RES/2131 (XX), Declaración sobre la inadmisibilidad de la intervención en los asuntos internos de los Estados y protección de su independencia y soberanía, 21 de diciembre de 1965. Disponible en: https://digitallibrary.un.org/record/203886?ln=es
- UN. Doc. A/RES/2330 (XXII), Necesidad de acelerar la elaboración de una definición de la agresión en vista de la actual situación internacional, 18 de diciembre de 1967. Disponible en: https://documents-dds-ny.un.org/doc/RESOLUTION/GEN/NR0/240/07/PDF/NR024007.pdf?OpenElement
- UN. Doc. A/RES/2420 (XXIII), Informe del Comité Especial sobre la cuestión de la definición de la agresión, 18 de diciembre de 1968. Disponible en: https://digitallibrary.un.org/record/202794?ln=es
- UN. Doc. A/RES/2549 (XXIV), Informe del Comité Especial sobre la cuestión de la definición de la agresión. 12 de diciembre de 1969. Disponible en: Disponible en: https://digitallibrary.un.org/record/202493?ln=es
- UN. Doc. A/RES/2644 (XXV), Informe del Comité Especial sobre la cuestión de la definición de la agresión, 25 de noviembre de 1970. Disponible: https://documents-dds-ny.un.org/doc/RESOLUTION/GEN/NR0/353/05/IMG/NR035305.pdf?OpenElement
- UN. Doc. A/RES/2625 (XXV), Declaración sobre los principios de derecho internacional referentes a las relaciones de amistad y a la coope-

ración entre los Estados de conformidad con la Carta de las Naciones Unidas, 24 de octubre de 1970.

- UN. Doc. A/RES/2781 (XXVI), Informe del Comité Especial sobre la cuestión de la definición de la agresión, 3 de diciembre de 1971. Disponible en: https://documents-dds-ny.un.org/doc/RESOLUTION/GEN/NR0/332/59/IMG/NR033259.pdf?OpenElement
- UN. Doc. A/RES/2918 (XXVII), Cuestión de los territorios bajo administración portuguesa, 14 de noviembre de 1972. Disponible en: https://digitallibrary.un.org/record/191768?ln=es
- UN. Doc. A/RES/2967 (XXVII), Informe del Comité Especial sobre la cuestión de la definición de la agresión, 14 de diciembre de 1972. Disponible en: https://documents-dds-ny.un.org/doc/RESOLUTION/GEN/NR0/274/38/IMG/NR027438.pdf?OpenElement
- UN. Doc. A/RES/3105 (XXVII). Informe del Comité Especial sobre la cuestión de la definición de la agresión, 12 de diciembre de 1973. Disponible: https://documents-dds-ny.un.org/doc/RESOLUTION/GEN/NR0/286/30/IMG/NR028630.pdf?OpenElement
- UN. Doc. A/9619 y A/9619 Corr. 1, Informe del Comité Especial sobre la Cuestión de la Definición de la Agresión, 11 de marzo a 12 de abril de 1974. Disponible en: https://digitallibrary.un.org/record/724643?ln=es
- UN. Doc. S/RES/3237 (XXIX), Condición de observadora de la Organización de Liberación de Palestina, 29 de noviembre de 1974. Disponible en: https://digitallibrary.un.org/record/189836?ln=es
- UN. Doc. A/9890, Report of the Special Committee on the Question of Defining Aggression, 6 December 1974. Disponible en: https://digitallibrary.un.org/record/855858?ln=es
- UN. Doc. A/RES/3314 (XXIX), Definición de agresión, 14 de diciembre de 1974. Disponible en https://documents-dds-ny.un.org/doc/RESOLUTION/GEN/NR0/743/93/IMG/NR074393.pdf?OpenElement
- UN. Doc. A/RES/33/97, Proyecto de código de delitos contra la paz y la seguridad de la humanidad, 16 de diciembre de 1978. Disponible en: https://documents-dds-ny.un.org/doc/RESOLUTION/GEN/NR0/367/36/IMG/NR036736.pdf?OpenElement
- UN. Doc. A/RES/36/27, Agresión armada israelí contra las instalaciones nucleares iraquíes y sus graves consecuencias para el sistema Internacional establecido respecto de la utilización de la energia nuclear con fines pacíficos, la no proliferación de las armas nucleares y la paz y la seguridad internacionales, 13 de noviembre de 1981. Disponible en: https://digitallibrary.un.org/record/27621?ln=es

- UN. Doc. A/RES/36/106, Proyecto de código de delitos contra la paz y la seguridad de la humanidad, 10 de diciembre de 1981. Disponible en: https://digitallibrary.un.org/record/27068?ln=es
- UN. Doc. A/RES/ES-9/1, La situación en los territorios árabes ocupados, 5 de febrero de 1982. Disponible en: https://digitallibrary.un.org/record/28176?ln=es
- UN. Doc. A/RES/37/102, Proyecto de código de delitos contra la paz y la seguridad de la humanidad, 16 de diciembre de 1982. Disponible en: https://digitallibrary.un.org/record/40345?ln=es
- UN. Doc. A/RES/41/38, Declaración de la Asamblea de Jefes de Estado y de Gobierno de la Organización de la Unidad Africana sobre el ataque militar aéreo y naval contra la Jamahiriya Árabe Libia Popular y Socialista realizado por el actual Gobierno de los Estados Unidos en abril de 1986, 20 de noviembre de 1986. Disponible en: https://digitallibrary.un.org/record/124406?ln=es
- UN. Doc. A/RES/42/151, Proyecto de código de crímenes contra la paz y la seguridad de la humanidad, 7 de diciembre de 1987. Disponible en: https://documents-dds-ny.un.org/doc/RESOLUTION/GEN/NR0/520/70/IMG/NR052070.pdf?OpenElement
- UN. Doc. A/RES/47/33, [sobre la base del informe de la Sexta Comisión (A/47/584)], Informe de la Comisión de Derecho Internacional sobre la labor realizada en su 44º período de sesiones, 25 de noviembre de 1992. Disponible en: https://digitallibrary.un.org/record/158805?ln=es
- UN. Doc. A/RES/47/121, La situación de Bosnia y Herzegovina, 7 de abril de 1993. Disponible en: https://digitallibrary.un.org/record/158781?ln=es
- UN. Doc. A/RES/48/31, [sobre la base del informe de la Sexta Comisión (A/48/612)], Informe de la Comisión de Derecho Internacional sobre la labor realizada en su 45º período de sesiones, 24 de enero de 1994. Disponible en: https://digitallibrary.un.org/record/179697?ln=es
- UN. Doc. A/50/22, Informe del Comité Especial sobre el establecimiento de una corte penal internacional, quincuagésimo período de sesiones, suplemento, número 22, 16 de septiembre de 1995, Disponible en: https://digitallibrary.un.org/record/188889?ln=es
- UN. Doc. A/RES/56/83, Responsabilidad del Estado por hechos internacionalmente ilícitos, 28 de enero de 2002. Disponible en: https://digitallibrary.un.org/record/454412?ln=es
- UN. Doc. A/RES/57/228A, Procesos contra el Khmer Rouge, 27 de febrero de 2003, disponible en: https://digitallibrary.un.org/record/482017?ln=es

– UN. Doc. A/RES/57/228B, Procesos contra el Khmer Rouge, 22 de mayo de 2003, disponible en: https://digitallibrary.un.org/record/494448?ln=es
– UN. Doc. A/RES/60/1, Documento final de la Cumbre Mundial 2005, 24 de octubre de 2005, disponible en: https://digitallibrary.un.org/record/556636?ln=es.
– UN. Doc. A/RES/60/147, Los Principios y Directrices Básicos sobre el Derecho de las Víctimas de Violaciones Manifiestas de las Normas Internacionales de Derechos Humanos y de Violaciones Graves del Derecho Internacional Humanitario a Interponer Recursos y Obtener Reparaciones, 6 de diciembre de 2005. Disponible en: https://documents-dds-ny.un.org/doc/UNDOC/GEN/N05/496/45/PDF/N0549645.pdf?OpenElement
– UN. Doc. A/RES/ES-11/1, Agresión contra Ucrania, 2 de marzo de 2022. Disponible en: https://digitallibrary.un.org/record/3965290?ln=es
– UN. Doc. A/RES/ES-11/2, consecuencias humanitarias de la agresión contra Ucrania, 24 de marzo de 2022. Disponible en: https://digitallibrary.un.org/record/3966630?ln=es
– UN. Doc. A/RES/ES-11/3, Suspensión de los derechos de la Federación de Rusia a formar parte del Consejo de Derechos Humanos, 7 de abril de 2022. Disponible en: https://digitallibrary.un.org/record/3967950?ln=es
– UN. Doc. A/RES/76/262, Mandato permanente para que se celebre un debate de la Asamblea General cuando se ejerza el derecho de veto en el Consejo de Seguridad, aprobada el 26 de abril de 2022, 28 de abril de 2022. Disponible en: https://documents-dds-ny.un.org/doc/UNDOC/GEN/N22/330/41/PDF/N2233041.pdf?OpenElement
– UN. Doc. A/RES/ES-11/4, Integridad territorial de Ucrania: defensa de los principios de la Carta de las Naciones Unidas, 13 de octubre de 2022. Disponible en: https://digitallibrary.un.org/record/3990673?ln=es
– UN. Doc. A/RES/ES-11/5, Promoción de vías de recurso y reparaciones por la agresión contra Ucrania, 15 de noviembre de 2022. Disponible en: https://digitallibrary.un.org/record/3994481?ln=es
– UN. Doc. A/HRC/RES/49/1, Resolución aprobada por el Consejo de Derechos Humanos el 4 de marzo de 2022, situación de los derechos humanos a raíz de la agresión rusa. Disponible en: https://digitallibrary.un.org/record/3963815?ln=es
– UN. Doc. A/ES-11/7-S/2022/616, Carta de fecha 12 de agosto de 2022 dirigida al Secretario General por las representaciones de Letonia, Lie-

chtenstein y Ucrania ante las Naciones Unidas, 17 de agosto de 2022. Disponible en: https://digitallibrary.un.org/record/3985003?ln=es

- UN. Doc. A/RES/77/103, Informe e de la Comisión de Derecho Internacional sobre la labor realizada en su 73er período de sesiones, 19 de diciembre de 2022. Disponible en: https://digitallibrary.un.org/record/3998321?ln=es
- UN. Doc. A/RES/ES-11/6, Principios de la Carta de las Naciones Unidas en los que se basa una paz general, justa y duradera en Ucrania, aprobada el 23 de febrero de 2023, 2 de marzo de 2023. Disponible en: https://digitallibrary.un.org/record/4004933?ln=es
- UN. Doc. A/ES-10/L.25, Protección de los civiles y cumplimiento de las obligaciones jurídicas y humanitarias, 26 de octubre de 2023 Disponible en: https://documents-dds-ny.un.org/doc/UNDOC/LTD/N23/319/23/PDF/N2331923.pdf?OpenElement

2.2. Consejo de Seguridad

- UN. Doc. S/RES/326, sobre los actos de provocación de Rodesia del Sur contra Zambia, 2 de febrero de 1973. Disponible en: https://digitallibrary.un.org/record/93494?ln=es
- UN. Doc. S/RES/328, instando al Reino Unido a que convoque una conferencia constitucional nacional con legítimos representantes del pueblo de Zimbabue, 10 de marzo de 1973. Disponible en: https://digitallibrary.un.org/record/93463?ln=es
- UN. Doc. S/RES/454, sobre las políticas de Sudáfrica hacia Angola y otros Estados limítrofes, 2 de noviembre de 1974. Disponible en: https://digitallibrary.un.org/record/5823?ln=es
- UN. Doc. S/RES/386, sobre la decisión de Mozambique de imponer sanciones a Rodesia del Sur, 17 de marzo de 1976. Disponible en: https://digitallibrary.un.org/record/93715?ln=es
- UN. Doc. S/RES/387, sobre las actividades militares de Sudáfrica contra Angola, 31 de marzo de 1976. Disponible en: https://digitallibrary.un.org/record/93717?ln=es
- UN. Doc. S/RES/405, condena de la agresión armada contra Benín del 16 de enero de 1977, 14 de abril de 1977. Disponible en: https://digitallibrary.un.org/record/66646?ln=es
- UN. Doc. S/RES/411, sobre las actividades militares de Rodesia del Sur contra Mozambique, 30 de junio de 1977. Disponible en: https://digitallibrary.un.org/record/66638?ln=es

- UN. Doc. S/RES/418, sobre el establecimiento de un embargo de armas contra Sudáfrica, 4 de noviembre de 1977. Disponible en: https://digitallibrary.un.org/record/66633?ln=es
- UN. Doc. S/RES/419, sobre la asistencia a Benín para reparar los daños causados por la agresión del 16 de enero de 1977. Disponible en: https://digitallibrary.un.org/record/66647?ln=es
- UN. Doc. S/RES/423, declarando ilegal cualquier arreglo interno de la cuestión de Rodesia del Sur, 14 de marzo de 1978. Disponible en: https://digitallibrary.un.org/record/66650?ln=es
- UN. Doc. S/RES/424, sobre la invasión armada de Zambia por Rodesia del Sur, de 17 de marzo de 1978. Disponible en: https://digitallibrary.un.org/record/66652?ln=es
- UN. Doc. S/RES/428 (1978), sobre las actividades militares sudafricanas contra Angola, 6 de mayo de 1978. Disponible en: https://digitallibrary.un.org/record/71630?ln=es
- UN. Doc. S/RES/447, sobre las políticas de Sudáfrica hacia Angola y otros Estados limítrofes, 28 de marzo de 1979. Disponible en: https://digitallibrary.un.org/record/1697?ln=es
- UN. Doc. S/RES/445/, condena de las invasiones armadas de Angola, Mozambique y Zambia por parte de Rodesia del Sur, 8 de marzo de 1979. Disponible en: https://digitallibrary.un.org/record/1695?ln=es
- UN. Doc. S/RES/455, sobre la política de Rodesia del Sur hacia Zambia, 23 de noviembre de 1979. Disponible en: https://digitallibrary.un.org/record/5824?ln=es
- UN. Doc. S/RES/475, sobre las políticas de Sudáfrica hacia Angola, 27 de junio de 1980. Disponible en: https://digitallibrary.un.org/record/19343?ln=es
- UN. Doc. S/RES/487 (1981) de 19 de junio, de 1981. Disponible en: https://digitallibrary.un.org/record/22225?ln=es
- UN. Doc. S/RES/496, decisión de enviar una comisión de investigación a Seychelles, 15 de diciembre de 1981. Disponible en: https://digitallibrary.un.org/record/27514?ln=es
- UN. Doc. S/RES/507, sobre las actividades militares de Sudáfrica contra Seychelles, 28 de mayo de 1982, S/RES/507. Disponible en: https://digitallibrary.un.org/record/31562?ln=es
- UN. Doc. S/RES/527, sobre las acciones militares de Sudáfrica contra Lesoto, de 15 de diciembre de 1982. Disponible en: https://digitallibrary.un.org/record/40470?ln=es

- UN. Doc. S/RES/546, sobre los ataques militares de Sudáfrica a Angola, 6 de enero de 1984, S/RES/546. Disponible en https://digitallibrary.un.org/record/63331?ln=es
- UN. Doc. S/RES/567, sobre las actividades militares de Sudáfrica contra Angola, 20 de junio de 1985. Disponible en: https://digitallibrary.un.org/record/87419?ln=es
- UN. Doc. S/RES/568, sobre las actividades militares de Sudáfrica contra Botsuana, 21 de junio de 1985. Disponible en: https://digitallibrary.un.org/record/87409?ln=es
- UN. Doc. S/RES/571, sobre las actividades militares de Sudáfrica contra Angola, de 20 de septiembre de 1985. Disponible en: https://digitallibrary.un.org/record/98539?ln=es
- UN. Doc. S/RES/572, sobre ayuda internacional a Botsuana, 30 de septiembre de 1985. Disponible en: https://digitallibrary.un.org/record/98110?ln=es
- UN. Doc. S/RES/573, sobre un ataque aéreo israelí sobre Túnez, 1 de octubre de 1985, 4 octubre 1985. Disponible en: https://digitallibrary.un.org/record/101329?ln=es
- UN. Doc. S/RES/574, sobre las actividades militares de Sudáfrica contra Angola, 7 de octubre de 1985. Disponible en: https://digitallibrary.un.org/record/104202?ln=es
- UN. Doc. S/RES/577, sobre las actividades militares de Sudáfrica contra Angola, 6 de diciembre de 1985. Disponible en: https://digitallibrary.un.org/record/116406?ln=es
- UN. Doc. S/RES/602, sobre las actividades militares de Sudáfrica contra Angola, 25 de noviembre de 1985. Disponible en: https://digitallibrary.un.org/record/150095?ln=es
- UN. Doc. S/RES/580, sobre las actividades militares de Sudáfrica contra Lesoto y la indemnización a Lesoto, 30 de diciembre de 1985. Disponible en: https://digitallibrary.un.org/record/112407?ln=es
- UN. Doc. S/RES/581, sobre las amenazas de Sudáfrica contra los Estados del sur de África, 13 de febrero de 1986. Disponible: https://digitallibrary.un.org/record/112408?ln=es
- UN. Doc. S/RES/611, sobre la soberanía y la integridad territorial de Túnez, 25 de abril 1988. Disponible en: https://digitallibrary.un.org/record/243002?ln=es
- UN. Doc. S/RES/660, sobre la invasión iraquí de Kuwait, 2 de agosto de 1990. Disponible en: https://digitallibrary.un.org/record/94220?ln=es

- UN. Doc. S/RES/661, sobre acciones contra Iraq, 6 de agosto de 1990. Disponible en: https://digitallibrary.un.org/record/94221?ln=es
- UN. Doc. S/RES/662, sobre la anexión iraquí de Kuwait, 9 de agosto de 1990, S/RES, 9 de agosto de 1990. Disponible en: https://digitallibrary.un.org/record/94573?ln=es
- UN. Doc. S/RES/665, sobre la aplicación de la resolución 661 (1990) del Consejo de Seguridad, especialmente sus disposiciones relativas al transporte marítimo, 25 de agosto de 1990. Disponible en: https://digitallibrary.un.org/record/95664?ln=es
- UN. Doc. S/RES/667, sobre las acciones iraquíes contra las misiones diplomáticas y su personal en Kuwait, 16 de septiembre de 1990. Disponible en: https://digitallibrary.un.org/record/96599?ln=es
- UN. Doc. S/RES/670, sobre el embargo aéreo contra Iraq, 25 de septiembre de 1990. Disponible en: https://digitallibrary.un.org/record/97522?ln=es
- UN. Doc. S/RES/674, sobre la protección de los nacionales de terceros Estados en Iraq y Kuwait, 29 de octubre de 1990. Disponible en: https://digitallibrary.un.org/record/100468?ln=es
- UN. Doc. S/RES/678 (1990) de 29 de noviembre. Disponible en: https://digitallibrary.un.org/record/102245?ln=es
- UN. Doc. S/RES/687 (1991), de 3 de abril. Disponible en: https://digitallibrary.un.org/record/110709?ln=es
- UN. Doc. S/RES/827, sobre el establecimiento de un Tribunal Internacional para el Castigo de los Crímenes Internacionales Perpetrados en la Antigua Yugoslavia y la adopción del Estatuto del Tribunal, de 25 de mayo de 1993.
- UN. Doc. S/RES/955, sobre el establecimiento de un Tribunal Internacional para Ruanda y la adopción del Estatuto del Tribunal, de 8 de noviembre de 1994.
- UN. Doc. S/RES/1315 (2000), 14 de agosto de 2002, disponible en: https://documents-dds-ny.un.org/doc/UNDOC/GEN/N00/605/35/PDF/N0060535.pdf?OpenElement
- UN. Doc. S/RES/1422 (2002), de 12 de julio de 2002, disponible en: https://digitallibrary.un.org/record/468885?ln=es
- UN. Doc. S/RES/1487 (2003). Disponible en: https://digitallibrary.un.org/record/497047?ln=es
- UN. Doc. S/RES/1564, de 18 de septiembre de 2004. Disponible en: https://digitallibrary.un.org/record/530567?ln=es

- UN. Doc. S/RES/1593 (2005), de 31 de marzo. Disponible en: https://digitallibrary.un.org/record/544817?ln=es
- UN. Doc. S/RES/1970 (2011), de 26 de febrero. Disponible en: https://digitallibrary.un.org/record/698927?ln=es
- UN. Doc. S/RES/2098, sobre la prórroga del mandato de la Misión de Estabilización de las Naciones Unidas en la República Democrática del Congo (MONUSCO) hasta el 31 de marzo de 2014, 28 de marzo de 2013. Disponible en: https://digitallibrary.un.org/record/747650?ln=es
- UN. Doc. S/RES/2216, sobre el cese de la violencia en Yemen y el refuerzo de las sanciones impuestas por la resolución 2104 (2014) del Consejo de Seguridad, 14 de abril de 2015 (disponible en: https://digitallibrary.un.org/record/791250?ln=es).
- UN. Doc. S/RES/2468 (2019), 30 de abril de 2019. Disponible en: https://digitallibrary.un.org/record/3801562?ln=es
- UN. Doc. S/RES/2623, 27 de febrero de 2022. Disponible en: https://digitallibrary.un.org/record/3958807?ln=es

2.3. Otros documentos del Consejo de Seguridad

- UN. Doc. S/PRST/2005/10*, Formulada en nombre del Consejo de Seguridad, en la 5133ª sesión, celebrada el 2 de marzo de 2005, 17 de febrero de 2006, en relación con el examen por el Consejo del tema titulado "La situación relativa a la República Democrática del Congo". Disponible en https://digitallibrary.un.org/record/542426?ln=es
- UN. Doc. S/2015/217, Cartas idénticas de fecha 26 de marzo de 2015 dirigidas al Secretario General y al Presidente del Consejo de Seguridad por la Representante Permanente de Qatar ante las Naciones Unidas, 27 de marzo de 2015. Disponible en: https://digitallibrary.un.org/record/790821?ln=es
- UN. Doc. S/PV.8979, 8979ª sesión, 25 de febrero de 2022. Disponible en: https://digitallibrary.un.org/record/3963720?ln=es
- UN. Doc. S/2022/733, Situation concerning Western Sahara, 3 October 2022. Disponible en: https://minurso.unmissions.org/sites/default/files/res_26022021_minurso_e.pdf
- Press statement by the Security Council the situation in the Republic of Niger, 28 July 2023: https://www.un.org/securitycouncil/content/security-council-press-statement-situation-republic-niger
- UN. Doc. S/PRST/2022/3, declaración de la Presidencia del Consejo de Seguridad, 6 de mayo de 2022. Disponible en: https://documents-dds-ny.un.org/doc/UNDOC/GEN/N22/342/00/PDF/N2234200.pdf?OpenElement

2.4. Comisión de Derecho Internacional

- UN. Doc. A/CN.4/25, Draft Code of Crimes against the Peace and Security of Mankind: report / by J. Spiropoulos, Special Rapporteur, 26 April 1950. Yearbook of the International Law Commission, vol. II, p. 262. Disponible en: Disponible en: https://legal.un.org/ilc/documentation/english/a_cn4_25.pdf
- UN. Doc. A/C.1/608, Duties of States in the event of the outbreak of hostilities: draft resolution on the definition of aggression / Union of Soviet Socialist Republics, 4 November 1950. Disponible en: https://digitallIbid.rary.un.org/record/775019?ln=e
- UN. Doc. A/CN.4/44-ES, Second report on a draft code of offences against the peace and security of mankind / by J. Spiropoulos, Rapporteur, 12 April 1951. Disponible en: https://digitall*Ibid*.rary.un.org/record/772178?ln=es
- UN. Doc. A/CN.4/L.,15, Proyecto de código de delitos contra la paz y la seguridad de la humanidad, 7 de junio de 1951. Disponible en: https://legal.un.org/ilc/documentation/spanish/a_cn4_l15.pdf
- UN. Doc. A/2693 y A/2693/Corr.1, Report of the International Law Commission covering the work of its 6th session, 3 June-28 July 1954. Official Records. Supplement, No 9, 1954. Disponible en: https://digitallIbid.rary.un.org/record/712101?ln=es
- UN. Doc. A/CN.4/SER.A/1950/Add.1. Informe de la Comisión de Derecho Internacional sobre su Segunda Sesión, incluido el informe de la Comisión a la Asamblea General, *Anuario de la Comisión de Derecho Internacional*, 1950, vol. II, 6 de junio de 1957.
- UN. Doc. S/RES/3280, Cooperación entre las Naciones Unidas y la Organización de la Unidad Africana, 10 de diciembre de 1974, invitaba los representantes de movimientos de liberación nacional reconocidos por la organización de la Unidad Africana como observadores. Disponible en: https://digitallibrary.un.org/record/189986?ln=es
- UN. Doc. S/RES/3280, Cooperación entre las Naciones Unidas y la Organización de la Unidad Africana, 10 de diciembre de 1974. Disponible en: https://digitallibrary.un.org/record/189986?ln=es
- UN. Doc. A/10010/Rev. 1, Informe de la Comisión de Derecho Internacional sobre la labor realizada en su 27° período de sesiones, 5 de mayo a 25 de julio de 1975, trigésimo período de sesiones, suplemento número 10. Disponible en: https://digitallibrary.un.org/record/706924?ln=es
- UN. Doc. A/31/10, Informe de la Comisión de Derecho Internacional, 28° período de sesiones, 3 de mayo a 23 de julio de 1976, trigési-

mo primer período de sesiones, suplemento número 10. Disponible en: https://digitallibrary.un.org/record/703039?ln=es

- UN. Doc. A/RES/34/37, Cuestión del Sáhara Occidental, 21 de noviembre de 1979. Disponible en: https://digitallibrary.un.org/record/10608?ln=es
- UN. Doc. A/RES/35/19, Cuestión del Sáhara Occidental, 11 de noviembre de 1980. Disponible en: https://digitallibrary.un.org/record/17222?ln=es
- UN. Doc. A/38/10, Informe de la Comisión de Derecho Internacional sobre la labor realizada en su 35° período de sesiones, 3 de mayo a 22 de julio de 1983, trigésimo octavo período de sesiones, suplemento número 10. Disponible en: https://digitallibrary.un.org/record/61569?ln=es
- UN. Doc. A/CN.4/SER.A/1983/Add.1 (Part 2). Informe de la Comisión a la Asamblea General sobre la labor realizada en su trigésimo quinto período de sesiones, *Anuario de la Comisión de Derecho Internacional*, 1983, vol. II, Segunda parte, noviembre 1984. Disponible en: https://legal.un.org/ilc/publications/yearbooks/spanish/ilc_1983_v2_p2.pdf
- UN. Doc. A/CN.4/377, Segundo informe sobre el proyecto de delitos contra la paz y la seguridad de la humanidad, por el Sr. Doudou Thiam, Relator Especial, 1 de febrero de 1984. Disponible en: https://legal.un.org/ilc/documentation/spanish/a_cn4_377.pdf
- UN. Doc. A/CN.4/380/Corr. 1, Quinto informe sobre el contenido, las formas y los grados de la responsabilidad internacional (segunda parte del proyecto de artículos), por el Sr. Willem Riphagen, Relator Especial, 4 de abril de 1984. Disponible en: https://legal.un.org/ilc/documentation/spanish/a_cn4_380.pdf
- UN. Doc. A/42/10, Informe de la Comisión de Derecho Internacional sobre la labor realizada en su 39° período de sesiones, 4 de mayo a 17 de julio de 1987, cuadragésimo segundo período de sesiones, suplemento número 10. Disponible en: Disponible en: https://digitallibrary.un.org/record/143070?ln=es
- UN. Doc. A/CN/SER.A/Add.1 (Part 2), Informe de la Comisión a la Asamblea General sobre la labor realizada en su cuadragésimo período de sesiones, *Anuario de la Comisión de Derecho Internacional*, 1988, vol. II, Segunda parte. Disponible en: https://legal.un.org/ilc/publications/yearbooks/spanish/ilc_1988_v2_p2.pdf
- UN. Doc. A/44/10, Informe de la Comisión de Derecho Internacional sobre la labor realizada en su 41° período de sesiones, 2 de mayo a 21 de julio de 1989, cuadragésimo cuarto período de sesiones, su-

plemento número 10. Disponible en: https://digitallibrary.un.org/record/74380?ln=es

- UN. Doc. A/46/10, Informe de la Comisión de Derecho Internacional sobre la labor realizada en su 43º período de sesiones, 29 de abril a 19 de julio de 1991, cuadragésimo sexto período de sesiones, suplemento número 10. Disponible en: https://digitallibrary.un.org/record/127860?ln=es
- UN. Doc. A/CN.4/L.490, Informe revisado del grupo de trabajo sobre el proyecto de Estatuto de un Tribunal Penal Internacional, 19 de julio de 1993. Disponible en: https://digitallibrary.un.org/record/171305?ln=es
- UN. Doc. A/CN.4/460, 15 de abril de 1994, 12º Informe sobre el proyecto de código de crímenes contra la paz y la seguridad de la humanidad, por el Sr. Doudou Thiam, relator especial, (Comisión de Derecho Internacional, 46º período de sesiones, 2 de mayo a 22 de julio de 1994). Disponible en: https://digitallibrary.un.org/record/187305?ln=es
- UN. Doc. A/49/10, Informe de la Comisión de Derecho Internacional sobre la labor realizada en su 46º período de sesiones, 2 de mayo a 22 de julio de 1994, cuadragésimo noveno período de sesiones, suplemento número 10. Disponible en: https://digitallibrary.un.org/record/161940?ln=es
- UN. Doc. A/CN.4/466, 24 de marzo de 1995, 13º Informe sobre el proyecto de código de crímenes contra la paz y la seguridad de la humanidad, por el Sr. Doudou Thiam, relator especial, (Comisión de Derecho Internacional, 47º período de sesiones, 2 de mayo a 21 de julio de 1995). Disponible en: https://digitallibrary.un.org/record/177808?ln=es
- UN. Doc. A/CN.4/L.506, 22 de junio de 1995, Títulos y textos de los artículos del proyecto de código de crímenes contra la paz y la seguridad de la humanidad aprobados en segunda lectura por el Comité de Redacción en su 47º período de sesiones (Comisión de Derecho Internacional 47º período de sesiones, 2 de mayo a 21 de julio de 1995). Disponible en: https://digitallibrary.un.org/search?ln=es&p=A%2FCN.4%2FL.%20506&f=&c=Resource%20Type&c=UN%20Bodies&sf=&so=d&rg=50&fti=0)
- UN. Doc. A/CN.4/L.506/Corr.1, 4 de julio de 1995, Títulos y textos de los artículos del proyecto de código de crímenes contra la paz y la seguridad de la humanidad aprobados en segunda lectura por el Comité de Redacción en su 47º período de sesiones (Comisión de Derecho Internacional 47º período de sesiones, 2 de mayo a 21 de julio de 1995). Disponible en: https://digitallibrary.un.org/search?ln=es&p=A%2FCN.4%2FL.%20506&f=&c=Resource%20Type&c=UN%20Bodies&sf=&so=d&rg=50&fti=0

- UN. Doc. A/50/10, Informe de la Comisión de Derecho Internacional sobre la labor realizada en su 47° período de sesiones, 2 de mayo a 21 de julio de 1995, quincuagésimo período de sesiones, suplemento número 10, párrs. 39 y 42. Disponible en: https://digitallibrary.un.org/record/186989?ln=es
- UN. Doc. A/RES/50/46, [sobre la base del informe de la Sexta Comisión (A/50/639 y Corr. 1)], Establecimiento de una corte penal internacional, 18 de diciembre de 1995. Disponible en: https://digitallibrary.un.org/record/201608?ln=es
- UN. Doc. A/51/10, Informe de la Comisión de Derecho Internacional sobre la labor realizada en su 48° período de sesiones, 6 de mayo a 26 de julio de 1996, quincuagésimo primer período de sesiones, suplemento número 10. Disponible en: https://digitallibrary.un.org/record/221881?ln=es
- UN. Doc. A/CN.4/L.528/Add.2, Proyecto de informe de la Comisión de Derecho Internacional sobre la labor realizada en su 48° período de sesiones, 16 de julio de 1996. Disponible en: https://digitallibrary.un.org/record/236525?ln=es
- UN. Doc. A/56/10, Informe de la Comisión de Derecho Internacional, 53° período de sesiones, 23 de abril a 1 de junio y 2 de julio a 10 de agosto de 2001, suplemento número 10. Disponible en: https://digitallibrary.un.org/record/449524?ln=es
- UN. Doc. A/66/10/Add.1, Informe de la Comisión de Derecho Internacional, 63° período de sesiones (26 de abril a 3 de junio y 4 de julio a 12 de agosto de 2011), Guía de la Práctica sobre las Reservas de Tratados, p. 2. Disponible en: https://digitallibrary.un.org/record/720582?ln=es
- UN. Doc. A/RES/67/19, Estatuto de Palestina en las Naciones Unidas, 29 de noviembre de 2012. Disponible en: https://digitallibrary.un.org/record/739031?ln=es
- UN. Doc. A/73/10, Informe de la Comisión de Derecho Internacional, 70° período de sesiones (2018). Disponible en: https://digitallibrary.un.org/record/1643630?ln=es
- UN. Doc. A/CN.4/630, Examen de las convenciones multilaterales que pueden resultar pertinentes para la labor de la Comisión de Derecho Internacional sobre el tema “La obligación de extraditar o juzgar (*aut dedere aut iudicare*), 18 de junio de 2010. Disponible en: http://undocs.org/es/A/CN.4/630.
- UN. Doc. A/CN.4/701, Quinto informe sobre la inmunidad de jurisdicción penal extranjera de los funcionarios del Estado, de Sra. Concepción Escobar Hernández, relatora especial, 68° período de sesiones, 14 de

junio de 2016. Disponible en: https://documents-dds-ny.un.org/doc/UNDOC/GEN/N16/174/36/PDF/N1617436.pdf?OpenElement

- UN. Doc. A/CN.4/L.892, Crímenes de lesa humanidad, texto y título del proyecto, preámbulo, los proyectos de artículo y el proyecto de anexo aprobados provisionalmente por el Comité de Redacción en primera lectura, 26 de mayo de 2017. Disponible en: http://legal.un.org/docs/index.asp?symbol=A/CN.4/L.892&referer=http://legal.un.org/ilc/sessions/69/docs.shtml&Lang=S
- UN. Doc. A/72/10, Informe de la Comisión de Derecho Internacional, 69° período de sesiones (1 de mayo a 2 de junio y 3 de julio a 4 de agosto de 2017). Disponible en: https://digitallibrary.un.org/record/1303207?ln=es
- UN. Doc. A/73/123, Informe del Secretario General de Naciones Unidas sobre el Alcance y aplicación del principio de jurisdicción universal, 3 de julio de 2018, basado en la información y las observaciones recibidas de algunos Estados sobre los tratados internacionales aplicables y sus disposiciones legales y prácticas judiciales internas en jurisdicción universal. Disponible en: https://undocs.org/es/A/73/123.
- UN. Doc. A/74/10, Informe de la Comisión de Derecho Internacional, 71 período de sesiones (2019). Disponible en: https://digitallibrary.un.org/record/3827355?ln=es
- UN. Doc. A/CN.4/729, Séptimo informe sobre la inmunidad de jurisdicción penal extranjera de los funcionarios del Estado, de la Sra. Concepción Escobar Hernández, Relatora Especial, 71 período de sesiones, 18 de abril de 2019. Disponible en: https://digitallibrary.un.org/record/3809554?ln=es
- UN. Doc. A/77/10, Informe de la Comisión de Derecho Internacional, 73 período de sesiones (18 de abril a 3 de junio y 4 de julio a 5 de agosto de 2022). Disponible en: Disponible en: https://digitallibrary.un.org/record/3987284?ln=es

2.5. Comité especial para la cuestión de la definición de la agresión

- UN. Doc. A/3574-ES, Report of the 1956 Special Committee on the Question of Defining Aggression, 8 October - 9 November 1956, Official Records. Supplement, No 16, 1957. Disponible en: https://digitallIbid.rary.un.org/record/713061?ln=es
- UN. Doc. A/7185/Rev.1, Report of the Special Committee on the Question of Defining Aggression. Supplement, 1968. Disponible en: https://digitallibrary.un.org/record/774843?ln=es

- UN. Doc. A/7620, Report of the Special Committee on the Question of Defining Aggression, 24 February- 3 April 1969, Official Records. Supplement, No 20, UN, 1969. Disponible en: https://digitallibrary.un.org/record/725765?ln=es
- UN. Doc. A/8019, Report of the Special Committee on the Question of Defining Aggression, 13 July-14 August 1970, UN, 1970, Official Records. Supplement, No 19, 1970. Disponible en: https://digitallibrary.un.org/search?ln=es
- UN. Doc. A/8419, Report of the Special Committee on the Question of Defining Aggression, 1 February-5 March 1971, Official Records. Supplement, No 19, 1971. Disponible en: https://digitallibrary.un.org/record/720795?ln=es
- UN. Doc. A/8719, Report of the Special Committee on the Question of Defining Aggression, 31 January-3 March 1972, Official Records. Supplement, No 19, 1972. Disponible en: https://digitallibrary.un.org/record/731057?ln=es
- UN. Doc. A/9019, Report of the Special Committee on the question of Defining Aggression 25 April-30 May 1973. Official Records. Supplement, No 19, 1973; posteriormente corregido: A/9019/Corr.1. Disponible en: https://digitallibrary.un.org/record/725120?ln=es
- UN. Doc. A/9619, Report of the Special Committee on the Question of Defining Aggression, 11 March-12 April 1974, Official Records. Supplement, No 19, 1974. Disponible en: https://digitallibrary.UN.org/record/724643?ln=es
- UN. Doc. A/9619/Corr.1, Report of the Special Committee on the Question of Defining Aggression General Assembly. Official Records. Supplement. 5 July 1974. Disponible en: Disponible en: https://digitallibrary.UN.org/record/724648?ln=es

2.6. Otros documentos de Naciones Unidas

- UN. Doc. A/2211, Question of defining aggression, Report by the Secretary-General, 3 October 1952. Disponible en: https://digitallibrary.un.org/record/720794?ln=es
- UN. Doc. A/CONF.39/11/Add.2, Conferencia de las Naciones Unidas sobre el Derecho de los Tratados, períodos de sesiones primero y segundo Viena, 26 de marzo a 24 de mayo de 1968 y 9 de abril a 22 de mayo de 1969. Disponible: https://digitallibrary.un.org/record/683273?ln=es
- UN. Doc. A/56/677, Nota verbal de fecha 27 de noviembre de 2001 dirigida al Secretario General por las Misiones Permanentes del Canadá

y de los Países Bajos ante las Naciones Unidas, 4 de diciembre de 2001. Disponible en: https://digitallibrary.un.org/record/457330?ln=es

- UN. Doc. A/59/2005, Un concepto más amplio de la libertad: desarrollo, seguridad y derechos humanos para todos, 21 de marzo de 2005. Disponible en: https://digitallibrary.un.org/record/543857?ln=es.
- Documento explicativo sobre la afirmación de los principios de derecho internacional reconocidos por el Estatuto del Tribunal de Núremberg, 2008. Disponible en: https://legal.un.org/avl/pdf/ha/ga_95-I/ga_95-I_ph_s.pdf)
- UN. Doc. A/CN.4/661, segundo informe sobre la inmunidad de jurisdicción penal extranjera de los funcionarios del Estado, 4 de abril de 2013. Disponible en: https://digitallibrary.un.org/record/748850
- UN. Doc. A/68/98, Grupo de Expertos Gubernamentales sobre los Avances en la Información y las Telecomunicaciones en el Contexto de la Seguridad Internacional, 24 de junio de 2013. Disponible en: https://digitallibrary.un.org/record/753055?ln=es
- UN. Doc. A/68/150, Informe del Relator Especial sobre ejecuciones extrajudiciales, sumarias o arbitrarias, 13 de septiembre de 2013. Disponible en: https://documents-dds-ny.un.org/doc/UNDOC/GEN/N13/473/66/PDF/N1347366.pdf?OpenElement
- UN. Doc. A/70/174, Grupo de Expertos Gubernamentales sobre los Avances en la Información y las Telecomunicaciones en el Contexto de la Seguridad Internacional, 22 de julio de 2015. Disponible en: https://digitallibrary.un.org/record/799853?ln=es
- UN. Doc. A/HRC/RES/32/28, Declaración sobre el Derecho a la Paz, resolución aprobada por el Consejo de Derechos Humanos el 1 de julio de 2016, 18 de julio de 2016. Disponible en: https://digitallibrary.un.org/record/845647?ln=es
- UN. Doc. A/CN.4/727, Cuarto informe sobre las normas imperativas de derecho internacional general (*ius cogens*) presentado por Dire Tladi, Relator Especial, 31 de enero de 2019. Disponible en: https://digitallibrary.un.org/record/3798216?ln=es
- UN. Doc. CCPR/C/GC/36, Observación general núm. 36, Artículo 6: derecho a la vida, 3 de septiembre de 2019. Disponible en: https://digitallibrary.un.org/record/3884724?ln=es
- UN. Doc. A/77/4, Informe de la Corte Internacional de Justicia, 1 de agosto de 2021-31 de julio de 2022, 2022, suplemento núm. 4. Disponible en: https://digitallibrary.un.org/record/3989920?ln=es

2.7. Comité Preparatorio de la Corte Penal Internacional

- UN. Doc. A/51/22, V. I, Informe del Comité Preparatorio sobre el establecimiento de una corte penal internacional, actuaciones del Comité Preparatorio en los períodos de sesiones de marzo y abril y de agosto de 1996, quincuagésimo primer período de sesiones, Suplemento número 22. Disponible en: https://digitallibrary.un.org/record/222404?ln=es
- UN. Doc. A/51/22, V. II, Informe del Comité Preparatorio sobre el establecimiento de una corte penal internacional, compilación de propuestas, actuaciones del Comité Preparatorio, quincuagésimo primer período de sesiones, Suplemento número 22 A V. II, 13 de septiembre de 1996. Disponible en: https://digitallibrary.un.org/record/222882?ln=es
- UN. Doc. A/CONF.183/2/Add.1, informe del comité preparatorio sobre el establecimiento de una corte penal internacional, Roma 15 de junio a 17 de julio de 1998, 14 de abril de 1998. Disponible en: https://documents-dds-ny.un.org/doc/UNDOC/GEN/N98/101/08/PDF/N9810108.pdf?OpenElement
- UN. Doc. A/AC.249/1997/WG.1/DP.3, Proposal for a definition of the crime of aggression / submitted by the delegation of Germany, 19 February 1997. Disponible en: https://digitallibrary.un.org/record/231304?ln=es
- UN. Doc. A/AC.249/1997/WG.1/DP.6, Proposal for a definition of the crime of aggression / submitted by Egypt and Italy, 21 February 1997. Disponible en: https://digitallibrary.un.org/record/231659?ln=es
- UN. Doc. A/AC. 249/1997/L. 5, Decisiones adoptadas por el Comité Preparatorio en el período de sesiones celebrado del 11 al 21 de febrero de 1997, 12 de marzo de 1997, pp. 14 y 15. Disponible en: https://digitallibrary.un.org/record/232615?ln=es
- UN. Doc. A/AC.249/1997/L.8/Rev.1, Decisiones adoptadas por el comité preparatorio en su período de sesiones celebrado del 4 al 15 de agosto de 1997, 14 de agosto de 1997. Disponible en: https://digitallibrary.un.org/record/243787?ln=es
- UN. Doc. A/AC.249/1997/WG.1/DP.20, Proposal by Germany, 11 December 1997. Disponible en: https://www.legal-tools.org/doc/40ff7c/pdf/
- UN. Doc. A/AC.249/1998/L.13, Informe de la reunión entre períodos de sesiones celebrada en Zutphen (Países Bajos) del 19 al 30 de enero de 1998, 16 de marzo a 3 de abril de 1998, 4 de febrero de 1998. Disponible en: https://digitallibrary.un.org/record/250636?ln=es
- UN. Doc. A/CONF.183/2/Add.1, informe del comité preparatorio sobre el establecimiento de una corte penal internacional, Roma 15 de junio a 17 de julio de 1998, 14 de abril de 1998. Disponible en: https://

documents-dds-ny.un.org/doc/UNDOC/GEN/N98/101/08/PDF/N9810108.pdf?OpenElement

- PCNICC/1999/INF/2, Recopilación de las propuestas relativas al crimen de agresión presentadas al Comité Preparatorio sobre el establecimiento de una corte penal internacional (1996–1998), la Conferencia Diplomática de Plenipotenciarios de las Naciones Unidas sobre el establecimiento de una corte penal internacional (1998) y la Comisión Preparatoria de la Corte Penal Internacional (1999), 2 de agosto de 1999. Disponible en: https://digitallibrary.un.org/record/277430?ln=es
- UN. Doc. A/CONF.183/SR.1 a 8, actas resumidas de las ocho sesiones plenarias, 15 de junio a 17 de julio de 1998.
- UN. Doc. A/CONF.183/C.1/SR, actas 1 a 42 resumidas de las sesiones celebradas en comisión plenaria entre el 15 de junio y 17 de julio de 1998.
- UN. Docs. A/CONF.183/C.1/L. 37 y A/CONF.183/C.1/L. 37/Corr.1, Propuesta presentada por Arabia Saudita, Argelia, Bahrein, Emiratos Árabes Unidos, Iraq, Jamahiriya Árabe Libia, Kuwait, Líbano, Libia, Omán, Qatar, República Árabe Siria, República Islámica de Irán, Sudán, Túnez y Yemen, 1 de julio de 1998. Disponible en: https://digitallibrary.un.org/search?ln=es&p=A%2FCONF.183%2FC.1%2FL.37&f=&action_search=Buscar&rm=&sf=&so=d&rg=50&c=Resource+Type&c=UN+Bodies&c=&of=hb&fti=0&fti=0
- UN. Doc. A/CONF.183/C.1/L.39, Propuesta presentada por el Camerún, 2 de julio de 1998. Disponible en: https://digitallibrary.un.org/record/259754?ln=es
- UN. Doc. A/CONF.183/C.1/L. 53, Documento de debate de la mesa de la comisión plenaria, 6 de julio de 1998. Disponible en: https://digitallibrary.un.org/record/261526?ln=es
- UN. Docs. A/CONF.183/C.1/L.59 y A/CONF.183/C.1/L.59/Corr. 1 y Corr. 2 Propuesta de la Mesa, 9 de julio de 1998. Disponible en: https://digitallibrary.un.org/record/264051?ln=es
- UN. Doc. A/CONF.183/C.1/L. 61, recomendaciones del coordinador, comisión plenaria, 11 de julio de 1988. Disponible en: https://digitallibrary.un.org/record/262903?ln=es
- UN. Doc. A/CONF.183/C.1/SR. 33, Comisión Plenaria, acta resumida de la 33ª sesión. Disponible en: https://digitallibrary.un.org/record/276259?ln=es
- UN. Doc. A/CONF.183/13, United Nations Diplomatic Conference of Plenipotentiaries on the Establishment of an International Criminal Court, Rome, 15 June-17 July 1998, Official Records, Vol. I (Final docu-

ments), II (Summary records of the plenary meetings and of the meetings of the Committee of the Whole) y III (Reports and other documents).

- UN. Docs. A/CONF.183/13, Vol. I Rome Statute of the International Criminal Court and Final Act of the United Nations Diplomatic Conference of Plenipotentiaries on the Establishment of an International Criminal Court [with an annex containing the resolutions adopted by the Confe], 15 June-17 July 1998. Disponible en: https://digitallibrary.un.org/record/472758?ln=es
- UN. Doc. A/CONF.183/9, Estatuto de Roma de la Corte Penal Internacional, 17 de julio de 1998.

3. DOCUMENTOS DE TRABAJO Y RESOLUCIONES SOBRE EL CRIMEN DE AGRESIÓN

- UN. Doc. PCNICC/2002/WGGA/L.1, Comisión Preparatoria de la Corte Penal Internacional, Examen histórico de la evolución en materia de agresión, 24 de enero de 2002, p. 40. Disponible en: https://daccess-ods.un.org/tmp/6530958.41407776.html
- PCNICC/2002/WGCA/RT.1, Definición del crimen de agresión y condiciones para el ejercicio de la competencia, documento de debate propuesto por el coordinador, 1 de abril de 2002. Disponible en: https://documents-dds-ny.un.org/doc/UNDOC/GEN/N02/310/77/PDF/N0231077.pdf?OpenElement
- PCNICC/2002/WGCA/DP.2, Elementos del crimen de agresión Propuesta presentada por Samoa, 21 de junio de 2002. Disponible en: https://documents-dds-ny.un.org/doc/UNDOC/GEN/N02/438/55/PDF/N0243855.pdf?OpenElement
- PCNICC/2002/WGCA/RT.1/Rev.2, Documento de debate propuesto por el coordinador del Grupo de Trabajo sobre el Crimen de Agresión, 11 de julio de 2002. Disponible en: https://documents-dds-ny.un.org/doc/UNDOC/GEN/N02/475/16/PDF/N0247516.pdf?OpenElement
- Resolución ICC-ASP/1/Res.1, Continuación del trabajo relativo al crimen de agresión, aprobada por consenso en la tercera sesión plenaria, celebrada el 9 de septiembre de 2002. Disponible en: https://asp.icc-cpi.int/sites/asp/files/asp_docs/Resolutions/ICC-ASP-ASP1-Res-01-SPA.pdf
- PCNICC/2002/2 y Add.1 a 3, Informe de la comisión preparatoria de la Corte Penal Internacional, (Add. 2) propuestas sobre la definición del crimen de agresión, 24 de julio de 2002.

- PCNICC/2002/2/Add.2, Documento de debate sobre la definición y los elementos del crimen de agresión, preparado por el Coordinador del Grupo de Trabajo sobre el crimen de agresión en la Comisión Preparatoria de la Corte Penal Internacional, apartado I. Disponible en: https://legal.un.org/icc/asp/2ndsession/report/second_report_contents.htm
- ICC-ASP/2/10, Asamblea de los Estados Partes en el Estatuto de Roma de la Corte Penal Internacional, segundo período de sesiones, Nueva York, 8 a 12 de septiembre de 2003, Anexo II. Disponible en: https://legal.un.org/icc/asp/2ndsession/report/second_report_contents.htm
- ICC-ASP/3/SWGCA/INF.1, Reunión oficiosa entre períodos de sesiones del Grupo de Trabajo Especial sobre el crimen de agresión, celebrada en el Instituto Liechtenstein de Investigaciones sobre la Libre Determinación, Escuela Woodrow Wilson, Universidad de Princeton, Nueva Jersey (Estados Unidos de América) del 6 al 10 de septiembre de 2004. Disponible en: https://asp.icc-cpi.int/sites/asp/files/asp_docs/library/asp/ICC-ASP-3-SWGCA-INF.1.pdf
- Resolución ICC-ASP/3/Res.1, Texto negociado del proyecto de Acuerdo de relación entre la Corte Penal Internacional y las Naciones Unidas, aprobada por consenso el 7 de septiembre de 2004. Disponible en: https://asp.icc-cpi.int/sites/asp/files/asp_docs/Resolutions/ICC-ASP-ASP3-Res-01-SPA.pdf
- ICC-ASP/4/SWGCA/INF.1, Reunión oficiosa del Grupo de Trabajo especial sobre el crimen de agresión del 13 al 15 de junio de 2005, Universidad de Princeton, 29 de junio de 2005. Disponible en: https://asp.icc-cpi.int/sites/asp/files/asp_docs/SWGCA/Annex_II_A_Spanish.pdf
- ICC-ASP/4/32, Documento de debate 1: el crimen de agresión y el párrafo 3 del artículo 25 del Estatuto, Apartado B. II. 1, 2005. Disponible en: https://asp.icc-cpi.int/sites/asp/files/asp_docs/SWGCA/Annex_II_B__Spanish.pdf
- SWGCA, ICC-ASP/5/SWGCA/INF.1, Reunión oficiosa entre períodos de sesiones del Grupo de Trabajo Especial sobre crimen de agresión, 5 de septiembre de 2006. Disponible en: https://asp.icc-cpi.int/sites/asp/files/asp_docs/SWGCA/ICC-ASP-5-SWGCA-INF1_Spanish.pdf
- ICC-ASP/5/35, Informe del Grupo de Trabajo Especial sobre el crimen de agresión, 2007, (reuniones los días 29, 30 y 31 de enero y 1° de febrero de 2007). Disponible en: https://asp.icc-cpi.int/sites/asp/files/asp_docs/SWGCA/Report_SWGCA_Spanish.pdf
- ICC-ASP/7/20, Anexo III, Informe del Grupo de Trabajo Especial sobre el Crimen de Agresión, 2008. Disponible en: https://asp.icc-cpi.int/sites/asp/files/asp_docs/SWGCA/ICC-ASP-7-20-Ann.III%20Spanish.pdf

- ICC-ASP/6/SWGCA/INF.1, Reunión oficiosa entre períodos de sesiones del Grupo de Trabajo Especial sobre el crimen de agresión, celebrada en el Instituto de Liechtenstein sobre la Libre Determinación, Woodrow Wilson School, Universidad de Princeton, Estados Unidos de América, del 11 al 14 de junio de 2007, 25 de julio de 2007. Disponible en: https://asp.icc-cpi.int/sites/asp/files/NR/rdonlyres/23C70E38-C413-4CBE-8F53-1BD15E142CCE/145883/ICCASP6SWGCAINF1Spanish1.pdf
- ICC-ASP/6/20/Add.1, Annex II, Informe del SWGCA, junio 2008. Disponible en: https://asp.icc-cpi.int/sites/asp/files/asp_docs/SWGCA/ICC-ASP-6-20-Add1-AnnexII-SPA.pdf
- ICC-01/04-01/07-1015-Anx 01-04-2009, Informal expert paper: The principle of complementarity in practice. Disponible en: https://www.icc-cpi.int/sites/default/files/RelatedRecords/CR2009_02250.PDF
- ICC-ASP/8/INF.2, Reunión oficiosa entre períodos de sesiones sobe el crimen de agresión, acogida por el Instituto de Liechtenstein sobre la Libre Determinación, Woodrow Wilson School, en el Club Princeton, Nueva York del 8 al 10 de junio de 2009, 10 de julio de 2009. Disponible en: https://asp.icc-cpi.int/sites/asp/files/NR/rdonlyres/39B127C3-71FC-4703-9690-15796BEB76C1/0/ICCASP8INF2SPA.pdf
- 2009 SWGCA, Report, Annex (Appendix) II.
- ICC-ASP/7/20/Add. 1, informe del Grupo de Trabajo Especial sobre el Crimen de Agresión, 2009. Disponible en: https://asp.icc-cpi.int/sites/asp/files/asp_docs/ICC-ASP-7-20-Add.1-SWGCA%20Spanish.pdf
- RC/Res.1, complementariedad. Disponible en: https://asp.icc-cpi.int/sites/asp/files/asp_docs/Resolutions/RC-Res.1-SPA.pdf
- RC/3 Proyecto de reglamento de las Conferencias de Revisión. Kampala 31 de mayo a 11 de junio de 2010, 26 de mayo de 2010. Disponible en: https://asp.icc-cpi.int/sites/asp/files/asp_docs/RC2010/RC-3-SPA.pdf
- Conference Room Paper on the Crime of Aggression, RC/WGCA/1/Rev.2, 1 de junio de 2010. Disponible en: https://asp.icc-cpi.int/sites/asp/files/asp_docs/RC2010/RC-WGCA-1-Rev.2-SPA.pdf
- RC/11, Conferencia de Revisión del Estatuto de Roma de la Corte Penal Internacional, Kampala, 31 de mayo a 11 de junio de 2010. Disponible en: https://asp.icc-cpi.int/sites/asp/files/asp_docs/RC2010/RC-11-Annex.III-SPA.pdf
- Conferencia de revisión del Estatuto de Roma de la Corte Penal Internacional, Kampala, 31 de mayo a 11 de junio de 2010, Anexo IX, pp. 140 a 142. Disponible en: Disponible en: https://crimeofaggression.info/documents/6/Review-Conference-offiical-records-SPA.pdf

- ICC-ASP/8/43, Report of the Bureau on the Review Conference, 15 November 2009. Disponible en. https://asp.icc-cpi.int/sites/asp/files/asp_docs/ASP8/ICC-ASP-8-43-ENG.pdf)
- Resolution RC/Res.4, Article 124, adopted at the 11th plenary meeting, on 10 June 2010, by consensus. Disponible en: https://asp.icc-cpi.int/sites/asp/files/asp_docs/Resolutions/RC-Res.4-ENG.pdf
- Draft Resolution: The Crime of Aggression', informal non-paper submitted by the President of the Review Conference, 10 June 2010, 11.00 p.m. The non-paper was not published as such but considered by the linguistic Drafting Committee.
- *President´s Final Compromise Proposal*, Untitled text, 11 June 2010, 11:00 p.m., distributed by the President at the 13th plenary meeting of the Review Conference.
- RC/Res.5, enmiendas al artículo 8 del Estatuto de Roma, 10 de junio de 2010 Disponible en: https://asp.icc-cpi.int/sites/asp/files/asp_docs/Resolutions/RC-Res.5-SPA.pdf
- Resolución RC/Res.6, El crimen de agresión, aprobada por consenso en la 13ª sesión plenaria el 11 de junio de 2010. Disponible en: https://asp.icc-cpi.int/reviewconference/crime-of-aggression
- Resolución ICC-ASP/16/Res.5, Activación de la competencia de la Corte respecto del crimen de agresión, 14 de diciembre de 2016. Disponible en: https://asp.icc-cpi.int/sites/asp/files/asp_docs/ASP16/ICC-ASP-16-20-vol-I-SPA.pdf
- ICC-ASP/16/24, Informe sobre la facilitación de la activación de la competencia de la Corte Penal Internacional con respecto al crimen de agresión, 27 de noviembre de 2017. Disponible en: https://asp.icc-cpi.int/sites/asp/files/asp_docs/ASP16/ICC-ASP-16-24-SPA.pdf
- ICC-ASP/16/20, Asamblea de los Estados Partes en el Estatuto de Roma de la corte Penal Internacional, décimo sexto período de sesiones, 4 a 14 de diciembre de 2017, anexo VII. Disponible en: https://asp.icc-cpi.int/sites/asp/files/asp_docs/ASP16/ICC-ASP-16-20-vol-I-SPA.pdf
- RC/WGCA/2, Documento oficioso del Presidente: Elementos adicionales para una solución respecto del crimen de agresión, 25 de mayo de 2010. Disponible en: https://asp.icc-cpi.int/sites/asp/files/asp_docs/RC2010/RC-WGCA-2-SPA.pdf
- Declaration of non acceptance of jurisdiction of the International Criminal Court pertaining to the crime of aggression pursuant to paragraph 4 of article 15m of the Rome Statute, MFA. 1NT. 8/14AVOL. X (86), Republic of Kenia, 30 November, 2015. Disponible en: https://www.icc-cpi.int/sites/default/files/2015_NV_Kenya_Declaration_article15bis-4.pdf

- Resolución ICC-ASP/15/Res.5, Fortalecimiento de la Corte Penal Internacional y de la Asamblea de los Estados Partes, adoptada por consenso en la undécima sesión plenaria el 24 de noviembre de 2016.
- ICC-ASP/15/20, Documentos Oficiales de la Asamblea de los Estados Partes de la Corte Penal Internacional, Decimoquinto período de sesiones, La Haya, 16 al 24 de noviembre de 2016, vol. I, parte II. Disponible en: https://asp.icc-cpi.int/sites/asp/files/asp_docs/ASP15/ICC-ASP-15-20-vol-I-SPA.pdf
- Declaración de No Aceptación de la Republica de Guatemala a la Competencia de la Corte Penal Internacional respecto al Crimen de Agresión, Artículos 5, 12, 15 *bis* 4, 121.5 del Estatuto de Roma, 59-18-OI, 2 de febrero de 2018. Disponible en: https://www.icc-cpi.int/sites/default/files/iccdocs/other/20180206142750.pdf
- ICC-ASP/18/Res.4, Resolución sobre el examen de procedimiento para la presentación de candidaturas y elección de los magistrados, 6 de diciembre de 2019. Disponible en: https://asp.icc-cpi.int/sites/asp/files/asp_docs/ASP18/ICC-ASP-18-Res4-SPA.pdf
- ICC-ASP/18/16, Informe de la Corte sobre la Cooperación, 21 de octubre de 2019. Disponible en: https://asp.icc-cpi.int/sites/asp/files/asp_docs/ASP18/ICC-ASP-18-16-SPA.pdf
- ICC-ASP/18/Res.5, Resolución sobre las enmiendas al artículo 8 del Estatuto de Roma de la Corte Penal Internacional, 6 de diciembre de 2019. Disponible en: https://asp.icc-cpi.int/sites/asp/files/asp_docs/ASP18/ICC-ASP-18-Res5-SPA.pdf

4. CONSEJO DE EUROPA

4.1. Tribunal Europeo de Derechos Humanos

4.1.1. Decisiones y sentencias

- ECHR, *Ilaşcu y otros c. Moldavia y la Federación de Rusia* [GC], número 48787/99, de 4 de julio de 2001.
- ECHR, *Banković and Others v. Belgium and Others* (dec.) [GC], nº 52207/99, 12 de diciembre de 2001.
- ECHR, *Asanidzé c. Georgia,* [GC], nº 71503/01, 8 de abril de 2004.
- ECHR, *Jorgic c. Germany,* nº 74613/01, 12 de julio 2007.
- ECHR, *Varnava y otros contra Turquía* [GC], número 16064/90 y otras, 18 de septiembre de 2009.
- ECHR, *Al-Skeini y otros c. el Reino Unido* [GC], número 55721/07, 7 de julio de 2011.

- ECHR, *Rantsev c. Cyprus and Russia*, nº 25965/04, 7 de enero de 2010.
- ECHR, *Georgia c. Rusia (II)*, número 38263/08, 13 de diciembre de 2011.
- ECHR, *Hassan v. Reino Unido*, [GC] número 29750/09, 16 de septiembre de 2014.
- ECHR, *J. and others v. Austria*, nº 58216/12 17 de enero de 2017.
- ECHR, *Ukraine v. Russian Federation (re Crimea) (nos. 20958/14 and 38334/18) Relinquishment of jurisdiction to the Grand Chamber Grand Chamber*, Decisión, 16 December, 2020.
- ECHR, *Shavlokhova y otros c. Georgia* (dec.), número 45431/08, 5 de octubre de 2021.
- ECHR, *Bekoyeva y otros c. Georgia* (dec.), número 48347/08, 5 de octubre de 2021.
- ECHR, *caso de Ucrania y Países Bajos contra Rusia* [GC], (demandas números 8019/16, 43800/14 y 28525/20), Decisión, 30 de noviembre de 2022.

4.1.2. Casos

- *Caso Ucrania c. Rusia (II),* (demanda número 43800/14).
- *Caso Ucrania contra Rusia (Ucrania Oriental)*, demanda número 8019/16.
- *Caso Países Bajos c. Rusia* (demanda número 28525/20).
- *Caso Ucrania contra Rusia (x),* demanda número 11055/22).
- *Caso Ucrania y Países Bajos contra Rusia* (demandas números 8019/16, 43800/14 y 28525/20. 11055/22, acumulados).

4.1.3. Otros documentos del Tribunal Europeo de Derechos Humanos

- ECHR Press Relase 354 (2020), 04.12.2020, European Court joins three inter-State cases concerning Eastern Ukraine. En este procedimiento, además, se presentaron el Gobierno de Canadá, la MH17 Air Sisaste MH17 Air Disaster Foundation.
- ECHR 220 (2022), Press Release, Inter-State case Ukraine v. Russia (X): receipt of completed application form and notification to respondent State, 28.06.2022.
- Resolution of the European Court of Human Rights on the consequences of the cessation of membership of the Russian Federation to the Council of Europe in light of Article 58 of the European Convention on Human Rights, de 22/03/2022. Disponible en: https://echr.coe.int/Documents/Resolution_ECHR_cessation_membership_Russia_CoE_ENG.pdf

- ECHR 055 (2023), 20.02.2023, Press Release, European Court joins inter-State case concerning Russian military operations in Ukraine to inter-State case concerning eastern Ukraine and downing of flight MH17).
- ECHR 082 (2023), Press Release, 17.03.2023, Update on the third-party intervention requests granted in Inter-State case Ukraine and the Netherlands v. Russia.

4.2. Resoluciones y documentos del Consejo de Europa

- Resolution 1988 (2014), Parliamentary Assembly, Council of Europe, Recent developments in Ukraine: threats to the functioning of democratic institutions, 9 April 2014. Disponible en: https://pace.coe.int/en/files/20873/html
- Resolution CM/Res(2022)2 on the cessation of the membership of the Russian Federation to the Council of Europe, Adopted by the Committee of Ministers on 16 March 2022 at the 1428ter meeting of the Ministers' Deputies. Disponible en: https://search.coe.int/cm/Pages/result_details.aspx?ObjectID=0900001680a5da51
- Opinion 200 (2022), Parliamentary Assembly, Consequences of the Russian Federation's aggression against Ukraine. Disponible en: https://pace.coe.int/en/files/29885/html
- Committee on Legal Affairs and Human Rights Rapporteur: Mr Aleksander POCIEJ, Poland, Group of the European People's Part, The Russian Federation's aggression against Ukraine: ensuring accountability for serious violations of international humanitarian law and other international crimes, Doc. 15510, 26 April 2022. Disponible en: https://pace.coe.int/pdf/4bc8a7831b0c055b84c3075c8c7b9a964f1262035f204342fd4dea431f22d365/doc.%2015510.pdf
- Resolution 2433 (2022) Parliamentary Assembly, Council of Europe, Consequences of the Russian Federation's continued aggression against Ukraine: role and response of the Council of Europe, 27 April 2022. Disponible en: https://pace.coe.int/en/files/30017/html
- Parliamentary Assembly, Recommendation 2245 (2023), The Reykjavik Summit of the Council of Europe – United around values in the face of extraordinary challenges. Disponible en: https://pace.coe.int/en/files/31592/html
- Council of Europe, Information's Documents, SG/Inf(2023)7, Accountability for human rights violations as a result of the aggression of the Russian Federation against Ukraine: role of the international community, including the Council of Europe, 31 January 2023. Disponible en: https://rm.coe.int/accountability-for-human-rights-violations/1680aa086e

5. DOCUMENTOS DE LA UNIÓN EUROPEA

5.1. Parlamento Europeo

- Resolución del Parlamento Europeo, de 17 de noviembre de 2011, sobre el apoyo de la UE a la Corte Penal Internacional: hacer frente a los retos y superar las dificultades (2011/2109(INI)), (2013/C 153 E/13), P7_TA(2011)0507.
- Resolución del Parlamento Europeo, de 18 de abril de 2012, sobre el Informe anual sobre los derechos humanos en el mundo y la política de la Unión Europea al respecto, incluidas las repercusiones para la política estratégica de la UE en materia de derechos humanos (2011/2185(INI)), (2013/C 258 E/02).
- Resolución del Parlamento Europeo, de 17 de julio de 2014, sobre el crimen de agresión (2014/2724(RSP)), (2016/C 224/08).
- Resolución del Parlamento Europeo, de 12 de enero de 2015, sobre la situación en Ucrania (2014/2965 (RSP)).
- Resolución del Parlamento Europeo, de 19 de mayo de 2022, sobre la lucha contra la impunidad por los crímenes de guerra en Ucrania, (2022/2655 (RSP)).
- Resolución del Parlamento Europeo, de 23 de noviembre de 2022, sobre el reconocimiento de la Federación de Rusia como Estado del terrorismo (2022/2896 (RSP)).
- Resolución del Parlamento Europeo, de 19 de enero de 2023, sobre la creación de un tribunal para el crimen de agresión contra Ucrania, (2022/3017 (RSP)).
- Resolución del Parlamento Europeo, de 16 de febrero de 2023, sobre un año de invasión y guerra de agresión de Rusia contra Ucrania (2023/2558 (RSP)).
- European Parliament: *Tribunal for the crime of aggression against Ukraine a legal assessment*, December, 2022, PE 702574. Disponible en: https://www.europarl.europa.eu/RegData/etudes/IDAN/2022/702574/EXPO_IDA(2022)702574_EN.pdf#page=45&zoom=100,72,542

5.2. Consejo Europeo

- Red de Expertos Nacionales en Equipos Conjuntos de Investigación documento 11037/05, de 8 de julio de 2005, Joint Investigation Teams Proposal for designation of national experts. Disponible en: https://www.eurojust.europa.eu/sites/default/files/Partners/JITs/JITs-Council-document-11037-05-EN.pdf

- Consejo de Europa, 15581/2/14, Estrategia de la red de la UE de cooperación contra el genocidio para luchar contra los delitos de genocidio, crímenes de lesa humanidad y crímenes de guerra en la Unión Europea y sus Estados miembros. Disponible en: https://www.eurojust.europa.eu/sites/default/files/assets/strategy-genocide-network-2014-11-es.pdff
- Declaración de los miembros del Consejo Europeo de 30 de septiembre de 2022. Disponible en: https://www.consilium.europa.eu/es/press/press-releases/2022/09/30/statement-by-the-members-of-the-european-council/
- Consejo Europeo, EUCO 34/22 CO EUR 29 CONCL 7, Conclusiones adoptadas sobre Ucrania en las reuniones de 15 de diciembre de 2022. Disponible en: https://www.consilium.europa.eu/media/60878/2022-12-15-euco-conclusions-es.pdf
- Consejo Europeo EUCO 31/22, CO EUR 27, CONCL 6, Conclusiones adoptadas sobre Ucrania en las reuniones de 20 y 21 de octubre de 2022. Disponible en: https://www.consilium.europa.eu/media/59752/2022-10-2021-euco-conclusions-es.pdf
- Resolution 2482 (2023), Legal and human rights aspects of the Russian Federation's aggression against Ukraine, 26 January 2023. Disponible en: https://pace.coe.int/en/files/31620/html
- Consejo Europeo, EUCO 1/23, CO EUR 1, CONCL 1, Conclusiones adoptadas sobre Ucrania en la reunión extraordinaria de 9 de febrero de 2023. Disponible: https://data.consilium.europa.eu/doc/document/ST-1-2023-INIT/es/pdf
- Consejo Europeo, EUCO 4/23, CO EUR 3, CONCL 2, Conclusiones adoptadas sobre Ucrania en la reunión de 23 de marzo de 2023. Disponible en: https://data.consilium.europa.eu/doc/document/ST-4-2023-INIT/es/pdf
- *G7, Hiroshima Leaders' Communiqué*, de 20 de mayo de 2023, cumbre del G7, Hiroshima del 19 al 21 de mayo de 2023. Disponible en: https://www.consilium.europa.eu/es/press/press-releases/2023/05/20/g7-hiroshima-leaders-communique/
- Declaración, *G7 Leaders´ Statement on Ukraine*, adoptado en la Cumbre del G7, celebrada en Hiroshima (Japón) del 19 al 21 de mayo de 2023, por Canadá, Francia, Alemania, Italia, Japón, Reino Unido, Estados Unidos y la Unión Europea. Disponible en: https://www.consilium.europa.eu/media/64494/g7-2023-statement-on-ukraine.pdf

5.3. Comisión Europea

- Ukraine: Commission presents options to make sure that Russia pays for its crimes, 30 November 2022. Disponible en: https://ec.europa.eu/commission/presscorner/detail/en/IP_22_7311

5.4. Tribunal General de la Unión Europea

- Sentencia de 29 de septiembre de 2021, asuntos acumulados T-344/19 y T-356/19, ECLI:EU:T:2021:640. Disponible en: https://curia.europa.eu/juris/document/document.jsf?text=&docid=246702&pageIndex=0&doclang=ES&mode=req&dir=&occ=first&part=1&cid=3017299

5.5. Consejo de la Unión Europea

- Decisión 2003/335/JAI del Consejo, de 8 de mayo de 2003, sobre investigación y enjuiciamiento de delitos de genocidio, crímenes contra la humanidad y crímenes de guerra

6. DOCUMENTOS DE LA ORGANIZACIÓN PARA LA SEGURIDAD Y LA COOPERACIÓN EN EUROPA

- OSCE, *Birmingham Declaration and Resolutions Adopted by the Osce Parliamentary Assembly,* twenty-ninth annual session, Birmingham, 2-6 July 2022, Chapter I, Political Affairs and Security. Disponible en: https://www.oscepa.org/en/documents/annual-sessions/2022-birmingham/4409-birmingham-declaration-eng/file
- OSCE, *Vancouver Declaration, and Resolutions Adopted by the Osce Parliamentary Assembly,* thirtieth annual session, Vancouver, 30 June-4 July 2023, Resolution on the consequences of the Russian Federation's aggression against Ukraine with regard to women and children. Disponible en: https://www.oscepa.org/en/documents/annual-sessions/2023-vancouver/declaration-29/4744-vancouver-declaration-eng/file
- OSCE, *Vancouver Declaration, and Resolutions Adopted by the Osce Parliamentary Assembly,* thirtieth annual session, Vancouver, 30 June-4 July 20223, Resolution on penalizing the deportation of Ukrainian children, ensuring their return, and prosecuting the perpetrators. Disponible en: https://www.oscepa.org/en/documents/annual-sessions/2023-vancouver/declaration-29/4744-vancouver-declaration-eng/file

7. DOCUMENTOS DE LA ORGANIZACIÓN DEL TRATADO DEL ATÁNTICO NORTE

- OTAN, Parliamentary Assembly, Declaration, Standing with Ukraine, 111 SESP 22 E rev.1 fin, 30 May 2022. Disponible en: https://www.nato-pa.int/

download-file?filename=/sites/default/files/2022-05/111%20SESP%2022%20E%20rev.1%20fin%20-%20DECLARATION%20ON%20UKRAINE.pdf

8. RESOLUCIONES Y DOCUMENTOS DE LA CORTE PENAL INTERNACIONAL

- ICC, *Prosecutor v. Thomas Lubanga Dylio,* PT I, Judgement, ICC-01/04-01/06, 29 January 2007. Disponible en: https://www.icc-cpi.int/sites/default/files/CourtRecords/CR2007_02360.PDF
- ICC, *Decision on the Prosecution's Application for a Warrant of Arrest against Omar Hassan Ahmad Al Bashir,* PT I, ICC-02/05-01/09, 4 March 2009. Disponible en: https://www.icc-cpi.int/sites/default/files/CourtRecords/CR2009_01517.PDF
- ICC, *Prosecutor v. Germain Katanga and Mathieu Ngudjolo Chui,* PT I, Decision on the confirmation of charges, ICC-01/04-01/07, 30 September 2008. Disponible en: https://www.icc-cpi.int/sites/default/files/CourtRecords/CR2008_05172.PDF
- ICC, *Prosecutor v. Jean-Pierre Bemba Gombo,* PT II, Judgement, ICC-01/05-01/08, 15 June 2009. Disponible en: https://www.icc-cpi.int/sites/default/files/CourtRecords/CR2009_04528.PDF
- ICC, *Prosecutor v. Thomas Lubanga Dyilio,* TC I, Judgment pursuant to Article 74 of the Statute, ICC-01/04-1/06, 14 March 2012. Disponible en: https://www.icc-cpi.int/sites/default/files/CourtRecords/CR2012_03942.PDF
- ICC *Prosecutor v. Thomas Lubanga Dyilio,* AC, Judgment, ICC-01/04-1/06 A 4 A 6, 1 December 2012. Disponible en: https://www.icc-cpi.int/sites/default/files/CourtRecords/CR2014_09849.PDF
- The Office of the Prosecutor, International Criminal Court: *Policy Paper on Case Selection and Prioritisation,* de 15 September 2016.
- Nota de prensa, ICC, Statement of ICC Prosecutor, Karim A.A. Khan QC, on the Situation in Ukraine: "I have been closely following recent developments in and around Ukraine with increasing concern." Disponible en: https://www.icc-cpi.int/news/statement-icc-prosecutor-karim-aa-khan-qc-situation-ukraine-i-have-been-closely-following
- ICC, *Decision on the 'Prosecution request pursuant to article 19(3) for a ruling on the Court's territorial jurisdiction in Palestine'* ICC-01/18, 5 February 2021. Disponible en: https://www.icc-cpi.int/sites/default/files/CourtRecords/CR2021_01165.PDF

- Situation in the Republic of Kenya, ICC-01/09. Disponible en: https://www.icc-cpi.int/kenya
- Situation in Georgia, ICC-01/15. Disponible en: https://www.icc-cpi.int/georgia
- Situation in the Republic f Burundi, ICC-01/17. Disponible en: https://www.icc-cpi.int/burundi
- Situation in the State of Palestine, ICC-01/18. Disponible en: https://www.icc-cpi.int/palestine
- Situation in the People's Republic of Bangladesh/Republic of the Union of Myanmar, ICC-01/19. Disponible en: https://www.icc-cpi.int/bangladesh-myanmar
- Situation in the Republic of the Philippines, ICC-01/21. Disponible en: https://www.icc-cpi.int/philippines
- Situation in the Islamic Republic of Afghanistan, ICC-02/17. Disponible en: https://www.icc-cpi.int/afghanistan

9. RESOLUCIONES Y DOCUMENTOS DEL TRIBBUNAL MILITAR INTERNACIONAL DE NÚREMBERG

- Juicio de los principales criminales de guerra ante el Tribunal Militar Internacional, Núremberg (*The Trial of German Maior War Criminals, Judgment*), 14 de noviembre de 1945 a 1° de octubre de 1946, publicado en Núremberg, Alemania, 1947 o sentencia de Núremberg. Disponible en: https://avalon.law.yale.edu/subject_menus/imt.asp
- Judicial Decisions, International Military Tribunal (Nuremberg), Judgement and Sentences, October 1, 1946, Judgment, *American Journal of International Law*, Vol. 41, No. 1 (Jan., 1947).

10. RESOLUCIONES Y DOCUMENTOS DEL TRIBBUNAL MILITAR INTERNACIONAL PARA EL LEJANO ORIENTE

- *Special proclamation by the Supreme Commander tor the Allied Powers at Tokyo*, January 19, 1946; *Charter of the International Military Tribunal for the Far East*, January 19, 1946; y *Amended Charter of the International Military Tribunal for the Far East*, April 26, 1946: Treaties and Other International Acts. Disponible en: https://www.un.org/en/genocideprevention/documents/atrocity-crimes/Doc.3_1946%20Tokyo%20Charter.pdf

11. RESOLUCIONES DE LA CORTE PERMANENTE DE JUSTICIA INTERNACIONAL

- PCIJ, serie A, núm. 10 (1927), *S.S. Lotus (France v. Turkey)*, Judgement, 7 September 1927.

12. RESOLUCIONES DE LA CORTE INTERNACIONAL DE JUSTICIA

- ICJ, *Case of the monetary gold removed /rom Rome in 1943 (Preliminary Question), Judgment of June 15, 1954: I.C. J. Reports 1954*, p. 19.
- ICJ, *Certain Expenses of the United Nations (Article 17, paragraph 2, of the Charter), Advisory Opinion of 20 July 1962, I.C.J Reports 1962*, p. 151. Disponible en: https://www.icj-cij.org/sites/default/files/case-related/49/049-19620720-ADV-01-00-EN.pdf
- ICJ, *Barcelona Traction, Light and Power Company, Limited, Judgment, Reports 1970*, p. 3. Disponible en: https://www.icj-cij.org/sites/default/files/case-related/50/050-19700205-JUD-01-00-EN.pdf.
- ICJ, *United States Diplomatic and Consular Staff in Tehran, Judgment, 1. C. J. Reports 1980*, p. 3. Disponible en: https://www.icj-cij.org/sites/default/files/case-related/64/064-19800524-JUD-01-00-EN.pdf
- ICJ, *Military and Paramilitary Activities in and against Nicaragua (Nicaragua v. United States of America), Provisional Measures, Order of 10 May 1984, I. C.J. Reports 1984*, p. 169. Disponible en: https://www.icj-cij.org/sites/default/files/case-related/70/070-19840510-ORD-01-00-EN.pdf
- ICJ, *Military and Paramilitary Activities in and against Nicaragua (Nicaragua v. United States of America), Jurisdiction and Admissibility, Judgment, I.C.J. Reports 1984*, p. 392. Disponible en: https://www.icj-cij.org/sites/default/files/case-related/70/070-19841126-JUD-01-00-EN.pdf
- ICJ, *Frontier Dispute, Provisional Measures, Order of 10 January 1986, I.C.J. Reports 1986*, p. 3. Disponible en: https://www.icj-cij.org/sites/default/files/case-related/69/069-19860110-ORD-01-00-EN.pdf
- ICJ, *Military and Paramilitary Activities in and against Nicaragua (Nicaragua v. United States of America). Merits, Judgment. I.C.J. Reports 1986*, p. 14. Disponible en: https://www.icj-cij.org/sites/default/files/case-related/70/070-19860627-JUD-01-00-EN.pdf
- ICJ, *Actividades militares y paramilitares en Nicaragua y contra (Nicaragua contra Estados Unidos de América), Fondo del asunto, Sentencia de 27 de junio de 1986, I.C.J. Reports 1986*. opinión disidente del Juez Schwebel. Disponible en: https://www.icj-cij.org/sites/default/files/case-related/70/070-19860627-JUD-01-09-EN.pdf
- ICJ, *Questions of Interpretation and Application of the 1971 Montreal Convention arising from the Aerial Incident at Lockerbie (Libyan Arab Jamahiriya v. United States of America), Provisional Measures, Order of 14 April 1992, I.C.J. Reports 1992*, p. 114. Disponible en: https://www.icj-cij.org/sites/default/files/case-related/89/089-19920414-ORD-01-00-EN.pdf

- ICJ, *Application of the Convention on the Prevention and Punishment of the Crime of Genocide, Provisional Measures, Order of 8 April1993, C.I.J. Reports 1993*, p. 3. Disponible en: https://www.icj-cij.org/sites/default/files/case-related/91/091-19930408-ORD-01-00-EN.pdf
- ICJ, *East Timor (Portugal v. Australia), Judgment, I.C.J., Reports 1995*, p. 90. Disponible en: https://www.icj-cij.org/sites/default/files/case-related/84/084-19950630-JUD-01-00-EN.pdf
- ICJ, *Land and Maritime Boundary between Cameroon and Nigeria, Provisional Measures, Order of 15 March 1996, I. C. J. Reports 1996*, p. 13. Disponible en: https://www.icj-cij.org/sites/default/files/case-related/94/094-19960315-ORD-01-00-EN.pdf
- ICJ, *Legality of the Threat of Use of Nuclear Weapons, I.C.J., Reports, 1996*, p. 226. Disponible en: https://www.icj-cij.org/public/files/case-related/95/095-19960708-ADV-01-00-EN.pdf
- ICJ, *Caso relativo a las actividades armadas en el Territorio del Congo (República Democrática del Congo contra Uganda), Solicitud de indicación de medidas provisionales, Providencia de 1° de julio de 2000.*
- ICJ, *Armed Activities on the Territory of the Congo (Democratic Republic of the Congo v. Uganda), Provisional Measures, Order of 1 July 2000, I. C. J. Reports 2000*, p. 111. Disponible en: https://www.icj-cij.org/sites/default/files/case-related/116/116-20000701-ORD-01-00-EN.pdf
- ICJ, *Separate opinion of president Guillame* en ICJ, *case concerning the arrest warrant* of 11 April 2000 (Democratic Republic of Congo v. Belgium), *Judgment, 14 February 2002, I.C.J., Reports 2002*, p. 3. Disponible en: https://www.icj-cij.org/sites/default/files/case-related/121/121-20020214-JUD-01-01-EN.pdf
- ICJ, *Declaration of judge Ranjeva* en ICJ, *case concerning the arrest warrant* of 11 April 2000 (Democratic Republic of Congo v. Belgium), *Judgment, 14 February 2002, I.C.J., Reports 2002*, p. 3. Disponible en: https://www.icj-cij.org/sites/default/files/case-related/121/121-20020214-JUD-01-03-EN.pdf
- ICJ, *Dissenting opinion of judges Higgins, Kooijmans y Buergenthal, case concerning the arrest warrant* of 11 April 2000 (Democratic Republic of Congo v. Belgium), Judgment, 14 February 2002, *I.C.J., Reports 2002*, p. 3. Disponible en: http://www.icj-cij.org/files/case-related/121/121-20020214-JUD-01-05-EN.pdf
- ICJ, *Separate opinion of Judge Koroma* en ICJ, *case concerning the arrest warrant* of 11 April 2000 (Democratic Republic of Congo v. Belgium), *Judgment, 14 February 2002, I.C.J., Reports 2002*, p. 3. Disponible en: https://www.

icj-cij.org/sites/default/files/case-related/121/121-20020214-JUD-01-01-EN.pdf

- ICJ, *Dissenting opinion of judge Van Den Wyngaert, case concerning the arrest warrant* of 11 April 2000 (Democratic Republic of Congo v. Belgium), Judgment, 14 February 2002, *I.C.J., Reports 2002,* p. 3. Disponible en: https://www.icj-cij.org/sites/default/files/case-related/121/121-20020214-JUD-01-09-EN.pdf
- ICJ, *Armed Activities on the Territory of the Congo (Democratic Republic of the Congo v. Uganda), Judgment, I.C.J. Reports 2005,* p. 168. Disponible en: https://www.icj-cij.org/public/files/case-related/116/116-20051219-JUD-01-00-EN.pdf
- ICJ, *Armed Activities on the Territory of the Congo (Democratic Republic of the Congo v. Uganda), Judgment, I.C.J. Reports 2005*, p. 168, *Separate opinion of judge Simma.*
- ICJ, *Armed Activities on the Territory of the Congo (Democratic Republic of the Congo v. Uganda), Judgment, I.C.J. Reports 2005, Separate opinion of judge Elabary.*
- ICJ, *Democratic Republic of the Congo v. Uganda, Separate opinion of Judge Kooijmans.* Disponible en: https://www.icj-cij.org/sites/default/files/case-related/116/116-20051219-JUD-01-03-EN.pdf
- ICJ, *Oil Platforms (Islamic Republic of Iran v. United States of America), Judgment, I. C. J. Reports 2003,* p. 161. Disponible en: https://www.icj-cij.org/sites/default/files/case-related/90/090-20031106-JUD-01-00-EN.pdf
- ICJ, *Application of the Convention on the Prevention and Punishment of the Crime of Genocide (Bosnia and Herzegovina v. Serbia and Montenegro), Judgment, I.C.J. Reports 2007.* p. 43. Disponible en: https://www.icj-cij.org/sites/default/files/case-related/91/091-20070226-JUD-01-00-EN.pdf
- ICJ, *Certain Questions of Mutual Assistance in Criminal Matters (Djibouti v. France), Judgment* (4 June 2008), *I.C.J., Reports 2008.* Disponible en: https://www.icj-cij.org/sites/default/files/case-related/136/136-20080604-JUD-01-00-EN.pdf
- ICJ, *Application of the International Convention on the Elimination of All Forms of Racial Discrimination (Georgia v. Russian Federation), Preliminary Objections, Judgment, I.C.J. Reports 2011.*
- ICJ, *Questions relating to the Obligation to Prosecute or Extradite (Belgium v. Senegal), Judgment* (20 July 20212), I.C.J, Reports, 2012, p. 422, 20 July 2012. Disponible en: https://www.icj-cij.org/files/case-related/144/144-20120720-JUD-01-00-EN.pdf

- ICJ, *Application of the International Convention for the Suppression of the Financing of Terrorism and of the International Convention on the Elimination of All Forms of Racial Discrimination (Ukraine v. Russian Federation), Preliminary Objections, Judgment, I.C.J. Reports 2019*, p. 558. Disponible en: https://www.icj-cij.org/sites/default/files/case-related/166/166-20191108-JUD-01-00-EN.pdf
- ICJ, *Legal Consequences of the Separation of the Chagos Archipelago from Mauritius in 1965, Advisory Opinion, I.C.J. Reports 2019*, p. 95. Disponible en: https://www.icj-cij.org/sites/default/files/case-related/169/169-20190225-ADV-01-00-EN.pdf
- ICJ, *Armed activities on the territory of the Congo (Democratic Republic of the Congo v. Uganda), Reparations, Judgment, I.C.J. Reports 2022*, p. 13. Disponible en: https://www.icj-cij.org/sites/default/files/case-related/116/116-20220209-jud-01-00-en.pdf
- ICJ, *Allegations of Genocide under the Convention on the prevention and Punishment of the Crime of Genocide, (Ukraine v. Russian Federation)*, March 16, 2022. Disponible en: https://www.icj-cij.org/sites/default/files/case-related/182/182-20220316-ORD-01-00-EN.pdf
- ICJ, *The Republic of South Africa institutes proceedings against the State of Israel and requests the Court to indicate provisional measures*, Press Release, 29 December 2023. Disponible en: https://www.icj-cij.org/sites/default/files/case-related/192/192-20231229-pre-01-00-en.pdf

13. RESOLUCIONES DEL TRIBUNAL PARA LA ANTIGUA YUGOSLAVIA

- ICTY, *Prosecutor v. Dusko Tadić*, AC, Opinion and Judgment, IT-94-1-T, 7 May 1997. Disponible en: https://ucr.irmct.org/scasedocs/case/IT-94-1#eng
- ICTY, *Prosecutor v. Tihomir Blaškić*, AC, Judgment, on the Request of the Republic of Croatia for the review of the decision of Trial Chamber II of 18 July 1997 IT-95-14-A, 29 October 1997. Disponible en: https://ucr.irmct.org/scasedocs/case/IT-95-14#eng
- ICTY, *Prosecutor v. Zejnil Delalić, Zdravko Muci also known as "Pavo", Hazim Delić and Esad Landžo*, TC, Judgment, IT-96-21-T, 16 November 1998. Disponible en: http://www.icty.org/x/cases/mucic/tjug/en/981116_judg_en.pdf
- ICTY, *Prosecutor v. Furundžija*, TC, Judgment, IT-95-17/1-T, 10 December 1998. Disponible en: http://www.icty.org/x/cases/furundzija/tjug/en/fur-tj981210e.pdf

- ICTY, *Prosecutor v. Goran Jelisić*, TC, Judgment, IT-95-10-T, 14 December 1999. Disponible en: http://www.icty.org/x/cases/jelisic/tjug/en/jel-tj991214e.pdf
- ICTY, *Prosecutor v. Dusko Tadić*, AC, Judgment, IT-94-1-A, 15 July 1999. Disponible en: https://ucr.irmct.org/scasedocs/case/IT-94-1#eng
- ICTY, *Prosecutor v. Goran Jelisić*, TC, Judgment, IT-95-10-T, 14 December 1999. Disponible en: http://www.icty.org/x/cases/jelisic/tjug/en/jel-tj991214e.pdf
- ICTY, *Prosecutor v. Radislac Krstić*, TC, Judgment, IT-98-33-T, 2 August 2001. Disponible en: http://www.icty.org/x/cases/krstic/tjug/en/krs-tj010802e.pdf
- ICTY, *Prosecutor v. Slodoban Milošević*, TC, Decision on Preliminary Motions, 8 November 2001.
- ICTY, *Prosecutor v. Tihomir Blaškić*, AC, Judgement, IT-95-14-A, 29 July 2004. Disponible en: https://ucr.irmct.org/scasedocs/case/IT-95-14%2F1#eng
- ICTY, *Prosecutor v. Dario Kordić and Mario Čerkez*, AC, Judgment, IT-95-14/2-A, 17 December 2004. Disponible en: https://www.icty.org/en/cases/judgement-list#2004
- ICTY, *Prosecutor v. Pavle Strugar*, TC II, Judgement, IT-01-42-T, 21 January 2005. Puede consultarse en: https://ucr.irmct.org/LegalRef/CMSDocStore/Public/English/Judgement/NotIndexable/IT-01-42/JUD133R2000184306.pdf
- ICTY, *Prosecutor v. Momčilo Krajišnik*, AC, Judgment, IT-000-39-A, 17 March 2009. Disponible en: https://ucr.irmct.org/LegalRef/CMSDocStore/Public/English/Judgement/NotIndexable/IT-00-39-A/JUD203R0000257121.pdf
- ICTY, *Prosecutor v. Mrkšić et al.*, AC, Judgement, IT-95-13/1-A, 5 May 2009. Disponible en https://ucr.irmct.org/LegalRef/CMSDocStore/Public/English/Judgement/NotIndexable/IT-95-13%231-A/JUD204R0000259801.pdf
- ICTY, *Prosecutor v. Vujadin Popović, Ljubiša Beara, Drago Nikolić, Ljubomir BorovČanin, Radivoje Miletić, Milan Gvero and Vinko Pandurević*, TC, Judgment, IT-05-88-T, 10 June 2010. Disponible en: http://www.icty.org/x/cases/popovic/tjug/en/100610judgement.pdf
- ICTY, *Prosecutor v. Haradinaj, et. al*, TC, Retrial Judgment, IT-04-84bis-T, 29 November 2012.

- ICTY, *Prosecutor v. Zdravko Tolimir,* TC, Judgment, IT-05-88/2-T, 12 December 2012. Disponible en: http://www.icty.org/x/cases/tolimir/tjug/en/121212.pdf.
- ICTY, *Prosecutor c. Momčilo Perišić*, AC, Judgement, IT-04-81-A, 28 February 2013. Disponible en: https://ucr.irmct.org/LegalRef/CMSDocStore/Public/English/Judgement/NotIndexable/IT-04-81-A/JUD248R0000399801.pdf
- ICTY, *Prosecutor v. Popović et al.*, AC, Judgement, IT-05-88-A, 30 January 2015. Disponible en: https://ucr.irmct.org/LegalRef/CMSDocStore/Public/English/Judgement/NotIndexable/IT-05-88-A/JUD266R0000442436.pdf
- ICTY, *Prosecutor Radovan Karadžić,* TC, Judgment, IT_95_5/18-T, 24 March 2016. Disponible en http://www.icty.org/x/cases/karadzic/tjug/en/160324_judgement.pdf

14. RESOLUCIONES DEL TRIBUNAL PENAL INTERNACIONAL PARA RUANDA

- ICTR, *Prosecutor v. Jean-Paul Akayesu,* TC, Judgment, ICTR-96-4-T, 2 de septiembre de 1998.
- ICTR, *Prosecutor v. Jean Kambanda,* TC, Judgment and Sentence (ICTR 97-23-S), 04 September 1998; y AC (ICTR 97-23-A), 19 October 2000.
- ICTR, *Prosecutor v. Georges Anderson Nderubumwe Rutanga,* TC, Judgment, ICTR-96-3-T, 6 December 1999. Disponible en: http://unictr.unmict.org/sites/unictr.org/files/case-documents/ictr-96-3/trial-judgements/en/991206.pdf
- ICTR, *Prosecutor v. Ferdinand Nahimana, Jean-Bosco Barayagwiza y Hassan Ngeze,* TC I, judgement and sentence, ICTR-99-52-T, 3 December 2003. Disponible en: https://ucr.irmct.org/LegalRef/CMSDocStore/Public/English/Judgement/NotIndexable/ICTR-99-52/MSC26797R0000541998.PDF

15. RESOLUCIONES DE LA CORTE ESPECIAL PARA SIERRA LEONA

- SCSL, *Prosecutor v. Charles Chamkay Taylor,* TC II, Judgment (SCSL-03-01-T), 18 May 2012; TC II, Sentencing Judgment, 30 May 2012; y AC (SCSL-03-01-A), 26 September 2013.
- SCSL, *Taylor,* AC, Decision on Immunity from Jurisdiction (SCSL-2003-01-I), 31 May 2004.

16. RESOLUCIONES DE LA SALA EXTRAORDINARIA AFRICANA

- Chambre Africaine Extraordinaire D' Assies, *Procureur c. Hissein Habré*, Jugement, 30 May 2016. Chambre Africaine Extraordinaire D' Assies D'Appel, *Procureur c. Hissein Habré*, Arrêt, 27.05.2017).

17. RESOLUCIONES DE LA SALAS EXTRAORDINARIAS DE LAS CORTES DE CAMBOYA

- *Decision on Ieng Sary´s Appeal Against the Closing Order, Extraordinary Chambers* in the Courts of Cambodia, nº: D427/1/30/, Criminal Case File Nº: 002/19-09-20007-ECCC/OCIJ (PTC 75). Disponible en: https://www.eccc.gov.kh/sites/default/files/documents/courtdoc/D427_1_30_EN.PDF
- ECCC, *Prosecutor v. Nuon Chea y Khieu Samphan*, TC, Case 002/02 Judgment (002/19-09-2007/ECCC/TC), 16 November 2018; ECCC, *Prosecutor v. Nuon Chea y Khieu Samphan*, TC, Case 002/01 Judgment (002/19-09-2007/ECCC/TC), 07 August 2014).

18. RESOLUCIONES DE LOS TRIBUNALES DE LOS ESTADOS UNIDOS DE AMÉRICA

- *Siderman de Blake v. Republic of Argentina*, U.S. 9th Circuit Court of Appeals, 965 F.2d 699 (9th Cir. 1992), 965 F.2d 699, Nº 85-5773, decided 22 May 1992. Disponible en: http://www.refworld.org/pdfid/56d6bf794.pdf.

19. RESOLUCIONES DE LOS TRIBUNALES DE FILIPINAS

- Corte Suprema de la República de Filipinas, *Decision Bayan Muna* as represented by Representative Satur Ocampo, Representative Crispin Beltrán, and Representative Liza L. Maza, v. Alberto Romulo, in his capacity as Executive Secretary and Blas F. Ople, in his capacity as Secretary of Foreing Affairs, G.R. Nº. 159618. Disponible en: http://sc.judiciary.gov.ph/jurisprudence/2011/february2011/159618.htm.

20. RESOLUCIONES DE LOS TRIBUNALES DE PERÚ

- Tribunal Constitucional de Perú, asunto 0024-2010-PI/PT (proceso de inconstitucionalidad contra el Decreto Legislativo número 1097), sentencia del Pleno Jurisdiccional, de 21 de marzo de 2010. Disponible en: https://tc.gob.pe/jurisprudencia/2011/00024-2010-AI.pdf.
- Tribunal Constitucional de Perú, *Vera Navarrete, Gabriel Orlando, recurso extraordinario de hábeas corpus*, Exp. n. 2798-2004-HC/TC, 9.12.200.

- Tribunal Constitucional de Perú, *Juan Nolberto Rivero Lazo,* sentencia, 12.08.2005.

21. RESOLUCIONES DE LOS TRIBUNALES DE CHILE

- Corte Suprema de Chile, Sala de lo Penal, *Molco de Choshuenco (Vásquez Martínez y Superby Jeldres),* rol n. 559-2004, 13.12.2006.

22. RESOLUCIONES DE LOS TRIBUNALES DE COLOMBIA

- Corte Constitucional de Colombia, *Manuel José Cepeda Espinosa,* sentencia, 25.04.2007.

23. RESOLUCIONES DE LOS TRIBUNALES DE URUGUAY

- Juzgado Penal de 7° Turno de Montevideo, *Borbaderry Arocena, Juan Maria,* sentencia, 9.02.2010.

24. RESOLUCIONES DE LOS TRIBUNALES DE REINO UNIDO

- United Kingdom High Court of Justice, Queen's Bench Division (Divisional Court), in re Augusto Pinochet Ugarte, judgment, 28 October 1998.
- Judgment - Regina v. Bartle and the Commissioner of Police for the Metropolis and Others Ex Parte Pinochet Regina v. Evans and Another and the Commissioner of Police for the Metropolis and Others Ex Parte Pinochet (On Appeal from a Divisional Court of the Queen's Bench Division), 24 March 1999. Disponible en: https://www.asser.nl/upload/documents/20120516T100340-Pinochet_House_of_Lords_Opinion_24-03-1999.pdf
- Bow Street District Superior Court, *Peter Tatchell v. Robert Mugabe,* judgment, 14 January 2004.

25. RESOLUCIONES DE LOS TRIBUNALES DE ARGENTINA

- Corte Suprema de Justicia de la Nación de Argentina, *Arancibia Clavel, Lautaro s/ homicidio calificado y asociación ilícita y otros,* causa n. 259, 24.08.2004.

26. RESOLUCIONES DE LOS TRIBUNALES DE FRANCIA

- Cour d'Appele de Parías, Tribunal de Grande Instance de Paris, Jugement, 083337096017, 27 de octubre de 2017.
- Cour de Cassation, *Affaire Kadhafi,* jugement 1414, 13 de marzo de 2001.
- Cour de Cassation, N° G 20-81.553 F-D, Arrêt de la Cour de Cassation, Chambre Criminelle el 28 de julio de 2021.

27. RESOLUCIONES DE LOS TRIBUNALES DE ESPAÑA

- Sentencia del Tribunal Constitucional 140/2018, de 20 de diciembre.
- Sentencia del Tribunal Supremo, Sala de lo Penal, 798/2007, de 1 de octubre.
- Sentencia 16/2005, de 19 de abril, de la Audiencia Nacional, Sección Tercera.
- Decreto de la Fiscalía General del Estado 1/2022.
- Juzgado Central de Instrucción número 4, auto de 6 de febrero de 2008.
- Juzgado Central de Instrucción número 4, auto de 18 de marzo de 2003.
- Pleno de la Sala de lo Penal de la Audiencia Nacional, auto de 23 de diciembre de 1998.
- Juzgado Central de Instrucción número 1, auto de 25 de octubre de 1999.
- Pleno de la Sala de lo Penal de la Audiencia Nacional, auto de 4 de marzo de 1999.
- Pleno de la Sala de lo Penal de la Audiencia Nacional, auto de 13 de diciembre de 2007.
- Audiencia Nacional, Sala de lo Penal, Sección Cuarta, auto de 18 de noviembre de 2013.
- Juzgado Central de Instrucción número 2, auto de 10 de febrero de 2014.
- Juzgado Central de Instrucción número 5, auto de 4 de noviembre de 1998.
- Juzgado Central de Instrucción número 5, autos de 5 de noviembre de 1998.
- Juzgado Central de Instrucción número 1, auto de 7 de junio de 2006.
- Juzgado Central de Instrucción número 1, auto de 22 de noviembre de 2006.
- Auto del Juzgado de Central de Instrucción número 4, de la Audiencia Nacional, de 16 de octubre de 2023, Procedimiento Abreviado: 109/2022.

28. RESOLUCIONES DE LAS SALAS ESPECIALIZADAS DE KOSOVO

- Sentencia de 16 de diciembre de 2022, caso KSC-BC-2020-05, Fiscal contra Salih Mustafá.